1850 CENSUS, SOUTH WEST KENTUCKY

Counties of Christian, Logan, Simpson, Todd, Trigg and Warren

VOLUME 2

By

**BYRON SISTLER, BARBARA SISTLER,
and SAMUEL SISTLER**

JANAWAY PUBLISHING, INC.
Santa Maria, California
2012

Notice

In many older books, foxing (or discoloration) occurs and, in some instances, print lightens with wear and age. Reprinted books, such as this, often duplicate these flaws, notwithstanding efforts to reduce or eliminate them. The pages of this reprint have been digitally enhanced and, where possible, the flaws eliminated in order to provide clarity of content and a pleasant reading experience.

Copyright © 1993, Byron Sistler & Associates, Inc.

Originally published:
Nashville, Tennessee 1993

Reprinted by:

Janaway Publishing, Inc.
732 Kelsey Ct.
Santa Maria, California 93454
(805) 925-1038
www.janawaygenealogy.com
2012

ISBN: 978-1-59641-169-2

Made in the United States of America

INTRODUCTION

The entries appear in the same order as on the original schedules. In general an entry comprises all members of a given household, except that any individuals whose surname differed from that of the household head are shown as a separate unit.

An asterisk (*) identifies each entry which does not consist of an entire household.

The symbol (B) identified black or mulatto individuals or families. If the (B) follows the first name in the entry it means the entire household is black. Where the household is mixed, each black person is separately identified with the (B).

The symbol (I) was supposed to identify Indians, but actually was used by the enumerators to represent various racial mixtures.

The number after each name is the person's age. The "Schedule Page" number is the stamped number in the upper right hand corner of every other page of the original schedules. The page following the numbered one assumes the same number.

Transcription for the six counties is followed by a full name index listing the first name of each entry—usually the household head. Page numbers referred to in the index are the Schedule page numbers, not the page numbers of this book.

County of residence is identified in the index by appropriate county symbols. They are as follows:

Christian	CH	Todd	TO
Logan	LO	Trigg	TR
Simpson	SI	Warren	W

As of this writing it is our intention to publish the entire 1850 Kentucky in a series of regional volumes, after the completion of which a single every name index for the entire state is projected. This index would show all names, not just household heads.

As always, we urge the researcher to refer back to the original schedules where possible, as there is important information on those schedules not contained in this book. Data such as occupation, real estate value and state of birth are all very meaningful, and a full genealogical search is not obtainable without this additional information.

The Sistlers

TABLE OF CONTENTS

Christian County 1

Logan County 75

Simpson County 145

Todd County 179

Trigg County 223

Warren County 269

INDEX 333

1850 Census Christian County Kentucky

Schedule Page 360

BONDURANT, J. 29 (m)*, C. 62 (f), P. 25 (m), M. 34 (f)
BRONAUGH, James 45, J. 45 (f), M. M. 19 (f), M. H. 16 (m), D. 14 (m), J. 12 (m), W. 9 (m), J. A. 7 (f), J. M. 1 (f)
BRONAUGH, W. T. 35 (m)*, J. G. 5 (m), Taliferro 75, J. 68 (f), J. T. 13 (m)
BRONAUGH, William 50*, H. C. 37 (f), David 16, William M. 13, M. C. 10 (f), Virginia C. 7, J. F. 5 (m), John F. 3, R. S. 9/12 (m)
BROOKING, Charles C. 28*, F. C. 22 (f), M. P. 4 (f), W. A. 2 (m)
BROOKS, A. 22 (f)* (B), B. 1 (f)
CARPENTER, C. A. 22 (m)*
CARTER, Jesse 4, E. D. 24 (f), M. J. 5 (f)
CHICK, H. 50 (m)*
DUNKERSEN, Robert 50, M. C. 42 (f)
ELLISON, James 59, Martha A. 25, Marshall 23, James L. 19, Robert G. 10, R. T. 7 (m), L. 79 (m)
FINLEY, John P. 65
HIGGINS, Robert 62*, S. M. 61 (f), F. A. 28 (m), M. S. 21 (f), A. B. 20 (m), S. B. 17 (f)
JOHNSON, Sarah R. 19*
KELLY, William M. 40, Ann B. 29
MAJOR, Charles 74
MAJOR, Urial L. 42*, E. A. 28 (f), A. S. 11 (m), M. B. 9 (f), J. F. 7 (m), G. H. 2 (m), Thomas H. 4/12
MCKEE, Bob 29, Ann E. 24, Robert 1
RICE, J. 18 (m)* (B)
ROWDEN, R. 19 (m)*
SEARGENT, M. 60 (f)*
SHARP, F. C. 65 (m), E. J. 45 (f), S. A. 22 (f), M. E. 19 (f), C. M. 15 (f), H. I. 12 (m)
SIMMONS, B. 27 (m)*
STEGER, William 43*, M. L. 36 (f), M. F. 14 (f), W. A. 12 (m), J. A. 11 (f), E. 9 (m), J. E. 7 (f), E. M. 5 (f), M. L. 3 (f), John T. 11/12
STRICKLIN, J. 10 (m)*

Schedule Page 361

BRADSHAW, Carter L. 46*, A. P. 41 (f), Harriett 17, N. C. 7 (f)
BUCKNER, F. W. 40 (f), Sarah A. 30, Samuel G. 14, Ann M. 12, W. F. 7 (m)
CALDWELL, J. H. 27 (m)*
CASKEY, James 41, E. A. 27 (f)
CAYCE, Franklin 26, P. A. 20 (f), A. C. 4 (f), Eugene 2
CAYCE, E. 62 (f)*, J. 23 (m), T. J. 21 (m)
CHEATHAM, E. F. 21 (m)*
EAST, William 33, M. A. 36 (f), S. F. 15 (f), W. E. 10 (m), J. 7 (m), B. 4 (m), J. T. 5/12 (m)
EDMONDS, Edwin S. 31*, Sarah 28, America 5, George 3, Edward R. 31, E. H. 6 (f), Edward R. 4
GUPTON, W. 20 (m)*
HAMMON, M. L. 29 (m), E. 28 (f), H. A. 3 (f), S. C. 6/12 (f)
JOHNSON, E. O. 45 (f), M. 35 (f), E. J. 23 (f), J. N. 17 (m), S. O. 15 (f), E. A. 13 (f), D. W. 11 (m), T. E. 3 (m)
MCAFEE, Georgeanna A. 13*
PRATT, M. F. 20 (f)*
RADFORD, Miles G. 42, E. B. 30 (f), S. E. 13 (f), A. T. 12 (m), A. J. 10 (f)
RADFORD, Thomas G. 47
RADFORD, Josiah G. 40*, E. 35 (f), S. A. 15 (f), M. G. 13 (f), R. H. 11 (m), M. F. 9 (f), L. 7 (f), C. H. 5 (m), A. A. 3/12 (f)

1850 Census Christian County Kentucky

SEARGENT, John G. 32*, Susan 30, T. 9 (m), J. 7 (m), M. 1/12 (f)
SHORT, Emanuel 55* (B)
TANDY, Charles M. 37*, M. S. 34 (f), W. M. 10 (m), M. H. 8 (m), G. A. 5 (m), A. A. 3 (f)
VEITS, S. F. 5 (f)*
WILCOX, T. J. 28 (m), E. J. 23 (f), M. 4 (f), H. 2/12 (f)

Schedule Page 362

ADAMS, John 34, E. 25 (f), H. 14 (f), I. 11 (m), M. 9 (m), W. 6 (m)
ADKINS, M. 50 (f)*
BUCKNER, R. W. 26 (m), Ann M. 25, E. 2 (m), M. R. 4/12 (f)
BURNETT, Rufus K. 30, M. 25 (f), J. B. 9 (m), J. H. 7 (m), E. 5 (f)
CAMPBELL, Thomas P. 41*, M. 40 (f), C. M. 30 (m), J. B. 20 (m), J. M. 17 (f), T. G. 16 (m)
CLARK, Thomas P. 52, A. G. 49 (f), M. I. 21 (f), T. Y. 11 (m), J. H. 9 (m), M. F. 7 (f)
COFFEY, J. E. 16 (f)*, W. W. 14 (m), J. E. 13 (m), M. A. 11 (f)
ELLIS, J. J. 51 (m), M. C. 50 (f), M. F. 14 (f), M. E. 18 (f)
GREGORY, S. 54 (f), J. T. 13 (m)
GRIFFIN, Samuel 36, A. 25 (f)
HARDIMAN, S. G. 25 (m)*
HOMAR, B. V. 2 (f)*
RATCLIFFE, A. M. 55 (f), John R. 32, Mary B. 28, Charles T. 23, George W. 18
ROWTON, Thomas 54
SIMMONS, J. 53 (m), Jane 45, J. C. 22 (m), B. 17 (m), W. 10 (m), G. 8 (m), S. A. 6 (f), J. 4 (m), M. J. 16 (f), E. T. 24 (m)
TATUM, William 37*, D. 37 (f), M. F. 15 (f), E. L. 13 (f), J. C. 10 (f), T. H. 7 (f), V. E. 5 (f), William T. 3
THOMPSON, James 52*, Catharine 40, S. A. 20 (f), J. C. 19 (m), C. M. 18 (f), S. R. 13 (m), G. T. 5 (m)
TROXELL, Jacob C. 46, E. M. 45 (f), M. J. 17 (f), E. C. 14 (f), W. H. 13 (m), M. A. 11 (f), S. F. 9 (f)
YOUNG, John 51, C. A. 17 (m)
YOUNGS, J. M. 20 (m), N. 14 (f)

Schedule Page 363

ALLEGREE, Robert L. 27, E. L. 22 (f), S. 4/12 (f), J. 46 (f), P. J. 22 (f), S. F. 20 (f), M. E. 15 (f)
BRADSHAW, Benjamin 59*, Gustavus 25, William M. 21, E. 2 (m)
BRADSHAW, Edward 36*, Jane W. 29
BROWN, J. A. F. 23 (m)
CAMPBELL, William F. 31*, Sarah E. 26, W. C. 5 (m), John P. 2
COOK, F. A. 28 (f)*
DABNEY, Albert G. 50, E. E. 40 (f), A. M. 17 (f), E. C. 15 (f), J. O. 13 (f), W. C. 11 (m), W. L. 9 (m), V. L. 5 (f), J. W. 4 (m), R. O. 2 (m)
DOWNEY, M. H. 52 (m), P. 52 (f)
FAULKNER, Henry L. 37, E. A. 26 (f)
FIELD, James W. 40
GREEN, Thomas 30, Caroline E. 25, Lucy P. 7, E. R. 5 (f), George V. 2
HOOK, Elijah 54, P. 54 (f), H. 30 (f), M. 28 (f), S. 24 (m), Mary 22, P. A. 18 (f), J. H. 16 (m), R. S. 14 (m), F. 10 (m)
KELLY, Richard H. 4, Onra 27, C. R. 8 (f), R. 6 (m), R. H. 4 (m), A. 2 (f), C. M. 1 (m)
OVERBEY, W. C. 37 (m), M. J. 21 (f), J. R. 8 (m), E. 7 (f), John 6, H. A. 4 (m), S. B. 1 (f)
ROBERTS, E. J. 52 (m), S. J. 40 (f), T. D. 16 (m), J. D. 13 (m), J. H. 8 (m)
ROBERTSON, S. J. 22 (m)*
WATWOOD, J. F. 36 (m), M. A. 30 (f), G. 11 (m), M. B. 8 (f), S. A. 4 (f)

1850 Census Christian County Kentucky

WHEATLEY, H. D. 17 (m)*
WILLIAMS, P. W. 38 (m), J. G. 38 (f), H. I. 10 (m), G. A. 8 (f), M. C. 6 (f)
WOLF, George 29, M. 27 (f), M. E. 8 (f), M. A. 6 (f)

Schedule Page 364

ADAMS, Isaac 45* (B)
BRADSHAW, Alexander 35, I. F. 35 (f), M. C. 12 (f), J. E. 9 (m), L. 7 (m), Susan J. 5, T. 1 (m)
BRADSHAW, James 33*
BUCKNER, George 34, Jane C. 27, C. R. 6 (m), A. 4 (f), L. 2 (m), T. 1/12 (f)
BURROUGHS, William C. 56, R. A. 39 (f), E. 20 (f), John W. 10, M. F. 7 (f), William S. 4
CLARDY, William V. 24*, M. L. 22 (f), Blunt S. 2, Anna K. 5/12
FOSTER, Daniel M. 33*, Mary S. 23, Lucy E. 4
GETER, Jeremiah C. 23*
GUPTON, Granville 24*, J. E. 30 (f), H. 3/12 (m)
HOOK, Harvey 28
HOOK, Samuel 26, F. A. 25 (f), M. L. 10/12 (f)
HOPKINS, William P. 49*
KELLY, Joseph 85*, Elizabeth 82
LEAVELL, H. C. 26 (m), Lewis A. 24
LEAVELL, Robert W. 30, S. A. 27 (f), M. A. 8 (f), R. W. 3 (m), S. B. 3/12 (m)
MATLOCK, A. 50 (m)*, M. 47 (f)
MCGUYRE, William E. 11*
OLDHAM, Joel R. 19*
RADFORD, William 51*, Mary 49, William B. 26, James M. 19
SAUNDERS, Richard 39, M. 25 (f), L. 2 (m), M. 5/12 (m)
SHORTER, M. 44 (f)* (B)
THACKER, Joel O. 43, R. 40 (f), M. L. 20 (m), N. 17 (m), William W. 15, J. 12 (f), M. E. 9 (f), A. A. 7 (f), I. E. 5 (f), M. A. 3 (f), S. 1 (f)
THOMAS, J. G. 36 (m), Catharine C. 29, E. M. 11 (f), M. C. 10 (f), M. E. 7 (f), S. J. 2 (f), Isaac G. E. 1
TURNER, J. H. 27 (m), Catharine 18
WALKER, M. 76 (f)*
WITHERS, J. C. 22 (m), E. A. 18 (f)

Schedule Page 365

BAUGH, John 51*, Mary A. 46, James H. 25, Catharine 23, Jesse A. 21, Jane H. 18, William B. 15, John T. 8, Cornelius K. 6, Quintillia S. 10
BRADSHAW, Charles 29, Octavia G. 27, Julian 5 (m), Herman 3, John C. 1/12, Shelby 25
BRADSHAW, Albert 40*, Marianna 33, Edward R. 17, no name 1
CAMMACK, George 69, Joanna 49, Thomas H. 14, Mary E. C. 11, Anna E. J. 9, Viola 5
CAMMACK, George M. 33, Amanda L. 29, Emma W. 5
CLARK, Isaac 38, Julia A. 31, Anna R. 10, Cordelia M. 7, Frances E. 5, Aura B. 2, Henry E. 2/12
DAILEY, John 55*
DUNN, James 26*
GREEN, Edward H. 45*, Arrietta J. 35, Ann A. 16, George W. 14, S. L. 12 (f), Edward H. 5, Mary E. 1
HARDWICK, Christopher C. 21, Catharine E. 21
HUNT, James M. 37, Eliza C. 32, Catharine G. 11, Cave A. 7 (f), James P. 4, Perry S. 1
MCGUYRE, Hugh 46, Elizabeth 16, Mary _. 1
RADFORD, Milly 80* (B)

1850 Census Christian County Kentucky

SCOTT, Thomas 50* (B), Martha 52
SUMMERS, Francis 67*
TURNER, Henry H. 28, Eleanor M. 24, Guinilda A. 5, Daniel I. 3, Thomas H. 2, Martha E. 6/12
VARNUM, Mary M. 14*
WALKER, William 54, Malinda 35, Sarah C. 21, James D. 18, Mary V. 16, Julia A. 13, John W. 11, Thomas B. 10, Lavinia M. 6, Nancy E. 4, Lanora E. 1
WALLACE, John W. 34*, Cate M. 22 (f), Thomas S. 2, Mary E. 3/12
WHEELER, James 39, Elizabeth S. 28, William G. 8, Mary S. 6, James J. 4, Elizabeth S. 3
YOUNG, William L. 28*

Schedule Page 366

ALLENSWORTH, Elizabeth H. 23, Mirah M. 6, George P. 4
BECK, Jesse 43, Mary M. 28, William M. 12, Susan A. 19, Sarah M. 17, Mirah E. 11, Penelope W. 8, Hezekiah J. 2
CARTER, James 30*
CROUCH, Richard J. 24*
DRYDEN, Sarah E. 21*
EPPERSON, Edward 27*
GARROTT, Robert W. 28, Sarah A. 25, Leslie O. 5, Isaac 3, Sarah E. 4/12
GARROTT, Isaac 57*, Jane J. 55, Mary A. 25, Edmond H. 12
GARROTT, Pleasant B. 47*, Martha I. 46, Julia A. 21, Marcellious R. 17, Allice M. 12, William W. 14, Inice O. 10 (f), Justine P. 8 (f), Aurrilla L. 7
HARRELSON, John B. 21, Mary E. 20
LANE, James P. 27*
LAURENCE, Elizabeth 74*
LEWIS, R. D. 40 (m)*
MAVIETY, Robert 25*, Susan E. 22
MCELROY, Sicily A. 19 (f)*
MOORE, James W. 44*, Sarah F. 24, Benjamin D. 16, James C. 14, Mary E. 12, William H. 4
ONEIL, Charles 32, Ann E. 28
PALMER, Anna M. 45*
POOR, Zachariah H. 40*, Catharine L. 30, William T. 12, Martha E. 10, Sarah E. 7, Richard H. 3
RADFORD, NAncy 77*
RADFORD, Reuben 58*, Sarah F. 54, Benjamin L. 21, Mildred J. 18, Lenora N. 15
SAUNDERS, Rhoda 60*
SETTLE, Josiah 55, Emma D. 51, William B. 25, Benjamin B. 22, David W. 18, Thomas T. 16, Josiah W. 14, Martha B. 13, Frances F. 11
STEGER, David 25*
TERRILL, Thomas J. 27, Mariah F. 22, Eliza Jane 1
VAUGHAN, Elisha 50*, Catharine S. 35, Mary P. 13, Eliza M. 12, George S. 4

Schedule Page 367

ALLEY, Willis 56, Martha A. 53, Francis M. 16
BEAUMONT, Emma C. 20*
BECK, Merredith 25*
BEGLIN, M. 41 (m)*
BITTMAN, Anderson 26, Elizabeth 26, William T. 10, Willis V. 8, Gustavus 6, John 4, Martha 1
BLEDSOE, Joseph C. 26, Sarah F. 19, Lucian A. 3, Mary 2/12

1850 Census Christian County Kentucky

BROADBENT, John 50, Alexander 35
BROADBENT, William 29, Fanny 21, Ruthe E. 6/12
BROCKMAN, Margaret S. 33*, James H. T. 11, Garret M. 8
CLARK, Henry 71*, Elizabeth 61
DAVIDSON, Adaline S. J. 38, Mary E. 17, Samuel L. 14, Ellis A. 13, Cornelia A. 11, Leanna J. 10, Eliza S. 8
FLETCHER, Archibald D. 42*, Martha M. 54
FRENCH, Elizabeth D. 25*, William L. 18
GALBRAITH, John B. 26, Frances H. 23, no name 2 (m), no name 7/12 (f)
HARRIS, John M. 3*
HIGBEE, David C. 31*, Susan L. 26, James W. 3, Clinton A. 1, Charles J. 17
HOPKINS, Joseph H. 51, Elizabeth M. 44, John W. 18, Samuel O. 16
HUMBER, Edward 60, Lucy G. 40, Benjamin W. 17, Ann E. C. 15
HUNGSLY, Thomas F. 45, Elizabeth 40
KILLEBREW, George W. 36, Mary A. 31, William H. 12, Joel S. 10, Frances A. 9, Thomas I. 7, Mary C. 10/12
LEAVELL, Benjamin L. 20*
LEAVELL, Lewis L. jr. 19*
MERRIWETHER, Garrett 56*, R.N.D.O. 17 (m)
MOORE, Jefferson 46*, Martha J. 31, Elizabeth L. 11, Susan W. 9, Thomas J. 5, Benjamin F. 1
OWENS, Marcus A. 30, Lenora A. 21, Martha P. 2, no name 3/12 (f)
SHACKLEFORD, Sabina M. 75*
TRAINUM, Silas H. 31, Mary A. 24, Allice 8/12
WAGONER, Henry C. 21*
WRAY, Greenberry 31, Sebbellow W. 28, Margaret O. 4/12

Schedule Page 368

ATKINS, James 58*, Lucy A. 45, William A. 9
BAYLY, George 68, Mary A. 56, Mary A. 25
BEARDEN, Duncan 35*, Nancy 30, Lafayette 4, Thomas F. 1
BOQN, John 18*
BRIZENTINE, Cyrus 38, Mary L. 40, Patience A. 13, Sarah J. 11, Mary M. 9, William T. 7, Patrick H. 4
BROCKMAN, Tandy 54 (m)*, Mary J. 21, Ann E. 15
CASON, Lucy A. 9*, Mary L. 7, George 15
COLEMAN, Henrietta 5*
DEAN, Charles 60, Elizabeth 47
EVANS, Isaac H. 50, Maria H. 46, Elizabeth J. 25, Ethalinda 22, Sarah F. 20, Lucy A. 15, Mary E. 13, Robert J. 7
FARMBROUGH, Richard 18*
GALBRAITH, Duncan 67*, Nancy C. 26
GALBRAITH, Grisilla 45*, James 32, John 28, Emma E. 21, Eliza A. 17, Robert A. 15
HERDENDON, Benjamin F. 26, Catharine T. 22, Edward T. 1
JONES, Madison C. 26, Elizabeth 24, Wiley 5, Martha J. 1
KELLY, Edwin F. 45, Emily 43, George F. 18, Lucy C. 15, Frances E. 14, Ada B. 11, Crittenden J. 8, Douglass 6, Walter C. 3
LACKEY, Mary 54*
LISENBY, Redmond B. 27*
MARTIN, James 26, Martha 19, William D. 2
MCCRAW, William B. 44, Thetus 28 (f), Mary A. E. 9, Jesse B. 6, James M. 4, George W. B. 1
MILLER, James 61, Catharine 53
ROACH, William 7*

1850 Census Christian County Kentucky

SISSELL, Bryant 32, Martha 25, Thomas 6, John 2
TURNLEY, James B. 29, Isophenia A. 19, James T. 1

Schedule Page 369

ALLENSWORTH, Agnes 68
ALLENSWORTH, Philip G. 43, Elizabeth A.J. 23, Laura A. 4, Thomas G. 3, Mary H. 3/12
ALLENSWORTH, Sarah 68 (B)
BELL, John H. 23, Mary S. 17, Kitty 3/12
CARTER, John M. 33, Frances 23, Wilmoth 6, Daniel 4, Gertrude 2, John W. 2/12
CATLETT, John A. 48, Alla 34, Ann L. 19, Mary C. 8, Alexander C. 6, John J. Crit. 2
COON, John 56, Martha W. 42, James 18, William M. 13, Emily 15, Joseph 9, Marion 7
CORNEAL, Josiah 39, Ann 40, Henry W. 14, John T. 12, Mary E. 10, Walker C. 7, Martha 7, Eliza C. 5, Robert P. 2
DABNEY, Victoria 24*
GARDNER, George 67, Elizabeth 51, Margaret 31, Sarah A. 18, Elizabeth A. 16, Susan 14, Frances 12, Eliza J. 11, Harrit 9
HARRELSON, John B. 39, Catharine 31, Daniel J. 8, Martha A. 6, Benjamin C. 33
HARRIS, Edward H. 41, Martha A. 40, Charly C. 16, James W. 12, Sarah E. 9, Jesse L. 6/12
MORRIS, Isaac 52*, Belinda 38, Thomas J. 19, Jeremiah C. 17, Lucy A. 15, James B. 13, William M. 11, Henry C. 9, Frelinghuyson 5, Zach Taylor 3, Mary E. 4/12
WILLIS, Robert G. 58*, Eliza W. 54, Ann G. 19, Robert B. 14
YANCY, George G. 35, Elizabeth 40, George W. 8, Sarah H. 6, Louisa J. 3, Benjamin L. 1
YANCY, Thornton 64, Henrietta 67, Benjamin R. 26

Schedule Page 370

ALLEN, John 45, Elvira 28, Sarah F. 9, Mary A. 7, John W. 6, Lenora 1
ALLENSWORTH, Henritta 62*
ARRIVETT, William 34, Elizabeth 30, Ann E. 11, John J. B. 4, Mary C. 2
AZRIVET, John 19*
BOWLES, Catharine R. 48, William B. 19, Benjamin 16, Robert 15, Virginia 13, John 11
BROVING, Ephraim M. 55, Phebe 45, Franklin 10, Martha J. 15
BUCKNER, William 21*, Catharine S. 24
CARSLEY, Seth F. 50, Martha A. 14
DILLWORTH, Thomas H. 64*, Susan A. 62, William H. 27, Felix G. 26, Mary E. 23, David J. 19, Sarah L. 17, Lucy B. 13
EVANS, John R. 7*, Catharine V. 9, William W. 5
GALBRAITH, Maria 52*, Mary A. 18, Caroline F. 16, Daniel W. 14
GORDON, Joseph 73, Elizabeth 53, Judith F. 22, Catharine M. 19
GORDON, William O. 27*, Elizabeth 25, Mary F. 2
GUPTON, Manoah 23*
LEWIS, Catlett 4*
LEWIS, James H. 10*, Martha E. 6, Ann B. 8
MAUM, Edward L. 58*, Harriet F. 47, James W. 23, Martha L. 18, Mary B. 16, Julia 15, Ann E. 12, Tennessee 9, Virginia 6
MCKEE, Joseph 45*
NELSON, John E. 29*, Harriet 25, William A. 4, Isaac N. 2
SMITH, B. F. 25 (m), Eliza B. 22, Georgeanna 9/12
SMITH, John C. 43, Margaret 30, Joseph 18, Andrew 10, John 8, George 2, Margaret 8, Rebecca 6

1850 Census Christian County Kentucky

VAUGHAN, Marian J. 29 (m), Lucy J. 24, John W. 3/12
WILLIAMS, Martha 44*

Schedule Page 371

CARPENTER, James S. 32*, Jane 33, John N. 10, Martha J. 6, James T. 6, Mildred A. 2
CARPENTER, Newton 39*, Elizabeth 48, Luther R. 14, John E. 12, James W. 10
CARPENTER, William P. 27*, Virginia B. 20, Miles M. 7/12, Anderson B. 22, Mary J. 24
CARVER, Andrew B. 11*, Nancy 8
COCKRILL, John 69, Susanna 68
CORNEAL, Walker 45, Mary 34, Margaret A. 13, Veturia E. 11, Mary W. 6, James D. 1
FOSTER, James 38*
GALBRAITH, Elizabeth 19*, Laban M. 16
HARMON, William 17*, Mary E. 15, John 13
HEWEL, Daniel 43*
JONES, Joseph 30*, Elphire 22, Mary F. 3, James G. 11/12
MAGAREN, Peter W. 35, Affiah 26, Charles 10, Dud 3 (m)
MARNEY, Huldah 57*
MCGUYRE, John 10*
MOODY, John C. 35*, Frances 40, Martha A. 13, Forrester M. 11, George H. 9, Louisa 5
MOSS, Ann 37, Susan 13, Franklin 11, Edwin 9, Richard 5, John L. 4
REID, Robert 65*
ROE, Hariet E. 35*
SMITH, Elisha D. 60, Clarissa 52, David 17
SMITH, George M. 30, Sharlott J. 28, Fanny 10, Quintilla E. 8, Edmond W. 6, Lenora E. 4, Barnet T. 1
SUBBLET, James H. 22*
TRAINUM, Aurelius 21*
TRAINUM, Coleman 57*, Sarah 46
WILLIS, James 42*, Ann L. 41
WOODWARD, Philip S. 27*, Eleanor L. 24, Mary 6, Anna S. 1
YANCY, Richard E. 35, Elizabeth C. 30, James G. 12, Lewis F. 10, Charles T. 6, Mary 4, Sarah C. 1

Schedule Page 372

ALLEN, John 20*
BLANKS, Hariet L. 49*, Martha J. 28, Elizabeth R. 26, Hariet L. 19, Allen W. 17, Lucy A. 15, James M. 13, Emily F. 10
DYER, Naomi 70*
FORTSON, George 23, Deborah M. 21
FORTSON, William H. 37, Naoma 37, John W. 14, Robert H. 13, Sarah E. 9, Henry C. 2
GEREL, Robert Y. 19*
HARRISON, Fayette 34*, Harriet 30, James H. 10, Mary E. 9, Robert 8, William D. 6, Gustavus 4
HARRISON, Robert 65*, Sally 60, Sarah C. 23, Martha A. 17
LAWS, Thomas 51, Mary D. 30, Spencer M. 10
LESHER, Joseph C. 43, Sarah A. 28, George J. 9, Catharine A. 9, Sarah E. 6, Coalman C.B.L. 5, Joseph C. 2
LUNDORMAN, John 77, Martha W. 41, Thomas J. 40, Henry W. 25, Casteen W. 22 (m)
MASSEE, George 40, Eliza A. 33, Elizabeth 11, John H. 9, James 6, Lewis W. 4, Wallace 1
MILLER, Elizabeth 53*
MOORE, John 55, Mary 46, Mary F. 22, Lewis W. 19, Rebecca C. 15
OWENS, Silas F. 24, Samanthia R. 24, Helen E. 2

- 7 -

1850 Census Christian County Kentucky

PENDLETON, Robert Y. 35, Mary E. 25, Robert Y. 23
PENDLETON, John H. 29*, Margaret H. 27, May E. 1
RAWLINS, John H. 30, Janetta W. 33, Randolph S. 7, Mary C. 6, Bowling 4
THOMAS, Benjamin B. 30, Sarah F. 28, Mary W. 2, Elenorah 1
WALKER, Thomas 7*
WALSH, Hiram 44, Mary A. 31
YOUNG, Levi L. 32, Caroline 26, Jerome C. 9, David A. 8, Albert J. 6, Samuel H. 3, Mary E. S. 3/12

Schedule Page 373

COWARDINE, Francis C. 35, Parthenia F. 32, Mary E. 12, Agnes A. 9, Virginia P. 7, Sarah D. 4, Celeste P. 9/12
DICKS, William 50*
HALL, James C. 68, Hulda 62, Eliza L. 31, James M. 29
HUNTER, Sulton L. 45*, Catharine 53, Geraldine A. 13, Amelia H. 19
JACKSON, Isaac 55 (B)
JAMERSON, Robert C. 27*, Susan C. 23, Edmonia E. 2, David 18
KENNER, Abram 35, Charles H. 16
KENNER, Davy 57, Elizabeth 50, William H. 19, Eliza J. 16, Napoleon B. 12
KENNER, Andrew J. 36*, Martha 37, Edith A. 12, Mary L. 10, Alexaner G. 7
MCCUTCHEON, Jane E. 6*
MOORE, Thomas J. 26, Emavine A. 28, Alma R. 2
REDMAN, William 27, Henrietta 19, James R. K. 2/12
RICHARDSON, James 36, Sarah A. T. 36, Margaret A. 12, Susan E. 10, William B. 8, James E. 6, Robert P. 4, Triplett E. 8/12
SANDERS, James 65, Frances W. 49
SHARP, Fidelio 3*, Andrew J. 1
SIMMONS, Elijah 35, Elizabeth S. 27, James K. Polk 5, George M. D. 2, Gustavus 1
SMITH, Robert H. 33, Octavia 27, Napoleon B. 10, Sarah W. 8, Catharine H. 5, Gilbert 2, Susanna 8/12
SMITH, Dolly A. 56*
STEVENS, George 57, Susan P. 36, James R. 16, Mary A. 18, John P. 14, Elizabeth V. 6, Susan P. 4, William T. 2
THURMAN, Littleberry 20*
WILLIAMS, Thompson D. 35*
WOOD, William H. P. 44, Jane D. 27, Perlina E. 10, Malvina 9, Benjamin F. 6, George M. D. 4, William 2, David D. 10/12

Schedule Page 374

ALLENSWORTH, James 61*, Mary P. 50
BEARD, Malinda M. 30*, no name 5 (f)
BLANKS, William D. 24, Narcissa W. 22
BULLINGER, Benjamin 46* (B)
CAMPBELL, George 25*
CROCKETT, George F. 34, Elmira L. 25, Kate 6, Elizabeth C. 4, William Ida 2, Baginal D. 4/12
GRINTER, Samuel A. 40, Elizabeth 25, Elizabeth 5, Ella 4, no name 9/12 (f)
HALL, Adison F. 39*, Rebecca M. 33, Damavis A. 12 (f), Ann R. 11, Fanny C. 9, Mary E. 7, Jones M. 5
HEARNDEN, Jane R. 45, Mary J. 18, Henry C. 8, Elizabeth J. 6
HOLLAND, Lucy 61
HOLLAND, Richard 24*, John S. 21
JEFFRIES, George W. 44, Betsy 45, Rufus 17, Nathaniel 15, Mary A. 16

1850 Census Christian County Kentucky

JONES, Lucinda 23*
LLOYD, Isaac N. 24, Sarah E. 28, Lucy A. 3, Samuel E. 2, Margaret 5/12
LLOYD, Ezekiel 52*, Luranay 44, Aseanath 22, Athelia 18, Adonira J. 16 (m), Ann E. 13, Robert R. 10
MORRIS, Benjamin 23*
MORRISON, John 54, Nancy R. 50, Mildred E. 17, Eugene 15, Roene 12 (f), Elizabeth 94
POINDEXTER, Nicholas J. 14*
QUARLES, William M. 22*, Evaline M. 21, Mary I. 7/12
RAWLINS, John 78, Luther 34, Margaret R. 19
RAWLINS, John W. 24, Susan A. 21, Benjamin 2
SANDERS, William 33, Margaret 28, James R. 8, George W. 6, Mary A. 4, Joseph 3
SHARP, Marcus L. F. 62*, Elizabeth L. 52, Marcus A. 16, Alfred 14, Valerius P. 12
SIMPSON, Alexander 19*
WHITE, Richard G. 58, Elizabeth 52, Richard M. 18, George H. 15, Ellen F. 12, Elizabeth 10
WILKEY, Alexander 19*

Schedule Page 375

BACON, Benjamin 17*
BARKER, Chiles T. 34*, Mary L. 24, Thomas M. 8, John W. 6, Mary L. 3, Sally W. 7/12
CLARDY, John H. 30, Elizabeth A. 23, Margaret 6
CODE, Peter 26*
GILMER, Nicholas M. 74, Anna P. 49, Mary P. 47
GORDON, Samuel 60, Martha 55, William M. 12
GREENHILL, ____ 21 (m)*
HEYLER, Joseph 36, Rebecca 25, Martha E. 9, William I. 5, Ellen 2
MABRY, Charles 31, Judith C. 22, Rodolphus A. 5, Samuel 3, McHenry 10/12
MOSS, Robert M. 25*
NELSON, James 45*
PARISH, David W. 57, Lucretia 18, Amelia 11, William H. 8
PARISH, James S. 22, Zerilda 21, Henry 1
PEAY, Austin 43, Maria A. 35, Barby F. 14, Ann M. 12, Arebella B. 7, Austin 6
PENDLETON, William H. 30, Isabella 24, John T. 5
POOL, Sarah B. 55*
QUARLES, David W. 29, Eliza M. 23, Lucy M. 2, Richard M. 1/12, Lucy A. 19, William H. 15, Albert G. 12
QUARLES, John N. 36, P. T. 22 (f), Clarence 6, Greenfield 3, John 1
RADFORD, Elizabeth 36*
REDD, Thomas 25*, Mary J. 22
REEVES, Thomas 59*, Mary B. 52, Susan A. 16
TANDY, John D. 28*
TRAHERN, William 41, Jane E. 36, James W. 18, Louisa J. 16, Ethelinda C. 12, Althea A. 10
WALDROP, Thomas 34*
WATSON, Henry P. 46*, Virginia H. 13
WILKERSON, John 30, Elizabeth 25, Zack Taylor 4, Lewis Cap 2
WILLIAMS, Thomas 43, Cornelia 20

Schedule Page 376

ANDERSON, Robert T. 58*, Martha L. 58, Peter M. 35, Cornelius 21, John R. M. 4
AVANT, William 45, Virginia 35, Elizabeth 22, James M. 21, Martha Ann 15, Lucy Ann L. 11, George W. 9, Virginia I. 7

1850 Census Christian County Kentucky

BRAME, Olivia S. 8*
BRUMMELL, John D. 31*
CARREL, James L. 21*
COUNCIL, Ellen 14*
COUNCIL, Emily 15*, David 14
DOWELL, John R. 33, Emily 23, Sarah M. 6, Nancy J. 4, Mary J. 8/12
DUKE, Lewis E. 45*
FINLEY, Lucy 47*
HAMILTON, Nancy 13*
HOPKINS, John N. 41, Caroline F. 28, Robert B. 9, Ionna I. 7, Lucy C. 3, James J. 1
HUNT, John J. 40, Serena 30, James P. 11, Sarah H. 10, William H. 7, Mary I. 4, Lucinda 2
KING, Robert H. 10*
LOWREY, Virginia 40*
MAJORS, Howard 38, Rachel A. 33, Patrick H. 15, Emily B. 12, Adeline 10, Jesse F. 7, Mary A. 5, Leah 2
MARKUM, Mary A. 14*
MERRIWETHER, Frances E. 40*, Mary W. 19
MORRIS, John D. 36, Margaret L. 22, Fanny 4, Mary L. 1
PENDLETON, James A. 47, Cinthia 45, Virginia 21, Sarah W. 8, Mary M. 6
RADFORD, Charles W. 36*, Amelia J. 34
SHERILL, Pinkney 21*
THOMAS, John J. 36*
WHITE, Samuel 57, Eliza 50, Samuel 17, Lucy J. 16, Susan B. 15, Wilhelmina 12
WHITFIELD, Needham 74, Maria R. 72
WHITFIELD, George N. 37*, Mary A. 33
WILKERSON, G. J. 25 (m)*
WOOD, Americus V. 20*
WOODSON, Judith A. 63*
WORD, Robert 44*, Martha E. 32, John W. 14, Robert T. 12, Benjamin H. 9, Elizabeth 7, Eugene A. 5, Sarah E. 2, no name 5/12 (m)

Schedule Page 377

BACON, Hillary E. 29 (m)*
BELL, John F. 52, Eliza F. 43, Elizabeth M. 25, Darwin 22, Frances S. 19, Cincinattus D. 16, Catharine B. 13, Mary A. 9
BRAME, David 74, Sally 55, Edward 26
BRAME, William R. 30, Elizabeth J. 24, Luther R. 6, Lillia 4, John Minor 1, Lillia 68
CLARDY, John B. 25*
COLES, Georgianna B. 17*
DANIEL, Richard D. 8*
DAVIS, Laban R. 26*
GARY, William 21*
HENDRICK, James 21*
HUTCHISON, Edward W. 20*
JONES, Albert 38*, Hardin 40
KAY, William 43*, Caroline A. 34, Mary H. 14, May 11, Anna E. 9, Julia P. 4, Kate 6/12
METCALF, John C. 48*, Louisa M. 36, Joseph N. 12, Mary E. 11, Susan O. 8, David J. 6
POINDEXTER, John 57*, Elizabeth 54, Mary L. 31, Ella 15, Sally O. 11, Virginia R. 8, William 11
TERRY, Thomas 26*
WHITE, John B. 36*, Eilza J. 26, William A. 4, Eudora T. 2, no name 1/12 (m), George D. 20, Samuel R. 27
WILLS, George 70, Susan 68

1850 Census Christian County Kentucky

WILLS, George W. 36, Lamire A. 28 (f), William 19, Hardin J. 17, John H. 14, Susan 12, Henry G. 7, Benjamin L. 9, James L. 5
WILLS, Marcus T. 18*
WOOTTON, David C. 61*, Frances 55, Thomas B. 30, Powell C. 20, Eliza 16, Joseph C. 15, Frances E. 12
YOUNG, Henry 49*, Elizabeth M. 40, John W. 20, Sandford C. 16, Alpheus M. 14, Adelia A. 12, Eliza O. 10, Theodore S. 9, Henry A. 7, Sally B. 6, Allice W. 3

Schedule Page 378

ABERNATHY, Henry G. 25*
BACON, William 17*, Ann F. 15
CARDIN, James B. 24*
CLARDY, John C. 51*, Elizabeth 44, John D. 21, James M. 19, Benjamin F. 16, Sarah A. 14, Thomas F. 12, Henry H. 9, Frances F. 1
CONGOR, Elizabeth 24, Anna 6
FLETCHER, James 70, James J. 19, John N. 17
FOSTER, Virginia H. 23*, Elizabeth M. 2
HARRIS, Mary 66*
HOLLAND, Shandy A. 35 (m)*, Almeda 29, Frances A. 9, Sarah T. 6
HOPKINS, Albert G. 28*
KELLY, Thomas 82*
LANIER, Thomas W. 46, Mary T. 36, Ann E. 25, Misouri E. 20, Juliam M. 16 (f), Ellen P. 13, Thomas E. 10, Elizabeth 8, William S. 7, Benjamin L. 4, Martha J. 3, Lamyra 11/12
LEAVELL, Benjamin 67*, Elizabeth 57, Cortez 19
MORRISON, Gertrude A. 9*, John D. F. 8
NORWOOD, David G. 28*
PALMER, Susan A. 17*, Sarah E. 15
RADFORD, Benjamin G. 40*, Martha M. 30, Sarah C. 12, James B. 10, Mary a. 17, John H. 15, Lycurgus 13
REEVES, John 26, Jane M. 25, Thomas 24, Phebe A. 23, William 20, Susan C. 18, Mary 17, Eliza 14
REEVES, Brewer 46*, Mary A. 47
RUDFORD, Joseph A. 50*, Elizabeth 45, Louisa J. 13
SNOW, H. O. 19 (m)*
STONER, Peter B. 49, George W. 23, Peter 16
WHITLOCK, John R. 52*, Sicelly 43 (f), Rufus M. 21, Benjamin A. 7, Sarah J. 5, Lucy 12
WOOD, Hosea 25*
WREN, Levi D. 27*

Schedule Page 379

CABANIS, Mary E. 32, Susan J. 1
CALLIS, C. M. 46 (m), Susan M. 38, Edward T. 7, William O. 5
CLARK, James 58, Susan S. 52, Lucy A. 25, Eliza S. 23, Emma V. 21, John W. 21, Frances M. 16, Alexander C. 15, Richard S. 13, Martha L. 11, Susan J. 9, James M. 27
COOPER, William H. 30, Mary E. 24
CORNELL, Jesse 35, Lucinda 28, Mary 8, Susan 6, Franklin 4, Jane P. 1
CROMWELL, Alexander 36, Nancy N. 22, Alexander 4
EDGAR, Anna 18*
EDMONDS, John T. 17*
GARNETT, Benjamin C. 39, Martha A. 37, William D. 11, James L. 3, Benjamin E. 9/12
GARNETT, Elbridge B. 38, Frances A. 37, Helen L. 15, Virgil A. 13, William W. 12, John P. 9, James B. 5

1850 Census Christian County Kentucky

GREEN, Ann F. 52*
JOHNSTON, George W. 35*, Jane M. 28, Ann R. 2
KNIGHT, Aaron B. 26*
MAJOR, John N. 27
MAJOR, Joseph 56, Henrietta 47, Mary 19, Rebecca 17, Cora 15, Henry 11, Henrietta 6, Mary 3
MOORE, Martha G. 10*, David J. T. 8
MOORE, William S. 48*, Mary P. 38, James H. 10, Lucy P. 8, Elizabeth M. 6, William M. 2, Ann F. 1
RADFORD, James A. 45*, Ann P. 41, Charles J. 16, William T. 14, Amelia A. 12
SHERREL, Joseph 28*
WILLIS, Clark 40, Louisa A. 35, Vestina N.O.V. 10, Louis R. 8, John C. 5
YANCY, George G. 76, Rebecca 52, Winafred 21, Robert 16, John C. C. 14, Pinkney A. 13 (m), Benjamin E. 6

Schedule Page 380

BAGARLY, John T. 6*
BOATWRIGHT, Richard 28, Susan A. 16, Jane 56
BROWN, Joel B. 58, Maria 48, William L. 30, Alexander H. 19
BRYANT, Thomas H. 9*
BUCKNER, Edward M. 28*
CASKEY, John 45, Joseph 42, Charles T. 36, Jane 48, Lucinda 38, Elizabeth J. 6, Lucy F. 3
CASON, Benjamin 18*
GAMON, Harris B. 8*
HANNA, Stephen 45*, Sarah W. 26, Thomas F. 6, Henry G. 1
HARRISON, Thomas 26, Elizabeth 21
HOPE, Thomas 63*
HORD, Thomas J. 24*, John 20
HUTCHISON, Daniel G. 43*, Elizabeth 27, Avella S. 9, Susan F. 4, Julia 6/12
JONES, Wiley B. 57, Elizabeth R. 53, Samuel A. 11
MORROW, Coley 46 (f)*
PAYNE, Underwood R. 38, Elizabeth H. 32, Jesse L. 11, James 10, William 7, Catharine 1
POINDEXTER, John S. 25*
RAWLINS, Franklin 50*, Amelia A. 38, Benjamin F. 17, John M. 16, Louisa 13, Eliza A. 12, Mary E. 11, Fidelis 9 (m), William T. 8, Samuel 7, Marion 5 (f), Zach T. 2, no name 9/12 (f)
STEVERSON, William 55*
STREET, John H. 38, Susan 34, Celestina 13, Olivia O. 12, Ophelia 9, William D. 10, John H. 6, Cordelia 4, Patrick H. 1
VAUGHAN, Perry 60*, Kisiah 61, James 20, Martha A. F. 28, Elizabeth S. 26, Catharine A. 24, Mary S. 22, Louisa C. 14, Cornelius 2
WITHERS, Lewis W. 32*, Mary A. 26, William J. 7, Robert B. 4, John P. 2
WOOD, John 30*, Mary L. 23
WRIGHT, Thadeus S. 38, Hariet H. 36, John B. 15, Ann E. 11, Martha J. 9, Elizabeth S. 6, Thadeus 4, Thomas A. 1

Schedule Page 381

BENHAM, Shederick A. 57*, Martha A. 37, James H. 17, Sarah 9, Elizabeth A. 15, Martha J. 13, John D. 7, Newton 5, William 1
BRAME, Richard A. 44, John L. 12, Susan M. 10, Mary E. 7
CAMPBELL, Nancy 60*

- 12 -

1850 Census Christian County Kentucky

FULCHER, Allen 55*
GRIFFIN, Lucy 17*
HARLAN, Parot 45* (B)
HILTON, Harriet T. 49*
HOLEMAN, Phebe 55
HORD, Rhodin H. 26 (m)*, Henrietta 22
LACKEY, George E. 44, Mary 37, Benjamin 14, Americus 10, John N. 6, Adelina M. 3
LACKEY, John W. 49*, Sarah C. 33, John B. D. 7, Joshua A. 5, William C. 3, Thomas A. 10/12
MCLELAN, Ruth 20*
MCRAE, Flora 20*
PASS, Virginia 17*
PAYNE, William 37, Sarah E. 26, John L. 9
PORTER, Nathaniel S. 36*, Eliza A. 29, Arrethusa 4
REASONS, Mary C. 39, John T. 16, Duncan 15, Eliza D. 12, Tandy 10 (m), Porter 7, George 3
SIMMONS, George 56, Mary 56, James R. 23, Catharine 40
TANDY, Elizabeth 63, Augustus H. 24, Richard M. 39, A. E. 14 (f), Sarah W. 12, William 11, Thomas J. 9, David A. 8, John H. 6
UNDERWOOD, Adelaide 38, Sarah 18, Robert L. 12
WALSH, William S. 20, Palmyra 21
WALSH, James H. 55*, Elizabeth 49, Hiram 15, Martin V. 13
WEAVER, James 40*
WILLIAMS, James M. 49*, Nancy C. 46, Mary E. 17, Lucy A. 11, Caroline P. 8

Schedule Page 382

ALEXANDER, Robert 21, Elizabeth 52, Ann 27, Lucy 25, Margaret 23
ALEXANDER, Thomas G. 26, Sarah A. 25
BALLARD, Warner 34, Mary A. 23, William G. 3, Cornelia S. 1
BENHAM, James 67, Rebecca B. 47, Ann E. R. 7
CHILTON, John 50, Elizabeth 44, James 16, Franklin 12, Robert 11, John 7, Sarah 5, Mary 2
COOPER, William W. 25*, Margaret T. 22
GRUBBS, John T. 52, Susan B. 51, Thomas S. 19, John S. 17, Isaiah 16, Alexander C. 15, Elizabeth H. 14, Mildred 13, Mary 11, Susan 7
LANE, Benjamin 40, Eliza F. 38, Marion C. 12, William H. 9, James T. 6, Augustus H. 3
MCRAY, Kenneth 34, Martha 33, Alexander 8, William M. 5, James H. 3
MOODY, William A. 39, Margaret A. 38, Francis B. 13, Joseph B. 11, William L. 8, Maria L. 5, Martha E. 3
MOSELEY, Lemuel 64*, Susan J. 56, John L. 16, Lucy M. 10
PENDLETON, Frances J. 65, Julia T. 30, Waller E. 26, Ann E. 21, Cyrus M. 19
SINNET, Henry 45*
VAP, Thomas 68, Henry J. 35, Mary M. 34, Virginia 31, Amanda M. C. 27, Susan B. 24, Thomas L. 25, Thursey J. 22
WILCHER, William 44, Martha 43, Mary J. 18, William H. 17, Sarah C. 10, Martha A. 8, Joseph T. 6, Amanda E. 3, Susan S. 4/12
WOODFORD, Elizabeth 22*
WRIGHT, Simeon R. 26*, Milton H. 6, Paulina B. D. 34, Alexander R. 4, Silas D. 3, Benjamin J. 2
YOUNG, Godfrey 55*

Schedule Page 383

BUTLER, Theophilas W. 36, Elizabeth 45, Elizabeth F. 14, John 10
COMBS, Eli 37, Maria 33, William 14, Newton 11, Rosetta 6, Susan 4, James E. 5/12

1850 Census Christian County Kentucky

CURTIS, Nancy 54*
GODDIN, James 55, Sally 50
GRAY, John 76, Esther 74, John F. 10, Henry C. 9
GRAY, Rezin D. 30 (m), Mary E. 29, Margaret A. 7, John 4, William C. 3, Thomas D. 1
HALL, Charles G. 38, Elizabeth A. 36, Ann M. 13, John F. 12, James J. 10
HARRISON, Samuel M. 7*, Frederick F. 6
HILL, Archer L. 19*
HOPE, Mary J. 18*
LACY, Drury 31*, Elizabeth 20, Thomas E. 2, Ann M. 6/12
MCALISTER, Ephrai E. 52, Frances E. 38, John W. 19, Daniel A. 17, Alexander 16, Thomas 13, George W. 10, Richard 8, Porter 1
PETTY, Curd 23, Dicey 59, Mary A. 21, William F. 8, Elizabeth L. 5, Harriet A. 1
SIMMS, James 28*, Jane C. 28, William L. 7, George S. D. 4, James M. 5, Mary J. 2
TANDY, Elizabeth 72, John B. 30, James A. 26
TANDY, Mills 70, Louisa A. 22, James E. 20, Emily M. 18
TANDY, Rodger J. 44*, Mary S. 32, George E. 3
WALKER, Samuel 67*
WILLIAMS, Elizabeth 65, William 44, Ann E. 22, Jacob A. 5, William E. 1/12
WOODFORD, Sarah 15*
YANCY, Robert C. 37, Susan 32, Mary V. 8, John W. 6, Gabriel L. 4, Susan M. 2
YANCY, Benjamin 75* (B), Dicey 56

Schedule Page 384

ALEMBERT, Lerod 16 (m)*
BAILEY, Lucy 27, Elizabeth 9, Mary J. 6
BALLARD, James G. 39, Louisa J. 31, Nancy 8, Mary 5, Eliza J. 2, James W. 1/12
BOWLES, Austin 51, Ann 50, Franklin B. 28, Thomas 24, Bushrod W. 20, Lafayette 14, Elizabeth C. 22, Perlina 17, Gabriella 11, Victoria A. 8, Josephine V. 6
BROWN, Mary 50, Eperson W. 24, Sarah J. 20, Andrew J. 15
BROWN, Thomas 60, Rebecca 54, Samuel M. 18, Thomas F. 21, Sarah 15, Milton D. 13
BROWN, Robert S. 29*
GIBSON, Preston 37*, Theresa J. 27, Mary C. 8, Virginia P. 1/12
HUTCHISON, Susan 68, John 25, Evaline 28, Eleanor 41, Jane B. 28, Sarah 26
MANSFIELD, George W. 45, Ellen 33, Erskine 17, Ann E. 15, Margaret 7, Ella 5, Reuben 3, Elsey C. 1
MASON, John 70, Ann 54, Willis 27, Amanda 22, Ann J. 16, Catharine 15, Richard 12, Matilda 10
MASON, William 65, Nancy 35, Martha 23, David 20, George W. 14, Lavinia 12, Frances 11, Thomas H. 3, America J. 17, Poindexter 3
SHELTON, James 59, John 23, William 16
SIMPSON, Rhodeham 76, Catharine 66
STEWARD, Jane 78
WILLIAMS, Joseph 67, James W. 22, Joseph 16, Reuben M. 11
WILSON, William W. 48, Priscilla 36, Robert C. 15, James P. 6, Ann L. 4, Joseph F. 4/12

Schedule Page 385

BAIRD, Alexander 27*, Nelly 21
BOWLES, Augustus 38, Sidney A. 32 (f), Huston L. 9, Maxwell D. 7, Mary E. 5, Elvira 3, Sidney E. 1
BOWLES, James 52, Mary 42, Margaret 16, Susan 13, Virginia 10, America 8, George W. 5
BOWLES, George B. 25*, Lucy A. 25

1850 Census Christian County Kentucky

BOWLES, William H. 36*, Catharine P. 36, James W. 10, Henry H. 7, Mary I. 4
CLARK, William F. 50*, Elizabeth 48
CRUTCHFIELD, Samuel 55*
ELLIOTT, John J. 25, Sarah N. 17
FAIRBANKS, William 46*, Frances 34
HERRON, Amsil 32, Hephziba 35, Mary J. 12, Ann E. 10, Tennessee 7 (f), James T. 5, Edwin C. 4/12, George 4/12
JOHNSON, Frances R. 27*
LAMB, Elijah 28, Nelly 25, Doritha 23, Sally 17, Rachael 15, William I. 13, Peter 11, Martha 9, Martha 28, John 2, William 1
LAMB, Peter 53, Goodwin 51
LANDER, John 56, Mary A. 50, Mary E. 15, James H. 7, Christopher S. 17
MCKEE, Charles 38, Thursay J. 25, Harriet 6, Robert 4, Thomas 2, Mary 2/12
PARISH, Margaret 79*
SHAW, Thomas 21*
VAUGHAN, Eleanor C. 38, Mary E. 16, Sarah C. 16, Jane E. 14, James W. 13
WEST, Matilda 42, Harland I. 26, Amanda 23, Sarah A. 22, James S. 20, Henry 18, Isaac 16, Mary I. 12, William 11, Susan 8, Lucinda 21
WIGGINS, Catharine B. 13*

Schedule Page 386

BARNETT, Elizabeth H. 46, Antoynett 12, Robert B. W. 9, Elizabeth J. 6
BRADSHAW, Benjamin W. 39, Juliet H. 25, Therdore 6, Caroline 3, Frances 1
BRONAUGH, Malcom 35*, Sarah M. 35, David 15, William 15, Austin J. 12, Mary F. 8, Judith 5, Ann 3, Malcom 3/12
BURT, William H. 46*, Sally 38, Richard 9, Catharine 7, Mary 5, William L. 2, Martha 1
CASKEY, Robert 55, Lucy P. 49, John F. 22, Edmond 20, Mary A. 16, Lucy 13
FRUIT, John G. 34, Elizabeth 66
HARNED, Larkin 40, Joicy 41, Hanna G. A. 16, Benjamin L. 12, Augustus C. 10, Jamaes E. F. 9, John B. L. 7, Jerome B. 5, Joicy C. B. 2
HARRISON, Elbert C. 31 (B), Eda A. 22, Emily J. 10, Mary F. 8, Elizabeth E. 6, William T. 3
HOARD, David S. 31*, Henningham 25 (f), Frances 6, Calmes 5 (m), Anna 3, Thomas 2
MANSFIELD, Erskine 18*
QUISENBERY, Catharine 57, Elizabeth 25, James 3
SIMMONS, Sarah M. 49*
STUART, Lunacy 41 (f), James J. 18
TUCKER, Robert 20*
USHER, Rebecca 69*, Newton B. 26
VASS, Madison B. 39, Adelia A. 36, Lemuel G. 14, Mary F. 12, Eliza C. 10, James T. 8, Henry B. 7, Mills P. 5, William W. 3, John M. 2
WATSON, William 46, Permelia A. G. 39, Albert T. 16, John F. 14, Leroy 12, Francis O. 10, Nathaniel T. 9, Cordelia A. 4, Permelia A. 10/12
WRIGHT, Alexander 62, Joseph P. 16, Alexander C. 22
YANCY, William 26*
YOUNG, Austin E. 20*

Schedule Page 387

BEARD, James H. 20*
BROWN, Absalom 31*, Jane K. 25, Rachael R. 4, Mary E. 2, Gravaner S. 30

1850 Census Christian County Kentucky

BROWN, Andrew J. 34*, Lucinda J. 26, Amanda J. 6, Thomas F. 2
CALLOWAY, Josephine 9*, Mary A. V. 6
CAMPBELL, John W. 39*, Margaret M. 31, Mary E. 9, Elizabeth A. 7, Margaret A. 5, Hester V. 3, Benjamin P.? 1, Elizabeth D. 64
COMPTON, Elizabeth 45, Sarah A. 22, Willis D. 20, Julia J. 18, Thos. H. 16, Martha R. 14, Margaret T. 11, John W. 9, Elizabeth G. 5, Robert W. 3
CRABTREE, Thomas 22*
CURTIS, Joseph W. 18*
ELGIN, Frances B. 49, Catharine E. 25, Selina 22, Amanda M. 21, William F. 20, Robert A. 18, Albert G. 16
ELGIN, George W. 40, Jane L. 26, Dink 1 (m)
GRAY, Daniel 41*, Ann A. P. 41, John W. 21, Jerry C. 16, Reason D. 12, Amelia A. 5, Robert C. 6, Hester A. 3
GRAY, William C. 53*, Elizabeth M. 52, John 26, Reuben H. 24, Sarah V. 22, Sophronia A. 17, Mary E. 12, Josiah D. 10
GRAY, Young E. 48*, Eliza 35, William F. 21, Reuben M. M. 15, Frances E. 3, John H. 1
GREGORY, Benjamin 26*
GREGORY, Philip 55*, Elizabeth 48, Granderson 17
HAGERED, James W. 23*
HARDIMAN, Samuel 24*
HARRISON, Benjamin 56*, Unice S. 54
HARRISON, Elbert 45*, Permelia 42, Augustine 17, William W. 15, Benjamin 23, Robert 4, Elbert 2
HEMPHILL, Samuel 30*
KELLY, Thomas ;19*
PARISH, Mary 36*
THRIFT, George 54*

Schedule Page 388

ANDERSON, Margaret 23 (B), Helen 15, William 20, James 5
ARMSTRONG, Robert 35*, Dolly 50
BRADLEY, David M. 35, Sarah A. 35, William 11, Gustavus W. 9, Edmond J. 4, Sarah J. 8/12
BRADLEY, George W. 30, Mary C. 30, Sarah E. 9, William H. 8
BROWDER, Sarah 54*, Mary A. 26
CARRINGTON, George M. 56*
CARSEN, Margaret A. 4*
FRITZ, John G. 23, Jane F. 23, Colbay J. 8/12
GRIFFIN, Jason W. 26*
GRIFFIN, Martha S. 80*
HAGARD, William H. 44, Elizabeth 44, Felicianna 8, Todd 6, John N. 19, George C. 17
HARNED, Hanna 66, Hanna P. 26, Franklin 18
HARNED, James 44, Sarah 40, John 20, William 18, Nancy A. 14, Sarah 12, Lemuel J. 10, Taylor 7, Montgomery 4, Not named 1
HARRISON, Abraham 45 (B), Pompey 85, Jenny 45, Jane 40
HAYS, Russell 25* (B)
HEMPHILL, Robert 28*
HIGHTOWER, George W. 25*, Serilda 23, Mary E. 1
KELLY, James Y. 24*
MADDUX, Thomas B. 44*, Jane E. 19, John R. 18, Hester A. 16, Margaret 12
MAVION, James M. 4*
ROLSTON, David 76*, Marsay 40, Ann M. 35, Virginia S. 13
SHAW, William F. 27*
SMITH, George W. 56, Jane 56, George W. 22

1850 Census Christian County Kentucky

SMITH, Zack 55*, Sarah 45, Joseph T. 20, Susan E. 18, Charles P. 10
TANDY, William L. 30*
TEMPLETON, Lewis T. 45, Elizabeth Y. 30, Thomas M. 18, Jane C. 10, Frances A. 8, Susan A. 5
TILLMAN, James 22*, Gideon G. 21, Margaret 56

Schedule Page 389

CARROLL, James 48, Jane B. 44, John 22, Virginia A. 18, Thomas W. 17, Benjamin H. 14, Matilda C. 10, McHenry 9, Manerva D. 6, Jane A. 2
CARROLL, William 73, Eliza 38
CARROLL, William H. 36, Marion 12 (f), Reuben 10, Louisa 8, Caroline 6
COILE, Enoch 41, Ruth 30, William H. 12, Sarah A. 10, James 8, Eliza C. 6, Mary M. 4, Emily J. 1
DULIN, Lot W. 32
FOSTER, James A. 32, Margaret F. 32, Eliza A. 9, Mary J. T. 3
HARNED, Edward 46, Sarah 43, James F. 18, Fidelio B. 14, Kitty E. 11, William H. H. 9, Nancy L. 7, John H. 5, Lucretia 1
HARNED, Enos 33, Mary A. 32, Susan V. 10, Margaret A. 7, James O. 5, Parelee 3, Christopher C. 1
HARNED, Isaac 28, Nancy 25, Mary J. 5, Hanna O. 4, Birdit A. 2
HARNED, Edward 17*
HARNED, Mary 34*, Birdit A. 15, Mary A. 12, Thomas H. 10, Benjamin W. 8
HAYS, Elyel 28, Mary 25, Missourian 10, Martha J. 7, William G. 3, Sarah 3, Joseph F. 2/12
HAYS, Stephen 32*, Hanna 22, Napoleon T. 4
JONES, Thompson 40, Martha 35, Leander 15, John 10, Elizabeth 6
MCINTOSH, Jesse 48, Jane 40, Anderson 23, Parelee 16
VICKERS, Eleanor 50*
WILKINS, James S. 40, Lucinda J. 37, James D. 7, America F. 5, Samuel D. 2

Schedule Page 390

BLANKENSHIP, Henry 50, Sarah A. 30, Pleasant 15, Martha A. 10, Mary A. 8, William H. 7, Gustus W. 6, Robert M. 4, John W. 2
DENNY, John 18*
FRAYSER, Hugh B. 33, Cinthia A. 34, William H. 9
FRITZ, Michael 58*
MCGINNIS, Richard 20*
MCLELLAND, David 66*, Samuel 45, Nancy 40, John 33, David J. 30, Mary 28, Hester 24, Daniel 23, Ruth 19, Reuben 21, William D. 9
REECE, Jesse H. 35, Mary J. 32, Elizabeth A. 9, John D. F. 6, Thomas A. 4, James 1
SHAW, Solomon W. 23, Martha J. 23, James F. 3, Wm. F. 1
SHAW, William 57*, Sarah 58, Sarah J. 22, Malinda A. 20, Josiah J. 33, Milton A. 18, George W. 17
SHERRILL, Amanda 18*
VAUGHN, James 72
VAUGHN, Mary E. 16*
VAUGHN, Richard 28*, Mary A. 26, James W. 8, Richard F. 6, John H. 3, Sarah H.A.B. 3/12
WEST, Miles 25, Martha 22
WHITE, Preston B. 24, Mary M. 24, James W. 4
WHITE, Sarah 57, Harriet 22, Milton 21, James 18, Etna 15, Amanda 13, America 10
WOOD, Leonard 76, Sarah 65, Elbert H. 34, Gilbert G. 32, Milton H. 30, Leonard L. L. 24, Parelee 22, Artemissa 19
WRIGHT, John H. 42, Lucy 37, Elizabeth M. 20, George A. 19, Joseph A. 17, James 15, Mary F. 13, Virginia A. 9, John W. 7, Eliza J. 5, Benjamian F. 3

1850 Census Christian County Kentucky

Schedule Page 391

ALLEGREE, Richard W. 24*
BROCKMAN, Osworld 56, Mary F. 44, Martha A. E. 17, John L. 15, Sarah C. 12, Joseph R. D. 8, Virginia E. 6, Samuel O. 2
BUCKNER, John 57*, Catharine 48, Martha W. 18, Clementine S. 14
EDWARDS, Edwin 36*
EDWARDS, James 53*, Elizabeth 42, Edwin W. C. 6
ELLIOTT, Rezin 57, Mary A. 42, William 19, Isabella 11, George 10, Sarah 8, Kate 7, Lowrey 5
HALL, John 36*, Mary S. 24
HARRISON, Samuel H. 53, Seneay 47, Mary J. 22, Sarah E. 17, Penelope H. 13, Samuel H. 11
HARRISON, Sarah 60*
HAWKS, Jacob 60 (B)
JOHNSON, James M. 30, Cinthia 30, Mary E. 12, Benjamin F. 11, John H. 10, James H. 7, Martha S. 5, Jane L. 4, Wm. M. 3
JONES, Eli 30 (B), Angelina 22, Martha J. 2
JONES, Milly 24 (B), Ann A. 3, William H. 1
KINKEAD, Samuel 20*
LIGHTFOOT, Michael 48 (B), Matilda 50, Rebecca E. 10, Octavia 5, Mitchael 9/12
MASON, William 30*, Elizabeth 28, Hester A. 6, John 4, Mary E. V. 2, David 20
PARKER, John C. 37*, Darcus E 30, Sarah A. 9, James P. 7, Julia L. 5, Abram R. 3
PAYNE, Wm. R. 20*, Francis D. 17, Henry J. 20, Thomas J. 40
PHELPS, Louisa 26 (B), Westley 12, Mary L. 4
PRESTON, Thornton 45 (B)
RICE, Squire 52 (B), Elsy 55, Leroy 17, Catharine B. 12, Caroline 14
ROBERTS, Mary L. 30*
VAUGHN, William T. 12*
WOOD, Curtis D. 47*

Schedule Page 392

BARNES, Harrison P. 31*
BARNES, Thomas W. 24*
BOATWRIGHT, Frances 23*, Joseph 6/12
BOWLES, William H. 19*
CURTIS, Joseph 16*
DORSON, Edward P. 32*
EDDINS, Isaac 38*
FOSTER, Andrew W. 45, Catharine 35, Gustavus A. 14, Augusta B. 12, Larra C. 10, Mary A. 9, Thomas M. 6, William W. 4, Cyrus R. 2
FRENCH, Edward P. 20*
GRABLE, Samuel J. 30, Louisa 24, Mary J. 4, Virgil L. 2
GREEN, Littleberry 28*
HARD, Reuben S. 27*
HENDERSON, Elbert 22*
HOGAN, Alexander 19*
HOOD, Andrw J. 19*
HOPSON, Joseph 33*
JOHNSON, Thomas W. 32*, Elizabeth A. 25, James L. O. 9, William G. 2
KIDNEY, Morris 27*
KINKEAD, James 60, Nancy 50, Samuel 20, James 16, Robert 14, Martha B. 12, William 6
LASPAROS, Mitchell 23*

1850 Census Christian County Kentucky

LEWIS, Riley 24*
MARKS, Joseph 19*, William 18
PARTILLON, William B. 21*
PRATT, William 43, Emily F. 38, Frances 20, Maximus A. 16, Willis V. 15, William D. 13, Emily M. 7, Ellen E. 9, John C. 5
QUARLES, Albert 23*, Lafayette 20
ROACH, --- 26*
RUNNELS, Green 26, Arrilda 22
RUNNELS, Thomas 22, Mary 18
RUNNELS, Robert 19*, Joseph 18
RUSSELL, Jesse 40*, Hulda 42, George R. 20, Edward 12, Joseph 9, James 7
SULLIVAN, John 46*
TANDY, Ambrose 57 (B), Matilda 57, Lewis 17, Philip 16, Westley 14
WALL, James 18*
WEEKEL, John W. 40, Hulda 40, George Anna 21, Catharine 18, Henry 16, Jasper N. 14, Benjamin F. 12
WELCH, Benjamin O. 21*

Schedule Page 393

ANDERSON, John 25*
BAKER, Michael 27*
BARNES, Ephraim 12*
CACISITY, Christopher K. 35*
CARR, John S. 31*, Nancy B. 22, Martha J. E. 4, John R. 3, Missouri A. 2
CHUMLEY, Edna 26*
DENNY, Charles 14*
DOOLEN, Michael 40*
DUPUY, William 85, Elizabeth 50, Debba 44
FRITZ, David 23, Nancy P. 18
FRITZ, Solomon 47, Annis 30, Michael 22, Annis E. 19, William 17, Armelia E. 15, Solomon N. 13, Nancy V. 9, Elijah H. 5
HORD, Edward J. 25, Clementine 19, Mary J. 22
HORD, George 42*, Elizabeth 38, Ezekiel 17, William L. 14, David F. 12, Ann E. 5, Julia G. 4, Virginia I/ 12, Marylandd 1/2
JOHNSON, Richard F. 21*
KIRKMAN, Elizabeth 75*
KNIGHT, John B. 35*, Eliza E. 30, Robert 5, John B. 3
MCINERNAY, Cornelius 30*
MCLOUGHLEN, John 40*
MEACHAM, Dorey 44*, Fidelio S. 18, William P. 16, Jesse F. 14, Elizabeth A. 12, Nancy S. 10, Dovey A. 9, Lucy E. 7
MORRIS, Lemuel B. 40, Sarah 40, Margaret 13, Sarah 9, George 4
O'CONNEL, John 32*
ODONNEL, Richard 25*
REEVES, William 45, Elizabeth 47, Jesse 16, Mary E. 13, America A. 9, William V. 7, John H. C. 5
WADDILL, Robert L. 39, Elizabeth S. 37, Joseph 4, Benjamin 2
WARE, William S. 30, Susan E. 26, Georgette 8, Leslie 4, Walter 2, Thompson P. 3/12
WARE, James 65*, Georgianna 61, Harvey 21, Robert 19
WARFIELD, Walter E. 24
WHITTAGE, Robert 66*

1850 Census Christian County Kentucky

Schedule Page 394

ALDER, Elizabeth 45*
CRABTREE, James 57, Ann 47, William N. 31, James S. 27
CRABTREE, William J. 27, Isabella 26, James A. 4, Mary C. 2, Mary A. 21
CRABTREE, Samuel 24*
DUCKER, James J. 33*, Elizabeth 24, Mary 6, Emily 3
FORBIS, Cinthia J. 26*, Isadora 2, Madison J. 2/12, Chastine C. 21
GORDON, William G. 69, Jane 60
HALL, Andrew 38, James 28, Catharine 32
HALL, Thomas 28, Mary J. 18, Helen J. 7, Augustus H. 2
HARRISON, John A. 27, Amanda E. M. 23, James R. 1, Evalina H. 5
HENDERSON, Finis E. 40, Mary 40, Sidney A. T. 15, Malinda M. 13, Alexander M. 11, Maria B. 9
HORD, William 64, Elizabeth 58, Louisa 18, Peter D. 26
LEE, Prudence 47*
MCLAUGHLIN, Frank 30* (B)
MILES, John 44, Jane 45, Margaret C. 22, Elizabeth 16, Julia A. 14, James McHenry 11, Reece A. 9, Chesterfield F. 6, Zack Taylor 3
PYLE, Thomas 54*, Lucinda 40, Elizabeth E. 18, Mary A. 16, Susan E. 15, Minerva 12, Nancy 11, William 10, Martha 9, Thursey 6, Thomas 2
QUAITE, William G. L. 36, Hester P. 29, Robert P. 7, Hanna M. 5, David A. 4, Robert H. 1/12, Jane 76
STUART, Elizabeth H. 51, William C. 19
STUART, James N. 36, Margaret 55, Susan 44, William H. 23
WEST, John T. 44*, Ann 38, Erasmus F. 16, John A. 14, George W. 10, James M. 7, William J. P. 3, Fountain D.T.9/12

Schedule Page 395

BREWER, Frances 73, Ann 40, Frances 35
CARPENTER, Peter 42, Susan 30, John E. 12, James B. 5, George V. 2
GAMBLE, Andrew 66, Jane 40, Andrew F. 22, Samuel T. 19, Susan A. 18, Mary S. 16, Charles L. 14, John W. 12, Jane E. 8, Joseph 6, Zack Taylor 3
GAMBLE, James S. 26, Elizabeth A. 23, Sarah A. 3/12
HUNT, William 25, Mary 24, Susan J. 5, Napoleon 3, Rodin W. 2
RIDDLE, John 38, Mary 37, Ezra 10, Catharine 8, John 5, Harvey D. 3, Anna 75, Kissiah 42, Serena 15
RODGERS, Edom 36, Susanna 26, Jane 8, Joseph W. 5, Delila 4
RODGERS, Lazarus 65
RODGERS, William R. 40, Fanny 30, William 12, Alfred F. 5, James H. 3
SHAW, James S. 26, Elvira 20, John G. 2
VAUGHN, Mary M. 34, Sarah E. 8
VAUGHN, Susan 56, William H. 27, Newton J. 24, Alexander P. 21, Susan A. 19, Milton C. 17, Harvey R. 15
WILKINS, John 50, Mary 45, Sarah A. 24, Mary J. 22, Martha E. 20, Thomas R. 18, Andrew H. 14, James D. 12, Amanda V. 7, William W. 4
WILKINS, Thomas 81, Hanna 77
WILKINS, White 32, Margaret 34, William D. 10, Mary J. 9, Frances A. 7, Sarah C. 5, Martha C. 2
WITT, Mills 60, Jane 52, William 19
YOUNGLOVE, Ezra 65, Margaret 50

1850 Census Christian County Kentucky

Schedule Page 396

BERRY, Robert 45, Rebecca 45, Mary 22, John W. 20, Louisa M. 16, Nancy E. 13, Sarah J. 11, William B. 11, James R. 5, Thos. H. 2
CALVIN, James 60*, Mary A. 40, James M. 21, Hanna 18, Benjamin F. 14, Nancy C. 10, John W. 7, Joab 4
CAUSSEY, Zadock 34, Tempe 32, Emily J. 10, Margaret M. 8, John G. 7, Angeline 6, Frederick 31
COOPER, Elizabeth 58, Sophia 18
GAMBLE, David Q? 23, Jane 19, William R. 1
LACY, William R. 25, Mary C. 25, Frances E. 2, Mildred A. 1/12
MEACHAM, Calvin 31, Mary 25, Elizabeth S. 5, Minerva B. 3, Mary A. 6/12
MEACHAM, Edmond 4, Ivy 40, Maron D. 16, Calvin V. 14, Henry C. 12, Louisa E. 10, Leander Q. 5, John M. 2
MEACHAM, Edmond 70, Nancy 65, Susan 28
SHERRILL, Benjamin 63, Sarah 57, Jane C. 22, Thos. M. 21, William D. 20, Emily C. 16, Benjamin F. 13, Sarah E. 12, Martha J. 6/12
SPERLIN, James W. 26, Lina 26, Alfred C. 3, John H. 2/12
SPURLIN, Archibald 25, Lucy E. 21
SPURLIN, John 70, Rebecca 62, Noel W. 23, Andrew J. 20, Benjamin F. 16
STUART, Susan 88*
WILKINS, Walker C. 42, William H. 21, Martha E. 18, Ann B. 15, Amos H. 14, Charles W. 12, Elizabeth L. 10, Elizabeth 40
WILKINS, Irvin A. 28*, Frances 32, Anna 7, Sarah E. 5, Jane M. 4, Mary A. 3

Schedule Page 397

BREWER, Henry H. 47, Jane M. 49, Mary C. 18, Nancy F. 15, Joel H. 14, Henry E. M. F. 10, Samuel L. 8, Hezekiah E. 3
CARROLL, John 37, Mary A. 23, Elizabeth V. 2, Mary A. 1
EDWARDS, Thos. J. 29, Ruth 23, James G. 5, Mary B. 3, Susan 2, unnamed 3/12
EDWARDS, Edward 73*, Rhoda 66, Sarah 32, Ruth H. 33, John S. 30
FORBIS, Samuel 51, Sarah C. 43, Mary M. 21, Ann M. 18, Hannah 16, James V. 12, John E. 10, Julia R. 7, Sarah F. 5
HENDERSON, William 50, Matilda 45, David 20, Jane 22, Gideon 18, Elizabeth 16, Barberry 12 (f), George 10, America 8
HENDERSON, Jane 22*
HUBBARD, Ralph 55*, Frances 47, Agnes 22, William B. 17
LACY, David 71, Jane 63, David M. 16
LACY, John O. 26, Helen W. 21, Monroe Q. 2, Mary D. 2/12
MEACHAM, Joseph 35, Harriet 33, Nancy M. J. 13, Mary E. 11, Martha A. 9, Susan P. 7, Lina A. 5, Thomas W. 10/12
RICHARDSON, Mary 58*
ROADES, Henry 66, Mary M. 56, Elizabeth 24, Martha 20, Emily 16, Celia 14, Samuel 13
STEELE, Hiram 50, Elizabeth G. 49, James D. 22, Joseph F. 18, Thomas M. 16, Martha E. G. 13
THOMAS, Nancy A. 23*
WILKINS, Jesse C. 43, Rebecca 40, Thomas B. 18, Hanna A. 16, Eliza A. 12, William E. W. 8, Mary J. 4, James M. 3
WOODS, Littleberry 67, Luraney 70, Martha E. 34

Schedule Page 398

BLALACK, William 66, Susan 60, Pernesia 22
CALVIN, Aaron 55, Bashuba 20, Rachael 18

1850 Census Christian County Kentucky

COFFMAN, Preston M. 20, Mary 20, Joshua M. 6/12
DEVENPORT, John W. 34, Ci8nthia A. 34, Furby A. 11, Parthenia M. 10, James A. 6, Eliza J. 4, Isaac B. 2
DEVENPORT, Martha 50, Adaline 23, Martha A. 12
GRANT, Milton 15*
HENDERSON, John B. 45, Rebecca 38, James 23, Archie 20, Noel 16, Nancy J. 14, Larkin 10, Ann C. 7, Benjamin G. 6, Mary E. 4, Fountain C. 3, Susan R. 1
LACY, Benjamin 62, Ruth 56, Nancy 28, James R. 25, Minerva 22, Mathias 16
MEACHAM, Wyatt 52, Ellen 52, Joseph A. 27, Arabella M. 13
ODANIEL, Joshua 28, Nancy 31, James W. 7, Aaron V. 5, Susan V. 3
POWELL, William 32, Elizabeth 32, Irvin 11, Almeda 9, Artimis 5, Alfred W. 2
PYLE, John 37, Jane E. 30, Abner W. W. 5, James F. 4, Sarah N. 1
ROBINSON, James 46, Minerva 32, Elizabeth 12, Mary E. 10, William V. 7
ROBINSON, Adison H. 43*, Abner O. 17, Presley B. 6
TUCKER, Joshua 52*, Bashirba 45, Elizabeth 18, Joshua 7, Bashuba 4
WEST, Harmon 39, Catharine 35, Eliza J. 7, Nancy P. 5, Francis M. 4, Susan A. 1, William 39
WHEELING, Ann C. 19*

Schedule Page 399

ALDER, George 18*
ALLDER, William 42, Kesiah 40, Jesse 4, Milly A. 17, Candies 15 (f), James M. 10, Mary J. 7, George 77
FORBIS, James H. 38*, Mary J. 33, Mary M. 5, Joanna 4, James H. 4
HEMPHILL, Precilla 39, Hessa 11, Lavinia 7
HENDERSON, Elbert 27, Martha 46, Francis L. 4
HENDERSON, Obadiah 37, Hester 37, Nancy 12, Mary J. 10, Lucinda 9, Hester 7, John W. 5, Margaret 2
LACY, William 34, Julia 32, Jane M. 10, Elizabeth O. 9, Mary A. 8, James N. 7, Sarah V. 5, William W. 3, Margaret H. 1
LACY, Benjamin H. 26*, Nancy 23, Virginia H. 2, Ann L. 6/12
MEACHAM, James 32, Mary 30, Mary J. 11, Ann C. 9, John F. 6, Elizabeth A. 4, Eliza C. 2
MEACHAM, James A. 48, Sarah 36, Elizabeth 8, Nancy P. 7, Clement E. 5, Elbert 3, Lucy M. 7/12
ROBINSON, Margaret 55, Robert C. 32, Onasim 30 (m), James F. 24, Hanna J. M. 17, Mary J. 14
ROBINSON, Mathew 53, Susan 40, Elbert M. 224, John G. 20, David W. 22, William N. 16, Henry H. 12, Eliza A. 9, Octavia E. 7
RUSSELL, Mary 37, Robert J. 16, Mary E. 14, Samuel 12, Sarah M. 10
RUSSELL, James 55*
WILLIAMS, Stephen 47, Susan 23, Nancy 20, Gilli 18 (m), Martha 15, Malissa 11, Rowland 9, Arabella 7

Schedule Page 400

BARNES, George W. 23, Sarah 24, Mary C. J. 1
BARNES, Wiley 53, Sarah 45, James H. 26, John T. 16
BERRY, David 24*, Susan 26, America B. 1
BONDS, Martha 18*
CAUSEY, Darcus 40, Tempe 4
CLINTON, Archibald 48, Isabella E. 44, James A. 18, George W. 15, Madison M. 14, Lucy V. 11, Nancy C. 9
LACY, Elizabeth 58*
MCCLUER, William 40, Mary H. 30, Jane 12, Strother T. 9, John W. B. 6, Mary J. 3
MCLIN, James S. 54, Sarah W. 50, Harriet C. 21, Seraphine 14, James W. 10

1850 Census Christian County Kentucky

MEACHAM, Jesse 39*, Lucy 87
MITCHELL, Edmund 51, Elizabeth 47, Lucy A. 17, Margaret 15, William F. 14, Virginia 11, Susan E. 10, James F. 7, Cebeocus 5 (f)
RODGERS, James J. 27, Sarah 29, Elizabeth H. 2, Bishop M. 4/12
RUSSELL, Donel 45, Prudence 40, Robert 15, Francis M. 12, William 10, Jesse 7, Mary 5, Charles 1
STROUD, Peter 62 (B), Jemima 50, Westley 26, Betty 22, Lucy 20, Sally 18
WINFREE, Sherwin T. 28*, Elmira 26, William P. 8, John 6, James 4, George 3, Joanna 1
WORD, Mildred C. 16*
YOUNGLOVE, Alfred 45, Harriet 40, Moses H. 18, Samuel C. 14, Elizabeth H. 12, John B. 9, Alfred 7, Robert F. 5, Hariet 2
YOUNGS, John B. 50, Sarah 44, Mariah 22, John 17, Robert 14, Adaliza H. 8, James 4

Schedule Page 401

BOULWARE, Elizabeth L. 17*, Benjamin M. 15, Richard L. 13
BOWEN, John 41, Agnes 44, Mary J. 19, Ann L. 15, Elizabeth 12, Josiah 16, James J. 10, Mildred 8, Elvira 5
CALDWELL, Isaac H. 33*, Evalina S. 27, Frank 1
CAMPBELL, Joseph W. 24
CAMPBELL, William 47, Elizabeth A. 44, William M. 21, Warner W. 16, Charles L. 12, Susan M. L. 10
DALLAM, Ann R. 59*, Harriet R. 45
DEASON, Simon 41, Isabella 37, Sarah E. 19, Margaret 16, Nancy 12, Benjamin F. 9, Susan A. 7, William R. 6, George 3
DURRETT, Richard 38*, Mary 37, Henry C. 13, Nancy 9, James A. 6, Mary C. 4, Lucy C. 1
FARLEY, Virginia 28*, Harriet 8
FIERS, Ann 12* (B)
FLEMING, George 36*, Sarah J. 30
HAYS, Thomas 56, Nancy 50, Nicholas 21, Thomas S. 19, Antony C. 17, Samuel P. 12, Frances A. M. 7
HAYS, David J. 36*
HERMAN, William W. 18*
KAY, William 37 (B), Rebecca 39, Cornelia 8, Mary M. 6, Charles H. 5, Ellen R. 2, Milly 55
LEE, George W. 35, Malinda 28
LINDSAY, Charles A. C. 21*
LUCK, Peyton 25, Ellen 21, Mary 2
MORRIS, George S. 16*
PAYNE, Nancy 60*
PUGH, Charles H. 31*, Mary W. 27, Sarah 2
ROWTON, Martha F. 18*
SHACKELFORD, Benjamin 60*, Frances P. 54
SHORT, Charles 90* (B)
STANLEY, John 26*
TWYMAN, Kirtley 45, Elizabeth 38, John 22, James 18, William 16, Emily F. 13, Eliza A. 10, Lucy 5/12
WEST, William W. 18*
WOOD, Nancy 20*
YOUNGLOVE, Samuel B. 36*, Mary J. 30, Charles 1

Schedule Page 402

ALDER, James 44, Sarah 35, Mary 12, George N. 10, John E. 7, Sarah E. 4, Lucy J. 2
ATKINSON, William W. 74*
BREATHITT, John W. 25*, Catharine A. 22, Petyon S. 2, Augustine H. 1

- 23 -

1850 Census Christian County Kentucky

DULIN, Mary 73, Daniel 37
EDMONDSON, Thomas G. 61, Martha 54, Henry S. 12, Thomas M. 10
EWING, Ellen R. 19*, Mary E. 17
FINLEY, Hanna 80*
FORLINES, George L. 39*, Elizabeth 42, Ann C. 16, Lysander 14, William G. 12, Richard 10, Mary 8, Harriet 6, Elizabeth 4
HENDERSON, Westley H. 24, Narcissa 22, James M. 1
LANE, George W. 21, Amelia 21, Martha 2
LONG, John 24*
MATHENY, Ansel 22, Elizabeth 25
MCCARROLL, John 60, Eliza 50, Marianne 27, James E. 17, Elizabeth G. 15, Robert 12, Lucy C. 10, Anna 7
WALKER, Isaac 35, Narcissa W. 32, Martha E. 8, William P. 8, Margaret P. 3, Narcissa E. 1
WELLS, Micajah 30, Amanda 24, James H. 10, John L. 8, William R. 5, Sarah A. 4, Patrick F. 3
WILEY, David 74*, John H. 49, Mary A. 46, Margaret A. 18, Marthana 6, Elvira A. 28
WILLIAMS, Mathew 53, Elizabeth C. 46
WOOLDRIDGE, D. W. 31 (m), Celia 31, Emaline 4, Algusta 3 (m), Lemora 1
WOOLDRIDGE, David H. 22, Altezena 20
WOOLDRIDGE, Anderson G. 27*, Eliza J. 24, Francis C. 2, David M. 10/12

Schedule Page 403

ATKINSON, Lewis 41, Sally V. 42, Daniel R. 20, William W. 16, Emily 17, Andrew A. 14, Doctor F. 10, Mary S. 8, Henry C. 6, Sarah A. B. 3
BRONAUGH, James R. 31*
CRABTREE, David J. 4*
CRUNK, Jacob 46, William 26, John 23, Charity 20, George 17, Susan 13
DAVIS, Earl W. 25, Mary 24, William C. 2
DAVIS, Franklin G. 23, Elvira 21, Martha J. 3
DAVIS, Henrietta 57*, Martin C. 21, Wade H. 18, Leander R. 16
DENNY, Sarah 45*, Charles 17, Dixon 14, Beverly 10 (m), Franklin 8
FURLOW, David 25, Martha C. 21, Melissa J. 3
JOHNSON, John W. 37, Sarah 29, William 9, Henry W. 7, Lesenberry L. 2
JOHNSON, Robert P. 24, Henrietta 22
LEWIS, John A. 26*, Sarah A. 21, Luncy C. A. 9/12
MCCUTCHEON, Henry H. 34, Ursula 27, Hulda A. 10, Sarah E. 7, Mary V. 4
MCDOWEL, Mary 32*
NEWCOMB, George L. 13*
TINSLEY, Lucy 46*, Jane 18, David R. 15, Caroline 13, Gilmore 12
WALKER, John 23, Drucilla 19, Elizabeth 65
WALKER, William 45*
WILEY, Thomas 41*, Anna 37, Mary 18, Margaret L. 16, Letitia 14, Gustavus 11, James 9, William 8, David 6
WRIGHT, William 51, Nancy 40, John 20, William 13, Sarah 8, Joshua 7, Jesse 6, Frank 4, Tissa 2
WRISTEN, Sarah A. 80*

Schedule Page 404

BONDS, Thomas 72, Martha 42, William T. 17
CARNEAL, Mary 38*, Virginia L. 1

1850 Census Christian County Kentucky

CAVANAH, Celina J. 15*, John H. 14, Charles 78
CAVANAH, Ivy 76 (f)*
CRAFT, Jonathan H. 30, Malinda 30, Willbed 11, Benjamin 9, Jane B. 7, Cordelia 5, Fairfield B. 1
CRAFT, Joshua J. 36, Luvina 35, Lycurgus M. M. 4
CRAFT, Rowland T. 41, Margaret 44, David A. 18, Daniel S. 15, Parthulda 13, Parsadia 11, Larkin 7, Margaret M. A. 6, George A. 3
JOHNSON, Ann 54, Francis M. 20, Marcella A. 19, Robert E. 17, David A. 14, Mary J. C. 12
JOHNSON, Benjamin 73*
MARION, Moses 26, Mary 28, Sally A. M. 6, Winny R. L. 4, William C. 2
MCCLENDON, Posey H. 24*, Sabra 24, Almeda 4, Parale 2, Octavia 9/12, James L. 19
MCINTOSH, Isabella 11*, William 9
MCKENZIE, David 35*, Mahala 38
MYRES, Seth H. 19*
OWENS, Mary 49, Martha A. 18, Edward 17, Wilson T. 116, Lusana M. 15, Harriet 13, Mary J. 8
REYNOLDS, Edmond 35, Martha A. 28, Thomas 10, Elizabeth 8, Mary 5, John 1
THOMPSON, James 49, Elizabeth 30, Mary J. 6, James M. 5, William F. 3
WEST, Jesse 30, Jane 28, Mary C. 10, Lucy J. 5, Jesse A. 2
WEST, Willis M. 26, Zerilda 24, Sarah E. 3
WEST, Philip E. 39*, Eliza A. 32, Henry M. 11, Cornelia C. 5, Benjamin H. 3
WIGGINS, Isaac 39, William 13, Jane 11, Malinda 9, John 7

Schedule Page 405

BARNES, Mellville 35, Mary E. 33, William H. 12, John J. 9, Elbert E. 8
COLLINS, John 73
COOPER, Alexander 35, Mary 34, Francis 16, Ormisinda 14, John P. 12, Margaret 6, Willis 3, Martha 1
HAMMOND, Richard 34, John N. 30, Emaline 20, James 20, Susan 22
HOPKINS, Samuel 78, Mary L. 30
JOHNSON, James T. 30, Lucetta S. 26, Sarah 6, Hester C. 4, Melissa A. 2, Lucy C. 8/12
JOHNSON, William 72, Sarah 54, William N. 22, Marcus 20
KELLY, Madison 38*, Elizabeth 37, William C. 7, Ann R. 5
KELLY, William C. 7*, Ann R. 5
LANDRUM, Mark M. 38, Ann A. 30, Susan R. 8, Orian F. 5, Ann D. 4
LANE, William D. 24, Sarah H. 22, Mary F. 1
POWELL, Ephraim 40, Eliza 25, Robin 6
REYNOLDS, Israel 38, Nancy 30, John 15, Marmaduke 13, Margaret 10, Harriet 4, unnamed 6/12
REYNOLDS, William 40, Elizabeth 35, Permelia 15, Mary 12, Thomas 8, Jane 3
RODGERS, Mary A. 15*, Martha J. 14, Adaline 12
TROXELL, John 35, Mary 30, Sarah A. 15
WALKER, Alexander 41, Marion 35, Mary E. 15, Elijah 13, Martha 10, James 7, Sarah 3, David 9/12
WALKER, Samuel 46, Jane G. 34, John 16, Mary 14, Elizabeth 12, Samuel 1, Louisa A. 7, Urias M. 6

Schedule Page 406

ARMSTRONG, Jonathana 40*, Mary 38, Sarah J. 15, Westley 13, Eliza 10, Asbury 9, Mary A. 6, Nancy 3, Henrietta 8/12
BAKER, Susan 55*
BENNETT, Nancy 45*
BLITHE, Harvy 30, Caroline 35, John W. 8, Thomas 6, Laura N. 5, Henry C. 10/12
CLEMMONS, Ann 61*

1850 Census Christian County Kentucky

COURTNEY, Thomas 47, Hester 37, James T. 14, Nancy J. 12, Cornelia 9, Mary L. 6, William B. 4, Virginia J. 2
COURTNEY, William 60, Margaret 59, Jonas C. 25, Lucy A. 24, John W. 19
HORD, Letitia M. 32, Berzaliel 18, Mary 16, Sarah J. 13, Littleton 8, Ann E. 6, Richard 4
HORD, James 30*, Adaline 25, Thomas 1, Rhoda 50, Elizabeth 18
HORD, Lucretia 5*, James 3
LEWIS, Benjamin 58*
MCGAR, Fanny 21*, James 35
MONDAY, Sally 11*
NIXON, Eada 84, Temperance 52, Hester 44, Edith 40, Janetta 8
NIXON, Frederick 56, Jemima 57, William 32, Samuel T. 31, Benjamin T. 29, Elizabeth 27, Narcissa 26, Henrietta 24, John 22, Zekiah 18
PARKER, William 68*
PYLE, Jesse 48
PYLE, William 45, David M. 23, Fountain 18, Mary E. 15, Joseph F. 14
SMITH, Thadeus A. 21, Hulda P. 20
WHITE, Charles 53, Temperance S. 43, Nancy F. 15, Samuel A. 14, James B. 13, Charles A. 12, Martha R. 10, George W. 7, Mary J. 4, Rebecca 2, Elizabeth 2
WRIGHT, Wyatt 24, Eliza A. 17
YOUNG, James H. 31, Mary A. 29, Charles W. 9, Samuel F. 7, Austin R. 5, Cornelius B. 2

Schedule Page 407

BARNETT, William 45, Elizabeth 44, James 19, John 17, Caroline 14, Ann R. 12, Harvey 10, Nancy J. 8, Willis 6, Mary F. 4, Lucinda 2, Zack T. 1
BOYD, Drury 23, Malissa 18, Sarah E. 1
BOYD, Samuel 25, Martha A. 24, James A. 3, Ann E. 2, William F. 4/12
CAVANAH, Margaret 42, Selina J. 20, Nancy E. 18, Nicholas L. 16, May E. 2
CLEMMONS, Martha 32, Josephine P. 9, Jane L. 7, Cloe A. V. 5, John H. 3
CRABTREE, James 70, Margaret 65
CRABTREE, James W. 26, Elvira 22, Mary A. 2, John 10/12
DULIN, Edward G. 39, Frances 32, William H. 16, Mary E. 14, Leonora 9, John F. 7, Sally V. 3, Joseph 4/12
FOSTER, George W. 29, Nancy D. 25, George M. 3, John V. 2
FOSTER, Robert O. 38, Eliza 25, Wilkins K. 2
JONES, Joseph W. 40, Eliza 30, Mary J. 12
RUSSELL, Reuben 65, Uphira 52, Robert 23, Margaret 19, William A. 17, Milton 4
UNDERWOOD, James 39, Mary 40, Martha A. 15, Sarah J. 13, Mary E. 11, Margaret E. 8, Tabitha C. 6
WHITE, Elias 85, Nancy 80
WHITE, William 47, Martha 44, Elias 19, Nancy 17, Allen 15, Sarah J. 14, John 11, Polly 9, Joseph L. 7, Elizabeth 3

Schedule Page 408

CARTER, Alfred 12* (B), Hise 8, Underwood 5
CLARK, Rhoda 77*
HEWITT, William T. 34, Andromacha 27, Francis M. 4, Olivia C. 3, Marshall A. 1
HOPSON, James 30, Eliza 22, Leander M. 6, Amanda 3
HOPSON, Evan 48*, Amanda 48, Benjamin C. 18, Martha J. 16, Ann R. 14
HUGHES, Edward 64*
JOHNSON, William C. 35, Elizabeth 29, James V. 14, George W. 10, John B.W.C.N.T. 7, Elbert D. 5, Nancy A. C. 2

1850 Census Christian County Kentucky

JONES, Elijah 63, Ann 57, Elizabeth 37, Franklin 19, Eliza J. 17, David H. 11
KELLY, Carrol 23, Mary A. 18, James M. 6/12, Levi 16, Virginia 13
KELLY, Charles 25*, Elizabeth J. 22, William L. 4, John H. 2
KNIGHT, James 20, Jane 18, Cerena A,. 3/12
LACY, David W. 26, Hezekiah 53, Hannah 53, Robert B. 20, George V. 13
MCCULLOCH, Sarah 43*
NIXON, Nedom 25, Nancy S. 24, Richard J. 5, Benjamin 2
NORTHERN, Mary 75*, Margaret 49, Lucy 47
WEST, James H. 21, Perlina 18
WEST, John 60
WEST, Jonathan H. 51, Letty 41, Cinthia A. 16, Mary E. 13, Isabella 13, William H. 10, James H. 10, John M. 7
WEST, Malbert 20, Mary A. 20
WEST, Orion A. 25, Ann 22, Charles H. 4, Jesse M. 1, Aquilla 72
WEST, William E. 45, Narcissa 36, Charles C. 20, Thomas M. 16, William W. 13, Mary A. 10, George M. 8, Oran A. 6, Nancy A. 4, Benjamin F. 2
WEST, Samuel 50 (B)

Schedule Page 409

ARMSTRONG, Lawrence 23, Catharine 32
BAYLEY, Peter J. 32, Telithaaa 21, Nancy H. 1
BAYLEY, Charlotte 45 (B), Letitia 2
BOURLAND, Felix 43, Ann M. 37, Albany G. 13, Almyra E. 11, Joseph P. 4, Almarinda C. 2
BRASHER, Elizabeth 47, Matilda 24, Anson W. 22, Westley W. 17, Henry C. 14, Franklin C. 11
BREWER, Philip 57, Ann M. 53, Sarah C. 19, Joel H. 13
CAIN, James 47, Mary 39, Sarah E. 13, James L. 12, Lewis C. 10, Lucy J. 7, George W. 4, Not Named 1 (m)
CORDIER, Joseph 26, Serena A. 20, Josephine 2
CRISS, William P. 28, Precilla 28, Susanna C. 8, Nancy A. 6, Charles 4, Oliver 2, Jane P. 1
FURLOW, John 45, Eliza 44, John 21, Mary 20, Martha 14, Elizabeth 10, Benjamin 9, Eliza 7
GILKY, Thomas 23, Jane 22, Derinda A. 4, Clementine P.6/12
LOCKHEART, James D. 23, Gracy G. 25, Martha J. 3
MUNDELL, Thomas 45, Hannah 55, Elizabeth 42, John 16, Lucinda 14, Thomas J. 12
PARKER, Baylis 60, Nancy 56, Baylis C. 26, Morgan 18, Larkin 15, Nancy 22, Margaret 20, Leander 13
TEAGUE, Van S. 44, Ann P. 40, William W. 14, Caroline L. 11, Mary C. 11, James R. 6, Hanna J. 4, Dianna 2
WEST, Richard D. 24, Julia A. 22, John B. 2

Schedule Page 410

DOBYNS, Demos R. D. 35, Missinih E. 30, Ann E. 12, Cordelia F. 3, Mary A. 11, Martha E. 4, James B. 1
EARLE, John L. 21*
FLIN, Patrick 40*, Matilda 40, Charity 4, Timothy 2
HARRISON, Daniel H. 45*, Louisa M. 30, Byron M. 19, William H. 14, Charles H. 16, Virginia 1/12
HAWKS, William H. 22*
KNIGHT, Ira 31
MITCHELL, Eliza J. 16*, Delila 14, Loftin H. 12, Elizabeth A. 10, Nancy E. 8, Matilda A. 7, William O. B. 5
OGLESBY, John 39, Anna K. 30, Mary E. 22, Statia A. 18, Cyprissa A. 14, Elvira F. 10
OGLESBY, Mathew W. 31, Susan A. 29, Gustavus V. 10, John K. 7, Alexander C. 5, Winfield S. 3
PENNINGTON, Fanny 57* (B)

1850 Census Christian County Kentucky

PRICE, William 44, Harriet 37, Matilda J. 20, Robert L. 17, John F. 10, Elizabeth L. 7, Harmon L. 2
PRITCHETT, John W. 26*, Cora 20
RAY, Jesse 63, Rhoda 53, William 18, Elziabeth 15, Sidney 12, Rhoda E. 10
STUART, Francis 25, Marcella E. 21, Jacob G. 16, Elvira A. 14, Mary E. 11
THOMPSON, John G. 18*
WILLIAMS, William 38, Piercy 35, Mathew 16, Piercy E. 14, John B. 11, John B. 11, Richard J. 7, Margaret E. 9, William G. 6, Pernesy 3, Leander P. 8/12
WILLIAMS, Edward 31*, Ann R. 29, Sarah E. 8, Ezias E. 6, Samuel B. L. 4, Thiron E. 2
WOODWARD, Lewis A. 24, Lavinia 30, Harvey S. 4/12
WOODWARD, Samuel 50, Lucinda 45, Samuel 14, Frances 12, George M. D. 6, William C. 3

Schedule Page 411

ATKINSON, Pembroke S. 24*
DOBYNS, Elbert G. 23, Clementine 21
FARMER, Benjamin 35, Elizabeth 30, Andrew J. 14, William F. 12, Nancy M. 10, Louisa E. J. 7, James K. P. 6, Robert A. 3
FOX, James W. 23, Mary E. 19, James 1
FOX, Jesse 48*, Elizabeth 22, Preston 20, Sarah E. 18, Madison 16, Elbert G. H. 14, William B. 12, Salina 10, Caldwell L. 8, Morris 4
GRACE, Divinah 52, Anna 43, Manerva S. 22, Milanesa 21, Margaretta L.M.15, William H. 18, James H. 17, Abner D. 14, Jarnissa 11, Tempe J. 9, Nancy 7
HARKINS, John 46*, Anna 50, James E. 20, John H. 17
JOHNSON, John J. 30*, Elizabeth J. 28, Daniel H. 6, Zelia A. 5, Martha 4, Winchester 3, John S. 2
KEITH, Alexander 42, Ellen 38, Sarah 15, Joseph 12, Amanda 7, William 4
KNIGHT, Henry F. 34, Mary E. 18, John 2
KNIGHT, John 58*, Ann 49, William 22, James 19, Harvy D. 14, Sarah 13, Louisa 21
MANAHAN, James 35*, Jane C. 36, John 10
MITCHELL, Eunice 13*
OGLESBY, Bartella 19*
OGLESBY, Jane 70*
ORMOND, John 70, Catharine 60
PENNINGTON, Emaline 37, Francis P. 16, Thedosia A. 14, Vachael L. 12, Philip T. 10, Eliza E. 8, Edward A. 6
WRIGHT, Sarah 90*

Schedule Page 412

BARNES, William 73, Elizabeth 59, Robert D. 41, Maxwell S. 31, Clementine C. 28, Illedigia 26, Agnes E. 24, David L. 22, Mary S. 20, Elzeria A. 18, Nisen W. 16
DULIN, Rice 41, Catharine 39, Thomas J. 20, William H. 18, Mary W. 15, Robert S. 13, Martin V. 10, John M. 8, Benjamin F. 4, Adelaide 1
DULIN, Austin 35*
EATON, Sterling 21*
GRACE, Irvan 37, Nancy 35, Milton 13, Elizabeth 10, Robert 8, David C. 6, John H. 4, Susan A. 2
GRAY, James 45, Rebecca 58, Sally 44, Margaret 38, Everheart R. 20, Telitha Q. 16, Phillis 65 (B)
HAIL, David 21*
JOHNSON, James D. 42, Mary 46, William A. 9, Ann C. 7, David A. 4
JOHNSON, William A. 55, Mary A. 24, Nancy C. 23, Elizabeth J. 21, William D. 17
LEWIS, Hanna 56, Margaret 21, Susan 19
MILLS, Charles W. 26, Mary A. 24, John M. 3, Jane F. 1, Charles J. 2/12

1850 Census Christian County Kentucky

MYRES, Mariah S. 32, Elvira 13, Louisa 10, Octavia 8, Malissa 6
MYRES, George 60*, Mary P. 60, Susan A. 29, Elizabeth W. 28, Anna P. 24, Lucy D. 21, George 18
STROUD, Brooks 80 (B), Philip 35
THOMPSON, Anna 61, Cyrena F. 24
THOMPSON, James F. 36, Harriet M. 30, Geo. B. 6, Virginia F. 8, James 4, John 1
THOMPSON, Presley N. O. 38, Selina 13, Almyra 11, James 9, Virgil B. 6, Mildred 5

Schedule Page 413

ALLEN, Elizabeth 48, Martha H. 14, Mary J. 12, John T. 6
ALLEN, Newton 50, Cassandra M. 43, Margaret C. 21, Jane C. 18, Elizabeth S. 16, Susan H. 14, Amanda H. 12
ALLEN, Joseph 45* (B), Susanna 46, Susanna 9
ALLMON, Canada 45, Rebecca 45, Margaret 18, Jane A. 21, Sally E. 17, John W. 15, Lorenzo Dow 12, Thomas 9, Georgeanna 7, Euel V. 5, Henrietta 3
ATKINSON, Morga 50* (B)
BOWLES, David S. 37*, Mary J. 30, Martha E. 12, James E. 10, Albert G. H. 8, Gorge M. D. 3, Cordelia F. 10/12
CLARK, William B. 53*, Nancy 50, Mary J. 20, Elizabeth A. 16, James M. 10, Joseph P. 7, Jonathan 91
COOPER, Alfred 30, Delila 22, Ira 10, Marion 8, Not named 6/12
HORD, William 32, Priscilla 28, Martha J. 4
HORD, Mary E. 64*
MOORE, Duncan 47, Naomi 34, Charity A. 24, Mary E. 18, Amanda J. 15, William J. 17, Francis M. 12, Lavinia E. 9, Nancy E. 7
MYRES, Sarah A. 43*
OLIVER, William 26, Elizabeth 27
POWELL, William 23, Sarah 21, Emily 1
POWERS, Euel 40, Catharine 35, Celia 12, Thomas 10, William 9, Sarah 8, Susan 6, Naomi 2
PRICE, Isaac 54, Sarah 49, Candis A. 24, Susanna 18, Mary J. 9
PRICE, Marion A. 24, Harriet E. 22, James J. 1
THOMPSON, Elizabeth 70*
WILLIAMS, Rachael 25*
WRISTON, Nancy 79, Elizabeth 50, Joseph 21

Schedule Page 414

ATKINSON, Amos 58*, Nancy 50, Sarah E. 28, Francis M. 23, Elisha F. 17, Aramita A. 15
FAUGHENDER, George 40, Nancy C. 35, James 12, William 10, Mary W. 9, Jane B. 7, John 6, Lucy M. 4, George N. 2
GRACE, John H. 30, Susanna 23, Sarah E. 5, Finis E. 3, Not named 9/12(m)
HARKINS, James 28, Sarah A. 24, Mary C. 1, Christian C. 70
HARKINS, William 33, Mahala E. 28, Christian E. 6, Rachael A. 2
JONES, Henry H. 32, Eliza 35, James E. 9, Martha E. 6, Cornelia C. 3, Sindney A. 5/12
LACY, Hester E. 18*
MANAHAN, Malinda 35, Thomas 15, William 12, Samuel 10, Charles 8, Elizabeth 6, Angelina 1
MINCY, Mary J. A. 12*
OGLESBY, Benjamin 36, Cynthia 26, Crohom D. 6, William A. 2, Permelia 21
REED, William 17*, George B. 19
SIMMS, Catharine 46, Jane A. 20, Elizabeth A. 19, Mary A. 17, Angelina Z. 14, Catharine 10, Rachael 8
WILSON, John B. C. 36, Amanda M. 23

1850 Census Christian County Kentucky

WOODBURN, James 48, Amelia 42, John E. 21, William H. 20, Nancy A. 18, Benjamin W. 17, Adeline T. 14, Charity E. 11, Isabella 7, America J. 4, Hester V. 4, James T. 1
WOODBURN, James 80, Mary 76
WOODBURN, Robert 36, Nancy 32, John F. 10, Demarius E. 5 (f), William A. 1/12
WOODBURN, John W. 52*, Elizabeth 62
WORLDLEY, James 44*, Jane 42

Schedule Page 415

BASS, Jordan 27, Mary A. 19, Jesse 2, Nancy J. 1
BASS, Jordan 76, Nancy 60, John N. 23
CAMPBELL, Jehoshaphat 55, Margaret 45, Sarah 20
COTTON, Alexander 38, Eliza 34, Jane E. 15, Mary M. 12, Finis E. 9, Isaac J. 7, William J. 5, Chesley S. 3
DUGAR, Everett 35, Amanda 35, Martha A. 11, John A. 14, Benjamin 7
DUKES, Ephraim 46*, Nancy 45, Martha A. 16, Newton J. 14, Malissa C. T. 12, Nancy L.F.W. 6, Hamilton C. 11
EBLING, William 25, Sarah E. 17, Sarah 50
GRACE, William 45, Mahala 15, Samuel 12, Fanny 9
GRISSAM, John W. 52, Sarah 48, Julia A. 24, William C. 22, Caroline S. 20, John W. 19, Rufus L. 16, Jackey 14 (m), Micajah W. 13, Victoria 11, Mary E. P. 9
JOCEY, James 26, Susan 30, Elizabeth 28, Nancy 25, Rebecca 23, James H. 2, Elizabeth 2
KNIGHT, Barney H. 27, Permelia R. 25, Thursey R. 2
MCKENZIE, William 33
MCKENZIE, James 58*, Elizabeth 58
OGLESBY, George W. 37, Mary A. 28, James W. 10, Jacob C. 7, Mary P. 6, John 2
OGLESBY, Jacob 72, Permelia H. 60, Lucy F. 22, Sarah E. 17
OGLESBY, John C. 38, Lucidna 32, William J. 12, Fidelio C. 8, Laurence W. 5, Frances A. E. 1
OGLESBY, William L. 68*
OVERTON, Robert 12*, James W. 10
VINSON, Alexander 60, Lucy 55, John 30, James 22, Mary C. S. 16, Alexander 14

Schedule Page 416

ALLISON, Abraham 48, Sarah 43, Ann 18, Nancy 17, William 16, Joseph 15, Miram 14, John 12, Sarah J. 8, Frances 6, David 4
GRACE, Alfred 38, Susan 23, Francis M. 13, Lucy A. 9, Robert F. 8, James K. P. 6, John L. 5, Mariel 2, Noel Z. 6/12
GRACE, Joseph 54*, Martha W. 50, Lurania 23, Martha 20, William J. 19, Frances D. 14, James L. 12, Eunity 9, Winfield W. 6
HAIL, Silas 35, Nancy 26, Henry M. 8, Jane C. 3, James L. 10/12
HURT, Moses 57*, Seludia 52, Francis A. 24, John G. 12
JOCEY, Allen 62, Eliza 34, William T. L. 23
JOCEY, Benjamin 30, Elizabeth 23, William T. L. 4, Eliza 2
JOHNSON, George N. 18, Samuel 15
JOHNSON, William J. 31, Adaline 30, James H. 10, John L. 7, Winfield W. 6, Amanda J. 3, John 23
JOHNSON, Roberson 45*, Malinda 35, Elizabeth 13, William 11, John 9, Roberson 5
MCFADDIN, Mary F. 14*, Tempe J. 12, Margaret 10, George 9, Martha 7, Nancy 6, Alfred 5
PEPPER, Ben F. 25, Lucy A. 19
SMITH, Franklin L. 31*
STROUD, Jane 58*
WEATHERS, Samuel 57, Amelia 45, Francis M. 20

1850 Census Christian County Kentucky

WEST, Martha 47, Susan C. 25, Charles 22, Francis M. 17, James 17, Sephronia 19, Jesse 14, Harmon 11, Harrison 8

Schedule Page 417

BARNETT, Harvey 34, Louisa 25, Ella 7, Martha J. 5, Zack T. 2
BARNETT, Thomas 76*, Matilda 73, Thomas 9, Elizabeth 7, Lucinda 5
BONE, Blackman 34, Mary A. 28, Sarah E. 8, Blackman A. L. 6, Mary A. 4, Samuel T. 3
BONE, Mark 3*
CASH, Albern W. 34, Eliza A. 26, James S. 1
EDWARDS, Ruth 40*
FERGUSON, William D. 40*, Sarah H. 70
GRACE, Henry 35, Nancy 20, Moreda J. 4, Narcissa E. 2
HAIL, Anderson 60, Casandra 52, Nancy 30, Edward 18, Fanny 16, Benjamain 9
JOHNSON, Ann 67*, Winfield 41, Samuel 36, John R. 30
MCLANE, Neil 50, Mahala 46, Henry N. 22
MILES, Brantley 32*, Nancy J. 24, Celia 74, Naomi 36
PEPPER, Stephen D. 23
PITZER, William W. 25, Rebecca 50, Elizabeth 20
POWERS, Brantley 8*
PRICE, John 46*
RICHARDSON, Noel B. 43, Mary A. 43, William 16, John 13, Susan 11, Eliza 9, Yancy 1
ROBERSON, David W. 21, Eliza 21
ROBERSON, Wiley 50, Sarah 47, Mary J. 26, Nancy E. 21, Gustavus A. H. 18, Sarah A. 14, Robert B. 11, Martha E. 7
WICKS, Joseph 30, Rachael C. 22, Iredell H. 5, Eliza A. 3, Joseph A. 1
WICKS, William 76, Sarah 65, Susan 34, Ann 31, Esperan 24, Marian 21, Frank 11, Henry 5, John 3
WILSON, Mathew 80, Mary L. 32, Mathew H. 30, Sarah 20, Amelia 23

Schedule Page 418

BAKER, Benjamin H. 60, Debby 60, Sarah 21, Benjamin H. 18, Henry 16, Frank 10
GRACE, Clement 62, Martha 60, Nathaniel 29, Edom 24, Sidney 18, Elbert 15, Augustus W. 14
HAMMOND, William F. 44, Frances 48, Isaac C. 17, Susanna E. 14, Emaline L. 12
HENDERSON, Isaac 65*, Mary 58
HENDERSON, Susan E. 18*, Kizzy 16, Emberson W. 14, John W. 12
HORD, Susan K. 3*, Ephraim 41
JOHNSTON, John 67*, Lucretia 40, Mathew H. 3, Virgil E. 2, Moses D. 1/12
JONES, Green R. 40, Margaret E. 35, Malinda J. 15, William W. 13, Francis M. 11, Elijah W. 9, Jonathan H. 7, James H. 4, Albin F. 2
KING, Stephen T. 31, Amity A. 19, Theodosia G.10/12
KING, Benjamin A. 54*, Nancy P. 51, Benjamin A. 22, Andrew J. 20, Martha A. 16, Hester 13, Statira 11, Not named 7
RODGERS, John 35, Mary 36, James W. 7, John 5, Isaac 4, Sidney A. 1
TUCKER, Eli 35, Eliza 35, Thomas 13, Francis M. 15, Mary A. 10, Susan A. 10, Nancy A. 9, Westley H. 3, Charles 6
WEST, Meridith 51, Susanna 50, Manerva 23, Onasim 20, Elizabeth 17, Richard R. 12
WEST, Philip 88*
WORD, Samuel T. 48, Harriet 43, Eliza J. 21, Nancy H. 19, Catharine M. 18, William W. 17, John H. 12, Jesse M. 10, Henry C. 7, Samuel A. 2

1850 Census Christian County Kentucky

Schedule Page 419

BIBB, Jacob 76 (B), Alsey 60
BIGERSTAFF, James 44, Rachael A. 43, Felix W. 16, Israel 14, Christopher A. 13, Jane 10, Abegail 7, Irvin 1
DUNNAVAN, Mary 56, Madison M. 40, Ellen E. C. 11
FOSTER, Ashley B. 26, Mary 72
GAMBLE, Samuel 20*
HARRIS, Peter 75, Name Unk. 65 (f)
HARRISON, William 30*, Violinda K. K. 22
HENDERSON, Delila 45, Robert 19, Mary B. 17, Catharine 16, Isaac 14, John W. 10, Susan 7
HENDERSON, Emsley 32*
LACY, Benjamin Jr. 38, Elizabeth 50
LANDER, Cornelia 17*
LANDES, Isaac 50, Susanna 46, Catharine 20, Benjamin D. 16, Isaac J. 14, James S. 7
LONG, John W. 24, Elizabeth S. 24, George H. 4, Thomas N. 2, Sidney 24
MCGARVEY, Alexander 29, Virginia C. 27, Isabella 7, Lucy A. 5, Virginia 3
PARKER, William B. 32*
RUSSELL, Tillman 30, Harriet 24, Alfred 8, Sarah 6, John 5, Nancy 5
RUSSELL, Robert 80*
SHRYOCK, Samuel 57, Martha A. 40, Angelina 22, Samuel 21, Lucy A. 19, Eugene 14, Benjamin S. 10, Mary F. 8, Franklin G. 6, Richard S. 4, John M. 2, Morris 7/12
TUCKER, John 47*, Martha 45, Charles O. 23, Nancy 24, Jane L. 21, Mary 19, Esther 17, Robert 20, John H. 14, William 9
WOOD, Hardin J. 27, Georgiana 19, Cross 8/12, Cinthia W. 16
YOUNG, Nathan 52, Susanna 55, Harriet G. 20, Samuel F. 14

Schedule Page 420

ATKINSON, Elizabeth 15*
BRADLEY, Richard D. 47*, Nancy 47, Louisa R. 17, Catharine R. 16
BRADSHAW, Catharine 13*
BUCKNER, Louisa 15*, Martha 12
CALLOWAY, Elizabeth 77*
COKE, Elizabeth 67 (B), Ephraim 25
COPELAND, Alexander 28, Sarah A. 26, Alexander 6, Mary E. 3
DUCKER, John J. 25*, Caroline 20, Charles W. 8/12, Churchill B. 19
GRAY, James 32, Elizabeth 32, James 15, Andrew 11, William 9, Wallace 3
HAYDEN, Jack 90 (B), Julia 75
HOLEMAN, Ann 35*, Nevill M. 15, Josephine L. 12
HOPSON, William H. 28, Susan 20, Maxwell 24, James M. 19
HOPSON, Joseph P. 22*
HUTSON, Elizabeth 42* (B)
JOHNSON, Ellen 28*, Ann 22
KELLY, Lucy 15*
LAKIN, Sarah 16*
LANDER, Mary E. 15*
LAWSON, Frasier 41*, Cary A. 40, Frances A. 13, Patrick G. 11, Amanda V. 9, Lucy J. 7, David M. 6, Frasier 4, Mary V. 2, George 6/12
MOORE, James 60, Frances 38, Sarah J. 9, Mary S. 7, Lucy 3, Hiram 1

1850 Census Christian County Kentucky

PATTERSON, Jesse 14*
PRESTON, Lewis 58 (B), Rosetta 51
RAY, Robert 38*, Emily 28, William R. 1
RICE, Elizabeth 20* (B)
RUMSEY, James D. 55*, Anna 62
STEVENSON, Susan L. 14*
STITES, John 38*, Betty A. 23
TENNERY, Syulvester T. 52, Mary C. 50, Sarah E. 19, Catharine E. 12, Sylvester W. 9
WATT, Elizabeth H. 33, James N. 19, Mary E. 13, Margart J. B. 9
WHITE, Thomas 15*
WILSON, Sobina 16*

Schedule Page 421

ADAMS, Joseph 18* (B)
ADAMS, Ned 20* (B)
BARNES, Betty 10*
BLYE, A. D. 40 (m)*
BOBB, James 35*
BROWN, James 25*
CAMPBELL, Robert 39, Mary A. 37, David A. 12, John H. 10, Sarah 7, Virginia 2, Nancy P. 49, Margart R. 22, Ann M. 12, Charles 6
CATHEY, Pheriba L. 20*
CHEW, Thomas C. 70*
DUNNAVAN, Davis H. 34*, Matilda 24, Cornelia 3
GORIN, Allen 24*
HANKLY, John 19*
HAWKS, Thomas J. 45*
HAYS, John W. 22
HILL, William 20*
IRVIN, Dianna 50* (B)
JOHNSON, Webber 19*
KELLY, Nathan B. 42, Malinda 38, George 7, James 3
KELLY, John 24*
KINKEAD, Henry L. 19*
LANSDEN, Rufus R. 33*
LATHAM, Gustavus A. 33*
LINDSAY, Lancelot L. 41*
LINDSAY, Richmond 45* (B)
LUCAS, E. A. 25 (m)*
MCCARROLL, Charles A. 31, Ann E. 24, Joe 2, Mary 9/12
MCCARROLL, Joseph 27, Sarah J. 21, Helen 6/12
MCCARROLL, Richard J. 23*
MCLARNING, John 45*
MCMINN, Thomas 28*
MYRES, James 19*
NOBLE, John C. 34*, Jane 26, Elizabeth 4, Edward 3, Jane 2
PEMBERTON, William 33, Rachael 35, Ann M. 12, Sarah E. 10, Ictimus 6, Mary 2
PEMBERTON, Albert 32*, Mary 35, Charles 4, Mary 1
REYNOLDS, Joseph R. 30*
RICE, Martha 25* (B), Jim 4
STEVENS, Joseph W. 25*

1850 Census Christian County Kentucky

STILES, Henry J. 33*, Mary J. 29
TAYLOR, John 18*
TINSLEY, Ransom 25*
TITTERINGTON, John 25*
TRAINUM, Richard 18*
WADDELL, Joseph W. 30*
WALLIS, Alfred Y. 35*, Cinthia 47, Allen M. 9, Joel S. S. 7
WOODWARD, Thos. G. 23*
WOOLDRIDGE, Edward 33*, Elizabeth 24, Susan 6/12

Schedule Page 422

ANDERSON, Thomas 19*
ASHFORD, Harrison 50*, Elizabeth 43, Thomas H. 11
BEALL, William M. 56*, Louisa A. 52, Lutitia 16, Caroline 13
BOSTICK, James Z. 25*
BOWLES, Letitia 17*
BURRUS, Henry C. 23*
CAMPBELL, Benjamin S. 38*, Maria 36, Edward 10, Mary 5
COLEMAN, Roibert T. 10*
CRAFTON, John D. 31, Manerva J. 21, Edward O. 3, Charley L. 1
FAULKNER, Alexander 22*
FORD, Sarah 54*, Antoinette 18
GOODMAN, Henry 35, Sophia 40, Simon 15, Louis 10
HENRY, Mary A. 38*
LAKIN, Charlot 44*, Mary C. 17
LAMBDIN, Thomas S. 43*, Margaret 32, Thomas 14, William 8, Josiah 5
LATHAM, John C. 35, Virginia 26, Jno. C. 7, Rebecca 4, Charles 2
LAWSON, Granville 35, Sarah J. 25, Henry C. 7, Thomas E. 5, Mary E. 3, Lucy K. 1
MYRES, Zepheniah 26, Susan V. 22, Mary V. 3
NEWMAN, John A. 24, Ann M. 22
PALMER, Alpheus 56, Obdince 58
ROWLAND, Reuben 60, Eliza A. 48, Margaret 15, Reuben 14, Martha C. 12, John H. 10
SMITH, Henry L. 40*, Sarinda 37, Phebe A. 6, Emily B. 3, Henry L. 1
SMITH, Thomas B. 18*
STARLING, Samuel M. 41, Elizabeth 37, Mary B. 18, Lewis G. 16, Thomas 15, George B. 13, Fielding L. 11, Anna 8
STARLING, Mary 65*
STEVENSON, Sarah E. 14*
THOMAS, James V. 40, C.B C.C. 20 (f), Walter 6/12
TREMONT, Charles 35*
WATKINS, Betty 10*
WHITE, Betty 14*
WOLF, Isaac 30, Fredonia 21, Henry H. 1

Schedule Page 423

BARNS, Caroline 35, Lucy 14, Caroline 10, Cora 6, Joanna 1/12
BLANKENSHIP, Jane 14*
BUCK, Samuel D. 46, Annis L. 17, John T. 11, Henry C. 2

1850 Census Christian County Kentucky

CLAIBORNE, James 14*
COLEMAN, James 73, Lucy 61, Sarah 17
ELLIS, Fanny 15*
FORD, Susan 15*
GAINES, Martha 15*, Clemens 14 (f)
GOODALL, Alexander C. 39*, Mildred R. 36, Charles J. 13
GOWEN, John B. 38, Fanny W. 27, Elizabeth E. 9, Mary L. 7
GRAY, N. E. 42 (m)*, Harriet E. 36, Henrietta M. 13, N. E. 8 (m), Washington M. 6
HARRISON, J. M. 19 (m)*
JACKSON, James B. 53, Allice 54, Franklin B. 14
JOHNSON, Henry 28*, Sidney 18
JOHNSON, Henry A. 20*
JOHNSON, Samuel F. 27*, Mary E. 18
JOUITT, Susan R. 64*
LAMPTON, James J. 33*, Elizabeth R. 30, Julia A. 5, Betty W. 3, Jane M. 6/12
LANDER, Perlina 18*
LESAM, Solomon 40*, Elizabeth 35, Isaac 4, Louis 2
LIVERMORE, H. B. 16 (m)*
MANSFIELD, Catharine 17*
MCGEE, James 4*
MCNAIRY, Anna M. 13*
MEACHAM, Andrew 26*, Marcell 21
POINDEXTER, George 43, Betty 32, William H. 13, James G. 11, George P. 8
POSTON, L. W. 22 (m)*
PRICE, William E. 44*, Margaret 32, Lucy 14
QUAITE, Joseph 18*
SHACKELFORD, Richard 28, America R. 24
STEELE, John C. 24
STEVENSON, James 50*, Nancy 20, John S. 7, Betty 2, Frances R. 6/12
STUART, Samuel 37*, Lucy A. 26, Lucy V. 7, Emma G. 3
WEBBER, Rachael 10*
WHITE, Martha 34, Olivia 12, Charles 10, Harriet 7
YOUNG, Westley 18*

Schedule Page 424

ARNOLD, Thomas 17*
BERNARD, Samuel M. 24
BETTERWORTH, Frances 51*, Horace 9
BROWN, J. M. 32 (m), Elizabeth 30, Manfred 7, Emily J. 5, Willard H. 3
COLEMAN, Anna B. 52*
DANIEL, John 65 (B)
DILLIARD, Robert D. 49, Sophia 45, Virginia 15, Robert 12, Lucy 11, Ellen 9, Caroline M. 6, Mary 5/12
FARLEY, Harriet 35, Mary S. 16, Ann E. 15, Cordelia 11, Corien 9, Harriet V. 6
GARNETT, Lucinda 53*, Elizabeth 26, John D. 14
GUYNN, Robert 48, Elizabeth 45, Mary E. 22, Ann M. 20, Eliza 16, John R. 15, Betty 13, Robert 10, Allice 7
GYLES, J. W. 40 (m)*
HAMMILL, Andrew H. 34, Amanda M. 23
HILLMAN, William W. 30, Mary 30, Ella 6, Lucy 4, Wiley 2
LEWIS, Riley 24*

1850 Census Christian County Kentucky

MCCOWN, B. H. 46 (m)*, Mary 40, Elizabeth M. 18, Anna 16, Alexander 14, Letitia 11
NEWMAN, George W. 51, Amanda M. 31, John H. 7, Joseph M. 4, Georgianna 2
ONEIL, Rebecca 50*
PRESTON, Laura 10* (B)
RODGERS, Alexander D. 25, Mary E. 22, Lumima A. 45
SHARP, Maria R. 50, Marcus A. 21, Eliza A. 16
SHRYOCK, William P. 28, Letitia E. 26
ULRICH, Charles F. 23, Richard 15, Robert 21
UNDERWOOD, B. T. 28 (m)*, Ethelinda C. 24, George B. 1
WELLS, Wilmoth 30, Marion 20
WOOLTON, William 53, Harriet F. 46, William W. 21, Joseph 18, Isaac 15, Mary 17, Augusta 13, Margaret 12, Allice 5

Schedule Page 425

ANGLEN, H. 40 (m), Catharina A. 29, Mary E. 14, Nancy J. 12, Margaret E. 10, George Anna 6/12
BUCK, Thomas M. 39, Catharine S. 33, Elizabeth 13, Samuel 8, Caroline 7, Charles 3
BUCKLEY, R. H. 38 (m), Evaline 25, Thomas 6, Lucinda 4, Martha 2
COLEMAN, Harden H. 37, Barbary A. 31, Mary H. 10, Lewis H. 8, James O. 5, William 3, Stephen H. 11/12
ELLIS, John M. 26
ELLIS, William 38, Ann 26, Mary E. 4, Lewis 1
FAULKNER, Lear 25 (m)*, William 13
FORD, Philip 22*
GLASS, David 67, Rebecca 59, Mary 28, David 9, James M. 21
HAMMONDS, William 20*
HAWKS, Daniel 17*
HEAVEN, James J. 15*, Jacob McG. 13
HOOSER, David J. 35, Mary J. 32, Virginia 12, Barbry Ann 10, Albert 9, Mary 7, Julia 4, Cornelia 1, William 21
LOVE, Edwin R. 32, Elizabeth A. 23, James L. 3, David W. 1
MALLORY, Mary 16*
MCDONALD, Nancy 55*, Susan 17
MORRISON, A. M. 44 (f)*, James 21, Edmonia 18
OVERSHINER, John J. 27*, Margaret A. 18
REYNOLDS, Margaret 22*
SHRYER, Mark W. 28*, Mary J. 26, John A. P. 3, Margaret R. 1
SLAUGHTER, A. G. 45 (m)*, Ann 34, Mary St. C. 12, Ellen L. 10, Cladonia 7, Gabriel L. 4
SLAUGHTER, Robert C. 18*
SMITH, George W. 23, Sarah E. 18, James J. 23, Sarah J. 17
TALBOTT, William S. 27, Mary A. 24
TRICE, Stephen E. 30, Virginia 32, John B. 4
TRICE, William L. 25*
UNDERWOOD, Lycurgus 18*
VANCE, Ann 30*
WALKER, James W. 22*
YANCY, Louisa 14*, Fanny 12

Schedule Page 426

ANDERSON, David 38*, Malinda N. 31, Robert W. 14, John S. 9, Elizabeth 6, Milton T. 4
BELL, Langley 35*, Ann 25, William 1

1850 Census Christian County Kentucky

BRYAN, John 56, Caroline M. 50, Susan 36
BRYAN, Thomas S. 27*, Lucy I. 21, George V. 4, John 1
CHEANY, Joseph M. 42*, Sarah 32, William 18, Leander 11, Charles 3, Joseph 2, John 80
CONNER, James T. 22*
DUCKER, James 58, Ann J. 21, Mary E. 15
DUCKER, William 24, Mary 19
DUPEY, R. T. 20 (m)*
FINLEY, Henry I. 18*
GRANGER, Catoe 40* (B)
GYLES, Robert 7*
HAMMILL, John 19*
HIGGINS, Edward D. 34, Mary 37, Sarah A. 14, Edward 12, James 6
HILL, Walter W. 19*
HOPPER, E. H. 28 (m), Harriet M. 24, Daniel H. 25
LAMBDIN, John W. 15*
MYRES, John H. 33, Janette 21, Nancy C. 8, Martha L. 4
PHAUP, John 61*, Eliza C. 48, James K. 22
PHAUP, Mary E. 19*
PHILIPS, Henry 21
SHAW, A. E. 27 (f)*
STROUD, Lucinda L. 20* (B), Sarah A. 18
TALBOTT, William S. 53*, Eliza 49, John C. 21, Henry 18, Catharine E. 10
TORIAN?, Jacob 74, Mary B. 66, James S. 26, Martha 20
VENABLE, George 52*, Mary T. A. 47, George W. 10, James E. 8
WALLACE, Thomas R. 70*, Elizabeth 70
WHITAKER, Richmond G. 27, Eliza J. 22, William H. C. 4, James T. 2
WILSON, Perry 20*
WORD, Albert G. 24*
WORTHINGTON, Margaret 25*
WYATT, Andrew I. 25*

Schedule Page 427

BECKETT, George 29*, Ann 28, Anna 16
BLYTHE, Mary 50*
BUCKNER, James F. 37, Gabriella L. 30, Gabriel L. 12, Lucy M. 4, James 1
CATLETT, Letitia 15*
COURTNEY, Malinda 48, Elizabeth 14, Mary J. 18, Henry C. 13, Virginia R. 10, John T. 7
DAVIS, Alsy 12*
EVANS, William S. 42, Martha A. 26, Martha F. 13, Sarah A. 11, Mary E. 9, George W. 2
FAUNTLEROY, Joanna 15*
FELAND, Samuel 39, Nancy 40, William 13, John 12
FLURNOY, Letitia 16*, Sarah 13
FULLER, William D. 34*, Martha A. 30, Betsey A. 12, Mentora 10, Coleman 8, Witcher 5 (m)
GODDEN, Mary 21*
HUBBARD, Dianna C. H. 39*, Betty S. 16, Mary W. 15, Luther R. 12, John 10
JOHNSON, Nancy 10*, Eliza 6
JONES, Almyra 16*
LANDER, Marian 16*
LONG, Rhoda 35 (B), George 1
LYON, Mary 17*, May 11

1850 Census Christian County Kentucky

MARTIN, George 20*
MURRELL, Elizabeth 63
NEMAN, Harriet 13*
NUNENGER, Protas 35, Mary 31, John 3, Lewis 10/12
PARISH, Mary 36, Etta 10
PETREE, R. T. 25 (m)*
PHELPS, Lucy c. 14*
PYLE, Ford 44*, Martha 44, Mary E. 18, Nancy C. 15, Martha C. 8, Susan 3, John W. 10/12
SHROPSHIRE, Augusta 21*
STILES, Abram 66*, Nancy 59, Susan 28, Eliza A. 25, Andrew I. 23
WAHL, Penasa 16 (f)*
WALKER, Mary 13*
WEBBER, Augustine 63*, Elizabeth 55, Mary 18, Caroline F. 16, William H. 14
WILSON, William H. 30
WOOLDRIDGE, Washington 37 (B)
WOOTTON, William 66*

Schedule Page 429

ANDERSON, John Boyer 16*
BAKER, Frances A. 23*, George Venable 3
BOYER, Lucy 53*
BRAME, John D. 33, Elizabeth A. 31, Susan Olive 8, Rockwood G. 5, Robert G. 3, Thomas W. 1
CHESTER, Henry 45, Mary Ann 40, Sarah Ann 19, M. Elizabeth 17, George W. 16, William W. 14, John H. 12, Mary Jane 10, James T. 8, Josephine 4
CHILTEN, Lycias F. 35 (m), Lycias Boone 11, Eliza J. 9, George W. 7, Thomas Albert 1
COBB, Moses T. 39, Ann M. 45, Sarah T. 13, Axander G. 7 (m)
EMERY, Mary B. 28*, George W. 7, Wallace E. 4, Samuel T. 2
FOX, George W. 58, Maria 49, George M. 26, Peter T. 22
GALBRAITH, Henry 53, Sally 53, Mary Frances 18, Matilsa Ann 16, William H. 15, Alexander 13, Peter 17, George 9
GHOLSON, James 73, Harod 52
GREEN, Charles P.? 23*, Laura E. 18, Bernard P. 21
GRIFFEY, George 63, George jr. 26, Boyd 21
HARGIS, Thomas H. 12*, Alfred T. 10, Cornelia A. 3
HAYS, John 56, James H. 21, Mary E. 17, Maria J. 15, John J. 13, Nancy A. 12, Eliza A. W. 10, Amanda M.L.M. 6
HIGGINS, Peter 32*, Rebecca 33
LUCK, Nathaniel 30, Columbia E. 22, Mary E. 2, infant 3/12 (m), Dicey 74
MARTIN, Henry 33, Sarah S. 33
RANDOLPH, Pat E. 25 (m)*, Elizabeth 18, Anna 10/12
RIVER, William V. 24, Lucy W. 24, Lewis Brinn 3, Henrietta O. 1
SHACKELFORD, Charles 32, Jane C. 27, Lucy L. 6, Edward W. 4
SIMS, John R. 22*

Schedule Page 430

BODDIE, Willie P. 24, Martha 20
CARUTHERS, Malcom 2*
FARRAR, Alexander J. 45*, Pamelia S. 44, Alexander jr. 20

- 38 -

1850 Census Christian County Kentucky

KING, George 46, Mary 25, John L. 20, Jacob L. 17, Nathaniel W. 15, William L. 13, Benjamin F. 6, George
  W. 4, Ambrose D. 5/12
LACEY, Henry B. 38, Eilzabeth S. 34, Ann Eliza 14, Rebecca C. 12, Virginia F. 9, Elizabeth Henry 7,
  William M. 5, Joseph W. 4, Sally Jane W. 3
LACEY, John L. 45, Ann Eliza 36, Mary Ellen 16, William E. 8
LACEY, William 40, Frances G. 30, Elizabeth Ann 8, Sarah E. 5, Zachry Tayler 3, infant 10/12 (m)
MCNEIL, Malcom 54*, Cathrine 44, Malcom jr. 17
MOORE, Robert 30, Elizabeth 22, Ellis 1
REECE, Sarah G. 45, Martha J. E. 16, Thomas B. D. 19
ROBERSON, George W. 35, Mary 31, Jane 11, Henry A. 9, Sarah 7, John W. 3
SMITH, John B. 53, Nancy 52, Mary Ann 31, James William 24, Giles R. 20, Abner C. 16, Edward R. 14,
  John Jordan 8, Lewis G. 6
SMITH, Elizabeth John 14*
THACKER, Holt 66, Mahala 66
TITTERINGTON, Adam 65, Elizabeth 54, Sally Ann 17, Alfred W. 16, Adam jr. 10, Caroline 8
TUCK, Davis G. 56, Elizabeth M. 49, Walter S. 20, Henry D. 15, Maria B. 13, Richard W. 10, Adam P. 7,
  Martha Wash. 5, Virginia A. 2, Rebecca 74
WADKINS, William 35, Emily Jane 25, Sally 5, William 3, Charles 5/12
WALTON, Dolly 76*
WHITE, James 30, Eliza 23, James jr. 2, Mary E. 5/12

Schedule Page 431

ATKINS, Reuben 22*, Nancy 27, Ellen H. 3, Susan Jane 1
BINK, Samuel 71
DAVIS, Sally 60*
EDWARDS, Nicholas M. 52*, Lucy W. 44, Joseph W. 22, Stephen E. 20, Martha L. 18, Lewis T. 15, Sarah
  Ann 13, Nicholas M. 11, Elizabeth E. 9, John Boswell 7, Frances E. 5, George W. 1
FARRAR, Elizabeth 69*
FARRAR, George W. 43*, Ann E. 44, Elizabeth A. 19, Obediah _. 16, Henry G. 15, Isabella H. 13, George
  W. 11, Jane F. 10, Rebecca L. 8, Mary R. 5, Lucy C. 3, infant 1 (m)
FORT, James D. 49*, Ann E. 39, Mary E. 15, Susan O. 9, Ann E. 7, John J. 2/12
GREEN, Charles B. 18*, Richard M. 16, G. M. 52 (m)
GRIFFIN, Weldon P. 31, Caroline Z. 27, James A. 8, Cornelia E. 6, Thomas M. 3, Weldon _. 2
HARIS, Howel 20*
HESTER, Archer P. 41*, Elizabeth N. 38, Obediah F. 10, Lucy Ann 8, William Alex 6, Permelia R. 3, Lucy
  38
HESTER, Samuel 22*, Serene 47
HESTER, Samuel 45*, Eleanor 40, Henry Jones 20, Robert A. 18, Joseph A. 13, Fredonia 11, Samuel 8,
  Udora 6, Frances 2, Richard 1
KENDRICK, John H. 28, Elizabeth 71
QUALE, Elizabeth M. 42*, Samuel A. 14
ROGERS, John J. 50, Louisa J. 36, William 65, Armstead G. 17
SMITH, James 28, Elizabeth 23, Agnis 6, Mary 3, William H. 2/12
SMITH, Ar_ 30 (m)*
STANLEY, John T. 22*
WHITE, Samuel B. 61, Susan 51, William 19
WILSON, Sally 17*

- 39 -

1850 Census Christian County Kentucky

Schedule Page 432

BEAZLEY, Joseph 23*
BRADLEY, John S. 32, Margaret B. 29, Elcy E. 8, Samuel A. 4, Mary E. 2, John W. 8/12
BRYAN, William M. 27*, Susan G. 18, Thomas E. 1, Thomas J. 21
CLEMENTS, Christopher C. 34*
FLINT, James P. 34*, Frances M. 28, Mary E. 10, Bryant Y. 7, George Ann 4, Emma P. 21, John T. 2/12
FUQUA, Thomas J. 27, Susan E. 22, James Henry 4, Samuel B. C. 2, Alex M. 6/12
FUQUA, Alex J. 30*, Eliza H. 26
GREEN, Amstead A. 39*, Susan T. 34, John A. Y. 13, Samuel H. 11
GREENWOOD, William M. 36, Jane C. 32, Victoria 12, Mary E. 8, Sarah S. 5, B. S. 27 (m)
HALEY, Thomas 21*
HAMILTON, William 51, Phebe 39, Cornelia A. 15, John Calvin 12, Emma E. 9, Phebe G. 7, Mary L. 4, Robert B. 1
HESTER, Susan 75
HYER, Mary W. 22*
JERRAY, Mary E. 21*
KOEN, H. B. 42 (m)*, Lucinda 52
LEE, Bud P. 35*, Martha F. 34, Alice 3, Christopher C. 16
LEE, Hamlin W. 25*
MCCOWN, Robert B. 24*
RUSSELL, John H. 34, Catharine 9, Lucinda 9, James L. 7, Rufus A. 5, Marietta A. 3, Andrew J. 1
SYPERT, Hardy S. 50*, Ann C. 46, Stephen G. 23, Hanibal 20, Leonidas A. 18, Henrietta 16, Sally 14, Demetrius 11, Theresa N. 8
WHITE, Frances B. 45, Emily 40, Frances 20, Nancy 16, William 14, Robert 10, Samuel T. 4
WILY, Joseph E. 16*

Schedule Page 433

ATKINSON, Gabriella 18*, Ann B. 7/12
BAILEY, Francis 27, Emily Jane 17
BOYD, Caroline T. 38*, Martha Ann 16, Philip S. 13, George C. 11, John C. 9, Douglas 7, Isabella 4
BOYD, Joseph 23*
BOYD, Matthew H. 24*
BRIGGS, Martha E. 46*
BROWN, Lewis E. 23*
CLAY, Thomas Henry 9*
CLOPTON, John 15*
CLOPTON, Mary Ann 54*
CONNERS, Eliza 32*, Mary J. 4, Tennessee 1 (f)
COOPER, Robert J. 27*
CREWS, Susan 60*, Susan H. 20
FOSTER, John H. 54, Ann C. 13, John C. 11
FRAYSER, John W. (Dr.) 32*, Mary M. 27, William J. 7, Leonora Myrtle 4
GARTON, John J. 23*, Henry M. 21
GILLUM, James D. 36*, Eleanor C. 33, Martha F. 14, Rutitia 10
HALL, C. B. 29 (Dr.)*, Salena J. 24, Ellen 4/12
HESTER, William 47, Henrietta 42, James G. 18, Susan J. 16, Mary L. 14, Robert A. 11, Abner 9, Jane E. 6
HUTCHISON, Thomas 36*, Jane S. 25, Edwin T. 5, James M. 6, Sophia 1
JONES, Martha 56, Mary Ann 25, Elizabeth W. 24
KELLY, H. W. 36 (m), Harriet 26, Edwd. Stanly 5/12, R. T. 48 (m)

- 40 -

1850 Census Christian County Kentucky

LOTSPICK, Elizabeth 24*
MAYFIELD, William A. 22*
OGBURN, Thomas M. 21*
PERKINS, George R. 40, Elizabeth O. 25, Havanah E. J. 10, John H. 8, China W. 5 (f), L. Campbell 3 (m)
SHELTON, Lowry 24 (Dr.), Maria A. 20, Sarah Henry 10/12
WATSON, Young E. 39*, Ann E. 37, Samuel W. 16, Nancy J. 12, John Brown 10, Margaret N. 8, Frances S. 5, Thomas W. 2
WOOTEN, John 32, Martha J. 33, Virginia A. 6
YOUNG, Mary Bell 10*

Schedule Page 434

BARNETT, Thomas G. 45*, Martha 40, Sarah Ann 16, William J. 13, Jessee J. 11, Mary ____ 9 (f), Caroline V. 7
BEVIL, Nancy 38*
BRAME, James 41, Sarah J. 28
BRAME, Joseph C. 46*, Martha C. 38
BRAME, Richeus 81*, Catharine 77
BURK, James M. 32, Caroline E. 29, Minerva E. 3, Jas. Wilmoth 2(f)
COBB, Charles S. 17*
COFFEY, Asa C. 28, Sidney A. 25 (f), William E. 5, Robert H. 4, Lucy G. 1
COLLINS, Lucy 28*, James E. 18, Williams 8, Samuel 6, Eliza C. 1
CRAVINS, Elijah C. 53, Ester 49, Lycurgus 23, William 19, Mary Agnis 15, James 11
CREWS, John J. 35, Minerva 24, Margaret A. 7, William W. 5, Hugh A. 3
DISHMAN, James E. 27*
FORT, Laban T. 44, Mary B. 42, John S. 15, James A. 14, George W. 12, Margaret A. 8, Joseph H. 5
FRASER, Alex J. 38*, Elizabeth 26, Alex G. 6, Flavius J. 3, Samuel A. 18
GARNER, James O. 5*
HARRISON, Margaret 46, James P. 13
HICKS, John K. 39*, Elizabeth Ann 37
LANDERS, Isreal 45, Elizabeth 40, John H. 17, James Thomas 15, Sarah E. 13, Amos C. 12, Mary C. 11, William P. 4, Bernard V. 1/12
MABRY, Thomas E. 22*
PURYEAR, Virginia G. 15*, Eliza B. 9
SMITH, Giles R. 50, Virginia A. 11, Sarah B. 6, William R. 2, Lucy Ann 2
STEVENSON, Margaret 43*, William 19, John B. 17, Elizabeth 16, Milus W. 14
WASHINGTON, Henry F. 42*, Caroline M. 33, Gwynn 14, John 9, Philemon 6, Lawrence 6/12
WATERS, Mr. 30*

Schedule Page 435

ADAMS, Benja. 45, Martha 41, Julia A. 16
BROWN, William 25*
CHILTON, William 20*
COVINGTON, Thomas 23*
DAVIS, Ambrose 64*, Anny 56
DAVIS, Winston J. 25*, Sarah Ann 22, Iredell P. 4, Geo. M. 2, Ann E. 3/12
ESTES, Newman 45, Cathrine 40, John 19, Nancy E. 15, Alex W. 11, Sarah C. 1
GRIFFIN, Bird 55, Ann 50, Geo. 20, Ann 19, Edward 16, Elvira 14, Susana V. 12, John 9
HENRY, Robert W. 25, Martha 3/12

1850 Census Christian County Kentucky

JOHNSON, William W. 36*, Nancy 28, Gustavus C. J. 9, John W. 7, Frances D. 4, Miles E. 2, Arabella I.J.6/12
LANDER, Russel B. 36, Elizabeth 29, Ruth E. 10, Martha Ann 6, Ellen 1
PAYNE, John L. 53*, Frances 45, Benja. 21, Phebe 19, Patsy 15, Nancy 14, Matilda 12, Mary 9, Thomas 7, John 6, Althea F. 5, Leroy 2
PYLE, Ralph C. 18*
QUISENBURY, Edward S. 44, Elizabeth 44, Frances 13, George Ann 8
READER, Andrew J. 35, Martha 30, Sarah F. 6, William 3, Infant 1 (m)
RICKMAN, John 30*
SMITH, Oliver C. 57, Frances 17, Amanda M. 12, Mary B. 10
SMITH, Wm. H. 27, Nancy C. 22, Henrietta E. 3, Jas. H. 11/12
WALKER, Joseph 34*, Delia Ann 30, William E. 12, George H. 10, Mary R. 8, Joseph J. 6, Emily S. 4, infant 6/12 (m)

Schedule Page 436

BRASHER, Lawrence 45*, Ailcey 40, Susan A. 12, Raleigh 10, Elizabeth 7, Thos. 6, Olley 4
BUICE, Levi L. 33, Henrietta 33, Heny 8, Chas. 7, Jas. 6, Mary 4, Sarah 2, Frances 8/12
COLEMAN, Jas. W. 40, Mary Jane 30, Jas. T. 11, Eudora M. 9, Milus E. 6, Gabriella Alice 3
FORD, Robert 48, Jane 37, Wyatt L. 16, Susan An 15, Joseph F. 14, Margaret E. 4, John Weslly 3, Robert H. 5/12
FOX, Saml. T. 23, Sarah F. 19
HARARD, Sarah 76*
HORNBUCKLE, Franklin 50*, Frances 46
HUNTER, Jessee 57, Jane 59, James T. 25
HUTCHISON, Elizabeth J. 49, Kitty 25, Jas. A. 15, Walter A. 8
LONG, Robert F. 48, Elizabth L. 36, William B. 13, Saml. N. 11, Mary A. 7, John B. 5, Joseph R. 3, Infant 6/12 (m)
LONG, John C. 48*, Rebecca T. 37, John S. 10, Sarah Ann 8, Jas. Marion 6, Isabella W. 4, Eudora C. 2
MAJOR, Madison S. 30, Harriett E. 25, Edmund W. 7, Nancy O. J. 5, Susan M. 4, Jas. A. 2, Ann Eliz. 5/12
MARCUM, Sarah J. 18*
MCKNIGHT, Jerry 21*
MIMBS, George 14*
MOORE, Albert G. 37*, Martha J. 30, William A. 3, Leeanna 5/12
QUARLES, Nancy 29*, Betty T. 5
SIMS, Albert G. 41, Elkiza J. 29, Geo. H. 8, Ann M. 6, Mary E. 4, Minerva J. 3
WHITE, Benja. P. 26*
WOODSON, Miller 47, Dorathy J. 37, Marshall C. 21, Everett W. 18, Albert E. 12, Edwin 10, Louisa 6, Cornelia 2

Schedule Page 437

BRAME, Thos. 49, Barbary J. 43, Joseph 25, Jane C. 21, Martha T. 16, Thos. B. 15, Ann E. 11, Mary S. 9, Sarah V. 6, Barbary N. 5, Jas. Robert 4, John H. 3, Marion D. 3/12(f)
CABINISS, John W. 22*
CAREY, Joseph B. 32*, Cassandra 35, Margaret 13, John 10, Lucy 8, Frances 8, Cyrena 5, Thos. 4, William 2
CARTER, Catharine 30, Mary E. 2
CASY, Richd. B. 21*
FARRIS, Wililam H. 10*
FERGUSON, John 29, Martha 32, Jane H. 8, Mary E. 4

1850 Census Christian County Kentucky

FLEMING, John 56, Mary Ann 40, Jno. R. 15, Mary J. 13, Jas. T. 11, Agness E. 8, Peter 6, Chas. 4, Joseph William 1
GILES, Jessee 58, Dicey 56, Jesse Jr. 21, John 19, Evaline 16, Paschal 15
HARDIN, Emly 27, Mary E. 2
HARRISON, William R. 33, Martha 28, Eugenia A. 7, William D. 5, Mary F. 2, Johnathan R. 48
MASON, Peter H. 27, Benja. F. 25
SCOTT, Ann E. 18, Martha A. 1
SCOTT, Thos. 26*
SIMPKINS, Robert 24*
SIMPKINS, Sarah E. 20*
SIMPSON, Erasmus 50*, Martha 50, Solo. P. W. T. 14
TAYLOR, Philip W. 85*
TREEWALLER, John C. 48, Elizabeth 47, John H. 23, Elizabeth T. 21, Wm. B. 20, Ellen P. 19, Nicholas 14, Saml. 12, Joseph 10, Jas. 8, Halbert 5, George 3, Louisa R. 8/12, John 82, Magaret 81
WHITE, M. K. 32 (m)*, America B. 29
WILLS, Minerva K. 15*

Schedule Page 438

BLAKEY, Martha 20*
CARY, Henry 73, Catharine 36
CRAIG, Wm. 48, Thos. H. 18, Archer M. 17, John R. 15, Isabell 76
CROMWELL, Oliver 45, Mary A. 35, Quintus A. 19, Aminta B. 13, Amanda W. 11, Claton R. 6
DAVIS, David 29, Sarah 29, Susan A. 7, Robert 6, Mary 5, Ira J. 1
DAVIS, John 35*, Sally T. 22, Wm. W. 9, Nancy Jane 6, Demaraius 4 (f), Araminta 2
DAVIS, Thos. 25*
EDWARDS, Saml. 31, Margaret 28, Mary E. 7, Jas. H. 5, Saml. R. 2, Infant 1/12 (m)
JOHNSTON, Sally 65*
KELLY, David A. 39, Ann M. 31, Harriett L. 13, Adelia F. 11, John S. 9, David J. 7, Alice V. 5, Della C. 4, Theadore Z. 3, Sweeten 3/12
MALLORY, Thos. 65*, Mary 55
MOSS, William 56, Sarah An 51, Sarah An 22, Geo. W. 17, Elzabeth W. 18, Mary E. 15, Martha G. 13, John R. 11, Josephus H. 7, Thos. L. 5
NEEL, Nelson 64, Elizabeth 52, Martha E. 21, John 15
OTTERSON, Mary A. 30, John 11, Mary Ann 9, Jas. A. 6
OWSLEY, Edward K. 30, Frances 24, Saml. T. 6
STOVALL, Edward 60*, Nancy 61, James 22
TOONE, Wm. 36, Sarah A. 23, Wm. H. 5, Sally A. 3, Thos. W. 1
TRIBBLE, Saml. 20, Nancy 46, Peter 22
WALKER, Saml. W. 45, Ann 31, John Green 13, Wm. W. 10, Ransom W. 5, Mary J. 1
WILEY, Louisa 12*

Schedule Page 439

BENNET, Stephen 34, Ann B. 24, Virginia R. 4, John 1, Sarah 60
BENNET, Sarah 70*
COOPER, Hugh O. 22, Elizabeth A. 19
COOPER, John 81, Margaret 60, Amanda M. 21
CREWS, Alex. 48, Mary 42, Alandex D. 16, Alfred T. 13, Mary A. 11, Virginia W. 7, Jas. A. J. 4, Saml. L. 2
DAVIS, Garey P. 28*, Margaret C. 37, Wm. P. 5, Isaac E. 4, Francis W. 2, John D. 5/12

1850 Census Christian County Kentucky

EZELL, Amanda M. 14*
FURGUSON, Ann 54*
GIRAND, Elizabeth 50, Amanda 19, Elzabeth E. 17, Francis W. 16, Fidelia M. 14 (m)
GOWLY, Saml. F. 30, Mary A. 30, Nancy E. 6, Nathan 4, Saml. G. 1
JOINER, Thos. 53, Nancy 52, Isreal G. 13
MCADAMS, Saml. C. 31*, Sarah 30, Geo. M. 5, Melissa J. 4, Nancy Jane 3
MCKINZIE, Milus E. 21, Sarah A. 19
MCKINZIE, Wm. W. 46, Isabella O. 36, Josiah B. 17, Mary W. 16, Jas. A. 9, Jno. F. 7, Isabella E. 5
MCKINZIE, Francis A. 20*, Mary E. 21
MINTON, Wm. W. 38, Martha 30, Elza J. 16, Jas. H. 13, Alfred M. 11, William W. Jr. 8, John 4, Lucy M. Z? 6/12
MORRIS, Amanda 10*, Mary 8, Thos. Jesse 7
OTTERSON, John B. 25*, Elzabeth 24, Nancy J. 2
QUISENBURY, Delila 50* (B), Arthur 10
RICHARDS, John H. 28, Mary A. 27, Wm. H. 5, Jas. Thos. 3, Jno. Hardima.9/12
RICHARDS, Richd. H. 58, Eliza 57
WORRELL, Thos. F. 29, Catharine A. 30

Schedule Page 440

DRINKARD, Branch R. 37, Tabitha E. 37, William 17, Frances 10, Nancy 8, Saml. 6, Branch J. 1
FORD, John 66, Elizabeth 52, Elizabeth A. 22, George W. 11, Martha V. 9
HUTCHISON, Joseph 47, Margaret 44, Jno. H. 21, Olevia 16, Mary E. 15, Susan A. 11, Lucy Jane 5, Virginia E. 2
JONES, Henry 24, Almeta E. 21, James E. 1, Virginia H. 4/12
JONES, Robert 57, Serena 29, Susan 16, Isabella 13, Robert G. 3
MALONE, Mary 60
MILES, Saml. A. 47, Rebecca 35, John W. 16, Jas. H. 14, Mary E. 12, William F. 10, Martha A. 7, Austin H. 4, Alva D. 1
PINCHAM, Richd. A. 55, Hannah 52
ROYSTER, Alfred 46, Elziabeth J. 32, Cornelia T. 11, Amelia A. 7, William M. 5, Mary E. 4, Ellen L. 2
SHEPHERD, William 55, Susan 38, Martha 27, Rufus 17, Gustus 15, Chas. 12, Saml. 10, Andrew 3, Horace 1
SIMS, William A. 40, Elizabeth 41, Jas. Alny 17, Mary A. 15, Benja. C. 11, Martha J. 9, Thomas M. 6, John L. 3, Wm. A. Jr. 1
STEVENSON, Jane A. 42, Jas. E. 15, Malissa C. 13, Elizabeth B. 9, Moses H. 6
STEVENSON, John T. 41, Ann E. 40, Sophia E. 16, Adlai E. 14, Jas. B. 11, Willm. W. 9, Fielding A. 5, John C. 3, Jas. 83
WEAAVER, Sarah B. 48, Thos. J. 22, James 19, Jeremiah 16

Schedule Page 441

BUCKINGHAM, George 37, Nancy 27, Sanlina 11
BUSSELL, Sandford 35*, Myra C. 30, Eliza E. 6, Jas. W. 5, Joseph A. 21, Sarah M. 4/12
CARPENTER, Larkin 46, Harriett 47, Albert 19, Mary A. 17, Larkin Jr. 15
CAYCE, Sally 36, Calvin 16, Thos. 13, Martha 12, Mary 10, Elizabeth 8, Alexander 4
CAYCE, William 35, Mary S. 29, William E. 9, Mary V. 7, Susan E. 4, Infant 6/12 (f)
COVINGTON, William M. 33, Frances A. 33, David Wm. 2
HANCOCK, Louis 57, Sally 51, Martha 24, Sally Jane 23, Syntha Ann 22, Louis T. 20, Susan C. 17, Ellen J. 15, Adaline A. 12, Jas. E. 14, Wm. H. H. 10, Frances F. 7
KEYSUCKER, Jas. 29*, Dosia A. 19, Martha E. 3, Sarah E. 1

1850 Census Christian County Kentucky

LUCK, David 20*
MANNAHAN, Eliza 25*, Elizabeth E. 14, Saml. H. 23, America Angal. 1
MCCRAW, Stephen 28, Patience 60, Eliza M. 18, Jas. O. 35, Elizabeth B. 22, Geo. N. 3/12
MOORE, Elizabeth 30, Sarah E. 11, Martha J. 9, Lucy Ann B. 8
NEWMAN, Jas. L. 30, Priscilla 20, Wm. D. 2
OWSLEY, Hans 53, Margaret E. 39, Danl. B. 21
ROBERSON, John C. 29, Mary A. 26, Mary F. 4/12
SEARGANT, John B. 27, Susan B. 14
SHERRILL, Jacob 59, Martha J. 18, Nancy E. 16
STEAGER, Saml. 41, Sarah 29
STEAGER, Thos. L. 35*, Malissa 29, William V. 10, Patrick H. 7, Susanna L. 5, Thos. W. 2
TITTERINGTON, Danl. 21*

Schedule Page 442

BOSTON, Chastian 33, Sarah 25, Elizabeth A. 7, Mary E. 2
BOYD, Hardy 59, Susan 57, Louisa 26, Richard 24, Martha A. 25, Mary E. 8, Jas. E. 6, Hardy G. 5, Lucy Jane 4
CORBIN, Thos. 23*
FLOWERS, Jerome E. 24, Angeline 19, Elizabeth 1, Tabitha 76
GAREY, Robert S. 52, Mary W. 51, Jno. 26, Edward C. 23, Sarah A. E. 17, Robert S. Jr. 15
GRESHAM, Archibald 40, Susan 36, Geo. Hardy 16, Mary E. 15, Susan J. 13, Jno. W. 10, Henrietta O. 8, Jas. C. 6, Robert H. 2
HANY, Geo. W. 33, Margart 26, Mary L. 5, Thos. J. 3, Rebecca A. 2
JONES, Davenport 43*, Nancy 38, Edwin R. 16, Lucian A. 14, Jno. A. 12, Mary S. D. 9, Thos. M. 6, Eldridge M. 2
LUCK, Frances A. 49, David 20, Cathern 16, Sarah E. 14, Jno. H. 12
MATTHEWS, Righteous Lot 76, Ellen 72, Lucy 27, Challotte 24, Guy 22
PEARCE, Jno. 59, Sarah 50, Francis M. 189, Milton 16, Geo. R. 13, Matilda 12, Susan 10
RADFORD, Lucinda 25, Jno. T. 4
ROWTON, Wm. B. 24*
SCATES, Isaac 37, Mary B. 28, Martha A. 6, Harriett J. 2
SHERRILL, Hugh B. 35*, Elizabeth 33
STAPP, Willis 62*, Mildred 48
TAYLOR, Phebe S. 32, Martha A. 16, Narcissa H. 12, Joseph E. 11, Jas. 7, Thos. W. 4
WEST, Benja. 50, Wm. 17, Sydney 13, Susan 11

Schedule Page 443

BOSTON, Andrew J. 43, Ann W. 43, Geo. W. 21, Susan W. 17, William 16, Jacob 14, Jas. 12, Louisa 10, Rebbecca 8, Jane 4
BRUNK, Noah 59*, Piaty 59, Martha C. 15
CHICK, Elizabeth 39, Mary Jane 9, Montgomery 6
CHICK, Henry 15*
CLARK, Matthew B. 29*, Quintillia 22, Sarah W. 2, Joshua B. A. 1
ELY, Jesse 7*
FREEMAN, Moses B. 59*, Sarah 61, Margaret 20
GREENWOOD, Wm. H. 21, Martha J. 22
GREENWOOD, Jas. C. 50*, Mary 47, Robert H. 18, Henrietta 16, Martha B. 14, Perlixney 12, Susan A. 10, Mary E. 6, Virginia 4

1850 Census Christian County Kentucky

HATCHER, Robert 25*
JOHNSON, Washington P? 35*, Mary 30, Cave 8, Veleriah 5, Elizabeth 3
KNIGHT, Lucinda 30*
MCADAMS, Jas. 25*
NASH, Lilly A. 70*
NASH, William B. 26*
PEEBLES, Henry 54*, Ann W. 30, Mary R. 12, Dudly T. 10, Henry W. Jr. 8, Jno. W. Cocke 6, Ann W. 1
PICKARD, Benja. S. 20*
REENS, Jesse 37*, Nancy H. 20
SIMMONS, Thos. 73, Thos. E. A. 23, Juliet M. 18, Ferdinand J. 15, Eliza J. 12
THOMASSON, Geo. W. 43, Elizabeth 47, Ben 15, Sarah Jane 13, Geo. H. 11, Royal F. 9, Mary E. 6, Amanda Polk 4
TURNER, Pleasant 45, Sarah 26, Pleasant Jr. 6, John 1
UBENHOUR, Daniel 34, Jane E. 28, Mary E. 9, Ulyses J. 7, David R. 3, Nancy L. 1
WEST, Claiborn D. 37, Martha E. V? 14, William B. 12, Drewry H. 10, James C. 6
WILCOX, Henry 25, Zerilda 27
WINSTEAD, Stephen H. 24*

Schedule Page 444

BENNETT, Saml. B. 44, Elizabeth 43, Mary S. 20, Creed H. 15, Wm. T. 12, Jas. M. 10, David A. 7, Virginia C. 4, Joseph M. 1
BOSTON, James 27, Martha 22, Elizabeth R. 4, Susan 2
BRADSHAW, Jesse 52, Martha O. 49, Gabriel J. 17, Susan A. 15, Thos A. 13
CUNNINGHAM, Richd. 33, Jane 28, Jno. E. 7, Lucy J. 5, Martha 3, Sarah 1
GATES, Jas. 50, Nancy 52, Josiah G. 23, Jane S. 21, Byrd W. 19, Mary H. 16
HASKINS, Thos. C. 37, Mary G. 35, Thos. Jr. 10, Mary G. 5, Amanda S. 2
HOWELL, Thos. B. 30, Elizabeth 23, William 1/12, Josephus 32, Maremus 13
JOHNSON, Elias 49, Mary 42, Sarah J. 19, Nancy 14, John 10, Thos. A. 9, Ely W. 5, Lucinda 2
LONG, Isaac 42, Sally 31, Saml. 12, Wm. R. 8, Lucy A. 6, Mary S. 4, Jas. M. 1/12
MANSFIELD, Jas. P. 45, Cynthia 45
MORRIS, Newlon 30, Laura 20, Geo. Thomas 1
ODONLY, Jas. 53, Mary 53, Mary Jane 20, John Lee 18, William J. 13, Martha A. 12, Lucinda Carol. 10
ODONLY, Joseph T. 23, Rozannah E. 21, Jas. B. 2, Jas. H. 1
OWEN, John 29*
RICKMAN, Matthew 30, Mary 21
SAUNDERS, Edward 36
SAUNDERS, John H. 27*, Mary A. 23, Sarah A. 4, Annetta 2
TORIAM, Geo. 21*
TORIAN, Owen T. 21*
WILKINSON, Dudley 65, Elizabeth 60, James 17

Schedule Page 445

BLAIR, Evan B. 46, Winifred 44, Louisa N. 15, Susan 12, Jno. T. 10, Robert R. 9, Evan jr. 7, Drew 6, Saml. 2, Jas. 10/12
BOWLAR, Geo. T. 30, Martha A. 25, Elizabeth L. 10, Mary P. 7, Jas. D. 4, Lucy A. 1
CARTER, Benja. 54, Lucy 56, Susan 21, Benja. Jr. 17, Elizabeth E. 16, Martha D. 13
CARTER, Fleming 70, Phebe 72
CARTER, Thos. H. 29, Emily 32, James J. 5, William 3

1850 Census Christian County Kentucky

CARTER, Benja. 24*, Elizabeth 26
COCKEREL, Milton A. 14*, Thos. N. 13
CURD, Pleasant A. 31, Elizabeth 20, Cornelia A. 2, Mary B. 1, Thos. J. 21
DAVIS, B. L. 30 (m), Amanda F. 23, Pernica 5, Mary 3, James 2
FALKS, Edwin 80*
HASKINS, Wm. A. 35, Frances S. 28, Wm. M. 9, Jas. H. 7, Sarah L. 6, Benja. C. 4, Francis C. 2, Jno. W. 2/12
MILES, Jno. H. 41*, Mary A. 36, William 16, Elizabeth 14, Martha 12, Jas. J. 10, Narcissa 7, Mary F. 6, Augustus W. 4
RICE, Edmund P. 37*, Avolina R. 40, William O. 7, Sarah G. 5
VAUGHAN, Benjn. W. 30, Parthenia 28, Lavinia A. E. 12, William P. 10, Lucy L. 8, Mary S. 6, James B. 2, (Baby) 3/12 (f)
WILLIAMS, Nathan A. 48, Susan 45, Lucinda 23, Geo. W. 19, Sarah A. 17, Araminta P. 13, Ann E. 17, Robt. L. 15, Eliza J. 12, Reuben R. 7, Robt. H. 28
WILLIAMS, Eliza 27*

Schedule Page 446

BARNETT, Mary E. 20*, Benja. B. 25
BOWLAR, Arthur D. 23, Elizabeth 23, Douglas 5, William 3, Elizabeth S. 8/12
BUCKINGHAM, Jno. T. 48, Susan 48, Franklin D. 20, Jno. T. 18, Mary J. 15, Sydney 14, Curry? 12, Marmaduke 10, Lilly 8, Sarah H. 6
CARTER, Patsey 47*
COVINGTON, Pricilla 37, Sarah E. 21, Jas. F. 17, Pinkney J. 15, Thos. H. 13, Jno. W. 9, Priscilla J. 7, Madison Monroe 5, Powel B. 3
DAVIE, Edmund 43* (B)
FRANKLIN, Mary 36*, Sarah A. 12, Wm. Wesley 11, Stephen A. 10, Christopher C. 9, Fidelie Sharp 7
GORDON, Joannah H. 40*
HARRIS, John 58*, Mary 65
HOPPER, Joseph A. 23
JONES, John L. 31*, Louisiana 25, Henry L. 7, Susan P. 5, William W. 3
MCGEE, Jas. 39, Sophia 14, Saml. H. 12, Thos. B. 9, Joseph 7, Jas. J. 5, Margaret 3
MCGEE, Matilda 58, Wm. 24, Mary N. 21
MCGEE, Thos. J. 26, Frances T. 25, Henry H. 5, Jno. H. 4, Margaret A. 1
MCGEE, Sarah 60*, Wm. G. W. 21
MONDAY, Nancy 14*
MOORE, Jas. S. 67*, Nancy 59, Alexander B. 25, Nancy A. 21, Zerilda 18
PICKENS, Andrew H. 40*, Lucinda 37, Martha 13, Luvina 11, Patrick 9, Margaret 6, Jno. 4, Hugh 2
RUDDER, Edward 54*
SCOTT, Polly 47* (B)
SEA, Joseph 35*
STONUM, Hansel 32*, Martha 26, Margaret A. 9, Mary E. 4, Will G. 1, Geo. 22
TUCKER, Harrison 28*
WALKER, William M. 41*, Catharine C. 10

Schedule Page 447

BARCLAY, Franklin L. 25*
BOYD, Moses 44*, Louisa L. 42, Thos. S. 22, Jno. W. 21, Moses P. 20, Wm. R. 19, David L. 16, Jas. A. 15, Mary P. E. 12, Henry H. L. 9, Andrew M. W. 7, Richd. E. W. 5, Margt. Buena V. 2

- 47 -

1850 Census Christian County Kentucky

BOYD, Nancy 57*
BRIMSON, Moses 55*, Robert S. 23
CARY, William H. 34, Nathaniel 70, Frances 63
DAVIS, David F. 34, Cassandra 26, Lucy E. 9, Elldorah O. 7, Sarah A. 5, John J. 2, Ozello J. 11/12
DAVIS, Thos. A. 24*, Judith P. 26
EZELL, Gillam 28, Phebe A. 24, Jason S. 7, Thos. 6, Jas. K. Polk 4, Gillam M. 2, William 18
EZELL, Jason 26, Elzabeth J. 22, Nancy M. 6, Thos. H . 3, Eliza A. 1
EZELL, Slaughter 58*, Lucinda 39, Geo. W. 13, Hansel 11, Thos. 9, Jas. R. 7, Rhoda 1
FORD, Micajah 81, Judith 77
GRAY, Moses S. 20*, Nancy G. 18, Juliet S. 16, Hugh B. 12, Catharine P. 8, Jas. T. 7
HANY?, Joel 58*, Frances H. 59
HARDING, Horace H. 27, Elizabeth T. 20
HESTER, Eliza S. 44, Geo. B. 20, Jno. W. 18
JOINER, Mary A. 11*, Bedy A. 10, Martha E. 8
MCGEE, Jas. M. 26, Eliza A. 22, Lila L. 3, Geo. M. 2, Jno. W. 6/12
MCGEE, Geo. H. 17*
MCGEE, John 2*
STONUM, Wm. D. 35, Rhoda M. 35, Amanda L. 14, Jas. E. 12, Elijah A. 10, Washington M. 8, Mary M. L. E. 5, Saml. J. 2, Frances P.A. 3/12

Schedule Page 448

BRAME, Saml. 30, Mira J. 23, Martha A. 5, William Thos. 3, Mary W. 2
BRAME, Heny 60*, Sally 56, George 20, Ellen H. 19
BUCKHANNAN, David D. 37*
CARTER, Happy 22 (f)*, Edward A. 2
CHAPPELL, Mary A. 18*
EZELL, Gillam Sr. 50, Elzabeth 49, Franklin 30, Absolem R. 20, Jas. S. 18
EZELL, Stephen 29, Mary 24
JONES, Bernice B. 39*, Mary 32, Sally A. 13, Susan A. 10, Joseph A. 8, Robert B. 6, Mary E. 3
KELLER, Margaret L. 28*, Geo. W. A. A. 7, Jno. W. W. 5, Joshua Doct. C. 3, Jas. T. 1
LEWIS, Peter M. 39, Martha J. 29, John Andrew 10, Sally A. 7, Mary J. 4, William W. 5/12
PENN, Wm. H. 45, Elizabeth 34, Joshua A. 13
ROSCO, Joshua 24*
RUSH, Geo. B. 33
STILL, Creed 55, Elzabeth 43, Missouri A. 22, Thos. A. 7
STRAWBRIDGE, Saml. 10, Courtney M. J. 11
TAYLOR, Hillory H. 36*, Sarah J. 27, Mildred E. 7, Uriah H. 4, Joshua H. 1
THACKER, Jas. B. 39*, Sarah Y? 36, Robert E. 15, Mary E .12, Berilla A. 11, Sarah T. 9, Jas. H. 7, Jno. H . 4, Eliza M. 2, Wm. E. 10/12
THAXTON, John 51, Milly 40, Peter 12, William A. 9, Elizabeth F. 7, John 6
WESTBROOK, Alfred 54, Eunice 37, Hesekiah G? 14, John W. 12, Saml. B. 10, Lucy A. C. 8, Jas. Y. 6, Thos. A. 4, Lowry S. 1, Frances B. 1/12
WILKERSON, Saml. Y. 39, Rebecca 37, Eliza A. 13, Harry T. 10, Robert A. 8, Amanda J. 1

Schedule Page 449

BARKER, Caroline M. 27, Richard 2
BREWER, Jas. A. 38?, Matilda 40, Jane 13, Benja. 12, Mary A. 10, William 8, David 6, Virginia 1
FORD, John 28, Nancy 27, Jno. Jr. 1

1850 Census Christian County Kentucky

GEE, John A. 24, Harriett 26, Jas. A. 26
GEE, Anderson 56*, Martha 45, Elizabeth A. 23, Harrison 21, Sarah 17, Charles 15, William 13, Eddy 10 (f), Martha 5, Harriett 2
GEE, Henry 54*, Nancy 51
GUTHRIE, Harrison 18*, Cayson 90
LINDSAY, Sackfield S. 48, Mary 37, Albert G. 22, Wm. N. 20, Renlus? 18, Jas. A. 15
MALONE, Thos. 56* (B)
MAYES, William L. 27, Susan R. 28, Virginia 4, Elizabeth 2, Laura J. 1/12
SHARP, Doct. Maxwell 73
SOLOMON, John 60, Nancy J. 21, Jas. 19, William 18, Leander 15, Anderson 13, Martha 11, Albert 8
STEVENS, Edwin D. 28, Delila 23, Adelia A. 5/12, William 31
TORIAN, Andrew 56, Elizabeth 42, John H. 24, Jas. Thos. 22, Sarah J. 20, Andrew Jr. 18, Ann C. 17, Susan L. 12, Nancy 10, Martha 8, Elizabeth 6, Mildred 3, Mary B. 10/12
TORIAN, William 39, Elizabeth 40
TORIAN, Jacob 46 a, Elizabeth 50, Susanna 19, Sarah F. 16, Peter L. 16, John R. 13, Jacob J. 7
WIGGINS, Elisha 60 (B), Patsy 70, Benjn. (W?) 25

Schedule Page 450

ANDERSON, William M. 27, Winny Jane 22, Josiah Jr. 22
BAKER, Ellison C. 38, Elizabeth 37, Edward P. 17, John E. 15, Wm. H. 13, Albert 11, Mary E. 8, Martha A. 6, Tibitha N. 4
BUSTTLE, Silas 26, Sarah J. 26
COMPTON, Jasper D. 23, Martha M. 19, June T. 1
CROMPTON, Ralph 70*, Annis 65
DULIN, Robert 35*, Virginia T. 33, Rawley S. 12, Wm. M. 8, Mary L. 6, Robert R. 3, Jno. L. 2, Linda M. 10
DUNN, James 24*
DUPUY, John W. 28, Elizabeth A. 23, Wm. M. 5, Leonella 3, Josephine 1
DUPUY, William H. 25*
DUPUY, Wm. H. 54*, Agness P. 54, Susan P. 22, Agness M. 9
FORD, James 50*, Mary D. 37, Wm. F. 16
GREGORY, Isham 45, Mary 38, Emily J. 16, Napoleon 10, Frances 8, Susan 5, Isham J. 4, Columbus 1
GREGORY, Thos. W. 21*, Jane 24, Elizabeth 5, (Baby) 1 (f)
HAYS, William J. 13*
HESTER, Juliet 17*
LAWTON, Richd. H. (Dr) 35*, Phebe T. 32, Eugene B. 5, Matthew M. 3, Richard W. 2, Nelia F. W. 4/12
MASON, William B. 35, Sarah N. 33, Wm. B. Jr. 9, Cinton T. 6, Baby 3 (f)
MOODY, Saml. 74*, Nancy 64, Narcissa A. 21
RADFORD, Salina B. 40*, Thos. J. 22, William J. 21, Reuben N. 18, John R. 17, Almyra A. 15, Mary E. 14, Wilson C. 11, Susan E. 7, Clarina J. 5
STEAGER, John S. 26*, Susan Cath. 21, Jas. W. 4
WHITLOCK, William T. 28, Frances D. 19, John R. 24
WINFREE, Saml. 11*, William T. 8
YOUNG, William T. 14*, Mary L. 12

Schedule Page 451

ADAMS, Wm. C. 11*
BLAKE, Jas. M. 26*
BOYD, Edward 30, Ann G. 23, (Infant) 6/12 (f)

1850 Census Christian County Kentucky

CARTER, John 58, Jno. jr. 25, William 23, Thos. 20, Sanl. 18, Fleming 16, Robert 12, Mary E. 24
COOPER, Thos. H. 16*, Jas. O. 11
FOARD, Robert W. 32, Artemesia 30, Margaret J. 5, William A. 3, Mary L. 1
HALL, Margaret 71, Jas. 47, Leonidas 21, Preston 40
HAM, William H. 27, Louisa F. 26, Jas. M. 3, Geo. W. 2
HARDING, Hiram 23*
LANDER, Wilson J. 38*, Jas. H. 11, Wm. C. 6, Marion 3 (f)
MORRIS, Mary 56, Charles 22, Geo. 19
NANCE, Paschal 45*
PLASTERS, Fleming C. 30*, Martha M. L. 24, Jas. L. 4, Mary E. 2, Stephen B. 9/12
TORIAN, Thos. 36*, Ann E. 33, Edmond C. 16, Jas. F. 14, Susan S. 9, Byron 7, Mary E. 4, Bell R. 1
TOWLER, Henderson 34, Martha 32, Catharine 8, Henry 6, Jas. 4
TOWLER, William O. 32*, Martha P. 32, Sarah E. 6, Darthula A. 4, Eliza 3, Ellen 6/12
TRAVIS, William B. 36, Jane B. 37, Jno. W. 16, Thos. T. 14, Jas. C. 12, Ann C. 11, Milton R. 7, Mary J. 3, Josephird H. 5/12
WADKINS, Philip A. 31, Louisa J. 27, Mary E. 9, Martha H. 7, Sarah A. 5, Augustus N. 1
WEST, John J. 31, Susan J. 26, Mary A. 4
WESTERN, Minerva A. 31, Will W. jr. 10, Emily F. 8
YOUNG, Thos. H. 20*

Schedule Page 452

BREWER, Joseph A. 42, Nancy 41, William G. 17, Jas. T. 16, Robert S. 15, Priscilla J. 9
CORBIN, Gamalial 49*, Eliza 47, Eleanor 26
DILLON, Emanuel 39, Lucinda 37, Charlotte A. 10, Narcissa J. 8, Elizabeth V. 5, Harriett 3, Jas. M. 2, Henrietta 3/12
EDRINGTON, Leonidas 27*
GIFFORD, John R. 36, Elizabeth 36, Martha A. 12, Andrew J. 10, Will T. 8, Oliver S. 7, Saml. H. 3
HARRY, John B. T. 29, Amanda A. 21, Wm. T. 1
HENRY, Yano 30, Harriett B. 27, Arthur McG. 9/12
JARRETT, Jas. W. 20*
LINDSAY, Ludwell 49*, Harriett 28, Henry A. 7, Sarah A. 5, Mary A. 3, Jno. S. 1/12, Sarah 80
LIVERMORE, Horace B. 17*
LONG, Wen? (Dr) 65, Elizabeth 65, Ann E. 28, Columbus 5, Jno. G. 27, Jane 24
MCGAUGHEY, Arthur 60, Julia S. 51, Robt. H. 24, Jno. W. 17
NANCE, Joel 52, Sarah 52, Mary T. 16, Benga. B. 20, Sarah J. 20
NANCE, Lilburn L. W. 27, Dorothy 26, Joel G. 7, Mary E. 5, Sarah J. 3
NANCE, Wm. F. 32, Ann 30, Joel jr. 4, Cornelia 1
NORTHINGTON, Horace 26, Rosanna 31
PAYNE, Newton 37*, Mahala J. 27, Davidella 3, Leslie 4/12, Nancy 62
PERRY, David 66, Nancy 56
WALLACE, Albert 49, Ellen 30, Julia 2
WHITLOCK, Jno. C. (Dr) 32*, Maria T. 23, Jno. A. 12
WITHROW, Lucy E. 19*
WYATT, Rolly 18*

Schedule Page 453

ANDERSON, Josiah 60, Matthew T. 24, Mary Jane 20, Josiah 2, William 5/12
BOSTICK, Absolom 80, Dolly M. 48, Sarah A. 23, Cathrine 20, Edward M. 18, Beverly C. 17, Jona L. 15, Martha C. L. 12, Emly 22

- 50 -

1850 Census Christian County Kentucky

BOYD, Jas. H. 22, Mary C. 17, Jas. 4/12
CLARK, Saml. 60, Sarah 46
CLARK, Owen 14*
DURRETT, Sarah A. 39*, Mary C. 13, Jno. O. 9, Henry 5
GLASS, Jas. O. 22*
HALL, Willis 33, Louisa 36, Mary J. 10, Margaret W. 8, Joshua L. 7, Robt. H. 5, Catharine 3
HENRY, Cornelia V. 49*, Stephen W. 20, Mary M. 17, Susan J. 14, Matthew W. 11, Thos. D. 7
JEFFRIES, Dudley 39, Susan T. 24, Martha 6/12, Ambrose D. 14
MEANS, Wm. sr. 76, Margaret 70
MEANS, Young J. 40, Martha 38, Rosabella E. 15, Susan 12, Martha E. 9, Emily 6, Caroline 1
MORRIS, Charles 25*
NELSON, Sarah E. 8*, Jno. C. 6, Memucan? H. 4, Jas. W. 2
OWEN, Alex L. 32, Mary Jane 27, Will A. 3, Ellison B. 2
POOL, Jas. M. P. 30, Nancy 27, Wm. F. P. 65, Wiley A. V. 2
RADFORD, M. N. 34 (m), Martha J. 30, Cynthia J. 9, Ann H. 6, Mary O. 4, Chas. L. 1
RICHARDSON, Elijah B. 48, Mary J. 31, Mary E. 10, Elijah B. 9, Chas. E. 5, Mary 75
THOMAS, Asa 80 (B), Rosa 70
WALLACE, Jas. 26
WALLACE, Jas. B. (Dr) 57*, Sarah A. E. 46, Virginia 24, Caroline 22, Sarah 20, Phil H. 18, Thos. 16

Schedule Page 454

BLEDSOE, Jno. S. 26, Maria L. 26, Clara L. 1
BOYD, Sarah M. 21*, Lucy 2
CAVANAH, Buford B. 41, Mary A. 37, Georgeanna 15, Vitala 13, Vibella 11, Mary B. 9, Macus 6, Rufus 3, (Baby) 1 (f)
COOK, Jno. W. 51*, Mary E. 42, Jas. A. 15, Mary E. 13, Jno. R. 5
DRYDEN, Pinkney W. 43, Margaret C. 29, Sahak? A. 22 (f), Agness 18, Matilda P. 13, Victoria 7, Larissa J. 3/12
DUNNING, Nem 29 (m), Julian 32, Elizabeth 9, Jno. 8, Wm. T. 6, Robert 4, Joseph 3
HANY, Saml. T. 26?*
HYSOM, Geo. H. 44*, Nancy 33, Louisa J. 13, Jas. H. 12, Mary A. 10, Margaret E. 9, Sarah E. 7, Paulina O. 6, Saml. D. 4, John E. 1
MCCOMB, Jesse 48*, Susan B. 38, William D. 13, Jno. J. 11, Lyman M. 8, Mary E. 5, Walter 1
MEANS, William jr. 34, Susan H. 29, Sarah A. 11, Pinkney W. 7, Lucy A. 5, Jno. H. 3, Josiah M. 3/12
MORRIS, Abram 36 (B), Sarah 38, Green H. 1
RANDALL, Joseph H. 32, Gabriella 23, Thos. W. 4, Joseph N. 1
RICKMAN, Henry 19*
SNOW, Thos. 48, Caroline W. 46, Hector 18, Oren 17, Corydon S. 15, Herman W. 14, Sarah Jane 9, Bonavera B. 7, Florence H. 4
STRANGE, Benja. 18*
WILSON, Jno. 37, Augusta A. 20, William A. 2
YANCY, Lewis T. 30*

Schedule Page 455

CARTER, Lucy 32, Ann M. 10
COLEMAN, James A. 18
DILLIARD, Geo. L. 23*, Elizabeth 22, Alice M. 2, Geo. W. 3/12
FREEMAN, Lucy 73, Malissa 33
GARY, George C. 24, Mary S. 23, Emma S. 9/12

1850 Census Christian County Kentucky

KEYS, Francis 27*
KINKEAD, Oliver G. 8*, Mary E. 6
KNIGHT, Robert H. 40, Mary 43, Dorothy Ann 18, Robert B. 16, Mary E. 15, Presley N. 12, America V. 10, Lucy C. 8, John B. 5, Infant 1 (f)
LOWRY, John 28*
MCREYNOLDS, Oliver G. 31, Sarah A. 31, William A. 11/12, Richd. B. 19
MCREYNOLDS, Elizabth S. 47*
MCREYNOLDS, Robert S. 45*, Mary J. 32, William T. 19, Emma J. 7, Ella R. 4
MEANS, Saml. E. 36, Harriett C. 35, Mary W. 17, Cornelia J. 15, Henry C. 12, Ester A. 9, Frances E. F. 7, Jessee A. 3/12
MORRIS, Eden 59, Sarah 59, Ann J. 24, Edgar 5, Gabrelle 3
NORTHINGTON, Wm. 52, Elizabeth 48, Grandison 25, Milton 20, Flavius 17, John 13
RAY, John C. 28, Mary 20, Sarah 2, Margaret 6/12
STREET, Geo. P. 36*, Susan H. 28, Geo. P. 1
TRICE, Tanly H. 40, Mary J. 36, Jno. L. 19, Tandy S. 16, Nathan W. 14, Ellen M. 1, Nathan S. 45, Mary J. 14, Ellen L. 6
USHER, Jas. H. Sr. 44, Lucinda 43, Jas. H. 17, Edmund C. 16, William D. 15, Francis M. 13, Sarah R. 12, America V. 11, Mary R. 9, Ophelia H. 8, Josephine H. 6, Geo. W. 5, Emily E. 2, Infant 5/12 (f))
WHITLOCK, Thomas B. 36, Alcyone 28

Schedule Page 456

ADAMSON, Wilson J. 36*, Fanny M. 32, Maria J. 12, John 11, Jas. H. 9, Geo. A. 7, Caroline M. 4, Susan C. 2
BOYD, Drury 47, Mary 36, Geo. H. 10, James F. 9, Mahala 5, Edward 3, William 11/12
BROWN, John M. 53, Alzira H. 42, MMay J. 21, John R. 15, Jas. D. 8, Thomas B. 4
BROWN, Timothy 28, Altazena C. 26, Mary E,. 6, Nancy Alzana 4, Jno. W. 2, Jas. Irvin 8/12
COS, Harriett 53, William T. 12, Merit 15
DUNN, James 21*, Frances 23
DURHAM, Saml. 24*
ENGLISH, Adison J. 26, Martha E. 22, James 22
FRISBEY, Manthan 26*
FRITH, William M. 42, Nancy 37, Sarah C. 15, Ann M. 13, Virginia A. 8, Thomas J. 6, Rhoda 70
GAY, John 50*
KELLEY, Patrick 40*
KEYS, Willis 21*
KINKEAD, Henry L. 41*, Elizabeth 30, Harriett 4
MCGINNISS, William 36*
MONDAY, Nancy 47*
PERRY, Nancy 50*
POOL, Joshua H. 26*
PYLE, Saml. E. 20*
SASSEEN, Wm. H. 45*, Jno. P. 14, William A. 11, Sarah A. 9, Susan B. 7
SHRYOCK, Saml. Jr. 19*
STRANGE, Hall H. 26*
TORIAN, George L. 45*, Elizabeth E. 49, Lavinia 16, Hannah 11, Margaret 9, Thos. K. 7
WASHAM, Robt. N. 38*, Emerine 35, Juiliet 14, Robert 11, Virginia 9, Emily 6, Lewis 4
WILSON, William 34*, Martha A. 33, Geo. M. 11, John C. 9, Alfred M. 7, Jas L. 5, Robert H. 1, William J. 18

1850 Census Christian County Kentucky

Schedule Page 457

BENNETT, Richd. E. M. 33*, Mary R. 25, Fielding 6, Jim Dick 3
BISHOP, Gustavus 9*, Leander 7
BROMFIELD, Wiley 40*, Pormey? 27 (f), Jas. W. 15, Elizabeth F. 12, Robert F. 11, Jno. W. 9, Mary
CHAPPELL, Dickie 68, Susan 55, Thomas W. 14
CHAPPELL, Nimrod J. 34*, Elizabeth 31
COATS, John 52, Sally 46, Elizabeth 18, Marthaaaa 15, Mildred 13
COLEMAN, Alexander 60* (B)
CRAVINES, Richard H. 25, Rebecca D. 22, Lucian Clay 1
CRAVINES, Abram 56*, Nancy 56, Jno. 26, Young 24, Artimisia 23, Abram Jr. 19, Nancy 14, Yomed (m)
GUTHREE, Asa 22*
LANDER, Stephen S. 52, Mary 41, George W. 18, Mary E. 14, Lettitia 12, Susan E. 9, Stephen 5, Ara
LUNDEY, Sally A. 17*
MARTIN, Robert J. 20*, Mary E. 17
MCCARTY, Edward 12*
MCCARTY, John B. 42*, Mary 31, Charles 13, Robertson 10
OVERBY, Seth 27*, Clarinda M. 21, Salinda J. 1
OWEN, John T. 31*, Martha 39, Barbara 7, Thos. 6, Mary 4, Ursula 1
STOW, Wiliam T. 32, Maiden J. 24, Charles H. 2
TORIAN, William 46, Julia 42, Jas. 13, Ophelia 10, Elizabeth 7
TORIAN, Cornelia 16*
WOOD, Coleman 29, Eliza T. 22, Thomas 3
WOOD, John 65, Lucy T. 55, Bartus? 22, Americus V. 20, Jno. D. 16, Caroline L. 13, Elizabeth M. 7
WOODALL, Susan Sazidda 4?*

Schedule Page 458

BOZARTH, Prudence 86, Mahala 19, Mildred 29
BOZARTH, Joseph 23*
BOZARTH, Nathan 33*, Mary Jane 32, Benja? H. J. 1
BRYSON, James 37, Nancy 72
COX, Elijah J. 34, Arena 31, Jno. M. 14, Elizabeth 12, George F. 10, James N. 8, William J. 7, Saml. 4 E. 1
COX, John 33, Mary J. 8, Charles 4
HOPSON, Alfred H. 20*
HOPSON, Layfaette T. 24*
HOPSON, Sarah 59*
JONES, Leah 55, Martha A. 29, Jas. Thos. 18, Almira 16, Wm. H. 13
LANDER, James H. 40. Mary F. 31, Mariem 16, Victoria M. 10, Elizabeth B. 8, Virinda 5, Mary T. 3/:
LANDER, Letta 75, Wm. C. 21
LEFTRICK, Robert E. 28, Eliza A. 30, Wm. G. 6, Martha L. 4, Harriet A. 2
LUCKIE, John 50*, Mary 49, Sarah A. 23, Joseph W. 22, Mary E. 18, John B. 15, Rachael J. 11
MASON, John B. 43, Bolina 41, Ann T. 18, John H. 17, Edward 15, Mary E. 14, Peter P. 10, Robert 8. C. 2, Elijah P. 1
MATTHEWS, Robert S. 34, Emily 27, Mary F. 8, Joel R. 1
MORROW, Thos. S. 30, Elizabeth 27, Martha J. 8, Jas. J. 3, Mary E. 6/12
SUTTON, William 32. Nancy H. 26, Huldy 5, Susan A. 2, Hannah J. 4/12
TORIAN, Martia 32, Louisa O? 2, Drury Jas. 1
WEATHERFORD, Nancy T. 9*

1850 Census Christian County Kentucky

WOOSLEY, Burrell 52, Elizabeth 49, Burrel Jr. 17, Alex 15
WOOSLEY, Jno. H. 23, Elvira 22, Collin 5/12
WOOSLEY, Virginia 8*

Schedule Page 459

ARBUCKLE, Alex W. 43, Arabel 41, Susan J. 17, Thos. G. 12, Jas. A. 9, Mary E. 8, Robert A. 5, Alice B. 1
BENNETT, Elizabeth J. 24*
ENLOW, James 50*, Jane 44
GOODWIN, Sarah E. 7*
HARRIS, Jas. E. 15*
HOPSON, Marcus L. 29, Judith F. 24, Peter H. 7, Robert 5, Mary J. 3, John T. 1
HOPSON, David 80* (B)
JOINER, Carroll 28, Ruth 30, Eliza J. 8, Wm. C. 5, John Calvin 1, Levi 74
JOINER, Polly A. 14, Calvin M. 18
KNIGHT, James 37, Nancy 36, Matilda 14, John R. 12, Susan M. 10, Jas. H. 8, Wm. Edmund 4, Jesse 1
KNIGHT, Joshua 24, Sarah A. 28, William E. 10/12
KNIGHT, Sarah E. 18*, Salley 20, Crittenden 13
KNIGHT, Thos. 40*, Edward 30
LANDER, John W. 27, Mary B. 19, Alice E. 6/12
LANDER, William B. 27, Cathrine T. 28, Lucy A. C. 7, Elizabeth J. 3, Thos. T. 6/12
LANDER, Sarah W. 32*, Nancy M. 11, Virginia C. 9, Thos. W. 7
MCAFEE, Wm. J. 10*
PHILIPS, Robert 59*, Anna 50
SMOOT, Geo. T. 41*, Robert H. 11, Jas. A. 8, Geo. L. 4
SMOOT, Lucy B. 67*, Jno. B. 39, Wm. G. 24, Susan C. 22
WEATHERFORD, Harriett 20*, Elizabeth 18, Cornelia 14
WELLS, John A. 30, Polly A. 23
WELLS, Mary 50, Betsy 26, Martha 23, Jane 20, James M. 18
WOOSLEY, Wilson 19*

Schedule Page 460

DINGUID?, Geo. H. 36*, Zipporah 37, Virginia E. 5, Jas. H. 2, Geo. E. 9/12
DUNCAN, Alex J. 50, Mary 45, Jas. C. 21, Adaline 18, Lorany A. 16, Alfred G. 14, Francis M. 11, Wm. A. 8, Sarah E. 5, Mary C. 1
FINCH, Elizabeth 49*
GREER, Johnathan 48, Mary J. 40, Wm. H. 17, Abner 16, Mary 14, Jno. H. 11, Jas. T. 11, Geo. 8, Nevil 16, Abert G. 3
GRESHAM, Saml. 43, Sarah 33, Chas. H. 12, Helen F. 10, Cornelia F. 8, Amanda E. 5, Tandy 1
HART, Francis 26, Eliza 38, Jas. P. 16, Mary J. 12, Ann E. 8, Isabella G. 2
HOPSON, Jas. S. 24, Mary C. 21, Henrietta E. 4, Martha A. 2, Abram S. 5/12
HOPSON, John 69, Jane B. 38, David G. 21
HOPSON, Wm. 46, Elizabeth 42, Benja. F. 19, Robt. P. 12, Minerva 7, Laura 4, Richd. 9/12
HOPSON, Albert G. 34*, Lucy 25, Albert H. 3, May E. 11/12
JOHNSON, Jas. M. 18* (B)
KENNADY, Benja. 36, Sarah 64, Mary 32, Sarah E. 28, Jas. M. 24
MILLER, Mary J. 14*, Saml. A. 13
MOSELY, Geo. W. 28, Nancy 26, Jas. W. 6, Mary J. 5, Nancy A. 3, Sarah E. 1/12
POINDEXTER, Morgan 57*, Mary 57, Alex 25, Richa. B. 22, Wm. K. 21, Emaline J. 20, Cornelia 11

1850 Census Christian County Kentucky

SCARLETT, John 19*
SHERIDAN, John 44, Catharine 40, Addison H. 21, Joseph Madison 14, Mary J. 10, Sarah Ellen L. 5

Schedule Page 461

BUIE, David M. 27, Susan F. 28, Jno. T. 4, Gustavus 2, Nancy 34
BURNITT, Elijah 56*, Wilmoth 35
DINGUID, Marshall N. 34, Mary M. 24, Lucy J. 2, Wm. A. 6/12
DUVALL, Caroline 10*
EVERETT, Nancy 14*
FISHER, Constant 78*
FRANCIS, William 46*, Elizabeth S. 45, Jas. H. 20, Sarah E. 20
GRESHAM, Fleming 27*, Martha G. 21, Elizabeth A. 4, Mary F. 2, Joel Roper 10/12
HALT?, Wm. 21*
HANKLIN, Benja. 55, Susan 50
HILL, John 45, Nancy 48, Mary 20, Jno. W. 18, Lucy 16, Edward 14, Henry C. 13, Benja. J. 12, Geo. 3, Thos. 14, Stephen 11, Chas. H. 8
MOORE, Henry J. 26, Rebecca A. 20, Lucy J. 1
MOORE, James 45, Mary 47, John W. 21, Miles H. 19, Jas. W. 17, Hiram V. 15, Strother S. 13, Joab 11, Wm. H. 9, Mary E. 7
MOORE, John W. 31, Lucy E. 18
PILES, Lewis J. 8*
PROFITTE, Henry J. 26, Rebecca A. 20, Lucy J. 1
QUISENBURY, Richd. N. 32, Frances 26, Jas. 8, Garland 6, Thompson 3, Elizabeth 1
REYNOLDS, Wm. 32*, Matilda A. 37, Heny M. 9, Martha A. E. 6, Eliza Jane F. 5, Mary C. 3
RICKETTS, Hezekiah 52, Sarah 47, Jno. T. 20, Cassandra 17, Mary E. 15, Matilda J. 11, Berlinda 9, Bazil M. 6
WOOSLEY, Saml. S. 50, Lydia 43, Lavinia J. 17, Wm. M. 12, Saml. M. 9, Geo. W. 7, Malan J. 6, Permela C. 5, Jesse Adams 3, Sarah A. 1
WOOSLEY, Moses 55*, Elizabeth 40, Thomas 90

Schedule Page 462

CALLOWAY, John H. 42, Elizabeth 34, Martha E. 13, Amanda 11, Wm. T. 10, Achilles R. 8, Geo. A. 5, Frances A. 3
DAVIS, Abel C. 34, Delarza A. 35, Wm. T. 10, Pinckney W. 7, Robert A. 5, Geo. H. 4, Mary A. 2, Sophia A. 6/12
EVERETT, Epps S. 64, Anna 59, Mary B. 25, Rosa H. 22, Jno. M. 8
GRESHAM, Joel 52*, Irene R. 20, Nancy J. 18, Joel W. 16
GUTHRIE, Joel J. 24, Maranda 23
HAWKINS, Chas. T. 39, Paulina E. 30, Louisa J. 8, Erastus B. S. 3, Mary E. 2, Jno. D. M. 7/12
KELLY, Garrison A. 31, Elizabeth S. 21, Ellen 4, Jas. G. 1
LADD, Jason 41, Mary A. 30, Henrietta M. 13, David B? 11, John H. 9, Wm. A. 7, Mary T. 4, Elizabeth J. 1
MOORE, Horam 47, Maria 40, Jane 18, Elizabeth 16, Eliza 14, Jackson 12, Freeman 10, Mary 4, Isabella 2
MOSELY, Phebe 30*
OWEN, Richd. F. 24, Mary O. 23, Joel 3, Matthew M. 1
POOL, Jas. M. 23, Jane 22, Mary T. 3, Sarah J. 1
POOL, Timothy B. 47, Mary L. 43, Jno. W. 15, Robert M. 15, Margaret A. 13, Mary Bascom 4
POOL, Wm. H. 22, Sarah F. 18, Jas. H. 1
QUISENBURY, Frances E. 35, Henry T. 11, Wm. W. 8, Geo? R. 6

1850 Census Christian County Kentucky

SIMPSON, Nancy A. 41, Mary N. 15, Elizabeth Ann 12, Hosia B. 9, Henry J. 7, Jas. K. Polk 5, Geo. R. 2

Schedule Page 463

CASSEY, Robert 23*, Martha 20, Jno. H. 6, Marion W. 4, Alfred J. 5/12
GOODWIN, Joseph 53, Mary A. 34, Wm. A. 15, Sarah J. 13, Kesiah A. 10, Permisa F. 7, Clem E. 5, Josiah A. 2
GUTHRIE, John G. 28, Nancy C. 25, Sarah E. 5/12
MARQUISS, Robert 40, Martha A. 21, John W. 14, Mary E. 13, Henry H. 10, Jas. W. 8, Luvoisa C. 4, Balinargis? 1 (m)
MAY, Richerson 37, Jane 35, Cynthia A. 11, Chas. W. 7, Richd. H. 5
MOORE, Betsey 21*
NOLEN, John W. 33, Polly 28, Henry W. 3, Chas. P. 1, Sarah 56
RENSHAW, Reid 43, Lusettia 41, Finis H. 20, Jas. Clark 15, Eliza M. 15, Sofronia E. 10, Darthula J. 8, Amanda C. 5, Cornelia E. 3
REYNOLDS, Thomas 58, Jane 40, Margaret J. 4, Elizabeth 2
STEGALL, Henry 46*, Irena 37, Eliza 17, Elvira 14, Parthenia 13, Saml. 12, Jno. H. 9, Calvin 5, Benja. 2
STRANGE, Elzabeth 61*
WOOD, Enoch P. 33, Susanna 29, Wil-- J. 10 (f), Elizabeth A. 8, William M. 5, Permelia A. 3, Jas. M. 9/12
WOOD, William 25, Eliza J. 30
WOOD, William 60, Peniah 61, Mary A. 28, Willis F. 19, Orlando G. 16
WOOSLEY, Jas. W. 21, Lurethia 15, Lycurgus 6/12
WYNNE, John G. 24, Elza J. 22, William 1, Mary L. 1/12

Schedule Page 464

COLLEY, Kinchen R. 31*, Elizabeth 21, Charles L. 1
DANIEL, Walter 45, Ann 17, Parthena 15, Sarah 12, Nancy 7, Jas. 5
GRIFFIN, Jones 34, Nancy 35, Mary 44
HARDY, Bird 56, Hellen T. 27, Louisa E. 25, Joshua L. 22, Thomas M. 22, Wm. D. 20, Lewis A. 16, Jas. B. 14, Sarah A. 10, Tiercy J. 8
HART, James 29*
JACKSON, *, Geo. W. 29, Susan C. 26, Leonidas C. 3, Sarah E. 1, Henry C. 17
JOHNSON, Sarah 54*
LANDER, Stephen 25, Margaret 20
LANDER, Wm. D. 31, Ann W. 22, Juliett A. 5
LUMPKINS, Geo. W. 28, Jane 23, Sarah Thomas 4, Susan A. 2, Martha J. 6/12
MCKINNY, Jarrett 25, Elza A. 22, Zachary Taylor 1
PENDLETON, Saml? 21, Rebecca 28, Wm. L. 3, Willis J. 3, Mary A. 1
PHIPS, Elizabeth A. 8*
POINDEXTER, Jno. 59, Sarah 60, Mary 32, Thos. W. 24, Melcenia 16, Wm. R. 15
PPOOL, Buckner 49*, Matilda 45, Andrew J. 23, SArah C. 19, SEth 16, Susan E. 15, Matilda 13, Buckner 11, Margaret 9, William B. 7, Lavinia Y. 4
PUCKET, Wm. C. 34, Permelia F. 33, Jno. C. 12, Martha A. N. 6, Thos. G. 4
ROGERS, John H. 27, Elizabeth H. 21, Wayman B. 3, Lucy A. 1
ROGERS, Robert 52, Dicey 57, Benja. F. 18
RUSSELL, Richard 29, Sarah A. 25, Thomas 8, Jno. R. 4, Emily E. 2, Geo. W. 2/12
TURNER, Robert 41, Elizabeth W. 79
TURNER, Joseph 57*, Ellen 36, Elizabeth E. 5, Geo. R. 4, Joseph F. 3, Virginia A. 6/12
WALLACE, Eliza A. 24*

1850 Census Christian County Kentucky

Schedule Page 465

CHILDRESS, Jno. 34, Narcissa C. 30, Albert B. 9, Rosanna J. 7, Joseph Clay 2, Jack. Scott 3/12
COLLEY, Wm. Sr. 67, Sarah 55, Jacob L. 21, Martha A. 12
HARDY, Lewis 52*, Mary 50, Thos. A. 14, Eleanor A. 9, Lewis M. 6
POOL, Benja. 26*
ROGERS, Jane 61, Finis 25, Julia A. 19, Enoch 1, Elvira 3/12, Bailey 23
ROGERS, Robert 38, Martha 35, Louttitia 16, Jane 10, Sarah 9, Arnold 7, Jno. B. 4, Alex 1
ROGERS, Martha 38*, Jno. R. 14, Finis 11, Richard A. 8
SIZEMORE, Franklin 2*

Schedule Page 466

CATO, Claibourn 48, Mary 44, Wilson O? 19, Woodson 17, Lusetta A. 15, Richd. H. 13, Rezin D. 11, Nathan B. 9, Newton G. W. 7, Zachary Taylor 4
CATO, W. Henry 27, Susan 22, Jas. F. 2, Wm. 4/12
COLLEY, Jane 68, Mary 46, Malinda 27
COLLEY, Wm. Jr. 23, Sarah E. 20, Jno. W. 2/12, Susan 66
DAVIS, Wm. 49*, Ann T. 35, Ann T. 7
DORRIS, Doct. Jeremiah 25*
IRVIN, John D. 39*, Susan J. 25
JOHNSON, Wm. 51*, Cathrine 38, Caroline 9, Cathrine 7, Arabella 11, Eliza 5
KEYS, Larkin Jas. 25, Elzabeth 24, Geo. L. 2, Wm. Irvin 4/12, Jas. L. 19, Webber 18
KNIGHT, Susanna 37, Sarah E. 13, Amanda 12, Messiniah 10, Mary S. 8, Genl. Jackson 6, Louisa C. 2, Larvisa 2
KNIGHT, Wm. 10*
MCINTURF, David 38, Annie 33, Alfred B. C. 15, Henry M. 12, Margaret E. 10, Neona J. 8, Columbus J. 5, David O. 5, Nancy E. 3
PENDLETON, Jas. 47, Sarah 32, Susanna 19, Elizabeth J. 11?, Chas. H. 9, Jas. W. 6, Franklin M. 3
PENDLETON, Mary 17*
PHELPS, Elizabeth 53*
RUSSELL, Saml. 30*
SIZEMORE, William 50, Unity 43, Anderson P. 23, Mary J. 20, Jas. R. 18, Lydia 15, Geo. N. 13, Jno. C. 11, Nancy E.M.R.A. 9, Westwood B. 6, Sarah S. 3
SIZEMORE, Wm. C. 25, Lucinda 27, Sarah A. 3, Unity C. 1, Nancy G. 25

Schedule Page 467

ANDERSON, Chas. 19*
BALLEW, John 32*, Mellveny? 34, Stephen 8, Jas. 5, Susan 3, Jno. 1
BOWERS, Wm. J. 21, Elzabeth J. 24, Jas. O. 6/12
BRADLEY, Jas. 71*, Nancy A. 39, Lucy J. 3
BURRESS, Fredrick 21*, Berry, 26
CALMEST?, Isaac N. 32
CATO, Mathew 72*
CATO, Wiley C. 48*, Mary A. 40
CLIFTON, Washn. A. 15*
CONGER, Elisha 29, Jane 26, Joshua 5, Ira T. 1, Isaac 12, Elizabeth 23
COVINGTON, Wm. H. 32, Caroline 31, Martha J. 7, Eliza F. 5, Jas. 3, Sarah E. 1
DUNNING, Irey 23, Sarah J. 22, Hezekiah 8/12

1850 Census Christian County Kentucky

EVERETT, Jane 60*
GOODWIN, Chas. H. 9?*
GUTHRIE, Asa 22*
HAWKINS, Sarah J. 44*
HICKS, Hamlin 44
HICKS, Margaret 46, Jno. W. 22, Dersilla? P? 19, Margaret 11, Eleanor 76
HOWARD, Francis 49*, Lucinda 49, Wm. A. 19, Chas. H. 17, Benja. F. 15, Luttitia A. R. 14, America C. 12
JONES, Henry C. 35, Elzabeth 34, Jno. 19, Wm. F. 8, Elzabeth 6, Mary 4, Thos. 2
MCINTURF, Jas. M. 32, Cathrine M. 34, Elzabeth E. 9, Pleasant J. 7, Geo. W. 5, Jas. H. 3
MCINTURF, Jno. 65, Annie 66, Adam 29, Maranda O. 13
MOORE, Jas. W. 30, Sarah A. 26, Lucian 2
SIMPSON, Geo. W. 30, Mary 32, Jno. A. 6, Irvin T. 5, Nancy F. 3, Henrietta L. 1/12
SIMPSON, Jno. 61, Susan 50, Matilda 22, Thos. 20, Frances C. 16
WALKER, Danl. 40*, Harriett 38, Nancy J. 15

Schedule Page 468

BOYD, Robert S. 50*, Elizabeth 35
CORNELIUS, Jno. 63, Martha 61, Jno. Wm. 18, Jas. A. 16
CORNELIUS, Jessee 27*
DOUGLASS, Benja. 41, Nancy 28, Wm. L. 6, Joseph E. 2
HOPSON, John 31, Sarah C. 31, Alfred H. 7, Joel 5, Eugenia H. 2
KIRBY, Robert 44*, Cynthia 38, Robert S. 2, Paradine 1/12 (f)
LONG, Isaac 58, Maria C. 52, Isaac D. 14, Ellen M. 11
LONG, Jacob Asbery 34, Elizabeth 30, Martha C. 11, Augustus F. 8, Octavia A. 4
MCKIMY, Camden (Dr.) 35*, Martha A. 22
OWEN, Albert S.? 35, Elizabeth A. 19, Allen F. 3/12, Julia J. 27, Hannah E. 19
OWEN, Jas. F. 30, Harriett 21, Samantha A. 4, Fare Thadeous 2, (Baby) 4/12 (f)
OWEN, Wm. A. 38, Rebecca W. 37, Frazer W. 15, Wm. B. 11, Ann M. 7, Solomon S. 4, Mark A. 1
P'POOL, Jno. D. 36, Nancy 35, Sarah F. 14, Ann E. 10, Joshua F. 8, Jno. V. 6, Ellen 4, (Infant) 4 (f)
PROFITT, Mary 81
RAIL, Harriett 22*, Amanda J. 4
SCARLETT, Mary 30, Sarah E. 7, Jas. A. 6, Martha 5, Lewis 3, Henry 10/12
SHILTON, Stephen H. 22*
SLOAN, Jas. B. 20*, Mary B. 18, Saml. H. 14, Minerva J. 7
STRICKLEN, Aurelius 22*
SWINNEY, Josiah 54*, Jane 54, Felix G. 20, Wm. R. 16, Hardy 13, Reuben 10
TAYLOR, Sidney 37 (f)*, John 14, Gamalial 11
WOOD, Jno. 39, Elizabeth 34, Wm. F. 13, Leander M. 12, Larkin S. 10, Sarah E. 9, Beninah J. 7 (f), Frances
    C. 5, Mary E. 3, John G. 1

Schedule Page 469

BROOKS, Vincy 29 (m)* (B)
BYRD, John 49*, Jane M. 40, Jno. jr. 20, Rebecca E. 13, Geo. H. 10, Richd. 8, Jane M. 5, Susan E. 3
CATES, Solomon 63, Nancy 52, Jane 16, Juliet C. 8, Juliza 8, Solomon jr. 7, Robert 4, Janetta 4, Joseph 2
DOIL, Thos. 52, Dolly 45
KELLY, James H. 45, Eleanor F. 46, Mary E. 22, Marcellas 21, Thioden? L. 19, Jas. H. jr. 16, John H. 15,
    Caroline H. 13, Eleanor T. 11, Oscar 9, Babe 7 (m)
MITCHELL, Wilson 24*, Minerva 29, Laura M. 3, Elisha C. 1

1850 Census Christian County Kentucky

NIXON, Ab 40, Rebecca 40, Sally 9, Zachary 4
OVERSHIMER, Gideon 59, Barbary 54
PAYNE, Ludwell H. 41, Mary M. 40, Wm. H. 15, Saml. P. 13, Lems T. 12, Nancy E. 10, John H. 7, Chas. R. 5, Jesse 3, Geo. W. 6/12
POOL, John 52* (B), Mary 26, John jr. 3, Cynthia 2, Cornelia 1
SHELTON, Stephen O. 38, Mary A. 21, Jas. B. 1
STOKES, William O. 22*
WOOD, Wm. Henry H. 8*
WOODS, Alex 36, Pernecia B. 26, Jas. C. 7, Mary S. 5, Nancy E. 3, Sarah C. Cay 1
WOOSLEY, Jas. T. 43, Ruth 40, Jas. T. jr. 16, Virginia B. 15, Moses W. 13, Nancy W. 11, Virinda 9, Melchisadac 6, Susan S. 11/12

Schedule Page 470

ARMSTRONG, Jane 73, David 32
BRADLEY, Hezekiah 45, Isabella H. 30, Jas. H. 18, Elcy P. 12, Phebe A. 4, Alfred W. 6, Maranda 3, Geo. G. 1/12
CRUTCHFIELD, Jas. 9*
FERRELL, Martin 60, Olin 59 (f), Thos. M. 23, Jno. C. 20, Louisa M. 17
FIELDS, Robert 59, Zelly 50, Bersheba 21, Enoch 19, Ailcy 16, John 14, Margaret 8, Susan 5
HARRIS, Thos. D. 54, Sophia M. 58
HOPSON, Henry 66, Elizabeth 63
MILLER, Patrick 50
MITCHEL, John G. 26
MOSELY, William 33, Louisa 32, Geo. T. 11, Mary S. 9, Susan Battinly 5, Arotta C. 2
NELSON, Jas. 32, Sarah J. 23, M. W. 3 (m), Nancy E. 1
NICKOLS, Sinseer? R. 42*, Jane C. 43, Wm. P. 19, Mary Jane 16, Amanda C. 11, Simeon R. 7, Livingston L.3/12
NIX, Thos. 35*, Jane 23;, Jasper R. 14, Parthena M. 10
PHIPLIN, Mary M. 18*, Sarah C. 16, Margaret T. 14, Lavisa E. 10
PICKENS, Christopher C. 39*, Mary Jane 33, Jno. T.? 9, Mancy M. 7, Alfred B. 4, Wm. H. 2, Joanah 9/12
SIMPSON, Robert 36*, Lucinda 33, Emily 16, Wm. 14, Benja. 12, Jas. W. 10, Grandison R. 8, Louisa E. 5, Polly 2
TOMLINSON, Hugh 42, Margaret H. 28, Jas. S. 15, John W. 12, Rebecca J. 10, Simeon N. 7, Geo. W. 5, Benja. T. 1
WILSON, Jas. M. 28*
WOODS, Harden J. 49, Eliza 45, Jas. A. J. 21, Nancy O. 19, Mary L. T. 17, Eliza E. 16, Bartholomew T. 11, Wm. Richison P. 8, Louis O. T. 5

Schedule Page 471

CLARKE, Joab 42, Polly A. 30, Harriet C. 21, Gustavus G. 20, Volney C. 18 (m), Hosea B. 17, Aurelia W. 16, Sabastian S. 14, Albert Hanes 10, Elizabeth 7, Victoria 6, Ellen N. 4, Josephinine 1
COTTON, Frances F. 49*, Martha A. 13
DORSE, Laban 38, Mary A. 31, Nancy E. 12, Matilda E. 9, Malinda K. 9, Saml. W. 5, Drewry F. 1, Elizabeth A. 18, Doctor F. 1
DORSE, Saml. 37, Barbara 37, Mary J. 14, W. L. 12 (m), Jas. H. 11, Margaret A. 10, Martha L. 8, Rhoda L. 3, Andrew J. 1, Rhoda 67
DORSE, Rhoda A. 3*
FERRILL, Wm. M. 30, Mary F. 26

1850 Census Christian County Kentucky

LADD, Benja. 76, Betsy 73
LADD, Jas. M. 29, Adaline 28, John F. 5, Frances E. 3, Jas. Wm. M. 1
LADD, Joshua 37, Emaretta 26, John 14, Hezekiah 12, Madison R. 10, James J. 6, Armilda W. 2
LADD, William E. 23, Hicksey 23 (f), Loriesa? _. 2, John W. 9/12, Francis M. 6, Mary E. 8
LADD, Wm. J. 17, Harthenzy? A. 21
LADD, Jas. W. 5*
LADD, Louisa J. 9*
PETTY, Drewry 70*, Jane 51, Jane C. 20, John C. 16, Minerva A. 14, Lucinda T.M.O. 11, Margaret E. R. 8
PRYER, Claiborn 24*, Mahala J. 21, Wm. J. A. 6/12
SIMPSON, James 31, Lucinda 29, Ursula A. 7, John M. 5, George C. 3, William D. 2, Sarah C. 1/12, Mary A. 75
SIMPSON, Grandison 29*, Louisa J. 24, Mary E. 5, Sarah A. 4

Schedule Page 472

BARNETT, Eleanor 81, Robert N. 42, James 40
BEARDEN, Mary J. 6*
BOYD, Margaret 68
BROWN, James L. 33, Mary 34, Margaret E. 10, John W. J. 9, James T._.J. 5, Joab Clarke 3, Benjamin F. H. 1
CANCLER?, Henderson 35, Mary A. 33, Jesse W. 13, Leander 9, Mary J. 6, James H. 4, Sarah A. 1
DOTSON, Jesse 13*
FULLER, William C. 32, Margaret J. 28, Sarah 8, John W. 5, James R. 3, W. Jackson 3/12
HAMBY, Jerry 83
HAMBY, andrew M. 23, Charity 30, William J. 6/12
HAMBY, Isaac 76*, Kesiah 60
HAMMOND, William 55, Pharaby 32, Joseph H. 1, John Madison 3/12
HAMMOND, George K. 28*, Kesiah 24, Margaret J. 3, Timothy J. B. 1
HAMMONDS, Thomas E. 38, Margaret 30, Jacob H. 9, William T. 7
KNIGH, Thomas 31, Malinda 31, Alzena 12, Amilda 9, Leander 7, Berry A. 5, Thomas 2, Dicey 9/12
KNIGHT, Grant 23, Eliza 22, James 2, Edmund 3/12
KNIGHT, Jacob 22, Sarah A. 17, Martha E. 9/12, William H. 1?
KNIGHT, John 69, Dicey 71
KNIGHT, Mesinaah 11 (f)*
MITCHEL, Chesley 29, Achsah 27 (f), Rebecca 9, Jacob 7, Hezekiah 4, Samuel 1, Chesley J. 1/12
RAIL, Thomas 42, Serena 41, Caroline T. 13, Richard J. 11, Susanna 9, Thomas H. 7, Emily E. 5, William H. 3, James J. 1
REYNOLDS, Michael 55*, Nancy 57, Lucretia 17, Wilson M. 14

Schedule Page 473

BROWN, Timothy 79, Narcissa 24, Nancy A. 19, William D. F. 18
BROWN, Sarah J. 23*, James G. 2
DREW, William 21
DREW, Margaret F. 18*
DUNNING, John 18*
HAMLIN, Eliza C. 20*, Mary 1
HAWKINS, Benjamin 74, Judith 72
HAWKINS, Benjamin F. 42, Jane C. 15, Robert W. C. 12, Thadeus O. 9, Mary J. 6
HAWKINS, Henry 45, Susan 35, Juliett 18, Cornelia 16

1850 Census Christian County Kentucky

HENDERSON, William 51*, Clarissa H. 48, Margaret M. A. 18, Robert W. 16, Artemesia 13, M. W. 11 (m), Elizabeth F. 8
KEEP, Margaret 49, Mary J. 20, John 18
MORRIS, Jacob 67*, Mary 36, James B. 21, William J. 19, Permelia 29, Elizabeth 7, Amen 5 (m)
REYNOLDS, John 47, Dianna 37, Sama__ J. 18 (f), Margaret N. 14, Joshua J. N. 12, Willis W. 10, Mary S. 8, Louisa D. 6, Wilbur L. 2, Elizabeth T 11/12
THOMPSON, M. (Dr.) 76, Elizabeth 75, James 40
THOMPSON, Spencer 21, Elizabeth E. 38, Jenny N. 18, John W. 2
WADE, Edward 38, Sarah A. 40, John W. 16, Robert D. 14, Sarah E. 12, Charles D. 11, Marthe E. 9, Peter H. 7, James K. Polk 5, Virginia S. 1
WADKINS, Samuel T. 35, Sarah D. 31, John H. 10, William H. 8, Silas L. 5, Benjamine T. 4, Samuel M. 1
WOOD, Clemens jr. 33, Elizabeth 32, Sarah E. 2, Nancy E. 1
WOODS, William 22, Nancy 62, Susanna 25

Schedule Page 474

COLLINS, Joseph 52, Elizabeth 43, Shadrach 19, Nancy 16, Gracey 13, Francis S. 11, Joseph jr. 5, Betty 3
COLLINS, Morgan 28 (m), Mary 26, Mary E. 4, Joseph L. 2, Cynthia A. 7/12
CRAFT, James 25, Cathrine 21, Nancy Jane 5, Margaret S. E. 3, Abey Cathrine 1
DUNNING, Etherington 53, Mary 43, Betsey 23, Sally 19, George 15, Josiah 13, Catharine 9, Mindy 6 (m), Malinda 4
ELI, Michael 51, Elizabeth 25, Andrew J. 1, Mary A. E. 6
ELI, Taliafero 25, Polly 25, William M. 8, John R. 5, Winney E. 3
ELI, Thomas 24, Nancy 21, Abey C. 3 (f), William R. 1
ELI, Mary A. M. 6*
ELI, May 2*
FARANER, James P. 4*
FORD, Daniel 25, Christina 23, Nancy C. 2, Winney 6/12
MCINTIRE, John 39, Nancy 36, Amanda J. 15, John W. 12, Polly A. 10, George D. 4, Nancy E. 1
MCKNIGHT, John 44, Lavinia 31, Daniel L. 12, Margaret E. 10, Minerva C. 8, Jesse M. 6, Artimesea 4, John W. 1
MING, Jacob 39, Elizabeth 32, Becca 16, Martha 15, Thomas J. 9, Margaret 5, Sarah 3
PARKER, Joseph 22, Louisa 21, Sarah C. 2, Mary A. 4/12
PARKER, Hiram 24*, Elizabeth 20, Nimrod 3, James T. 6/12
PARKER, Nimrod 57*, Winny 62
TROTTER, Allen 25, Susan 20, Messiniah J. 2, Daniel M. 1
TROTTER, Henry 26, Hetty 17, Susan 3, Polly A. 1, Charles 16

Schedule Page 475

ALLEN, Sarah 21*
BARNETT, William 36, Mary A. 23, A. Emalinda 5, Morgan A. 2 (m), Joseph W. 2?/12
BESHEARES, Matilda 20*, Harriett 22
BESHEARS, Sterling 21, Jane 20, Elizabeth A. 1, Henry 24
BROWN, James R. 28, Martha 23, Eliza J. 1, Thinarthy J. 5/12
CAMPLIN, Henry 43, Cathrine 11, Polly 22, John 6, Abey 6 (f), Bracey 3 (f)
CLARK, Joseph M. 33, Malinda 32, Amanda M. 5, Nar .j P. 4, Maranda E. 1, Lemuel M. 20, James J. 13, Mary E. 18, Tibitha A. 16, Cynthia E. 11
COLLINS, John 22, Tennesee V. 17, Lucinda C. 6/12
FARMER, William 43, Abey 41

1850 Census Christian County Kentucky

FARMER, Mary 48*, Minerva 14, Martin 11
LANTHRIP, Thomas 38, Mary A. 20, Louisa 17, William 14, Cathrine 12, Nancy E. 9
LANTRIP, David W. 7*
MCKNIGHT, Susanna 75, Daniel 35
MESSAMORE?, George 19, Margaret 18, Benjamin F. 1
MESSAMORE?, Jacob 60, Charlotte 62, Jacob H. M. 21, Charlotte 3, Margaret E. 1
MESSAMORE?, George 56*, Margaret 50, Charity B. 26, Jacob H. 16
MORRIS, Zerah 34 (m), Mary B. 28, William J. 8, James W. 6, Francis M. 3, Woodson H. 1
PARKER, Elizabeth 61, Dorcas 20
PARKER, John 38, Susanna 28, Amatsey 17, Nancy 15, Susanna 14, Hetty 12, Polly 9, Carolina 7, Artimesia 3, John W. 1
PARKER, Nancy 61*
WALLACE, William 37, Mary J. 16, John W. 14, Margaret A. 11, Robert F. 9, William R. 7, Charity 78

Schedule Page 476

ARMSTRONG, John 40, Sally 38, Mary F. 12, Jennetta B. 10, Zeriah J. 9, Susan A. 3, Lucetta T. 1
BOYD, Elizabeth 89, Joel 45, Peninah 42, Elizabeth A. 18, Mary E. 15, Tibitha J. 12, Martha P. 8, Emily L. 7, Joel W. 4/12
BROWN, Nathaniel 25, Eliza C. 24, Ablezera O. 1
BRYANT, Lawrence 76, Cathrine 28, Elizabeth 26, Nancy 25, Martha 23, Morgan W. 23 (m)
BURTON, Gideon 35, Diana 33, George W. 12, Mary J. 7, Amelia C. 5, Martin A. 3, Elzah E. 9/12 (m)
CHUNLEY, Martha 48*
KEYS, Daniel 24, Mary E. 26, Ursley C. 6 (f), Amanda M. 3, Enoch 1/12
KEYS, George G. 39, Sarah 40, Haman J. 6
KEYS, John 62, Wesley 63
KEYS, Stephen 33, Sarah C. 6, Richard B. 2
KEYS, William H. 24, Mary A. 30, John H. 9, Frances A. 4, William McG. 1
MCCORD, David J. 38, Vina M. 39, M. W. 11, William R. 9, James B. 6, Henry C. 4
MERRITT, George W. 50, Elizabeth 45, John G. 12, Barbara J. 3
MORRIS, John 36, Mary 40, robert H. 15, Richard A. 13, Mary J. 11, James D. 10, William R. 8, John W. 4, Franklin P. 2
PERKINS, John R. 21, Minerva 18, Josiah 3, Moses M. 3/12
WILLIAMS, Allen 54*, Aurelia 40, James B. 16
WITTY, Henry 27, Julia 21

Schedule Page 477

BOYD, David 52, Mary 40, Sarah 15, Frances A. 15, Charles H. 11, Thomas B. 7, Mildred E. 10, Octavia 5, James W. 21, Cynthia A. 21
BROWN, Nancy 60, William S. 22, Pinkney P. 20 (m), Nancy B. 15
CANSLER, Goeden 43 (m), Elizabeth 35, Samuel 11, Jane E. 6, Mesinia 4, Golden Pingree 2, Chesley M. 1
CANSLER, James 41, Mary A. 33, Elizabeth A. 15, James C. W. _. 11, America G. 9, Elijah Hire 6, Virginia F. 4, William W. C. 1, Lycurgus 2/12
CANSLER, John 50, Matilda 45, Emily C. 18, Martin V. 15, Marcus Burnett 10, Mary M. 8, James K. Polk 6, Salena L. 2, John W. 1
CATOE, Willis R. 20, Eluisza 19 (f)
COOKE, John P. 26, America 26, Francis B. 10/12
HALEY, Josiah 28, Almarinda 23, Sarah J. 2, William L. 2/12
HAMBY, Philip 52, Jane 47, Leander W. D. 18, Leonidas W. D. 18, Leonidas M. 15, Orlando J. 13, Margaret

1850 Census Christian County Kentucky

J. 1, Miranda S. 5
HAMMONDS, Timothy W. 39, Delila C. 36, James M. 10, John W. 8, Nancy F. 6, Benjamin S. 3, Sarah J. 1
MARTIN, Thomas 21, Anrinda A. 20, Marion 5/12 (m)
RENSHAW, Enoch 38, Malinda 31
RENSHAW, Wiley 32, Elizabeth 39, William J. 12, Cynthia A. 11, Eliza J. 9, Henry N. 8, Nancy C. 7, Emily 5, Sarah A. 3, Virginia 1
SIMPSON, Crittenden 26, Surana 22, Luarinda J. 2
SIMPSON, William 61, Eliza E. 59, William W. 22

Schedule Page 478

BLANCHARD, Jacob 83, Mary 82
BLANCHARD, Jacob jr. 40, Viney 33, Fany 15, Fields B. 7, John 5, Joshua 2, Allen 3/12
BRASHER, Elijah 34, Sally 33, Emilissa G. A. 3, Winfield G. 1, Elizabeth 76
BROWN, John 19*
CRAINER, John 39, Elenor 38, Moses 13, Sarah 11, Davis 8, Mary J. 5, Moses sr. 75
DENNING, Elitha 19*, Martha 18, Eliza 17
HENDERSON, Woodson 21*
JONES, Burwell P. 39, Martha A. 34, Susanna H. 15, Mary A. 14, Irene J. 12, Nancy J. 77
LANTRIP, James 26, Judy 32, Ensly W. 9, George S. 2
LANTRIP, Shadrach 70, Cathrine 60
MCKNIGHT, William 51, Crittenden 18, Isaac T. 16, William jr. 14, James R. 12, Charlotte 10, Daniel M. 7, Thomas C. 4
PARKER, Anderson 24*
PARKER, Richard 59*, John 20, Richard jr. 17, Jessee 11, Rhoda 7, Maranda 5, Sally 4, Edmund F. 2
PAYNE, Mahala 46*
SCALES, Joseph W. 44*, Ann J. 36, John J. 14, Mary E. 12, Cathrine H. 7, Walter J. 5, Lucy A. 3, Virginia 9/12
SULLIVAN, Isaac N. 31, Jane 28, Martha E. 9/12
TROTTER, James M. 20, Sarah 21, Abzary 1/12 (f)
WALKER, Autherr 40, Cathrine 34, Margaret A. 13, Hany R. 12 (m), James W. 10, Thomas J. 7, Sarah F. 5, Elizabeth 2
WATSON, John C. 35, Nancy 35, Martha E. 13, George 11, John W. jr. 7, Ann E. 4, Lucy F. 1, Milly 65

Schedule Page 479

ARMSTRONG, Mary 43, Mary C. 16, George H. 13, Margaret J. M. 8
ARMSTRONG, Elliott J. 22*
BOURLAND?, Elizabeth 35, Mary C. 11, Lawrence G. 7
BRASHER, Aquilla H. 48, Mary A. 43, Artemisia J. 17, Albert H. 8
BRASHER, Isham S. 36*, Rosey E. 30, Balfour W. 8 (m), Francis A. 6, George W. 4, Goldsmith P. 1/12
BREWER, Hezekiah 29*, Elizabeth 29, Lavinia C. 5, Etna M. E. 3
BROWN, Paschal D. 35, Julina 37, Mary A. 7, Rebecca C. 4
CAMPBELL, David 74, Annie 64, Larken 40
CAMPBELL, George 45, Rebecca 42, Elzy A. 18 (f), Margaret E. 15, Elitha J. 14, Pernecy A. 12, Susan C. 9
CAMPBELL, Neil 33, Lucinda 33, Malinda C. 10, Marcella J. 7, Nancy A. 3
CRAFT, William G. 42, Mary 32, Anderson B. 18, Mary A. B. 15, Martha J. 13, James E. 10, Larkin C. 5
CRAIMER, Johnathan 55, Rhoda 45, Jane 20, John 17, Emily H. 14, Johnathan A. 12, Matilda 9, Rhoda E. 6, Qunire M. 3 (m)
CROFT, Jacob 87*

1850 Census Christian County Kentucky

GILL, Johnathan 19, Harriett C. 20
HAMBY, James 53, Sarah 51, Patrick H. 23, Susan E. 19, Virgil A. 18, Mary A. 16, Malinda E. 14, James T. M. 10, Newton J. 5
LANE, John C. 51, Elizabeth 40, Nancy C.E.Q. 1
MENSER, Dorothy 45, Cathrine 22, Noah 18, Solomon D. 16, David W. 12, John O. 8
MENSER, Martin 23, Malinda 23, John M. 1
PETTY, Samuel P. 22*
WALKER, Asa 31, Jane 22, Sarah E. 3

Schedule Page 480

ADAMS, James 26*, Sylva 26, Mary F. 8, Malinda S. 5, Lewis H. 4, Serena J. 3, Thomas 1
BRASHER, Alexander 46, Margaret 42, Alonzo W. 19, Rachael R. 17, William A. 14, Thomas J. 14, Elbridge G. 12, Malissa B. 4
BRASHER, Jacob C. 39, Agniss 39, George M. 8, Curtis A. 6, Celest A. 4 (f), Catharine 2
BRASHER, Thomas 77, Catharine 72, Paschal D. 32, Nancy D. 26
HOUSTON, William D. 12*, Ann C. 9
MCGILVERNY, Nancy 70*
PARKER, Obediah 55, Mary 47, Matilda A. 25, Isbell 23, David M. 18, Jesse M. M. 16, Jane 10?, John 8, Adison 6, Obediah 5, Anderson 3
WOOLDRIDGE, Edward 60*, Margaret 53, Drucilla 31, Wilson W. 19, Madison B. 17

Schedule Page 481

ADAMS, Ezekiel C. 20, Mary C. 20, Brerzitta? T. 1, Nancy T. 1/12
ADAMS, John 30, Cyrena 27, James T. 10, Mary C. 7, Sylvira M. 6, Abram S. 4, Rebecca E. 2, Wm. Bernard 4/12
ARMSTRONG, Matthew 30, Ann 22, Arsena J. 4, Victory 11/12, Jane 70
ARMSTRONG, Lawrence T. 25*, Cathrine 28
BARFIELD, William G. 26, Priscilla 28, Emilla E. T. 1
BELLE, Harriett 21*
BOURLAND, Jessee 33, Louisa 31, Nancy J. 10, Louis 8, John W. 4, Cyrena 2, Albert 3/12
BREWER, Zion 32, Margaret 28, Maria J. 9, Margery L. 8, William O. M. 6, Rufus r. B. 4, Thomas E. M. 2
CANSLER, Plinny T. 46 (m), James O. 12, William H. 9
CRAFT, Willis C. 23, Mary Z.E.T.S. 27, Margaret H. J. 2, Emsley M. 1 (m)
CROFT, David 69, Margaret 63
CROFT, Westley 26, Nancy M. 20, Radley J. 1
DUNNING, Gatland 27, Susan 25, John W. 7, James J. 3, Silvan J. 1, Happy 15 (f)
KENNADY, Sarah A. 18*
LONG, Isaac B. 38, Anna J. M. 29, Sarah C. O. 5, Martha P. 3
LONG, Redding 26, Elizabeth 21, William B.? 1
LONG, William 25, Hester 24
LONG, Charles 56*, Catharine 54, Obior 31 (m), Cynthia 20, Hugh T.? 18, Thomas 16, John M. 14
LONG, William 78*, Rachael 73, Redding C. 32
SHELTON, William 85*
WILLIAMS, william 75, Margery 35, Chesley 16, Eilzabeth 14

1850 Census Christian County Kentucky

Schedule Page 482

BOYD, Aaron M. 22, Patience A. 20, Susan _. 1
BROWN, Enoch A. 44, Sally 41, Omar S. 18, Marcus D. 15, Elizabeth R. 14, Albert E. 10, Onamile J. 8 (f), Syms M. 2
BROWN, John W. 38*, Cathrine 37, Marcellus 7, Meander B. 5 (m), Miram O. 3, William M. 1
DERLEY, Washington 33* (B)
DOBYNS, Goldman H. 30*, Sally T. 27, Batten A. 8 (m), Charles H. 6, Leu 4 (m), Nancy 2
FORD, Mary A. 27*
FRUIT, James S. 40*, Mary 40, William H. 19, Samuel T. 17, Thomas J. 15, Elizabeth A. 13, Enoch W. 11, John H. 8, Martha J. 6, James F. 3, Zachary F. 1
LOCKHART, Martha 55, Hetty M. 17
LONG, Aquilla 54, Jane 56, Mary S. 26, Thomas M. 22, Rachel J. 20
LONG, John 43, Nancy _9, William H. 20, James R. 19, Isaac N. 17, Mary J. 15, Martha W. 14, Aquilla B. 12, Cordelia B. 9, Melvina? 8, Nancy E. 6, Charles Y. 4, Dotson M. 2, Susan A. 1/12
LONG, Hester 49*, Allen 25, John S. 23, Alfred 21, Leander N.? 18, Richard M. 16, James W. 14
MENKE, Elizabeth 62, Benjamin E. 28, Redding B. 25
PHILIPS, Robert W. 17*
POWEL, James 27, Susan C. 23, John G. 2
SIZEMORE, Henry 40, Elizabeth 36, James A. 18, Sarah A. 17, Mary E. J. M. 13, Ritta M. 12, Emily S. C. J. 8, William H. 7, Joseph J. 5, Bayless E. 3, Minerva E. 1

Schedule Page 483

ALLMAN, Saml. H. 16*, John M. 13
BARNES, Bartus 19, Lucy J. 17
BOBBETT, John 67*, Lucy 66, William 31
BOBBITT, Isham 38, Catharine 38, John H. 9, Lee M. 8, Mildred A. 6, Laura A. 3, Hester C. 1
BROWN, Joshua H. 34, Sarah 37, Mary J. C. 14, Cary A. 12 (f), Nancy E. 8, Annis C. 6, John A. T. 4, Caroline 3
COOK, Levi 24, Sarah A. 16
DAVIS, John 35, Mary 36, Louisa A. 15, Elizabeth C. 13, Elijah W. 10, Isaac R. 7, Giles Webber 7, Priscilla J. 6, John W. 4, Martha M. 4, Lewis M. 2, Infant 2/12 (m)
DOWLING, Matilda 40, Emaline M. 16, Hellen M. 9, Layfaette T. 7, Mary E. 1
GILKEY, James W. 35, Catharine 33, Marcus 7, Mary J. 5, James D. 2, Geo. T. 5/12
GILKEY, Johnathan 42, Nancy 35, J. T. 15, Mary C. 13, Henry E. 11, John W. 9, Lucretia J. 7, Aquilla V. 5, David S. T. 3, Johnathan J. 4/12
GILKEY, Jas. W. sr. 70*
GILKEY, Mary 68*
HENDERSON, John 25*
JOHNSON, Elizabeth D.P. 43, Benjamin F. 17, John D. 14, James D. 12, Maria A. 11, Lewis H. 10, Anderson G.? 8, Littleton M. 5, Lutitia E. 2
LANDRITH, James 36*, Martha 43?, Mary A. E. 16, Thos. 12, John 7, Rachael J. 5, Danl. 2
LONG, Priscilla 31*, Sarah E. 12, Rachael E. 11, Jas E. 9, Young H. H. 4, Eli S. 1
METHENEY, Eli 23, Elizabeth 19, Alfred 8/12
RHEA, Zepha C.*
WALKER, Rhetta A. 20*

1850 Census Christian County Kentucky

Schedule Page 484

BARKER, Ann R. 70*
BENNETT, Isabell 54*, Emily 21, Belle 18, Mary B. 9
BOROUGH?, Leo C. 27*, Clara 23, Geo. Wm. 8/12
BOYD, Coleman 43*, Ann M. 23
BOYD, Mary 73*
BUCKNER, Wm. T. 24*, Lucy E. 19
CALDWELL, Beverly 25 (m)*
CAMPBELL, Elizabeth J. 15*, Mary C. 13
CAMPBELL, Frances M. 60*
CANNON, Richard 29, Malinda 41, Clarissa 13, Boyd 6, Jonas? 4, Geo. A. 2
DAVID, Henry J. 14*
EDMONDS, Wm. A. (Dr) 27*
FISHER, John S. 28*, Martha E. 22, Ned 2/12
FORD, Wm. F. 16*
GANT, Archibald 68, Rebecca 48, Henry C. 21, Rebecca L. 17, Margaretta W. 15, Jane E. 13, Cornelia 11, Archibald jr. 9, Milton 5
GANT, Joseph K. 23*, Elizabeth V. 19, Elizabeth V. 1/12
HAMMOND, Edna 25, Sarah 21, Mary C. 1
JACKSON, Juliett N. 40*
LEAVILL, Livingston L. 48, Mary A. 37, Lewis L. 19, Geo. B. 18, Wm. T. 12, Susan 10, Mary A. 8, Cornelia T. 3, St. Clair 4/12, Cornelia T. 20
SMITH, Wm. T. (Dr.) 57*, Nancy T. 38, Sally P. 18, Thos. 19
STEVENSON, Henry C. 15*
TAWN?, Tabitha M.*
THORNTON, Geo. T. 50*
TORIAN, Jacob 47*, Kesiah 45, Wm. H. 21, Henrietta S. 18, Christopher 16, Ann E. 14, Peter A. 12, Jas. A. 9, Robertson 7
TORIAN, Susan 80*
UNDERWOOD, John 68*, Tabitha 53, Mary A. 24, Cynthia J. 22, Martha M. 21, Thos. A. 17, Jas. C. 16, Tabitha M. 13, Sally E. 11, Lucinda 9
WALLER, Francis W. 16*
WELLS, Chas. S. 23*

Schedule Page 485

ABERNATHY, Hutchins 43, Sally Ann 42, Wm. 19, Virginia 17, Mary 15, Sarah A. 13
AGERMAN, Wm. H. 34*
ALLENSWORTH, H. C. 35*, Julia C. 30, Sarah T. 9, Chas. C. 5, Thos. M. 2
ANGEL?, Jesse W. 27*
BECK, Wm. G. 19*
BRYAN, Margaret 65*
CRABTREE, C. W. 17 (m)*
DEVENPORT, Edward 28*
DUNNAVAN, Wm. H. 17*
EVANS, Hugh 62*, Martha J. 38, Virginia G. 7, Richd. D. 3, Hugh M. 1
FIGELY, John 37*, Sarah A. 35, John R. 13, Geo. W. 11, Chas. M. 9, Wm. T. 6, Sarah J. 3, Joseph 2
FLOWER, Geo. W. 33*
FOSTER, Ephram H. 33*
GILES, Mary J. 12*

1850 Census Christian County Kentucky

GISH, Danl. J. (Dr) 33*, Eliza C. 29, Eliza C. 3
GRACE, Wm. 19*
GREER, Jas. 16*
HOPE, John P. 67*
JOHNSON, Lafayette 20*
LAMBETH, Henry O. 19*
LEWIS, M. W. 22 (m)*
MARTIN, Edward 31*
MASON, Lee W. 21*
MCCLUER, John 35*, Mira L. 30, Jas. L. 12, Lucretia J. 9, John L. 8, Mary E. C. 6, Mira B. 2, Jno. sr. 70, Jane 65, Jas. H. 28
MCGINNISS, Owen G. C. 24*
MONTGOMERY, T. G. (Dr) 45 (m)*, Ann M. 36, Abram S. 17
MOODY, Wm. 17*
MOORE, Sarah A. 18*
OPPENHEIMER, Bernhard 39, Babet 26 (f)
SEVIER, Richard M. 35*, Elizabeth S. 30, Mary S. 9, Geo. L. 7, Wm. S. 5, Madison L. 3, Elizabeth 1
SHARP, Walter 30*, Charlotte R. 27, Julia E. 5, Wm. H. 4
STEELE, Robert 43*
TAYLOR, Danl. M. 30*
WATSON, John T. 21*
WEAKLEY, Chas. M. 21*
WEATHERS, Abner B. 22*
WELLS, Mat 13*
WRIGHT, Jas. M. 28*

Schedule Page 486

ASHBY, Apps 23*
BRADFIELD, Archibald H. 25*, Lucy A. 25, Sarah E. 3, Robt. R. 7/12
BURNETT, R. A. 18 (m)*
CAMPBELL, John P. 60, Mary A. 50, Francis B. 15, Mary 13, Susan B. 8
CAMPBELL, Geo. V. 24*
CAROTHERS, Johnathan 35, Mary A. 29, Ellen F. 9, Wilber J. 4, Richard J. 1
GENTRY, Haden 34, Harriett J. 32, Wm. D. 13, Horace B. 11, Harriet B. 10, Elzabeth 8, Haden 6, Alfred Shaw 4, Braxton G. 2, Maranda 4/12
GISH, Doct. Jacob 30, Jane 30, Ann 5, Florida C. 3, Geo. 6/12
GLASS, Wm. A. 23*
GLASS, Z. 59 (m)*, Mary J. 47, Virginia 13, Sarah F. 9, Julia 6
GOOCH, Elijah 27*, Mary A. 24, John W. 1
GRAY, W. W. 25 (m)*
HEMINGWAY, Conway 25*
HENSEN, Sally 6*
HOGAN, Jas. B. 26*, Sarah A. 20, Jno. W. 3, Danl. C. 7/12
HOPSON, Ellen 29*
JOHNSON, John 18* (B)
LATHAM, Rufus K. 39*
MARTIN, Geo. 19*
MESSICK, Elizabeth 15*
NEWMAN, William T. 20*
PHELPS, Jas. S. 22*, Mary J. 20

1850 Census Christian County Kentucky

SHRYOCK, Lee R. 26*, Geo. J. 16
STURDIVANT, John 18*
TERRY, Benj. D. 18*
THOMPSON, Geo. O. 44*, Martha J. 27, Jas. J. 14, Betty A. 12, Ellen S. 10, Chas. A. 8
THOMSON, Asa C. 19*
TITTERINGTON, John 21*
TUCKER, Manless 61*, Frances 60, David P. 20, Lucy A. 18
WEST, Wm. H. H. 37*, Susan S. 32, Henry C. 15, John T. 13, Elizabeth A. 11, Lucy C. 7, Ellen M. G. 9/12
WHALING, Lucinda 19*
WHEELDEN, Wm. 21, Joseph 17, Andrew 16
YOUNG, J. G. (Dr) 33 (m)*

Schedule Page 487

ADAMS, Bledsoe 42*, Lucinda 26, Elizabeth 6, Foster 3, Richd. B. 1
AYERS, Sarah 57*
BAKER, John T. 30*, Sarah 27, Mary E. 5, Wm. H. 3, John 1
BAKER, Thos. H. 40*, Harriett 29, Thos. H. Jr. 14, Frances M. 12, Jas. W. 9, John W. 4, Thos. B. 2
BOYD, Geo. W. 54, Susan 49, Amanda 27, Emeretta 21, Oscar 20, Harriett 18, Newton 17, Marion 15, John
    P. 14, Lucretia 11, Chas. 4
BROOKS, Cinthey 78*
CAMPBELL, James W. 27*
CANNON, Phebe 78*
CAYSON, Jerome 19*
CONNER, Jas. T. 21*
DAILY, Michael 41, Margaret H. 39, Michael Jr. 7, Geo. W. 2, Andrew J. 7/12
DUNKERSON, Chas. 50* (B)
DUPUY, Robert J. 20*
GLASS, John P. 27, Emaline C. 21
GLASS, Jas. M. 22*
HAYS, Danl. S. 54, Jane 45, John W. 21, Mary L. 20, Martha J. 18, Henry Clay 15, Jas. D. 13, Victoria P. 11,
    Danl. S. Jr. 3, Demetrius 52
HYDE, Wm. 50*
KELLY, John 45*, Jane 30, Edward 12, Robert 7
KINKEAD, Guy 45*
LINDSAY, Eliza 25*, Edward S. 25, Geo. 18
LOTSPEICH, Nancy 47*, Lizzie 26, Benjn. F. 20, Mary 22, Jas. 19, Henry D. 6, John J. 5, Wm. 2
MOORE, Wm. H. 49, Martha C. 39, Wm. H. Jr. 15, Thos. P. 11, Walter M. 4, Heny J. 1
STITES, Andrew J. 24*
VANFULIN, Sarah 30*, John H. 28
WARE, Harvey R. 20*
WHAL, Julius T. 29*, Catharine W.C. 20
WILLCOXSON, John 60*
WORD, Albert G. 28*

Schedule Page 488

BAKER, Saml. F. 37, Elizabeth 38, Maria 12, Ann E. 8, Geo. 5, Saml. Jr. 3, Lucy R. 1
BOWEN, John 28*, Elizabeth 20
BOYD, Wm. R. 45*, Matilda 51, Elizabeth P. 10, Juliet A. 8

1850 Census Christian County Kentucky

CALVERT, Capt. Richd. 30*
COOPER, Jacob 72 (B), Betty 60
GREY, B. Edward 40*
GUINIY?, Milly 36*, Francis 18
GUYNN, Leonidas P? 20*, Cathrine M. 26, Jno. A. 4, Mary E. 4/12
LACY, Nicholas 33, Nancy A. 27, Mary C. 10, Cyntha E. 6, Wm. S. 4, Martha M. 2
LEWIS, Isaac 53*, SArah B. 42, Chas. T. 19, Geo. 17, Mary F. 14, Jane 11, Jack Hurt 7
LONG, Gabriel B. 41, Martha E. 34, Ann L. 10, Mary F. 8, Kate 6, Geo. C. 4, Ned 1, Americus V. 36
LONG, Lucy 65, Thos. W. 24, Eliza K. 20
MCCAINBY, Wm. M. 17*
MCLAUGHLIN, Benja. M. 45 (B), Sally M. 40
MURPHY, John 67
PRICE, William 24*
RICKETT, Geo. W. 25
SHEPHERD, Chas. A. 43, Susan N. 43, Wm. A. 16, Elizabeth 17, Mary C. 14, Susan H. 12, Chas. 8, Taylor B. 4
SHIPP, Wm. M. 39, Elizabeth 31, Mary E. 13, Isabella M.S.P. 5, Wm. 2/12
STEELE, John R. 43* (B)
TORIAN, Robertson T. 41, Julia 25, Julia Ann 3, Nannie M. 2/12, Jacob 16, Sarah 14
WESTERN, Amanda J. 26*
WOODS, William 15*
WOOLDRIDGE, Powhattan 18*
WOOLDRIDGE, Robert 21*
WORD, B. T. 60 (m), Nancy 55, Patsey T. 31, Caroline 26, Elizabeth 18, Benja. 16, Susan V. 13
WORD, Geo. W. S. 25, Mary E. 18

Schedule Page 489

BART, Marion 66*
BOYD, David E. 35, Tabitha A. 25, Augusta A. 7, Virginia A. 5, Stephen K. 4, Henrietta H. 2, Emily T. 1
BOYD, Aaron 48*, Dianna 42, Catharine A. 20
BOYD, Iverson B. 25*
BRYSON, Abner 13*, Nancy T. 12
EVERETT, Wm. H. 30, Martha 27, Jas. 8, Thos. 5, Jno. 3, Wm. 1
FULLER, Danl. 42, Cathrine 19, Littleton 17, Jas. T. 14, Mary M. 12
GRESHAM, Wiley 45, Susan A. 36, Matthew F. 13, Nancy J. 11, Geo. W. 9, Mary E. 6, Joel E. 4, John H. 3/12
HOPSON, Edwin H. 34, Elza? A. 26, Jas. J. 7, Emily C. 6, Ann E? 4, Harriett E. 1
MACKEY, Elizabeth 40*, Mary W. 18
MILES, Sarah R. 20*
MITCHEL, Wm. E. 27, Louisa 25, Ellander 5, Elzabeth J. 3, Elzy Calhoun 2
MOORE, Jas. C. 52*, Lucy W. 4, Mary T. 17, Jno. T. 15, Joseph P. 11, Jas. C. Jr. 3, Lucy W. 2, Martha P. 3/12
PERKINS, Moses W. 32*, Nancy W. 24, Mary S. 5
SANDFORD, Thos. 47, Lucy J. 47, Rich L. 19, Wm. T. 17, Mary C. 13, Sarah J. 11, S. A. 9 (f), Alex. 7
SASSEEN, Jas. B. 43, Elzabeth 44, Jas. W. 14, John P. 13, Lewis F. 11, Sarah E. 9, Elvira A. 6, Geo. W. 3
SHEPHERD, Edwin C. 38, Martha N. 38, Sally A. 13, Geo. H. 8, Gustavus M. 1
WALKER, Wm. C. 24*
WETHERFORD, Jefferson 17*

1850 Census Christian County Kentucky

Schedule Page 490

ATKINSON, Gregory B. 40*, Louisa N. 32, Ann E. 14, Mary J. 11, Wm. C. 9, Susan E. 6, John W. 4, Maria L. 1
BLANKENSHIP, John W. 21*
COVINGTON, Jas. 28*, Mary J. 25, R. H. 4 (m), Jas. W. 2, Babzora 4/12
FAULKNER, Richard C. 57*, Frances 56, Hellen M. 19, Frances E. 16, Gabriella A. 9
GRAVES, Robert N. 25, Maria L. 24, Oscian 4 (m), William 2
GRAVES, Joseph P. 57*, Mary E. 34, John O. 4
GREEN, John R. 33, Elizabeth T. 27, Wm. H. 10, Thos. W. 8, Edward H. Jr. 6, Lucius P. 4, Memucan H. 3, John R. Jr. 1, Rosalie 3/12
HALEY, Sarah 54*
HALL, Gildervy Y. 22*
HANY, Saml. 66, Mary R. 64
HENRY, Thos. G. 22*, Mary G. 19
HERN, Jacob 80, Warren 45, Jane 44, John H. 15, Robert S. 13, Margaret J. 11, Mary C. 8, Jacob L. 7, Campbell S. 5, Malvina E. 3, Alex W. 1/12
HILL, John 52, Mary G. 49
MCCARTY, Frances 60
OVERBEY, Jas. M. 31, Mary A. 21, Jno. H. 3, Wm? C. 2
RICHERSON, Sarah 47*
SIVELY, Eli H. 36, Geo. S. 9, Hiram H. 6, Elizabeth 64, Mary G. 21
SUMMERS, Wm. A. 59, Harriett A. 40, Susan E. 15, Jane E. 13, Sarah A. 11, Harriett A. 8, Mary C. 6, Amanda B. 3, Joshua Sole 2
WADKINS, Jas. P. 28*, Sarah E. 25, Mary A. 2
WASH, Mary P. 71*
WILSON, Wm. D. 35, Sarah A. 26, John A. 9, Danl. 8, Fleming 6, Mary R. 4, Salirda A. 2

Schedule Page 491

ARMSTRONG, Elijah 39, Cindarella 24, Cillenden O. 4, Narcissa C. 2, Malissa J. 7/12
ARMSTRONG, James M. 45, Sarah 39, Synthia A. 18, Margaret E. 14, Wm. R. 11, Permelia J.? 9, John J. O. 7, Serena A. 6, Nancy B. 1, Sarah E. 1
ARMSTRONG, Jno. 45, Margaret J. 18, Sisty A. 16, Benja. P. 14, Rebecca E. 11, Jas. D. 9, Serneca E. 6 (f)
BLANKENSHIP, Saml. T. 49*, Nancy 52, Jas. T. 18, David C. 15, Jane C. 13, Nancy A. 79, Lucy C. 41
BOYD, Jane 73, Rufus 27
BOYD, Jas. G. 32, Elizabeth A. 24, Lucy J. 1, Lynn 1/12
COOK, Isaac 65, Caroline 19, Sarah 17
COOK, James W. 35, Delila 45, Martha J. 17, Elizabeth A. 17, Wm. T. 12, Isaac A. 10, Jas. A. 8, Saml. H. 4
COON, Andrew J. 34, Mary 23, Thos. H. 6, Chas. S. 4, Virginia B. 1
COON, Mary 55, Harriett 19, Minerva 17, John H. 14
GRAVES, Elizabeth A. 46, Amanda M. 19, George W. 10
LINDLEY, Johnathan 45, Margaret 45, David J. 19, Sarah J. 14, Margaret J. 4
MESSAMORE, George J. 26, Mary J. 19, James J. 1/12
MOORE, Elizabeth 19*
MORGAN, Robert E. 31*, Martha T. 20
STEWART, Wiley 34*, Frances 23, Wm. M. 9, James J. 7, Benjamin F. 5, Charles T. 1/12
SUMMERS, John E. 21
THOMPSON, Roger 60, Martha R. 54, Jane Q. 21, Julia H. 17, Wm. R. 6
WHYTE, Angaline P. 24, Jas. S. 4

1850 Census Christian County Kentucky

Schedule Page 492

BOYD, Wm. L. 66, Cathrine 45
BOYD, Farah 82*
BRASHER, Larkin T. 43, Harriett 34, Carian C. 21 (f), Goldsmith O. 18, Mary C. 16, Joab Clark 13, Larkin T. jr. 10, Thos. B. 7, Jas. K. Polk 5, Ninnean? Grey 3
BROWN, John G. 43*, Mary 36
CRUTCHFIELD, Sarah 10*, Martha 30
DENTON, Wm. H. 27*, Margaret 24, Gabriella A. 1
DURHAM, Henry 64, Jane 54, Polly 30, Sally L. 18, Nancy 22, Henry B. jr. 16, Alfred N.? 13, Rodney S. 12, Lydia S. A. 10
FAUGHAN, Wm. 37, Elizabeth M. 33, Sarah A. 13, Mary T. 11, John H. 9, Wm. A. 6
FERRILL, Henry B. 26, Parthena 21
FULLER, Geo. H. 34*, Martha A. L. 31, Sarah E. 11, Susan A. 10, Mary E. 8, Rachael K. J. 6, Wm. H. 4, Parthena E. 7
KNIGHT, David 38, Sarah 45, Elizabeth A. 17, Wm. E. 13, Cynthia L. 9, Patsy S.? 7, Elmira 1, Mary K. 1
KNIGHT, James W. 38, Mary 36, Eliza M. 11, Miles J. 9?, Martha E. 7, Wm. H. 6, John R. 4
KNIGHT, Martha? 40, Elizabeth M.T. 19, Wm. J. R. R. 17, Isaac T. A. 12, Zerilda 9
KNIGHT, Thomas 49, Rachael 50, Henry 2
KNIGHT, John 84*
MCCORD, David J. 49*, Milly 42, Joseph S. M. 19, John E. 17, Timothy T. 15, Robert B. 13, Margret M. J. 10, Jas. B. 7, Wm. 5, David J. 1
POOL, Amanda J. 6*, Geo. H. 4
WHITE, Elisha 58, Seninah 45, Saml. 24, Polly A. 22, Permelia 18, Seninah E.? 15, Rebecca W. 13, Margaret L. 10, Martha A. 8, Virginia W. 4

Schedule Page 493

BARNES, Nancy 40, Stephen 16, John 14, Polly A. 12, Nancy A. 10, David H. 7, James 5, Wesley J. 4
BARNES, Robartis? 20, Jane 17
BURRESS, Cathrine A. A. 18*
COOK, Geo. 51, Polly 50, Joseph 22, Thos. 19, Milly 16
FRANKLIN, Lewis 10*
KEYS, Alfred 32*, Polly A. 34, Melsenia 14, Mary J. 13, Lucinda 11, Harriett T. A. 9, Ludwell G. B. 3, John W. 1
LACEY, Charlotte 65, Rebecca 23, Mary E. 7, Francis J. 5, Richd. 5/12
MARTIN, James 32, Julia A. 34, Wm. A. J. 12, Sarah E. 9, John C. Latham 7, Joal Clark 5, Thos. B. Holt 3, Isabella 24
MARTIN, John 45*, Happy 44, Lizzie A. 18, Robert 16, Kirby 15, Clayborn 14, Milly A. 12, Jno. F. 11, James 10, Coleman 8, Geo. 4, Wm. O. Butler 1, William 4/11?
METHENY, Green 26, Sally 22, Martha 5, Nancy 1
METHENY, Nancy A. 47, Sarah E. 15, Thos. L. 13, John J. 10
MONDAY, Lucinda 26*
PETTY, Jas. T. 27*, Elizabeth 29, Geo. W. 2, Drewry J. 2/12
REYNOLDS, Wm. R. 22, Sarah 29, Malissa A. 3, Marthena M. 1
UNDERWOOD, John J. 28, Elizabeth 26, Mary S. A. A. 7
WALKER, Wade Hampton 28, Polly A. 32, Lerusa? J. 7, Wm. M. 5, John L. R. 3, Sarah A. 1

1850 Census Christian County Kentucky

Schedule Page 494

ADAMS, Wm. 59, Sylva 63, Genl Jackson 19, Nancy 17
CLARK, Benja. F. 28, Susan E. 27, Wm. R. 4, Simcin W. 2, Virginia A. 3/12
CLARK, Nancy A. 23*, Joseph N. 16
COTTON, Wm. 43*, Sarah 43, Wm. Elbert 19, Augustine W. 15, Louisa A. 13, Franklin M. 11, Minus R. 9, Pittman G. 7, Gabriella 4, Drewry 1
FORD, Jesse P. 28, Mary C. 25
GIBSON, Meridith 62, Hannah 58, America S. 28, Aurelius R. 26, Jno. M. 23, Tilman T. 19, Wm. L. 15, Narcissa L. 9
GIBSON, America S. 25*
GRAY, Wm. 10*
HOLT, Thomas B. 68*, Nancy 56
HOWEL, John 56, Sarah 49, Jas. A. 32, Davis M. 15, Phebe M. A. 9
LACEY, Jas. 27, Lucetta 21, Sarah E. 3, Rachael 1, John 22
LANEHOM, Martin 23, Lucy A. 23, Sarah E. 2
LINDLY, Thomas 70*, Elizabeth 70, Lucy 30
LITTLEFIELD, David 28, Maria 22, Milton 6, Martha 4, George A. 4/12
LITTLEFIELD, Solomon 35, Nancy 39, Lindsey 4, Mary E. 1
LYNN, Mary 28*, John W. 6, Lucy O. 5
MADOX, Joseph 46*, Susanna 42, Wm. S. 23, Agniss C. 21, Colby S. 19, Elizabeth 17, Benja. W. 15, Elijah F. G. 13, Joseph J. 10, Lucy A. 6, Alafar C. 5 (f), Ezekel M. 2, Elga 10/12
PITZER, Cary A. 38 (m), Eliza A. 30, Arsula J. 8
SHELTON, Nancy 68*
WILLIAMSON, Wm. H. 27*, Nancy 30, Clemens M. 9, Wm. F. 6, Vincent P. 3, Jno. W. 10/12
WOOD, Clemens 63

Schedule Page 495

BABBITT, John W. 36, Mary 36, Martha A. 3, Lucy H. 1
BARNES, Cullin 24, Rebecca 27, Mary E. 6, Nancy M. 3, Cyrus M. 1
BARNES, David 68, Mary 58
BOYD, Wm. W. 24, Mary C. 23
BUCKNER, Richd. U. 60, Adaline M. 38, Josep L. 18, Richd. U. jr. 13, Francis B. 6, Aylette U. 2, Susan E. 3/12
BUTLER, Jas. 10*
COFFEE, Martha 31*
FULLER, Danl. 81
FULLER, Robert K. 28, John K. 24, Mary 22, Susanna 18, Willis H. 17
FULLER, Thomas 37, Abigal 35, Jas. 14, Elizabeth 12, John 10, Martha 7, Margaret A. 3
FULLER, William 54*, Mary 43, Cerina A. 21, Henry E. 17, Otis T. 16, John 14, Mary A. 5
GILLAM, Amos 56, Rebecca 45, Mary J. 26, Wm. W. 18, Tabitha O. 13, Henry Clay 6, Grotus F. 5, Jas. V. 3, Jasper N. 4/12, Margaret R. 16
LOCKER, Jas. S. 23, Ann 22, Mary B. 60
LOVIER, Hughey 65, Mary 64
MERCER, Silas 32, Sarah 50
ROGERS, Robert P. 33, Ann J. 33, Clarissa 11, Cephrissa J. R. 9, Merrill 6, Elvira 3
STARLING, Elizabeth 56*, Saml. 26
STOREY, Margaret 17*
UNDERWOOD, Henry B. 28

1850 Census Christian County Kentucky

WITTY, Anderson E. 42, Mary 42, Elizabeth C. 18, John H. 16, Bryson E. 14, Danl. H. 13, Sarah S. 10, Susan V. 6, Wm. Shipp 2
WITTY, Calvin 69*, Elizabeth 60, Wm. 30

Schedule Page 496

ANDERSON, John 29*, Perneca 32, Geo. A. 7, Robert M. 6
BOYD, Anderson 29, Sarah 30, Jas. R. 5, Francis Elihu 3, Sarah E. 2, John H. 5/12
BOYD, Jas. 51, Elizabeth 54, Francis 26, Serina 22, Jas. H. 20, Geo. E. 18, Wm. H. 17, Young 15, John V. 13, Sarah A. 28
BOYD, Martha 37*, Polly A. 17
FERRILL, Obediah 27*, Kesiah J. 21
FIELDS, Robert W. 22, Malissa J. 19
FIELDS, Wm. 29*, Mary 31, John R. 6
GRENLOR?, William 78*
HALL, Elihu F. 27*, Sarah J. 27
HALL, Robert 67*, Mary 54, Nancy 23, Agness 21
JOHNSON, Chas. H. 26, Perthena C. 24, Morgan L. 2, John T. 3/12
KEYS, John 9*
KNIGHT, Caroline 8*
KNIGHT, Thos. 5*
LONG, John 52, Margaret 41, Lee W. 21, John Jackson 19, Benja. L. 14, Wm. R. 12, Mary W. 10, Francis A. 8, Sarah C. 5, Nicholas Lacy 3, Valentine 11/12
LONG, Rachael 44, Ann 18, Jas. L. 34
LONG, Thos. 52, Mary 26, Sidney 24 (f), Henry 20, Thos. 18, Chas. 16, Phebe A. 14, Jas. 12, Martha 10, Edwin 7, Susan 3/12
LONG, Wm. A. 3*, Sarah B. 11/12
MCCORD, Margaret 32*
MESSAMORE, John W. 19, Martha A. 18
WITTY, Calvin H. 27, Sarah J. 22
WITTY, Jas. B. 43, Lucinda 42, James A. 15, Geo. P. W. 12, William J. 10, Henry H. 8, Wesley S. 6, Americas F. 3, Lucy J. E. 1
WITTY, Joshua G. 32*

Schedule Page 497

ANDERSON, James 35, Mary 40, Wm. H. 14, Aggy J. E. 13, Minna A. 12, John 10, Mary T. 8, Jas. jr. 6, Nancy T. 5, Eddy C. 4, Josiah 2, Benj. L. 1/12
ANDERSON, Joseph T. 30*, Sarah 28, Wm. H. 10, Alex 5, Josiah 3, Matilda 1
BEARD, David R. 34*
BOYD, John W. 35, Mary 34, John W. 14, Robert L. 13, Jas. A. 12, Mary 9, Geo. W. 6
COON, Elizabeth 38*
EAST, Saml. A. 31*, Elizabeth 29, Martha R. 4, Mary C. 2
FOSTER, Sarah J. 23*
GOOD, John H. 56, Sally 50, Sophia A. 18, Adalissa 16, Maranda A. 14, Lettitia M. 12, Jos. R. 10, Benjn. F. 6
HARGRAVE, John 45 (B), Hannah 36, Ann E. 12, James 11, Margaret 10, John Vanfulin? 7, Rachael 5, Lucretia 2, Clayton S. 5/12
MCLAUGHLIN, Saml. 73 (B), Matilda 52
MEANS, Saml. A. 44*, Sarah A. 37, Henry V. 17, Sarah A. 15, Geo. W. 11, Mary T. 9, David A. 1

1850 Census Christian County Kentucky

PHELPS, Hiram A. 37, Cornelia S. 27, Augusta 6, John 5, Mary 3, Jas. 10/12
SADDLER, Jno. 37*, Mary J. 28, Susan 10, John W. 7, Jas. T. 5, Mary J. 2
SCOTT, Nancy 58*
SORREL, Jno. W. 26, Sarah E. 19
STEELE, Louisa A. 42*, Mary 16, Wm. T. 14, Martha C. 12, Louisa M. 8, Elizabeth J. 5, Rezin D. 3
THOMSON?, Nancy S. S. 39*
WESTERN, Wm. W. 38, Wm. T. 17

Schedule Page 498

BERNARD, Wm. V. 37*, Catharine 30, Mary Mildred 11, Elizabeth Ann 8, Henry Booker 5, Frances M. 20
DUCKER, James __ *
DURRETT, Mary 75*
GREEN, Thomas H. 60*, Mary 45, Rebecca 19, Sarah 17, Gilford D. 16, Tennessee 11, Benjamin 9, George H. 4
VAUGHAN, E. J. (Dr) 30*

1850 Census Logan County Kentucky

Schedule Page 1

BEALL, William A. 53
BOATWRIGHT, P. 56 (m), Judith 58
CALDWELL, W. M. 35 (m), Susan C. 30, Wm. F. 9, And. 7, Carter 6, Susan 4
CASSEDY, Henry S. 34, E. J. 29 (f), Sarah M. 3, Milbourn 1
COFFMAN, John N. 45, Nancy 40
COGHIN, A. G. 32 (m)*, Jane 23, John C. 2
COOK, Henry 30*
COURTS, Chas. R. 21
DAUSON, Thos. J. 29, America 20, Ann 3
DAVIS, Sterling 38*, Nancy 33, Lof 16 (f), J. D. 15 (m), Susan 12, Sarah 9, Willy 4/12
DOORS, Jas. G. 16*
DUNCAN, Jas. M. 64, C. 55 (f), Jourdon 15
FREEMAN, H. 33 (m)*, Sam 12, Mary 10
FUQUA, Nath. 29, E. H. 23 (f)
FUQUA, Aaron 31*, Eliza 26
HAMILTON, J. 9 (m)*
IVANS, John 37, Alex. 80, Nancy 70, K. E. 17 (f), L. Ann 15
MADOLE, Martha 50*, Mahala 30, Marsha 27, Jane 76?, Rebecca 25, John 23, Elizabeth 16, Nancy 14
MAGNER, Robt. 24*
MATHIS, Samuel 46, D. W. 20 (m)
MCCUDY?, Isaac 68, Malina 64
POLLOCK, John 17*
RIZER?, E. R. 27 (m)*, Mary B. 23, James T. 4, Mary C. 2, M. S. 1 (f)
ROBERTS, Osmond 34, Mary E. 27, Clinton 8, Milton 6, Sally 4, James B. 4, Osmond 6/12
SADDLER, Ben 43, Anny 39, John W. 18, Saraha? 17, Thos. 16, Margarett 13, Willy 12, Sam 11, A. D. 9
    (m), Rachel 5, Jus 4 (m), Jas. M. 2, _____ 8/12 (m)
THAXTON, W. R. 25 (m)*, Sarah 25

Schedule Page 2

CAMPBELL, John 32, Susan 23, D. Jane 3
CAMPBELL, Catharine 71*, Polly 45, Elizabeth 30
CLAYTON, Harrison 32, Hannah 21, Milla A. 2, Nisa 32 (m)
CONWAY, Samuel 21*
DOSS, James 27, Martha 20, Mary E. 2, John 1
DOSS, William 35*, Nancy D. 18
DRANE, Thomas H. 53, Melinda 412, Mary A. 15, Elizabeth A. 14, Ellen 12, W. D. 9 (m), Olivia 7, H. 5 (f),
    Augusta 4
DRANE, Caroline 17*
ELMORE, Lucy F. 10*
EPPERSON, A. B. 35 (m)*
FELTS, Joseph 65, Augusta 60, Joseph 24, Mary A. 30, William 19
FELTS, Thomas W. 50*, Elizabeth 35, Joseph D. 18, Charles D. 16, Smith 8, Elizabeth 6, Susan 4, Louisa 1
GREER, John 8*, Thomas 6
KENNEDY, Jesse 33*, D. 26 (f), Mary F. 13, Martha A. 9, George T. 6, William H. 4, infant 7/12 (m)
MCCLENDON, John K. 52*, Nancy 47, Mary 14, John B. 20, Joseph N. 11, Jesse 7, Oliver 3
PICKERING, William D. 13*
SHELTON, John 37*, Temperance 34, Martin V. 13, W. H. H. 11 (m), Joseph S. 9, David C. 7, Camilla 5,
    Melinda 3, Mills T. 6/12

1850 Census Logan County Kentucky

STEELE, Robert K. 31*, Mary A. 30, Martha J. 8, Joseph A. 6
STRICKLAND, William R. 12*, Sarah E. C. 8, John 45
TURNER, Elijah 23, Mathilda 27, James 2, John 1
WEST, James 47, Jane 38, Josephine 12, James 8, Leonard F. 4, Mary F. 2, C. Jane 2, Martha J. 1

Schedule Page 3

BALDINE?, John 33*, Dury? 68 (f), Martha 39
BARBEE, Pleasant 51, Melinda 53, P. H. 19 (f), George F. 17, William G. 14, Sarah J. 11
BARBEE, James 22*
BRASHEAR, Lilbourn 70, Mary 73, William 32, Sarah A. 19, Martha J. 2
CAMPBELL, Martha 58, Elizabeth 30, Archibald 25, Sarah 24, Polly A. 22, Eviline 21, Martha A. 18, Thomas 18, W. P. 16 (m), Robert 14
FAUNTLEROY, John 15*
FREEMAN, Mildred 17*
GALLAHER, Emily 31*, Mary E. 10, John 8, Edward 6, Thomas 4, Calvin 3, Edmund F. 2, _____ 6/12 (m)
GORDON, Alexander 31, Nancy 29, James 5, John 2
LAWRANCE, Washington 49, Eliza 47, Elvina 27, Virgil A. 14, Malona P. 10, Glaucus? 7, Sally George 4
MCFAILAND?, Mary 8*
MOORE, Josiah 46*, Mary 34, Edwin R. 15, William 7, Martha 5, Notly A. 3, Western 1
PROCTOR, Samuel R. 37, Sally H. 34, E. M. 14 (f), Nancy 11, James W. 8, W. J. 6 (f), E. H. 4 (f), Sally A. 2, John L. 2/12
RIFE, Nancy 46, E. D. 17 (m), Mary 14, A. J. 13 (f), M. J. 10 (f), Jacob S. 6
RIFE, Dudley 21*
SALES, Thomas 50, Irena 45, Polly 25, John 21, James 18, Eliza 16, Nancy 4

Schedule Page 4

ARMSTRONG, James 44, Nancy 44, Elizabeth 20, Sarah K. 17, Martha J. 13, Louisa 11, James 5, Nancy 9/12, Rowley 74, Nancy 73
BAKER?, Perry 52, Nancy D. 49, William 20, Lythy A. 16, Nancy 10, John 8, C. Perry 4, James M. 2, Lewis J. 24, Henson C. 21
BARKER, William 29, Mary 21, Frances 2, George W. 6/12
BURR, Aaron 36, Sarah E. 24, Eugene 5
CORBIN, Edith 68*, Hamilton 51
DAVIS, R. A. 19 (f)*
DUNCAN, R. C. 50 (m)*, Polly 45
FARMER, Wm. B. 35
FEASTER?, John 58*, Martha 54
FLOWERS?, P. J. 42 (m)*, Polly 40, James K.? 14, Calvin A. 13, Melinda 6/12
FUQUA, Saml. 43, Lavinia 38, Moses H. 18, Elizabeth 16, M. E. 14 (f), Sarah E. 12, Joseph B. 10, Samuel S. 8, George R. 6, Lavinia B. 4, Z. 10/12 (m)
GILBERT, Martha 75*
HARDY, D. W. 25 (m)
HENDERSON, Robt. 30
HUMMER?, James H. 19*
HURT, B. F. 27 (m)*, Lucy W. 33, M. E. 5 (f), Titis? 2, A. K. B. 2/12 (m)
LYTLE, Archibald 15*
MARTIN, Patsey 13*
MOORE, John 22*

1850 Census Logan County Kentucky

PARKER, Alex M. 33*
PARKER, James M. 18*
POLLOCK, Malinda 47, John M. 18, William 16, Thomas L. 14, Presley N. 12, Sis 6
SAMUELS, William 18*
SEARS, Henry 58, Sally 37
SIMMONS, D. M. 25 (m)*
SIMMONS, Geo. W. 36*, Calnis? 33 (f), Ruhame D. 13 (f)
SIMMONS, Henry 25*, Sarah 22, Mann? W. 4, P. A. 1 6/12 (m)
TURNER, Robt. 12*
UNSELL, John H. 17*
WOOD, H. C. 29 (m)

Schedule Page 5

AKES, John 50, C. 60 (f)
ALLEN, Jonas 43, Nancy 36, P. Jane 21, Sarah E. 16, William E. 13, Henry C. 11, Mary R. 8, Hansford 4, John Jay C. 2, W. Jane 2/12
ARMSTRONG, William 45, Malvina 32, John R. 13, George W. 8, James P. 6, Martha 4, Mary E. 3/12
BARBY, G. W. 21 (m)*
BURR, Edmund 22*
CAMPBELL, Samuel 40*, Paulina 42, E. J. 13 (f), Mary E. 7
GIPSON, Moses 45, E. 45 (f), Mary A. 16, John P. 14, Julius A. 12, Charles L. 10, James M. 6, Moses 2
HARDING, Thomas 22* (B)
JONES, George S. 42, Phitis 36 (f)
LOWRY, Mason 44, Mary 46, Alfred 16, James B. 10, Julia A. 13, Pie 4 (m)
MAY, Henry 48*, Mary Q. 60, Louisa J. 26, S. B. B. 24 (f), Margaret 21
MCCAMMICK, Joseph 24*
PENCE, Adam 67, Elizabeth 57, Robert 18, George 13
PROCTOR, Margaret A. 47, Amanda E. 21, Mary E. 5?, Harriet M. 3, William 7/12
RICE, James 45, Patsy 40, Franklin 4, John J. 1
RICHERSON, Fisher 34, Louisa 25, Elizabeth 9, Martha J. 2
SCHENK, Jacob 30, Sarah H. 30, Lydia A. 8, Henry 6, William 4, Edward 1
SHACKLEFORD, Richard M. 5*
TRAUBER, William 21, Mary A. 21, E. Tyler 2
TYSON, C. L. 37 (m)*, Mary A. 27, B. C. 7 (m), Quincy A. 4, Buena Vista 2
VIOLETT, James 16*

Schedule Page 6

CAMPBELL, Henson 27, Rebecca A. 23
COOK, Jacob 42, Mary Ann 36, Mary A. 16, John W. 14, Elizabeth 12, Amanda J. 10, William P. 8, James Esby 5, Eliza Ann 2
CORBIN, Singleton 43, Emily J. 28, Olivia B. 7, Estil W. 5, Virginia F. 4, Melissa Jane 1
DRANE, Thomas O. 76, S. Ann 25, Thos. J. 7, George W. 6, A. Jackson 6/12
FOOT, Tempty 27 (f)*
GRAYSON, John 62*, Susan 55, Jane 21, Susan C. 18, Margaret A. 16, Mary A. 13, John T. 25
HARRIS, William B. 37, Harriet 33, A. Jane 13, Cleanthus P. 11, C. C. 9 (f), William R. 7, S. Johnson 6 (f), David Rice 3, John Q. 1
HUTCHINS, Manuel 33, Jane 28, Mary 10
HUTCHINS, Richard 76*, Dicey 72

1850 Census Logan County Kentucky

LEONARD, Gideon 55, Mary 45, Gideon 23, Nancy 25, Mary Jane 15, Richard 12, Elvis 5, Franklin 6, John 2, Ky 2/12 (m)
MEFFORD, Jacob 24, Sarah 24
NOE, Virginia S. 14*
REDFEARN, Harvey 37, Dicey 41
REDFEARN, Towny 27, Martha 20, Mary C. 11/12
TRAUBER, Emanuel 22, Eliza C. 22, Francis M. 2
TRAUBER, Eliza 22*
TRAUBER, Elizabeth 75*, Michael 34
TRAUBER, Jas. Burr 40*, Mary A. 41, Eliza A. 17, William 15, Edward 13, George S. 9, Christian O. 5
VIOLETT, Jos. H. 49, Frances 35, Elizabeth 17, Sally J. 15, Thos. Allen 13, Samuel C. 11, Manda A. 7
WARD, Julia 20*

Schedule Page 7

BABB, Pleasant 29, Gilla A. 24, John 4, Nancy 2
BEASLEY, Mary E. 7*, Anna 39
BOYD, Jesse 71, Martha 61, Coleman C. 42, Martha 21, John 20
CONN?, Notty 50 (m), Sarah A. 38, Charles 18, William M. 16, Joseph 13, Ellenora 8
COPELAND, Lewis 58*, Eleanor Wines 3, William 1
HARDING, Rachael 18* (B), Geo. Thomas 17
HOUSE, James A. 32, Janthe 27, Mary S. 7, Margaret Janthe 5, Nancy M. 3, John Duke 2/12
KING, John P. 38, Mary A. 37, George W. 15, A. 13 (f), M. P. 6 (f), A. Taylor 2
KING, Daniel 70*, Js.? 67 (f), William 27, Martha A. 18, James 2
KING, George 80*, Sarah 49, Manda 17, George 15
MCELNANNY?, Caroline 26*
MCINTOSH, John 65, Susan 53
PROCTER, Robert 33, Mary A. 26, Frances 7, P. 5 (f), Martha 3, Mary E. 2
PROCTER, John 66*, Elizabeth 57, Hy 22 (m), Elijah H. 18, Nancy Y. 20
QUINE, Noel 43, Eveline 37, Jas. M. 13, Matilda 10, Sarah C. 8, Amelia C. 6, Almarina P. 4, infant 2/12 (m)
SAILS, Samuel 24, Susan 19, George W. 4, infant 1/12 (f)
SHAW, William S. 33, Frances A. 22
SIMMONS, Katy 25*
TRAUBER, Daniel 47, Elizabeth 40, Richard 18, Marietta 14, Henry 16, Rose A. 10, Sarah A. 6
TRAUBER, William 80*, Mary 60, Jas. 21
YOUNGER, Reubin 39, Lusina 36, Louisa Jane 12, Malissa Ann 10, Susan C. 6, John F. 3, Martha E. 2/12

Schedule Page 8

BURNETT, Lucinda 48, Elizabeth J. 15, John T. 12
BURNETT, William 17*
CAMPBELL, Jas. M. 47*, Elizabeth 42, Elizabeth F. 20, Laticia C. 16, Sally A. 13, Harriet E. 11, Susan A. 8
CONN, William 42
CONN, Martha 28*
COPELAND, George W. 30*
FREEMAN, Henry 47, Julia E. 40, Josiah J. 23, William C. 21, Lydia E. 19, Richard C. 16, Greenberry 14, Henry G. 12, Mary M. 10, Albert R. 8, George M. D. 6, Martha J. 4, Marcellus 1
GORHAM, Shelby 37, Mary A. 37, William T. 16, John T. 14, Shelby R. 12, Mary J. 9, Martha S. 5, Zac Taylor 1
GROW, William 25*, Daniel 35

1850 Census Logan County Kentucky

HENLEY, William 33*, Nancy A. 31, America K. 13, Amanda R. 11, Pamelia M. 7, Thos. 4, George Ann 1
HERNDON, Joseph 66, Sarah 65
HITE, James C. 35*, Rebecca 35, Lucy A. 12, Frances R. 11, D. Douglass 8 (f), Nancy J. 6, Joseph M. 4, John D. B. 8/12, Mary Jane 29, Sarah B. 6
HUSKY, Edy 48 (B), Mary 18, Alfred 17, Pahotan 7
JAMES, George L. 16*
MANTLOE, B. R. 33 (m), Eliza 25, Sarah F. 8, Martha A. 6, Robert T. 4, Malvina 3, William 1/12
PAGE, David W. 47, Matilda H. 45, Spinur? H. 22, Absalim 20, Lidia Jane 17, Charles C. 16, Bazel W. 13, S. M. 10, Robert Bowling 8
PROCTOR, James S. 27, Mary A. 25, C. Elizabeth 4, Jas. W. 1, Nancy A. 2/12
TOWNSEND, William 25*, Penelopy 18
TRIMBLE, William 66*, Penelope 60, James R. 15

Schedule Page 9

ADCOCK, Joseph 51, Elizabeth 45, Mary Ann 23, Joseph 21, Moses 19, Judith E. 14, Drusilla 14, Walter J. 9
BAGLY, Frances 5*
CARR, James 28, Martha 33, Jno. U. 10, Moses A. 9, Aaron 6, Racheal 4, Henry D. 3, George T. 1, Sarah F. 3/12
DRAPER, Noah 24, Charity 17, John A. 11/12
DRAPER, Richard S. 52, Mary 43, Lutecia 24, Calvin 16, Sobrina 13, Richard A. 10, George W.? 6, Missouriah 4, Mary Jane 2
FIKE, E. Copeland 30, Margret A. 21, Susan E. 4, Manderile 3 (f), Angeline 9/12
FITE, Elijah 65*, Susan 53, Susan 23, Mary 18, Martha 13
GREGORY, Richard 22*
HALL, Amos 48, Sally 41, Sally 70, Amos B. 3
HERNDON, George T. 26, Elizabeth F. 18, George T. 4, James F. 2, William T. 6/12
MORGAN, James A. 25, Sarah 24
MORGAN, Saml. 36, Bethany 36, Mary M. 15, Nancy J. 13, Abraham 9, Reuben 8, Lavina L. 5, Racheal H. 4, Martha A. 2
MORGAN, George 23*
PETER, Mary J. 21*
PRICE, William P. 45*, Louise 35, Vernon S. 15
RUTHERFORD, Joseph 39*, Tilitha 40, Frances 15, Hariett E. 14, A. C. 10 (m), John W. 8, Mariah 5, Louisa 3, James M. 8/12

Schedule Page 10

AINGEL, George P. 38, Eliza 33, Martha 11, William 9, Elizabeth 7, Presley 1
AINGEL, Presley F. 37, C. 30 (f), Nancy A. 11, Joseph R. 7, Lucy F. 3
ALMITH, Eleanor 65*
BRADSHAW, Margaret 20*
CHICK, Burrell 35, Ellen 34, James M. 13, Archy 9, Judy 6
COOK, Richard H. 45, Harriet S. 32, Valentine 16, James 14, John R. 12, Robert S. 10, Gabriel J. 4
FOURGERSON, Sarah 12*
GILBERT, Silas 51, Elizabeth F. 20
HALL, Winkfield 43, Elizabeth 43, James M. 13, Hester A. 10, Lucy P. 8, Winfield S. 2
HARPER, Jessee 44*, Mary E. 19, White 14, William S. 11
HILL, Nancy 38*
HILL, Washington 15*

1850 Census Logan County Kentucky

HURT, Sarah 65, Thomas Minor 23, Rolinda 30, Charles P. 20, Mary F. 10
KING, James 32, Eliza 26, Mary 11/12
KING, George 36*, Tha? Ann 33, Mary Jane 11, Joshua 9, William 7, Charles W. 6, Margaret E. 4, Ann E. 2
MAYBEN, Mary 34*, Thomas 28, James T. 1, John 26
MCLEMORE, Goodwin 40, Mary 50
POINDEXTER, Samuel 55, Elizabeth 48, Susan F. 23, William S. 20, Samuel H. 17, Richard H. 12
ROHRER, Rolly 43, Mary 36, James 15, John 13, Samuel H. 8, Henry C. 6, Catharine 4, Hester 1, John 84
SAWYER, James 65*, Hannah 65
SAWYER, Sarah J. 19*
SMITH, Frances 70*
TURNER, William 44?, Judith 36, James L. 16, Stephen B. 13, Thomas J. 8, Paulina 4, Rebecca Jane 2
WATSON, William N. 29, William 76, Sarah 65

Schedule Page 11

BOYD, Reason G. H. 39, Isabella 35, Mary Susan 12, James H. 10, Nancy J. 4, William G. 1
BROTHERS, Thomas 74*, Frances 60, Nancy 38, Sarah 36, Barclay 34, John 23, Susan 20, James 18
CARLISLE, Haneson? 22*
CLAYTON, Mary 46*
CORBIN, _____ 7/12 (f)*
EWING, George W. 57
FALLEN, William W. 30, Virginia 28, William E. 8, Mary Ann 6, Susan O. 4, Stephen F. 2, Elizabeth 8/12, Mary 70
FINCH, John 42*, Mary Ann 52, Minerva C. 17, William H. 15, James B. 10
FORGUERSON, L. B. 38 (m), Elizabeth 36, Virginia 10, John 7, Bowling 6, Walter T. 4, Mary 3, Rosina 1
FUQUA, John A. 32, Mary Ann 21
HARDING, Jefferson 26* (B)
MCLEMORE, John 22*, Ann 19
MORGAN, Joseph 58*, Nancy 56, Elizabeth F. 20, Lucy Ann 17, George Thomas 13
NOURSE, Michael 37, Sarah 37, Margaret Ann 9, Mary Rebecca 6, G. Augusta 4, Henrietta 1
PERRY, John 35, Mary E. 25, Mary 5, Ewing 2, George Thomas 1
SUDDITH, Hargess 58, Catharine 48, Benjamin 17, John W. 24, George W. 14, Martha Jane 10
SUDDITH, Matilda 25*
WILLIAMS, Willis 41, Susan 35, Lucy Ann 16, Joshua T. 12, George A. 10, Martha J. 11, James K. 6, Charles S. 2
WILLIAMS, John W. 31*, Amelia W. 2

Schedule Page 12

BARKER, Ananias? 41, Livena 43, Minerva 19, Nancy 18, Presley 17, Serena Ann 15, Sally 9, John E. 8, Susanna 6
BURKS, Mary 34*, Jane 15
EDDINGS, Agnes A. 30*, Frances 4
ERNEST, Lawron 45 (B)
FUQUA, Aaron sr. 74, Mary 64, John 26
HARDING, Ann 33 (B), Martha 6, Mary 3
HERNDON, Maria 21* (B), Mary 2
HICKMAN, Elijah 52, Mary 47, Nancy 22, Catharine 20, Maria 17, George 14, William 1
HICKMAN, Margaret 47, Susan 19, Martha T.? 15
HOLCOMB, Benjamin 12*

1850 Census Logan County Kentucky

HOLCOMB, Hiram 59*, Mahala 44, Leonard 21, Isabella 16, Warren 14, Mary A. 10, Elizabeth 4
MCFARLAND, Mathew 46*, Martha 43, James 22, William G. 18, Amos 16, Jesse 14, Elizabeth E. 12, Charlotta 10, Nelson 8, Henry 6, Mary 4, Peter 2
MILLIKIN, Mary 58, Hirem 23, George W. 20, Isabella 13
MUNAH?, Robert J. 38, Rachael 33, Pamelia 11, Mary F. 8, Lucy 6, Nancy 5, F. B. 3 (m)
ORNDORFF, Annaky 80* (B)
PAGE, Lemuel J. 48, Susan 44, Margaret Ann 21, William F. 20, Richard H. 18, James Louis 16, Cheekeston P. 14
PHELPS, George 4* (B)
RAGSDALE, Mary 46*
VAUGHN, Frances 16*
WOOD, Nancy 36*, George 9, John 6
YOUNGER, William 60, Elizabeth 35

Schedule Page 13

ADDISON, John R. 22*
BAIRD, Thomas 37, Nancy 32, John M. 13, Mary E. 11, Miles 9, Margaret E. 7, Robert 4, Nathaniel 2
BAIRD, Eliza H. 36 (B), Harriet 8, Frances 5
BARKER, William H. 21*
BOWLING, Robert S. 34*, Mary 22, Temoleon 1
CIVILS, Martha 54, Taylor 29, Abigail 21, Amos 18, George Thomas 16, Telitha C. 13, Elizabeth 12, Kelly 2, Baby 4/12 (f)
FIKE, Charles H. 22*
FOURGERSON, Threatt 36*, Nancy 24, Frances 7, Caroline 5, Mary 3, Eliza 16
GREER, Amos 49*, Sally H. 46, S. J. 26 (m), Littleberry 23, Jane 18, Ann 16, George A. 14, Francis 12
HARDING, Henry 23*
HARDING, Ben 13* (B)
HARLOW, Elizabeth 6*
HARTON, Thomas 38*, Melinda 37, Sarah Jane 13, Jemima F. 12, Martha Ann 11, Mary E. 3, Nancy C. 8/12
HINCHEE, Samuel K. 20*
JONES, Albert 38*, Melinda 39, Ann E. 13, Mary E. 6, Isabella 4, Claboum 4/12
MCCLOUD, Robert 28, Massa 78 (f)
MILLER, Jacob J. 24, Judy 21
RAY, Tilghman 54*, Sarah 27
RENFROW, Thomas 60* (B)
RUSH, Nancy 48*
SPENCER, Ephraim 23*
STANLEY, Ellen 17* (B), Sarah Jane 1, Christopher 5
STARKS, N. G. 40 (m)*, Arena A. 32, George H. 7, Mary E. 6, Nancy C. 3, L. B. 1
STEWART, Benjamin 33*
TRAVIS, Emaline 32*
WALKER, William S. 34*, Salinah 30, William J. 4, Hiram A. 2
WASHBURN, Ben 22*
WILLIAMSON, William 12*
YOUREE, Lucinda 22*, David Newton 3

Schedule Page 14

BAKER, John W. 19*
BURR, Edmund 50, John 13, Martha 11

- 81 -

1850 Census Logan County Kentucky

DAWSON, George W. 35, John D. 23, Mary 66
DEMSCOMB?, Daniel 54
DUNN, Grey B. 46, Lucy 40, Martha 16, Edwin 13, Darcus P. 10, John L. 7, James B. 2
ELY, Edward 65
HARPER, James A. 40, Julia 45, Eliza J. 16, Caroline M. 15, George Thomas 13, Mary C. 10, Henry C. 8, Sarah H. 2
HUGHES, Isaac H. 35, Sarah 31, Albert G. 13, Mary S. 7, William H. 1
JOHNS, John H. 44, Mary H. 37, Robert G. 10, Sarah M. 8, Uriah 6, Francis M. __, Martha Ann 11/12
LINK, John 23*
MCCARTY, George 57, George 23, Martin V. 17, Elizabeth 14, William B. 12, Deborah 5
OFFUTT, Felix G. 38, Belinda 37, Joseph 16, Tilghman 15, Felix G. 13, Benjamin C. 12, William 10, Susan 8, Frances 6
PRICE, Samuel D. D. 33*, Sarah E. 21, Edward A. 14, David D. 9, Fielding 7, Gabriel H. 4
PRICE, William C. 52*, Sarah 48, Josephine 7
RAGON, Robert O. 30, Nancy 25, John 1, Wilson 3/12
STOKES, Stephen 65, Darius? 58 (f), Samuel 23, Mary Martha 19, James 18, Elvina 18, Acenath 14
WELLER, Samuel 29, Elizabeth A. 24, Samuel 3, Elizabeth P. 1
WINLOCK, Adam S. 45, Sarah R. 17, Effie 15, William R. 13, Joseph W. 11, Caroline 9, Maria 7

Schedule Page 15

BEALL, Elizabeth 55*, Sarah F. 27, A. Jackson 23, William 20, Stephen 18
BEALL, Zadock M. 53*, Hannah 49, Lucy A. 24, Margaret E. 21, Catharine 16, Priscilla 14, Augusta 9, _____ 5 (f)
CARTER, London 65, Elizabeth 41, Rebecca 19, Aley J. 13 (f), Mary E. 8, James W. 4
CLARKE?, America 76*
DANCE, Mary E. 17*
DANCE?, Robert C. 29*
DUNCAN, Caroline 24*, Joseph 27
FRPST, John J. 35*
GILLIAM, John B. 40, George W. 15, Lucy? Q. 12, Margaret E. 8, Mary S. 6
GILLUM, Henry L. 50, Nancy 47, James F. 26, Virginia 20, Paulina 18, Henry C. 16, Mary E. 15, William 11, George G. 9, Lucy 6
GORHAM, Joshua 64, Elizabeth 50, Penelope 23, Presley 18, Jackson 16
HAMPTON, Robert 32, Mary 29, Lucy Jane 7, Eliza B. 4, Martha E. 5/12
HARDING, Emily 27 (B), Henry 9, Moses 5, Benjamin 3, Lenthia? 2, Chesterfield 1
HARKREADER, J. W. 23, Martha 22
HARPER, Thomas 73, Mary 75
HERNDON, Benjamin 59 (B), Betty 50
KENNEDY, A. H. 38 (m)*, Sarah A. 28, Lucy Jane 2, John L. 1
KING, Joshua 71, Tennina P. 60, Thomas 22, Mary 18, Benjamin 25
NOEL, Garret B. 45, Caroline B. 41, Sarah A. 22, John T. 18, Mariah 15, Catharine 13, Adam W. 12, Elizabeth 8, Edwin 5, Matilda J. 3, Emily 50
SPROUT, Judith C. 50*

Schedule Page 16

AINGEL, John R. 36*, Josephina 36, George T. 17, Elizabeth 14, John W. 11, Sarah Ann 8, Robert 4
CARTER, Benjamin 15*
FINCH, Martin 35, Martha 44, Henrietta 14, Zadock 12, Robert 10, George 7, John 3

1850 Census Logan County Kentucky

GILBERT, Thomas 45?, Martha A. 18, Sarah Jane 15, Samuel 14, John N. 10, Elizabeth 6
GILLUM, John L. 24, Emaline 21
GILLUM, William F. 33, Jane E. 30, Margaret Ann 7, John H. 5, Sarah E. 2
HAMILTON, William B. 41, Sarah A. 38, Elizabeth 14, L. Jane 12, Amelia J. 11, Leonidas 10, John 9, Mary 6, Henry C. 4, Robert C. 2
HARDIN, Thompson 48, Margery L. 43, Walter E. 21, William T. 19, Mary E. 16, J. Milton 14, America 13, George W. 11, Caroline 9, Philip 6
HARDING, John 8* (B)
HERNDON, Hannah 45* (B)
HICKMAN, Polly 48*
LARUE, James 24*
MILLER, Henry 47, Lavina D. 40, Susan 20, Catharine 18, John H. 17, William 16, Amanda 14, Elizabeth 12, Margaret 6, Thelis 1 (f)
MOORE, Levi 47, Rachael 43, James M. 15, Sarah J. 11, Maria S. 8
MORGAN, Aaron 43*, Nancy 42, Mary A. 19, John H. 16, Reubin 14, Elizabeth 12, Louisa 9, W. Martin 7, Margaret 5
WOOD, Bazel 45, Nancy F. 41, John L. 14, Thomas W. 11, Martha O. 5?

Schedule Page 17

ADDISON, William 82, Nancy 76, Tabitha 27, Lucretia 24, Amanda 17
BAUGH, Abraham 46, Rebecca 52, Elizabeth 19, Abraham G. 17, Martha Ann 24
BRIANT, Eli 62, Martha 61, Martha 18, Melinda 16, William T. 12
BRIANT, William 24, Sarah F. 24, Nancy C. 10/12
CARPENTER, Rachael 15*
CLOUD, Daniel 16*
COLLIER, Elizabeth 49, John R. 21, Angeline 18, Robert H. 16
GUY, Samuel 16*
HOUSTON, Rachael 70*
JACKSON, James D. 47, Elizabeth 45, William D. 24, John M. 23, Mary Jane 20, James R. 21, Amanda M. 18, Thomas P. 14, Jasper R. 7
MCCARLY, John 43, Eleanor 34, James S. 17, William 15, Susan Ann 13, Sarah 9, Elizabeth 7, Taylor 3, Amanda 1
MORGAN, Reubin 72*, Mary 66, Reubin 27, Sarah 70
PENNINGTON, Greenberry 39*, Frances J. 32, John 10
PHELPS, David 44, Dolly 42, William A. 20, George W. 19, David 16, Jane 13, John 9, Sally Ann 8, Polly 6, Isabella 3, Susan 1
RAGSDALE, Mary 29*, Maria 1
RICE, Levi P. 25, Elizabeth 19
SWEARINGEN, Benoni 49, Nancy 47, Melinda 18, Benoni 16, Elijah 11, Nancy C. 8, Polly Ann 5, Lemuel V. 26, Winney E. 22, Benoni 4, Japtha 3, Pairalee 6/12
TRAVIS, J. C. 43 (m)*, Mary Ann 33, John W. 10, Caroline E. 5, Mary E. 1

Schedule Page 18

APPLING, David E. 34, Sarah A. 30, George D. 10, Mary E. 9, Winkfield 7, Arbenthnott 5, Ann V. 3, Westley H. 4/12
EIDSON, John 45, Sally 43, Samuel 18, William 15, Mary M. 13, Elizabeth C. 11, Washington 9, James 5
EIDSON, Mary 81
EIDSON, Pleasant 41, Clifton 9

1850 Census Logan County Kentucky

ELLIOTT, Jemima 35*, Amanda F. 12, Angeline 10, William L. 7
FRESH, Nicholas 73, Elizabeth 60, Mary 32, Nancy 22, Francis 30, Eve 19, Martin 18
GILLUM, James E. 45, Frances 44, William D. 23, Mary E. 21, Richard O. 16, James T. 14, Ann R. 12, Nancy E. 10, Melinda 8, Sarah H. C. 6
HINCHEE, John 55
HUGHES, David L. 32, Martha A. 26, Lloyd 10, Martha S. 8, John W. 6, Silas 4, James 2
LOGAN, Wiley 47, Lavina 45, Reubin 18, Martha 15, John W. 3
LOWE?, Eve 78*
NEALE, William H. 39, Easter 45, Benjamin 19, Elisha 17, Mary A. 15, William 13, Sarah 12, Martha 7
STARKS, George B. 36, Elizabeth 28, John W. 10, James A. 7, George A. 6, Mary S. 4, Sarah Jane 2
TAYLOR, R. D. 25 (m), Margaret 18, Thomas H. 1
WANTLAND, Woodford S. 39, Roda 32, Thomas 12, Elizabeth 10, Rachael 6, Sophia E. 4, Nancy A. 2
WILKERSON, James 33, Mahala 34, Elizabeth 12, William 10, Matilda 8, Nancy 7, Amanda 5, George T. 1

Schedule Page 19

BEALL, Jacob 59 (B), Hariet 50, Hannah 47, Elijah 18, Richard 13
CARY, Mary Jane 21*
CLARK, Matthew M. 45*, Rebecca C. 38
CUSHENBERRY, William 38, Mary 32, James S. 13, Ely U. 8, William 6, Robert K. 4, E. Taylor 2
DAVIS, Patsy 54, Mary A. 23, Adaline 20, Caroline 20
DUNCAN, Ferdinand 14*
FRESH, Benjamin 26*, Elizabeth 22
GARY?, Elridge 15*
HAYDEN, Thomas H. 29*
HUGHES, Rowland S. 30, Susan 25, Josephus 1
HUGHES, Flora 50*
KELLY, Samuel 58*
LEE, Charles 20*
LOGAN, Nancy 25, Mary E. 3, Martha L. 1
LOWE, Rachael E. 12*, Lavinia 8, Ralp? 84
MATLOCK, James 32, Elizabeth 22, Rial 4/12
MAUCH, William 70*, Ann M. 65, Ely B. 25, Edward S. 23
MCCARLEY, William 50, Ann 41, Tilman 23
OFFUTT, Joseph F. 36, Mary A. 27, Susan 12, Richard 11, Jesse 7
PEACH, James 68, Nancy 25, Samuel 22
PHELPS, David 59, Milla 42, Mary E. 5, Sarah A. 2
RAGER, William 37, Lucinda 32, John J. 15, A. Henry 14, Martha M. 13, James W. 11, Mary 10, H. Jane 9, Narcissus 8, Angeline 6, George D. 4, Felix G. 1
ROSS, Gabriel 32*, Sarah 27, Ann E. 10, Mary 6, Amanda T. 3, H. Jane 6/12
SUMMERS, Elizabeth 58, William 16, Sarah Jane 14, John 12
WALKER, William 60, Sarah 64

Schedule Page 20

BAKER, Alfred 39, Jemima 27, William 10, Margaret 8
BAKER, Francis M. 23
BAKER, William 67, Jane 35, America V. 13, John R. 11, Amanda Jane 10, William 8, Mortimer H. 2
BUTT, John 38*
CIVILS, Samuel 19*

- 84 -

1850 Census Logan County Kentucky

CLARK, Bolin 73*, Elizabeth 68
CORBIN, Hinton 47*, Lavinia 38
GORHAM, Elijah 49, Elizabeth 30, Harry T. 13, Volny T. 11, Benjamin F. 9, Nancy 7, John B. 5, Martha 2
GORHAM, Nancy 63
HARDING, Mary 40 (B), Henry C. 1
JESSE, James M. 33, Louisa 31, James M. 4, George W. 2
MCCLENDON, Preston 23*
MORGAN, Moses 42, Rued? 35 (f), James William 13, Eliza Jane 11, Levi 7, Mary F. 5, Henry 4, John Westley 6/12
MURRAH, John 45, Matilda 39, Sarah 19, Melissa 17, Docia 14, Joshua 11, John 7, Henry C. 5, Zachry T. 3, Frances 4 1/2
MURRY, Robert 23, America 17
OFFUTT, Othias 43, Pamelia 40, William A. 19, Susan 15, Heleanor 9, Tilghman 6, Elizabeth 4, Franklin 1
PENCE, Ellender 10*
PENNINGTON, Joseph 32, Maria 30, Mary R. 2
PHELPS, John 51*, Nancy 34, John M. 19, William P. 5, James R. 1, Anna 75
ROBERTSON, hezekiah 40, Sarah Ann 31, Mary Jane 6, Caroline 4, Adalade 2, Allice 3 1/2
RYAN, Darby 37*, Milla 33, George T. 15, Emily M. 12, Alonzo 9
VICK, Robert 21*

Schedule Page 21

BEAUCHAMP, Francis M. 32, Amanda 32, Thomas J. 10, Victoria E. 12, Francis M. 7, Sarah E. 4, infant 5/12 (m)
BRODNAX, Allen 50 (B)
CARTER, Mary 15* (B), William 12
COPELAND, Harrison 32*
DICKERSON, William T. 35, Jannetta 34, Alexander 12, Mary Ann 10, William R. 7, Susan E. 5
DRANE, John 42, Louisa P. 29, Martha A. 16, Daniel E. 9, James H. 7, Mildred E. 5, John F. 3, Robert W. 7/12
GORDON, Thomas 28, Eliza 30, Daniel 24, Christine 22
GRAYSON, William J. 28, Lydia E. 19, Sarah J. 1, John Thomas 6/12
GRAYSON, Willis 23, Mary Jane 17, infant 2/12 (f)
MCPHERSON, James 40, Nancy 37, William 13, Mary Ann 12, John 11, George 9, James 7, Eliza J. 5, Catharine M. 3
MCPHERSON, William 45, Catharine 42, Anna 6, Victoria J. 4
MCPHERSON, Catharine 10/12*
MORGAN, Lycurgus 48, Ann C. 41, James W. 16, Samuel H. 15, Frances M. 13, Mary E. 11, Lycurgus J. 9, John B. 7, William F. 5, Robert W. 3, Jane B. 6/12
ROUSE, John W. 35, Catharine 30, George Ann 7, John 5, Joseph 2
ROUSE, William 71, Louis B. 40
SHEPHERD, Elizabeth 50, William 23
SHEPHERD, James O. 23, John A. 30, Julia Ann 28, Mary Susan 1
SHEPHERD, Robert 20*, Elizabeth 70
TOWNSEND, John L. 16*, Mary E. 15, Ann E. 14, Thomas 11, George C. 9, Ellen 7, Frances 5
TOWNSEND, Mary 37*

Schedule Page 22

BAGBY, Jonathan B. 7*
BEATY, Samuel 57*, Catharine 50, John Q. 23, Mary Ann 20, Robert E. 14

1850 Census Logan County Kentucky

BOWLING, Jane 32*
BOYD, Daniel 41, Catharine 41, John 9, Geo. Washington 7, William W. 2
BOYD, James 22, Susan 62
CLARK, Julian 18*
EWING, Gilson 42*, Henry C. 12
HAMMER, William 46, Mary 58, C. William 22, Elizabeth 18, Harriet R. 15
HAMMER, Nancy 67*
HARPER, Smith 58, Jane 55, William L. 23, Julia F. 21, George W. 20, James B. 16, Robert T. 13, Smith H. 9
HERNDON, Jacob 28* (B)
JUDKINS, John W. 43, Eliza Ann 32, Jane E. 15, Florence M. 12, John W. 4
LAWRENCE, Melinda 18*
MCPHERSON, William 67*, Nancy 63
NORTHERN, Harry 17* (B), Ann 6
ORENDORFF, Aaron 43*, Nancy 39, Mary E. 16, William M. 14, Margaret A. 12, Eliza P. 10, Mortimer W. 8, Miram L. 5, Nancy C. 2
OWENS, Dabney 33, Elizabeth 32, Martha P. 6
PENCE, Annias 41, Martha 36, William 19, Jane M. 11, Mary 15
PENCE, Ephraim 32, Nancy 23
ROBERTS, Eliza 44*
SIMMONS, Samuel C. 3*
SPENCER, Barksdale 56, Polly B. 56, James B. 25, Martha 15
TOWNSEND, Presley E. 27, Amanda 25, Robert E. 5, Thomas J. 4, Martha J. 2, Tilman O. 9/12
TOWNSEND, Thomas 69*, Elizabeth 62, Albert 36
TRAUBER, John L. 40*, Ellen 38, Robert 19, James 17, W. Bruce 15, Marquis S. 13, Mary 11, Susan 8, Harmon 5

Schedule Page 23

ASKEW, Robert W. 27, Lucelia 21, Leonedas 6, Martha 4, Willa W. 2
BEATY, Jesse 30, E. M. 29, John L. 7, William 6, Frances J. 2
BUNTON, Robert H. 31, P. Jane 26, Mary E. 8, Joseph L. 6, John D. 4, Eliza 1
CARR, Elias J. 40*, Emaline 38, Elizabeth 7, Lucy 5, Robert 1
CHASTAIN, Samuel E. 12*
COFFMAN, Edward 26, Clarissa 22, George D. 4
COFFMAN, Mary 62, Elizabeth 32, Philip 23, Martha E. G. 10
FREEMAN, John P. 57, Elizabeth 52
FUQUA, Moses 30*, Nancy 68, Letitia 22, Elizabeth F. 4/12
HANCOCK, John 32, Margaret 21, William 11, Martha E. 9, Lucinda J. 6, Mary E. 4, Victoria 2, John H. 11/12
MCCUDDY, Napoleon 47, Mary E. 31, Mildred 13, Newton 11, Lucy 9, William 7, Mary G. 3, James A. 9/12
MCINTIRE, William R. 35, Rachael 33, George L. 12, Julia Ann 8, John William 4
MONDAY, George W. 27*, Mary E. 28, Lucy J. 4, Virgil E. 9/12
OATS, Eliza 14* (B)
OFFUTT, Hannah 59
OWENS, James M. 37, Elizabeth 33, George W. 13, Hellen C. 10, Manda J. 8, Ann E. 6, James M. 4, John T. 1, P. D. 1 (m)
SPENCER, Wesley 21*
STANLEY, Redman 12 (B), Jane 10, John 7, Peter 5
THOMAS, Nancy 60*
WINLOCK, John K. 49*, Mary Jane 27, Mary E. 10, Eley Jane 7, Richard C. 5, Robert D. 2

1850 Census Logan County Kentucky

Schedule Page 24

ALLNUTH, Sarah J. 37, James L. 16, Thomas B. 14, Joseph N. 12
ALNUTH, Daniel 70, Verlinda H. 60, John W. 32, Amanda 31, John Thomas 8, Robert D. 5, James W. 3, Nancy C. 2
COOPER, William C. 29*
DAVIDSON, Hiram 41*, Sarah J. 33, John W. 14, James H. 12, Freman H. 10, Olivia 7, Thomas P. 4, Robert T. 1
FETTS, John N. 32, Jane 32, Julia Ann 9, Narcissa 7, Ann E. 2
GARDNER, Thomas W. 10/12*
JOHNSON, William L. 52, Nancy 47, Major 21, William V. 23, James 19, Charles 18, Henrietta 12, Elizabeth R. 9, Lucy 7, Frelinghyson 5, Angeline 6/12
MASON, George 57, Sophia E. 54, Margaret W. 27, Mary A. V. 20, Samuel H. 18
MCCLELLAND, Mary A. 51, John R. 31, Lucretia 21, Wilson 19, Nancy 16, Margaret 14, Alonson 11
MCCOMICK, Paterson R. 28, Mariah J. 27, Jane E. 1
NORTHERN, Enoch 46, Mary 34, George H. 7, James P. 3
PAGE, Thomas 40, Catharine 34, Peyton H. 13, Pamelia 12, Newton 19, Martha J. 7, John W. 6, Mary E. 4, Nancy 2, Joseph L. 2/12
PERRIN, Thomas J. 45*, Ann 46, Elvira 19, Benja. 17, Jane 13, Caroline 11
STEVENSON, Maxwell 29, Elizabeth 20, Hugh 9, Ellen 2, Joel 6/12
WALTON, Nancy 64, E. B. 36 (f), Garland C. 24
YOUNG, Susan 21, Abraham 17, Parthena 15

Schedule Page 25

BOWLES, Stephen P. 50, Mary 40, Sarh E. 13, Mary F. 9, William T. 8, Henry C. 7, Benjamin H. 4, Emaliza 2
CASH, George W. 26, Caroline 22, Caroline 19
CASH, Samuel 70*, J. A. 63 (f), Charles 21
HOGAN, Samuel 15*, Ann E. 10
JAMES, Charles F. 29, Martha E. 25, John H. 5, Margaret 3, Lucy R. 2, Charles L. 6/12
JAMES, Elizabeth 54, Isaac 21, Elizabeth 18, Frances 16, Vilinda 14, Mary T. 11
LEWIS, Gabriel 74, Fielding 33
LEWIS, John G. 41, Mary V. 38, Rebecca 17, Mary 15, Nancy H. 12, Gabriel 10, Ellen 6
MCCARLEY, David 33, America E. 27, Burr B. 6, Aaron 3, Emerald 10/12 (f), Ann 34
MCCARLEY, James 52, Ann 42, Amanda 13, Pamela 10, Elizabeth 9, James 7, William 6, John Q. 5, Benjamin F. 2
MORTON, Louisia E. 47, Henry P. 52, Martha 30, Harriet 23, Mary 14, William J. 11, Joseph 9, Louisa V. 6, Jonathan 3
POOR, William C. 53*, Elizabeth 37, Paulina 21, John H. 19, Sarah E. 16, Mary E. 11
PRICE, William 38*, Mary E. 37, James D. 8, Mary A. 6, William W. 18/12
SELF, Mary 51, Martha 18, Margaret S. 17, John 15, Nancy Jane 12
SLAUGHTER, Jack 32* (B)
WILSON, James 38*, William L. 12, David R. S. 10, Sarah E. 9, Melinda J. 7, Josiah C. 5, Mary A. 3

Schedule Page 26

ACKERMAN, Richard 30*
ACKERMAN, Valentine 24*, Sarah A. 19, John Viers 41, Catharine 39, Frances M. 15, William 10, John H. 8, Mary E. 4/12
BLAKEY, Thomas 56, Ann 46, Chinchell 21, Mary E. 9

1850 Census Logan County Kentucky

CHEEK, Ambler 57, Polly 58, Virginia 18, Paulina 16, Williams 12, Neelton 21
CHEEK, Ambler jr. 24*, Martha 18, Massey 8/12
CHILDERS, Gideon 49, Martha 47, David 16, Martha E. 13, James 7
CLARK, Edward 26*, Mary C. 20, Margaret E. 1, Catharine 8/12
FELTS, Nancy M. 15*, Samuel S. 12
FORD, Llewellen B. 27, Frances M. 24
HADEN, Jefferson 47, Elizabeth 46, Margaret 15, William 12
LOCKET, John 10*
MITCHEL, Allis 25, Frances 24, William H. 3, Sarah E. 1
PRICE, Thomas J. 24, Sarah 20, Chuchel M. 11/12
RAY, Asher B. 25, Amanda 21, Mary L. 3, Alice 10/12
SAWYER, Joseph 36, Amanda 23, Herchel 2, Joice Ann 1
SAWYER, Jone 62 (f)*, Elizabeth F. 20
STALCUP, George 48, Sarah 45, James T. 21, Nancy Monor 10
WILSON, Sally 71?*
WOOD, Harrison 36, Arana 27, Jane 13, Elizabeth 8, Mary 7, Susan 6, Sally 3, Mariah 1
WOODARD, Robert 53, Paulina 52, Thomas J. 21, Martha 18
WOODWARD, David 29, Charlotte A. 25, Henry 7, Thomas A. 4
WOODWARD, Harrison 33, Sarah Jane 23, James M. 7, Robert M. 6, William B. 5, Nancy J. 4, Henry H. 2, Mary E. 6/12

Schedule Page 27

BARNETT, William 48*
COVINGTON, James W. 28*
CRAWFORD, Thomas 27
FELTS, Augusta 17*
GLADISH, Maston L. 37*, Cheathen 31 (f), Louisa 9, Sarah J. 7, William H. 5, James V. 4, Columbus 2, Washington 2
HADEN, William 36, Elizabeth J. 30, Rebecca H. 10, Elizabeth F. 8, Henry C. 5, Charles S. 4, Robert H. 2
HAMLIN, Cally 26 (m), Lucinda 24, Thomas B. 3
HAMLIN, Nancy 50*, John 24, Smith T. 18
HOOPER, Sarah D. 45
JONES, John G. H. 42, Elizabeth Ann 32, John W. 13, Matilda E. 10, Margaret Ann 5, Jacob M. 3, Mary Jane 1
KING, John 40, Jane 39, Nancy B. 8, Lucy J. 5, Agnes A. 3, William B. 1
KING, Nathaniel 75, Lucy 67, James B. 32, Mary J. 28
LAMBERT, Nancy A. 8*
LEE, Samuel 36, Agnes 23, Elizabeth 7, William D. 4, Nancy E. 1
MARS, Elizabeth 51, Josephus 13
PROCTOR, Christopher 25, Martha 23
PROCTOR, George 59, Narcissa 50, Frances 31, Finis 23 (f), Narcissa 16, George A. 15, Thomas 13, Dulcena 8, Paralee 6
PROCTOR, Sally 90* (B)
RAY, B. F. 48 (m)*, Josephine B. 36, Foster M. 11, Nicholas 9, Elizabeth L. 8, Thomas 6, William 3, John 1
SANDEFER, Elizabeth 71*, Amanda 18
SUTHERLAND, Daniel 61, Milla 60, Louisa 21
SUTHERLAND, Thomas B. 34?*, Emaliza 22
WILLS, John W. 36*

1850 Census Logan County Kentucky

Schedule Page 28

BENNETT, William 60, Elizabeth 48, Mary 31, Martha 23, Thomas 16, Catharine 11, Eliza 8
BENNETT, Nancy 18*, Merritt 4
CALLIS, Elijah 50, Ann 48, Lucy Ann 20, Elijah J. 17, Martha R. 15, Amanda E. 11
CALLIS, James 23, Mildred 25, Samson 1
CRAWFORD, John S. 25, Margaret 23, Mary E. 2
DAVIS, Samuel 19*
DAVIS, Sisily 47* (B), Mary 5, Sinai 3 (f)
FELTS, Nathaniel 46, Nancy 34, Mary E. 12, Sarah J. 10, James A. M. 8, John H. 6, Louisa 4, Chales M. 1
HARKREADER, William 46, Eliza G. 43, Rebecca J. 21, James H. 15, Crittendon R. 5
LAW, Amanda 24, Sarah F. 28, William P. 2, Ann E. 5/12
MORTON, Peter 70*, Sarah 60
PRICE, Margaret J. 3*
PROCTOR, Elizabeth 64, Rebecca 29, Mary S. 27, John Thomas 20, Joseph H. 8, Charles W. 6
ROBERTS, Booker B. 36*, Sarah C. 24, Thomas J. 8, Scott 3, Charles L. 2, infant 1/12 (m)
SPENCER, Thomas J. 41, Sinai A.? 33, Maxwell L. 13, Joseph U. 11, Sarah E. 9, Thomas J. 4, George 3, Mary Ann 3/12
VURRANSDELLE?, Alexander 33*, Ann 30, Sarah 8, Robert B. 6, George S. 2, Matilda P. 9/12
WHITE, William 48, Mattilda 40, Nancy 18, John William 15, Aurora 13, George W. 11, Volney N. 9, Jane 7, Hezekiah 4, Catharine 3
WOOD, Lewis 73*, Sally 63

Schedule Page 29

BEASON, William E. 25*
GREEN, William C.M.G. 53, Mariah 49, James W. 28, Fayette 19, William 14, Elizabeth A. 12, Finis 10, Edward R. 7
JOHNSON, Thomas J. 35, Eliza E. 13, Lewis C. 7
JOHNSON, John 18*
JOHNSON, Nancy 71*
LYON, Thomas J. 23, Martha J. 20, Lorenzo F. 2, Dulubella W. 4/12
PERKINS, Isaac O. 20, Ann E. 16
PRICE, Dixon 51, Susan 43, Samuel 18, Mary Jane 13, William 8, Henry C. 7, Frances E. 4, Virgil 2
PRICE, John 25, Frances 19, Mary E. 10/12
PRICE, Samuel 42, Amanda 37, Sinai Ann 15, Monroe 13, George 10, Joseph T. 7
PRICE, Thomas 38, Catharine A. 26, Ann 13, Benjamin F. 11, Lewis 3, Silus 1, Albert 8
PRICE, John J. 22*, Nancy 19
PRICE, Louisia 32*, Margaret 14, William 12, Mary E. 9
ROGERS, Joseph 49, Emily 42, Eliza 18, James M. 15, Louisa 13, Mariah 12, Mary 10, Gabriella 7, Joseph 6, Zac T. 4, Emily 3, Morton H. 6/12, William 37
SCARBOROUGH, Robert 73, Frances 57, Nancy 16, William 21, Gasper 12
SUMMERS, Presley D. 35, Jane R.? 32, Robert W. 8, Clinton 6
WILKINS, Rebecca 46, Nancy N. 12, Rebecca E. 10
WILSON, Fielding S. 45*, Nancy 40, Robert 18, Elizabeth 13, Georitta 7, John 5

Schedule Page 30

ACKERMAN, Daniel A. 79, Sarah 49, Matilda 34
BIBLES?, Mary A. 25*

1850 Census Logan County Kentucky

CAMPBELL, Charles G. 35, Susan 34, Ann E. 11, Daniel S. 9, Mary J. 6, John W. 3, Poliana? 8/12
CARR, Norflett E. 43, Emily 38
CARR, Robert 80, Barsheba 64, Priscilla 25
CRAWFORD, James S. 28, Salinda 25, William M. 6, Polly A. 3, Thomas J. 1, Martha J. 25, Sarah M. 19, Joseph 22
DILLARD, Mary A. F. 47, Richard L. 23, Elizbaeth A.J. 20
DUNCAN, James 28, Ann 22, Heni? M. 3 (f), William W. 2
MCCLELLAND, Milton 45
PILLOW, William G. 36, Sarah 25, William 14, James A. 6, John P. 5, Willie G. 5/12
PRICE, James J. 29, Lucy P. 27, Mary C. 3, J. Joel 5
PRICE, John W. 31, Martha J. 24, Samuel D. 9, Margaret E. 6, Daniel D. 3, Alonzo 9/12
PRICE, Thomas 48, Elizabeth 45, Susan M. 18, Margaret 16, Caroline 10, Mary A. 3, Sarah L. 70
PRICE, William 28, Mary E. 36, Daniel S. 8, Mary A. 5, William W. 2
PRICE, William W. 31, Susan 34, Daniel 8, James A. 7, Lucy Jane 2
PRICE, Sam 45*, Sarah 45, Walter J. 20, Thomas 19
SAWYERS, Michael H. 54, Martha 45, Arominta E. 19, Melinda F. 18, Martha P. 14, Hannah E. 13, Joshua J. 9, Phebe W. 8, Michael H. 5
SMITH, Obediah 41, Matilda 35, Francis 12, Samuel H. 9, Julia Ann 8, Thomas A. 6, Columbus 4, Berry H. 2

Schedule Page 31

HALL, James 35, Martha B. 36, Lucy U.? 12, Thomas E. 10, Elizabeth 8, Fielding B. 5, James H. 2, Samuel F. 22
HARRIS, Y. F. E. 35, M. A. F. 30, Marenaria? F. 12, Martha A. 7, William H. 5, Josiah M. 3, Martin V. R. 9/12
HENDERSON, James 52, Jemima 52, Jamee M. 21, Amanda 23, Jemima A. 12
HENDERSON, John C. 25, Margaret F. 18
LAMB, John W. 43, Martha R. 34, Joseph W. 8
LOWRY, Thomas D. 27, Sarah A. 25, George A. 1
MANSFIELD, Allen P. 40*, Celista 42, Elijah 15, Washington 11
MCLEMORE, John 35, Caroline 27, Hiram D. 7, John 5, Mary E. 3, James H. 1
MCMILLEN, Robert B. 33, Ann 26, Sarah 8, Lavinia 6, Clinton 4
MILLER, Cyntha M. 25*
PRICE, John R. 75, Elizabeth 31
SAWYER, William 45, Martha 47, Elizabeth J. 20, Hannah M. 17, Elvira M. 15, Nancy E. 12, John W. 10, Thomas C. 7
SAWYER, Benjamin 74*, Elvira 32, Elizabeth 30, William M. 11
SUMMERS, Mary A. 42*, Benjamin A. 14
WATKINS, Mary 43, William 22, John 19, Sarah 17, Joseph 15, Mary 13, Rebecca 11, Fielding 8, Granville 6
WITHERS, William 51, Phebe 48, Elizabeth 16, Sarah 15, Louisa 14, Amanda 11, William 6

Schedule Page 32

BENNETT, William 24, Mary 23, Mary E. 1
COX, Woodford M. 23, Nancy E. 15
COX, Rose A. 21*
DAVY, Mary Ann 21*
DOORS, Mildred 40, Sarah A. 17, John C. 16, Norwood W. 13, Nathaniel 10
DUVAL, Samuel 65 (B), Fanny 50, Sally 45

1850 Census Logan County Kentucky

EZEL?, William 33*, Louisa 25, Howell 12, Sarah 10, John H. 8, William S. 2, Obey A. 9/12
GUON, Joseph 24*, America 26, Sarah E. 2, Mary A. 9/12, Elizabeth 66
HALL, Jordon 27, Ann E. 25, Robert W. 5, William A. 3, Louisa 5/12
HALL, Moses 70 (B), Cynthia 60
HALL, Stenkie 32*, Mary 32, John A. 12, James W. 5, Louisa M. 9, Mary A. 3
HAWKINS, Martha J. 9*
HENDERSON, Margaret 36*
KEEL, Samuel F. 36*, Semeramis 36 (f), Elizabeth J. 3
LYON, John 26, Mary 19, Cocas? 8/12 (m)
MAXWELL, A. Monroe 33*, Margaret 24, William T. 8, John C. 7, Lurae 5 (f), Foster 3, F. Marion 1, G. Washington 1
MAYBEN, John 53, Nancy 50, John H. 26, Margaret 25, Michael B. 18, Nancy M. 17, Hannah 14, William M. 12
MAYBIN, Cyrus A. 23, Margaret 27
SCARBOROUGH, Jesse H. 37, Lucinda 33, John 12, William 14, Elizabeth 10, Franklin 8, James 6, S. Rypes? 4, Matilda 2
WATKINS, Vinis 37, Malissa A. 34, Drucilla 14, Mary E. 12, Sarah J. 10, William B. 3, Norwood 1, John 64?, Isaah 60, Martha 45
YORK, Guilford 25*

Schedule Page 33

COX, Phineas 68, Nancy 24
COX, Phineas jr. 28, Mary J. 24, Viturah 5, John 3, Sarah 11/12
COX, Edward 22*
EZELL, Wyatt 25*
FARMER, John 46*, Ann 45, Joseph 20, William C. 17, David 15, Margaret 13, Lucy A. 11, Martha 9, Benuno 7, John J. C. 5, Sarah 1
FELTS, Hannah 38*, Charles W. 15, Nathaniel C. 14, Mary F. 12, Mary J. P. 10
HAMPTON, William 44, Elizabeth 27, William 13, Margaret 9, John 6, Lucy A. 5, James 1
HAMPTON, Hannah 82*
HAND, G. 26 (m)*
HESS, August 18*
MARS, John H. 28*, Louisia R. 28, Marnes? 9 (m), Elizabeth 7, Isaac 4
MAXWELL, William 23, Martha 21, John H. 2
MCCARTNEY, Elisha 25*
MCCOWN, John 29, Mary 27, William L. 3, James T. 1
MOODY, Ann 60, James M. 30, Margaret 22, John 19
MOODY, William 27, Martha J. 27, Moses A. 1
PROCTOR, Thomas L. S. 41*, Agnes H. 35, Charles J. 13, Salrah E. 11, Thomas M. 9, Adelia 5, H. Clay 3, Zac Taylor 3, Benjamin F. 9/12
RHEA, Hannah 65*
ROBINSON, William 30*, Elizabeth R. 23, James M. 2, Sarah A. 4/12
ROBINSON, William N. 25*, Mary 20, Francis 12, Susan 21
ROBISON, Sarah 17*
SCARBOROUGH, Margaret 21*
YORK, Edmund 54, Mary J. 16, Milla S. 13, Philemon 11, Susan A. 8
YORK, William 20, Eliza J. 16

1850 Census Logan County Kentucky

Schedule Page 34

BELCHER, Jacob 26, Nancy 26, Mary 7, Burny 5
BELCHER, John W. 41, Mary A. 40, Martha 18, James T. 16, John R. 14, Nancy H. 12, Mary 10, Ann E. 6, Archy W. 7/12
BELCHER, Thomas 46, Mary 43, Mary 19, Jutlin? 18 (f), Susan 16, John W. 13, James T. 11, Richard 8, Prudence 6, Lucufer? 2
BELCHER, William O. 32, Frances 32, Mary J. 9, Richard G. 6, Monroe M. 5, Martha 3
CHANDLER, Judah 67*
CREWDSON, Andrew J. 4*, Mary 2
FERGUSON, Jonathan P. 37*, Martha 30, William R. 9, Margaret A. 6, Nancy J. 4, James M. 8/12, John 30
HARRELD, William S. 26, Nancy 23
HUNT, Groves 65*, Susan 56
HUTCHISON, George W. 34, Susan 30, Nimrod 8, James H. 4, Francis M. 2
HUTCHISON, Mary 52, Temperance 13, Mary 11
HUTCHISON, William 49, Sarah 46, Sarilla P. 17, Sarah 13
HUTCHISON, Clendenon 35*, Sarah 38, Samuel 17, Mary 15, Amanda 13, John 10, Margaret 8, Preston 5, Martha E. 2
HUTCHISON, George 45*, Mary 37, Beverly A. 13 (m), Mary E. 6, Nancy E. 10/12
NEIGHBOURS, Sarah A. 15*
SNODGRASS, Paulina 14*, Temperance 12, Mary Jane 10, Samuel 8
THOMPSON, Elizabeth 13*
TYERT, John 40*
WOODSON, George W. 38, Mary 29, Martha J. 9, James B. 6, Mary F. 3, Nancy L. 9/12
WOODSON, Obediah 71, Delilah 60

Schedule Page 35

BEASLEY, George W. 25, Sarah M. 25
CALLIS, Phips 23*, Caroline 17, Thomas L. 9/12
CHANDLER, Charles A. 40, Sindi 32, Mary J. 18, John W. 16, George W. L. 15, William M. 15, Woodly M. 12, J. Elizabeth 12, James A. 11, Elizabeth 9, Josiah H. 6, Juliann 2, Charles W. 2/12, Mary M. 9
CREWDSON, Thomas 63, Margaret 53, John W. 29, Nancy 22, Sarah 18, Lucy 15, America 11, Sarah 20
GUNTER, Robert 69*, Ambrose B. 30, Lucy S. 24, Elizabeth H. 22, Mary 21
HAMILTON, John A. 34*, Margaret 35, Aerial S.E.J. 13, Watters 9, Abina H. 4, Allison 2 (f)
HOPTON, Chloe 90* (B)
MAXWELL, James 30, Permely 32, Sarah M. 7, Elizabeth 6, Mary 4, John T. 3, James R. 2, Granville M. 7/12
MCMILLEN, John C. 41, Sarah 42, Louisa 20, Elizabeth 17, Margaret 15, Josephine 13, Oscar 11, Samuel J. 7
PARKS, Cyrus W. 32, Elizabeth 31, Melville 8, John L. 4, Elizabeth J. 3/12
POTER, David J. 35, Susan 31, William G. 12
POTER, Samuel F. 36, Eliza F. 32, James V. 12, Samuel H. 11, John S. 10, Thomas W. 8, Mary Jane 6, Frank N. 4, Nancy C. 1
POTER, William A. 25, Mary Jane 21, Cicero W. 7/12
POTER, Francis E. 11*
YOUNG, John 68, Mary A. 50, Bellrana 15, Jospena H. 14, J. William 9
YOUNG, Francis N. B. 29*, Rachael A. 26, David B. 4, John B. 1

1850 Census Logan County Kentucky

Schedule Page 36

ANDERSON, Thomas 36*, Sarah A. 27, John 9, Louisa 7, Presley 4
CASH, John M. 30, Margaret 27, Ann E. 5, Alice 2
COMBS, James 40*, Caroline 31, John W. 16, Elizabeth 13, Mary F. 10, Martha J. 7, Emily C. 1
CREWDSON, Thomas S. 32, Nancy M. 33, George W. 3, Mary E. 10/12
FUQUA, Matthew H. 43, Mary E. 36, Stephen 10, Mary 7, Mildred 2, Matthew H. 3/12
GIBBS, John 21*, Sarah 20, infant 9/12 (m)
HADEN, William M. 42, Eliza R. 40, Joseph 14, Margaret 11, Frances A. 9, Mary 6, Sarah 1
HAYDEN, Otho O. 6*, Lafayette 5, William 1
HENDERSON, John M. 35*, Tussey 30, Parthena 6
HIGHTOWER, Joshua 71, Amy 55, Marmaduke 18, Francis M. 16, Layfaette 13
JOHNSON, Thomas 28, Louisa 27, Adelia A. 5, Mary S. 3
KELLER, Henry 22*
MCGOODWIN, Susanna S. 43, Elizabeth J. 22, Berry P. 21, Amanda M. 18, Emaline E. 13, Susan A. 10, Ellen 8, John D. 6, James M. 5
MCLEMORE, Joel 49, Rachael 45, James T. 20, David 15, Henry 13, Martha 10, George Ann 7
OFFUTT, Tilghman 64*, Susanna 62
PERKINS, Samuel S. 43, Mary P. 39
STEVENSON, James 85, Eleanor 75, Mary 40, Elizabeth 46
WARREN, James 27*
WATKINS, William 38, Mary B. 33, Mary S. 14, David C. 11, Martha A. 7, John W. 5
WILLIAMSON, Mary J. 17*

Schedule Page 37

ALLISON, Malinda 20, Janes 43 (f)
ALLISON, Robert J. 21*
ARMSTRONG, Samuel 54, Anna 53, Margaret A. 20
BARKER, William 88, Caron 75 (f), Samuel 30
BARROW, William 22*, Fountain 19
BIBB, William E. 33, Catharine 28, John H. 8, Mary C. 3, Susan B. 1
COCHRAN, Andrew 80, Mary 72, Jane 50, Margaret 45
COCHRAN, John B. 47*, Mary 46, Mary J. 14, Amanda 10, Samuel D. 3
COVINGTON, Philip W. 24, Margaret C. 30, Phoeby 60
COX, Fields D. 25, Elizabeth 21, Francis M. 2, Stanford 20, Sarah 10
CREWDSON, George 21, Eliza 19, Virginia 8/12
CREWDSON, George 67, Mary A. 35, Nancy 25, Joseph 15, Sarah 13, Permelia 5
DUNCAN, William 68*, Susan 53, Samuel 19, Daniel 15
GILMER, Joseph 71, Sarah 50, James M. 15, Samuel 13
HIGHTOWER, Richard 26, Rebecca 19, David M. 3
HIGHTOWER, George W. 35*, Eliza 32, Richard A. 7, Tabitha J. 5, Mary A. 4, Susan F. 4/12
MANSFIELD, Elijah 76, Sarah 73
MANSFIELD, Granville 44, Burneacy 41, Elizabeth B. 15, Margaret S. 10, James H. 7, Purneacey J. 5, Josephine 3, Sarah A. 2
MANSFIELD, Jesse 44, Mahala 30, Purneacea A. 20, Cyrus 12, George A. 8, James A. 4, William J.C. 3/12
MAXWELL, Nancy 32, Robertis 6
MOORE, Mary 32*
ROBERTSON, Hiram 25, Mary J. 25, Margaret J. 3, William M. 1
WATKINS, Violetta 22*

1850 Census Logan County Kentucky

Schedule Page 38

BELCHER, Isaac 25, Lucy J. 27, Franklin 2, Tennessee E. 2/12, James H. 22?, Isaac 59, Henry M. 15
EPLEY, David 35, Sarah 30, Nancy J. 14, Samuel E. 11?, Susan E. 11, Jno. H. 8, John H. 6, Monroe J. 3, William 1
EWING, William 32*, Sarah 32, James T. 10, Mary 8, Samuel N. 6, Melinda J. 4
FUNK, Leroy 45, Sally 40
LARUE, Thomas B. 29
NEELY, Robert 42, Amanda 40, Calvin H. 20, Mary L. 18, Margaret E. 16, Martha 14, Catherine A. 10, Robert H. 7, James T. 5, Almira 1
NELSON, Enoch 38, Comfort 44, Lydia A. 18, Mary A. 16, Sarah J. 13, Frances 12, Melinda H. 7, Hannah 6, Isaac G. 4, James M. 1
NELSON, William H. 10*, Sarah S. 9, Robert M. 5, Presley M. 3, Elizabeth C. 5/12
PARKS, Leander A. 31, Louisa E. 32, Sarah A. 8, Robert N. 6, James D. 4, John W. 9/12
SMITH, Sarah 48, William W. 20, Margaret 24, Robert W. 17, Mary 15
THOMPSON, Elizabeth 65, Alexander 26, John 22
TURNER, John J. 36, Sarah 27, Willie 8, Berry 7
WARDEN, Byram 48*, Margaret W. 36, Mary J. 11
YOUNG, James 35, Elizabeth 39, William G. 16, Eliza J. F. 15, Mary A. M. 13, James B. 11?, John H. 4, Sarah 8
YOUNG, William sr. 60, Nenany 48, Felix P. 17, John W. 16, Usabi A. 13 (f), Francis M. 11, Samuel M. 9, Permela J. M. 6
YOUNG, Nancy E. 22*

hedule Page 39

CRANE, William B. 32, Martha A. 29, Wesley T. 9, Charlotte 7, Bales T. 5, Virgil J. 4, Lyretta Malitha 1
DONALDSON, John 44, Sarah M. 33, Chloe M. 6, Orlen H. 4
DUNN, Bowling 45*
FINLEY, Nicholas R. 39, Mary J. 33, Samuel J. 15, Mary 13, Elizabeth 9, Joseph 7, Mariah 5
FORGY, James M. 30, Mary A. 21, Clement D. 1
GRAHAM, Levi 52, Mary 51, Mary 21, Paten H. 20, Martha 17, Volney 13, Elizabeth 10
GRAHAM, Robert 23, Caroline 25, Sarilda H. 1
GRAHAM, Seth T. 26, Mary J. 37, Lucy J. 7, Walter 5, Mary 2
MANSFIELD, Robert 36, Mary 35, Sarah E. 12, Jno. W. 8
MCMILLEN, Hannah 65, John L. 19, Adaline 17, William M. 11, Sinai 10 (f)
MCMILLEN, James 23, Louisa M. 22, Jantilla E. 4, Jeremiah D. 3, William T. 1
PATTERSON, Robert 47, Elizabeth 40, Beverley N. 16, Emily 14, Mary E. 13, William B. 10, John H. 9, Martha A. 6, Robert H. 3, Betheny S. 2
SAWYER, James M. 31, Darcus A. 33, Mary C. 9, Almarine 7, Elizabeth 5, Valentine 3, Caroline 1
SAWYERS, David H. 42, Ann 45, John L. 18, Martha A. 16, Mary E. 12, Margaret 5
SAWYERS, Theron E. 36, Harriet H. 35, Elizabeth 12, David C. 3, Lucy A. 11, Cinthia A. 10, Cyrus A. 5, Marcellus E. 3

Schedule Page 40

ALLISON, James sr. 70, Mary 56, John 20
COOPER, William 65, George 24, Rachael 24, Elizabeth J. 19, Oscar 17
DUNN, Lewis 26*
HENDERSON, M. Washington 28, Elizabeth M. 28, Marth S.M.L. 2, Malvina 3/12

1850 Census Logan County Kentucky

LAWRANCE, Joseph 24*, Catharine 16
MARSHALL, Federick F. 41, Elizabeth 31, Thomas 12, John 9, Richard 8, William 7, David 6, Ellen 5, Walter 4, Catharine 7/12
MARSHALL, Josiah 65, Margaret 52
MARSHALL, Samuel 66, Rose 54, Elizabeth 20, Josiah W. 20, John H. 7
MARSHALL, William J. 30*, Nancy 28, Mary A. L. 9, Sarah F. 7, George U. 5, Isaac W. 3, Rose C. 1
MCCURDY?, Holing? S. 27*, Susan F. 24, Lavinia S. 73
MCMILLEN, John 86
MCMILLEN, Lewis M. 28, Mary 29, John F. 3, William H. 2, Margaret 1
MCWHERTER, James J. 30, Rebecca 28, Alfred 7, William 2, Samuel 4/12
MYERS, George 56* (B)
PORTER, Hannah 26*
PORTER, John W. 26*
SAWYER, Thomas D. 32*, Adaline 34, Joseph H. 9, Louisa A. 7, Nanny F. 5, Amanda 4, Lucretia J. 2
SIMPSON, John W. 64, Nancy 55
SUDDETH, Harry? L. 29, Emily 29, Margaret A. 7, Frances A. 4, Robert T. 2
SUDDETH, Henry 55, Frances 55, Susan 25, Matilda 24, Samuel O. 21, Francis M. 17
TATUM, Frederick 37, Mary A. 27, William F. 9, Alfred H. 7, Catharine 5, Margaret H. 1

Schedule Page 41

BARROW, Isaac 34*, Nancy M. 28, Susanna 8, William F. 5, George W. 4, Mary A. 1
BLANCHARD, Greenberry 63, Greenberry 38, Polley 32, Rebecca 25, Martha 20, Mahala 18, Susan 16
BLANCHARD, Henry 26, Mary A. 27, Susan E. 3, Margaret J. 7
BLANCHARD, Medford 35, Catharine 19
BROWNING, Francis M. 25, Mary A. 36, Rosa L. 6, Sally A. 5, Elizabeth 3, William F. 1
CARR, Elijah 42*
FELTS, George W. 40, Prudence 40, Richard B. 13, Mary S. 11, Bowling H. 9, America 7, Virginia 4
FELTS, Tabitha 7/12*
GRAHAM, Ely 75, Rebecca 71
GRAHAM, Thomas B. 44, Jane E. 32, Louisa 12, Rebecca 9, Mary S. 7, Jane 4, Ely 2, Martha 7/12
MARSHALL, Alfred 38, Polly A. 33, Sally M. 15, Samuel 13, Louisia 8?, George 5, Daniel 3
MCKENDRIE, James 67, Sarah B. 57, Mary 26, Thomas 18, Margaret 10
MCKENDRIE, William S. 25, Sarah 25, James 2/12
MORRIS, Nancy 34, Sarah A. 16, Frances 14, Mary E. 12, Abijah 11, James 9, William 7
MORRIS, Mary 80*
VICK, Eben 58, Elizabeth 48, Doctor W. 16, Henry R. 15, Samuel 12, Virginia 8, America 8
VICK, Elias C. 24, Rebecca 21, Barbara 1
WHITE, Carter 31* (B), Tabitha 53, Hiram 14
WORSHAM, William B. 27*, Maria 24, James H. 4, Mary C. 3, Martha C. 1

Schedule Page 42

COBB, Bradford W. 16*
COLLINS, Ely 48, Arminta 32, James 13, Sararh 10, William J. 8, Mariah J. 4, Martha 2, Beattrice E. 1
COLLINS, James 35, Eliza 26, Martha 5, James M. 3
COURSEY, John 38*, Mary 43, Sarah J. 17, John W. 9, Mary S. 5, Violette C. 2 (m)
EDWARDS, William 79*
FELTS, Joshua 35, Sarah E. 9, Rebecca J. 7, James M. 4, Mary S. 2
FLETCHER, William 31*, Mary 33, Nancy J. 11

1850 Census Logan County Kentucky

GIBBS, Thomas 48, Rebecca 50, William 23, Eliza 22, Temperance 18, Lewis T. 17
INGRAM, Phedilla 30*
MCMORRIS, Rebecca 2?* (B)
MONDY, Sarah J. 15*, William T. 4
MORRIS, William E. 46 (B), Elizabeth F. 38, Eliza E. 20, William W. 16, Mary E. 13, Cely F. 9 (m)
MORTON, Solomon E. 29, Tabitha 27, Elisha 10, Martha J. 8, Virginia T. 7, James A. 5, Sarah E. 3
PENROD, Solomon J. 31*, Mary 26, Tilla 6, James W. 5, Sally 4, Mary 3, Lott 2, Elizabeth A. 9/12
PRICE, Jonathan A.? 48, Isabella 45, George T. 13, William E. 10, Degraftonread 18
STANLEY, William 24, Sarah 25, Martha 18
STINSON, Archibald 51, Elizabeth 48, Archibald 21, William W. 18, Thomas B. 16, George W. 14, Nancy 12, Micajah 10, Calvin C. 6, Lucy S. 4
YANCEY, James 49, Elizabeth 40, Unity K. 17, Sally 16, Catharine 13, Frances 10, Philadelphia 8, Isabella 7, Victoria 3, Lucy 2

Schedule Page 43

BUCK, Elias J. 42*, Sarah 60, James H. 22, Isaac H. 17, David F. 15, Elias J. 12, Madison 11, Jeremiah M. 7, Jackson W. 6
ELLISON, Rebecca*
GUFFY, Alex. 27, Eliza J. 20, Clark 4
GUFFY, Young 56, Amelia 45, John 21, Young 13, Charles W. 1, Ann E. 20, Eliza 18, Mary 12, Ara E. 16 (f), Sarah J. 10, Frances 5
HILDERBRAND, John 25, Mary 20, Constantine 5, Joseph S. 3, Henry C. 1
MORGAN, S. B. 23 (m), Miltha E. 22, Elisha C. 6/12
PATRICK, Milla 16*
REED, Joseph 21*
RUSH, Benj. 19*
SIMMONS, William H. 50, Nancy 39, John 16, Tenophon 13, Martha 11, Phion U.? 8 (f), Kentucky 6, Mary 4, Eliza 2
SIMMONS, Constantine N. 31*, Elizabeth 28, James 10, Joseph 5, Sarah 4, Martha 1
SUTTON, William B. 47*, Eliza 47, George 13, Mary 11, Levitha 7, Eliza 5
THOMPSON, Beverly A. 40 (m)*, Catharine 30, George W. 9, Mary 7, William 5, John 3, James 2, George 18
WESTRY, Elizabeth 47, Willis C. 28, Mary A. 27, Elizabeth 25, Parthena O. 22, Martha G. 21, John T. 14, Berry S. 11, Margaret _
WILSON, James 51, Tilla 47, Amos 19, Elizabeth 17, John 16, Leonard 14, Alfred 11, Sally 9, Richard 24

Schedule Page 44

BAUGH, Samuel 63*
BLANCHARD, George H. 36, Elizabeth 25, Mary J. 16, William G. 13, Elizabeth 10, Matilda 8, John H. 4, Susan E. 2
BROWN, James 49, Mary 38, George W. 18, James S. 16, Lewis 14, Eliza F. 10, Allice 8, Lucy 6, William 4
DAY, Joseph W. 16*
HAROLD, Robert 31*, Eliza J. 28, Mary A. 10, Sarah A. 8, Jane C. 6, Martha U. 4, John D. 2, Margaret E. 16
HEAD, Thomas ;69*
JAMESON, Fleming 30*, Mary A. E. 30, Anny E. 1
JOHNSON, William B. 39, Martha A. 36, George W. 17, John H. 14, Mary A. E. 12, Willis H. 11, Samuel S. 8, William B. 7, James K. 5, Columbus 2, Thomas J. 3/12, Willis H. 32

1850 Census Logan County Kentucky

MCKING, George W. 50, Lucinda 42, Margaret J. 16, Benoni 15, James H. 12, John 10, Martha C. 8, Missouri 7, Sarah F. 5, Charles T. 1
MOORE, Nathan 30*
PUCKETT, Creed T. 35, Sarah 35, Angeline 7, William 5, Drylas? 3 (m), Richard 1
SUTHERLAND, Henry J. 40, Nancy 35, Henry W. 7, Elizabeth 2, Henrietta J. 2/12
SUTHERLAND, James W. 41, Elizabeth 45, Mary 16, James 12
WESTRY, Benj. H. 29, Jemima 28, Christopher C. 7, Benjamin F. 5, Mary E. 1
WILLIAMS, William B. 39*, Mary A. 30, John D. 9, Martha A. R. 7, Benjamin F. 5, William S. 3, Sarah J. 1
WOMACK, Chapman 38, Nancy 29, Alexander 10, James 8, Jane 5, John 3, Polly 1

Schedule Page 45

CARTNER, Jesse 43, Nancy 27
FORGY, William 6, Jane 5, John 4, Elizabeth 20
GOODALL, Parks 53*
GRIFFY, James 65, Melinda 57, James H. 22, Mariah 23, Bailess L. D. 17, Phidella C. 31
HUDNALL, William H. 52, Mary 27, William S. 20, Mary A. 17, James S. 13, Thomas W. 11, Rhody A. S. 7, Hardin 1
NEALE, Cinthia 64, Hiram 32
NEALE, James T. 49, Margaret 48, John H. 27, James M. 20, Elizabeth 17, William C. 15, Hetta A. 12, Fountain E. P. 10, Margaret S. 7, Eli S. 4
NEIL, G. F. 35 (m), Elizabeth 25, William 12, George An 8
PATTON, Vincen 63, Elizabeth 60, Gasper 18, Martha A. 22
RUSH, Daniel 49, Elizabeth 47, Richard H. 17, Polly A. 15, Aileny? E. C. 14, Martha W. 12, Agnes P. 8, Sarah P. 5
SCARBOROUGH, David 50, William S. 17, Sarah A. E. 15, Margaret C. M. 10, James N. 8
SIMMONS, William H. 30, Malissa C. 26, Bailess T. 7, Martha M. 4, Mark H. 4/12
SMITH, Elizabeth 65, Catharine A. 30, Clabourn 25, Frances 28, Mary E. 1, Jane 2/12, Nancy A. 2/12
SWEATT, Joseph 62, Susan 53, Susan A. 21, Joseph H. 22, John T. 16, James L. 14, Elizabeth 11
SWEATT, Azariah 32*, Serepta 22, Joseph N. 4, Susan E. 1
WESTRY, Samuel G. 33*, Jesse Mann 16

Schedule Page 46

APLIN, Lucy Jane 10, E. Josephine 8, Francis M. 6, Susan E. 4, Mary Ann 7/12
BARKER, Ann L. 28, P. Jane 9, Latelia F. 7, Gabriella S. 4, James M. 2
BLAND, Milton 44*, Almira 36, Sarah E. 16, Lucinda 15, James M. 7
CARTER, Roda 57, Frances 35, Roda 30, Nancy 20, Joel 18
DAWSON, Caleb 32*, Caroline 35, Mary A. 12, Margaret J. 8, Susan 5, William A. 2
DICKY, Simon 38 (B), Dinah 45, Newton 8
HANCOCK, William 30, Mary 28, William 4, Mary E. 3, Joseph U. 2
KING, Jonathan 44, Jane 42, John N. 21, Nancy A. 18, Elizabeth 12, James G. 7
LEE, James 47, Sarah 44, John R. 24, Mary Jane 26, James A. 21, Charles D. 19, Thomas N. 18, Sarah E. 15, Lewis C. 13, Martha A. 11, Lucind F. 8, Margaret E. 6, William T. 3
MCILVAIN, James 78, Mary 60, Gracey 58
MCILVAIN, Middleton 37, Amelia 74, Lydia 38, Nancy 35
MORGAN, John 36*, Martha Jane 25, James 9, Mary 6, Drucilla 3, Reubin 5/12
NEEL, Benjamin 71, Polly 64, Polly Ann 35, Nancy C. 33
NEEL, Edward 44, Mary 40, Charles W. 20, Nancy E. 21, Mary Jane 17, James R. 16, Thomas G. 15, Sarah A. 12, Susan E. 11, Elizabeth F. 8, Sophonia H. 6, Lucinda R. 4

1850 Census Logan County Kentucky

PIERCE, Liland 21 (m)*
RAGER, George W. 14*

Schedule Page 47

APPLING, Wilson 22*
CAMPBELL, Allen 66*, Ann J. 45, Mary Jane 22, Clementine 13, Henry H. 10, Ann M. 8, Edwin 6
COOK, Alfred C. 34*
HARRIS, Ambrose 45*, Susan 42, Granville W. 13, Lucy J. 9, Virgil V. 7, Felinda 16, John W. 12, Robert 7
HILL, John 49, Harriet 42, Frances 22, Richard 17, Lucy 13, Ann M. 11, Temple 8 (m), Martha L. 4
HOLLAND, Asa 70, Nancy 64, Emaline 39, Mary Ann 32, Elizabeth 28, Kitturah 26 (f), Lydia 24, Sarah Jane 22
HOPKINS, George S. 18*
LEE, Sarah 44*
LOWE, David 46, Elizabeth 35, Sarah 10, Jane W. 5, Adaline 4, Lycurgus 2, Alfred 5/12
MCCLELLAND, John A. 20*
MCCUTCHEN, John 36, Susan 41, Thomas J. 21, Hugh 18, Sarah E. 16, John H. 13, James M. 9
MCCUTCHEN, William 60, Hetta 50, Mary 16, Benjamin F. 9, Volney 23, Elizabeth 22
MCILVAIN, Elizabeth 33*, M. J. A. 28 (m)
MCINTIRE, B. F. 18 (m)*
MORTON, George A. 23*
NEWMAN, Harriet 13*, Lucy 10
POOR, Mary 55*
SADLER, John 41, Elizabeth 28, Mary A. 9, Lucinda J. 7, Thomas J. 6, Harriet E. 4, Sarah E. 2
TEMPLE, Ellen E. 67*, Camilla 6
WASHINGTON, Beverley (Dr.) 38, Susan 22, James E. 1, Frank 67
WASHINGTON, John H. 13*
WATMOUGH?, Henry 52*
WILLIAMSON, J. L. 45 (m), Virginia S. 38, A. Hamilton 7, Martha 5, Augusta 1
YORK, Jacob 61*, Matilda 56

Schedule Page 48

BLAKEY, Margaret 83*
BRIDGES, Stephen 28, Elizabeth 28, Nancy J. 8, Elizabeth M. 6, Martha A. 4, Jackson C. 1
BRIDGES, Stephens 63, Nancy 52, Moses 24, Rebecca 13, Margaret J. 10
BYRAM, Mary J. 31, Sarah E. 6
CHASTAIN, Hannah 49, Patrick H. 23, John 13, George A. 9
CLARK, Joseph 59, Sally 55, Joseph Y. 23, Marshall M. 21, Andrew J. 18, Sally Ann 15, Elizabeth S. 13, Mary Ann 29, James K. 7, Susan A. 4, Sarah Ann 1
CLARKE, William 30, Mary 21, William H. 4, Amanda W. 2
COLLINS, Dabner 39*, Elvira 36, Francis M. 16, Samuel A. 6, William L. 4
DAVIS, James 26, Mary J. 26, Elizabeth 3, Patsy 3
DILLON, James 60*, Nancy A. 59, Albert M. 15, William E. 12
ELLIS, James 37, Amelia 27, Mary J. 3, Sarah F. 2, John E. 2/12
ELLNORE, Peter 27*
HADEN, William sr. 64*, Pamela 62
HILL, John M. 49, Robert J. 35, Mary E. 32, Margaret A. 10, John E. 8, John W. 6, Mary L. 4, Robert T. 3, Julia 9/12
HOLLAND, James T. 30, Sarah M. 21, infant 3/12 (f)

1850 Census Logan County Kentucky

HOPKINS, Margaret G. 40*
HUNTON, William 19?*
NEELY, Ann 46*
ROSS, Stephen 21, Elizabeth 50, Mary 18
SUDDETH, William M. 45, Nancy 46, Sarah Ann 19, Martha C. 17, Elizabeth M. 15, Moses M. 13, Mary J. 10, John C. 6
WRIGHT, Westley 33, Indianna 24, John W. 6

Schedule Page 49

BIBB, Mat 100*, Grace 83
BIBB, York 51?* (B)
BIRD, James 22, Susan B. 20
CHASTAIN, Louis 16*
HALL, William 45, Martha 44, Coleman 16, Joseph W. 13
HARDY, George W. 39, Elizabeth M. 34, Joseph H. 15, Berry D. 14, Abner A. 12, George S. 1
HARDY, John H. 9*
HUNTON, Nancy 28*, James W. 4, Hector C. 9/12
MONROE, Johnson G. 33, Harriet 25, Valentine C. 10, William S. 8, John H. 6, Susan 2, George W. 5/12
MORMAN, Elizabeth 48*
NEELY, Jane 37*
NEELY, Polly 37*, Elizabeth T.? 5
ROBERTSON, Henry C. 37, Atilia 24, Nancy M. 11, Dudley R. 7, Susan 5, Mary F. 3, John 2, Sarah 5/12
ROBERTSON, Elizabeth 51*
SIMMONS, Hector 32*, Virginia 28, Newton S. 8, Louis 10/12
SMITH, Isaac 45*, Cinthia 35, Sarah A. 7
SMITH, Nancy 75*
SUDDARTH, Benjamin H. 50, Mary 36, Louisa W. 20, Tandy 17, Moore H. 14, Alvira H. 11, Josephine P. 8, Amanda H. 7, Samuel D. 4, Sarah 1
WILSON, Hiram 33, Eliza J. 33, Melinda C. 8, Sarah Ann 7, Clabourn H. 4, Constant A. 6/12
WILSON, William jr. 36, Martha E. 30, John W. 10, Polly A. 8, Henry R. 7, Martha E. 6, Franklin H. 4, Monroe W. 3, Susan V. 2/12
WILSON, Eliza 51*, Ruth 50, Joseph 15, Robert H. 13, Jannetta G. 11
WILSON, William sr. 71*, Elizabeth 75
WOOD, Elizabeth 24*, James W. 6, Martha C. 4/12

Schedule Page 50

BELL, Berry W. 42 (B), Nancy 41
BROOKS, Thomas 41, Elizabeth 43, Mary E. 11, Lavina 8, Rebecca 6, Chas. B. 4, Isabell 2
CARLISLE, Lockhear 50*
COLLINS, Anna 75*
CRABTREE, Mary 11*
DAVIS, Robert 25, Lucy 26, William 2
EDMONSON, Chas. 31, Sarah A. 24, William C. 10], Wesley F. 7, Elizab. C. 2, James H. 2/12
FORTNER, Sarah 53, Sarah 20, Thos. B. 17, Marion C. E. 14, Pleasant 40
GILBERT, Ocar? 27*, Martha 27, Lila 5, Robert 4
GILLAM, Ephram 43, Harriett 34, James M. 8, Edward 8, Sarah A. P. 7, Martha J. K. 4, Mary E. T. 3, Margarett 3/12
GREEN, Wilson 54*, Agnes 58, Sarah 24, Richard 18, John 17

1850 Census Logan County Kentucky

MARSHALL, Stephen W. 40*, Sarah 38, Martin V. 14, Elizabeth 12, James 10, John H. 8, Steph E. 6, William T. 5, Ely 2
PATTON, Andrew J. 34*, Matela? 33, Elizabeth 78
ROBINSON, Isaac N. 47*, Martha 48, Ely L. 19
SIMONS, Weysan? 50, Jane 39, Martha Q. 20, Nancy C. 18, William H. 15, Mary 12, Sarah 11, Angeline 10, Susan T.? 7, Lucky 5 (f), Samuel 2
SUDETH, Samuel 21*, Sarah A. 23, Franklin 5, America A. 27
TANEHILL?, Newman 68, Lucy 69, Margaret E. 30, Mariah C. 23
TAYLER, John 29, Sarah 19, Samuel S. 2, Rhoda 6/12
WEBB, Lewis 69*, Elizbeth C. 38, William 26

Schedule Page 51

ACKERMAN, David 47, Julia 23, Manervy 18, Reb G. 20 (m), Julius 16, Marth 12, Landen 14, Eliza A. 10, Amanda J. 8
BOROM?, William 21*
BORROW, V. H. 28, James 14, Anny 8, Nancy 7
BROWN, Mary 6*, Henry M. 1
GILBERT, Micheal 44, Eliza 44
GILLUM, Chas. P. 52*, Elizah 48, Walter 22, Susan 18
GRANGER, Henry D. 46, Eliza 40, James L. 22, Fountain 17 (f), Sarah A. M. 11, Elvira J. 8
GREEN, P. 16 (m)*, Eliza 11
HERNDON, Joseph 62, Catherine 57, Mary 16
MCWHETTER, James 46, Nancy 65, Jane 23, James 14
MORGAN, Nancy 25*, Welcum 25 (m), Eliz. 20, Mary C. 7/12
MORRIS, Louisa 22* (B), Jesse 17, William 14
OATS, John 10*, Susan 11, Joseph 12, Polly A. 10, Sarah C. 8, Susan 6
SIMMS, Samuel 54, Elizbeth 44, Mary 27, William 23, Eliza 19, Alvira 18, Fances? 15, Martha 12, Nancy 11, Harriett 9, Allice 5
TATEM, Seth 47, Jane 46, Alonzo M. 19, Telman K. 16, John U. 14, Elza 10, Seth H. 7, Ely W. 5
VAUGHN, Hannah 61*, Lucy 60
WASHBURN, Lewis 53*, Sarah 45, J. Masterson 18

Schedule Page 52

ANDREWS, William? 54, Mary A. 31, William 28, John C. 8
BAIRD, Chas. H. 26*, Lucinda 20
BIBB, Abby 43 (B), Mary A. 12, Loucy A. 10, Hesakiah 2
BIBB, Angella 50 (B), Richard 17, Malvina 15, Edward 8?, Lucind? 6 (m), Mary 22, Thompson 1, Mary 65
BIBB, Jack 46 (B), Anny 41, Richardson 17, Charity 11, William W. 16, Phrudence 11, John 9, Isaac 8, Etholinda 8, Ann E. 6, Crittz 3 (f), Rebecca 4
BIBB, Judy 40 (B), Eliza 21, Mary F. 19, Lafaett 16, Napolean B. 15, Fielding 12, America J. 6, Eligah 5, Lennun? 4 (f), Freelinghison 2, William 4, Tilford R. 1
CRAIN, Armsted 53, Nancy 55, Martha A. 18, James M. 16, Jamima H. 13
DUNN, Lewis H. 44, Susan H. 25, Elizabeth J. 14, Nathan F. 11, Mary M. 9, Martha M. 7, Prudence 2, Milla S. 1/12
FELTS, James H. 43, Patsy 51, Greenberry W. 19, John J. 17, Joseph W. 14, William H. 12, Doctor 10
HOUSE?, John H. 46, Rachel E. 45, James C. 18, Chas. W. 16, Rice T. 4
JEMMERSON, George 22*
RUST, John 30, Martha 30, David W. 2

1850 Census Logan County Kentucky

RUST, John 65, Nancy 55, Lucinda 16
SIMMONS, Elizabeth 66, John W. 26, Susan M. 23
TIPTON, Rubin 36, Mary 28, Caroline 13, Malinda 11, William 3, James H. 1

Schedule Page 53

ANDERSON, Alex 33, Catherine 31, Thomas J. 12, Rose A. M. 9, Abraham W. 5, Alex H. 1, Roseanna 75
ANDERSON, Lenard 36, Emaline 28
ANDERSON, Samuel 41, Mary L. 31, Thomas J. 16, Margrett C. 14, Leonard 13, John H. 10, Mary A. 8, William J. 6, Rosa J. 2
ANDERSON, William 27, Malinda 21, Catherine 8, Coleman 6, Sarah F. 3, John W. 1
BROOKES, John F. 35, Lucy 36, Green W. 5, Rebecca 2
BROOKES, John sr. 66, Lavina 39, Welinda 27, Mary J. 1
BROOKES, Owen 43, James 19, Elizabeth 16, Chapman 13, Catherine 11, Zac Taylor 9, Sarah 7, Eliza 5, Andrew J. 3
BROOKES, Owen R. 32, Calesta A. C. 26, Ann M. 1
BROOKES, James A. 59*, Nancy 55, Loucy 69, Peggy 6
BROOKS, James A. 36, Nancy 25, Robert 5, Sally 3, Jane 2/12, John 65
BROOKS, James R. 32, Margarett 23, Ransom H. 3
ROWN, Elizabeth 33*, Sarah J. 12, James A. 9, George W. 6
SIMMS, Benj. 45, James 40, America 10, Lucy G. 5, Martha A. 7, Thomas A. 5, Mary J. 3, John G. 2, Frank G. 9/12
VILES, Ransom 54, Frances 41
WEBB, Struther? 44, Mary 40, Susan E. 14, James A. 13, Sarah 12, George 10, Jamima 1, Thomas 5, B. Franklin 1
WILLHIGHT, William 21, Malinda 22, Ellen G.? 2

Schedule Page 54

APPLING, William A. 44*, Mary A. G. 38, Joel F. 20, James M. 16, Hardenia Tenie 18, Ann E. 14, William A. 12
CLARK, Margaret H. 54, Micajah S. 21, Thomas C. 23
CLARKE, John T. 33*, Sarah A. 33, Mary E. 8, Edward B. 6, Sarah C. 5, Amanda E. 3, John T. 1
CRYER, Martha 15*
DUVAL, America 18*
HENCHEE, James M. 32, Nancy 32, Mary Jane 10, Martha E. 8, John D. 6, Priscilla 4, Ailey M. 2, Jacob B. 25
HENCHEE, Martha 16*
HUSKY, Minervy 27* (B), Mary 8, Paul 5, Squire 2
MALLORY, Martha 48, Sarah A. 16, Catharine 14, Malvina L. 11, William H. H. 9
MATLOCK, Jason A. 38, Mary 34, Hannah P. 14, Stephen R. 13, Alfa Jane 9, George 6, Elizabeth M. 2, Gabriel M. 1/12
PRICE, Major C. 44, Melinda 40, Henrietta R. 17, Wilson 13, John 11, Sarah E. 6, Ann S. 4, James M. 2, Boarenger R. 3/12
SHERMAN, Benjamin 31, Mary 27, Monroe 8, Richard S. 6, Nathan P. 4, David 2, Sarah 7/12
TAYLOR, Polly 64, Robert 26, Sarah 23, Thomas 22, Benjamin 17, Ellis 15
TAYLOR, Alexander 23*
TAYLOR, Caroline P. 63*, Gabriel F. 18, John 66
WANTLAND, John 38, Sally 34, William 11, Lysander 9, James 7, Bedford 5, Sarah 3
WICKWARD, Alpheus 28, Martha 21, James V. 6, Elijah 4, Mary 2

1850 Census Logan County Kentucky

Schedule Page 55

ALLISON, F. S. 31 (m)*, Maria L. 27, Emmitt C. 7, Catharine 5
BAKER, Joseph T. 40, Sarah 30, Elizabeth 13, Sarah 9, William 6, Thomas B. 5, Martha 1
BARRON, Moses 38, Mary A. 26
COOPER, Jane 61, Riland 24, Edwin S. 19, Malvina 21
COUPLES, William 51
DUNN, Benj. F. 30*, Mary J. 30, Emily H. 7, Pernicsy? P. 5, Nancy 3
DUNN, Josiah 25*, Louisa C. 33, William 5, James B. 4
GORHAM, Gladden G. 39, Elizabeth L. 38, William S. 16, Minerva J. 11
HALL, Martha E. 8*, George J. 7, Charles W. 5, Woodford M. 1, William A. 18
LANE, Mary 69*
MCMILLEN, Hugh H. 31, Lucy F. 25, Mary M. 6, Wilson 4, Malvina 1
MCMILLEN, Silas N. 19, James A. 17, America H. 14, Mallissa P. 11, Martha A. 8, Fitts 3, Mary S. 9/12
MORTON, James H. 16*
NEELY, Mary R. 14*, James W. 10
NORTHERN, Noah 52*, Darcus 83, Rebecca 55, Mary 30
NOURSE, Andrew 44, Arlannissa? 16, Ormaginda 16, Clementina 15, Ann A. 10, Wesley 8, Arminda J. 6
PROCTOR, William 32, Mary E. 28, Alvis D. 6, Nancy C. 2
TATUM, Alfred 52, Nancy 57, Amanda 23, John N. 21, Silas W. 19, Sarah H. 16, Fredrick 14, James M. 11, Joseph W. 7, Mosegam 7
THOMAS, Georgeann 15*
WATSON, Edward C. 45, Ellen 31, John W. 12, Mildred V. 9, Alice Celete 4, Ophelia E. 2

Schedule Page 56

DAWSON, R. D. 27 (m)*, Eliza C. 26, John W. 5, Sarah E. 3, Denton C. 1
DENNY, Joseph 28, Margarett 34, Mary A. 14, Eliza 13, Jane 10, Thomas A. 7, John H. C. 5, Eliza C. 3
GERHAM, George 29, Polly 29, Johnathan W. 4, Nancy L. 2, Mary C. 1/12
GILLEM, Eliza 84*, Elizabeth 41
GILLUM, Syal? 44 (m), Martha 43, America A. 18, Cornelia S. 12, George P. 10, Tyre H. 7, Thadious A. 5
GILLUM, Nancy 69*, Ellen 25
GOUGH, Zach 75*
HARDING, Walter P. 38*, Elizabeth 33, George P. 8, Eliza 7, Lucy K. 2
HOCKERSMITH, John 93?
LINSEY, Sam 60, Jane 52, Mary Q.? 19, Margarett E. 17, Thomas 14, Susan P. 12, William D. 8
LINSEY, Samuel B. 21, Martha J. E. 22
MCINTOSH, John 39*, Elizabeth M. 19
PERRY, Nathan 24
PERRY, Landon 38*, John 10, William M. 7, Dennis R. 5
PERRY, Rob 32*, Nancy 28, William H. 10, George Thos. 8, Mary E. 5, Volentine 2, Hester Ann 7/12
PINON?, Martha 29, Hervy 8, Rice 6, Solomon 5, John E. 2
RAGLAND, Samuel B. 45*, Rebeca 44, Jane Ann 17, Marion W. 15, Columbia B. 6
SUMERS?, Silas B. 30, Ann 37, Ellen Ann 5
THOMAS, George 6/12*
WICKWISE, Malinda 30 (B), Benjam. F. 14, James M. 12, Hermon P. 10
WRIGHT, John 36, Eliza J. 35, Mary J.? 15, Johnn 13, Lucy Z. Sarah 12, Joseph 6, William S. 1

Schedule Page 57

BUNTON, James 99*, Phet 66 (f)
CLARK, James M. 27, Mary B. 16

1850 Census Logan County Kentucky

CREEKMAN, Rolin 41, Elizabeth 43, Mary 1/12, William 13, Cartherine 11, Rachel 9, James M. 8, Levi D. 6, Nancy 4
CROMWELL, William 41*
DESHA, Joseph 24*
DUNCAN, Danel 48* (B)
DUVALL, Felix G. 44, Hannah 44, Sarah R. 14, Presley J. 13, Georg T. 10, Mary S. 7, Valinda C. 6, William D. 6/12
HOLLINS, John E. 30*, Sarah C. 24, Mary A. E. 3
HUGHS, Rileman? 24, Mary Ann 40
HUSE, John D. 21, Henry T. 19, James D. 17, Elizabeth S. 15, Isaac N. 15, Polly A. 11, William H. 5, Reliance? E. 3, Altella A. 1
JONES, Harrett 2*, infant 3/12 (f)
KENNADY, Francis? H. 30, Cindarilla 21, Elliza 1
MCCARTY, Iroh? H. 22 (m), Mariah 21, George T. 2, James W. 8/12
MCCLONNA?, Louisa 13*
NEELY, Thomas 69, Nancy 20, William 11
NEELY, David J. 43*, Eliza 39, Susan A. 20, William 18, Sophronia 16, Thomas 14, Emma 13, Chas. 11, Mary E. 8, Elizabeth 6, James G. 4
PATERCEN, Mary J. 16*
PROCTOR, Benjamin 70, Susan 53, Eucly? 26 (f), Marina C. 21
PROCTOR, Benjamin 27*, Martha 23, James H. 1
RISE, Elizabeth 75*
ROGERS, Rhubin 21*
STANFORD, Major 55, Eliza 43
THOMAS, Sam W. 33, Jane 30, Mary E. 1/12, James 5
THOMAS, Granvill 32*, Ellen 30, Jeroldine H. 6, Sarah A. 3
WOOD, Christian 25* (B)

Schedule Page 58

ADKIN, Eliza A. 50, Sarah S. 30, Albert 29, Lafaett 24, Catherin 20, Thomas 16, Melvina 14, John 12
ANDERSON, Welcome 11*, John H. 9, Samuel 7, Geoge W. 5, Ruben W. 4, Joseph 2
BROOKES, William 69, Thomas 74, Patrick 50, John W. 40, Elizabeth A. 38, Aaron C. 11, Cyrus W. 8, Peggy 5, Uriah 1, William A. 9
DUNCAN, Daniel? 55, Elizabeth 24?, Henry C. 23, Eliza 18, John B. 16, William H. 14, Thomas 11, Mary J. 5
FOSTER, Francis 19*, Richad 18, Joseph 10, Cathrin 45
GLASGOW, Wm. 30*, Martha 25, Jane A. 5/12
JOHNSON, Henry 75, Lucy 60
JONES, Alex 36, Loucinda 31, John P. 12, Virgil V. 10, Lafayett 7, Robert E. 5, Watson C. 3
MCRENOLDS, Thos. B. 24, Ann 20
MCRENOLDS, Jas. J. 51*, Martha 44, John C. 19, James 17, Hugh S. 15, Samuel J. 9, Archable 8, J. Robert 5, Susan 3
MCRENOLS, Willis T. 53, Nancy A. 48, Sally C. 19, Presley M. 17, Mary A. 12, Martha S. 9, Williston J. 5, Silas Wilson 8
PATTON, James 38, Meedna? 43, Georganna 8, John H. 7, Frances H. 5, Thomas W. 2
TANNER, James F. 31, Sarah 93
TURNER, Nancy C. 46, Mary E. 20, William 18, Martha J. 16, Nathan B. 12, Ann E. 8
WILLHIGHT, Hirum 18*, Elizah 22, Margarett A. 6

1850 Census Logan County Kentucky

Schedule Page 59

BARRON, Moses 38*, Marry A. 26, John 13, Silas 11, Alfred 10, Collersa? 8
BOICE?, Jessee 25*
DUNN, Edwin 50, Jackalina 30, Morgan 7, Susan 5, Eli 2
DUNN, Edwin 76*, Mary 85, Edwin S. 34, Tabitha 32
DUNN, Josh 25*, Louisa C. 33, William 5, James B. 4?
GLASGOW, Saml. 65*, Anny 55, John H. 21, Mary A. 19, Andrew H. 16
GLASGOW, Saml. B. 25*, Susan P. 21
HOUSE?, Andrew 44*, Artimessa 36, Ormazenda 16, Olementa 15, Ann A. 10, Willy 8, Armenda J. 6
LANE, Mary 69*
MCMILLEN, Hugh H. 31, Loucy F. 25, Mary M. 6, Wilson 4, Malvina 1
MCMILLEN, James P. 43, Lucinda 39, Silus N. 19, James A. 17, America H. 14, Malissa P. 11
MCMILLEN, Martha 8*, Felts 3, Mary S. 9/12
PATTERSON, Robt. 26*, Margret 23, John W. 2/12
QUINN, Benj. F. 30*, Mary J. 30, Erydy? 7 (f), Penney P. 5, Nancy 3
SIMMONS, Cloe 72
SIMMONS, William H. 33, Isabella 36, Ben F. 9, Coda? A. 8 (f), Martha J. 6
TATUM, Alfred 52*, Nancy 51, America F. 23, John U.? 21, Silas W. 19, Sarah H. 16, Fredric M. 14, James? M. 11, Joseph W. 9, Mary An H. 7
TATUM, Mary 17*, Prudence 16, Martha 14, Austin 12
THOMAS, Georg A. 13*
YOUNG, William E. 32, Martha E. 25, John W. A. 7, Martha E. 5, Marion A. 3 (f), Mariah J. 3/12

Schedule Page 60

BOICE, Jessee 25*
BROOKS, William 7*
CALDWELL, Randolf 22, Louan 18, David W. 1
CALDWELL, Lousa A. 45*, John W. 15
CRUNCH, James F. 9*, W. L. 11 (m)
CRUNK, P. 12 (m)*
DUNN, Edward 76*, Mary 85, Ellison S. 34, Tibitha 32, Ely 50, Jucabina 30, Morgan 7, Susan 5, Eli 2
GLASCOW, William 30, Martha 23, Jame A. 3 (m)
GLASCOW, Samul 65*, Anny 53, John H. 21, Mary A. 19, Andrew H. 16
GLASCOW, Samul B. 25*, Susan P. 21
GORHAM, James 33, Ophelia 33, Mary P. 16, William B. 14, Richard C. 11, Amine? 7 (f)
HALLS?, Allison 65*, Jane 60
HAMELTON, William 15*
LIMEBAUGH, Berry 17*
MCCLANE, James 18*
MCMILLEN, Jerome? P. 43, Lucinda 39
PATTERSON, Robert 26*, Margarett 23, John W. 1
PORTER, R. S. 32 (m)*, A. E. 4 (f), A. 24 (f)
SHACKFORD, A. 14 (m)*
SIMMS, William 33, Isabela 36, Benjam F. 9, Cloe 8, Martha J. 6
SIMMS, Clo 72 (m)*
TATUM, Mary 17*, Prudence 16, Martha 14, Austin 12
WELLER, George W. 38, Nancy 30, Mary S. 1, George W. 5, John K. 3, Samuel G. 1
WOOD, James 43, Ann 43, Mary 21, Milly 20, James J. 18, Frances 12, Nancy 15, William H.? 10
WORREL?, Charles 39*, Lourinda 33, Oliva 12, Samuel O. 9, Sarah 5

1850 Census Logan County Kentucky

YOUNG, William E. 32*, Martha 25, John W. B. 7, Marth C. 5, Marion A. 3 (f), Mariah 3

Schedule Page 61

AMOS?, Margarett 6*
ANDERSON, William 11*, John H. 9, Samuel 7, George W. 5, Rubin B. 4
ASKEW?, Elizabeth 50, Albert J. 37, Sarah L. 30, Layfaett 24, Catherine 20, Thomas 16, Melvin 14, John 12
BROOKS, William 69, Thomas 74, Patrick 50, Elizabeth P. 38, John W. 40, Aaron C. 18, Cyrus N. 8, Uriah 5, Peggy 1
CARLISLE, Jame C. 16 (m)*
DAVIDSON, Pressilla G. 14*
DUNCAN, Dillard 55, Elizabeth 50, Henry C. 28, Elizabeth 18, John B. 16, William H. 14, Thomas J. 11, Mary J. 8
FOSTER, Frances 15*, Richard 17, Joseph 10, Catherin 45
JOHNSON, Henry 95, Lucy 80
JONES, Alex 36, Lucinda 31, John Q. 19, Virgil C. 10, Layfaett 7, Robert 5, Watson C. 3
MCKENDAS, Williston 53, Nancy A. 48, Sally C. 19, Presley M. 17, Mary A. 12, Martha 9, Williston J. 5, Silas Wilson 8
MCKENDREE?, Thomas 24, Ann 20
MCKENDREE?, Jas. 51*, Martha 44, John C. 19, Jane 17, Hugh S. 15, Samuel S. 9, Archable 3, J. Roberts 5, Susan 13
PATTON, James 38, Mildred 43, Gurgan 8 (f), John H. 7, Frances E. 5, Thomas W. 2
ROBERTS, Henry 30*, Elanor F. 24, Elanor B. 1
TANNER, James 31, Sarah 23
TANNER, Nancy 46, Mary 20, William 18, Martha 11, Nathan B. 12, Ann E. 8
WILLHIGHT, Hiram 18*, Elizabeth 22

Schedule Page 62

ALDERSON, Emily R. 30, Lucy 16
BELL, John L. 58, Mary 54, James 25, John 22, Emaly 20, Darcus M. 18, Mary 16
BETTS, Paulina 43, Mary 18, John 16
BLAIR, Jas. L. M. 30*, John F. 20
BOTTONLY, Thomas 45, Hannah 45, Hannah 18, Mary A. 16, Edmund 13, Thomas 10, Sarah 6
GRINTER, John C. 23*
HALL, Margaret 14*, Mary B. 10, Frances 9, John 6
HANKS, George 24, Elizabeth 23, Edward 3/12
HARRISON, Carter 22, Sophronia 20, Cecilia 1
HARRISON, Randolph 9*, Clementina 1
HILDEBRAND, Jacob 43, Elvira 31, Laura 1
LACY, John H. 30, Elizabeth 23, William E. 1
MACKALL, John 61, Margaret 60, Margaret A. 24
MCCLEAN, Thomas 41*, Louisa 25, Susan M. 12, Lucy 10, Penelope 8, Ellen 4, Monroe 6, Mary 70
MORTIMER, Mary 18*
MURRAH, John 41 (B), Amy 42, William 3
PERRY, James M. 33*, Elizabeth 38, M. Rizer 6, James M. 10, Sophronia 8, Randolph F. 4, Laura J. 9/12
POTTS, Mary A. 30
RAGON, Edward 56, Nancy 47, Eliza 25, Amanda 16, Emily 14, Willis 19, Edward 12, Henry 10
RHEA, Albert G. 27, Jane 22, Elizabeth 9/12
RIZER, Susan 58, Margaret T. 23, Frances 20, Catherine 16

1850 Census Logan County Kentucky

RIZER, Catherine 67*, John 35
STOCKDALE, Lorinda 50*, John F. 25, Extine 18 (m)

Schedule Page 63 (BLANK PAGE).

Schedule Page 64

ASHBY, Napoleon B. 26*
BAILER, Robin 75 (B), Peggy 66, Robin 6
BALLARD, Winston 36, Sophia A. 25, Robert G. 6, Susan M. 4, Jane F. 2
BELL, George A. 37*, Mary 27
BIBB, Nancy 50 (B), Wesly 21, Martha 15, John W. 1
BLAIR, Jos. B. 28, Mary C. 18, Ellwood 2
CALDWELL, Cain 55 (B)
COLE, Abraham 46 (B), Dilla 48, George 20, James 19, Constantia 18
CURRY, Amanda M. 40, Ann J. 20, Emily R. 18, Hellen H. 16, Alice A. 9, Olivia M. 5, Mary C. 3
HARDIN, John 7* (B)
HARDING, Mary 30 (B), Robert 5, George 2
HOCKERSMITH, Edward J. 27, Elizabeth 21, Alvis 2, Elden 1
HOCKERSMITH, John 54, Judith 52, George W. 17, William 15, Gabriella 12, Presly 10, Herbert 8
JONES, Fenetta 12 (B), John 14, Mortimore 9, Tabitha 7
JONES, Monroe 20* (B), Mary 18
MAGNER, Catherine 64, Margaret 35, William 5
MASON, Alfred 35 (B), Evaline 23, James E. 2, Martha E. V. 6/12
PERRY, William A. 41, Nancy F. 31, Amanda A. 12, Charles J. 8, William H. 4, Oscar C. 3
SLAUGHTER, Henry 52* (B), Peggy 55
SUMPTER, Edwin R. 52, William 20, Asher 17, Mary J. 14
TYAN, Tilson 51*, Amanda M. 38, James W. 16, William 13, Mary C. 10, Blakey 5
WILGUS, Amarine 30, Florence 7, Charles 4, Mary E. 2
WITHERS, H. B. 52 (m), Mariah 48
WITHERS, O. B. 25 (m), Martha 21
WOLF, Robert 74, Sophia 56, Permelia J. 25

Schedule Page 65

ARMSTRONG, Catherine 70 (B)
BRANNUM, James W. 45, Sarah A. 40, William T. 17, Martha M. 15, James A. 14, John L. 13, Sarah E. 11, Nancy L. 10, Caroline 5
BYRNE, Walter J. 26, Ellen M. 21, Ellen 1
EWING, Georg W. 43*, Nannie 26, J. N. 2 (f)
HARDING, Margaret 9*
HENRY, Winston 13*
HISE, Elijah 49*, Elvira L. D. 40, Albert H. 22
JONES, Wm. M. 38*, Martha 30, Mary E. 10, Amelia 8, Ellen L. 5, Clara 3, Mortimore 9/12, Elizabeth H. 18
LERANE?, Georg? 18*
MARSHALL, L. R. 25 (m), Sarah A. 24
MCCLEAN, John 48, Eliza 38, Thomas 15, Elizabeth 7, Mary F. 1
NORTON, George W. 36*, Martha H. 26, Ernest 3, Juliette 1
REDDING, Mary J. 20* (B)

1850 Census Logan County Kentucky

SEVIER, Lucretia W. 46*, John W. 16, Elizabeth 13
SHERWOOD, Josep 19*
TODD, John F. 50, Malvina M. 45, Joseph 21, John O. 19, Jane L. 17, George R. 12
WARREN, Sarah R. 40, Nannie B. 17, Judith B. 15, Susan J. 13, Mariah S. 8, Sarah 5, Elvira 3, George B. 5/12
WELLER, Fedrick 12*, George W. 12
WILLIAMS, H. C. 21? (m)*
WILLS, John W. 29, Eliza H. 23, Elizabeth 1, Elizabeth 72

Schedule Page 66

ADAMS, Andrew J. 12* (B), Amanda 10
ATKINSON, Sherwood 60?*, Mariah L. 34, Samuel 15, Edward 13, Robert 11, Catherine 14
CALDWELL, Frances T. 65*
COUNTS, Richard W. 45*, Emily 43, Mary 12, Henry 14, Calvin 10?, Malon 7, Frances E. 3
DUNCAN, William 20*
FINLEY, Elihu H. 42, Elvira H. 40, Howard 16
GILBERT, John M. 33*, Ann J. 28, Ann E. 7, Duncan 3, Mary 9/12
HARDING, America 40, Roger E. 22, William H. 20, Walter P. 18
HARDING, George E. 24, Leannah 24, Nannie 9/12
HARDING, Jenny 50* (B)
HARRISON, Robert P. 43*, Jenetta 30, Mary 18, Ellen 16
HENDRICK, Nelly 78
HULL, Alexander 58, Elizabeth 51, Margaret 25, Catherine M. 23, Frances L. 16
JEFFRIES, Thos. J. 24*
JOHNSON, Louis A. 11*, Mary E. 9
KNOWLES, Hannah M. 47, Joshua 20, Joseph 16, Hannah M. 10
KNOWLES, Sarah 18*
LAWRANCE, William 64, Malinda 50, Lucy 16
MORTON, Marmaduke B. 54*, Elizabeth 40, Daniel A. K. 21, William N. 19, David L. M. 17, Nancy 11, Margaret 60?
PERRY, William 34, Mary A. 28
PERRY, Radrich 24*, Armstead 31, Malvina 29, Elizabeth 55
RICE, Ellen 31 (B), William 3, Harriet 1
SANDS, Eleanor 72
STRAYHORN, James P. 32, Catherine 28, Mary 12, William 10, James 8, Baker 6, John 4, Laurilla 2
WELLER, Christopher G. 45*, Mary 32, Rebecca J. 16
WILSON, Jesse 18*
WINN, C. 1 (m)*

Schedule Page 67

BAKER, Alex 11*
BECKER, Theodore 58, Alvira M. 42, Louisa 20, Mary 14, Clayton F. 12, Hubert L. 9
BIBB, Elizabeth 47, Richard 19, Florence 13
BIBB, Sarah 60*
BYRNE, Mary H. 48, Mary 17, Presley 16, Amanda 13, Edward 10, Olivia 7, Amelia 4
DREW, Clementina 60
FAULKS, Evin G. 30*, Luann W. 30, Walter A. 10, Harriet A. 5?, Eva L. 2
FEAZEL, William 47*

1850 Census Logan County Kentucky

GARRETT, Richard 27*
HARDY, John 26*
HENDRICK, Lee W. 46, William S. 21, Moses 19, Martha E. 17, Susan A. 6
HOKSEY, Summerset 53
MART, Tazwell M. 36, Julia F. 27, Mary 12, Elizabeth A. 10, Rhemington Q. 8, Herman 5, Ella 2
MASON, William G. 50, Martha T. 48, Lee W. 23, Mary 22, Masy 17 (m), Marmaduke 14, Martha 12, Jerreldine 8, Zac T. 2
MASON, Wilson H. 30*, Sarah 28, Leander 3, Rosella 9/12
MCALLEN, James 36*, Mary C. 34, Lucy A. 11, James A. 5, Jane 3
MORGAN, Joseph 15*
MOSBY, James H. 32, Sarah 28, Sarah 65, Edwin R. 27
ORRIN, John 30*, Eleanor 38, Cross E. 6, Ophelia 16
OWENS, William 27, Martha 22, Cora 2
PAYTON, John B. 37*
ROBERTS, Milton 27, Elizabeth 23, Belle 4, John 2, Clara 9/12
SWAIN, Hooper 17*
TONNYHILL, Sarah 65*, Eliza 15
WINES, William 37*, Elizabeth W. 32, Guy W. 4, William 2

Schedule Page 68

BIBB, Randal 52 (B), Rachel 56
COLE, William 32 (B), Bethiah 23, Henry M. 11, Morgan H. 9, Julia V. 1, Sarah 3/12
DAUSON, William 25, Margret 19, Mary E. 1
DAVIDSON, Sarah 6*
GIBBS, Rachael 18*, John 21
GRAY, Georg W. 40, Mary 34, George W. 17, Presly 14
HARDING, Willow 60 (B), Ann 35, Frances 33, Mariah 30, Jane 27, Josephine 25, Edmund 20, Thomas 18, Richard 17, Sally 12, Better 10 (f), John 9, Ben 8, Judy 8, Joseph 7, George 6, Eliza 1
JAMESON?, William 40, Amanda 27, Malvina 13, William O. 12, Mary 8, Sally Jane 6, Genal Taylor 4, Ryley 1
KIM?, Greenup 55*
LEMMON, Edward 73*, Susanna 67, Rebeecca 25, Solomon 22
LOVING, Willis 51*, Amand 40
LYON, Paten 49*, Lucind 23, Dandary? 13 (m), Lucy A. 10, Walter J. 2
MCCARLEY, Sarah A. 16*
MCLEMOR, Howell 52, Elz. 43, Thos. 21, Ben F. 18, Mary 16, Harriett 14, America 12, Irana 10
MORGAN, Archlus 68, Mary 40, Martha 26, Candis 10
SLAUGHTER, Lucy 14*
TAGON, Willis 31, Susan 26, Mary C. 7, Susan E. 8, Louisa A. 3, Amanda 1
VANDERVOUS?, Peter 53*, Sally 49, Margarett 18, William J. 17, Matha 13, Mariah 10

Schedule Page 69

AVERITT, Joseph 11*, Richard 16
BLAKEY, Cyrus 27*
BOOKER, William 9*, Hervey 6
BREEDLOVE, Decalb 6*
BURNS, Henry 18*
BURNS, William H. 18*

1850 Census Logan County Kentucky

BUTLER, Clinton 14*
CLARK, James 14*, Richard M. J. 3
COLE, Ellis 36*
CONNORS, Jonathan 11*
COONES, Alonzo 10*, Charles A. 8
COUCHAN, Augustus 50*
DAVENPORT, William 6*
EADES, J. R. 45 (m)*
EADES?, Samuel 72*
EDWARDS, William 10*, John F. 9
EDWARDS, William 53*, Columbus 19
FRANKLIN, William 17*
FULZENLOGER, Joseph 17*
HAMMOND, Thomas 62*
HAYNES, Scott 11*
HOUSTON, Robert 82*
JENNETT, Richard 14*, David 10
JOHNS, Robert 54*
JOHNS, Urshan? E. 48*
JOHNSON, Peter 16*
JONES, David C. W. 8*, Edward 10
KIRKPATRICK, G. W. 6 (m)*
LAGERE, William 57*
LANCASTER, Sandy 9 (m)*
LYLE?, John 19*
MACY, Henry 25*
MCGOWN?, Samuel 24*
MCKEE, Ambrose 33*
MCLEAN, Eli 57*
MCLEAN, John 53*
MCNAMIE, John 17*
MEIGS, John 72*
MERRIFIELD, John 55*
MINTER, G. W. 8 (m)*
NEALY, Edward 16*
NOLAND, Patrick 20*
OBERLIN, Christian 20*
OBRIEN, Patrick 17*
PATTERSON, Johns 44*
PEARCIFIELD, Lorenzo 18*
PEMOSS?, Monroe 19*
PERRYMAN, John W. 7*
PROCTOR, John N. 61*
RANKIN, George 62*, William 49
RANKIN, John 56*, Solomon 53, Jesse 49
RICE, Alexander 72*
RICE, William 66*
RICHARDS, James 69*
RICHARDSON, Jas. 12*
ROBINSON, Samuel 69*
RUSSELL, John J. 7*
RUSSELL, Moses 10*

1850 Census Logan County Kentucky

SHACKELFORD, H. 9 (m)*, C. 6 (m)
SHANNON, Jefferson 49*, Samuel 69
SHOTTI, Eugene 20*, Achille 17
SLOVERS?, John 68*
SMITH, David 68*
SMITH, Samuel 42*
SMITH, Thos. 49*
SWAIN, Samuel 14*
TAYLOR, Silas 22*
TIRRELL, John __*
WARE, William 20*
WATTS, Henry 15*
WISE, Reuben 32*

Schedule Page 70

ADAMS, Caroline 15*
AVERET, Betsy J. 13*
BARKER, Elizabeth 37*
BARNETT, David 60*
BEEDLE?, Hortincy 55*
BERRYHILL, E. 62 (f)*
BLAKEY, Polly 51*
BOOKER, Lucillah S. 15*
BROMLEY, Wilson 14*
CALLOWAY, Matilda 54*
CAMPBELL, Cassendane? 48*
CARSON, Lucretia 55*
CLARK, Lucy A. 19*
CLARK, Nancy 17*
COLLIER, Nancy E. 16*
COOPER, Eliza J. 19*
COUCHON, Tharissa 68*
COWEN?, Jane 20*
DAVIS, Lidia A. 16*
DAVIS, Saluma 46*
DILLON, Judith 47*
DILLON, Jincy 54* (B)
EADES, Sally 60* (B)
EDWARDS, Mary 43*
FISHER, Anna 73*
FOREMAN, Elicta 45*
FREEHART, Emerine 54*
FREEHART, Hannah 46*
FREEHART, Betsy 76* (B)
GILL, Harriet 47*
GOODHOPE, Anna 75* (B)
GORDAN, Jane 62* (B)
GRAVES, Mary J. 28*
GRAY, Sarah 47*
HAMMOND, Martha A. 16*

1850 Census Logan County Kentucky

HARRISON, Penina 51*, Killenah 50
HELTON, Elvarine 31*
HOUSTON, Nancy 49*
HOUSTON, Prudenc F. 46*
JENKINS, Betsy 57*
JENKINS, Olive 29*
JONES, Eliza 22*
JONES, Polly 60*
LACY, Fannie S. 48*
LEATH, Polly 67*
MALLORY, Mary 30* (B)
MANIFREE, Louisa 26* (B)
MARTIN, Margery 48*
MCCOMB, Mary A. 54*
MCCOMB, Sally 54* (B)
MCCUEN, E. 74 (f)*
MCCUEN, Lucy 38*
MEIGS, Eleanor 65* (B)
MILLER, Velimra 50*
MINTER, Melissa 13*
MITCHEL, Joseph J. 2*
MOORE, Nancy C. 43*
PEARCE, Leah 78*
PICKARDS, Margaret 36*
POWEL, Leonora 11* (B)
PRICE, Mariah E. 42*
PSATTER?, Amelia 70* (B)
RANKIN, Clarissa 44*
RANKIN, Eliza 46*
RICE, Sally 43*
ROBERTS, Martha 63*
SHANNON, Olive 47*
SHERLEY, Cinthia 24*
SLOVER, Luanna 68* (B)
SMALL, Martha 65* (B)
TANNER, Choe? 67* (B)
TAYLOR, Magy 64* (B)
TROUSDALE, Martha 43*
WARREN, Harriet 36*
WHYTE, Sally 49*
WILHYTE, Molly 43*
WILLIAMS, Andrew J. 1*
WING, Jane M. H. 43*
WOODWARD, Margaret 19*, Elizabeth 19, Sarah A. 17
WRIGHT, Patsy 61* (B)

Schedule Page 71

ADON, Allice 4*
ARNOLD, Elizabeth 14*
ARNOLD, Sally R. 11*

1850 Census Logan County Kentucky

BAGWELL, Ann 15*
BAKER, Sarah 10*
BLAKEY, Lucy 47*
BONDLOVE, Harriet 31*
BOOKER, Anna 34*
BREEDLOVE, Virginia J. 7*
BROODVENT?, Eliza A. 16*
BROOKLEY, Lucinda 32*
CAREY, Frances 18*
CAREY, Naoma 1*
CLARK, Mary J. 6*
CLARK, Paulina 25*
CLARK, Salaski 1*
CLARK, Sarah A. 11*
COOK, Frances M. 17*
COONS, Emma P. 4*
COOPER, Mary E. 8*
EDWARDS, Mary E. 4*
EDWARDS, Paulina S. 13*
EDWARDS, Rebecca 33*
FRANKLIN, Sophrona 13*
GOODHOPE, Rachel 50*
GREER, Jane 14*
HASLER, Narcissa 17*
HASSLER, America 13*
HEMMAH?, Rosetta M. 13*, Mary 5
HENSON, Lavina 23*
HENSON, Sarah E. 6*
HILTON, Charity 29*
HILTON, Rhoda A. 27*
HINSON, Cyrena 3*
HOPPER, Margaret 16*
JONES, Caroline 29*
JONES, Frances 12*
JONES, Lavina P. 7*
LANCASTER, Louisa 43*, Katherine 24, America 16, Marina 14
LYLE, Polly 37*
MARTIN, Patience 81*
MCGOWNS, Zareth E. 21*
MINTER, Elizabeth A. 5*
MINTER, Sinai 11 (f)*
MITCHEL, Sarah 39*
MOODY, Mary 7*
PERRYMAN, Angeline 32*
POWEL, Julia 47*
POWERS, Eleanor 41*
PRICE, Peggy 64*
RANKIN, Jincy 43*
RANKIN, Polly 43*
RASSON, Sarah E. 7*
RICE, Sarah 43*
RICHARDS, Arena 37*

1850 Census Logan County Kentucky

RICHARDSON, Sarah 8*
ROBINSON, Sarah 63*
SANFORD, Lutitia 17*
SHACKELFORD, Martha J. 12*, Lucy A. 8
SHACKELFORD, Mary 3*
SIMPSON, Nancy E. 3*
SMALL, Polly 59*
SMALL, Sarah 39*
SMITH, Betsy 37*
SMITH, Susan 39*
STOUT, Mercy F. 18*
WARREN, Luann 14*
WIANT, Allice G. 2*
WILKINS, Polly A. 16*
WILLIAMS, Mary 23*
WOODWARD, Rebecca 15*

Schedule Page 72

BARKER, Ananias 20, Sarah 20, Lafayette 2
BUTLER, Douglass 74, Elizabeth 68, James 29, Horem 27, Douglass 20
BUTT, J. 58 (m)*, L. 30 (f), J. 15 (m), S. 10 (m), L. 9 (f), E. 7 (f), J. 4 (m)
COLEMAN, Jerry 25*, Emaline 20
FUQUA, Sophia 41*, Charles 23, Arabella 20, Benjamin 18
GAMBILL, T. 55 (m), W. S. 2 (m), M. A. 6/12 (f), L. T. 34 (f)
GILBERT, William 33, S. A. 32 (f), A. H. 8 (m), M. 5 (f), J. W. 3 (m), Maria 1
KELLER, M. 58, B. 52 (f), A. 25 (m), H. 21 (m), J. 16 (m), B. 10 (m), N. 14 (f), P. 14 (f)
KENNEDY, David L. 41, Caroline 38, Mary 13, Olivia 9, Marshall 8, Thornton 4, Eugene 1
MOIRE, H. C. 35 (m)*, E. W. 30 (f), M. E. 12 (f), S. A. R. 10 (f)
MORGAN, William 59, Leah 56, Elizabeth 31, Leanna 29, Javan 25 (f), Leah 27, Mary Ann 23, Henry Clay 20, Vusley? W. 18, Margaret 16, Mortimer J. 13
MOSELEY, Daniel 24*, Amanda 20
NOE, Peter 22, Lucinda 23
PAYNE, Cornelius 60*, Louisa 50, J. 21 (m), Eliza 14, Paralee 11, Thomas 7
ROSS, Betsey 74*
SMITH, G. A. 38 (m), R. 35 (f), C. 8 (f), T. T. 6 (m), T. S. 4 (f), G. 1 (m)
STYLES, H. 30 (f)*, William 14, John 11, Roena 11, John T. 7, Z. 5 (m), Henry C. 2
YOUNGER, D. 25 (m)*, E. 19 (f), R. 11/12 (m)

Schedule Page 73

BRANCH, James 45, Ann 43, J. W. 24 (m), R. T. 22 (m), P. A. 20 (f), Robert 18, W. 14 (f), P. G. 11 (f), James W. H. 9, A. L. 7 (m), Jos. M. 4, A. V. 11/12 (f)
CAMPBELL, W. A. 40 (m), R. 40 (f), S. A. 17 (f), M. J. 15 (f), F. W. 13 (f), C. M. 11 (f), J. M. 7 (f), B. G? 5 (f), A. M. 3 (m), Anna 70
EVANS, M. 38 (f)*
FARTHING, C. 25 (m), N. 23 (f), J. 2 (m)
HANNUM, James 26
HANNUM, John 77, M. 40 (f), E. 35 (f), R. N. 27 (f)
HOLLAWAY, S. 55 (f), C. D. 22 (m), J. 19 (f)

- 113 -

1850 Census Logan County Kentucky

HOLLAWAY, W. 25 (m), L. 24 (f), J. 2 (m), J. 10/12 (m)
MACKEY, A. 45 (m), S. 37 (f), W. 16 (m), J. 14 (m), M. 12 (f), H. I. 10 (f), M. E. 7 (f), R. 4 (m), J. 3 (m), Joseph 1
MACKEY, S. 35 (m)*, A. 55 (m), H. 50 (f), A. 24 (f)
PARSONS, J. 23 (m), H. 20 (f), R. 2 (f), M. 3/12 (f)
PEART?, B. 33 (m), E. 27 (f), M. F. 9 (f), M. A. 7 (f), S. I. 6 (f), S. F. 5 (f), Joseph 2, C. M. 8/12 (f)
RUSSELL, W. 30 (m)*, M. 27 (f), M. 1 (m)
SMITH, A. L. 29 (m), M. 25 (f), Victoria 7, E. 6 (f), B. 1 (m)
SMITH, C. 73 (f)
TRAUBER, F. 24 (m)*, M. 18 (f), F. M. 2 (f), M. E. 1/12 (f)
TRAWBER, A. 26 (m)*, S. 30 (f), A. 3 (f), T. 2 (f)
TRAWBER, John 56*, M. 46 (f), D. 21 (m), F. 18 (m), E. 16 (f), E. 14 (f)
WILLIAMS, Robert 27, E. 25 (f), L. 2 (f)

Schedule Page 74

ADAMS, N. 52 (f)*, W. 25 (m), H. A. 15 (f)
BRANCH, John 40, M. 34 (f), B. B. 13 (m), F. M. 11 (m), A. 9 (m), F. D. 7 (m), J. 5 (m), J. 3 (m), D. T. 3/12 (m)
CHASTEEN, B. 22 (m)*, P. 18 (m)
CRAWFORD, William 23*, E. 11 (f), G. 8 (m)
DALTON, S. W. 28 (m)*
HANNUM, John P. 46, C. 30 (f), O. 8 (m), J. 7 (m), J. W. 5 (m), Z. 3 (f), H. 1 (f)
HARRIS, A. 39 (m)*, N. 41 (f), M. 16 (f), W. B. 12 (m), E. 9 (f), R. 7 (m), E. 7 (f), M. 1 (m)
MASON, K. C. 42 (m)*, S. 38 (f), H. 14 (m), J. G. 11 (m), D. 9 (m), A. 6 (f), H. 3 (m), S. A. 14 (f), Q? 9 (m), H. 7 (m)
MAY, A. 38 (m), M. 32 (f), M. J. 14 (f), J. 10 (m), M. 6 (f), J. 1 (m)
POPE, Sophia 50* (B), Charles 50
RICHARD, Mary 4* (B)
ROSE, A. 22 (m)*
STOVALL, Joel 52*, R. 48 (f), W. H. 28 (m), S. J. 24 (f), L. 18 (f), E. 14 (f), M. 11 (m), J. B. 9 (m), H. C. 5 (m), G. H. 8 (m)
WATSON, R. 38 (m), M. 27 (f), J. 7 (f), T. 5 (m), Joseph 2/365
WILLIAMS, M. A. 26 (f)*, C. C. 11 (f), B. E. 8 (f)
WILLIAMS, W. 31 (m)*, S. 49 (f), M. E. 13 (f), E. 11 (f), G. 8 (m)

Schedule Page 75

ANDERSON, W. O. 29 (m), M. A. 27 (f), T. F. 13 (m), M. E. 11 (f), H. M. E. 3 (f), R. W. 2/12 (m)
BARKER, Henson 45, S. 31 (f), M. 13 (f), O. 12 (m), Henry 10, B. 6 (m), J. 3 (m)
CHILDERS, W. 22 (m), E. 44 (f), M. 20 (f), A. 17 (f)
LONG, John 33, L. 32 (f), S. 14 (f), M. 12 (f), H. 10 (m), A. 8 (f), A. 5 (m), G. 3 (f)
LYNE, T. 64 (m), C. 32 (m), G. 31 (f), S. T. 8 (m), T. N. 6 (m), M. E. 4 (f), J. A. 2 (m)
LYNE, W. 29 (m), E. J. 24 (f)
MILLER, J. 37 (m), N. W. 22 (f), T. B. 4 (m), J. 9/12 (m)
MOREHEAD, H. E. F. 36 (f)*, P. 11 (m)
MOREHEAD, W. D. 31 (f)*, M. 60 (f)
PAGE, W. R. 47 (m), S. 44 (f), E. 16 (f), M. 13 (f), W. D. 10 (m), B. 6 (m), J. 3 (m)
PARKER, R. C. 31 (m), M. A. 27 (f), M. E. 7 (f), S. C. 5 (f), J. S. 4 (m), L. S. 3 (f), J. P. 5/12 (m)
PARKER, B. L. 34 (m)*, M. 22 (f)

1850 Census Logan County Kentucky

POOR, D. W. 62 (m)*, E. 61 (f), H. E. 18 (f)
POOR, M. 5 (f)*, S. 2 (f)
POOR, R. 41 (m)*, N. 35 (f)
SHIELDS, P. 35 (m)*, C. 16 (m)
VICK, S. 50 (m), R. 39 (f), J. 17 (m), John 15, Geo. W. 5, M. T. 1 (m)
WHITAKER, B. E. 53 (m), S. C. 39 (f), Matilda 19, Penelope 16, William 6, Benjamin 3, no name 10/12 (m)
WOOD, J. 46 (m), M. 40 (f), E. 15 (f), W. 9 (m), M. 6 (f), E. 4 (f), J. 2 (m), J. 2 (m0, L. 3/12 (m)

Schedule Page 76

BERIEN, B. W. 45 (m), S. 46 (f), B. S. 22 (m), C. 17 (f), R. S. 15 (m)
BURKS, J. P. 32 (m), M. E. 20 (f), E. 3 (f), D. J. 1 (m)
BURKS, D. J. 64 (m)*, E. 62 (f), A. 29 (m), W. 24 (m), A? 21 (m), J. H. 6 (m), D. J. 3 (m)
CORNELIUS, H. 45 (m), J. 38 (f), A. 14 (m), J. 12 (f), F. 10 (f), J. 7 (m), N. 4 (f), H. 2 (m)
DILLON, W. 35 (m), L. 29 (f), M. A. 12 (f), W. 10 (m), M. 7 (f), H. 5 (f), P. 2 (m0, F. 1 (f)
GOOCH, H. G. 49 (m), J. 43 (f), H. C. 18 (m), J. H. 16 (m), W. B. 13 (m), A. C. 10 (f), A. G. 7 (m), J. A. 5 (f)
IRWIN, James W. 45, N? 30 (f), H. 16 (f), W. B. 13 (m), S. 11 (f), T. 9 (m), M. 4 (m)
JAMES, J. 34 (m), A. E. 31 (f), R. W. 12 (m), S. P. 4 (f), J. F. 1 (m)
MIDDER, J. G. 29 (m), M. A. 28 (f), H. 4 (f), M. M. 2 (f)
MILLER, A. 38 (m), V. 36 (f), W. 15 (m), J. 13 (m), M. 11 (f), m. 9 (f)
NANTZ, J. 19 (f)*
ORNDORFF, Eli 47, M. 45 (f), W. 23 (m), S. 18 (f), F. 15 (m), J. 6 (m), E. 3 (m)
ORNDORFF, C. W. 45 (m)*, L. H. 32 (f), M. E. 13 (f), J. S. 11 (m), M. C. 8 (f), W. A. 6 (m0, M. E. 4 (m), J. 1 (f)
SCRIBLIN, J. 25 (m)* (B)

Schedule Page 77

ALLEN, Q. 95 (m)* (B)
BAILEY, S. A. 23 (f), W. C. 3 (m), G. P. 2 (m)
BERRY, M. 46 (m)*, M. 43 (f), E. 21 (f), N. A. 18 (f), R. S. 17 (f), J. 11 (m), A. 8 (m), G. 3 (m), J. 1 (m)
BOWLING, H. S. 21 (m), S. L. 17 (f)
CARTER, Henry 45* (B)
FARMER, J. H. 22 (m), J. E. 17 (f), F. E. 2 (f), L. 2/12 (f)
FARMER, R. 14 (m)*, F. 11 (f), V. 3 (f)
FARTHING, L. L. 58 (m), R. 52 (f), A. 22 (m), S. J. 20 (f), M. A. 17 (f), E. F. 15 (f), B. W. 13 (m), R. 10 (f)
FREY, Henry V. 42, B. 40 (f), M. A. 18 (f), M. E. 16 (f), H. I. 15 (m), M. V. 13 (m), A. H. 11 (m), V. D. 5 (f), S. O. 3 (f)
GASTON, W. 33 (m)*, E. J. 33 (f), J. B. 7 (m), W. E. 6 (m0, R. B. 5 (m), J. H. 3 (m), A. G. 6/12 (f)
GUNN, E. W. 49 (m), C. 49 (f), G. W. 24 (m), W. P. 12 (m)
HICKERBOTTOM, D. 90 (f)* (B)
HITE, G. B. 30 (m)*, N. 28 (f), M. E. 8 (f), A. O. 6 (f), J. W. 4 (m), A. F. 2 (f), R. W. 5/12 (m)
HITE, J. 26 (m)*, M. 23 (f)
MILLIKIN, J. 18 (f)*
PAISLEY, P. M. 27 (m), N. 20 (f), S. F. 20 (f), N. 55 (f), S. J. 23 (f), E. 21 (f)
STRATTON, J. H. 18 (m)*
THOMAS, C. T. 29 (m), N. A. 25 (f), L. 5 (f), W. J. 1 (m)
TINSLEY, A. 38 (m), L. 38 (f), W. 17 (m), G. 14 (m), M. 12 (f), P. 10 (f), S. 8 (f), E. 7 (f), F. 3 (f), James 1
TOWNSEND, T. M. 41 (m)*, M. E. 24 (f), E. J. 13 (m), T. J. 5 (m), W. B. 3 (m)

- 115 -

1850 Census Logan County Kentucky

Schedule Page 78

BEAUCHAMP, E. 60 (f)*, E. 25 (f), J. 21 (m), R. 24 (m), J. 26 (m)
BOYD, W. 31 (m), M. 25 (f), F. 7 (f), M. J. 3 (f), L. 7/12 (f)
BOYER, R. L. 25 (m), A. 22 (f), L. A. 3 (f), J. C. 1 (m)
CREWDSON, W. M. 24 (m), A. 20 (f), E. 2/12 (f)
CREWDSON, Jane 60 (B)
GILBERT, A. H. 60 (m), N. 29 (f)
HITE, J. 66 (m), E. 51 (f), J. E. 18 (f), Joe 13
HUGHS, S. 43 (m)*
HUMPHREYS, H. 31 (m)*, S. 31 (f), W. 14 (m), John 11, J. 9 (m), M. 4 (f), J. 1 (m)
KELLEY, W. A. 64 (f)*, A. 21 (f), J. 19 (f)
MCCARRICK, A. 17 (m)*, M. 22 (f)
MCCARRICK, Jos. 26*
ORNDORFF, Ira 29, N. B. 22 (f), W. G. 2 (m), J. C. 11/12 (m)
PAISLEY, Jos. B. 32, L. E. 23 (f), L. 3 (m), T. J. 1 (m), J. 68 (m), C. W. 24 (m)
PIERSONS, M. 45 (m)*, P. 50 (f), S. 35 (f), W. 21 (m), S. 25 (f), A. 20 (m), C. 17 (f), J. 14 (f), Joe 13, R. J. 11 (m), J. H. 11 (m)
ROBERTS, L. 45 (f), M. 18 (f), F. 16 (f)
RUTHERFORD, H. 13 (f)*
STRATTON, J. 52 (m?), J. 38 (m), J. 20 (m), M. 24 (f), M. 17 (f), J. 15 (f), B. 5 (m), J. 3 (m), B. 1 (m)
STRATTON, W. 46 (m), E. 35 (f), Wm. B. 19, B. J. 11 (m), S. A. 9 (f)
TOWNSEND, S. 22 (f)*, C. 3 (m), R. 2 (m)

Schedule Page 79

AYRES, E. 46 (m), M. 50 (f), M. E. 31 (f), J. W. 27 (m), N. J. 25 (f), W. S. 23 (m), E. 16 (m), V. F. 13 (f), W. A. 6 (f)
BLICK, William P. 27, N. H. C. 26 (f), N. A. S. 6 (f), W. W. J. 4 (m), T. O. 2 (f)
BOWEN, E. 21 (m), L. 18 (f), M. 10/12 (m)
CARR, John 36, C. 14 (f), J. 10 (m), M. 5 (f), L. 7 (f), R. 2 (m)
DUFF, G. 23 (m)*
FARTHING, N. 75 (f), E. A. G. 29 (f), J. W. 1 (m)
FLOWERS, S. 51 (m)*, p. 45 (f), E. F. 18 (f), J. S. 14 (m), A. P. 13 (f), V. 10 (f), J. 7 (m), D. 5 (m), C. 1 (m)
FRY, John 43, Simeon 19, E. 16 (f), Henry 14, J. 5 (m), H. 4 (m), M. 2 (f), W. 3 (m0
HENTON, B. 60 (m), M. 35 (f)
HUGHS, James 24, S. 19 (f), S. E. 3 9f), F. M. 2 (m), no name 17/365(f)
MOSLEY, E. 43 (m), E. 39 (f), A. M. 18 (m), M. 15 (f), W. 12 (m), E. 10 (f), C. 6 (m), S. 3 (m)
NOE, A. 30 (m), M. 35 (f), A. 7 (f), M. 6 (f), A. 3 (m)
PRICE, L. 23 (m)*
RUSSELL, Robert 32, A. 28 (f), E. L . 9 (m), H. 7 (m), M. A. 5 (f), Geo. W. 3
THOMAS, J. L. 28 (m), E. J. 32 (f), J. W. 11 (m), W. 9 (m), S. J. 7 (f), J. H. 2 (m)
WHITED, H. W. 27 (m), E. 21 (f), O. 2/12 (m)
WHITED, J. 85 (m), S. 55 (f), A. 14 (f)

Schedule Page 80

BARKER, Cornelius 62, S. 49 (f), P. 17 (m), L. 13 (f), J. 10 (m), M. 6 (f)
BARKER, John 33, N. 30 (f), S. 6 (f), S. C. 4 (f), V. E. 2 (m)

- 116 -

1850 Census Logan County Kentucky

CLOUD, J. B. 14 (m)*, H. 11 (f), W. T. 10 (m)
CLOUD, Samuel 18*
COFFMAN, Robert 22*
CONWAY, W. 70 (m), N. 76 (f), H. H. 34 (m), J. W. 32 (m), W. 28 (m)
CYRUS, D. 40 (f), W. 7 (m), S. E. 6 (f), J. 4 (m)
DANTZ, T. P. 27 (m), E. 24 (f)
GRUBBS, Joel 37*, Catharine 41
GRUBBS, John 64*, Delilah 53, James 14
HADDOX, Daniel 45, C. 19 (m), J. 16 (m), M. L. 14 (f), A. 11 (f), S. O. 7 (f), E. G. 4 (f), L. 39 (f)
HUGHS, W. 21 (m), V. 17 (f), C. 1 (m)
MOSLEY, M. 72 (f), H. 34 (f)
MOSLEY, W. 24 (m), H. 21 (f), Mary 7, S. 3 (f), E. 1/365 (m)
NOE, W. 38 (m), E. 35 (f), V. S. 13 (f), J. 12 (m), J. K. 10 (m), R. 24 (m), J. A. 1 (f)
NOE, W. 60 (f), E. 13 (m), S. 15 (f)
SMITH, A. 37 (m), E. 38 (f), B. 14 (m), W. 12 (m), M. 8 (f), S. 6 (m), M. E. 5 (m), L. 3 (f), J. 1 (m)
VICK, Samuel 22, M. 21 (f), J. W. 1 (m)
WILLIAMS, F. 38 (m), P. 28 (f), A. 7 (f), M. 4 (m), A. 1 (f)
WOOD, Levin 33, P. 29 (f), A. H. 12 (f), J. R. 10 (m), M. C. 6 9f), J. P. 4 (m), F. C. 2 (m), S. P. 1/12 (f)
WOOD, John 81*

Schedule Page 81

ANGEL, E. 20 (f)*
BARKER, M. 13 (f)*
BOYCE, R. 69 (m), S. 65 (f)
FARMER, J. 48 (m)*, T. 21 (f), M. H. 14 (f), O. 12 (f), J. S. 10 (m), E. 8 (f), N. S. 6 (f), B. 3 (f), no name 5/12 (m)
FLOWERS, J. W. 58 (m), E. 50 (f), S. H. 22 (m), N. J. 19 (f), H? 13 (f)
GERVIN, L. J. 36 (m), M. 31 (f), A. 13 (f), H. 9 (m), G. 7 (f)
HAMMOND, Margaret 17*
HARDING, H. 29 (f) (B), W. 13 (m), L. 8 (m), A. 7 (m), P. 5 (m)
HUGHS, E. 34 (m)*, S. 28 (f)
JACKSON, P. 34 (f), A. 3 (f), E. 2 (f)
JOHNS, W. 41 (m)*, F. 43 (f), L. 17 (f), M. 12 (f), J. 10 (m), S. 9 (m), R. 5 (m)
JOHNSON, J. F. 36 (m), N. 22 (f), S. 2 (m), N. E. 7/12 (m)
JONES, J. W. 32 (m), M. A. 21 (f), G. B. 2 (m), no name 13/365(m)
LOWRY, J. J. 21 (m)*
MOSLEY, S. 52 (f), T. H. B. 14 (m), H. 10 (m)
POOR, R. A. 25 (m), S. A. 17 (f)
RUSSELL, B. F. 25 (m)*, S. 22 (f)
SHACKLEFORD, A. 48 (m), E. 44 (f), E. 23 (f), W. 21 (m), J. 17 (f), J. 15 (m), A. 12 (f), E. 8 (f), S. 7 (m), U. 5 (m)
SHACKLEFORD, R. M. 44 (m)*, G. W. 13 (m), J. M. 12 (m), E. M. 10 (f), A. 8 (f), M. 6 (f), M. 39 (f)
SMITH, F. 42 (m), A. 43 (f), M. 12 (f), H. 11 (f), N. 8 (f), R. 3 (f)
WEBB, E. 33 (f), J. 10 (m), L. 8 (f), R. 4 (m)

Schedule Page 82

ADAMS, M. 54 (m), P. 54 (f), S. 24 (f), L. 17 (f), L. 15 (f), W. 6 (m)
BAILEY, Jonathan R. 32, Margaret 20, E. 7/12 (f)

1850 Census Logan County Kentucky

BAILEY, Washington 34, S. 20 (f), C. 1 (m)
BAILEY, G. Harmon 38*, M. 32 (f), N. 1 (f)
BURR, E. 22 (m), M. 61 (f)
CHASTAIN, J. 32 (m), M. 24 (f), E. 15 (f), M. A. 9 (f), J. 7 (m), E. F. 5 (f), W. D. 3 (m)
FARTHING, J. 50 (m), R. 50 (f), J. 22 (m), S. 20 (f), R. 15 (f), M. 13 (f), E. 11 (f), J. T. 7 (m)
FARTHING, Reuben 28, Sabria 29
HUMMER, James M. 38*, E. 38 (f), J. W. 13 (m), E. 11 (f), M. A. 9 (f), M. T. 5 (f), N. C. 2 (f)
IRWIN, William 80, D. 75 (f)
LOCKHART, H. R. 8 (f)*
MAY, W. 40? (m), E. C. 23 (f), S. A. 2 (f), G. W. 1/12 (m)
PAGE, L. 29 (m), M. A? L. 22 (f), M. O. 9?/365 (f), G. N. 4 (m)
PORTER, W. 40 (m), S. A. 34 (f), E. 16 (m), N. 12 (m), H. 11 (m), Willialm 10, M. J. 5 (f), S. 4 (f), C. 1 (m)
RUSSELL, G. 49 (m), E. 36 (f), J. M. 13 (m), P. C. 10 (m), A. V. 6 (f), J. C. F. 2 (m)
STARKS, M. 42 (f), W. 23 (m), A. 17 (m), S. A. 16 (f), E. 14 (f), P. 9 (m), M. 6 (f), G. 2 (m)
STILL, W. 20 (m)*
STRATTON, L. 25 (m), E. 24 (f)
THOMAS, R. 76 (m), B. 35 (f), N. 32 (f)
TOWNSEND, Anne 60 (B)
TOWNSEND, M. 5 (f)*
WELLS, A. 51 (m), D. 51 (f), L. 18 (m), P. 14 (m), J. 11 (m), F. 8 (m)

Schedule Page 83

BODINE, Isaac 39, Elizabeth 33, Charles W. 16, Emily W. 13, John W. 1, Sarah J. 9/12
BUTLER, Samuel 47, Elizabeth A. 17, Mary 15, John D. 13, Sarah E. 12, Jane H. 8
KENNEDY, Joseph 46, Eliza 40, George 22, Elvira 16, Luelly 14 (m), Presley 12, Susan Mary 9, Emily 6, Aurelius 2
LEWIS, Waller 41, Emily 43, John W. 18, Robert G. 16, Sarah F. 14, Eliza H. 12, Emily W. 10, William H. 6, Courtney B. 3
LUCKETT, Luther 52, Ann J. 44, Luther J. 19, Charles 17, Samuel M. 15, Beriah 13, Sarah J. 11, Juliet 8, David 4
MCCUTCHEN, Cyrus 26, Sarah A. 19, Volney 1, no name 1/365 (f)
MILLER, John 28, Elizabeth 73, Virginia 30
MOORE, William 58, Mary 61, Ann P. 23, Sarah 26, William A. 23, Rebecca B. 20, Claybourne 16, Stapleton 4 (f)
RUTHERFORD, Alexander 9*
SADDLER, William T. 59, Martha 51, L. L.2 1 (f), Sarah 21, Martha 17, Robert 16, Eliza 14, Benjamin 12, James 10, Francis M. 6
TOLER, John 34*, Nancy 40
WILLIAMS, James G. 40, Prudence 60, Polly 35, Richard J. 7
WILLIAMS, Robert D. 26, Malinda 18, Whitfield 4/12
WILLIAMS, John 64*, Malinda 64, Hannah 37

Schedule Page 84

BAGBY, Jesse A. 37, Louisa 35, Pleasant 9
BURCHETT, James 38, Maria 38, Edward 21, George 16, William 12, Alfred 10, Jasper 7, John 5, Mary 3, Puss 22/365 (f)
BURKS, John L. 35, Nathaniel 30, Elisabeth 76
CALLOWAY, John 30*, Sabreb? 20 (f), Harvey 1

1850 Census Logan County Kentucky

CLINTON, Richard G. 27, E. 70 (f), Elizabeth 35, Sarah 30, Missouri 10
DREON, George 26, Susan 19, Patsey 2/12
DREON, Henry 51, Carrie 45, Elizabeth 26, Martha A. 23, Louis 20, Frances 19, Susan 17, Smith 15
HALL, George 33*, Harriet 30, George 6, William 4, Samuel 1
HUDNALL, Samuel 24, Sarah E. 18, Susan O. 1
HUGHS, William 47, Elisabeth 45, John 16, Daniel 14, Edward 9, Angelina 8, Mary 3
PAGE, George 24, Martha 25, Beverly 1
PAGE, James 45, Mahala 51, Joh n 21, Nancy 15
PAGE, W. A. 15 (m)*, Tebitha 11
PARSONS, Benjamin 49*, Frances 41, Joshua 22
PRICE, Bird 51, Mary 49, James 24, Irene 9, Mary 20, Andrew 16, Sarah 14, Drucilla 12, Benjamin 11
RUSSELL, Thomas 38*, Fanny 32
RUTHERFORD, Spencer 33, Letitia 289, William 12, Robert 10, Joseph 8, James 6, Eliza 4, no name 4/12 (m)
THOMAS, Elizabeth 14*
WILLIAMS, George C. 26, J. L. 24 (f), William H. 11/12

Schedule Page 85

ADAMS, William 38, Nancy 30, Richard 9, James 7, Gibson 5, Clavira 4
ADAMS, John 47*, Sarah 37, John W. 17, Littlebury 15, Sarah A. 12, Lucy F. 10, Susan 1
BAGBY, J. 19 (m)*, Aaron 17, Eliza J. 13
DACY, James 24*
DEWERSON, Charles 26*
HODGES, Jesse 73*, Ann C. 44, Alfred 26, Woodson 25, William 10
HOWARD, John 32, Jane 25, Sarah E. 6, Alexander 2
HOWARD, David 69*, Susan 69, Martin 28, Sarah 21, William 6/12
MARTIN, William 18*
MCCALLEN, William 44, Ann 46, Alice 15, Charles 11
MILLER, Russell 43, Mary 29, Mary C. 16, W. Henry 14, Virginia A. 12, Spencer 11, John 8, Martha S. 6, Harriet 3, Josephus 2
MIMMS, David 36, Elizabeth 29, Mary 9, Eliza 1
PAGE, William J. 26, Louisa 26, Daniel M. 6, Malvina J. 1
POOR, George 36, Berilla 35, Hester 14, Amanda 12, Mary E. 1, William W. 9, James 6, George E. 6/12
SAMUEL, Martha J. 12*, Archer T. 10
SAUNDERS, James 50, Lucy 43, William 24, James F. 18, John 14, Mary E. 13, Harriet 10, HEnry 9, George 2
SMITH, John S. 37, Martha A. 29, Mary F. 11, Warren 5
WASHINGTON, Fairfax 71, Sarah 73, Louisa 40, Virginia 35
WELLS, Ann 22*, Sarah 4, Letitia 2
WOOD, Susan 30, John 9, Mary 5, Henrietta 4

Schedule Page 86

ADAMS, Benjamin 25*, Sarah P. 30, Cornelia F. 1
BAGBY, Bennett 24*
BLEDSOE, Richard 32, Jane 32, Henry P. 8, Isaac 6, Malvina 4, Harriet 1
BOYER, James O. 38*, Dolly 36, Mary 15, George 13, Sally 11, Emily 10, Susan 5, William 3, Margaret 1
COTTON, Sarah 56*, Emeline 28, James 25
DOSS, Staunton P. 20*

- 119 -

1850 Census Logan County Kentucky

HANSBROUGH, Calvin 35, Elizabeth 55
HANSBROUGH, Peyton 49*, Margaret 46, peter 6
JAMES, Thomas 27*, Sarah 23, John W. C. 1
LEE, William 35* (B)
LEWIS, Sally 72
PAGE, James A. 39, Priscilla A. 30, Henry M. 8, Mary J. 5, Catharine 3, George J. 6/12, Samuel W. 20, Ann Eliza 21, Martha E. 8/12
PAGE, Mary 50, Samuel 20, Francis 15, Daniel 12, Elisha 9, Joseph 5
PAGE, Wilson 28, Susan A. 24, Mary F. 5
RILEY, William 20*
SANDERFORD, Gregory 37, Parrilee 35, Juliet 14, Ann Eliza 10, James 9, Francis 7, Sarah 4, Catharine 1, Joshua 26
SANDERFORD, John 38*, Roxanna 33, Sarah E. 15, Jane 13, Margaret 10, Harriet 6
STRATTON, John 48, Lucy Ann 23, Patsey J. 20, Sarah F. 18
STROUD, F. 26 (m), Levina 21, John W. 7/12
WARDER, William 17*
WILLIAMS, Gabriel 65*, Jane 54
WOOD, Francis 22*, Sarah 29, William B. 1

Schedule Page 87

BIBB, Branch 68, Lucy 62, Henry 40, Susan 30, Mary 23, John 24, George 22, Mary 11, George 8
BROWNING, James D. 37, Harriet 34, Mary E. 14, James 12, Thomas 10, Ann 8, Margaret 4
CHILDERS, William 33, Margaret 30, Mary 6, Sarah 2
CONWAY, George 29, Sarah 20, Cinderilla 5, Lidda 3, Zachariah T. 2, Nancy 1
CORNELL, Louis 57, Harriet B. 57, Edeliza 17
EVANS, William T. 46*, Amelia 45, William 12, Susan 6, George 4, Joseph 1
FOULKS, Dennis 29, Frances C. 26, William 6, Joseph 2
GORIN, Presley Ella 17*
GOUGH, Churchill 26*, Matilda 23, Lelia 4, Jenevive 1
GRISSARD, Mary 25, William H. 6, Joel H. 4
HULSE, Daniel 28, Catharine 22, Anson 4, Arabella 2, no name 11/365(f)
MCDONALD, William 25*
PRICE, Martin 57
ROBERTS, Joseph 52, Lucy S. 30, Joseph 7
THOMAS, Levi 14*
WATSON, William 34*, Elisabeth 29, Martha J. 8, Mary 6, John 2
WILLHELM, William 45, Nancy 44, Mary 19, Nancy 18, Lucinda 15, Marshall D. 12, Thomas 10, Henry 8, Gallatin 6, Malvina 5, Cordelia 2, no name 6/12 (m)
WILLIAMS, John 28*
WOOD, William 48*, Virginia 42, Mildred 16, Sarah 14, Mary 9, Charles 5, Marcellus 2

Schedule Page 88

BURNETT, Richard 53, Permelia 43, Cornelius 24, Martha Ellen 19, Christopher C. 17, Maria 11, Richard 5, Sarah E. 1, Joseph 1
CAWLEY, Frances 23*
COFFMAN, Mary 39, William 18, Mary 16
GAUTIER, Francis 36, Elizabeth 25, Hugh O. 8, Mary 6, Harriet 2
GRINTER, Francis 66*, Jane 25, Margaret 19, William 17

1850 Census Logan County Kentucky

HERNDON, Robert B. 61*, Ellen 56, James 26, Robert 24, Elisha 22, Daniel C. 20, Presley E. 18, Isabella 15, Ellen 12
JARRETT, John 41, Emily 32, Martha 6
JOHNSON, George 18*
OGDEN, Othy 59, Susan 49, Joseph 62, Smith 31, Mary 27
PAGE, Jesse L. 65, Sally 46, Lucy 24, Nicholas 19, Malinda 16, James R. 14, Joseph 9, Catharine 8, Virginia 5, Benjamin 2
PAGE, Henry 15*, Louis 13
TULLY, Benjamin 41*, Catharine 42, Henry 15, Artimecia 12, John H. 10, Benjamin 7, Mary 5, Elizabeth 1, John 34, Rufus 6, Erastus 3, Sarah 36
VENABLE, Albert G. 40, Susan 29, Mary 13, Sarah 10, Peyton 8
WALKER, William Y. 37*, Rebecca 40, Nancy C. 14, Emily 12, Peter 10, William 6
WATERS, Nelson 42, Eliza 40, Pembroke 15, Robert 13, Joseph Ellen 7, Barbara 5, unnamed 1 (m), Nelson 9

Schedule Page 89

ANDERSON, Watkins 55, Obedience 51, David 17, Waverley 14, Martha 12, Lucy 10
CARR, Robert C. 32*
COPELAND, Greenbury 46, Sarah 36, John 3
FERGUSON, Luke H. 38, Charlotte 24, John 3, Mary 1
FLEMING, William A. 35, Mary 33, John 2, David 1, James 22
FOSTER, Jane 57, Agnes 29, Elizabeth 26, Anthony 20
GILBERT, Miles G. 45*, Mary W. 41, Miles G. 17, James L. 10, Wilbur 7, Susan 5
HOWARD, Eliza 25*, William 20, Samuel 17, Margaret 14, John 12, Clay C. 6
HOWARD, Wilson 30*, James 7, Napoleon 3, unnamed 2/12 (f)
MILLS, William C. 28, Maria 26, Elija 5, Margaret 3, Louisa 2, Thomas 1
MILLS, John Jr. 35*, Martha 26, Martha 8
MITCHELL, Elizabeth 40*
MORROW, James 60*, Mary 52
PAGE, Albert 10*
POOR, Drewry W. Jr. 26, Amanda 25, Robert 3, Ann 6/12
SMALL, Martha 15*
SMITH, William 31*, Maria 28, William 8, Mary 7, John 4, Martha 3, James 2/12
THOMAS, Louisa 32, Mary E. 14, Zerilda 6
VICK, John 25, Susan 21, Cornelia 3, James 6/12, James 19
VICK, Presley 22*
WALKER, Voleny 51, Susan 47, John 24
WALKER, Emily 14*
WHALEY, Thomas 30*
WILLIAMS, George A. 46*, Nancy S. 31, Mildred 16, Lucy H. 14, George A. 7
YATES, Eliza 43, Gabriella 16, Georeg 18, Lucy 4

Schedule Page 90

BAGWELL, A. 18 (m)*
BIBB, James 34 (B), Delia 30, Betsy E. 12, Alexander 8, Chesterfield 7, Wesley 3, Nancy 1
BROWDER, Henry 37*, Mary 34, George 14, William 11, Sarah 9, Martha 7, Mary A. 4, Henry E. 2
BROWDER, Robert 46*, Sarah 42, William 11, Robert 10, Francis 7, Mary 4, David 1
DUNCAN, Coleman 32*
MCCULLOCH, Hamilton 38, Sarah 38, Mary A. 14, Elvira J. 12, Almeda 10, Sarah V. 8, Marcella R. 7, Hamilton 6, Evelina 4

1850 Census Logan County Kentucky

MILLS, John 64, Elizabeth 64, Levi 24, Elizabeth 19, Mary 6, Sarah 4, M. 2 (m)
MIMS, Joh n 44, Mary 40, John 18, Drewry 17, David 14, Lucy 10, Nancy 7, Zerilda 5, Thomas 4, Sarah 1
PAGE, Jane 55, Carter 31, Eliza W. 29, James 27, Catharine 25, Martha B. 23
RAGSDALE, Lewis 37, Eliza 32, James 11, John 10, Mary 9, Elmira 7, Emily 5, George 2, Allen 14
SYDNER, David 47, Catharine 45, Washington 18, David E. 16, Thomas B. 14, Mary E. 11, Sarah 9
WATERS, Saraph? 40 (m), Sarah 38, Rebecca 15, Martha 12, Sarah 10, Gabriella 8, William 6, Catharine 1, Cassandra 64
WELLS, John Jr. 27, Elizabeth 18, Mary 1

Schedule Page 91

ADAMS, Burrel 58, Roxana 48, Lucy 25, John 22, George 18
ALLEN, Anne 80*
BAGBY, Robert 59, Frances 56, Elizabeth 30, Nancy 27, William 26, Bennett 24, John 23, Robert 21, Rebecca 16
BAILEY, Elizabeth 52*, William 17, Mary 14, Ann 14
BAILEY, Hiram 45*, Cecelia 43, Benjamin 18, William 17, Asbury 9, Mary E. 11, Peter 10
BRYANT, William 33, Louisa 36, Thomas 15, Mary 10, Rebecca 9, William 7, John 6, Nancy 5, Doctor D. 9/12
COLEMAN, Pleasant 36, Elizabeth 28, Benjamin 9, Martha 2, William 1
CRUMBAUGH, john 20*, nancy 22, Samuel 5, Alice 4, Capers 1
DAWSON, Benoni 34, Margaret 29, Mary 6, Helen 3
GLADWELL, Jane 22*
HERNDON, William 34, Elizabeth 20, Lucy A. 13, Victoria 10, Susan 8, Charles 11, Jane 5, Joseph 4, John 4/12
HINES, John 60, Ann 50, Weston 22, Henry 19, Daniel 18, Julia 16, Eliza 14, Samuelllllll 12, Lucy 10, Joseph 8
HOGAN, John 64, Elizabeh 55, John 31, Rolly 26, Sarah E. 18, Mary 16, George A. 14, Vicerna 12, Henry 10
MIMS, Drewry S. 47
PAGE, Edward 6*
PEART, Ophelia 7*
SPAIN, Joshua 62*, Martha 40
TOWNSEND, William 17*
WILLIAMS, John 18*

Schedule Page 92

ADAMS, Nancy 50*
ATKINSON, Jane 15*, Eliza 14, Frances 14
BREWER, Hiram 30, Mary 21, Martha 4, Robert 2
FRENCH, Mildred 14*
GRAINGER, William 24*, Sarah 24, Mary 1
HADDEN, William 40, Eliza J. 28, Charity 11, William 9, John 7, Samuel 5, Mary 4, Zachariah 2, Nancy 2/12
IRELAND, Samuel 29*
JONES, Amanda 14*
JUDKINS, James 23*, Catharine 17
KAVANAUGH, Amelia 13*
MART, William J. 19*
MILLER, John 38*, Catharine 33, Martha 15, Martin 13, Samuel 11, Jacob 9, John 7, Henry 3, Susan 6/12

1850 Census Logan County Kentucky

PANKEY, Louisa 10*, Fredonia 7, Olivia 10
STRATTON, Robinson 56
TRABUE, John E. 50*, Elizabeth 40, Jane 20, Thomas 16, Susan A. 15, Martha 12, Arabella 10, Sylvia 8, Quintus 6, Sarah 4, Charles 2, Barbara 1
TURNER, Edwin 43, Polly 41, Francis M. 20, Joshua 18, Elizabeth 16, Newton 13
WILLHELM, David 36, Drucilla 36, Samuel 18, james 16, Margaret 14, William 12, Marshall 10, Catharine 5, George 2
WILLIAMS, John 29*, Paulina J. 20, James W. 6, Thomas J. 1, Olmstead C. 21
YARBER, Benjamin 49, Nancy 37, Mary E. 15, Martha 13, Sarah 12, William 10, Nancy 6, Eliza 4

Schedule Page 93

ALLEN, William 49*, Maria 31, James B. 11, Calista 10, Ann 6, Harriet 4
ALLEN, James 40* (B), Temperance 38
BAGBY, Henry 38, Selana 40, Martha 16, Thomas 14, Nancy 11, James 9, Bennet 7, Betsy 5, Robert 34
BOMAN, William 50* (B)
BRYANT, Augustine 38, Mahala 22, Wesley 10, Susan 9, Henry 7, David 6, Sarah 5
CORN, Andrew 60* (B)
CRAWFORD, Flora A. 40, Frances 13, George 10
CRAWFORD, John 22*, Martha 21
DOYCE, Aryus 22*, Ann 18
FARTHING, John B. 33, Martha 25, Abner 2, Susan 8/12
GATEWOOD, Nancy 60, Fielding 20, Jesse 18
HAYES, Maria 20* (B), Angelina 6, Frances 4, Sarah 2/12
MAY, Martha 28* (B), Betsy 3/12
MILLS, Austin 39, Barshaba 31, Lucy 11, Levi 9, John 7, Mary 6, Maria 1
STEMMONS, Jaquillian 46*, Harriet 41, John M. 19, Ann 18, Mary 16, Thomas 11, Willerfisk 9, Martha 7, Elizabeth 5, Fielding 4, Napoleon 7/12
TANNER, Hannah 45* (B), Reason 33, Nancy 26, Wesley 24, John 22
TERRY, James 47, Ann 83, Charles 16
TOLLER, Julia A. 40, George 14, Willis 12, Daniel 10, Sarah 8, Martha 6
TOWNSEND, John 13*
WATSON, Calvin 50, Nancy 42, Polly 14, susanna 10, William 23
WILLIAMS, Harrison 80* (B), Chaney 54

Schedule Page 94

ADAMS, William 23, Mary 17
BOLES, Samuel 25*, Mary 21, Mary 1
BOYER, William D. 25, Rachel 21, Lizzie? 1
BRANCH, John 24, Bernetty 19, James 1
CAWFIELD, Robert J. 53*
COOPER, William 26*, Mary 22
CRAWFORD, Calvin 28, Elizabeth 21, Henry C. 6, Emily 5, Huntsford 3, John W. 8/12
FOSTER, Robert 41*, Ann 43, James T. 19, William T. 16, Robert C. 15, James H. 13, Susan M. 10, Ephraim 9, Elizabeth 4
HERNDON, John 46, Barsha Ann 42, James 18, Joseph 13, Virginia 11, Ann 9, Mary 2
HERNDON, Thomas W. 25, Mary W. 19, Louisa 5, Martha 1
HUNTER, Nancy 50*
JONES, Cornelius 25* (B)

1850 Census Logan County Kentucky

KEEBLE, Robert 12*
MART, John J. 47, Catharine 47, Richard 15
MCCLEAN, Azel M. 50*, Barbara A. 34, Ephraim W. 11, Davis M. 6, Henry 11/12
NORFLEET, Thomas 12*
NORTHINGTON, Mary B. 43*, Elvira 15, Cordell 20
PORTER, David T. 55*, Martha 48, Rebecca 16, James 5
PRIDE, William 49, Penima 46, Francis R. 21, John D. 19, Robert H. 16, Catharine 21, Martha 19
RAGSDALE, Burrel 51, Olivia 38, Alfred 8, Olivia 7, Richard 3, Eliza 1
SMITH, Zophen 23*, Mary W. 23
SOWELL, William 28, Elizabeth 22, Elizabeth 1
SOWELL, Thomas 50*, Hannah 55, John W. 24, Frances 20
WATKINS, William 40*, Susan L. 36, Sarah 61, Olivia 12, Mary E. 6
WILLIAMS, Greene 26*

Schedule Page 95

ADAMS, George 47*, Matilda 37, Elizabeth 12, John 11, George 11, William 9, Frances 8, Joseph 6, Mary 4, Elley? C. 2, Susan 3/12
ALLEY, James A. 31, Elizabeth 26, Margaret 7, Levin C. 4, William 1
BIBB, Richard 31, Eliza J. 26, Robert 11, Eliza 9, Richard J. 5, Elizabeth 1
BOLLOMEY, Robert 32, Sarah 25, John 9, Ann 7, Mary 5, Manerva 3
BUNTIN, Penelope 43*
BURNET, William 54, Elizabeth 47, John K. 20, Samuel 17
CHASTAIN, Joseph 24, Elizabeth 23
CHASTAIN, Mary E. 3*
CRAWFORD, Henry 41*, Dorcus 41, Martha 15, William 13, Angelina 11, James 6, Mary 4, Henry 2, no name 7/12 (m)
EVANS, Benjamin 27*
FOSTER, Thomas 20*
GATEWOOD, Rebecca 37, Mary 16, Harriet 14, Ann 11
GRIMES, John 44
HODGES, George 36*
HUTCHERSON, John 24*
MASON, Quintilla 10*
MCNEAL, Christophe 23, Jane 23, Martha 2
PANKEY, Francis 38*
PRIDE, James 39*
PRIDE, William 13*
SMITH, Joab 40*, Angelina 22, Clarinda 1
THOMPSON, Andrew 41, Martha 33, Philanthe 9, Ethvert 7, John 5
VAUGHN, William 26, Louisa 22, Willis M. 5/12
WILLIAMS, William 65*, Elizabeth 52, Sarah 38, Mary 24, Catharine 18, Margaret 12
YOUNG, John T. 21*

Schedule Page 96

BARNET, Joseph 38*, Martha 31, Martha 10, William 8, Mary 6, Tabitha 4
BELL, Henry 22*
BRYANT, John 25, Agnes 22, William 2, John T. 1
COLLINS, John C. 20, Elizabeth 45, Daniel 11, Martha 9, Elizabeth 6, Edmund 4

1850 Census Logan County Kentucky

CUNNINGHAM, John 70, Polly 66
DOLLAM, Adeline 25 (B), Sarah 9, John 2, William 2/12
DONALDSON, Archibald 56*, Ann 46, Mary F. 16, James 14, Archibald 12, Sarah 11, William 10
DURREN, Hardin 23, Martha 22, Mary 1, John 3/12
GRIMES, James 36, Frances 26, Mary 8, Robert 6, John 4, Susan 2
HALL, Martha 30*
HARRING, Mary 77*
JUDKINS, Jordan 50, Winaford 45, Rebecca 17, Albert 15, Elizabeth 13, Charles 8
KELLEY, John 32, Sarah 29, Walton 9, Laurinda 7, Annelius 5, Maranda 3, Virginia 2
LANGSTON, Joseph J. 47*, Mary 46, William 21, Joseph 24
LEWIS, Margaret 30, James A. 13, Mary 8, John 4
LEWIS, Marina 26, Harriet 10, Laurenda 8, Newton 3
LEWIS, Elizabeth 1*
MIOLLER, Jesse 29
NEWMAN, Henry 51*, Charles 21, Reuben 17, Frances A. 13
SMITH, John 27, Judieth 21, William 6/12
SMITH, Jonathan 73, Lucy 60, Mary 36, Albert 20, Lucy 17
WATSON, Nathaniel 41, Nancy 50, John 10

Schedule Page 97

ANDERESON, Thomas A. 36*, Elizabeth 28, Olive 10, Henry 5, Lizzie 3, no name 1 (f)
ANDERSON, Robert R. 39, Rosa A. 13, Julia F. 37
ANDERSON, William B. 45*, Phoebe 36, Mary A. 15, Sarah 11, William 9, Joseph 6, Josephine 5, Elizabeth 3, Phoebe 1
BAUGH, John 22*
BORDERS, William H. 27, Louisa J. 26, James W. 4, Stephen 3, John 1, Thomas 20
BORDERS, Shelby 16*
DONLEY, Thomas 37, Jane 32, Cyrus 12, Maria 11, Alice 7, Catharine 5, Martha L. 2
DOSS, Joel B. 46, Mildred 42, John 18, Joel 12, William 10, Mildred 4, George 1
FLETCHER, Cargil 45, Polly 45, Ann 15, Mary 12, James 14, Harriet 6
GILL, Felton 36, Cynthia 34, Benjamin 10, Robert 8, Joseph 6, Mary F. 2, Felton 5/12
JONES, Jesse C. 49*, Caroline 49, Susan P. 20, Albert 19, John 13, Almira 11, Euclid 7
PATTEN, George 33*
RUST, Elizabeth M. 45, Mary J. 23, J. Walker 20, Martha E. 17, Naomi 18, Lucy A. 16, Joseph 14, Jacob M. 12, Thomas M. 11, Judieth A. 9
RUST, William 21*
WALKER, Jefferson 26, Caroline 20, Mary 1
WOODSON, James B. 58, Cracey 62, Martha 25, Cracey 20, Judith 15
YOUNG, Robert 35, Mary 35, Charles 13, William 11, John 8, Alexander 6, Robert 4, Richard 2, James 4/12

Schedule Page 98

BROOKS, Frances 45*
CORNELIUS, James 27, Jane 26, Elizabeth 5, Leroy 3, William 1
CROMWELL, Charles 29, Susan 27, John W. 5, Richard 4, George 2, Charles 9/12
DANIEL, Andrew 46*, Mary 39, Mary E. 17, John P. 15, Nancy 13, Richard 10, William 9, James 6, Sarah 1, Margaret 19
HARDAWAY, James R. 39, Jane H. 34, James 10, Mary 6
HILL, James 38*, Mary 27, John 1

1850 Census Logan County Kentucky

HINES, James 38, Arethusa 27, Florana 9, John 4, Green 3, Nancy 6/12
HINES, Elizabeth 19*
KING, David 50
KING, Stephen 40, Margaret 37, Napoleon 14, George T. 11, Mary 8, Harriet 6, William 1, Priscilla 80
LAMB, James 44*, Martha J. 34, Robert R. 10, Joseph H. 2
MOON, Isam 58, Nancy S. 27, Patrick 21, Samuel 21, James W. 19, John R. 12, Martha R. 9, Elizabeth 56
POWELL, Mary 51, Louis 33, Mary 24, William 20, John 18, Ann 16, Mary 7, George 3
RILEY, John 52, Mary 56, Elias 21, William 19, Cornelius 18, Lafayette 16, Napoleon 9
RILEY, James 24*, Mary 20, Martha 3, Elias T. 1
SEYMOUR, Martha 60*, Robert 22
SUBLET, Samuel 63*
TOLLER, Benjamin 18*
TOLLER, Robert 16*
WILLHELM, William 23, Mildred 19, Missouri 1

Schedule Page 99

BURGESS, Rachel 39*, Paul 9, Lucy 7, Emily 5, Sarah 2
DANIEL, Martha 26*, Mary E. 10, Sarah J. 8, James A. M. 5
HATCH, Harriet 19*, Isabella 15, Lydia Ann 13, Rosanna E. 9, Robert 7
LEWIS, Matilda 37*, Sarah 15, William 13, James 11, Thomas 9
MAY, Martha 25, Coleman 60, Coleman 30
MAY, Sarah 60*, Patsey 75
MOORE, Ann C. 53*
POWELL, Daniel 26, Sarah 20, Mary 1
PRINCE, Elisha 24, Jane T. 23, Robert 4, Catharine 1
PRINCE, Elisha 63, William 38, Wesley 22, Mary 16, James 13, Maria 11, Thomas 7, Redford 7
PRINCE, John 31, Mary A. 26, Margaret 7, Catharine A. 5, Susan P. 3, Alice H. 9/12
RAGSDALE, Wesley 23*
RUSSES?, Robert S. 41*, Jennet 33
STRATTON, Edith 85*
TERRY, William 64*, Elizabeth 63, Granville 29, Emily S. 25, Elizabeth R. 20
TOWNSEND, Light 55*, Nancy 46, Benjamin 24, John 19, Ann 11
WELDON, Temperance 44, Elizabeth 16, Mary 21, John 12
WELLS, Thomas 25, Sarah 22, Mary 3, William 1, Henry 30, Josephine 18, Tranquilla 17
WILLIAMS, Ambrose 70 (B)
WILLIAMS, Harrison 44*, Lucy 39, John 16, James 11, Martha 7, Lafayette 4, Maria 2, Lucy 60, Henry F. 16
WINDLE, Sarah 77*

Schedule Page 100

BIBB, Richard 45 (B)
BRAKE, James 41, Amanda 28, Mary F. 8, Martha A. 7, Sarah E. 6
BROOKS, Eliza J. 8*
COLLINS, George 17*
CROMWELL, John 37*, Sarah M. 22
DONLEY, Agnes 90* (B)
EDWARDS, Gideon 55, Jemima 37, William 16, John E. 14, Rebecca 11, Mary 9, Malicia 7, ___ 22/365 (f)
FERGUSON, Robert 60, Hannah C. 59, Martha A. 19
GILL, Joseph 33, Mary 21, Martha 1

1850 Census Logan County Kentucky

GREEN, Allen 24*
HANCOCK, Edward 49, Martha 39, Virginia 15, Mary J. 5, Margaret 2
HASKINS, Aaron F. 34*, Martha Ann 31, Edward 2
HUGHS, William B. 37, Mary E. 23, Sarah A. 6, Virginia 4, Mary 3
IVEY, David A. 60, Morening 46, Caroline 25, Virginia 22, Joseph 18, Harriet 13, David H. 11
KENNER, Elizabeth 73*
LANGSTON, George 21*
MART, John J. jr. 23, Martha J. 19
MART, Thomas A. 2/12*
MARTIN, William 44, Margaret 32, Elizabeth 13, Mary 11, Ann M. 8, James W. 6, Robert 13, Jane 1
MERRITT, William 23*, Sarah 23, Ann 5
ROSE, James 34, Wilmuth 34, Josephus 11, Narcissa 8, Wilmuth M. 6
RUST, Nancy 52, Fanny 33, Ryal 26, Thompson 22, William 16, John 16, Lucy 13, Fredonia 18
RUST, Chesterfield 30*, Elizabeth 24, William H. 7, Richard L. 4, Harriet M. 2
TOWNSEND, Ira A. 23*, Letitia 26

Schedule Page 101

BORDERS, Samuel 17*, John 12
BURCHETT, Burrel 65, Winna M. 45, Burrel 21, Jane 18
BURCHETT, Henry P. 36, Edith S. 22, Henry H. 10, Benjamin B. 1
BURCHETT, William 43, Susan 32, John W. 12, Marcellus 11, Robert F.? 10, Ann E. 6, Mildred T. 5, Burrel B. 4, Erastus B. 2
COLEMAN, Thomas 64*, Nancy 67
DALTON, Alfred 33*, Elizabeth 46, Berryman 6, Alfred D. 5
EDWARDS, Jacob 34, Dorothy 42, Mary J. 11, Evelina 10, Henry C. 5
EDWARDS, Nehemian 29, Mary E. 17
EDWARDS, Nehemian 70, Daniel 44, Peyton 43, Adeline 40, Polly 24, Lucy 21, Martha 23
EDWARDS, William B. 29*
GILL, Sarah 64, William 24, Susan N. 20, Sarah F. 3, _____ 4/12 (f)
GILL, Samuel 26*, Winnaford 22, Ann 2
HANCOCK, William 17*
HOGAN, James 41, Richard M. 11
HUNTER, Thomas H. 49*, Martha 46, Hiram D. 18, Mary E. 16, Robert B. 14, Permelia A. 11, Boss C. 10
MARTIN, Sarah A. 26*, Catharine 4
SMALL, Edward 22, Jane T. 17
SMITH, Littleton 49, Susan 20, George W. 15, Victoria 7, Mary 4
SPAIN, Matthew R. 39, Emeline R. 25, James W. 9, John R. 7, Elizabeth 3, David 2/12
SUBLETT, Sarah 16*
SYDNER, Edward 40, Elizabeth M. 30, Mary O. 8, Sarah C. 5, Joanna 3, Thomas 1, William 25
WILSON, Richmond 60 (B), Sarah 53

Schedule Page 102

ADAMS, Samuel G. 55, Margaret S. 52, Mary C. 17, Samuel S.? 15, Benjamin F. 12
BLAKEY, George D. 41*, Lucy L. 41, Sally G. 15, Permelea M. 11, Reuben T. 8
CROUCH, Mary M. 65*
DAVIS, George 32, Mary A. 31, David C. 7, William 4, Marion 1
DUERSON, George T. 26, Margaret 26, Sarah E. 3, Drucilla E. 9/12
HOGAN, Martin 67, Frances M. 38, Thomas H. 13, Alexander C. 8, Martin 6, Augusta B. 4

1850 Census Logan County Kentucky

HOGAN, Mary 46, Mary A. 27, William 24, Maria 18, Martin 16
HOGAN, William 34, Elizabeth 27, Frances 6/12
JOINER, Charlotte 38, Mary E. 15, Louisa A. 13, William 9, Jeremiah 7
JONES, John F. 51, Frances 39, Helen P. 14, Emily E. 9, Timothy L. 5
LAWSON, Manson 38, Easter 35, Charles A. 16, James H. 14, John W. 12, Sarah E. 10, Eli H. 6
LEE, George 70 (B), Clarissa 50, Pelina F. 21, Harriet C. 17, George A. 6
LEE, David T. 49*, Sarah 48, Frances 22, Adeline 17, Charles P. 11, Flora 8, Harriet 6, Gabriella 4
LYON, Harriet*, 46, Peyton 20, Amanda 19, Eliza 17, Permelia 12, Ellen 9, John 8
PATTAN, Roberson 42, Mary A. 40, William A. 19, Eliza J. 17, George A. 8, Francis M. 7, Henry C. 5, Virginia B. 2
THOMAS, Mary P. 55*
THOMPSON, John 28*
WATKINS, Ballard 54*
WELLS, John 54*, Mary 36, Madison 14

Schedule Page 103

ABBOTT, Henry C. 16*
ANDERSON, Franklin B. 21*
BAGWELL, James W. 21*
BATEY, Richard 89 (B), Mary 85
BREWER, Elizabeth 23*
CROUCH, John 28*
CURD, Edward L. 29, Sarah K. 29, Ann E. 7, Spencer G. 5, Sally C. 3
DOWNER, Elvira Ann 25*, Mary W. 2
DUNCAN, John Q. 25*, Jane A. 22, James W. 2, Ellen 8/12
DUNCAN, Robert 28*, Mary C. 25, Mary E. 3, Olivia 5/12
GAINES, William F. 53, Elizabeth T. 51, William T. 28, Martha V. 26, Lucy T. 24, Harriet 19, Frances S. 17, Lavinia S. 11, Herbert H. 8
HANCOCK, John 20*, Sarah 13
HAWKINS, Jane 45, James 18, John 16, George 15, Walton 11, Lucy 13, Joseph 4
HAWKINS, William H. 50, Mary A. C. 46, Amanda M. 15, Narcissa J. 13, Hortense 11, Algathy P. 9, Robert H. 6
HUTCHINS, George H. 28, Mary 24, Mary 2, John B. 1, David 16
JEFFERIES, Slaughter 21*, Rebecca 17, Eliza A. 42, Martha E. 15
MASON, Benjamin C. 29*
MCDONALD, L. 30 (f)*
MORROW, Thomas 50*, Underwood 19, Thomas W. 14, Davis B. 11, Rufus W. 9, Eugenie E. 6, Hershell? 3
NEWTON, Sarah 58*
OFFUTT, Theodore 30*, Rhoda 25, Robert 6, Tillman 4, Otho 1
SMALL, David 42*, Mary E. 23, John P. 9, William 1
WILLIAMSON, Jarvis 53*
WILLIAMSON, Wyat 40*, Mary A. 40, James 18, Augustine 10, Thomas 7
YOUNG, George L. 27, Louisa F. 24, Martha E. 4, John T. 2, George P. 1/12

Schedule Page 104

ANDERSON, Thomas 27, Lucinda 24, William A. 33
BOYER, James 20*
BROWDER, Richard 62*, Sarah 45, William 18, Thomas 21

1850 Census Logan County Kentucky

COLLIER, Pearson 42, Amanda 33, Susan E. 17, Jane W. 14, Joseph 12, Martha 8, Pearson 6, John M. 4
FOSTER, James 60 (B), Nancy 31, James H. 14, William 12, Mary E. 8, Eliza J. 5, George 3, John 3
HAWKINS, Edmund 50, Rebecca 39, Emily W. 52
HAWKINS, Helen C. 34*
HERNDON, George 35, Frances A. 32, Ellen 12, Isabella 10, Henry Clay 7, Robert T. C. 4, Sarah A. 2
HERNDON, William 31*, Elizabeth 24, Ellen H. 5, Mary F. 3, Permelia 2
HOPKINS, Jane 54*, Ann 35
HORNE, Richard 41, Jincy A. 33, Margaret 15, Lucinda 13, Washington 11, Givens 9, Sarah F. 6
MCCABE?, Maria 36, James 18, Frank P. 6
MOORE, Ephraim 23*, Richard T. 15
MOREHEAD, Robert 16*
NEWTON, John H. 29, Sarah A. 28, William T.? 6, George A. 4
PAGE, Thomas D. 33, Isabella 27, Fanny 2, Henry 6/12
PAGE, Benjamin 8*, Sarah E. 10
SHEMWELL, George M. 26, Louisa M. 18, William D. 3, Alexander 1
SMITH, William 41, Mary 41, Lucy 13, Henry E. 12, Winford 9, Letitia 7, Quintilla 5, Olivia 4
SMITH, John 77*, Sarah 66
WALKER, Mary L. 54*
WHITLOW, William 26, Eliza A. 23, Martha A. 4, John 1

Schedule Page 105

BRITT, Bowling 55*, William 27, Susan 22, Amanda 16
BROADDUS, Edwin A. 37, Hethy 33, McKinzie 13, George 10, Sarah 8, William 6, Armilda 4, Andrew 11/12
COFFMAN, Richard 20*
CORNELIUS, William 34, Harriet 28, Eliza J. 10, Mary F. 8, James W. 2
DACEY, Thomas O. 54, Judy J. 17, Elizabeth 42, Pelina 19
HANCOCK, Frederick 22*
HARDEN, Caroline 23* (B), Thomas 6, Levi 4
LARUE, Isaac 54, Martha 55, John 24
LYON, James M. 34*, Susan 27, Mary F. 5
MOORE, James 19*
RUTHERFORD, Samuel O. 42, Jane 42, Archy 19, Thomas 17, George S. 15, Elizabeth 13, Jane 11, Catharine O. 8, Thaddeus 7, Samuel O. 5
SEARS, Catharine 58, George A. 30, Julia 27, James 22, Frances 20, Washington 16, Jacob 12
SEARS, John 72*, Hiram 23, Mary 27, Martha 9/12
SEARS, John S. 26*, Jemima A. 20, Samuel O. 9/12
SMITH, David T. 61, Mary 54, Sarah F. 18, Elizabeth J. 14
SMITH, Hezekiah 37, Rebecca A. 34, Margaret W. 9, David T. 7, Mary F. 6, Joel T. 5, Martha 3, John C. 1
YOUNG, William 41, Florence 35, Mary J. 12, John J. 10, Sarah E. 9, Susan 7, William 5, Nancy 4, Francis 2, Martha 6/12, Sarah B. 11, Margaret 10

Schedule Page 106

ALLEN, Elijah 46, Nancy 40, Angelina 18, Emily 15, Cynthia 13, James 10, Margaret 6, Elizabeth 4, Russell 1
BEACH, George W. 16*
CAPE?, James W. 15*
COLLINS, George H. 51, Elizabeth 49

1850 Census Logan County Kentucky

CONERWAY, Sarah 26*, Samuel 22
CURTIS, John H. 48, Elizabeth 42, Reese 14, Elizabeth 2, John 1, _____ 1/12 (m)
GRISHUM, John 36, Adeline 26, William 6, Martha 4, Jane 2
KELLEY, Thomas 31, Susan F. 30, Mary C. 7, Joseph 5, John 2
LYNE, T. Nelson 40, Martha R. 33, Mary 7, Gillie 4 (f), Everet 1
MASON, Elizabeth 46, Catharine 23, Robert 21, George 19, Elizabeth 14, John 11, Jane 9, Benjamin 7
PENICK, Joel 40*, Margaret M. 36, Susan E. 16, Cassandra 14, Thomas W. 12, Ellen R. 7, Reuben B. 4
PURVIS, Francis T. 57, Emily 47, Mary T. 20, John Q. 18, Catharine 15, Sarah J. 13, William 11, George 9, Francis 5, Hiram 2
RICE, William G. 21*
SMITH, John 32*, Julia A. 31, Mildred 9, Mary T. 6, Ann T. 3
UTLEY, Gabriel 35*, Nancy 30, John 14, Lucy J. 6, Sarah M. 5, Eliza Ann 4, Gasson? 2
WILLIAMS, Joseph 52, Agnes 45, James 20, John 15, Henry 13, Phenea 11, Davis 9, Polly 7, Mahala 2
YOUNG, Sarah T. 53, Eliza S. 20, Joseph 17, Colby 14, Mildred 12, Robert S. 22
YOUNG, Richard 27*, Mary 25, Mary S. 5

Schedule Page 107

CAMPBELL, Thomas J. 26, Agnes S. 21, Emily A. 3, Margaret P. 10/12
CURRENCE, Elijah 26, Elizabeth 28
CURRENCE, William 50, Sarah E. 21, Mary E. 19, Maria F. 17, John S. 14
CURRENCE, Louis 21*, Elizabeth 20, Martha 7/12, Sarah 59
FLEMING, Hazel 33, Elvira 29, Mary E. 10, Nancy 8, John W. 6, Daniel 3, Francis 9/12
FORTNER, William 32*, Mary V. 28, Pleasant L. 7, John W. 5, Mary S. 2
GOUGH, Joseph H. 28, Mary M. 27, Joseph 5, Henry 3, Bertha 1
HOLLINGSWORTH, William K. 30*, Maria 32, Elizabeth 6, Joana 4, Thomas 2, John 2, Aria 1
MCLEAN, Andrew J. 45, Mary A. 26, Permelia J.? 12, Peyton 6, Tabitha 4
MILAM, Sarah 7*
MIMS, Hanna 45* (B), Mary J. 7, William 5, Angelina 5, Victoria 8/12
MITCHELL, Melicia 39, Martin 17, Benoni 14
SHANKLIN, John 28*
TALLY, Nathan 49, Mary B. 47, Samuel 25, George 22, Ann E. 20, Mary J. 19, Richard F. 16, Sarah J. 13, Susan 9, Virginia 7, Nancy E. 3
WARREN, James T. 33, Mary 33
WASH, Hugh 44*
WEBB, Benjamin 67, Susan 70
WHITLOW, John T. 29, Elvira 23, Christopher 5, Maranda 3, Isabella 22, Benjamin 17, Thomas 15, Marion 7

Schedule Page 108

ANDERSON, George 60* (R), Ellen 53
BUCHANAN, John N. 34*, Amanda M. 30, John W. 12, Mary E. 10, James T. 8, Missouri 5, Agnes 2, Sarah E. 5/12
CAMPBELL, Fletcher 37, Elizabeth 37, Alfred W. 16, James H. 7, George D. 5, Elizabeth 4, Sarah 2, _____ 24/365 (m)
CORNELIUS, Benjamin 27*, Jane 26, Mary 1
CORNELIUS, Wigiban? 53*, Tabitha 43, Henry 22, Catharine 22, Susan 16, Joseph 13
DANIEL, Charles 16*
FOSTER, Harriet M. 53*
HINCHEY, Louisa 14*

1850 Census Logan County Kentucky

HOLLAND, Jeremiah 44, Anna 45, Allen S. 17, Armilda 15, George M. 13
HOUSE, Jesse W. 27*
KENNEDY, Aaron 35*, Mary B. 36, Benjamin 11, John W. 9, Virginia 7
LEE, Washington 14* (R)
MAY, A. Elijah 36, Matilda 20, John W. 14, George W. 11, Mary S. 9, Martha J. 7, James M. 4, Elijah 1
MAY, Milton 31, Ealin? 31 (f), Mary A. 7, Catharine E. 6, George 4, David 2, Sarah 5/12
MORROW, Mary E. 21*, Mildred 7
PAGE, Leonard J. 55*, Theodocia 51, George 21, Lucy 19, Robert A. 17, John A. 14, Francis M. 11, David J. 9
PHELPS, William 48, Sarah 42, Mary F. 7, Laura 6, William 4, Sarah 2
SAUNDERS, William 44, Sarah W. 42, Joseph H. 18, John A. 16, Richard J. 14, Benjamin 11, Robert 8, Lucy 5, Matilda 2
SHOEMAKER, Berry 18*
WILLIAMS, Jesse 31*, Elizabeth T. 21

Schedule Page 109

BAGWELL, Smith 21*
BEASLEY, Berry 56*, Mary 45, Permelia 21, Sarah 20, Martha 18, Harriet 16, Mary 14, Amanda 12, Josiah 9, Susan 7, Berry 4
BURNET, Elizabeth 50 (B), Nancy 18
BUTT, David 60* (B)
DUNCAN, Martha 49, Martin 21, Jacob 18, Nancy 16, S. Bailey 11, Eitha 9
DUNCAN, William 26, Margaret 22
HARRIS, Elijah 31, Elizabeth 24, William J. 2, Jesse W. 1/12
HITE, Edward 47, Mary 46, Susan 21, John D. 16, Edward 17, Samuel 14
KING, James B. 23, Nancy 19
MALLORY, Hugh 53, Mary 45, Elizabeth 22, John 21, William 16, Ellen 14, Sarah 11
MOREHEAD, Armstead 41, Adeline 31, Martha 16, Richard 15, James W. 13, Samuel 10
MOREHEAD, Angelina 22* (B), William 5, Stephen 2
RHEA, Willis 19*
SAUNDERS, Alexander 29, Ann 30, Mary E. 8, Jack 6, Catharine 5, Jason 4
STATTON, Joseph 37, Mary 32, Ann M. 12, Robert 9, Martha 5, William 3
TANNER, George 58, Nancy 55, Eliza 28, Amanda 24, William 18
TAYLOR, G. 1 (m)* (B)
TUPANCE, Petsey 40 (B), John 9, Jane 5, Amanda 2
WHITSON, Elijah E. 24, Ellender 24, Susan E. 3, Richard 1
WHITSON, Elijah 25*, Martha A. 23, John F. 3, Milton H. 2, Elijah 3/12

Schedule Page 110

ADAMS, Samuel G. 43, Frances 42, William 21, George 19, Mary E. 16, Matthew 14, John 9, Philip 3, Emeline 1
DUVALL, Joseph 32*, Elizabeth 26, Sarah 8, Ann 6, John 4, Norris 1
GODDARD, John W. 51*, Rebecca 34, William 6, Sarah 4, Eliza 2
HALL, John C. 26, Harriet 23
HALL, Micajah 50, Harriet 51, Eliza 18, Susan 17, Jane 16, William 13, Marimar 11, Rebecca 6, Taylor 4
HENDERSON, James 32, Sarah 32, James 10, David 8, John W. 6, Martha 2, William 5
HOLLAND, John W. 20, Ann 16
JOHNS, Nancy P. 14*, Polly 13, Demcy S. 11 (f)

1850 Census Logan County Kentucky

KING, John 59, Rachel 58, Robert 37, Martha 17
MOTSINGER, Elijah 45, Lucy 49, John T. 19, Samuel L. 16, Martha G. 13, Matthew 12, Rebecca 10
OGELBY, Wade H. 31, Elizabeth 31, Richard M. 5, Rutledge 4, Demancus 2, Joseph 1/12
RICHARDS, Thomas 50, Ann 45, Claudius 21, Joseph 18, Susan 17, Marcus 15, Claiborne 13, Elizabeth 11, Amanda 9, Thomas 8, William 6, Benjamin 2
SEARS, Andrew 32, Mary 32, William 12, James 9, Lucy 6, Martha 4, Jefferson B. 2
WHITESCARVER, George 28, Isabella 20, Joella 1
WINSTON, James 60, Lucy 58, Alice 30, Olivia 15

Schedule Page 111

COMSEY, William 43, Elmus 41 (f), Henry C. 19, Presley 18, Martha 16, Ceolia? 15, James 14, Emeline 12, Eveline 12, Elmus 10 (f), Pinkey 5, Harrison 2, Munroe 1/12
COMSEY, Anderson 39*, Matilda 32, Nancy J. 9, Elizabeth A. 7, Penelope 5, Philip 2
DUVALL, Dennis P. 33*, Mary 24, Susan C. 8, Amelia 6, Elizabeth 4, Eliza 1
JESSUP, Asa W. 39, Sarah 36, Jemima 16, David W. 14, John J. 12, Patsey J. 9, Elijah J. 5, Henry R. 3, Sarah 8/12
JOHNSON, John 66, Ceolia 60, Joseph 32, Lydia 20
JOHNSON, Jonathan 26, Elizabeth 26, William 4, Mary 1
JOHNSON, Joseph 67, Jemima 58, James 37, John C. 34, Joseph T. 26, Benjamin 24, Samuel 21, Ely 18, Seth 13, Betsy 16
JOHNSON, Russell 28, Mary T. 28, Mary J. 3, Sarah E. 1
KELLY, John B. 22*
MASON, Margaret 20*
MOORE, Sarah 45, Charles 21, Hiram 19, Mary 14, James 13, Sarah 11, George 8, Susan 4, Elizabeth 2
RAGER, Peter 14*
RATLIFF, Constant 29, Mary 29, John 10, America 8, Lycurgus 7, Nancy 5, John 62, Nancy 64, Ailey 15
SHARP, Elizabeth 63, Nancy 24, Elizabeth 19, Jefferson 13, Anthony 13
WHITLOW, F. M. 7 (f)*

Schedule Page 112

BLAKE, Howell 22, Martha A. 23
BLAKE, Samuel 62*, Amy 58
BRANNUM, Elvira 55, Samuel 8, Elizabeth 2, Mary 11/12
COMSEY, Chastain 36*, Elizabeth 22, Cardwell M. 4, Ephraim 2, Hiram W. 2/12
CRAFTON, William 20, Joseph 17, Martha 16, Isacia 13 (m)
HOGAN, Newton 6*
JESSUP, Jonathan 28, Mahaly 27, Docia 1
JOHNSON, James 50, Martha E. 38, Henry F. 19, Abner P. 18, Sarah R. 16, Maria A. 14, Sherwood W. 12, James W. 10, May T. 6, Joseph R. 3, Martha E. 2
MCKINNEY, George 52, Phoeby 47, William 27, Mary 17, Martha 15, John 12, Susan 9, Isabel 5
MCPHERSON, John 58, Phrebecca 51, Jacob 22, Elijah 20, John 16, Nancy 13, Jesse 9
MOORE, William 25, Hanna 26, William 4, James 2
NEWTON, Hillery 35, Elizabeth 29, John 11, William 9, Franklin 6, Abraam 4, Jacob 1
PAYNE, James R. 24, Sarah 25
RAGER, Nancy 41, Elizabeth 16, Martha 11, Samuel 4
RAGSDALE, Stephen 62, Nancy 59, Hamilton 28, Vianna 32, Emily 24, Mary 18
THOMPSON, William 40, Caroline 40, William 18, Martha 16, George W. 18, Mary A. 14, Elizabeth E. 12, Ephraim 10, Christopher 7, Nancy K. 4, Mansfield 2

1850 Census Logan County Kentucky

Schedule Page 113

ARNOLD, Samuel 21
BROWNING, Angalina 38, Elizabeth 15, Mary Ann 13, William 10, David 8
BROWNING, Sarah A. 13*
CRABTREE, Margaret 14*
DANKS, John 34, Mary A. 25, Elizabeth 5, Nancy J. 4, William A. 2
DUVALL, Claudius 82, Elizabeth 69, Presley 36, Benjamin 29
EDGAR, Sosia 38 (m)*, Jemima 26, Sosia 8/12
EDWARDS, Benjamin 31, Sarah 29, Presley 5, Ellen 3
FITZHUGH, Mary 29*, Sarah R. 4, Eliza A. 3, William 1
HANDERSON?, Elizabeth 35, Nancy 10, Bickey E. 9, Susan A. 8, Sarah 6, Margaret 4
HARRIS, Robert 34*, Emiline 31, Amanda 12, James 4, Martha 3
LYON, John 17*, Charles 15
MANXY, Shelton 33*, Polly 26, Thomas A. 6, James F. 5, Matilda 4, Richard 1
PENROD, Solomon 49, Rebecca 51, Arrenia 22, Maria 18, William 16, George 13
RUSH, Martin 32*, Elizabeth 8, Mary S. 5, William 1
SHARP, Anthony 37, Lurania 35, Mary E. 10, Amanda E. 8, Abraham 5, Jane 3, James 6/12
THORNSBURG, Thornton 43*, Martha 32, Elizabeth 12, William 10, Wesley 8, Presley 6, Samuel 3,
    Bradford 1, Wallace 1, Frances 46
TRICE, John 50, Ann 49, Frances 21, John W. 20, Thomas 17, George 13, Henry Clay 10, Oliver S. 7
WHITESCARVER, Robert 24*, Mary E. 21, Philip 1
WILLIAMS, Charlotte 25*
WILSON, James C. 21, Mary J. 22, Margaret M. 3

Schedule Page 114

ARMSTRONG, John 24, Delia 23, Leonard 1
ARMSTRONG, John 50, Sarah 43, W. Henry 17, Robert W. 16, Frances M. 14, James 12, Susan 7, George 5,
    Ann E. 2
CLEAVINGER, John 36, Harriet 28
CLEAVINGER, Asa 62*, Rebecca 60, Asa E. 23, Nancy 20, David 18, Jacob 15, Enos 34
CRESSAW, Henry P. 70*, Anna P. 69
DOYLE, James W. 27, Mary A. 22, Seth C. 2, John F. 3/12
DUNCAN, Ephraim 29, Tebitha 22
DUNCAN, Thomas 40*, Juliet 11
FRAZIER, James 18*
GOODEN, Edward R. 27, Mary A. 21, Samuel 34
GOUGH, Sylvester 30, Sarah C. 25, Elizabeth 7, Samuel 4, George 11/12
GRINTER, Mary 44*, William 10, Lavinia 12, Henry Q. 7, Oscar 5
HARRIS, Igre? 73 (m), Martha 45, Elizabeth 43, Thomas 28, Mary 26
KELLY, Winny 18*
NEWMAN, Thomas 26, Sophia 23, Charles M. 4, Mary E. 2, Martha F. 1/12
PAGE, Robert L. 32, Nancy 32, Elizabeth 8, Sarah C. 6, John W. 5, Mary 3, Jane 3/12
STEEL, Frances A. 16*
STELL, James A. 7*
TEMPLEMAN, John 31, Margaret 20, Matthew 1
TOLER, Henry A. 9*
VOLENTINE, Henry 43*, Martha 30, thomas P. 10, Ishmael 9, Nancy C. 7, Romulus 1
WILLIAMS, Christopher 31, Elizabeth 30, Juliet A. 7, John B. 5, Margaret E. 4, William W. 1

1850 Census Logan County Kentucky

Schedule Page 115

ADDISON, John 32*, America 24, Mary J. 7, Henry C. 4, J. Cardwell 3, Jos. Garrett 4/12
BOWERS, John 36, Jane 28, John W. 9, Charles 7, George W. 5, Mary M. 3, _____ 19/365 (m)
BRYANT, Margaret 24*
BURGHER, William 63, Benjamin 27, Charles 21, Cynthia 17, William 16, Daniel 14, Elizabeth 13
FOSTER, Thomas 46, P. Elizabeth 40, George A. 20, John D. 18, Maria R. 14, Mary J. 9, Susan M. 2
GORHAM, Derious 21*, Sally 26
GRINTER, John 66, Nancy 54, Elizabeth 31, Thomas 22, Martha 20, George 20, Nancy 16, James 14
GRINTER, Samuel 52, Nancy C. 51, Sarah J. 28, Elizabeth 16, Robert V. 14, Adeline 12, Daniel W. 10, Elizabeth Hill 72
HEARDY, George A. 25, Catharine 24, George 1, Sophia 52, Elizabeth 17, Solomon 14, Edmond 12
HEARDY, John 24*
LONG, Gabriel 44*, Susan M. 32, Mary V. 11, John F. 7, G. Slaughter 5
SAFFRANS, John 45, Elizabeth 40, Malvina 12, George M. 9, W. David 7
SHOULDERS, Charles 19*, Elizabeth 60
SHUMATE, Marcus D. 53*, Frances 35, Albert 8, William 6, Margaret 2
SIMONS, William 50*, Eliza 42, Martha E. 22, Rebecca 15, Sinia 13, Nancy 10, Susan T. 3, Christina 11/12
TROUT, Joseph 34, Lucretia 33, John 11, James C. 10, George M. 8, Mary E. 5, William 3

Schedule Page 116

ALLEN, Elijah F. 19, Mary J. 20
ALLEN, James M. 44, Maria 37, Thomas J. 10, Benjamin 6
CAMPBELL, William H. 23, Ruth C. 23, Ann 1, John W. 8/12
CAMPBELL, Robert 30*, Mary 31
CAMPBELL, Robert 67*, Matilda 58, Newton 21, Matilda 17, Rebecca E. 28, William 10, Cassandra 6, Robert 4, James 5/12
CARTER, Harrison 40*, Ann 18
GRINTER, James P. 50, Sarah 49, Nancy 25, Thomas 21, Sarah 18, John 13, Susan 12, Catharine 10
GRINTER, James 31*, Nancy 33, Thomas 7, Lucy 5, Theodore 3 (f)
HAWKINS, James 50*
HUNT, William C. 27, Ann 27, John M. 6, Calperny 4 (f), Amanda 3
JOHNSON, William 30*
MCNEAL, Jane 36*
MCNEAL, Patience 65*
MILAM, Calvin 41, Mary 29, Finis 7, Virginia 6, Jane 4, James W. 2, John J. 5/12
MILAM, Jane 46*
ONEAL, Cherry F. 38*
PAGE, Margaret M. 20*
PARRISH, Polly 14*
SAUNDERS, Reuben 73*, Elizabeth 70
SAUNDERS, Samuel 37*, Mary 24, George R. 14, James T. 13, Martha A. 12, William H. 7, Hugh R. 5, Nancy C. 4, Dillard 2, Reuben 6/12
SHORTA, Abraam 47*, Susan 50, Louisa 14, Edward H. 12, Susan 10, Atheanna 8
STROUD, Beverly 26, Lucy 26
TUNSTILL, Eliza 42, Amanda 19, Harriet 16, John 15, William 13
TUNSTILL, George A. 23*, Medora P. 18, Rosa A. 1

1850 Census Logan County Kentucky

Schedule Page 117

BEASLEY, Dillard 28, Mahaly 26
EDDINGS, Abraham 1*
FEAGINS, Edmond 30, Artilda 21
FEAGINS, George 69, Rachel 60, Providence 23, M. Vorte 17, Elvira 21
FEAGINS, Henry 33, Temperance 34, Nancy 13, Charles 10, John 7, Mary C. 5, Mary 55
FEAGINS, William 53, Jane 50
GILLIAM, Hiram 45, Nancy 44, John C. 21, Marion F. 20, William 16, Sarah 13, Walter 11, Mary 9, Hiram 7, William 4, Thomas 4
HOLLAWAY, Catharine 50*
HUNT, Josiah J. 25, Nancy 31, Matilda J. 3, Saraphine 2, Margaret 4/12
LYON, James 47*, Priscilla 50, Cornelius 18, Calvin 15, Robert 11
PAGE, Alfred M. 37, Ann R. 36, Jefferson 14, Matilda 12, William 9, Thomas 6, Wilson 5, Frances 2, Mary 2/12
PARRISH, Henry 16*, Frances 15, Martha A. 11, Isam W. 10, Mary E. 8
PURDY, Alexander 49, Elizabeth 53, Caroline F. 23, Benjamin 19, William 16, Martha 13, Nancy 10
RUDDELL, Jefferson 20, Elizabeth 22, Elvira 15/365
SAUNDERS, Robert W. 29*, Sarah 38, Agnes J. 4, Caledonia 2
STEELE, Isaac 37, Isbella 33, W. Dudley 8, James J. 6, Moses W. 4
STEELE, Moses 34, Polly 30
WHITSON, John 55*, Susan 55, Elizabeth 18, Franklin 17, Harmon 15, Harriet 14
WILLIAMS, Hester 4*

chedule Page 118

BIBB, Benjamin W. _ (B), Susan 55, Margaret 16
BIBB, Charlotte _ (B), Charles _, Robert _, George W. _, Benjamin 5, Lucy 3
BIBB, Eliza _ (B), Henry 13, Susan 10, Ann E. 8, Maria 6, Nelson 3, Alexander 6/12
BIBB, Ephram 21 (B), Eveline 17
BIBB, Frank 40 (B), Agnes 35, Winney 25, Rachel 30, Osland 16, Keziah 13, Mary 11, John 2, Nancy 2/12
BIBB, Stephen 40 (B)
BOW, Daniel 23 (B), Matilda 30, Ann 14, Harriet 12, Mary E. 10, Frances 67, Amanda 6, Lucy 3, Hester 5, Matilda 2
CAMTHERS, Rebecca 64*
CARNEAL, Lucy A. 36, John W. 11, Virginia 10, Mary E. 8, Charles 6, Martha A. 4, Hughes 1
CARNEAL, Elijah 38*, Mary Ann 37, John H. 15, Sarah J. 14, Parthene E. 9, Martha M. 7
CARNEAL, Littleton 49*, Elizabeth 39, Thomas 17, William 13, John 11, George 8, Elijah 5, Mary 3, Amelia 5/12
GRAY, Mary S. 15*
KENNEDY, David 43 (B), Elizabeth 38
KENNEDY, Edward 27 (B)
KENNERLY, Philip 30*, Amanda 25, Ely Jane 6, P. Walton 4, Mary J. 2
KIRTLEY, Almira 37, Cassandra E. 17, James H. 12
RUSH, Samuel A. 11*
SPAULDING, John 12*
WEBB, Francis J. 23*, Rebecca 21, John W. 3, Mary 14/365
YEATS, William 43, Cassandra 42, George H. 21, James H. 19, L. P. 17 (f), Sarah 13, Susan C. 1

1850 Census Logan County Kentucky

Schedule Page 119

EPLEY, Daniel 42, Amanda 42, William 17, Mary S. 12, James 10, John 8, Lewis 6, Amanda 2
GRAHAM, Martha 57, Lewis 28, Cassandra 32, Mary 20, Martha 1
HARVERSON, Nancy 50, W. W. L. 19 (m), Maria E. 17, Thomas 16, Hiram 10
HARVERSON, Woodson 20*, Lorinda 32, Mary S. 7, Amanda 5, Hiram 4, James C. 3, John H. 1
HAYS, Cornelius 26, Catharine 20, Sarah C. 3, William H. 1, Amanda 2/12
HAYS, Jeremiah 23, Frances 22, John W. 9/12
HEADY, Christopher 29, Amanda 24, Sarah M. 5, Mary J. 1, Columbia 4/12
HUNTER, E. N. 20 (m), Rachel G. 20, William 8/12
NASH, Thomas 50, Sarah W. 36, Martha J. 10, Susan E. 8, George W. 5, Sarah 3
RAMSEY, Jeremiah 31, Lucinda 31, Mary Ann 10, Sarah J. 8, William 7, Zerril 6, W. Thomas 7, Matthew 3, Joseph 1
RAY, James 28, Ann V. 22, George D. 5, Henry M. 3
RAY, William 29*, S. L. A. 20 (f)
STANLEY, Ambrose 29, Mary G. 24, John W. 4, Maria B. 3
VINCENT, Rachel 34, Catharine 8, Margaret 6, William 4, Lucilia 2, Samuel 38
WARD, Wallace 50, Elizabeth 46, Whisel 18, Nancy E. 14, Conrad 12, George 6, Susan 4, Henderson 35, Nancy 70
WHALEY, John 62, Polly 60, William 14

Schedule Page 120

DICKERSON, Bushrod 27, Ann 21, Robert 7/12
DUNN, J. B. 46 (m), Eliza 47, James 24, M. 20 (m), Minerva 18, Charles G. 16, John N. 13, Martin C. 10, E. Healand 6 (f)
EPLEY, John 47*, Maria 38, David W. 17, Thomas 13, Daniel 11, Robert 10, James B. 8, Andrew 7, George W. 6, _____ 5/365 (f)
GIBBS, George B. 34, Louisa 24, Mary A. 4, McTerry 1
HENRY, Robert 50, Nancy 49, William 25, Sarah J. 23, Samuel J. 20, Margaret 17, Robert R. 12, Nancy S. 8
LETT, Drewry 59, Mary 44, Samuel 20, John J. 19, Mary J. 17, Julia 15, thomas 12, Adeline 11, Lucy 9, Green 6, Roberta 3
MIZE, John P. 45*, Margaret 6, John 5, Martha 3
MOODY, Caroline 28*
RICHARDSON, Morgan 54*, Mary 55, Watson 24, George 23, John 22, Jessee 22, Martha 17
SYONS?, James 39, Lemanous? 30 (f), Mary C. 9, Laurania 5, Nancy 7, Sarah 9/12
TINSLEY, Andrew 27, Sarah 17, George W. 17
WHITESCARVER, Adeline 38, Sarah 14, C. George 13, Mary C. 11
WHITESCARVER, Harmon 39, Milly B. 31, Robert 24, Lucy M. 12, Reuben 10, George 7, Martha 5, Sarah 3, Elizabeth 6/12, Sarah 50

Schedule Page 121

BREATHILL, Eliza 38 (B), Catharine 21
BROWNING, Gillian 61 (f), Sarah 21, Charles R. 20
BROWNING, Elijah 22*, Sarah 23, Lucy M. 2, Ann E. 6/12
BROWNING, Isaac 69*, Sarah 44
DUNCAN, Benjamin 40, Grace 29, John 9, Elizabeth 7, Sarah 5, Z. 3 (m), Nancy 1
DUNCAN, James A. 23, Samuel 21
DUNCAN, John 73*, Elizabeth 64, John B. 42, Sarah 36, Milly 33, Nancy 20, Susan 19

1850 Census Logan County Kentucky

DUNCAN, William 24*, Amanda 20
FITZHUGH, Thomas 7*
GORRELL, John B. S. 29 (m), Polly Ann 26, Caroline 6, Sally 4, James 9/12
GORRELL, W. S. 20 (m)*
GUPTON, Chesterfield 27, R. Jane 26, Martha A. 1
HARPER, William 24 (B), Mary 8, Eugene 2, William 4/12
HINES, George W. 26*, Frances 23
HINES, John C. 35*, Eliza J. 31, William M. 4, Ann E. 1
JENKINS, Julia 13*
KELLEY, Matthew 21, Ida 30
KENNERLY, Benjamin 24*
MANZY, James 74, Louisa 42, George 22, Polly 19, Permelia 12, Lucy 9, Henry C. 4
MARCUM, Edmond 31, Barbary 28, James 7, Rebecca 5, Nancy J. 4, Benjamin 1
PEART, Cassandra 16*, Columbus 3
RUST, Henry 17*
RUST, William 23*
SUTTON, Thomas 54*, Nancy 52, Catharine 19, E. Jane 16, Martha 13, Susan M. 8
SUTTON, Darcus 65* (B)
WESTER, Turner 30*, Elizabeth 25, Sarah 3, Matilda 2, Ceolia J. 1

Schedule Page 122

BARROWS, Charles M. 57, Prudine 44, Cassandra 24, Rebecca 20, Lewis M. 19, Elizabeth 16, Nancy 13, James T. 11, John F. 8, Isaac N. 2
COLLINS, Robert E. 44*, Nancy 38, William 6, Lucy A. 2
COURSEY, Robert M. 36, Martha 25, Elizabeth 9, Eliza 7, William 3
DUNN, Darcus 74*
DUNSCOMB, D. Shephard 34, Mary 31, Ann E. 8, Samuel 6, William 4
EDMONSON, W. F. 43 (m)*, Elizabeth 44, John K. 13, Flournoy 11, Decatur 10, Samuel 7, Elizabeth 2
ELY, Samuel 54, Julia F. 49, John 18, Mary 14
HARTIS, Mary 32*
HEARTIS, Henry 27, Ellen 21, Margaret 3, Martha 1
HODGE, Samuel K. 44*, Sarah 51, Alexander 17, Elvira 15, Margaret 12
INSCOE, David 45*
LAWSON, Ely P. 48, Martha 40, Efry M. 20 (m), Susan 18, John W. 16, William 13, Mary V. 6
MIZE, Lucy E. 9*
OKEITH, Patrick 30, Jane M. 27, Washington 13, Martha 9, Mary 6
SIMMONS, George E. 22*
SIMMONS, George H. 37*, Elizabeth 32, James L. 10, John W. 8, Mary E. 6, Robert H. 5, George G. 1
WHITESCARVER, Charles 33, Catharine 24, John 8?, Robert 7, Sarah 3, Susan 10/12
WILLIAMS, James J. 32, Elizabeth 36, Sarah C. 12, Mary 10, Lucy E. 7, Amanda J. 6, Samuel J. 5, Thomas J. 4, Susan 1
WILSON, Richard 23, Lucinda 20, Samuel 8/12

Schedule Page 123

ARNOLD, Sanford 26, Elizabeth 20, Philip H. 1/12
ARNOLD, Jackson C. 29*, Susan 24, Martha J. 5, James H. 3
ASHER, Benjamin C. 57, Elizabeth 51, Polly A. 20, Elmira 18, James R. 14
BOWEN, John L. 23*

1850 Census Logan County Kentucky

BRIGGS, George 49, Nancy 49, Frances 18, Elizabeth 15, Jane M. 13, William 12, George A. 10
BROWNING, Ceolia 37, Mary J. 17, Gillia A. 15, Robert 11, Isaac 9, Sarah 7
DANIEL, Richard 14*, Adison 13
DUNCAN, William 26*
DUNN?, Lewis 35*, Elizabeth A. 14, Edwin 13, George L. 6, Divcus? 4 (m)
GIBBS, Luranna 34, William T. 18, S. L. 15, Nancy 13, Maria 12, Calup 10, Martha 9, James 8, E. 6 (f), Mary S. 3
GIBBS, Frank 19*
GUPTON, F. 24 (m), Mary A. 22, Susan J. 1
GUPTON, F. W. 30 (m), Dolly 35, Amanda M. 6, Geo. T. 5, Thomas C. 4, John 7/12
GUPTON, Turner 54, Temperance 54, Mary J. 16
KENNERLY, Philip M. 26, Sarah J. 19, John R. 2
KENNERLY, James C. 56*, Catharine B. 43, Maria H. 18, Henry C. 13, George S. 10, Catharine 9, Susan V. 1, Thomas S. 4, James 2
MCRUNNELS, J. A. 25 (m), O. 28 (f), W. H. 3 (m), Ann E. 1
MORGAN, Benjamin 20*
POWELL, Stephen 28*, Elizabeth 23, John 2
THOMPSON, James 36*, Mary J. 31, John C. 9, William 5
WILLIAMS, Jesse 60, Lucy 54, Benjamin F. 30, Julia 22, Henry 20, Sarah 17, Mary 13
WILLIAMS, Uria 28, Mary J. 26

Schedule Page 124

ARNOLD, John E. 54, William 23, Sarah 16, Catharine 14, Juliet 12
BLAIR, A. M. 29 (m), Martha 28, Mary 8, Samuel M. 4, Harriet 2
CRABLE, Reuben M. 10*
DAVIS, Benjamin F. 40, Jane 26, Mary E. 3, Joseph 1
DINNING, Hugh 51, Wineford 53, John J. 20, Dudley 12
GIBBS, Elizabeth 34, Virginia 7, Louisa C. 3
GIBBS, William S. 19, Elizabeth 18
GIBBS, Ann A. 12*
GIBBS, Jane 15*
GIBBS, Malisa 18*
GRICE, William 28*, Martha 26, Jane 6, Henry E. 3, James W. 5/12
HILDERBRAND, Joseph 54, Nancy 53, James M. 19, Fanny 18, Joseph B. 15
HILDERBRAND, Alfred 28*, Rosa 25, Mary J. 4, Nancy 1
JAMES, James 24*, Elizabeth 26, Harriett 3, Martha 3
MANZY, Elizabeth 36, Lafayette 15, Henry 13, Morrow 10, Virginia 7, John 4
MILAM, Jervis 45, Elizabeth 42, Preston 17, George W. 15, Mary J. 14, Angeline C. 13, Julia A. 9, Micajah 8, Eliza J. 6, Nancy E. 3
NEWMAN, Westley G. 29, Winiford 29, Thomas 8, Micajah 7, John W. 5, Mary E. 4, Walton 5/12
PENROD, Solomon 71*, David 16, Tabitha 17
PENROD, William 23*, Emily 22, Rebecca 2, Nancy C. 1
TERRY, Micajah 67*, Polly 63, Letha 35, John 33, Fanny 31, Andrew 20

Schedule Page 125

ARNOLD, E. W. 24 (m)*, Caroline V. 21
BAUGH, John 79, Elizabeth 69, George N. 21
BOOKER, Samuel 42, Mary 39, M. V. 9 (f), M. E. 7 (f), Martha J. 4, William R. 1

1850 Census Logan County Kentucky

BOUGH, Levy M. 25, Nancy 22, John L. 5/12
BOWEN, John W. 44*, Ann 44, Jacob K. 13, Rebecca A. 11
DALEY, Lucinda 20*, Louisa 4
DEARMOND, James W. 37*, Mary 36, Thompson 11, Samuel 10, William 8, Thomas 6, John 1
DEARMOND, Samuel 30*, Cornelia 24
FLEMING, David L. 27, Polly 26, Lydia E. 2, George T. 7/12
PENROD, Jane 12*
POGUE, George W. 81, Sarah 54, George W. 24, Louisa 20, Luanna 4
POGUE, John W. 34, Mary 41, Hiram 13, William 10, Sarah E. 8, Mary 5
RECTOR, Thornton 33*, Sarah 18, Alexander 29
RIDDLE, Anderson 32, Amanda 32, Mary E. 5, John F. 3, Martha 11/12, William 3/12
RIDDLE, Mary 60, John 34, Mary 18, Sarah 17, Samuel 16
THOMPSON, William 38, Sarah 38, Henry 13, Elizabeth 10, John J. 8, Francis M. 7, Martin 7, Eliza J. 4, Nancy J. 2, William B. 1/12
UNCIL?, Nancy 16*
WILLIAMS, Redford G. 34, P. A. 32 (f), Sarah E. 10, Ann E. 8, Charles F. 6, Dixon B. 3, Mary F. 1
WILSON, Thomas 28, O. 21 (f), Henry H. 2, John 1/12
WILSON, John 25*

Schedule Page 126

BAUGH, Bartlett 41, Elizabeth 40, John 17, William A. 15, E. Virginia 14, Lewis B. 11, Sarah C. 7, Nancy J. 6, George M. 4, Angelina 1
BRIGGS, David 25, Sarah M. 26, Lucy F. 3, George W. 3, Benjamin 1
COX, William 57, Holland 43, Nancy 24, Benjamin 21, William 16, M. 14 (f), Elizabeth 12, Grigsby 10, Cassandra 6
DAVIS, Henry 53, Louisa 45, Joel 23, Albert 18, Chesterfield 17, Greenfield 14, America 13, John 7
FITZHUGH, Mary 49*, John H. 10, Lydia 7
FITZHUGH, Mary E. 12*
HARDISON, Alexander 44, Rebecca 39, A. Burrel 14, John 11, Nancy 10, James 7, Sarah 1, Thomas 15
HARDISON, John 34, Anna 31, Alexander 12, Gabriel 10, Jacob 8, Susanna 6, Harriet 4, Amanda 3, Lucinda 1
KELLY, Marion 15 (m)*
LANDZWOOD?, Jacob 6*
LYON, Abraham 28, Eliza 22, Lafayette 3, Lucinda 2, Frances 6/12
LYON, Abraham 66, Mary A. 63, Ellen 35, K. 2 (f)
RAINWATER, Polly 50*, Elizabeth 22, William 20, Maria A. 18, Mary J. 14, Isabella 11, Susan 8
STEWART, Cassandra 61*
SUTTON, Francis 25*, Rebecca B. 22, John W. 4, William 1, E. M. 5/12 (m)
TERRY, James 43*, Nancy 36, Mary 16, Cassandra 13, Emily 11, Thomas 9, George 6, Luan 4, Burr 2/12

Schedule Page 127

ARNOLD, Ayres A. 41, Margaret 28, George F. 12, James 45
ARNOLD, John D. 43, Sarah A. 37, Rebecca 15, Sarah 13, Martha 11, Samuel 9
BROWDER, Sarah B. 42, Richard C. 20, Martha 14, Ermine 11 (f)
CARTHY, Elizabeth 61
CHUB, Robert 85* (B)
GARRETSON, Jane 70*
GORIN, John 54, Eliza 47, Jane 18, P. Ella 14, John Curran 9

- 139 -

1850 Census Logan County Kentucky

GRABLE, J. W. 46 (m), Mary 44, Jane 20, Malinda 17, Chesterfield 14, Cordelia 9, Rebecca 7, Martha 4
HARDIN, Polly 81*
HARDISON, Asa 42, Fanny 34, George H. 20, Robert 17, Asa L. 16, Mary 13, Ann E. 10, Sarah 9, Martin 8, Vestin? 4 (m)
HULL, Alexander __*
JONES, Robert 6*
KING, J. Peyton 37, Eliza 27, Mary J. 10, John R. 8, Samuel 5
MCDOWEL, Joseph 45, Lean 44, Mary 18, Owen 4
MEDLOCK, A. J. 35 (m)*, Elizabeth J. 24, John D. 10, Louisa J. 7, James R. 6, Harriet 3, Sarah 7/12
RAY, Jerry 54, Aurel 52 (f), Jemima F. 18, Docia 14, Jeremiah H. 11, Lean 7
ROGERS, William 28, Martha 24, Henry W. 2, Thomas 7/12
TEMPLE, Lucy 80* (B)
THRIFT, Harriet 60*
WILLIAMS, W. J. 36 (m), Eliza J. 34, Robert H. 13, Mary V. 11, John G. 9, H. 7 (f), Leanora 5, William 3, Amanda 1
WRIGHT, Larkin 70*

Schedule Page 128

BAILEY, Edwin 35, Lucy M. 32, Nancy 6, William H. 5, Josephine 6/12
BAILEY, Peyton H. 70, Nancy 66, Harriet 45
BROWN, Nancy 46*, William 21, Henry 18, John 16, James 12, George 9, Ann E. 7, Hezekiah 5
CLEVENGER, Uriah D. 27*
DOYLE, John 67*, Malvina 39, Luther M. 17, John C. 15, America J. 12, Virginia A. 10, George W. 7, Granville M. 5, Benton C. 3
EDWARDS, George T. 31, Margaret 26, Hester 7, Caroline 5, Betty 2/12
HEAD, Tavanah? 52 (m), Frances 43, William H. 23, Elizabeth 18, John N. 20, Thomas E. 15, Mary R. 12
HOCKERSMITH, Elizabeth 49*
JOHNSON, Jeremiah 29, Ricey Ann 26, Nancy L. 8, Judah A. C. 4, John W. 1
LONG, Billy 44 (B)
LOVING, Ellen 41, Frances 17, Isabella 12, Henry L. 10
LYON, William 37, Hannah 34, George 19, Elizabeth 12, Benjamin 11, James 9, Martin 7, William 6, Martha 4, Richard 1
MCDOWEL, William 48, Sarah 45, James P. 25, Sarah 16, Thomas L. 20, Elizabeth 16, Joseph D. 12, John W. 10
PAYNE, Jerry 58 (B)
RITTER, Burrel C. 40, John F. 15, Berry R. 11, Clarke E. 9, William D. 8, Flora 5, Betty 4, Editha 2, Preston H. 54, Mary 53, Martha A. 17, George 14
VANDERFROW, Mary 26*
WILGUS, Asa 34, Violet 44, George A. 11, Joshua 8, Angelina R. 4

Schedule Page 129

BOWERS, James 25, Jane 19, Mary S. 1
CARPENTER, Sydnia 44, Clinton 17, Rachel 15, Susan 12, Mary A. 10
CRANE, George 25, Susanna M. 27, James T. 5, William 4
CRUTCHFIELD, Lotsey 47*
DILLON, John H. 29, Gillia A. 26, Mary E. 4, Elizabeth S. 3, Robert H. 1, Bradford M. 27, Nancy 34
FRAZZILE, Joel 47, Mary 34, Bowling G. 20, Mary 17, Margaret 14, John S. 13, Ebenezer 10, Virginia 6, Cassandra 1

1850 Census Logan County Kentucky

GIVENS, Samuel C. 43, Sarah E. 23, George T. 18, James F. 17, William A. 15, Emily J. 13, Isabella W. 11,
  Mary W. 10, Samuel C. 7, Richard T. 1
GRAHAM, Eli 37, Priscilla G. 22, Sarah E. 4, Thomas 1
HARDY, Richard 31*, Sarah 27, John H. 5, James 2
NEWTON, John G. 62, Mildred 48, Margaret 13, Susan E. 11, Judy M. 4
STANLEY, James 24, Sarah 21, Lucy F. 1
STANLEY, Joel 58, Lucy A. 45, Thomas 19, John 15, Elizabeth 13, Cordelia 8, Henry C. 7
STROUD, Jol? 54 (m), Martha 47, Mary M. 23, Martha A. 14, Eliza R. 11, Elizabeth Z. 11, Grigsby R. 9
THORNSBURY, Thomas 59, Matilda 56, Barchia 23, Dallan? 20 (m), Elizabeth 17, Richard 15, Armstead 12
VALENTINE, Nancy 77*
WHALEY, Charles 32*, William 17
WILKERSON, Savannah 18*

Schedule Page 130

ADDISON, Jonathan 56, Malvina 25, Sarah 20, Nancy 18, Elizabeth 16, Thomas 21, Henry 15, James 13,
  Richard 11, Gideon 8, Harriet 6, Jane 4
BASS?, Jerry 50* (B)
BLAKEY, George T. 26*, Sarah E. 22, Susan 4, William 1
CHASTAIN, John 48*, S. H. 44 (f), Sarah F. 13, John 8
CLINTON, Thomas 29, Hester 23, Lantilla 2, Choctaw 1
DAVIS, Phlemon 28, Martha 27, Tavanah 6 (m), Mary 5, Henry 4, Orietta 2
FLETCHER, Laravus 45, Milly 45, John C. 18, James A. 15, Susan 9, Willie R. 6, Malinda J. 3
FLETCHER, William C. 23, Fanny 21, Sarah J. 1
FRY, Lucinda 25*
GAUTIN, Nicholas 20*
GOLLADY, Jacob S. 30*, Elizabeth S. 22, John W. 2
HARRIS, E. P. 3 (m)*
HEARDY, Solomon 65*, Sarah 51, William 27, Martha 22, Martha A. 20, Thomas 17, Mahaly 14, Edward 5,
  Lummis 1
INMAN, Isom 30, Adaline 19, Harriet 1
JESSUP, John 30*, John 4, James 3
JOHNSON, Henry M. 20*
PORTER, Ambrose 21, George A. 19, William 11/12
RAGER, William 24*, Harriet 25
TERRY, Sarah B. 20*, Myrtella W. 17, Rebecca H. 14, Patsey C. 12
TILLER, James 47, Mary J. 26, John 19, Lucy 12, Emily 2, Elizabeth 1?
WASHINGTON, William A. 48*
WOOD, Harris B. 30*, Edith H. 23, Brewer A. 6, Rebecca A. 2, James J. 8/12
YOUNG, George 75*

Schedule Page 131

ABSHA, John H. 26*
ARNOLD, Samuel 63*, Susan 45, Philip 31, Elizabeth 19, James F. 17, Mary E. 15
CASH, Samuel 34*, Martha B. 32, Mary F. 10, Charles L. 8, Abram A. 6, James B. 2
EPLEY, Jacob 78*, Susan 78, Samuel 9
FOULKS, Joseph 63*, Sarah 51, Samuel 20, Joseph 17, James G. 9
GEE, Hiram 45*
HARPER, William 24* (B)

- 141 -

1850 Census Logan County Kentucky

JESSUP, James 19*
MCNEAL, Amanda 13*
MILLER, Margaret 26*
OWENS, Katey 62*
RENNOLS, Palmer 15*
RICHARDSON, George 43, Susan A. 43, Samuel W. 18, Margaret J. 16, Robert H. 14, Joseph F. 10, Nancy S. 7, William P. 30
STANLEY, Mary 21*, Martha 17
STEWART, William J. 31*, Mary G. 26, Darcus C. 9, Elizabeth M. 7, Louis 4, George 3
WELDON, James 17*
YOUNG, Ellen D. 35*, James A. 4

Schedule Page 132

ALDERSON, Benjamin 27, Mary Ann 22, Sarah E. 10/12
BARCLAY, Hugh 47*, Luan L. 39, James S. 19, Philander W. 17, Joseph W. 11, Sarah J. 10, John F. 8, Luan 6, Hugh 4, Prudence 1
BARNER, John 62, Mary 50, Fredonia A. 22, Mary T. 20, Martha P. 18, George A. 12
BROWN, Martha 60*, Eva 20
BURGESS, James 51*, Cassandra T. 42, Martha 16, Elizabeth Ann 9, Lucy J. 4, Nancy 43
DONAHOE, Susan C. 21*
DORSE, Nathaniel 10*
GIBBS, Milton W. 27*, Mary A. 21
GRUBBS, Thomas H. 28, Martha P. 16
HIGGINS, Richard T. 41*, Mary P. 26
KUDY?, Jonathan 50*, Julia Ann 40
LIMBAUGH, Hiram 34, Margaret 27, Mary E. 10, Henry Ann 8, Lucy B. 2, Sarah 13
LITTLEJOHN, Charles 50* (B)
MASON, Ethrald C. 31, Delila A. 24, Thomas E. 25
MORGAN, Wesley 25*
MORTON, Thomas 26*, Susan 21
NORTON, Lucinda 25*, John L. 6
NORTON, William 68*, Mary 50, Presley 31, Eckstein 19
PRICE, N. H. 55 (f), Ann E. 12, Martha T. 10, Mary 7
ROVER?, James L. 30*, Ann M. 18
SUMPTER, William C. 19*
SWAIN, Cornelius 49, Lydia 53
SWAIN, John 24, Martha 18, Martha Ann 2/12
THOMPSON, T. James 30*, Elizabeth 23, Jessee 4, Thomas J. 2, ____ 2/12 (m)
VICK, George S. 37*, Sarah L. 35, James R. 11, Walter C. 9, George O. 7, Luan 2
WILSON, Fanny 54, Henry 28, Harriet 30, William 10, James 6, Ann 2, Sarah E. 26/365
WILSON, Thomas 16*

Schedule Page 133

ARMSTRONG, David 51, Mary 44, John 20, William 18, David H.? 11, James 8, George 5, Sarah 1/12
BECKER, Theodore H. 25*, Martha 25, ____ 1 (m)
BIBB, Clarissa 35 (B), Benjamin 10
BLAIR, Joseph 60, Darcus 50, James 30, John 20, Mary J. 18
BOOKER, Gabriella 19*, Susan 17

1850 Census Logan County Kentucky

BROADNAX, Henry P. 81
BROOKS, Thomas J. 21*
COLEMAN, W. S. 31 (m), Lucy J. 25, Ellen 5, Mary 3, _____ 24/365 (f)
CURD, Polly S. 56*, Sarah 11
DAVIDSON, Francis 17*
EDWARDS, Hester 61, Mary 8
FORD, P. C. 45 (m), Eustasia A. 39, Edward B. 15, Virginia E. 13, Agnes M. 11, Philip 9, Maria W. 7, Thomas W. 5, Sarah A. 3, Eustasia C. 1
FRIST?, John F. 23*, Mary Ann 20, Mary L. 2/12, James W. 28, Mary R. 17
GILBERT, Presley 30, Martha 25
GRUBBS, Thomas 63*, Juduth M. 49, Judith A. 16
HART, Cupid 45 (m) (B), Indy 45, Able 14, Jane E. 12, James M. 11, Judy H. 7
LIMBAUGH, Margaret 17*
LITTLEJOHN, Moses 40* (B)
LONG, Nimrod 35, Spencer 15, John 12
LONG, Sarah E. 8?*, Mary L. 3?, Angelina 1
PERKINS, Agnes 63*
ROBERTS, Preston 38*, Mary E. 30, Mary E. 8
TATUM, Newland 22*
VIOLET, Edward 49, Rachel 35, Edward S. 11, Lucy E. 8, Mary 5, Thomas H. 3, Houston H. 2/12
WILLIS, Robert 45*, Eleanor 42, Emily E. 19

Schedule Page 134

ANDERSON, Thomas O. 30*, Elizabeth 26, Eugene 8, Joseph 5, Edward 2
BARNES, Commodore 25*, Ellis 24
BEALL, James M. 55, Sarah A. 40, Sarah 18, James H. 16, William 13, George 7, Lucy M. 5
BIBB, John 60, Sarah 56
BIBB, Eugene 24*, Mary J. 22
BIGGER, Joseph B. 56*, Lucy B. 42
BOWLING, Robert C. 30, Lucy 26, James 4, Temple 1 (m)
BRADLEY, Elizabeth A. 17*
BRADLEY, Presley 53*, Elizabeth 54
BROWNING, Jane J. 55*
CARLILE, George 24*
COWLEY, W. C. 30*, Gowen 25, Brown 20
FOSTER, Benjamin 24*
GRAY, Joseph 27*
GREY, John C. 35*
HALL, Charles 35*
HANCOCK, Chesterfield 49*, Theodocia 49
HARPER, Lawrence A. 36, Catharine J. 23, Albert 10, Susan M. 7, _____ 21/365 (m)
HISE, A. H. 21 (m)*
JURNAN?, Felix 23*
KEAN, Roland 28*
KURTZ, Hester 22*
KURTZ, Nicholas 27*
LONG, Anthony 41*, Amanda 28, John P. 3
LUMMIS?, H. H. 28 (m)*
MCENDREE, James 32*
MOORE, Russell 34*, Louisa 30, John 11, Jane B. 9, Preston 5, Lucy A. 3, Rebecca 9/12, Thomas 45

- 143 -

1850 Census Logan County Kentucky

OWENS, William sr. 60, Hannah 55
PAYNE, Elizabeth 69*, Martha 26
PRICE, Alexander 35*, Margaret 30, Frederick 7, May 5, Sarah 1
ROBINSON, Susan 18*
RUNYAN, Aaron 30, Mary A. 25, Bentley 4, Ellen 2
SMITH, Mary A. 47 (B), Washington 15, Louisa 13
TRUEMAN, William 24*
VAUT, John 19*
WHITESCARVER, William 26*
WILGUS, Florence C. 6*
WILLIAMSON, John W. 21*
WILSON, Constant A. 56

Schedule Page 135

BIBB, Andrew 25* (B)
BIBB, Dennis 35* (B)
BLAKEY, C. H. 20 (m)*
BREATHITT, Cardwell 29*, Mary E. 26, Carrie P. 8, John B. 6, Philip S. 3, William T. 11/12
BROADNAX, Addison 45* (B), Elijah 30, Elizabeth 26, Ann 22, Napoleon 6, Mary 4, Taylor 2
BUTLER, V. R. 30 (m)*
EDWARDS, Adaline 45* (B)
EWING, E. M. 60 (m), Jane 54, Presley 27, Henry Q. 23
FOULKS, Ezriel 28*
GARNETT, Richard __*
GUPTON, M. J. 21*
HEART, Henry 17* (B)
MOORE, Henry 40*
NANCE, Thomas 24*
SHERWOOD, Joseph __*
SLAUGHTER, Elizabeth R. 49*
STEMMER, W. H. 21 (m)*
SWAIN, George 22*
VAUT, Joseph 20*
WRIGHT, James E. 29*, Sarah 25

1850 Census Simpson County Kentucky

Schedule Page 1

CLAY, Josiah 28*, C. M. 19 (f), M. V. 2 (f), Z. 7/12 (m)
CORNWELL, R. C. 29 (m)*, L. 33 (f), N. E. 5 (f), W. M. 3 (m), W. F. 8/12 (f)
GIMBLIN, A. 21? (m), M. A. 20? (f), M. E. 7 (f), Wm. S. 5, G.? A. 2 (m)
GIMBLIN, R. 22 (m), E. 41 (f), M. F. E. 18 (f), M. A. E. 13 (f), J. S. 10 (m), S. J. R. 8 (f), S. M. Z. 1 (f)
GREER, S. 42 (m), A. 29 (f), M. F. 12 (f), J. S. 10 (m), S. J. 8 (f), S. H. 6 (m), M. J. 4 (f)
HAMMOND, Selah 51?, Olivia 19, A. J.? 15 (m), M. F. 7 (f)
HAMMOND, Vincent M. 20, Sarah M. 20, M. V.? 5 (f), Wm. H. 3, J. C. 1 (m)
HAMMOND, Wm. 67?, Adaline 25, M. A. 16 (f), A. J. 19 (m), C. C. 13 (f), S. 11 (m), V.? 9 (m), T. 8/12 (m)
HODGES, S. A. 60 (f)*, O. P. 11 (m)
MASSEE, S. 48 (m)*, N. 48 (f), E. 24 (f), N. 21 (f), J. 19 (m), M. 16 (f), Wm. 13, M. M. 10 (f), S. 12 (m), T. 7 (m)
MCDOWEL, John 61*, F. 40 (f), N. 41 (f), Wm. 14, M. F. 12 (f), T. A. 9 (f), W. 6 (m), F. W. 4 (m), M. J. 2/12 (f)
NORTHAM, Eli 59, Mary 57, S. 26 (f), E. 24 (m), G. 22 (m), P. G. 17 (f)
SADLER, Shadrick 31, M. 23 (f)
STEWART, John 65?, E. 64 (f), M. 30 (f), N. 28 (m), A. 25 (m), E. A. 22 (f), D. 19 (m), N. J. 16 (m)
WILLIAMS, Sarah 10?*
WILLIS, T. 12 (m)*
WILLIS, W. P. 10 (m)*

Schedule Page 2

AUSTON, Elizabeth 62*
BENTLY, Arther 64, J. 63 (f)
BOTHICK, D. M. 29 (m)*, M. 29 (f), W. F. 7 (m), L. A. 4 (f), M. E. 3 (f)
BOTHICK, John 32*, E. 26 (f), S. J. 10 (f), J. S. 8 (m), J. W. 5 (m), M. E. 1 (f)
BOTHICK, Saml. 53*, L. 55 (f)
BREWER, Wm. 15*
CLAY, John D. 46, C. H. 20 (f), M. J. F. 10 (m), J. T. 8 (m), E. P. 3 (f), S. E. 1 (f), E. M. 68 (f)
DUNN, R. R. 48 (m), A. W. 50 (f), L. J.? 24 (f), W. B. 23? (m), V. B. 20 (m), J. B.? 16 (m), A. E. 14 (m?), J. T. 8 (m)
GAUTIER, John 59, R. 56 (f), N. 28 (m), L. 26 (m), Jane 25, M. W. 24 (m), H. 20 (m), Wm. M. 17, J. W. 14 (m)
HUFFMAN, W. L. 12 (m)*
MARTIN, Robert 58, S. 52 (f), N. 21 (f), A. E. 17 (f), J. 30 (m), M. 15 (f), Wm. 24, M. C. 13 (f), M. 11 (f), V. F. 9 (f)
MCGUIRE, D. B. 20 (m)*
MCGUIRE, Thos. 36*, T. 29 (f), J. W. 7 (m), S. 4 (m), E. 7 (f), Thos. 1
MCGUIRE, Thos. 51*, S. 52 (f), W. W. 26 (m), L. G. 13 (f), T. W. 16? (m), N. 12 (m), _____ __, M. 20 (f)
STATEN, John 35, E. L. 33 (f), E. M. 8 (m), A. C. 6 (m), L. C. 4 (f), Wm. L.? 1
SUTTLE, Wm. 20*
THOMPSON, James 29, M. J. 25 (f), J. 8? (m), R. H. 4 (m), M. C. 10/12 (f)
TYRE, George 43*, N. A. 30 (f), J. W. 3 (m), Catharine 48, Mary 41

Schedule Page 3

ARNOLD, Reuben 38*
BEAUCHAMP, K. C. 30 (m), S. A. 27 (f), S. A. 9 (f), G. 7 (m), M. E. 10/12 (f)

- 145 -

1850 Census Simpson County Kentucky

BUTLER, George 53, L. W. 52 (f), D. E. 20 (m), F. F. 18 (m), J. W. 16 (m), R. F. 13 (m), L. E. 10 (f)
CUMMINS, Asa 38*, R. 28 (f), M. E. 12 (f), K. H. 10 (m), J. R. 8 (m), M. V. 6 (f), A. M. 4 (f)
DOCKEY, Bethiah 43, M. D. 15 (f), W. J. 13 (f), J. F. 10 (f)
GOSSETT, John 38*, G. 31 (f), J. S. 12 (m), W. F. 10 (m), J. W. 8 (m), M. J. 6 (f), M. E. 2 (f), Jakson 16
HENDRICK, Edwin H. 25, Elizabeth 20, S. J. 9/12 (f)
HESTER, Martin 42*, Nancy 44, P. D. 20 (m), J. W. 17 (m), T. P. 15 (m), L. E. 12 (f), M. S. 12 (f), M. M. 8 (m), W. M. 6 (m)
LOGAN, Thos. H. 38*, M. 60 (f), Saml? 48
MORGAN, Jackson, S. J. B. 34 (f), J. 11 (m), M. J. 8 (f), J. 5 (f), S. H. 1 (m)
POND, John 31, Edward 34
RARDON?, J. 22 (m)*, N.? 19 (f)
SADLER, John 21*
SALMONS, James M. 21*
SHACKELFORD, M. S. 29 (m), M. 28 (f), C. O. 13 (f), J. H. 12 (m), T. J. 7 (f), E. Z. 4 (f), E. 25 (f)
SHACKELFORD, P.? W. M. 3 (f)*, J. W. 24 (m)
THOMAS, M. M. 3 (f)*
WILLIAMS, H. E. 53 (m)*, N. R. 46 (f), C. J. 25 (f), S. W. 23 (m), E. C. 21 (f), J. A. 18 (f), L. R. 16 (f), N. C. 14 (m), L. E. 73 (f), R. W. 10 (m), S. M. 8 (f), M. J. 6 (f)
WRIGHT, Leroy 22*

Schedule Page 4

BARNES, Stephen T. 49, N. 50 (f), J. M. 24 (m), T. B. 21 (m), L. J. 19 (f), W. A. 15 (f), H. H. 17 (m), S. N. 12 (f), F. M. 11 (f)
BUTLER, Wm. W. 25*, E. C. 22 (f), H. C. 5 (m), N. E. 3 (f), S. J. 2 (f), Geo. W. 27
CALDWELL, J. K. 9 (m)*, D. H. 29 (m)
CHAPMAN, F. C. 24 (m)*, E. W. 22 (m)
COTTON, J. H. 33 (m)*, R. 23 (f), L. R. 7 (m), F. 5 (f), Wm. 4, C. 3 (m), E. 2/12 (f)
EWBANK, R. J. 21? (f)*, F. E. 14 (f), M. V. 7 (f), A. B. 6 (m), S. J. 4 (f)
HAY, Nowlan 37, S. M. 22 (f), Wm. S. 6, S. 3 (f), P. C. 1 (f)
HENDRICK, Henry H. 46, A. 41 (f), B. D. 16 (m), N. R. 14 (m), L. A. 12 (f), A. 10 (f), B. O. 7 (m), M. 6 (f), N. E. 3 (f)
HENDRICK, James 71*, S. A. 60 (f), S. A. 27 (f), J. P. 20 (m)
JENNINGS, Wm. 19*
JONES, Mary 20*
LANE, Eliza 23*
MAY, Wm. 32, M. 22 (f), J. C. 7 (m), H. 3 (f), unnamed 1/12 (f)
STEELE, Margarett 16*
STULL, L. 10 (f)*, S. 4 (f)
WHITESIDES, G. W. 34 (m), E. 34 (f), M. D. 16 (m), J. W. 14 (m), W. W. 12 (m), G. W. 9 (m), S. E. 9 (f), F. R.? 7 (f), M. E. 3 (f), S. A. 1/12 (f)
WHITESIDES, T. J. 36 (m), Irena 34, M. H. 14 (f), J. E. 11 (m), Z. 9 (m), Joan 5, R. F. 2 (m)
WILLIAMS, Wm. F. 57, H. 56 (f), A. G. 14 (m), M. H. 12 (f)
WRIGHT, Philip 51, S. 42 (f), J. H. 26? (m), B. F. 16 (m), G. W. 11 (m), M. J. 4 (f), Eliza 22

Schedule Page 5

BEASLEY, J. C. 34? (m), M. A. 41 (f), Wm. H. 13, J. A. 11 (m), G. W. 9 (m), C. L. 7 (f), M. E. 6 (f), M. M. 5 (f), E. R. 3 (f), J. L. 8/12? (m)
BUTLER, J. J. 31 (m), E. H. 26 (f), R. M. 6 (m), L. A. 4 (f)

1850 Census Simpson County Kentucky

CHASE, D. 55 (m)*, N. 42 (f)
DINNING, Anne 22*
DUNN, John 39, N. W. 34? (f), M. A. 15 (f), M. J. 13 (f), Wm. J. 11, H. W. 9 (m), J. L. 7 (m), J. W. 4 (m), E.
 E. 3 (f), T. E. 5/12 (m)
HOLLOWAY, R. D. 41 (m)*, Rachel 77, Wm. 24
JENNINGS, Henry 48, C. 35 (f), H. 16 (m), P. 12 (f), J. 10 (m), S. A. 7 (f(), M. 5 (f), H. 2 (f), C. 5/12 (m)
LYNCH, J. 41 (m), N. 43 (f), N. 14 (f), T. J. 11 (m), Wm. 9
MIFLIN, Wm. 24, M. A. 20 (f), S. O. 3 (f), M. E. 1 (f)
ROBERTS, James 35*, S.? A. 40? (f), Wm. D. 8, S. E. 2 (f)
RYAN, P. A. 37 (m)*, A. 31 (f), H. 11 (f), E. A. 5 (f), E. 4 (m), M. 3 (m), P. L. 6/12 (m)
SHAUDOIN, Thos. 28 (m)
STEWART, Duncan 53, R. 51 (f), G. W. 14 (m), F. A. 15 (f), E. A. 4 (f), J. W. D. 7 (m), Allen 22, A. 19 (f)
STRATTON, M. A. 22 (f)*, E. C. 5 (f), G. A. 3 (m)
TRAIL, Mary 60*
WHITE, Wm. 14*
WILMAN, Jonah 44, F. A. 42 (f), S. H. 18 (m), T. G. 16 (m), J. M. 11 (m), W. J. 9 (m), J. A. 3 (f)
WRIGHT, J. R.? 21 (m)

Schedule Page 6

ALDERSON, J. 52 (m)*, J. 49 (f), J. B. 19 (m), J. J. 17 (m), S. P. 14 (f), R. G. 12 (m), G. C. 10 (m)
ATKINSON, E. 68 (m), R. 64 (f)
BLACKBURN, S. 44 (m), M. A. 42 (f), S. 20 (f), W. T. 18 (m), R. S. 16 (m), J. 14 (m), L. 12 (f), Jane 10, M.
 E. 7 (f), J. R. 3 (m)
DAWSON, Henry R. 25, L. C. 24 (f), S. K. 6 (f), R. A. 4 (m), Enok? 3, J. M. 6/12
HARRIS, Thomas 47, N. A. 43 (f), G. 22 (m), J. G. 20 (m), S. 14 (m), M. F. 16 (f), E. F. 14 (f), E. D. 11 (m)
HARRIS, Wm. W. 33, N. J. 25 (f)
HERRINGTON, Isabella 43, Ben? 20, N. C. 16 (f), M. 14 (m), Mahala 11, S. L. 9 (f), C. C. 7 (f), L. V. 5 (f),
 H. 3 (f)
LEWIS, J. W. 30 (m), E. 28 (f), D. H. 7 (f), E. T. 6 (f), L. 4 (m), V. L. 5/12 (f)
MAYHEW, Wm. 49, J. J. 21 (m), M. A. 19 (f), Wm. W. 18, M. R. 16 (f), M. N. 15 (m), A. J. 14 (f), L. L. 12
 (m), L. P. 9 (f)
MURRAY, S. 47 (m), Sally 46, M. 23 (f), P. 21 (m), H. 19 (f), D. 17 (f), D. W. 16 (m), C. 14 (m), J. 13 (m),
 T. P. 11 (m), J. N. 8 (m), S. F. 8 (m)
NOWLAND, David 46, M. F. 35 (f), M. J. 13 (f), J. H. 10 (m), D. 9 (m), G. A. 6 (f), Wm. C. 2?
NOWLAND, E. 15 (f)*
TRAIL, Wm. B. 39, M. A. 30 (f)

Schedule Page 7

FARMER, A. 33 (m), M. 32 (f), E. 11 (m), J. 9 (m), M. 6 (f), Malina 5, A. 4 (m), F. 2 (m)
FINN, J. A. 27 (m), M. B. 24 (f), M. C. 4 (f), M. F. 1/12 (f)
HANCOCK, Joseph 16*
HARGUS, J. 19*
HENDRICK, G. 48 (m)*, J. 52 (f), Wm. P. 19, M. 16 (m), O. 14 (m), J. A. 11 (f), B. J. 9 (m)
HENSON, 28 (f)*, Wm. 22, N. 20 (m), M. 18 (f), S. 15 (f), J. 12 (m), A. 9 (f), M. S. 7 (f), J. 4 (f), M. 1 (f)
HUNT, Henson 30, N. 25 (f), A. 7 (m), M. E. 5 (f), M. D. 4 (f), N. E. 2 (f), T. D. 4/12? (m)
JONES, Wm. B. 34, M. A. 29 (f), V. A. 11 (m), E. J. 10 (f), E. A. 8 (f), J. T. 6 (m), J. L. 3 (m), H. J. 2 (f), A.
 E. 1/12 (f), Charity 40 (B), Thomas 9 (B)

1850 Census Simpson County Kentucky

LAMBERT, Wm. O. 24*, L. W. 25 (f), J. J. 5 (m), P. J. 2 (f)
MILLER, John 22*
ROBERTS, Wm. 36*, E. 38 (f), S. 13 (f), J. A. 11 (f), J. 9 (f), Wm. H. 2, Joseph 36, E. 26 (m)
ROMER?, Uriah 21*
TURNER, H. M. 32 (m), S. 33 (f), J. F. 9 (m), R. 6 (f), N. F. 2 (f)
WHITESIDE, Saml. 67, R. 60 (f), E. 14 (f)
WICKMAN, E. G. 36 (m), M. A. 32 (f), E. W. 12 (f), J. H. 11 (m), A. F. 8 (f), B. R. 7 (m), S. J. 6 (f), J. W. 5 (m), C. 2 (f)
WRIGHT, M. 30 (m), E. J. 30 (f), M. E. 8 (f), N. C. 6 (f)

Schedule Page 8

ALEXANDER, J. G. 44 (m), N. 48 (f), M. A. 20 (f), E. J. 16 (f), J. K. 14 (m), N. M. 12 (f), D. G. 10 (f), A. C. 7 (f), M. 6 (f), A. 6 (f)
BLAND, S. K. 27 (m)*, E. 25 (f), J. F. 3 (m), M. E. 2 (f)
BOSTICK, Benjamin 17*
COVINGTON, J. M. 32 (m), Mary 25, H. W. 6 (m), E. P. 4 (f), B. J. 7/12 (m)
FARRIS, Dudly 26*
FINN, D. 41 (m), M. 39 (f), M. 21 (m), E. 18 (f), S. 15 (f), J. 13 (m), M. 12 (f), Wm. 7, L. 5 (f)
GIBSON, John 49, M. 49 (f), N. J. 18 (f), J. B. 16 (m), Thos. 14, D. 12 (m), N. 10 (m), N. 8 (f), M. 3 (f)
HENDRICK, Peter 50, H. 23 (m), D. 21 (f), S. B. 16 (m), Wm. C. 5/12
LANY, Cuthbert 69, F. 55 (f), T. F. 23 (m), Sally A. 27, F. E. 21 (f), J. W. 18 (m), N. J. 16 (f)
MCFAIL, A. C. 22 (m)*
SHELTON, A. 24 (f)*
SPENCER, J. H. 36 (m)*, A. H. 27 (f), S. H. 14? (m), D. 12 (m), M. F. 8 (f), J. H. 4 (m), R. H. 1 (m)
STEWART, John 39*, M. 33 (f), Wm. 15, E. 13 (m), S. F. 7 (f), N. C. 10 (f), M. J. 4 (f), JK. 2 (m)
WRIGHT, G. 32 (m), C. T. 27 (f), K. H. 4 (f), N. O. 2 (f), B. 1/12 (f)
YOUNG, Henry 44*, M. 42 (f), L. 22 (f), Wm. 19, E. 16 (f), L. 13 (f), C. 11 (f), J. 14 (m), N. 8 (f), A. K. 6 (m), H. F. 4 (m), S. F. 2 (f)

Schedule Page 9

----, Moses 83* (B)
BARNES, J. S. 43 (m)*, N. 41 (f), C. C. 15 (f), A. W. 12 (m), E. 10 (f), Wm. 6, S. 4 (f), V. A. 3 (f)
BIBB, N. 36 (m)* (B)
BRYANT, E. 33 (m), M. M. 28 (f), M. 11 (f), E. 8 (m), Wm. 6, B. 3 (m), P. 1 (m)
HARRIS, H. G. 45 (m)*, M. 35 (f), E. F. 17 (f), M. 15 (f), E. 13 (f), J. 11 (m), H. 8 (f), J. 5 (m), A. 3 (f), Elizabeth 93
HOLCOMB, J. B. 38 (m), J. A. 35 (f), L. F. 15 (f), M. R. 13 (f), Wm. R. 9, D. S. 6 (m), C. M. 4 (m), J. 1 (m)
HUDSON, Wm. 34, K. 32 (f), S. E. 10 (f), E. B. 9 (f), M. K. 8 (f), M. O. 5 (f), W. T. 4 (m)
JACKSON, J. W. 28 (m)*, S. A. 27 (f), L. E. 8 (f), H. A. 5 (f), S. 4 (f), M. H. 2 (f), K. M. 2/12 (m), C. T. 2/12 (m)
JONES, Jesse 43, E. 35 (f), H. E. 16 (f), S. 6 (f)
MCCLUAN, James 24*
NEWLAND, Wm. 52, N. G. 50 (f), J. A. 20 (m), T. W. 18 (m), G. D. 16 (m), C. M. 13 (f), C. V. 11 (f)
RABY, H. 55 (m)*, J. 48 (f), J. 25 (m), P. 23 (m), C. 18 (f), M. J. 16 (f), A. 13 (f), M. 12 (f), L. 10 (f), E. 5 (f)
SHORT, E. 42 (m), M. 43 (f)
SPEARS, E. 36 (m), S. 35 (f), E. J. 16 (f), S. F. 14 (f), J. 12 (m), T. 10 (m), M. 6 (f), N. 3 (f)
WILKERSON, B. M. 54 (m), E. 42 (f), Wm. 18
WRIGHT, Susan 29*

1850 Census Simpson County Kentucky

Schedule Page 10

---, Eliza 18* (B)
---, Jane 10* (B)
BELL, G. H. 39 (m), M. 38 (f), J. C. 17 (m), M. M. 15 (f), M. A. 12 (f), B. J. 9 (m), F. A. 6 (m), L. K. 3 (f), P. 1 (f)
CALDWELL, J. M. 33 (m)*
CLARK, B. L. 38 (m)*, M. L. 13 (f), M. E. 11 (f), G. W. 9 (m), M. B. 5 (f)
GOODMAN, M. 50 (f)*
HAIL, D. 59 (m)*, M. C. 57 (f), T. G. 12 (m)
HENDRICK, Josiah 4 (m)*
JENNETT, Mary 22*
LANY, D. S. 43 (m), S. 43 (f), Wm. 21, M. 18 (f), E. J. 16 (f), A. 13 (m), F. 9 (f), M. 8 (f), S. 5 (f), M. S. 4 (f)
LANY, N. J. 35 (f)*
LAWLER, S. 27 (m)*, A. A. 22 (f)
NASH, Eliza A. 21*
NEELEY, J. 44 (m)*, S. G. 37 (f), N? E. 21 (m), A. M. 10 (f), G. M. 5 (m), M. B. 3 (m), Infant 4/12 (m)
ODELL, J. 43 (m)*, A. 43 (f), T. H. 2 (m)
ROWLAND, F. E. 44 (m)*, L. 40 (f), A. 16 (m)
RUNNELS, C. 22 (m)*
SALMONDS, R. D. 35 (m)*, B? K? 22 (f), A. 9 (m), J W. 7 (m), J. T. 5 (m), M. A. 2 (f)
SIMPSON, Mary 31*
STRINGER, Wm. 40, D. 36 (f), E? N. 9 (f), M. P. 5 (f), T. W. 5/12 (m)
STRINGER, James 40*, N. B. 41 (f), N. S. 18 (f), D. M. 16 (m), M. A. 14 (f), N. E. 13 (f), F. 8 (m), C. 6 (f), J. K. 4 (m), O. M. 1 (m)
TRAIL, A. 40 (m)*, D. 37 (f), D. J. 3 (m), M. 2 (f)
WALTON, W. 49 (m)*, M. 42 (f), F. 18 (m), J. 17 (m), H. W. 16 (m), E. G. 12 (f), C. 4 (f)
YOUNG, Wm. 17*

Schedule Page 11

---, Anderson 25* (B)
ARNOLD, H. T. 37 (m)*
BARR, J. 40 (m), M. 32 (f), J. E. D. 10 (m), Wm. M. 9 (m), S. 5 (m), S. M. 2 (m)
BARR, S. M. 36 (m), R. 30 (f), J. A. 10 (m), A. T. 8 (f), B. F. 7 (m), K. J. 5 (m), S. C. 2 (f), S. M. 3/12 (m)
BARR, S. 65 (m)*, S. 68 (f)
BREWER, John 19*
BUTLER, Polly 62*, Wm. 30, A. L. 22 (m), T. H. 17 (m)
BUTLER, S. 37 (f)*
COOPER, Wm. R. 10*, J. L. 11 (m)
CRUNK, D. 32 (f)*
DELANY, J. 19 (m)*
DUNN, S. 40 (f)*, Susan 37, C. 35 (f)
FINN, L. 50 (m)*, E. C. 38 (f), L. J. 8 (m), M. E. 6 (f), Z. F. 4 (m), T. A. 1 (f)
FOSTER, E. 58 (f)*
GRAVES, Elizabeth 40*
HAIL, B. W. 28 (m)*
HENDRICK, A. A. 62 (m), M. 50 (f), S. 19 (m)
HOPKINS, John 25*
HUSE, R. 36 (m), M. 33 (f), Thos. 11, M. E. 9 (f), J. 9 (f), S. M. 5 (f)
JOHNSTON, Francis 39?*, Kitty 66, M. C. 26 (f), Wm. M. 24 (m)

1850 Census Simpson County Kentucky

KEY, Wm. M. 33*, R. 31 (f), M. 12 (m), A. 10 (m), Wm. F. 8, J. F. 6 (m), G. J. 3 (m)
LEWIS, J. B. 31 (m)*, M. E. 27 (f), V. L. 3 (m), E. D. 2 (f), A. 1/12 (f), Charles 30, M. E. 20 (f)
MACHEN, R. 50 (f)*
MAJORS, John 51*, K. 81 (f)
MCCREARY, J. C. 44 (m)*, J. B. 10 (m), C. 6 (f), J. 4 (m), S. 1 (f)
MCGUIRE, E. 60 (f), T. 23 (f), S. 21 (m), E. V. 18 (m)
MCGUIRE, Wm. 28, F. 25 (f)
SHELTON, Thos. W. 22*

Schedule Page 12

BREWER, J. 19 (f)*
CARDWELL, D. 28 (m), E. 30 (f), Wm. D. 7, J. R. 6 (m), M. E. 4 (f), S. J. 3 (f), L. M. 2 (f), N. D. 1/12 (f)
CARDWELL, R. G. 21 (m), E. 18 (f)
CHAPMAN, G. 43 (m)*, M. 43 (f), L. 22 (f), W. 21 (m), W. C. 19 (m), M. 14 (f), J. 12 (m), W. 12 (m), T. 9 (m), S. 4 (m), S. 2 (f)
CLARK, J. 25 (m), E. 20 (f), Wm. C. 2, S. G. 8/12 (f)
CLARK, Wm. F. 28
CLARK, John C. 58*, M. 54 (f), H. B. 25 (m), G. L. 23 (m)
DANCE, Peter 58*, L. 59 (f), B. 20 (f), Wm. 17, J. L. 1 (m)
DICKSON, N. 12 (f)*, Wm. 11 (m)
FARMER, Conrad 74, R. 61 (f), E. 27 (m), N. 24 (f), G. 21 (f)
FOSTER, A. E. 20 (f)*
HAMMOND, U. L. 35 (m)*, V. J. 29 (f), A. C. 5 (f), E. L. 8/12 (f)
HINTON, Jessee 25, S. A. 25 (f), S. 5 (m), M. 3 (f), J. W. 2/12 (m)
HINTON, S. 59 (m), R. 56 (f), Rebekah 10, J. 14 (f), E. 82 (f)
HODGES, Isam 21*
JENKINS, S. L. 29 (f)*, A. J. H. 6 (m), G. T. 5 (m), J. M. 1 (m)
LESTER, E. 45 (f), Elvier 23, M. S. 16 (f)
MAYS, O. 52 (m), E. 42? (f), R. A. 21 (f), Wm. J. 20, M. 14 (f), S. 14 (m), J. W. 12 (m), E. 9 (f), G. M. D. 5 (m), R. H. 2 (m), Moses 5
MCDANIEL, Henry 24*
MOODY, J. 19 (m)*, E. 17 (f)
MORRIS, N. C. 19 (m)*
SHACKELFORD, J. 24 (m), E. A. 26 (f)
STEWART, James 33, M. 29 (f), N. 10 (m), J. 8 (m), M. 6 (f), S. A. 3 (m), O. 1 (f)

Schedule Page 13

BEASLEY, C. S. 27 (m), M. 23 (f), J. W. 4 (m), R. J. 1 (f)
CHANY, M. W. 27 (m)*, E. C. 59 (f), M. 37 (f), N. 30 (f), L. S. 23 (m), M. 17 (f), D. 11 (f)
CUMMINGS, M. 37 (m), E. 35 (f), Wm. 11, H. 9 (m), A. 7 (m), G. 5 (m), L. 3 (f), T. 1 (f)
GARRETT, Retus? 61, M. 40 (f), N. 29 (f), E. 23 (f), N. J. 17 (f), J. 16 (m), R. 15 (m), M. 12 (f), E. 10 (f), S. 8 (f)
GARRISON, G. 17 (m)*, Wm. 7
GREER, D. 12 (m)*
HAMMOND, J. L. 14 (m)*
JAMES, Wm. B. 30*, M. J. L. 24 (f), J. L. 6 (m), A. E. 4 (f), A. E. 1 (f)
LYNCH, J. M. 35 (m), S. A. 27 (f)
MAYS, David 24, J. 19 (f)

1850 Census Simpson County Kentucky

MOODY, A. H. 20 (m), M. A. 20 (f)
ORR, J. L. 33 (m)*, S. D. 25 (f)
SHAUDAIN, J. W. 18 (m), Joseph 16, B. F. 14 (m), E. 12 (f), M. 10 (m), A. J. 8 (m), Sally 47
SLUDER, S. 36 (f)*
SNIDER, Wm. 34, N. C. 32 (f), A. M. 10 (f), M. C. 9 (f), D. A. 5 (f), J. P. 3 (m), S. L. 1 (f)
STEPHENS, John 22, M. 23 (f), M. E. 1 (f)
STEPHENS, Wm. 77, A. 42 (f), R. 40 (f), Wm. 28 (m), A. 16 (m)
TAYLOR, H. B. 26 (m)*, E. 25 (f), P. 3 (f), D. 2 (m)
THOMPSON, Cary 31 (m), M. 26 (f), S. A. 6 (f), M. H. 4 (f), Easter 64, E. 26 (f), M. E. 2 (f)

Schedule Page 14

DINNING, John 33, Polly 35, N. J. 12 (f), E. 10 (f), S. A. 8 (f), T. 6 (f), S. N. 4 (f), A. E. 2 (f)
HAIL, John 58, E. 55 (f), M. C. 4 (f)
HEFFINGTON, Thos. 72, M. H. 62 (f), M. 41 (f), E. 32 (f), D. W. 12 (m), J. 1/2? (m), M. R. 8 (f), J. T. 1 (m)
HEFFINGTON, David 12*
HODGES, L. M. 31 (m), L. 23? (f), C. 6 (f), J. 4 (m), M. 3 (f), B. 1 (m)
KENNADY, Wm. 41, Z.? 42 (f), M. A. 19 (f), N. C. 16 (f), S. F. 14 (f), D. M. 12 (m), Wm. M. 10, S. T. 3 (m)
LOW, J. F. 64 (m)*, M. A. 64 (f)
MEDOWS, J. 72 (m)*
PEDEN, John 46*, T. 41 (f), C. R. 22 (m), B. A. 15 (m), S. R. B. 12 (f), A. E. 10 (f), E. _. 8 (f), N. P. 4 (f)
PLUMMER, Wm. 42, E. 34 (f), J. 17 (m), J. 12 (m), F. 3 (f)
ROARK, A. 63 (m)*, J. 34 (f), J. W. 4 (m), S. F. 3 (m), M. J. F. 1 (f)
ROWLAND, R. 45 (m), M. 40 (f), E. 21 (f), J. 19 (m), L. 16 (f), M. 14 (f), Wm. 12, M. 11 (f), Margaret 6, John 4, N. D. 1/12 (f)
SUTTLE, E. 23 (m), M. 20 (f), R. J. Jane 2/12
SUTTLE, John 26, C. 25 (f), S. A. 2 (f), W. R. 1 (m)
THORNTON, Benton 37, E. 27 (f), Wm. F. 10, E. 6 (f), M. 5 (f), J. 2 (m)

Schedule Page 15

BASTOCK, H. 13 (f)*
CASHENBURY, F. 48 (f), T. 27 (m), D. 23 (m), S. A. 21 (f), M. F. 21 (f), M. C. 18 (f), M. E. 17 (f), N. M. 12 (f), M. J. 10 (f), J. O. 6 (m)
EVANS, A.? 46 (m), M. 40 (f), E. 24 (f), O. 18 (m), J. 14 (m), A. 10 (m), A. 12 (m), F. A. 8 (m)
GALASPIE, N. 31 (m), R. 22 (f), G. H. 3 (m), M. J. 2 (f), J. W. 6/12 (m)
GALASPIE, S. 33 (m)*, N. 33 (f)
GIPSON, S. M. 25 (m), J. E. 21 (f), N. 1 (f)
GRAINGER, H. 33 (m), S. 30 (f), E. H. 11 (m), A. S. 10 (m), M. A. 8 (f), E. 7 (f), J. J. 4 (f), M. T. 2 (f)
HARRIS, N. R. 45 (m), E. 42 (f), G. T. 19 (m), M. R. 18 (f), S. 15 (f), N. D. 13 (m), S. G. 11 (m), E. F. 9 (f), J. P. 6 (m), L. H. 4 (f), N. D. 2 (f)
HORN, N. 18 (m)*
LOGAN, E. 25 (m)*, M. 24 (f), D. A. 6 (f), E. 3 (f), T. J. 1/12 (m)
MCCLANAHAN, A. 26 (m)*, J. 21 (f), T. 63 (f), J. 14 (m)
MCCLANAHAN, E. D. 30 (m)*, S. 26 (f), P. A. 9 (f), W. H.? 7 (m), C. 4 (f), M. 1 (f)
MCCULLOCK, G. 45 (m)*, E. 40 (f), J. 25 (f)
MCGUIRE, J. 21 (m), M. 19 (f)
MILLIKIN, R. F. 37 (m), E. 29 (f), B. 11 (m), M. S. 8 (f), E. 5 (f), N. 3 (f), J. 7/12 (m), J. 20 (m)
MORROW, O. H. 49 (m), S. 49 (f), S. 17 (f), A. M. 15 (f), E. W. 12 (f)
RICE, T.? 50 (m), M. M. 18 (f), M. 16 (f), W. 12 (m), G. 11 (m), S. 10 (f), M. 7 (f)
WILLIAMS, J. W. 20 (m)*

1850 Census Simpson County Kentucky

Schedule Page 16

BEATY, Wm. 40, M. 37 (f), M. A. 17 (f), J. 15 (m), S. 11 (f), A. 10 (m), A. 9 (f), H. 6 (m), J. A. 4 (f), J. W. 2 (m)
BOSTICK, A. 18 (m)*
COMPTON, Wm. S. 50 (m), N. 49 (f), T. A. 21 (m), J. R. 14 (m), E. 13 (f), R. 9 (m), J. 7 (m), M. F. 5 (f), N. 3 (f), T. H. 2/12 (m)
COOPER, J. E. 17 (f)*
DICKEY, James 60, M. 40 (f)
DYE, Isaac 45, E. 40 (f), L. J. 19 (f), E. 15 (f), J. 18 (m), C. 6 (f), J. P. 4 (m)
EVANS, T. 16 (m)*
FOLAND, R. 33 (m), S. 33 (f), M. A. 9 (f), C. T. 7 (m), N. 5 (f), Wm. 3, J. H. 1 (m)
GALASPIE, Wm. 35*, M. 27 (f)
GILBERT, Saml. 46, L. 33 (f), J. W. 15 (m), S. N. 7 (m), Wm. 10
GILBERT, John 42*, P. 39 (f), Wm. D. 19, T. 17 (m), J. R. 15 (m), M. 14 (f), S. 12 (f), J. 9 (m)
HERNDON, James W. 31*, E. P. 27 (f), L. T. 10 (f), M. F. 4 (f), Wm. 2, N. H. 1 (f)
HOLCOMB, G. 36 (m), S. 25 (f), J. T. 2/12 (f), L. 22 (m)
HORN, L. M. 22 (m), P. 19 (f), S. E. 1 (f)
JOHNSTON, Wm. 7*
MCELVAIN, S. 30 (m)*, L. M. 21 (f), S. H. 3 (m), Wm. G. 2, L. J. 8/12 (f)
NEELEY, John 43*, R. 29 (f), Charles 9, Elizabeth 7, Sandford 4
PAYTON, Webster 18*
ROSNER, Susan 30*
ZECK, R. A. 9 (f)*

Schedule Page 17

BEAN, Margarett 30*, S. R. 4 (m), J. 2 (f), J. N. 1/12 (m)
BUTLER, Robert 42, E. 36 (f), N. 14 (f), M. 12 (f), S. 11 (m), F. 9 (m), M. 5 (f), M. 5 (f), T. 3 (f)
CROWDUS, J. A. 45 (f), J. D. 16 (f), J. E. 14 (f), W. H. 12 (m), V. K. S. 9 (m), J. A. 6 (m), E. 3 (m)
DAWSON, A. 49 (m), M. B. 53 (f), A. M. 24 (m), F. E. 22 (m)
DAWSON, James 27, S. 2 1/2? (f), George 31
EARNEST, Jason? 56?, L. 50 (f), C. 13 (f), J. 7 (m)
HAMPTON, Ratus? 36, E. 25 (f), Wm. V. 4/12?, A. 2 (f), Ben 4/12?
HERRINGTON, Ben 39, E. 37 (f), J. 17 (m), L. 16 (m), J. 14 (f), T. 12 (m), M. 10 (f), B. 8 (m), S. 6 (m), M. J. 3 (m)
HUFHINES, Christian 46, M. 21 (f), Wm. 1, D. 15 (m), J. 9 (m)
LAMBERT, T. 49 (m), E. 46 (f), J. 20 (m), J. 19 (m), M. 16 (m), Mary 13, S. 9 (f), A. 7 (m), C. 5 (f), H. F. 3 (m), E. 21 (f)
OVERBY, J. H. 46 (m), A. 60 (f), N. M. 21 (f), D. A. 20 (f), L. E. 17 (f)
OVERBY, Wm. 27, C. 19 (f)
SADLER, Ben 53, E. 44 (f), T. 14 (f), Wm. 11, M. 9 (m), B. F. 6 (m), L. 4 (f)
SMITHSON, F. J. 39 (m), M. 37 (f), M. E. 16 (f), M. J. 14 (f), S. C. 12 (f), J. B. 10 (m), R. J. 1/2? (m), S. 6 (f)
STULL, Mary 17*

Schedule Page 18

BOSTICK, Wm. 50*
BRADLEY, Lewis 43, E. 30 (f), J. 7 (m), M. 10 (f), D. 4 (m), H. 3 (m), J. 2/12 (m)
CAMPLIN, Nancy 40, S. J. 16 (f), J. T. 3 (m), F. M. 14 (f), Levi 23, Stephen 12

1850 Census Simpson County Kentucky

COOPER, Rebeckah 40, J. L. 13 (m), L. N. 7 (m), M. A. 5 (f)
DINNING, Nat 30, M. 29 (f), J. W. 12 (m), G. J. 10? (m), N. A. 7? (f), O. B. 5? (m?)
ECCLES, Wm. 31, E. 26 (f), N. J. 6 (f), P. J. 5 (f), L. 1 (f), C. C. 1/12 (f)
FOSTER, J. W. 48 (m), J. 39 (f), A. D. B. 12 (m), J. W. B. 10 (m), M. A. 7 (f)
HEDGEPETH, Saml. 42*, S.? 25 (f), J. T. 2 (m)
HEFFINGTON, C. 35 (m)*
HUDGEPETH, E. A. 34 (f), E. 14 (f), A. 13 (f), N. 9 (f)
HUFHINES, G. W. 20 (m), M. A. 20 (f), Geo. 1/12
JOHNSON, P. 44 (f)*
JONES, Nancy 32?, G. A. 19 (f)
LANE, James 26*, J. 25 (f), J. 10/12 (m)
MCGOODWIN, Wm. H. 44*, M. J. 39 (f), J. L. 20 (m), H. A. 17 (f), E. J. 14 (f), M. E. 11 (f), V. 4 (m)
MILLIKIN, Wm. W. 43, N. 41 (f), E. 18 (f), E. 15 (f), J. 13 (m), J. 11 (m)
NEELEY, Eliza 46*
STEPHENS, D. L. 27 (m), C. T. 19 (f), M. L. F. 6/12 (f)
THOMPSON, G. T. 35 (m)*, C. 27 (f)
WILKERSON, Stanly 47, S. T. 38 (f), J. M. 21 (m), Wm. C. 19, J. S. 16 (m), E. 15 (f), P. M. 13 (m), A. E. 11 (f), F. A. 9 (m), M. J. 6/12 (f)

Schedule Page 19

BAIRD, John W. 48, L. 50 (f), J. M. 22 (m), S. J. 21 (f), N. C. 18 (f), H. 1H. 15 (f), J. W. 12 (m), R. 8 (f)
BATTEY?, E. S. 22 (m)*, P. 18? (f)
BOOKER, S. B. 39 (m)*, John B. 40?
BOWLING, B. R. 24 (m), E. N. 17 (f), G. W. 20 (m)
BRADBURN, Edward P.? 33*, S. 33 (f), W. L. 11 (m), F. 9 (f), H. 7 (f), J. 4 (m), M. 1 (f)
CAHILL, M. C. 44 (f)*, E. 16 (f), M. A. 14 (f), M. J. 12 (f)
COCKRAHAN, H. K.? 40 (m), N. M. 36 (f), Sarah 18, Wm. P. 17?, Martha J. 12, Madison M. 10
FARRIS, J. 20 (m)*
FINLEY, James C. 68?, M. 51 (f), F. 18 (f)
FINLEY, A. J. 35 (m)*, A. W. 10 (f), J. C. 6 (m), S. L. 2 (f)
GRUBB, A. O. 45 (m), M. J. 45 (f), E. 23 (f), F. 16 (f), A. 21 (m), E. 13 (m), A. 10 (f), E. 8 (f), C. 6 (f), A. 5 (f), H. 2 (f), Mahala 23 (B), Docia 6 (B)
HADEN, Saml. H. 60, F. 56 (f), M. E. 22 (f)
HAMMILTON, Wm. 30*
HARGUS, D. 16 (m)*
HOPE, Samuel B.? 42, M. E. 33 (f), F. 15 (m), J. 12 (m), S. 9 (m), F. 7 (m), J. 5 (m), Wm. 4, M. E. 6/12 (f)
MILLIKIN, George H. 42, S. 23 (f), M. E. 13 (f), A. 9 (m), P. J. 7 (f), A. 5 (f), A. 1 (f)
PEARCE, T. B. 27 (m)*
SHEPPARD, J. 13 (m)*, Wm. 11
SMITH, D. 45 (m)*
SPENCER, F. R.? 24 (m)*, H. 19 (f), J. 3 (m), W. 1 (m), J. 15 (m)
TIBBS, R. 25 (m)*

Schedule Page 20

BARNARD, J. A. 17 (m)*
CHAPMAN, James A. 38*, L. R. 33 (f), A. 12 (m), T. B. 9 (m), W. A. 7 (m), M. A. 5 (f), L. H. 2 (m)
DISHMAN, Wm. 28, J. 29 (f), S. 2 (m)
ELLIOTT, C. 46 (m), R. 39 (f)

1850 Census Simpson County Kentucky

GRAVES, Sarah 45*
HOLLAND, J. 34 (m), E. 31 (f), L. A. 14 (f), A. F. 13 (f), S. C. 9 (f), E. S. 6 (f), M. H. 2 (f)
JOHNSON, C. 21 (m)*, N. 77 (f)
JOHNSTON, Robert E. 34, L. A. 25 (f), J. F. 5 (m), Wm. E. 2
LANIER, John B. 53 (m), S. 50 (f), B. C. 24 (m), F. 22 (f), E. 19 (f), T. J. 18 (m), H. J. 13 (f), E. L. 11 (m), N. V. 5 (m)
LANIER, Clement 49*, V. 20 (f), M. G. 18 (f), O. M. 14 (f), C. F. 46 (f)
MATLOCK, Wm. F. 23*, Z. 22 (f)
MAY, H. 35 (m)*, J. 33 (f), K. 8 (f)
MILLIKIN, G. 20 (m)*
MOSS, M. M. 29 (m)*, M. E. 22 (f)
PETERS, James 11*
ROBERTS, H. C. 16 (m)*
SPEARS, J. 40 (m), E. 39 (f), E. 18 (m), L. 16 (f), J. 15? (m), H. 13 (m), T. 12 (m), E. 11 (f), K. 9 (m), F. 7 (f)
SUTTLE, L. A. 30 (m), S. 24 (f)
TAYLOR, J. 17 (f)*
WAINSCOTT, Adam 57, E. 55 (f), A. 37 (f), Catharin 33, Lucinda 29, S. J. 19 (f), Wm. E. 18 (m), E. 16 (f), D. E. 14 (m), M. 13 (f), R. 12 (m), D. R. 11 (m), L. 9 (f)
WEST, Fielding 56*, M. J. 41 (f), M. J. 22 (f), M. 20 (f), E. 18 (f), S. 16 (f), J. W. 13 (m)

Schedule Page 21

BALDING, T. 19 (m)*, E. 22 (f)
BOWLING, Wm. 23, M. J. 20 (f)
BURRIS, Wm. 18*
GILLATT?, H. 25 (f)*
GIPSON, J. 61 (m), S. 43 (F), A. S. 8 (m), J. L. 6 (m), M. E. 2 (f)
HAYS, Wm. 10*
HENDRICK, Wm. D. 29, J. E. 27 (f), J. 6 (f), J. T. 4 (f), H. L. 2 (m)
HOWEL, S. 39 (m)*, S.? 22 (f), A. 13 (m), Wm. 12, M. 6 (f), S. 4 (m)
HULSEY, B. C. 38 (m), S. 39 (f), M. 15 (f), M. E. 14 (f), T. 12 (f), S. J. 10 (f), M. 9 (f), N. A. 8 (f), J. 5 (m), J. 2 (m)
HUTSON, Thos. 20*
JENNETT, Mary 42, J. 23 (f), John 19, Mary 19?, Wm. 17, B. C. 14 (m)
LANY, M. 22 (f)*
MEELEY?, R. 16 (m)*
MITCHEL, A. 26 (m)*
MYRES, A. 46 (m)*, N. 47 (f), R. 24 (m), M. 23 (f), J. 20 (m), F.? 17 (m), M. J. 15 (f), S. E. 15 (f), M. A. 13 (f), M. 5 (f), D. E. 8/12 (f)
SLAP?, S. V. 18 (f)*
STEWART, Wm. N. 35*, M. 41 (f), J. B. 15 (m), L. F. 14 (f), M. E. 11 (f), Wm. L. 10, M. A. 7 (f), C. 6 (f), E. 2 (f)
TURNER, E. 20 (m)*
WILKINS, James H. 48*, M. 41 (f), R. 21 (m), N. 18 (m), J. 16 (m), E. 14 (f), A. 12 (f), R. 9 (m), Wm. 9, A. 4 (f), A. 2 (f)
WILLIAMS, James 37, M. A. 31 (f), J. L. 6 (m), J. R. 4 (m), L. F. 5/12? (f), E. 76 (f)
_____, Dick 60* (B)

1850 Census Simpson County Kentucky

Schedule Page 22

FINN, J. 20 (m)*, N. J. 16 (f)
GARRISON, E. 42*, M. J. 15 (m), E. M. 10 (f), L. B. 11 (m), J. F. 3 (f)
HAMMOND, E. A. 31 (m)*, P. M. 22 (f), Wm. C. 2, E. G. 5/12 (m), S. 11 (m)
HARRISON, H. M. 19 (m), M. G. 18 (f)
HENDRICK, James 13*
HUFHINES, John 49, E. 46 (f), P. 18 (m), J. 16 (m), James 14, T. 13 (m), E. 9 (f), M. 8 (f), R. 5 (m), P.? 2 (m)
HUFHINES, David 38*, N. 39 (f), M. J. 13 (f), A. E. 7 (f), F. 6 (f), R. 2 (m), J. 4/12 (m)
HUFHINES, N. 43 (f)*, Wm. C. 21, C. J. 16 (m), C. M. 16 (m), J. Q. 14 (m), F. M. 12 (m)_, D. R. 10 (m), E. S. 8 (m), A. E. 6 (f), M. 17 (f)
LEA, J. M. 25 (m), L. 25 (f), M. B. 5 (m), S. H. 4 (m), W. P. 1 (m)
LOVELADY, M. 33 (f), S. A. 14 (f), R. J. 12 (f), Z. 9 (f), C. 7 (f), M. 5 (f)
LOVELADY, Z. 10 (f)*
MCWILLIAMS, J. 29 (m), N. (f), E. A. 1/12 (m)
MENICK, Sarah 32*, A. J.? 8 (f), H. E. 5 (f), G. W. 3 (m)
MERYMAN, Mary 55*
SHOULTS, Joseph 75*, E. 73 (f)
SKEIN, Kinniar T. 40, M. L. 39 (f), J. W. 15 (m), J. A. 13 (m), J. N. 11 (m), A. L. 5 (m), M. E. 4 (f), E. 42 (f)
SNIDER, Charles 24, A. 18 (f), M. A. 1 (f)
SNIDER, Price 62, S. 49 (f), E. 8 (f), M. J. 6 (f)
SNIDER, Jorden 28*, S. A. 22 (f), J. W. 1 (m)
TAYLOR, Ben F. 29, E. J. 20 (f)
TAYLOR, Mary 57*
WRIGHT, L. 75 (f)*

Schedule Page 23

ALEXANDER, A. 23 (m)*
CASTILOW, E. 40 (m), D. A. 29 (f), R. A. 13 (f), S. 7 (f), E. 5 (f), N. 4 (f), S. 2 (f), J. 1/12 (f), J. 77 (m)
DEBERRY, John 49, P. A. 42 (f), L. M. 19 (f), R. H. 2 (m)
GROVES, Michael 54, H. 48 (f), S. 23 (f), J. 28 (m), J. C. 17 (m), G. 15 (m), B. 13 (m), R. 9 (m), V. 5 (f)
HAMMERS, W. 27 (m), J. A. 27 (f), A. G. 3 (m), J. W. 1 (m)
HENDRICK, John T. 56, T. 46 (f), R. 21 (f), P. 19 (m), S. 16 (m), N. 15 (f), J. 4 (m)
HOLMES, G. 29 (m), N. 29 (f), J. F. 8 (m), S. 7 (f), J. 4 (m)
HOOPER, F? 7 (f)*
HORTON, H. H. 35 (m), P. 34 (f), W. A. 16 (m), J. 14 (m), W. A. 12 (f), J. H. 10 (m), A. J. 8 (m), G. W. 8 (m), D. R. 5 (m)
LOVELADY, James M. 46, E. 36 (f), W. P. 20 (m), S. D. 18 (m), A. H. 17 (m), T. 12 (f), S. A. 10 (f), L. J. 7 (f)
MALLORY, N. F. 29 (m), E. A. 24 (f), O. R. 5 (m), L. A. E. 3 (f), S. K. 2 (m), S? A. 7/12 (f)
PLUMMER, L. 39 (m)*, F. 65 (f)
SNIDER, Henry 35, A. J. 25 (f), E. E. 8 (f), Wm. G. 5, J. F. 2 (m)
TERRIL, J. 46 (f)*
THORNTON, A. 27 (m), M. 22 (f), M. E. 6/12 (f)
WELTY, Wm. 42, E. 35 (f), M. 5 (f), M. E. 3 (f), N. D. 7/12 (f), N. 45 (f), P. 24 (f)
WILLIAMS, E. 35 (m), C. 30 (f), M. 10 (f)

1850 Census Simpson County Kentucky

Schedule Page 24

BEAUCHAMP, T. 73 (m), S. A. 40 (f)
BOGAN, A. 42 (m), E. 43 (f), M. F. 6 (f), H. V. 2 (m)
BOISSEAU, D. F. 51 (m), S. 29 (f), J. P. 2 (f), E. A. 8/12 (f)
BOTTOMLY, J. 24 (m)*
BUNCH, F. H. 27 (m), S. 23 (f), M. S. 4 (f), M. C. 2 (f), N. D. 8/12 (f)
CLAYTON, T. 30 (m)*
CORDELL, J. 39*, M. 28 (f), J. H. 15 (m), J. W. 13 (m), T. J. 11 (f), S. E. 9 (m), S. D. 6 (f), A. H. 3 (f), N. D. 2 (f)
DIRNING, J. 36 (m)
DOOLY, Thos. 35*
EUBANK, J. W. 16 (m)*
FORD, T. W. 39 (m)*, E. F. 29 (f), S. J. 15 (f), R. A. 12 (f), J. W. 10 (m), T. H. 8 (m), M. B. 6 (m), E. F. 4 (f), S. O. 3 (m)
GOODLETT, E. E. 69 (m)*, E. 48 (f), M. E. 9 (f), J. E. 7 (m)
HADEN, J. E. 35 (m)*, J. W. 28 (f), L. G. 5 (f), M. C. 4 (m), E. S. 1 (f)
HADEN, R. H. 9 (m)*
HADEN, S. H. 19 (m)*
HARGUS, T. 19 (m)*
HOLLY, G. 2/12 (m)*
HORTON, J. H. 19 (m)*
KERLY, S. A. 4/12 (f)*
MAHIN, T. S. 53 (m), N. D. 47 (f), J. 20 (m), M. 16 (f), N. 15 (m), R. 10 (m), E. 13 (f), p. 7 (f), S. 3 (m)
MOORE, J. C. 25 (m), P. A. 29 (f), L. O. 1/12 (f)
MOORE, L. 21 (m)*
NICHOL, K. D. 27 (m)*, M. 22 (f), M. A. 4 (f), V. 1 (m)
SOLOMON, E. D. 49 (m)*
SOLOMON, M. R. 44 (f)*, E. 22 (f), T. 21 (m), J. W. 19 (m), J. A. 16 (f), S. H. 13 (f), E. 11 (f), A. S. 9 (f), N. H. 4 (f), E. 3 (m)
SPINCE, T. J. 18 (m)*

Schedule Page 25

BOSTICK, S. 6 (f)*
BUSH, S. 56 (f)*
CALDWELL, J. 47 (m), N. 40 (f), M. 19 (f), H. 16 (m0, S. 13 (m), M. 11 (f), J. 8 (m), S. 7 (m), E. 4 (m), M. H. 2 (f)
CALDWELL, S. 23 (m)*
CENDSON, J. 18 (m)*
CRISTEY, M. J. 19 (f)*
DEWHITT, N. 50 (f), S. 21 (f), M. 18 (f), N. 15 (f), T. 14 (f), Wm. 12, J. 10 (m), J. 6 (f)
HAY, George W. 28*, M. E. 26 (f), M. F. 2 (f)
LANY, James 34, S. M. 35 (f), L. A. 14 (f), M. E. 8 (f), M. 3 (f), E. S. 2 (m)
LANY, Lewis 30, N. 30 (f), M. 12 (f), T. 9 (m)
LANY, H. C. 30 (m)*, P. J. 28 (f)
MALLORY, Wm. L . 29, S. A. 22 (f), W. 2 (m), N. C. 1 (f)
MILLER, Wm. J. 27, J. 24 (f), S. F. 3 (f)
MILLER, Randolf 64*, M. 58 (f), W. B. 22 (m), J. H. 21 (m), P. W. 18 (m)
PAGE, Geo. W. 55, S. 43 (f), Wm,. H. 20, M. 16 (f), A. P. 13 (f), M. S. 11 (f)
RAY, J. 36 (m), N. 37 (f), S. 13 (m), l. 11 (f), F. 9 (m), A. 7 (m), N. 5 (m), A. 3 (m)

1850 Census Simpson County Kentucky

RYAN, James 27, E. 26 (f), F. 60 (f), M. C. 30 (f), S? 21 (f)
SHORT, Levi 25, M. 22 (f), M. R. 2 (f)
SMITH, James 20, M. 18 (f), J. 15 (m), J. 11 (m)
TRAIL, Solomon 70, E. 30 (f), Wm. 9
TRAIL, Wm. B. 39*, M. A. 30 (f)
WILLIAMS, N. B. 18 (m)*
YOUNG, N. G. 26 (m)*, S. M. 27 (f), S. J. 5 (f), N. J. 3 (f), J. A. 3/12 (f)

Schedule Page 26

ARPLEY, Saml. 52, J. H. 25 (m), J. W. 23 (m), L. F. 18 (m), M. J. 13 (f), N. E. 8 (f), R. P. 3 (m)
ARPLEY, Wm. 59, S. A. 31 (f), Wm. P. 27, L. 24 (m), J. N. 23 (m), F. M. 19 (m), H. R. 14 (m), J. S. 12 (m)
ATKINSON, N. 38 (m), M. 28 (f), J. W. 14 (m), E. 10 (m), F. M. 8 (m), S. 5 (f), A. M. 1/12 (m)
DERRING, Rebekah 30, Wm. B. 8, J. A. 6 (m), J. W. 6 (m), S. P. 4 (m)
HANNER, Wm. 42, S. A. 17 (f), R. 13 (m), J. 11 (m), J. 10 (m), S. 8 (m), E. 7 (m), A. 5 (m), N. S. 2 (f), M. E. 2 (f)
HAYS, N. 14 (f)*
HENDRICK, Jacob 53*, S. 54 (f), N. A. 32 (f), J. 23 (m)
HUFHINES, Christian 27
HUFHINES, Geo. 24*
JONES, Stephen 50, E. 44 (f), U. 20 (f), J. E. 14 (m), J. H. 16 (m), M. A. 13 (f), E. W. 11 (m), W. E. 9 (m), E. F. 7 (f), B. F. 7 (f), H. C. 2 (m)
JUSTICE, M. A. 26 (f)*, H. 46 (f), A. J. 25 (m), Wm. G. 25 (m), L. T. 20 (f), N. C. 17 (f), L. J. 16 (f), J. P. 14 (m), B. H. 9 (m)
LAMBATH, Henry 24*
RUSSELL, James 41, S. 41 (f), N. C. 21 (f), E. 19 (f), J. A. 16 (m), W. 14 (m), S. G. 13 (m), Wm. 1 0, S. 8 (f), T. 5 (f), R. M. 3 (m)
SANDERS, Thos. 66, M. 61 (f), S. 20 (f)
SANDERS, J. T. 26 (m)*, F. 22 (f), M. E. 3 (f), J. W. 2 (m), N. J. 1/12 (f)
STAHT, Geo. W. 23, M. 22 (f)
TRAIL, Dickerson 45*

Schedule Page 27

APLIN, J. D. 30 (m), S. 60 (f), L. 23 (m), P. J. 20 (f)
ATKINSON, George W. 32, D. S. 26 (f), Wm. M. 2
CHRISTY, J. 32 (m), M. J. 23 (f), N. J. 9 (f), L. 6 (f), S. F. 4 (f)
DEWHITT, A. W. 30 (m), H. D. 35 (f), M. 11 (m), A. 9 (f), E. 6 (m)
JUSTICE, A. 23 (m)*
LEWIS, Joab 28, S. 23 (f), S. E. 4 (f), J. T. 2 (m), Z. 1 (m)
LEWIS, Leonard 50, S. 48 (f), M. 22 (f), N. 20 (m), S. 18 (f), S. 16 (m), E. 13 (m), C. 12 (f), N. 9 (f), M. 6 (f)
MCCREARY, James R. 22, J. 27 (f), N. H. 3 (f), S. E. 2 (f)
MILLER, Mathew 58*, A. 54 (f), M. 28 (f)
PAYNE, Danl. L. 42, M. 44 (f), P. J. 21 (f), M. A. 19 (m), M. E. 16 (f), D. C. 15 (m), K. D. 12 (m), J. M. 10 (m), S. A. 5 (f), L. L. 3 (f)
RUSSELL, Saml. 44, M. 35 (f), M. J. 18 (f), T. A. 15 (f), S. 13 (f), Wm. 13, J. A. 8 9f), M. 5 (f), K. D. 2 (m)
STEPHENSON, James 43, M. A. 40 (f), S. A. 20 (f), S. J. 18 (f), J. Y. 16 (m), J. T. 15 (m), C. D. 13 (f), A. B. 10 (m), M. C. 8 (f), L. W. 6 (m), T. 3 (m), B. F. 3/12 (m)
WILSON, Saml. 55, M. 49 (f), F. A. 21 (m), M. E. 19 (f), S. 15 (f), Wm. M. 16 (f), S. 14 (m), H. J. 12 (m), M. 9 (f), J. M. 5 (m)

1850 Census Simpson County Kentucky

Schedule Page 28

BROWN, E. R. 32 (m)*, P. 27 (f), M. H. 8 (f), J. R. 6 (m), L. 4 (f), H. 2 (f)
DAMRON, E. G. 35 (m)*, A. 27 (f), J. A. 7 (f?), J. W. 5 (m), N. J. 1 (f)
DUNCAN, H. J. 38 (m)*, Ann E. 26, N. E. 5 (f), E. R. 3 (f), M. J. 6/12 (f)
FISHER, Clement 49*, N. 49 (f)
HALL, J. W. 21 (m)*
HARRIS, J. 63 (m), M. 52 (f), E. R. 26 (m), S. 21 (f), E. 18 (m), M. 16 (f), C. 14 (f)
HEFFINGTON, James 56, E. 54 (f)
HOLCOMB, J. 7 (m)*, T. 5 (m0, M. L. 2 (f)
JONES, Thos. S. 47, E. 39 (f), T. A. 8 (m), Wm. M. 3 (m)
LANE, J. H. 53 (m)*, N. 50 (f), S. 21 (f), S. 13 (m), J. 13 (m0, h. 11 (m0, C. 9 (f), L. F. 4 (f)
MALLORY, O. W. 38 (m), S. 31 (f), M. 14 (f), E. 10 (f), W. 8 (m), S. F. 6 (f)
MCDALE, Andy 22*, L. 16 (f)
ROBERTS, Ben 27, R. 22 (f), N. J. 2/12 (m)
SHY, S. 20 (m)*
SMITH, Nancy 52?*
TISDALE, Geo. 67, J. 63 (f), G. T. 23 (m0, J. T. 21 (m)
WEST, J. H. 37 (m), M. A. 35 (f), D. H. 13 (m), J. H. 10 (m), W. M. 5 (m), J. A. 2 (f)
WEST, Wm. N. 29*, M. 68 (f), M. 26 (f)
WILLIAMSON, R. S. 35 (m), E. 36 (f), A. B. 14 (m), M. E. 13 (f), M. E. 11 (f), E. J. 9 (f), R. W. 7 (m)
WITT, N. T. 34 (m0*, C. B. 33 (f), A. 9 (f), V. K. 7 (m), G. A. 5 (f), S. 3 9f), C. 2/12 (m)

Schedule Page 29

APLIN, Thos. 59*, M. 54 (f), E. 25 (f), T. B. 20 (m), M. D. 16 (f), J. A. 12 (f)
BUNCH, Simon 51*, M. 52? (f), H. T. 27 (f), A. M. 22 (f), E. R. 20 (m), E. M. 17 (f), S. C. 15 (f), E. M. 12 (f), G. R. 9 (m), L. J. 4 (f)
CAMPLIN, H. 24 (m), E. 20 (f), J. 1/12 (m)
CARPENTER, W. C. 23 (m), M. J. 23 (f), J. F. 1 (m)
CLARK, Geo. W. 61, F. M. 24 (m), S? E. 14 (f), C. N. 20 (m)
CLARK, Hector M. 54, C. 24 (f), J. T. 17 (m), E. C. 15 (f), M. E. 12 (f), W. B. 10 (m), M. J. 6 (m0, L. 8/12 (f)
COCKRILL, E. M. 31 (m), M. J. 24 (f), S. E. 7 (f), R. J. 6 (m), S. G. 4 (m), B. D. 1 (m)
FINN, J. W. 36 (m), M. 40 (f), E. 15 (f), A. 13 (m), S. 11 (m), D. 9 (m), C. 7 (m), H. 5 (m), E. 4 (f), S. 3 (f)
GRAINGER, J. 42 (m), E. 42 (f), E. F. 14 (f), D. T. 12 (m), M. J. 10 (f), J. L. 6 (m)
HAMPTON, T. H. 34 (m)*, A. S. 33 (f), W. V. 11 (m), M. J. 9 (f), R. D. 7 (m)
HARRIS, S. 70 (f)*
MILLER, E. 24 (f)*
OCKERMAN, D. 28 (m)*
SALMONDS, R. 65 (f)*
WADE, Ben 50, P. 49 (f), Wm. 22, F. D. 20 (m), J. C. 18 (m), H. 15 (m), M. 16 (f), S. 11 (m)
WRIGHT, Wm. B. 30 (m), S. L. 22 (f), S. E. 29 (f)
YOUNG, J. C. 45 (m), M. A. E. 21 (f), J. L. 19 (m), D. G. 16 (m), L. E. 15 (f), N. H. 14 (f), J. T. 11 (m), M. J. 7 (f)
YOUNG, J. W. 26 (m), S. 21 (f)

Schedule Page 30

ALLEN, Thos. C. 47*, J. 43 (f)
BAYLESS, A. 13 (m)*

1850 Census Simpson County Kentucky

BLACK, J. S. 31 (m), E. C. 32 (f), S. C. 7 (f), J. H. 2 (m), G. S. 1/12 (m)
BRADBURN, G. 20 (m)*, E. A. 21 (f)
BREEDLOVE, Ira 39*, P. 40 (f), J. 16 (f), Wm. P. 14, A. 13 (f), M. 11 (f), E. 9 (f), T. 7 (m), H. 5 (m), S. 4/12 (f)
CHISM, S. 11 (m)*
DURNAL, J. 35 (m)*, M. 36 (f), A. 13 (f), M. 11 (f), T. J. 9 (m), V. A. 7 (f), J. U. 5 (m), S. H. 3 (m), F. M. 1 (f)
EARNEST, R. H. 11 (m)*
FLOYD, George W. 25, M. – (f)
HARRIS, Wm. 22*
HORTON, J. 29 (m), W. 53 (f), E. 16 (f), J. 13 (m), A. 14 (m), E. 12 (m)
HORTON, J. S. 24 (m), M. 21 (f), E. 5 (m), J. S. 3 (m), E. 1 (f)
MOORE, W. H. 25 (m), S. D. 25 (f), E. 57 (f), H. C. 20 (m), F. M. 14 (m)
MOORE, J. 12 (m)*
RAGLAND, Robt. D. 27*, S. 29 (f), M. 5 (m), M. 2 (f)
REEVES, Wm. 45, H. 47 (f), C. 16 (m), W. L. 14 (m), A. W. 10 (f), S. 2 (f), G. 5 (m), M. 3 (f)
SHIFLETT, J. 30 (m), E. 56 (f), A. 36 (m), j. 31 (m), J. 25 (m), E. 31 (f), M. 19 (f), B. 17 (m)
SUDDITH, S. 50 (m), R. 43 (f), N. B. 25 (m), J. B. 23 (m)
TISDALE, N. S. 33 (m), E. C. 30 (f), W. T. 6 (m0, H. H. 4 (m), G. T. 2 (m)

Schedule Page 31

ALEXANDER, J. 34 (m), R. J. 21 (f)
BIRDSONG, N. 23 (m), E. 24 (f), M. A. 4/12 (f), N. 18 (f)
BIRDSONG, Wm. 27, L. 29 (f), N. E. 2 (f), E. 21 (f)
BOREN, Bennett 43, S. E. 26 (f), J. 19 (m), R. 16 (m), M. 13 (m), M. 9 (f), A. 5 (f), C. A. 1 (f)
COCKREHAN, F. 36 (f), M. J. 16 (f), C. M. 8 (m)
COCKREHAN, M. 73 (f)*
COOK, C. 23 (m)*, L. 23 (f), J. V. 5/12 (f)
COOK, Mary -5?*, M. 30 (f), S. 28 (f)
COOK, Wm. 55*, L. 56 (f), C. 25 (f), E. 23 (f), S. M. 20 (m0
DINNING, H. 26 (m), L. M. 23 (f), J. H. 3 (m), W. 50 (m)
DINNING, H. 23 (m)*, S. 28 (f)
HENDRICK, J. 31 (f)*, J. R. 13 (m), S. N. J. 10 (f)
HOLLOWAY, John 36, M. E. 26 (f), H. 9 (f), P. 8 (f), Wm. H. 6 (f), N. 5 (f), C. 4 (f), M. 3 (f), M. E. 1 (f)
HUNTER, E. 11 (f)*
HUNTER, T. C. 18 (m)*
MAY, J. 42 (m), E. 33 (f), Wm. F. 12, J. E. 8 (f), J. C. 6 (m)
MAY, Lemuel 66, P. 56 (f), E. 36 (f), S. 18 (m), J. 16 (m), V. C. 14 (m)
MAY, Wm. 32, M. 24 (f), J. C. 7 (m), H. 3 (f), N. D. 1/12 (f)
MOODY, B. 26 (m), L. 25 (f), J. M. 5 (m)
MOODY, J. 51 (m), R. 50 (f), A. G. 14 (m), Wm. C. 9, S. R. 4 (f)
MORGAN, A. 24 (f)*, M. J. 2 (f)
WILSON, J. R. 31 (m)*, S. 27 (f), J. T. 7 (m), R. F. 3 (m), M. F. 3 (f), S. U. 16 (m)

Schedule Page 32

ALDERSON, Wm. 55, M. 55 (f), P. H. 22 (m), J. 18 (f), V. 17 (f)
BOREN, Frank 65*, E. 63 (f), M. 19 (m), F. 16 (m)
BUTTS, Reuben 32, S. 24 (f), R. P. 6 (m), P. W. 4 (m), E. C. 2 (m), J. F. 3/12 (m)

1850 Census Simpson County Kentucky

BUTTS, Wm. A. 37, M. E. 36 (f), E. 15 (f), J. F. 13 (m), Wm. A. 11, N. 9 (f), J. C. 6 (m), L. S. 4 (m)
FURGUSON, Ben L. 46*, M. 43 (f), H. N . 17 (f), M. A. E. 12 (f), B. T. 11 (m), F. J. 8 (f), S. J. C. 6 (f), H. 4 (f)
GAINS, Marion 37, S. C. 37 (f), G. P. 15 (m), A. 1 (f), T. H. 30 (m)
GAINS, Pendleton 39, M. 37 (f), M. C. 13 (f), G. W. 10 (m), E. A. 7/12 (f)
GARRETT, J. M. 30 (m), E. 30 (f), C. 14 (f), P. 12 (m), G. 10 (m), H. 8 (m), J. 6 (m), E. 2 (f)
GARRETT, Jo H. 23, E,. 33 (f), R. W. 14 (m), J. S. 12 (m), S. E. 9 (f), M. J. 4 (f), M. M. 1 (f)
HUNT, Thos. 45, N. 40 (f), E. F. 18 (f), E. 15 (f), J. A. 11 (f), J. W. W. 10 (m)
LEWIS, Sandford 28, E. 26 (f), G. A. 2 (f), B. L. 1 (m)
MAYS, M. J. 18 (f)*
POWEL, Martin W. 36, M. 32 (f), Wm. 13, N. 11 (f), M. 6 9f)
PURTLE, A. 44 (m), E. 40 (f), N. 18 (f), S. 16 (f), Wm. 14, E. 10 (f), J. 8 (m), R. 2 (m)
STAMP, Joshua? 27*
TURNER, Saml. 35, L. 34 (f), C. 13 (m), T. 11 (m), J. 10 (m)

Schedule Page 33

CHANEY, Hiram C. 23, M. J. 21 (f), J. H. 2 (m0, J. W. 8/12 (m)
CHANEY, James S. 20, M. J. 17 (f), J. A. 1 (m)
CHANEY, Jas. 44, E. 48 (f), Wm. 17, J. 16 (m), Jas. 8, M. E. 6 (f), M. F. 4 (f)
DINKINS, Thos. 30, T. 27 (f), A. F. 5 (f), S. 2 (f)
GAINES, James H. 38, L. J. 42 (f), Wm. E. 16, J. A. 13 (m), E. G. A. 11 (f), M. C. 9 (f), R. W. 6 (f), L. 3 (f), E. 11 (f), E. 9 (m), E. L. 61 (m), M. L. 59 (f)
GAINES, Wm. 61, J. W. 26 (m), C. 22 (f)
HAMMOND, Peter 22, S. 19 (f)
HARRISON, W. 21 (m)*, L. B. 21 (f), T. A. 6/12 (m)
LILLARD, Jas. M. 40, M. V. 32 (f), M. T. 13 (m), V. 8 (f), D. 5 (f), J. M. 1 (m)
MAY, John 63, E. 57 (f), M. 30 (f), J. A. 28 (m), E. A. 26 (f), P. A. 21 (f), J. 15 (f), G. W. 15 (m)
MAY, Pleasant F. 17, D. 20 (f)
MORRIS, J. J. 21 (m), M. 21 (f), A. 6/12 (f)
ONEAL, D. W. 29 (m), M. A. 21 (f), T. 3 (m), J. W. 1 (m)
STALCUP, Swain 35, R. 24 (f), R. 6 (m), G. 5 (m), E. J. 3 (f), L. 10/12 (f)
STEWART, James 24, A. 21 (f), J. 1/12 (f)
STEWART, West 36, E. 28 (f), G. H. 2 (m), B. G. 4/12 (m)
STEWART, Agnes 55*
THORNTON, Wm. 59, M. 59 (f), M. 30 (f), Wm. 23, J. 22 (m)
WAGONER, Jo C. 26, E. 22 (f), S. F. 3 (f), J. E. 2 (m)

Schedule Page 34

ANDERSON, Sampson 26, A. 22 (f)
ANDERSON, Wesley 24, M. 26 (f), M. C. 5 (f), A. E. 4 (f), S. J. 2 (f), G. 2/12 (f)
BAYLESS, Levi 12*
BENNETT, Thos. 53*, S. 44 (f), E. 17 (f), E. H. 15 (f), S. A. 12 (f), T. S. 9 (m)
HALLAN, Henderson 39, N. 37 (f), M. 13 (f), Wm. B. 11, Y. J. 8 (m), R. W. 6 (m), J. H. 3 (m), M. E. 2/12 (f)
HARRIS, J. H. 26 (m)*
LOGAN, Young 43, S. G. 38 (f), R. F. 21 (f), J. E. 20 (m), S. 18 (f), C. P. 17 (m), G. B. 15 (m), E. A. 14 (f), L. A. 13 (m), J. Y. 11 (m), J. A. 5 (m), L. J. 3/12 (f)
LYNCH, Wm. 64, V. 56 (f), Levi 14
LYNCH, Wm. W. 28, M. C. 21 (f), M. H. 2 (f), V. V. 1 (f)

1850 Census Simpson County Kentucky

MURPHY, L. 20 (m)*
MYRES, Daniel 52, C. 31 (f), M. 19 (f), D. W. 17 (m), M. 15 (f), H. W. 13 (m), L. 4 (f), Wm. C. 1
ONEAL, Thos. 36, E. 33 (f)
ONEAL, C. 28 (m)*, M. J. 23 (f), E. 2 (f)
OVERBY, C. 27 (f)*
ROWLAND, Jilson P? 45, S. 44 (f), E. 18 (f), M. 16 (f), J. 14 (m), V. 12 (f), N. 10 (f), Nancy 8, J. 6 (m), D. 4 (m), S. 2 (f)
SMITH, Henrietta 65
SMITH, J. B. 20 (m)*, A. E. 21 (f), L. E. 1 (m)
SMITH, S. C. 38 (m)*, S. 26 (f), R. 13 (m), M. E. 9 (f), H. 3 (f), A. 1 (f)

Schedule Page 35

BEASLEY, James 22, S. 20 (f), W. D. 2, J. W. 6/12 (m)
BEASLEY, John 68, J. 50 (f), S. 20 (m), Wm. 18, S. A. 15 (f), J. 10 (m), R. J. 8 (f)
BEASLEY, Joseph 26*, E. 24 (f), R. 5 (m), J. 4 (m), R. 2 (f), M. J. 6/12 (f)
CALLEY, Wm. 11*
CLACK, Elizabeth 46, Mary 20
GRAINGER, Jerry H. 40, M. A. 36 (f), Wm. S. 12, Gervis? 10, J. H. 8 (m), N. 5 (f), J D. 3 (m), H. N. 5/12 (m)
HENDRICK, M. 22 (m)*
KELLY, Hiram 30*, N. 27 (f), C. T. 4 (m)
LEAK, James 32*, S. A. 27 (f), G? E. 10 (m), J. M. 8 (m), E. H. 4 (m), E. G. 2 (m), S. M. 2/12 (m), Mary 66
MAYS, James 41*, L. 33 (f), R. 20 (f), John 11, M. 8 (f)
MEADOWS, John 21*
PEDEN, Andrew 38, R. 38 (f), J. 14 (m), J. 12 (m), N. 9 (f), B. 7 (m), H. 5 (m), M. 2 (m), M. 4/12 (f)
RAY, Ralston 56, E. 53 (f), P. 21 (m), M. E. 16 (f), L. 19 (f), W. H. 12 (m)
REED, Isaac 36*, S. 42 (f), J. M. 18 (m), L. J. 16 (f), S. A. 15 (f), D. 13 (m), M. 11 (f), J. 9 (m), J. T. 8 (m), K. D. 6 (m), G. H. 4 (m), H. P. 2 (f)
REEDER, A. P. 34 (m), D. 24 (f), V. K. 5 (m), T. H . 2 (f), E. L. 1 (m)
RUNALD, Elijah 27, N. 24 (f)
STEPHENS, M. 11 (f)*
WALTON, Mary 30, S. E. 12 (f)
WALTON, Thomas 16*

Schedule Page 36

COOK, James E. 33, S. A. 29 (f), E. H. 13 (f), M. 12 (m), A. 10 (m), T. 8 (m), J. K. P. 6 (m), Wm. C. 4, B. L. C. 1 (m)
GAMMEL, David 42, R. 37 (f), M. 18 (m), Jas. 16, R. 5 (f), V. J. 3 (f), J. H. 1 (f)
HOPKINS, Wm. 28*, N. 26 (f), M. F. 4 (f), G. A. 2 (f), S. C. 1 (f)
LAMBETH, Alford 12*
LANE, Mary 43*
LEWIS, Catharine 80
LEWIS, Isaiah 24, S. 23 (f)
LEWIS, John W. 26, S. 25 (f), L. J. 4 (f), E. 1 (m)
MAYS, Joel C. 34*, M. A. 32 (f), B. P. 13 (m), Wm. S. 11, A. E. 8 (f), D. C. 6 (f), H. C. 5 (m), P. 3 (m), D. 2 (f), C. R. 4/12 (m)
MORRIS, C. 56 (f)*
PEDEN, Ben 79*
PHILIPS, Richd. L. J. B.--*, M. K. 21 (f), M. 4 (m), E. 2 (m), E. 1/12 (m)

1850 Census Simpson County Kentucky

ROACH, James 45, J. 36 (f), S. E. 17 (f), J. H. 16 (m), Wm. 15 (m), M. C. 13 (f), M. F. 11 (f), M. A. 9 (f), E. M. 9 (f), S. M. 5 (f), J. E. 3 (f), P. S. 1 (f)
SMITH, Morris A. 23, S. A. 18 (f)
SMITH, Wm. 49, E. 43 (f), M. J. 18 (f), M. C. 13 (f), J. L. 12 (m), N. S. 6 (f), Isaac 20
STRATTON, Joshua P. 23*, M. E. 20 (f), L. E. 8/12 (f)
STRATTON, Thos. J. 26*, G. A. 17 (f)
WALTON, Asbury 31, M. 30 (f), J. 10 (m), D. 8 (f), S. E. 6 (f), J. B. 2 (m), L. C. 2/12 (f)
WALTON, Sarah 57, R. J. 24 (f), T. J. 14 (m)
YATES, Milly --, M. E. 15 (f), L. C. 9 (f), S. P. 6 (f)

Schedule Page 37

BUTLER, James 41, M. 41 (f), M. A. 18 (f), H. Y. 17 (m), A. G. 15 (m), E. T. 12 (m), J. B. 10 (m), M. 8 (f), Wm. W. 6 (m), E. 4 (f), J. 2 (f)
CRANTY, Julia 26*
GARRETT, Neomi 39, L. 19 (f), L. 17 (f), M. A. 15 (f), M. E. A. 12 (f), J. M. 10 (m)
HENDRICKS, Noah 31, M. 38 (f), A. 8 (f), B. F. 6 (m), Wm. R. 5, J. N. 4 (m), J. 4 (f), L. P. 2 (f)
HENDRICKS, Hestintha 38*, A. H. 9 (m), S. D. 6 (m)
KELLEY, Wm. 32, M. 32 (f), J. D. 10 (m), E. M. 9 (f), J. W. 4 (m), S. F. 1 (f), Nancy 52
PUGH, Rachael 76*
REED, Daniel 78*
SANDERS, N. S. 39 (m), N. B. 30 (f), J. W. 13 (m), C. S. 11 (m), S. R. 5 (f), M. E. 2 (f)
SMALL, Margaret 58*
TRIBBLE, Nelson 37*, H. 33 (f), M. K. 10 (f), A. E. 8 (f), A. K. 7 (m), H. D. 5 (m)-, J. N. 3 (m), J. W. 9/12 (m)
TURNER, James 37*, E. 36 (f), J. A. 16 (m), J. W. 14 (m), P. A. 12 (m), E. A. 9 (f), M. L. 7 (f), L. N. 5 (m), A. S. 2 (f)
WORLEY, Joel L. 45, J. 43 (f), J. D. 21 (m), Z. 19 (m), D. 18 (m), E. D. 18 (f), J. W. 16 (m), A. B. 14 (m), A. D. 12 (m), J. 10 (m), B. 8 (f), C. 6 (m), M. 2 (m), A. 2 (f)
YOUNG, Baily A. 35?, M. 37 (f), S. L. 12 (f), N. J. 10 (f), M. E. 5 (f), S. F. 4 (f), N. D. 8/12 (f)

Schedule Page 38

ALLEN, Thos. C. 51*, J. 41 (f)
BUTLER, Joseph 30, E. 24 (f), R. M. 6 (m), L. A. 3 (f)
BUTLER, Wm. 23*, E? 23 (f), H. C. 56 (m), N. 3 (f), S. J. 1 (f)
CARTER, Francis 28, M. 23 (f), M. J. 2 (f), M. J. 11/12 (f)
CHRISTY, Henry 22, M. J. 20 (f), J. W. 2 (m), G. R. 10/12 (m)
GIBSON, Vincent 38, P. 38 (f), L. E. 15 (f), J. W. 13 (m), J. H. 9 (m), J. B. 8 (m), F. M. 4 (m), N. H. 7/12 (m)
HANNER, James E. 73, E. 17 (f), J. 13 (m)
HERRINGTON, James W. 47*, M. 41 (f), Wm. C. 16 (m), S. 13 (f), J. M. 10 (m), J. 7 (m), M. 5 (f), J. 3 (m)
HUNT, A. B. 19 (m), M. A. 19 (f)
HUNT, Henson 45, M. W. 37 (f), J. W. 17 (m), S. 16 (f), E. J . 13 (f), N. H. 12 (f), M. F. 8 (f), W. H. 5 (m), M. S. 3 (f), S. W. 8/12 (m)
LIGHTFOOT, Jackson 22*, N. 18 (f)
LUSTER, Saml. F. 32, M. J. 22 (f), N. J. 1 (f)
MCCREARY, Jas. 48, J. H. 55? (m)
MILLER, John 51*, N. 38 (f), G. 15 (m)
ROARK, Asa 29, M. 27 (f), Wm. H. 7, E. T. 4 (m), J. H. 5/12 (m)
ROARK, Wm. 30, B. A. 26 (f), N. J. 4 (f), G. W. 7/12 (m)

1850 Census Simpson County Kentucky

SANDERS, Drewry 23, M. 22 (f)
SHACKELFORD, Richd. 80*, T. 78 (f)
STEELE, M. 15 (f)*
UMPHREY, Malliki 27, E. 25 (f), J. W. W. 3/12 (m)
WAINSCOTT, J. 17 (m)*
WRIGHT, Arwin 54, E. 33 (f), N. E. 15 (f)
YOUNG, Louisa 20*

Schedule Page 39

—, Starling 45 (B), Loisa 38, Frances 2
BARNES, James 22
BRADBURN, G. W. 19 (m)*, J. 22 (f)
CHAPMAN, Thos. 41, H. 38 (f), A. 16 (m), P. 14 (f), E. A. 10 (m), J. J. 10 (m), J. A. 9 (m), Wm. T. 7 (m), J. E. 5 (m), G. K. 3 (m), H. A. 1 (m)
COLBERT, Thos. 46, J. 40 (f), G. 21 (m), Wm. W. 20, M. A. 18 (f), M. 16 (f), J. 14 (m), B. 12 (m), M. 8 (f), M. J. 10 (f), T. M. 5 (m)
COVINGTON, Matilda 53, M. 30 (f), E. 25 (f), S. A. 20 (f)
DINKINS, John W. 36, A. 31 (f), H.E. 10 (f), S. J. M. 8 (f), L. A. 8 (f), E. 4 (f), M. F. 3 (f), L. A. 1 (f), J. G. H. 1/12 (m)
DOUGLASS, Joseph 20*
GILLILAND, J. R. 43 (m)*
HARRISON, Margarett 55, F. M. 16 (m)
HUNT, C. 18 (f)*, G. W. 16 (m), M. E. 8 (f)
HUNT, P. C. 12 (m)*
JACKSON, James A. 26*, L. 25 (f), A. 7 (m), V. 5 (f), J. E. 2 (m)
JACKSON, Stephen 39*, M. 38 (f), E. S. 12 (m)
LEWIS, A. 12 (m)*
MAYHEW, A. T. 23 (m), M. A. 22 (f)
REEDER, Emmery D. 40, G. 40 (f), E. 17 (f), S. 14 (m), J. 12 (m), Philip 10, M. 7 (f), J. H. 5 (m), J. A. 1 (f)
REEDER, Frances S. 60, J. L. 19 (m), Wm. M. 17
REEDER, Jonathan M. 39*, M. A. 37 (f), C. F. 17 (f), J. A. P. 15 (m), M. M. 13 (f), A. 11 (f), J. L. R. 8 (m), Wm. M. 6, M. E. 9/12 (f)
WAINSCOTT, John 29, R. E. 25 (f), C. 5 (m), p. 4 (f), C. 2 (f), M. A. 11/12 (f)

Schedule Page 40

—, George 72 (B), Silva 72
ALDERSON, Wm. 46, T. 48 (f), E. 22 (f), E. 19 (m), J. 16 (m), J. J. 8 (m)
BARNES, John F. 26, A. 24 (f)
BROWN, Fed 70*, M. 66 (f)
COPELAND, Wm. B. 28, L. 27 (f), L. V. 6 (f), P. A. 4 (f), L. M. 1 (f), T G. 19 (m)
DALTON, Wm. 35*, M. 23 (f), E. 13 (m), G. W. 3 (m), M. M. 10 (f)
DOUGLASS, H. 26 (m), J. 23 (f), S. E. 3 (f), A. 2 (m), M. E. 7/12 (f)
DUNNING, T. 56 (f)*, Wm. 43, C. 22 (f), E. 19 (m)
HENSON, Dick 35, M. 32 (f), Wm. J. 15, J. C. 12 (m), J. H. 10 (m), N. L. 5 (f), F. E. E. 6 (f), K. G. 4 (f), E. C. 1 (f)
HERRINGTON, Clinton 33, J. 33 (f), A. 14 (f), M. 11 (f), E. 9 (f), Wm. 7, C. 6 (f), B. F. 4 (m), S. J. 2 (f), J. B. 9/12 (f)
HUNT, Elizabeth 35, J. W. 15 (m), T. 13 (m), S. 12 (m), N. 10 (f), M. 9 (f), M. 7 (m), M. J. 6 (f), J. 4 (m), S. E. 3 (f), E. J. 9/12 (f), T. 21 (m), S. 70 (f)

1850 Census Simpson County Kentucky

HUNT, Sarah 36, D. 19 (m), J. 16 (m), S. 14 (f), N. 10 (f), S. 9 (f), M. 6 (f), J. 5 (m), A. 5 (m)
KELLEY, W. 4 (m)*
TAYLOR, M. 12 (f)*
WRIGHT, Wm. J. 33, N. 33 (f), W. 12 (f), R. 10 (f), J. 7 (f), A. 6 (m), G. A. 6 (f)

Schedule Page 41

ALCOCK, Willis 56, M. A. S. 16 (f), F. G. 14 (f), S. N. 10 (f)
BIRDSONG, Jesse 30*, E. 29 (f), M. 5 (f), J. 4 (m), M. 2 (f)
CLARK, C. 18 (f)*
DURNAL, Mahala 22*, G. 7 (m), Wm. 4
FLOYD, Wm. 24*
HENSON, James 37, L. 37 (f), R. 19 (m), E. 22 (f), J. 17 (m), Wm. 16, E. 15 (m), J. 11 (m), Polly 14, T. J. 9 (m), G. W. 5 (m), Jiles 7, A. 3 (m), N. 1 (f)
HENSON, Jiles 36, M. 33 (f), J. C. 12 (m), J. H. 9 (m), N. L. 8 (f), F. E. 6 (f), K. G. 4 (f), E. C. 1 (f), M. J. 19 (m)
HENSON, John 32*, J. A. 25 (f), Wm. R. 6, E. 4 (f), M. J. 3 (f), N. S. 1/12 (f)
HOLLOWAY, H. M. 40 (m), M. B. 36 (f), J. W. 17 (m), H. E. 15 (f), T. J. 14 (m), N. A. 12 (f), J. W. 11 (m), M. A. 7 (f), Wm. H. 3, M. E. 5/ 12 (f), L. C. 25 (m)
HUNT, Wm. 24, E. J. 20 (f), T. J. 2 (m), J. W. 10/12 (m)
MARTIN, Enoch 44*, B. A. 37 (f), R. J. 17 (f), J. D. 14 (m), G. F. 10 (m), N. M. 7 9f), S. A. 5 (f), E. W. 3 (m), J. W. 7/12 (m)
MOORE, Clary 15*
RUSH, John 36, S. 35 (f), A. J. 13 (m), S. H. 11 (m), L. A. 9 (f), T. W. 7 (m), E. E. 4 (f), M. S. 2 (f)
WEST, Lewis 20*
WRIGHT, John 29, N. 30 (f), M. M. 5 (f), S. J. 3? (f), S. E. 2 (f)

Schedule Page 42

CHRISTY, James 38, S. 38 (f), E. F. 12 (f), A. W. 10 (m), E. J. 8 (m), C. 6 (f), N. 4 (f), S. 2/12 (f)
DIXON, Franklin 25, E. 24 (f), M. F. 5 (f), Wm. H. 2, J. E. 8/12 (m)
EARNEST, Wm. 23, E. 22 (f), Wm. J. 1
HENSON, Henry 20, T. 18 (f), Wm. J. 1/12
JAMES, Thos. 60, E. 39 (f), J. S. 10 (m), M. J. 8 (f), G. G. 5 (m), S. E. 3/ 12 (f), H. C. 3/12 (m)
LAMBERT, Josiah 59, E. 50 (f), E. 22 (f), Wm. 20, C. 18 (f), J. 15 (m), B. A. 15 (f), J. K. P. 9 (m)
LIGHTFOOT, David L. 25, S. 23 (f), J. W. 4 (m), H. M. 1/12 (m)
LIGHTFOOT, Henry 21, E. 23 (f), S. A. T. E. 1 (f)
LIGHTFOOT, Henry 58, B. 48 (f), M. 20 (f), M. 18 (f), M. 16 (f), H. B. 14 (m), R. 12 (f), J. 10 (m), B. D. 8 (f)
LIGHTFOOT, Robt. D. 44, S. 43 (f), E. J. 19 (f), A. J. 17 (m), Wm. 15, N. 13 (m), J. H. 11 (m), E. 9 (f), R. 7 (m), M. A. 8/12 (m)
LIGHTFOOT, John 30*, K. 27 (f), H. J. 7 (m), D. N. 4 (m), J. S. 2 (m)
ROBINSON, Milton 26, E. 25 (f), Wm. 2 (m), M. 5/12 (m)
RUSH, Wm. 29, M. 24 (f), J. J. 10/12
RUSH, Joh n 74*, Mary 63
SAILOR, Carroline 16*
WHITE, Bartley 66, Jane 26, Wm. C. 19, F. H. 10 (m), J. 6 (f), G. 1 (m)
WILSON, Larkin 23, E. 19 (f), M. 1 (m)
Schedule Page 43

1850 Census Simpson County Kentucky

BELL, Francis 22*, H. 20 (f), J. J. 17 (m)
CALDWELL, David H. 28, L. 28 (f), M. A. 7 (f), S. J. 5 9f), Wm. D. 3, S. E. 1 (f)
CALDWELL, Solomon? 43, M. 39 (f), J. 12 (m), S. B. 9 (m), D. 7 (m)
CLARK, Abner D. 39, S. 36 (f), E. J. 14 (f), L. A. 13 (f), M. F. 10 (f), E. S. 7 (f), S. V. 4 (f), E. J. 2/12 (f), E. H. 18 (m), E. T. 15 (m)
FINN, Peter 38, L. 36 (f), A. 13 (m), J. W. 11 (m), N. 9 (f), K. 5 (m)
GIBSON, John 40, R. T. 36 (f), M. J. 16 (m), Wm. M. P. 12, N. M. E. H. 4 (f)
HARGUS, Eli 38*, M. 38 (f), Levi M. 18, J. 14 (m), G. 9 (m), M. 7 (f), M. 4 (f), D. 1 (m)
LANY, Isaac 35, S. 26 (f), Wm. 11, Levi 5
LOVEL, Nelson 40, M. 37 9f), S. A. 15 (f), J. R. 12 (m), A. A. 10 (f), H. F. 9 (f), Wm. T. 6, E. E. 3 (f), M. L. 2 (f)
MAYHEW, Z. 46 (m), M. 46 (f), Wm. C. 18 (m), N. A. 22 (f), S. M. 15 (m), Wm. T. 13 (m)
MILLER, John J. 19, E. J. 16 (f)
REYNOLDS, Charles 53, N. 56 (m), D. 22 (f), M. A. 15 (f), J. W. 8 (m)
SHORT, James 32, M. 33 (f), E. J. 5 (f), N. H. 3 (f), D. 1 (f), J. D. 6/12 (m)
SHORT, Major 60, M. 38 (f), Wm. 13 (m), J. 7 (m), E. 4 (f), J. W. 2 (m)
WHITE, Wm. 20*
WILLIAMS, Martha 39*, Ths. 9, M. A. 7 (f), M. 5 (f), E. 2 (m)

Schedule Page 44

BROTHER, John 43, A. 37 (f), Wm. H. 17, G. S. 15 (m), J. H. 13 (m), E. J. 11 (f), E. A. 9 (f), C. L. 7 (m), J. M. 5 (m), R. H. 2 (m)
CALDWELL, James 46, M. 47 (f), H. B. 23 (m), S. E. 21 (f), E. M. 20 (f), N. J. 18 (f), M. M. 15 (f), L. C. 14? (f), M. M. 12 (f), S. L. 10 (f), J. Y. 8 (m), Wm. H. 6, V. J. (f)
FINN, Abram 31, E. 26 (m), N. A. 8 (f), E. F. 6 (f), J. 3 (m), Wm. J. 4/12
FINN, E. 65 (f)*
HENSON, Catharine 40?, A. 15 (f), J. 10 (m), J. 7 (m)
HOGAN, Wm. 62, S. 51 (f), M. 31 (f), M. J. 26 (f), S. A. 21 (f), H. B. 19 (m), M. C. 18 (f), H. F. 16 (f), M. 14 (f), R. H. 13 (f), E. M. 10 (f), A. M. 8 (f)
KELLEY, Robert 53, E. 48 (f), J. W. 26 (m), J. L. 23 (m), P. N\A. 21 (f), M. E. 19 (f), N. J. 17 (f), F. H. 15 (m), K. B. 13 (m), C. C. 11 (f), M. E. 7 (f)
LOVEL, Mahala 30, J. W. 10 (m), J. A. 7 (m), P. 71 (f)
MOODY, Silas M. 50, M. A. 31 (f), M. A. C. 20 (f), S. M. 1 (f)
SPEARS, Jacob 39*, N. 34 (f), Wm. W. 16, K. M. 14 (m), E. 12 (f), A. J. 10 (m), A. M. 7 (m), C. L. 6 (m), G. W. 6 (m)
WHITE, Wm. 32, E. 30 (f), C. R. 10 (m), M. E. 8 (f), E. 7 (f), M. S. 4 (f), A. M. 2 (f), Wm. B. 5/12

Schedule Page 45

----, Jackson 27 (B), Nancy 22, Sarah 1, Sylvester 2/12
ALSUP, J. H. 5 (m)*
ATKINSON, J. P. 30 (m), S. 25 (f), G. W. 11 (m), Wm. H. 6
BARNETT, Dennis D. 33?*, M. E. T. 24 (f), J. A. W. 9 (f), M. J. 2 (f), K. V. 1 (m)
BOAZ, Henry 25*, S. 20 (f)
BROTHER, Wm. F. 13*
CUNCH, Erasmus S. 31, A. 33 (f), W. B. 8 (m), E. K. 6 (m), A. J. 5 (f), Z. F. 3 (m), F. E. 9/12 (f)
GARLAND, Robt. F.. 24 (m)*, F. 23 (f)
GRIFFIN, Calvin 14*, Henry 12
HANLEY, Jessee 41*, R. S. 38 (f), J. L. 18 (m), D. E. 16 (m), P. 12 (m), T. B. 9 (m)

1850 Census Simpson County Kentucky

HAY, Lycurgus 24*
HENDRICK, Richd. 25, S. A. 23 (f), J. E. 7/12 (m)
HOLCOMB, Preston 23, A. 18 (f)
HUFHINES, Daniel 39, F. 38 (f), C. L. 19 (m), J. J. 16 (m), M. A. 14 (f), M. M. 13 (f), J. D. 9 (m), S. J. 8 (f), A. E. 5 (m), L. 3 (f), M. 1 (m)
MALONE, Wm. H. 23*
MILLER, Thomas E. 21*, M. 22 (f)
NICOLL, Horatio D. 50, L M. 46 (f), L. 21 (m), Wm. E. 16, A. E. 14 (m)
ORVIS, James K. 31, S. 28 (f), F. M. 7 (m), J. W. 5 (m), J. N. 3 (m), J. W. 8/12 (m)
ORVIS, Joel 32, E. 27 (f), C. L. 8 (m), L. F. 7 (f), S. 5 (f0, Wm. B. 2 (m), C. M. 1/12 (m)
ROBERTSON, Elizabeth M. 53?*, Ryon N. 23
SMITH, Mary 37*
SMITH, R. F. 17 (m)*
SMITHSON, Wm. 40*, M. E. 19 (f), J. E. 6/12 (m)
WAINSCOTT, Wm. 27*, S. 21 (f), R. A. 6 (f), N. 4 (f), S. E. 1 (f)
WOOD, Judith 57*

Schedule Page 46

BARNETT, Wm. M. 31, M. B. 34 (f), M. 9 (f), M. J. 7 (f), M. E. 5 (f), Wm. H. 3, N. D. 5/12 (f)
BOOKER?, Richd. 29*, L. 23 (f), M. 1 (f), Wm. 1/12
BREEDLOVE, Thos. M. 28, N. 28 (f), E. E. 8 (f), A. J. 5 (m), M. A. 2 (f)
BRYANT, Isaac 49, A. 35 (f), H. H. 17 (m), E. A. 13 (m), N. J. 11 (f), M. E. 9 (f), J. D. 7 (m), A. P. 1 (m)
BRYANT, Robert 43*, N. 35 (f), D. 18 (m), S. R. 16 (f), J. 16 (m), R. 9 (m), J. 5 (m), O. 2 (m), T. A. 5/12 (f)
BUCKLEY, H. L. 31 (m), M. A. 22 (f), H. M. 2 (m)
CLARK, Bennett M. 38*
CORCORAN, Erastus 26, L. 28 (f)
DAWSON, M. M. 27 (m), M. J. 22 (f), A. B. 4 (f), N. E. 1 (f)
ELLISON, Robt. 52, E. 62 (f), J. A. 32 (f)
HAMPTON, Noah 58, M. 55 (f), H. C. 20 (m), A. 16 (f), N. 12 (m), C. 10 (f)
HANLEY, John H. 26, S. A. 23 (f), Wm. F. 3, M. E. 1 (f)
HENLEY, David 65*, L. 66 (f)
HUTCHINGS, T. 45 (f), John 22, S. J. 20 (f)
LEWIS, Wm. 36*
MURREL, S. L. 34 (m), L. S. 34 (f), M. S. 10 (f), E. R. 8 (m), T. M. 6 (m)
STANFORD, Lucas 58, M. W. 59 (f)
TORRANCE, John B. 30, M. 30 (f), E. A. 10 (f), S. J. 8 (f), Wm. 4, T. T. 1/12 (m)
TRAVELSTREET, C. 20 (m)*
WANN, Rachel 58, R. 29 (f)
WOOD, E. 29 (f)*, D. A. 5 (f)
WRIGHT, Gideon 26, L. 25 (f), C. 4 (f), S. H. 2 (m), H. 1 (m)

Schedule Page 47

ARMSTRONG, Robert M. 40, M. A. 33 (f), J. D. 10 (m), L. J. 7 (f), G. R. 6/12
CASH, John B. 21*, M. W. 15 (m)
DAWSON, J. C. 37 (m), M. W. 38 (f), S. E. 11 (f), V. W. 8 (m), E. 5 (f)
DOOLEY, James 22*, M. 24 (f)
DOWNEY, Martha 51, M. J. 28 (f), C. 22 (m), C. 20 (f), S. 17 (f), E. 15 (f)
EVANS, Malinda 42, Danl. 26, L. 18 (m), F. M. 9 (m)

1850 Census Simpson County Kentucky

HOLCOMB, N. G. 36 (m)*, P. C. 33 (f), J. L. 9 (m), J. W. 7 (m), J. A. 6 (m), M. E. 4 (f), A. H. 3 (m), N. D. 1 (f), Mary 63
JACKSON, John D. 24, L. 21 (f)
MEDOWS, Asa 60, E. 32 (f), S. W. 12 (f)
MORRIS, Danl. 41, P. 37 (f), J. N. 18 (m), W. H. 15 (m), S. E. 12 (f), M. A. 10 (f), P. J. 8 (f), D. L. 8 (m), T. W. 5 (m), J. 4 (m), N. A. 1 (f)
MORRIS, T. J. 11 (m)*, P. A. J. 13 (f)
ROBERTS, Ben 64, E. 60 (f), M. 20 (f), J. 17 (f)
SHAW, John 23*, M. J. 21 (f)
SLAP, Deborah 43, S. V. 16 (f), A. D. 15 (f), L. J. 9 (f)
SLAP, Sarah 49, A. M. 18 (m), E. H. 16 (m), S. A. 15 (f), A. 11 (f), J. 5 (f)
SMITH, M. 45 (f)*, N. E. 11 (f), J. M. 8 (m), S. R. 6 (m)
SMITH, Saml. 35*, R. 61 (f)
TURNER, D. D. 43 (m), M. 41 (f), R. O. 16 (m), B. H. 15 (m), M. 13 (f), J. 8 (m), J. 6/12 (m), J. E. 5 (m), Wm. 3
YOUNGER, J. 16 (m)*

Schedule Page 48

BLEVETT, John G. 46*, E. 44 (f), E. A. 24 (f), M. F. 22 (f), M. J. 19 (f), J. H. 18 (m), E. W. 16 (m), H. 13 (f), T. 10 (f), J. 6 (m), A. P. 3 (m)
BREEDLOVE, Nancy 53, D. W. 17 (m)
BRIGGS, Jesse 40, N. 37 (f), J. H. 13 (m), J. W. 9 (m), Wm. E. 3
CARPENTER, John 39, E. 41 (f), J. B. 18 (m), J. M. 17 (m), W. F. 15 (m), S. A. 13 (f), E. J. 11 (f), T. F. 9 (m), J. W. 6 (m), S? 3 (m), L. F. 1/12 (f)
CASH, Willis 60, N. 58 (f), S. 26 (f), J. 24 (f), C. 22 (f), J. 18 (m), A. M. 16 (f), S. 14 (f)
FORD, Ann 36*, A. 18 (f), M. A. 10 (f), J. 6 (m)
HAMPTON, Jackson 34, E. 32 (f), E. E. 5 (m), J. D. 4 (f), R. B. 1 (f)
HARRIS, David O. 10*, J. M. 37 (m)
HORN, James 27, S. C. 26 (f), S. E. 7 (f), G. N. 6 (m), M. E. 4 (f), N. A. 7/12 (f)
MALLORY, Polly 68*, O. R. 42 (m)
MAY, James 64, A. 61 (f)
MCDANIEL, Mathew 25, M. 23 (f), M. J. 3 (f), E. L. 7/12 (m)
MORRIS, Saml. D. 38, C? 36 (f), M. E. 15 (f), G. M. 13 (m), M. J. 9 (f), H. R. 8 (m), J. C. 7 (m), S. E. 5 (m), J. C. 3 (m)
THURMAN, James 36, E. 32 (f), Wm. 13, H. 12 (f), R. 7 (m), F. 5 (f), B. 3 (m), M. 1 (f)
WHITE, M. E. 7 (f)*, H. 5 (m)

Schedule Page 49

---, Peter 27* (B)
BARRINGER, Josiah 39*, P. 43 (f), J. W. 18 (m), Wm. A. 16, E. A. 13 (f), D. S. 10 (m), C. D. 9 (f)
BOWMAN, John 52, E. 49 (f), R. 26 (m), E. 23 (f)
COPELAND, John 65*. N. 64 (f), J. 24 (m), H. 19 (f), A. 15 (f)
COPELAND, Wm. 30*. E. C. 29 (f), L. J. 6 (f), M. E. 4 (f), S. A. 3 (f), B. 3/12 (f), Jane 40
DEATHERAGE, Lewis 45*, G. B. 20? (m), L. K. 19 (f), Wm. M. 18, P. 16 (m), J. 14 (m), J. H. 9 (m), J. 4 (m)
DEATHERAGE, Martin 35?*, Polly 45, E. 35 (f), Martin 22
DEATHERAGE, Sarah J. 26*
DETHERAGE, Wm. 28*
HARROLD, Jessee 15*

- 167 -

1850 Census Simpson County Kentucky

HENDRICKS, Wesley 22*
HORN, Jackson 28, L. 24 (f), M. E. 8 (f), L. E. 6 (f), R. H. 4 (f), L. 2 (f), J. 7/12 (f)
MCFADDIN, Fenias 29, A. V. 21 (f), J. T. 24 (m)
MCFAIL, M. 26 (m), E. 27 (f), M. J. 1/12 (f)
MCFAIL, David 24*
NOEL, Young H. 34, E. E. 22 (f), A. E. 4 (f), L. A. 2 (f)
PEDEN, C. 28 (f)*, D. 8 (m)
REEVES, Walter 44*, H. 46 (f), C. 15 (m), Wm. 13, M. 11 (f), S. 7 (f), G. 5 (m), A. 3 (f)
SMITH, Henry 35, S. 35 (f), E. 15 (f), J. 14 (m), N. S. 12 (f), D. 10 (m), T. 6 (m), J. 5 (m), M. 3 (f), R. 2 (m), J. 1 (m)
THURMAN, Bennett 64, S. 60 (f), L. 22 (f), S. M. 21 (f), M. C. 19 (f), C. W. 17 (f)

Schedule Page 50

—, Jenny 80* (B)
BLAND, John 57*, S. 56 (f), L. F. 14 (f)
BOSTICK, E. 24 (f)*
BREEDLOVE, Nathan 47*, S. T. 48 (f), M. S. 21 (f), J. W. 17 (m), E. N. 17 (m), A. J. 15 (f), S. V. 14 (f), R. C. 11 (m), C. A. 8 (m), M. P. 6 (f)
HARRIS, Mary A. 365, M. A. 16 (f), D. S. 15 (m), C. E. 14 (f), G. W. 8 (m), F. C. 6 (m), R. R. 2 (m)
HOLLAND, Joel 39, A. 34 (f), John 14, William 12, G. 10 (m), J. 9 (m), A. 7 (f), J. 5 (f), M. 2 (f)
LOCKHART, John 24, L. 16 (f), V. 2 (m)
LOCKHART, Thos. 48, N. 56 (f), Wm. 26, J. 20 (f), E. 17 (f)
MALLORY, A. E. 23 (f)*, S. A. 2 (f)
MORTON, L. M. 19 (m)*
MORTON, Wineford 42*, C. 21 (f), J. 18 (m), m. F. 15 (f), C. 10 (m)
PERKINS, Wm. J. 32, M. A. 33 (f), M. 6 (m), D. D. 3 (m), S. D. 1/ 12 (m), E. S. 3 (m)
PROCTOR, Hezekiah 37*, C. M. 35 (f), J. S. 12 (m), H. A. 9 (m), G. A. 7 (f), R. B. 3 (m)
RULEY, Harriet 31*, S. F. 14 (f), J. P. 11 (m), J. W. 9 (m), L. 5 (m), Lysander 5, S. B. 3 (m), T. J. 1 (m)
SPENCER, E. C. 73 (f)*
STAHL, David 60, E. 50 (f), M. E. 19 (f), C. 15 (m), Christopher 12, W. 10 (m), S. D. 6 (m)
STAHL, Willis L. 25, S. A. 25 (f), M. J. 5/12 (f)
STAHL, Wm. H. 27, E. J. 24 (f), A. E. 5 (f), S. E. 3 (f)

Schedule Page 51

—, Lucy 70* (B)
GARNDER, Robert 50*, A. 56 (f), L. E. 24 (f), S. A. 17 (f)
HANES, Robert 30, M. C. 24 (f), B. F. 2 (m)
HARRIS, Alex. 66, S. 62 (f), Alxd. 17
HOLLAND, Elizabeth 63*
JOHNSON, Luther 55, S. 45 (f), M. E. 27 (f), Wm. L. 24, J. C. 22 (m), E. 17 (f), J. L. 14 (m), A. W. 10 (m), F. 8 (m)
JONES, Thomas 54*, M. A. 57? (f), J. M. 22 (m), E. 20 (f), T. J. 17 (f), Wm. W. 16, E. E. 14 (f)
MCCUTCHEN, James C. 29, J. E. 20 (f), M. J. 1 (f), Martha 63
MCFAIL, Judith 58, M. A. 26 (f), A. C. 22 (m), N. C. 19 (m), N. C. 18 (f), R. C. 16 (m)
PHILIPS, James 49, M. 35 (f), S. 23 (m), Wm. 14, E. 12 (f), J. 7 (m), F. 5 (f), M. 3 9f), J. 10/12 (m), Judy 43
ROWLAND, Micajah 43, A. 35 (f), Z. C. 19 (m), C. T. F. 12 (m)
STANLEY, Meridith 53, P. D. 45 (f), S. 18 (m), M. 16 (f), D. 8 (f)
STANLEY, Wm. J. 26, E. E. 25 (f), H. L. 5 (m), J. S. 3 (m)

1850 Census Simpson County Kentucky

STEWART, Robert 54, E. 52 (f), C. R. 24 (m), E. S. 19 (f), A. 18 (m), M. 16 (m), E. 14 (f), R. 12 (m), J. 16 (m)
THURMAN, John D. 34, M. 34 (f), S. E. 12 (f), Wm. B. 10, B. 7 (m), D. D. 2 (m)
VENABLE, Arthur 42, S. 39 (f), S. C. 10 (f), S. M. 3 (m), R. J. 8 (f), S. F. 1/12 (f)

Schedule Page 52

BERRY, W. D. 28 (m)*
BROWN, Jessee 52*, M. 35 (f), G. 12 (m), J. 11 (m), M. 10 (f), S. J. 8 (f), S. 9 (m), E. 7 (f), J. 2 (m)
COCKRAN, Wm. 15*
COOKSEY, A. B. 29 (m), A? M? 23 (f), L. B. 5 (f), S. E. 3 (f), A. B. 2 (m), T. S. 5/12 (m), W. H. 26 (m), R. 20 (m)
HAMPTON, A. 18 (f)*, C. 12 (f)
HARRIS, Nat K. 39*, N. 35 (f), E. J. 12 (f), G. C. 11 (m), S. O. 7 (m), P. L. C. 4 (m), S. K. 3 (f), M. C. M. 5/12 (m)
HATFIELD, Saml. 41*, R. 39 (f), J. B. 15 (m), S. H. 12 (f), S. H. 10 (m), E. 6 (m), R. 4 (f), N. D. 7/12 (f)
HERTER, C. 18 (f)*
HINKLEY, A. P. 45 (f)*
HUTSON, J. 45 (m), – 20? (f), Henrietta 3, S. 4/12 (m)
KENDLE, James J. 43*, M. N. 36 (f)
LOVEJOY, M. E. 22 (f)*
MORRIS, Dan 15*
MORRISON, C. 53 (f)*
MURPHEY, T. 16 (m)*
PHILIPS, R. B. 15 (m)*
PRICE, G. W. 50 (m)*
QUIGLEY, Eliza 13*, M. E. 8 (f)
SMITH, B. S. 43 (m), S. 43 (f), W. 10 (f), P? J. 9 (m), R. 7 (f), A. A. 2 (f)
STANFORD, John L. 26, M. S. 24 (f)
TANNIHILL, P. B. 34 (m), S. A. 22 (f), M. E. 1 (f)
WILLIAMS, Josiah B. 44, E. 37 (f), M. J. 18 (f), M. T. 16 (f), M. M. 14 (f), A. E. 12 (f), R. E. 10 (m), S. F. E. 8 (m), J. B. 6 (m), J. T. 4 (m), E. 1 (m), R. D. 37 (m)
WOOTTON, Wm. H. 43, S. 45 (f), S. E. 20 (f), J. P. 18 (m), M. J. 11 (f), J. 9 (m), J. 7 (m), V. W. 4 (f), E. J. 14 (f)

Schedule Page 53

BABBINGTON, Nancy 71*
BRASHARE, Asa 40*
CALDWELL, D. 18 (m)*
CARTER, Jamesz G. 24*, A. W. 21 (f), E. L. 1 (m)
EDWARDS, John B. 39, E. 31 (f), S. J. 16 (f), M. E. 14 (f), Wm. T? 10, J. F. 7 (m), M. 3 (f), T. J. 1 (m), A. B. 5 (f)
GIBBS, Jessee 27, E. 20 (f)
HAMMOND, Davis S. 49*, S. E. 41 (f), J. L. 15 (m), N. 10 (m), D. S. 8 (m), M. C. 5 (m)
HAY, John 58, S. P. 53 (f), Thos. 32, John 30, Lucy 20, S. 24 (f), P. 17 (m), M. 14 (f), C. 10 (f)
HILL, Isaac 43, P. B. 36 (f), M. A. 15 (f), M. G. 14 (f), E. 12 (f), M. 9 (f), Wm. M. 4, A. 3 (f), C. A. 11 (f)
HILTON, Aarchd. 26*, S. 21 (f), D. A. 4 (m), M. F. 2 (f), J. 1 (f)
HODGES, P. M. 26 (m)*
JAMES, R. C. 57 (f)*

- 169 -

1850 Census Simpson County Kentucky

MONTAGUE, Wm. C. 23, A. F. 19 (f), T. B. 2 (m), T. J. 19 (m), J. H. 18 (m)
MORRIS, James 33, N. 31 (f), S. M. 8 (f), D. E. 6 (m), E. A. 4 (f)
RABY, Wm. A. 45, S. 43 (f), L. 21 (f), N. M. 20 (f), J. T. 17 (f), J. H. 15 (m), S. 13 (f), G. D. 11 (m), B. F. 9 (m), V. 7 (f), J. N. 5 (m), Wm. J. 1
ROBINSON, A. R. 30 (f)*, R. B. 5 (m)
SWANN, James 60, N. 50 (f), Wm. 21, C. 20 (f), J. 24 (f), E. 22 (f), J. 23 (m), E. 18 (f), N. 16 (f)
WHITE, Thos. J. 27, S. F. 25 (f), C. 6 (f), E. 4 (f), D. 1 (f)

Schedule Page 54

BREEDLOVE, Thos. 50*, C. 47 (f)
BURR, Peter 25, N. J. T. 19 (f), J. N. 19 (m)
CALDWELL, Andrew 31*, E. E. 25 (f), T. 5 (f), M,. E. 3 (f), S. D. 1/12 (m), J. T. 7 (m), J. E. 5 (f)
DOWNEY, James 37, S. J. 35 (f), M. E. 12 (f), M. A. 10 (f), M. J. 9 (f), J. A. 4 (f), M. A. 73 (f)
FOSTER, Wm. W. 43, E. A. 33 (f), D. A. R. 8 (f), J. E. 6 (m), D. E. 5 (f), P. 4 (f), Wm. T. 3
FRIEND, J. 14 (m)*
GALASPIE, Matthew 73, M. 65 (f), E. 30 (f), M. 25 (m), H? 22 (m), E. 19 (f)
GREGORY, M. F. 30 (f)*
HALL, Robert C. 42 (m), M. 40 (f), J. W. 20 (m), A. 14 (m), R. 7 (f), R. F. 5 (m), D. D. 3 (m), H. 2 (m)
HARRIS, Henry 60*, E. 50 (f), Wm. 23
JONES, Thos. J. 24 (m), M. F. 23 (f), S. J. 2 (f), N. C. 1 (f)
MAY, P. 50 (f)*
MCELVAIN, Alxd. 25*, M. 20 (f), R. 6/12 (m)
MCFADDIN, Wade H. 52, E. 45 (f), E. 14 (f), Wm. 11, A. 7 (f)
MORGAN, Jeremiah 48, E. 46 (f), Saml. 22, T. 21 (m), M. A. 19 (f), M. S. 16 (f), J. 14 (f), R. 12 (m), R. 10 (f), J. 8 (f), J. S. 3 (m)
POWEL, Enoch 48, M. 43 (f), J. 19 (f), L. A. 16 (f), M. J. 9 (f)
STEEL, James 38*, E. 30 (f), E. 9 (f), R. H. 5 (m), J. N. 3 (m)
SUTTON, E. 25 (f)*
WILSON, Robert 60*, C. 45 (f)
WOOD, N. 77 (f)*

Schedule Page 55

----, Charles 30* (B)
APLIN, Joel M. 32, E. E. 22 (f), T. M. 8/12 (m)
BAIRD, Ben 35, E. A. 28 (f), W. 12 (m), M. E. 10 (f), M. J. 9 9f), N. 7 (f), D. 5 (f), R. 3 (m), A. E. 1 (f)
BOSTICK, Elijah 25, F. 28 (f), L. A. 8 (f), A. 3 (m), V. 1 (m), W. 14 (f)
CARR, Aron 52, P. 46 (f), J. J. 20 (m), M. 14 (f), M. C. 13 (m), A. 11 (m), W. 5 (m)
CREEKMORE, Richd. 28, E. 26 (f), M. J. 7 (f), M. 4 (f), L. 1 (m)
ELLIS, Westley 34, C. T. 29 (f), J. P. 12 (m), J. E. 7/12 (m)
FOSTER, Wm. 50*, D. 49 (f), Philip 11 (m)
HARRIS, Christopher 56, C. Y. 46 (f)
HILTON, richd. C. 70, M. 70 (f), N. 3/12 (f)
JOHNSON, Wm. M. 32, N. 31 (f), E. J. 7 (f), S. A. 6 (f), S. H. 3 (m)
LEAK, E. 23 (f)*, T. 6 (m)
MCCLANAHAN, Peter 45*, M. 35 (f), Jas. 21
PENNINGTON, john 60, M. 50 (f), L. 20 (m), M. E. 15 (f)
SLUDER, B. H. 34 (m), M. 23 (f), J. 11 (m), Wm. 10, S. E. 7 (f), A. M. 1/12 (f)
SMITH, Wm. 46*, Jane 45, James 9, M. J. 5 (f)

1850 Census Simpson County Kentucky

STAHL, Jacob 60, M. 52 (f), M. F. 16 (f), M. A. 14 (f), B. M. 12 (m), M. J. 7 (f), J. B. 27 (m)
STRINGER, Isaac 35, M. 36 (f), R. J. 10 (f), S. A. 4 (f), J. 1 (f)
WILLIAMS, H. 21 (m)*

Schedule Page 56

ARNOLD, Pleasant 52, T. E. 52 (f)
BARNES, Saml. 77, N. 72 (f)
BATSELL, Wm. 40*, L. 40 (f), J. N. 19 (m), F. W. 16 (m), S. H. 13 (m), E. M. 10 (m), M. L. 6 (f), J. V. 4 (m), S. O. 1 (f)
BOWLING, John 23, G. 26 (f), M. A. 1? (f)
DISHMAN, J. D. 46 (m), S. A. 37 (f), J. M. 20 (m), J. 18 (m), S. 15 (m), L. M. 9 (m), N. D. M. 2 (f)
DISHMAN, Nancy 87
GRAVES, Nathan 46, M. 45 (f), M. 16 (m), J. 14 (m), L. 12? (m), E. 10 (m), M. 4 9f)
HANES, Wm. M. 27, G. 22 (f), S. W. 9/12 (m)
HARRIS, James G. 34, E. A. 26 (f), M. E. 9 (f), M. J. 4 (f), E. J. 3/12 (f)
HARRIS, John J. 30, S. E. 26 (f), G. W. 8 (m), A. S. 6 (m), J. J. 4 (m0, N. S. 2 (m), J. P. 5/12 (m)
HAY, Nancy 46, Thos. 23, M. 19 (f), P. 17 (m), J. 16 (m), j. 14 (m), A. 12 (f), S. 9 (f)
MCELLWAIN, John S. 58, N. A. 53 (f), J. H. 22 (m), Wm. A. 21, F. M. 16 (f), N. A. 12 (f), E. J. 10 (f), E. V. 8 (f)
ROWLAND, Wm. P. 21, M. F. 19 (f), F. E. 1 (m)
SMITHSON, Charles G. 43, E. R. 40 (f), S. J. 12 (m), Wm. H. 10, V. E. 7 (f), E. 2/12 (m)
STANLEY, Christopher 24, S. 20 (f), J. M. 1/12 (m)
TORRANCE, Erasmus 22, S. L. 21 (f), A. E. 7/12 (f)
TORRANCE, Terry 53, M. 53 (f), S. M. 16 (m), M. 15 (f), L. C. 9 (f)
WITT, Bradford 30*
WRIOGHT, Luthena 38

Schedule Page 57

COX, Granville 50, M. A. 23 (f), M. 19 (f), G. W. 10 (m), M. A. 15 (f), A. 13 (f), G. 9 (m), Wm. 8, L. 4 (f)
COX, John 30*
DAVISON, Hosa 45, J. A. 37 (f), R. N. 15 (m), E. E. 13 (m), L. E. 11 (f), Wm. H . 6 (m), M. J. 4 (f)
ELLIOTT, L. 15 (m)*
ELLIOTT, Richd. 33*, S. 24 (f), M. F. 7 (f), V. C. 5 (m), M. J. 3 (f), F. J. 1 (f)
EVANS, Wm. W. 34, S. C. 22 (f), H. E. 3 (f)
HADEN, Elisha 35, M. 21 (f), S. E. 2 (f), S. 6/12 (m)
HADEN, Danl. 18*
HOLLAND, A. 75 (f)*
HUDGSPETH, James 44*, A. 44 (f), J. H. 18 (m), G. H. 16 (m), P? 14 (f), T. 11 (m), S. E. 8 (f)
MALLORY, Felix 27, M. E. 21 (f), J. D. 9/12 (m)
MALLORY, James C. 34, E. 25 (f), Wm. H. 6, M. S. 2 (f), E. C. 2/12 (f)
MALLORY, Wm? 71, C. 70 (f), M. 40 (f)
MCCLOUD, E. 11 (f)*
MCKINNIS, John 30*, R. 28 (f), Wm. A. 7, H. 4 (m), J. H. 2 (m)
NEAL, Benj. C. 25, S. F. 21 (f), V. S. 2 (m)
ODELL, Richd. 35*, F. 30 (f), J. H. 13 (m), A. 11 (f), E. A. 8 (f), E. J. 6 (f), E. 5 (f), L. J. 4 (f), M. E. 3 (f)
ROBERTS, Sarah 43*
SCOTT, Rachel 67*, S. A. 23 (f)
SMITH, Hannah 53

1850 Census Simpson County Kentucky

SMITH, Nancy 40, E. M. 18 (m), L. J. 16 (m), Z. P. 14 (m), S. E. 11 (f)
SMITH, Rebekah 50*
STONE, Madison 33, V. 30 (f), M. J. 9 (f), D. M. 7 (m), S. V. 2 (m)

Schedule Page 58

---, Mitcher 29* (B)
BURTON, Ben 41, M. 36 (f), J. 18 (m), S. A. 16 (f), M. 14 (f), M. 12 (f), M. 10 (f), M. 8 9f), J. 9 (m), A. E. 6 (f), A. 4 (f), E. 1 (f)
BURTON, Davis 41, M. 28 (f), Z. 12 (m), M. E. 9 (f), J. 7 (m), G. A. 5 (f), L. 1 (f)
BURTON, Sarah 67*
CHAUVIN, Wm. 46*, M. 39 (f), E. 19 (f), J. B. 16 (m), Wm. 14 (m), M. J. 10 (f), E. F. 7 (f), J. 3 (m)
COPELAND, James 50, Nancy 42, M. J. 10 (f)
DARBY, John E. 39, M. 34 (f), M. E. 13 (f), J. 12 (f), A. S. 10 (f), A. M. 8 (f), Nathan 31
ELLIOT, Christopher 47, R. D. 39 (f), J. C. 22 (m), J. A. 19 (m), L. 16 (m)
ELLIOT, Josiah 48
FLEMING, Beverly 31, S. A. 28 (f), J. A. 8 (m), R. S. 6 (m), J. C. 4 (m)
HADEN, Willis 23, M. 20 (f), M. J. 1 (f)
HAYS, John A. 29*, Sarah 21
HOLLAND, john W. 38, M. 28 (f), R. C. 4 (m0, R. F. 2 (m0
HOLLAND, Asa 37*, E. 29 (f), A. E. 6 (f), E. S. 4 (f), S. 1 (m)
JEMISON, E. 65 (f)*
MCCUTCHEN, John N. 42, J. A. 34 (f), P. C. 4 (m), L. J. 2 (f)
PERKINS, Abraham S. 30, S. R. 29 (f), Wm. V. 5, M. E. 3 (f)
STEWART, Wm. H. 26, C. A. 24 (f), M. A. 3/12 (f)
TURNER, A. 23 (f)*, Wm. 20 (m), L. 16 (m)
WINDER, Ann 47*, S. 13 (m), R. 9 (m), D. 6 (m)

Schedule Page 59

BAIRD, Sarah 16* (B)
CARTER, Caswell 51, L. 48 (f), C. 17 (m), N. 15 (f), F. 12 (f), Wm. 9, B. 7 (m), Garland 63
CHERRY, Alxd. 78, M. 60 (f), E. J. 22 (f), S. D. 1/12 (m)
CREEKMORE, Wm. M. 25, E. 13 (f), Wm. 15?, J. 11 (m), S. 9 (f), M. S. 7 (f)
GIBBS, Mary 55, L. 23 (f), L. 19 (f), M. 15 (f)
HADEN, Saml. 65, M. 56 (f), E. 39 (f), J. 38 (m), G. 36 (m), P. 27 (f), D. 20 (m), B. 18 (m), N. 16 (f), K. 12 (m), S. A. 1 (f)
HAYS, Allen 43, S. 55 (f), James 21, M. 20 (f), S. M. 19 (f), Wm. W. 17, J. 13 (m)
HAYS, Jeremiah 20, L. 19 (f)
HAYS, Jeremiah 90, J. 47 (f), J. A. 20 (m)
HAYS, Saml. 50, C. 16 (f), N. 12 (f), J. 10 (m), M. 8 (m), Wm. 6 (m)
HAYS, James 20*
HORN, Wm. 65* (B), Judah 70
MALLORY, Saml. K. 46, M. 35 (f), M. A. 14 (f), M. J. 12 (m), J. W. 4 (m), S. C. 2 (f), O. W. 2 (m), J. V. 1 (m)
PEART, James 28, M. 23 (f), Wm. 2, James 3/12
PRITCHETT, Stanford 46*, R. 30 (f), S. C. 11 (f), M. T. 15 (f), E. A. 9 (f), M. 7 (f), R. 4 (m)
TURNER, John 44, B. A. 43 (f), J. 18 (m), G. C. 14 (m), N. F. 12 (f), T. W. 8 (m), H. A. 6 9f), J. E. 4 (m), W. 2 (m), M. E. 8/12 (f)

1850 Census Simpson County Kentucky

Schedule Page 60

BIARD, Rebekah 63*
BOGAN, Ira 29, F. 24 (f), E. P. 7/12 (f)
CHERRY, Rowland 26, C. 23 (f), M. E. 6 (f), M. A. 3 (f), J. N. 2 (m)
COX, George 17*
DARLEY, Denton 63, M. 24 (f), H. 16 (f)
DICK, Jesse 34, E. 34 (f), J. 3 (f), M. E. 1 (f)
DICK, John 38, C. 37 (f), Wm. 18, J. 16 (m), E. 14 (f), J. 12 (m), H. 10 (m), J. 8 (m), S. 6 (m), Caswell 1
DICK, Nelly 54
DICK, Conrad 67*, C. 66 (f), J. 32 (m0
DICKEY, Sally 45, S. 22 (f), J. 18 (m), G. 15 (m), E. 13 (f), L. 11 (m), J. 8 (m), S. 5 (f), N. 1 (f)
EDWARDS, Hugh 25, M. 23 (f), M. J. 3/12 (f), Wm. 30
ETHERIDGE, Nicholas 60, P. 71 (f), J. 20 (f)
FRIZELL, D. C. 20 (m)*, N. 30 (f), L. R. 8 (f), M. 6 (m), R. 8/12 (m), Jo 26 (m)
GARRETT, John 43, M. J. 40 (f), M. J. 21 (f), J. F. 19 (m), J E. 9 (m), G. W. 5 (m)
HANES, Nimrod 26, M. F. 24 (f), S. J. 5 9f), J. N. 5/12 (m)
HUSE, Charles M. 30, T. E. 25 (f), M. E. 8 (f), L. J. 6 9f), J. A. 4 (m), M. W. 2 (f)
LAWLER, Saml. 57, M. 50 (f), S. F. 26 (m), N. V. 22 (m), A. E. 20 (f), M. E. 14 (f), Wm. H. 12, H. C. 10 (m)
LAWLER, James W. 28*, S. A. 26 (f), Wm. F. 8, E. C. 6 (f), S. F. 1 (m)
MCFARLAND, Wm. J. 19*
RABY, John W. 48, E. 50 (f), T. 27 (m), M. 22 (f), E. 20 (m), J. S. 14 (m), J. W. 10 (m)

Schedule Page 61

—, Cinderilla 30* (B)
—, Elizabeth 45* (B), Julia 10, Mary 5
BLEWETT, Eli H. 30, F. A. 20 (f), J. S. 3 (m), M. S. 10/12 (f)
BOGAN, James 72*, S. A. 25 (f), H. A. 23 (m), Wm. 22, J. F. 10 (m)
BRADSHAW, Wm. 60, N. 53 (f), E. D. 24 (f), J. W. 16 (m), C. D. 14 (m), G. W. 5 (m)
CALDWELL, Patsy 40*, A. 13 (f)
COOPER, John 20*, A. F. 16 (f)
DINNING, Elizabeth 31*, M. J. 13 (f), J. W. 11 (m), T. B. 8 (m), A. W. 6 (m), L. J. 4 (f), N. 4/12 (f)
FOREMAN, Charity 49, L. A. 26 (f), E. C. 25 (f)
GARRETT, David 30, M. A. 24 (f), S. H. 5 (m), E. 73 (f)
GARRETT, Joseph 28, M. 22 (f), E. 12 (f), E. 8 (f), M. J. 8/12 (f)
GARRETT, James 38*, B. 35 (f), J. N. 14 (m), P. H. 12 (m), J. W. 7 (m), M. E. 2 (f)
HOPKINS, John 64, J. 68 (f), H. R. 37 (f), H. C. 34 (m), H. D. 34 (m), C. A. 30 (f), J. S. 28 (m), C. W. 3 (m), A. M. 1 (m)
JONES, Albert G. 26*, M. J. 25 (f), Allen 86, J. C. 1 (f)
MOREHAD, Hugh N. 43*, A. E. 41 (f), J. D. 20 (m), J. W. 17 (m), J. T. 15 (m), R. H. 12 (m), J. 14 (m), L. A. 10 (f), M. S. 8 (f), S. E. 6 (f), H. N. 4/12 (m)
TAYLOR, Hugh 26, M. A. 25 (f), B. Z. 2 (m), Wm. J. 9/12
WRIGHT, Jesse 23, E. J. 21 (f)

Schedule Page 62

CARR, Benjamin 25, Mary F. 20, James A. 3, George W. 1
CARR, James 23, Eliz 25
CHERRY, Wm. 26, Charlotta 25, Martha F. 7, Rebekah A. 4, Avlina J. 2, Thomas J. 1

1850 Census Simpson County Kentucky

CHISM, Alvis 24, M. J. 24 (f), M. F. 2 (f), M. C. 5/12 (f)
CLARY, Thomas 47*, Mary 48
COOPER, Susan 28*, S. D. 1 (m)
CORDELL, Aron C. 27, S. 26 (f), Thos. B. 7/12
CORNWELL, Sally 32, Charles E. 11, Polk D. 6, Wm. N. 3
MCGUIRE, John 29, R. 23 (f), S. E. 4 (f), T. M. 3 (m)
PEARSON, Wm. 28*, N. 22 (f)
PENNINGTON, Littlebury 36, N. 29 (f), J. H. 8 (m), J. W. 7 (m), M. J. 5 (m0, J. E. 2 (m0, M. L. 1 (f)
RASNER, David 27, Mary E. 26, Hiram 1, Elias 65, Mary 75, Elizabeth 37, Adaline 20, James 18, James M. 6, Robert E. 1
ROBISON, Jacob 37, Rebekah 35, Hannah M. 15, David W. 13, Maranda 11, John W. 7, Mary N. 5
SADLER, Wm. 48, E. 42 (f), J. W. 22 (m), H. 19 (m), Wm. 17, M. 15 (f), M. 12 (f), L. 11 (f), J. M. 8 (m), T. 7 (m), E. 6 (f), M. 4 (f), M. F. 3 (f), S. 3/12 (f)
WALTON, Wm. 20, Elizabeth 18, John 15
WINN, G. 20 (m)*
WINN, Nancy A. 20*, John E. 18
WRIGHT, Srawder? 50, E. 43 (f), L. 22 (m), J. 20 (m), J. 12 (m), M. 15 (f), Wm. 13, T. 9 (m), E. 11 (f), M. 6 (f), F. 7 (m), M. 5 (f), B. 3 (m)

Schedule Page 63

ASHLEY, Thomas J. 39*, Mary J. 25, Sarah J. 9, Martha F. 6, Zachariah T. 2, Mahala F. 1, Mary T. 16
BEATY, Henry 41*, Ellenor 36, Mariah J. 12, Malinda A. 10, John A. 8, Mary R. 1
BEATY, John 47*, Charlotta 37, Samuel H. 21, Henry 20, Nancy J. 18, Patsey 16, Ann M. 6, Eliza 4, John W. 1
BOGAN, James B. 32, Mary J. 27, Martha J. 2, Mary E. 1
CLARK, John 25*, Melvina 25, Julian 4, Mary E. 2, Selinah 48
CLEMONS, Jane 8*
COGHILL, Thomas 61, Patsey 55, Thomas 21, Nancy 19, Arlina A. 7/12
CUSHENBURY, Elijah 36*, Nancy 35, Amanda E. 13, patsey A. 11, Margarett A. 9, Thomas A. 7, Malinda F. 2, Mary J. 6/12
FALDING, Wm. P. 25*
GALESPIE, John 40*
GREEN, John S. 62, Jane 64, Lucy E. 23, Uriah G. 21, Martha L. 14, G. T. 22 (m)
HORN, Nathan D. 38, Sally F. 30, Nancy E. 10, Virginia 7, Rachel R. 5, Frances 16
KEY, Robert F. 13*
MCGUIRE, Nancy J. 18*
MCMILLON, Martha 46*
NEELEY, Charles 48, Frances 36, Elizabeth M. 19, Richard W. 16, John W. 12, James E. 11, Mary H. 8
NEELEY, Jane 50*, Mary E. 26, Lucinda 21, Mathew 20, Easter A. 17
RABY, Wm. A. 28, Eliza 21
STOVALL, Wesley 26, Docia 25, Mary C. 3, Sarah F. 1
WICKWARE, Vincent 20*

Schedule Page 64

BOGAN, Elvian 14*
CAMPBELL, Wm. F. 25, Lucy A. 24, John B. 5, Mary F. 3
DEVASHAR, Daniel 43, Sally W. 39, Medford D. 19, James W. 17, Henry W. 16, Nancy E. 14, Matilda A. 12, Alxd. L. 10, John S. 8, Martha J. 5

1850 Census Simpson County Kentucky

EDWARDS, Clayton 30*, Emmila 5 (f)
EDWARDS, John W. 27*, Melvina 23, George W. 5
GIPSON, Benjamin 48, Elizabeth M. 26, Cassander L. 23, Mary L. 21, Jesse 17, Sally A. 14, Marthena 4, Louisa 1
HALL, Hawkins 40, Winny 28, Jane 17, Melvina 13, Caswell 11, Martha 10, Bartley 8, George 3, Sanford 1
HERNDON, James 68*, Mary 53, Lucy M. 17, Lucinda T. 10
HOWEL, Dudley 50, Sinthia 42, James W. 16, Easter 14, Lucinda E. 11, Benjamin F. 10, Louisa 7, Ira I. 4, Dudly H. 1/12, Elizabeth 44
KEYS, Wm. 32, Joyce 29, Robert F. 14, Wm. C. 8, Syrena 1
MENCKS, James W. 12*
PAYNE, George 26, Mary F. 22, Mary E. 1/12
PETER, Susan 58*, Mary J. 22
RAGSDALE, Wiatt 28, Agness 24, Martha J. 2
ROBERTS, Margarett 60*, Milly 30, Simon W. 25, Margarett 22, Carter 21, Mary 19, Melesia A. 1
SIVILS, James W. 13*, Amos 11, Franklin 9
SOMERVILLE, Philip 29, Elizabeth H. 19, Thomas L. 11/12
STARKS?, Benjamin 18*
WITT, Asbury 22, Eliza J. 18, Bradford M. 1

Schedule Page 65

---, Ellick 55 (B)
---, Jourden 33* (B)
BAILEY, Darcus 55*, Ebenezer 19, Hiram 16
BAWLS, Rachel 65*
BAYLESS, Henry W. 47, Martha 42, Charles E. 16, John M. 8, Martha J. 3
CAMPBELL, Mary 60, Elizabeth A. 32, Mumford S. 26, Sarah 23, John M. 20, Mary S. 18
CAMPBELL, Thos. L. 35, Martha 36, Marcus C. 3/12
DINNING, David 48, Sophia 35, Lewis 11, Charles 9, Ames 5, Enoch 2
DINNING, John R. 28, Elizabeth 74
FORD, Henrietta 32, Robert 9, Mary 7, Jane 5, Emmila 4
GRAY, Moser J. 44, Mary 45, Henrietta T. 15, Rebekah J. 13, Castro D. 9, Thos. C. 6
HALL, Elizabeth 40, Barthey P.B.W. 5
HALL, Wiley 26, Nancy 27, Lidda A. 5, Winfield S. 4, John E. 2, George W. 1/12
HICKMAN, Benjamin 50, Elizabeth 44, Nancy 21, John W. 20, James A. 16, Polly A. 9
MCCLANAHAN, Grizella 52*
MOORE, David L. 25, Nancy 20, Vianah J. H. 5
MOORE, David 70*, Martha 70, Robert 30, Rachel A. 20
MOORE, John B. 35*, Lucinda 24, Thomas 7, Lavina 5, Robert G. 4, Wm. S. 3
MURRY, Light 41, Elizabeth 38, Lucy M. 17, Elmina J. 15, Milly M. 11, William D. 9, Lucinda E. 8
SIMPSON, Margarett 26*, Benjamin F. 24
WILLIAMS, John 46, Elizabeth O. 48, Andrew F. 24, Fanny 21, Emily E. 18, Mary M. 17, Elizabeth 10, John D. 13, Leah B. 9

Schedule Page 66

BERRY, Epharim 24*, Nancy M. 24, Susan J. 2, Martha 1/12
CHAPMAN, Elbert 26*, Charity 25, Mary E. 1
CHAPMAN, Rebekah 21*
DERRINGTON, Francis 52*, Neoma 26

1850 Census Simpson County Kentucky

DINNING, Wm. 30
DINNING, David D. 23*, Sarah A. 23, George H. 2, John W. 1
DOER, Elizabeth 59
HALL, Marcus 35, Sally 30, Sirena J. 8, John J. 6, Mortarey 3, Sara J. 2, Mary E. 3/12
HALL, George 41*, Hannah 40, John W. 18, Edward E. 12, Sarah A. 8
HALL, Wm. 42*
HOWEL, James W. 29, Rachel M. 30, Needom A. 4
KIRBY, Wm. 21, Sina 20, Charlotta 6/12, Thomas 12
MATHERLY, Flemin W. 41*, Syntha 35, James H. 17, Neoma 14, Caroline 11, Masouri 5, Monroe 2, Calvin 8
MCCLANAHAN, Thos. 29*, Mary 30, Mary 2, Tabitha 22, William 4, Patrick 3, Nancy D. 3/12
MCFARLAND, Martha 17*
MORRIS, Elizabeth 73*
OSBURN, Benjamin 74*
ROBERTS, James E. 35, Nancy 35, Sarah 11, Lidia A. 9, Milly F. 6, Lewis 5, Harriett 1/12, Carter 22
SADLER, John 17*
SMITH, Wm. 39, Nancy 41, John 20, Martha 19, Susan 18, Rebekah 13, Richard 11, Mary 9, Rachel 7, Nancy 5, Liddia 3, Jemima 2/12
STANTON, Josaphine 11*
WEST, Martin E. 41, Elizabeth 34, Sarah A. 16, Elijah T. 13, Tabitha J. 10
WILLIAMS, James 28*, Rachel 27

Schedule Page 67

ADAMS, Andrew J. 31, Hardenia 32, Marinda J. 8, Mary A. 7, Amand S. 5, William T. 1/12, John P. 3
BLANE, Mary 55, Alexander 24, Frances A. 21, James M. 20
BLOODWORTH, John W. 8*
DINNING, William B. 3*
EDWARDS, John B. 35, Elizabeth 32, Sarah 15, Mary E. 12, William H. 10, James F. 7, America B. 5, Jemima M. 3, Thomas J. 1
FARRIS, Dudley 24*
JONES, Jessee 40, Elizabeth 33, Sarah 6, Emmiline 16
KELLEY, Bartholomew 38*, Elizabeth 32, Marcus A. 14, Jonathan 9, James W. 7, Elizabeth 4, Martha J. 1
LONG, Nancy 35, Wm. H. 20, Syrena A. 13, John M. 12
LONG, Daniel 13*.
MCADAMS, Alford 40*, Rachel 32
MENICK, Eliza J. 35, Elizabeth 17, Parmelia 14, Amanda 13, James W. 11, Samuel 7
MILLIKIN, James 72, Elsa A. 68
PARNELL, Henderson D. 41?, Rachel C. 44, catharine S. 22, Mary E. 20, Joseph G. 16, John H. 14, Martha A. 12, Elender 9, James W. 6, Robert E. 4, Thomas F. 2
SADLER, Thomas 12*
STEWART, John 38*, Mary 35, William 14, Eli 12, Carralin 10, Sarah 8, Jane 6, Mary 4, John 3, Benjamin 1
WEST, Britten 31, Rachel 31, James A. 11, Isam W. 8, Martha J. 6, William 3, Sarah F. 1, Elizabeth 17
WILLIAMS, Thomas 52*, Joice 48, Burton S. 19, Thomas S. 17
WILLIAMS, Wm. C. 25*, Vianna 21
WOODS, Emaline 23*

1850 Census Simpson County Kentucky

Schedule Page 68

---, Lidda 52 (B), Thomas 11, Jane 13, James 7, Margarett 3
BELL, Margery 52
BOOKER, David B. 40*, Nancy 36, Mary F. 14, Laurance 11, Thomas 8, Henry 5
BOOKER, George W. 36*, Frances 32, John B. 10, Masouri C. 8, William 7, Henry 3, Allis 1
BREWER, Judah 19*
BROCK, Margarett 15*
BUNTIN, James C. 22, Margaret A. P.25?
CHAMBERLIN, Mary 54, Mary 20, Ann 17, Martha 14, Mariah 12
CHAPMAN, Julian 19*
CLARDY, Martha 80*
DAVIS, Nancy 18*
DISHMAN, Logan M. 39*, Jane 30
FINN, Thomas L. 20*, Sarah B. 15, Richard P. 9
FORD, Benjamin 50*
HARRIS, James 43, Nancy 40
HARRIS, Elizabeth 19*
HARRIS, Mourning 17*
HINCKLEY, Alea P. 45*
HUME, Thomas 25*
HUTCHINGS, Susan 19*
JOHNSON, Frances W. 47*
LOVEJOY, Mary E. 19*
MCGUIRE, James 24, Melvina C. 22, Mary S. 3
MONTAGUE, Elizabeth 49, Elvira 14, John B. 10
MOORE, Sinea G. 45 (m)*, Sarah A. L. 33, Harriett 8, Ann L. 5
PATTERSON, Caroline 18*
QUINN, Mathew H. 68*, Ann F. 68
ROBERTS, Eliza 13*
SADLER, Francis 65, Ruth 60, Thomas 42, Timothy 26, Levi 24, Milly 21, Mary 20, James 19, Uriah 16
SLAP, Sarah A. 15*
SLUDER, Mary 70
TYRE, Jacob 48*, Frances 30, George 16, Elizabeth 12, William 9
VINEYARD, Brice W. 33*, Mary M. 25, Ella A. 5, John W. 3, Vander 1
WOOD, Jane H. 12*

Schedule Page 69

---, Jenny 55 (B)
---, Nicholas 40 (B), Mary 19, Aunt 17?
ALLEN, Ellen 30*, Frances 2
BOISSEAU, Patrick 49*, Harriett J. 43, Eldin P. 16, Volney S. 17
BOTTOMLY, John 23*
CALLAHAN, Joseph 42*, Martha A. 32, William J. 10, Sarah J. 5
CAMPBELL, Rufus 23*, Cortney 20
CARTER, John A. 28*
CHAPMAN, Orvill 17*

1850 Census Simpson County Kentucky

CLARK, William B. 35*
CROWDERS, Frances B. 40, Ambrose E. 20, James M. 15, Susan L. 12, Fanny M. 9
DOUTHET, Robert L. 37*, Fances S. A. 31, Sinia M. 2 (m), Martha W. 3/12
FARRIS, Wesley 18*
FITZPATRICK, Saml. 55, Malinda 58, Malinda 24
GREEN, Charles 30*, Mary A. 20, Florance 1
GRUBB, Burrell 40*, Jane 35
HARGUS, Wm. 77*
HILTON, Wm. 30*
HOPKINS, Thomas J. 25, Rebekah J. 21, Sandford D. 2/12, William F. 2
HULETT, William H. 29*
HUSTON, Abram A. 36*, Amanda A. 29, Virginia 8, Granvill J. 6, Allis G. 4, Mary E. 1
HUSTON, John H. 33*
HUSTON, Mary A. 58*
LARRUE, Mary 5/12*
MCCARTNEY, James 23*
MCKAIN, John 23*
MITCHEL, Edward N. 25, Susan? E. 21, Helen W. 3, Virgil 1
MOORE, James W. 53, Ellen 39, Sarah M. 17, Charles M. 14, Wilburn F. 12, Randolf 2
MOORE, james A. 26*
ROISTER, John 26*, Isaphine 19
SMITH, Daniel W. 41, Mary 38, Dewitt C. 18, Nancy J. 12, Sarah J. 9, Daniel W. 7, Ellen 6, William H. 3, Hugh 1
SPENCER, Robert R. 28*
VEIR, Samuel 33*
WHITE, John 10*
WILLIAMS, Mary 27*

Schedule Page 70

DUNCAN, Sanford 64, Nancy 64

1850 Census Todd County Kentucky

Schedule Page 196

GRUMBLEY, John 42
JEFFERSON, Thomas 31
JEFFREYS, Mary 21*
KEELING, Catharine 47, Henry 20, Louiza 17, John D. 16, James 14, Esther 12
KEELING, Peter 44, Ruth J. 38, Mary J. 15, Thomas E. 12, William M. 10, Nancy 5, James L. 9/12
LATHAM, Stephen 25, Frances 16, Letha 1
LAWAN?, Thomas sr. 72*, Sara 71
LAWSON, James A. 40, Susan 34, Nancy 10, Sarah 4, Susan 1
LEHMAN, Hunnon? 29 (m), Dilemma 26 (f), Louiza 7, Clara 5, John 1
MCCOLPEN, Jo 66 (m), Nancy 45, Joseph J. 21
MOORE, William R. 42, Mary 36, John 19, Elizabeth 14, James 12, Robert 9, Missouri 7 (f), F. B. 5 (m), Samuel 2
REED, Joseph 45, Elizabeth 24, Ruth 12, Martha 10, Silas 7, John 4, Reuben 3
ROBESON, Alfred 34, Elizabeth 32, John 17, Samuel 14, Richard 12, Harvey 10, Frances 9/12
SALMON, P. H. 33, L. Jane 21, George R. 5/12
THOMPSON, Martha 46, Jane 40, Lucy 19, Elizabeth 17, Frances 14, George 12, Susan 10, Woodson 9, Charles 6
TUCKER, Warren 29, Mary 28, Nath. G. 10, George Ann 7, William 3, Missouri T. 2, Penelope 3/12
WOLF, Isaac 28, Dilly 24 (f), George M. 4, Susan E. 3, William 6/12, Elizabeth 56
WOLF, Solomon 35, Nancy 37, James 6

Schedule Page 197

ALLENDAR, Thomas 71, Susan 51, L. F. 12 (f), Joel 9, Harriet 7, Margaret 1
COOPER, Emmett 37
CORNWALL, B. A. 33 (m), Mary 31, Elizabeth 8, William 6, James 4, Sarah 3, Ann 1
DOWDY, A. T. 40 (m), Eliza 36, Ann 14, James 11, William 9, Horace 7, Martha 5, Hankins 4, George 2
FOX, Thomas 22*
GROVES, Elizabeth 53, John 24
GROVES, George 21, Eliza 20, Elizabeth 19, James 17
HELSELY, John 33, Martha 24, Mahala 11, John 9, William 7, Michael 4, Richard 2, Elizabeth 4/12
HIGGINS, John 55, Hulda 26, Henderson 11, Sophia 8, Minerva 7, Jessee 4, Levi 2, William 1
JOHNSON, Penelope 50, Maria 8
JONES, Isaac 25, Celia 21, Alexander 5, Noah 4, Joseph 1
MARVIN?, Janetta 40*
MCBRIDE, Frances 50, Ch.? 18 (m), Vermia? 10 (f), Ellen 11
MCROY, Thomas 36, Jane 30, Eglantine 14 (f), Thomas 8, Bailey 7, John 5, Clementine 2
WOLF, M. 56 (m), Susan 51, Lurind 17 (f), Mary 22, Frances 13, Malvina 10, George 8
WORLEY, Elisha 40, Eliza 37, James 15, John 13, Susan 7

Schedule Page 198

ALLISON, B. F. 26 (m), Martha 20
ALLISON, Joseph 21
BOWMAN, John 24
DAVIS, Jacob 60, Mary 50, Rebecca 30, Elizabeth 20, Sarah 18, Silias 17, Jacob B. 16, William 14, George 12, Benjamin 7, Jacob Ennis 5, Columbus 5
EDWARDS, Thomas 72*, Sarah 60

1850 Census Todd County Kentucky

ELZE, Hebley 70 (f)*
GOODMAN, Sally 19*
HENRY, Faris 20 (m)
HOPPER, Isaac 57 (B), Charity 48, William 23, Charles 21, Alexander 19, Isaac 13, Thomas 11, Leonidas 8, Mary 5
JOHNSON, Burton 26, Martha 21, John 3, Jacob 2, Penina 8/12
KING, Joseph 28*, Caroline 23, William 4/12
MARSHALL, Edert? 9 (m)*
MCELVANE, Anslem 30 (m), Nelly 37, James 19, Elizabeth 13, Charity 12, Mary 9
MCELVANE, John 35, Eliza 30, Ruth 13, Sarah 11, Elizabeth 9, William 7, James 5, John 2
MCELVANE, Martha 7*
MCROY, Curtis 56, Elizabeth 37, John 15, Thomas 12, Catharine 9, Robert 7, Nancy 6, James 2
MCROY, Henry 26, Louiza 25, Mary 7, James 4, Tabitha 11/12
MCROY, Joseph 25, Mary 21, James 5, Peyton 1, Margaret 2/12
SHELTON, Nancy 16
STEWMAN?, David 16*
STEWNET?, Anthony 23, Mary 22, Sarah 1

Schedule Page 199

ARMSTRONG, Joseph 24, Rebecca 21, Nancy 11/12
BUTLER, Needham 32, Pamela 26, Mary 3
COFFMAN, Isaac 34, Sinai 40 (f), Jefferson 17, Erasmus 8, Eugene 3
EDWARDS, Howel 46, Elizabeth 42, Mary 19, Martha 18, Wilson 13, Sarah 10
EDWARDS, Josiah 24, Catherine 26, Thomas 4, Jonathan 2
GRIFFIN, James 38, Caroline 28, Martha 10, Eliza 8, Philip 5
GRIFFIN, Joice 75, Dycy 42 (f), Phoeba 40
HALE, Jonah 25, Martha 18, James 7/12
JOHNSON, Henry 22, Pamela 28
JOHNSON, James 49, Sarah 42, Mary 20, Hinds 19, Jacob 15, Tennessee 11, Julia 9, Olly 8 (f), John 5, Emeline 4, Eliza 1
REGEN, Talbot 37, Temperance 27, James 11, Benjamin 9, Nancy 7, William 5, Westerfield 3, Margaret 7/12
ROGER, John 31, Ruth 31, Miram 6 (f), William 4, Drucilla 2
SISNEY, Andrew 23, Nancy 11
SISNEY, Robert 62, Mary 61
STEWART, Jesse 56, Jemima 50, Asa 25, Ervinsa 20, Levisha 19, Almarinda 16, Jemima 14, Mary 12, Sarah 10
TALBOT, James 23, Elizabeth 18
WILLIS, Sterling 46, Martha 25, Mary 16, Maria 14, Elvira 12, Elizabeth 8, Sarah 5, David 7, Martha 4, John 2, Hulda 10/12, James M. 24

Schedule Page 200

ARMSTRONG, Nancy 53, John 25, Samuel 18, Wilson 17
BASS, Joseph C. 43*, Sarah 34, Harrison 18, John 14, Robert 5
BUTLER, Collier 67, Nancy 62, Rebecca 22, Andrew 21
CHENY, A. J. 35 (m)*, Emeline 30
COOPER, Abner, Sarah 23, Martha 2, Charles 1
DRAKE, F. B. 30 (m)*
LONG, Eleanor 73*

1850 Census Todd County Kentucky

MORGAN, Daniel 50, Abrella 60
MURDOCK, W. R. 34 (m), Emeline 25, Julia 8, Nancy 6
MURDOCK, Julia 38*
MURPHY, Nancy 42
PEPPER, Thomas 58, Pamela 49, Marion 21, Austin 27, Noel 19, Mary 14
PERRY, Daniel 20, Drucilla 14
PERRY, Drucilla 50, Ruth 29, Redman 26, Angeline 24, Isaac 22, Abrella 17
POWELL, George 30, Elizabeth 26, Mary 12, Harrison 4, Isaac 2, Lafayette 4/12
POWELL, James 48, Matilda 34
POWELL, Levi 73, Nancy 70, Polly 30, Nancy 28, Ardena 26, Thomas 16, John 4
POWELL, Mary 60, Maberry 28
POWELL, Charles 26*, Mary 20, Levi Irvin 4, Washington 3
SEARS, Monroe 16*
STEWART, Enon 29, Serena 23, Eliza 4, Zebigee 3 (m), Vincia 8/12
TUCKER, Levi 21, Mary 21, Candis 6/12
TUCKER, Rebecca 28*

Schedule Page 201

BAYLES, Bayly 45*, Elizabeth 48, Mary 24, Sarah 17
COWAN, William 37, Mary 33, James 13, Francis 11, George 10, Samuel 9, Minerva 7, Lawson 3, John 1
DEASON, James 33, Eliza 39, William 9, Manliff 8, Sarah 5, Nancy 2
DOSSITE, George 44, Adalene 34, Calvin 13, Nancy 12, Mary 7, Ann 6, Frances 4, Alfred 11/12
MARTIN, Presley 34, Elizabeth 30, William 12, Elizabeth 10, Mary 7
MASTIN, Joseph 61, Jane 30, Thomas 9, Joseph 7, Lucinda 6, Mary 3, Miranda 1
MORGAN, Webber 25, Nancy 23, Nathaniel 5, Pamela 3, Daniel 1
POWELL, Isaac 53, Tabitha 56, Patty 24, Nancy 22
POWELL, John 23, Elizabeth 23
POWELL, Pinckney 20, Letty 20
TUCKER, Henry 34, Frances 24, Mary 13, Eliza 10, William 7, Lucinda 6, Charles 1
TUCKER, Isaac 28, Susan 32, Nancy 10, Aaron 7, Sarah 5, Joshua 1
TUCKER, Nathaniel 27, Margaret 22, Anna 5, Isaac 2
WEST, Ellis 28, Cincinnati 22 (f), Susan 2
WILLIAMS, Susann 49, Jane 30, Arena 25, Selana 19, Washington 15, James 13
WILLIS, Brewer 20, Nancy 18

Schedule Page 202

ALLEN, William 9*
BROCK, Sarah 28*, Henry L. 9, George 6, Leve? J. 1/12 (m)
BROCK, William 1*
DOSSEL, Mufes? 50 (m), Louiza 36, Mary 18, Robin 17 (m), Philip 13, Joseph 11, Lucinda 2
GIBSON, Smith 31*, Caroline 16, Rebecca 11
HENDERSON, John 60, Polly 61, James 10
HENDERSON, John W. 22, Elizabeth 21, Stewart 3, Andrew 2, William R. 8/12
HENDERSON, S. H. 37 (m), Dinna A. 37, Nancy 17, Mary 15, Elijah 12, Susan 10, Jane 8, Nicholas 5, Sarah 1
JONES, Thomas 26, Sarah 26, Isaac 1, Samuel 23
JONES, Isaac 37*, Ann 34, Elizabeth 13, Elijah 12, Isaac 11, Hanna 9, Martha 7, Minerva 5, Malinda 4, Thomas 1

1850 Census Todd County Kentucky

LACY, Edmund 23, Minerva 20
MARTIN, Isaac 50, Jane 45, Thomas 21, David 20, Drucilla 18, Jane 14, Victoria 5
MARTIN, Romsele 25 (m), Margaret 21, Merrill 2
MURY, Garis 57 (f), John 22
MURY, Hendrick 76*
SANDERS, W. C. 41 (m)*, Aliva 31, Mary 14, Benjamin 10, Manitha 8 (f), MArgaret 6, Julia 5, Susan 3, William 2/12
WILKINS, William B. 30, Elizabeth 27, Mary 7, Washington 4, Martha 2

Schedule Page 203

BRISTON, Thinja 56 (f) (B), James 31, Sylva 29, Hetty 27, Milly 25, Harrison 21
BRISTOW, Elijah 60 (B), John 15, Sarah 11, Laura 5
CANNON, David 45, Sarah 47, James 22, Sarah 16, Elizabeth 14, Marjury 12, Tillman 10, Mary 5, Abigail 1
COLE, Samuel 34, Malinda 27, Elizabeth 8, Mary 4, Judith 3
FRANCES, William 28, Sarah 18, Susanna 4, Sarah 3, Mary 1/12
FRANCES, Levina 75*
GATHAM, Aza 18 (m)*
GIBSON, Abigail 75*
GOIN, Armstead 23*, Gamela 19
GULLY?, Cynthia 29, James 10, John 6, Richard 4, Pamela 1, Martha 1
HAGGARD, Parthena 11*
LAWSON, Thomas J. 35, Catherine 34, Sarah 14, John 13, George 11, Philip 10, Ann 8, James 5, William 3, Solomon 1
MAYFIELD, Isaac 54, Nancy 56, William 21?, George 16
MCCOY, Washington 29 (B), Lavinia 10, Wesley 9, John 6, Martha 4, Benjamin 1
PERRY, James G. 24
RAYFIELD, William 24, Rhoda 30, Amanda 9
WOLF, Philip 51, Sarah 50, John 24, Eliza 17, William R. 20, Martha 18, James 16, Virginia 14, Eliza 11, Philip 7
WOLF, James 43*, Louisiana 42, Michael 16

Schedule Page 204

BOYD, Richard 31*, Polly 37, Charlotte 6, Louiza 3, George A. 1
GRUMBLEY, Susan 28*
HARDWICK, William 80, Polly 45, James 12, Wyate 10, Nancy 9, Mary 1, George 4/12
HARRIS, John M. 41, Nancy 41, William 20, Lee 18, James 17, Elizabeth 15, George 14, Jasper 12, Mary 8, Hickman 5, Nancy McN. 2
HIGHTOWER, Abijah 66, Elizabeth 50, Mary 17, William 16, Abijah jr. 14, McReynolds 10, Mary 11/12
HIGHTOWER, A. J. 28 (m)*, Ann 21, Josephine 5, John 4, Susan 3, Mary 3/12
HIGHTOWER, Pinckney 35*, Anna 34, Alfred 12, Sarah 10, John 9, Feliciana 6
JONES, James 32, Rebecca 19, Emily 6, William 4, Mariassa 2, Thomas 4/12
KEELING, William 29, Cynthia 26, Lawson 8, William 4, Nancy 2
MCNEES, George 3*
SILLMAN, Thomas A. 44, Susan 40, Sarah 21, Mary 18, James 17, Virginia 15, Amanda 13, Isaac 11, Queen Terry? 10, Telitha 8
STOKES, Allen 26, Mary 25, Sarah 3, John 2, William 4/12
STOKES, Jones jr. 29, Sarah 28, William 7, Sarah 6, Mary 4, John 5/12
STOKES, Mathew 65, Sarah 63

1850 Census Todd County Kentucky

STOKES, Sarah 17*, Eveline 15, Susan 10, John 7

Schedule Page 205

ALLEN, Elizabeth 15*
BARNET, Garner 41, Mary 18, Sarah 15, James A. 13
BARNET, Abner 63*, Martha 31, Elizabeth 27
BARNETT, J. A. C. 31 (m), Frances 20, Zacharia 2, Newton 4/12
BARNETT, James W. 33
BENNETT, Morton 28, Sarah 31, Sarah Ann 8, William 6, Mary 2, Benjamin 1
BERRY, William 47, Janetta 45, Wilson 20, James 18, John 16, Mary 13, Margery 10, Martha 8, William 6, Harvey 3
BERRY, David 43*
FRANCES, James 24, Nancy 17
FRANCES, NAncy sr. 64, Elizabeth 30, Nancy 19, Charles 16, Asbury 2
GILLISPIE, Polly 70*
JONES, George 76, Agnes 66
JONES, Robert 34*
KIRKMAN, George 41*, Mary 28, William 7, Mary 5, Sarah 1, Berry M. 4
MCINTOSH, Preston 40, Susan 35, Roxana 7, Clinton 6, Belzura 3, Wesley 1/12
MCKEE, Hugh 28, Susan 22, America 4, Thomas 2, Peore? Ann 1
MCKEE, William 36, Mary 35, Nancy 13, Hugh 12, Margaret 10, Susan 7, Eliza 5, Hester 3, Mary 8/12
STOKES, Armstrong 44, Susan 43, John 17, Mathew 13, Nancy 9, Ann 6, William 4
STOKES, Emily J. 20, Martha 2
WALKER, Frances 71*

Schedule Page 206

AMES?, Benjamin 18*
BLACK, Margaret 57*, William 38, John 37, James 26, Mary 23, Rachael 17
CALVIN, Edward 24*, Eliza 20
DEASON, Benjamin 62, Catherine 60
DEASON, William 38*, Elizabeth 37, Barbara 14, James 12, William 11, Catherine 9, Mahala 7, Mary 6, Lucinda 4, Martha 3
LEE, James 75, Nancy 83
LEE, Jesse 40 (B), Jane 30, JAmes 18, John 17, Jessee 15, Nancy 13, Joel 12, McMury 9, Martha 8, Elijah 6, Thomas 5, Franklin 3, Susan 1
MABERRY, Ephraim 29, Malinda 28, James 3, John 2, Columbus 2/12
PERKINS, Bey 2 (m)*
PHIPPS, Ann 85
PHIPPS, William 37, Sarah 26, Cyrus 11, Joseph 9, Cynthia 8, Virginia 6, Charles 4, John 3, America 2, Lewis 1
PHIPPS, William 36*, Cynthia 38, Richard 16, Alfred 13, Mary 15, John 11, Alexander 9, Marion 6, Martha 3
TULLY, James 22, Louiza 21, Richard 3, Mary 1
TURNEY, John 12*
WELLS, William 6/12*
WINDERS, Tabitha 44, Andrew 19, Charles 17, Rachael 16, William 15
WYATE, Finis 32, Catherine 45, Mary 14, Margaret 13, Benjamin 10, Sarah 8, William 6

1850 Census Todd County Kentucky

Schedule Page 207

ANDERSON, Thomas A. 40, Elizabeth 36, Fanny 16, Virginia 14, Arahy 13 (m), Horace 11, Thomas R. 7, Betty 3, Margaret 7/12
BEAN, William 55
BREWER?, Edmund 30*
BROCKMAN, Samuel 29, Mary 28, Nancy 8, William 6, Lucy 5, Arabella 4, James 3, Tabitha 9/12
COULTER, Robert 43, Frances 41, Benjamin 17, Sarah 14, Robert I. 12, William 7, John 4
GARTH, P. L. 41 (m)*, Lucy 36, Egbert 18, Mary 13, Granville 8, Lucy 6, William 3, Manlius 1/12
GILBERT, Michael 22*
HICKMAN, L. B. 31 (m), George Ann 26, Ellen 6, Dutch 3 (f)
JESSUP, James 29, Lucy 27, Kate 2, Susan 9/12
LING, Samuel 52, Massea 33, William 13, Amanda 11, Elijah 8, Elisha 8, Melissa 5, Taylor 3, no name 1 (m), no name 1 (m)
MCGEHE, Thomas 25*
PREWITT, J. C. 51 (m), Nancy 33, William 23, Sarah 14, Olivia 8, Joel H. 6, James H. 4
PRICE, E. R. 25 (m)*
ROBINSON, D. V. 52 (m), Susan 36, Eugene 1
SIMONS, Frances 24*
STINNET, Benjamin jr. 73, Jane 68
STINNETT, John 21, Susan 21, James 1
STINNETT, Benja 28 (f)*, Elizabeth 26, Seth 6, Lucy 4, John 2
WELTY, John 33*, Frances 31
WINDERS, James 31, Susan 25, Amanda 6, Harry 2, Genyam? 7/12 (f)

Schedule Page 208

ALLENDAR, Edmund 11*
BAILEY, James M. 19*
BIBB, James 26*
BLACK, Dixon 30*
CAMPBELL, A. P. 25 (m)*
CHRISTIAN, Philip 24*
GORIN, W. H. 21 (m)*
HADDEN, Thomas N. 44*, Jane 44, David 15, Elizabeth 11, Annie 8, James T. 52
HEARD, Magdalen 49, Joseph 23?, Asher 21 (m), Belzura 19, Magdalen 17, John 16, Alexander 14
HENRY, John 58?
KENNEDY, Mary 36*, Sylvester 15, Sarah 12, Lucy 7, Sarah 5
LINDSEY, John 40, Martha 34, America 17, Columbus 14, Archy 10, Harmon 7, Ann 5, Dovey 3, Lucy 2/12
MANN, John A. 42, Elvira 42, George 20, Joseph 15, John 12, Andrew 9, Missouri 5
MCLEAN, F. E. 44 (m)*, Lucy A. 38, Frank J. 18, Margaret 14, Thornton 12, Finis 10, Edawrd 2
PETREE, Hazel sr. 64, Paulina 53, Garland 30 (m), Eliza 33, James 19, Summerfield 17, Newton 15, Harriet 13
PETREE, Hagel G. 30*
PETREE, Logan 22*
SAMUEL, Joseph 95?*, James 3, Mary 2/12
SHANKLIN?, Margaret 44, Jane 18, Fletcher 9, Edward 6
TEMPLE, Richard 23
TEMPLE, Susan 42*
TERRY, Gobrias 26*

- 184 -

1850 Census Todd County Kentucky

TIRHANE, William 43*, Lucy 31, Joseph 15, Georgann 12, Lucy 9
WELLS, James 31, Rebecca 30, James H. 2, Lucy 1

Schedule Page 209

BERRY, Gilford 34*, Eilza 26, Harvey 8
GIBSON, William A. 30, Martha 20, Clarantha 3, Robert 25, Thomas 21
GREENFIELD, John 41, Jane 31, Mary 15, Susan 12, Harvey 8, Virgin 7, Martha 5, John 2, Sarah 5/12
HARRIS, John F. 27, Isabella 23, Sarah 4, Daniel 1
HARRIS, Sarah 63
HARRISON, Sanford 24, Amanda 21, William 2/12
HENDERSON, Isaac 36*, Parthena 36, Ellen 5, Martha 4, John 2, no name 10/12 (f)
HUNT, Charles 46*, Catherine 48, Alcinda 12, Perua 9, Erial 7 (f)
HUSTON, D. T. 39 (m), Armine 38, Mary 11, Dolly 7, Thomas 6, William 4, Gideon 2
JONES, Eliz. 29, David 12, James 11, William 6
JONES, George 30, Marid 37, Susan 15, Sarah 14, John 12, William 9
NORMAN, Will 35, Dorothy 30, Susan 9, Ezekiel 4
REED, James 14*
RUDD, Richard 28, Larena 28, Henry 9, William 7, Stephen 4, Jesse 16, Osburn 21
SIMONS, Peter H. 33, Catherine 21, Leonard 45
STINNEL, Lucy 10*
WATSON, John 53*, MArtha 45, David 19, Jefferson 14, Elizabeth 17, Hartford 10, Robert 9
WATSON, Mary 22*
WELLS, William 5*

Schedule Page 210

BARKSDALE, M. 21 (m)*
DYER, Elleanor 73*
GARRETT, Pleasant 16*
GIBBS, G. W. 28 (m)*, Maria 22, no name 1 (f)
GILLIAM, Isabella 40*, Harvey 22
GOAL, Fredonia 14*
GROOMS, H. B. 51 (m)*, Nancy 51, Stephen 12
HARRIS, William 38, Martha 43, Robert 17, John 16, Daniel 14, Armela 12, Sarah 9, Mathew 7, Parale 5
HEARN, William 42*, Elizabeth 43, Cynthita 19, Ematrilus 17 (f), Belretta 15, Mary 13, John 11, Gustavu
KEELNY, Woodson 31, Nancy 22, Susan 7, Mary 4
LATHAM, John 60, Sarah 36, William 19, Jane 16, John 14, Mary 12, LEtitia 5, Leander 2
MANN, Andrew 77, Elizabeth 64
MILLEN?, James M. 49, Mary 40, Susan, William 19, John 18, Joel 14, Josephus 12, Sarah 10, James 8,
    Robert 4, Mary 6, Taylor 1
PATTON, Robert J. 46, Omeline 33 (f), Ellen 10, Jane 8, Docia 6, Albert 4, Rebecca 2, no name 8/12
SIMONS, G. C. 25 (m), Sarah 23, Martha 3
SIMONS, Jane 61, Maria 26, William 20, Alexander 17
SMITHERS, John 30, Mary 31, Nicholas 14, Rachael 12, Margaret 10, Lewis 9, Sarah 4, John J. C. 3
THOMAS, Henry 18*
WILKINS, Hugh B. jr. 21, Sarah 18, Amanda 2, Parale 8
WILLIS, Thomas P. 13*

1850 Census Todd County Kentucky

Schedule Page 211

BAYLOR, Barbara 55, Joseph 21
BOYD, Marilda 6* (B), Caroline 6
CAMPBELL, Addepa 26 (m)*
FRANCE, Susanna 60
HADEN, George 17*
MEDLOCK, Bath 77 (m) (B), Kitty 40, Margarett 20, Sarah 1
OLIVER, Jennings 36, Rachael 33, George 10, Susan 9, Parthena 6, John 3, Nancy 3/12
PERKINS, Ben P. 31*, Maria 29, Marian 7 (f), Seymour 6, Benjamin 4, Emmett 2
PORTER, Lucy 33*
POWEL, Pinckney 35, Louiza 22, William 5, Levi 2
SHANKLIN, G. D. 35 (m), Emily 27, Julia 8, Levi 6, William 5, Georgann 4. Hugh 2, Martha 8/12
STOKES, John 34, Delila 37, Henry 6
STOKES, Larkin 48, Polly 53, Jones 12, Thomas 18, Anna 14, William 10, Mary 8
STOKES, Jones 74?*, Martha 33, Thomas 9, Elizabeth 5
WEATHERS, Vincent 43, Elizabeth 32, Lucian 5, Mary 3, Virginia 1
WELLS, W. H. 29 (m)*, Mary 25, Mary R. 3, Horacs? 1 (m)
WILLIAMSON, John 68, Sarah 50, John 21, James 16, Mary 14, Joseph 11
WOLF, Samuel 40, Iocka 35, James 17, Nancy 16, Valentine 14, Mary 12, Philip 10, Samuel 9, Letitia 7, Laupin? 5 (m), George 3, Michael 1
YOUNG, Mary 62, Lewis C. 79?

Schedule Page 212

BROWNING, Alman 38*, Mary 37, John 8, Elisha 6, Mary 4
BRYAN, John 23, Nancy 20, Sarah 3/12
CAMPBELL, Alex 38, Amanda 32
FRANKLIN, Elizabeth 14*
HANCOCK, Benjamin 51, America 41, Joseph 21, William 16, Tina 15, James 10, Devira? 4 (m)
HENRY, Harrison 22
HUSTON, Adolphus 22
JESSUP, Samuel B. 59, Catherine 55, George 24
JESSUP, Virginia 20*
MABIAS, Charles 29*, Martha 23, William 8, Joseph 6/12
MCKEE, Hugh sr. 53*, Jane 19, Martha 16, Lucinda 17
MCLEMORE, Chs. 50 (m), Nancy 37, William 13, Thomas 11, Ellen 9, Washington 4
RICKMAN, Robert 42, Parthena 42, Henry 20, Edward 17, John 15, Alfred 14, Sarah 11, William 7, Mary 4, Ann 1
RUSSELL, Jesse 40, Hulda 42, George 20, Edward 12, Joseph 9, James 7
SANDERS, Richard 40, Stewart 28, Rebecca 25, Jesse 4
SMITH, John P. 27, Catherine 20, Frances 4, Edward 3, Lucy 6/12
STANDARD, S. P. 51 (m), Polly 48, James 26, John W. 24, Gideon 22, Mary 15, Minerva 6
STANDARD, Sully 30 (f)
TEMPLE, Robert 64, Gilemus 57 (f), Caroline 28, William 21
VANCE, Massena 30 (m), Susan 22, Napoleon 1

Schedule Page 213

BOYD, Ervin 52, Lucy 37, Ann 14, John 12, Aaron 8, Tabitha 6, Mary 4
BREWER, Jessa 36 (m)*, Nancy 23, Susan 1

1850 Census Todd County Kentucky

BRUMFIELD, Edward 39*, Anna 32, James 14, John 9, Nancy 6, Mary 10/12
GIBSON, Thompson 23, Martha 20, Eveline 4, Martha 2
GREENFIELD, M. H. 62 (m), Martha 33, Piety 12 (f), Judith 5
GROOMS, Thornton 51, Zilla 49, Catherine 22, Moses 14, Joseph 13, Sarah 8, Drucilla 6
HANNA, John 47*, Ruth 48, Joseph 22, John 11, Mary 7
JEFFREYS, Will 28, Sarah 22, Thomus 3, John 1, Harriet 24
LATHAM, George W. 25, Emily 16
LATHAM, Susan 65*
MANSON, Varda 41 (m), Talitha 35, Thompson 16, John 15, Mary 13, Marcus 7, Gordon 6
PARMEL, Elizabeth 17*
PERDUE, Nancy 45*, John 14
POWEL, Levi P. 22*, Mary 24, Frances 6/12
SHELTON, Crispin 43 (m), Polly 31, Virgil 16, William 11, Emeline 9, Wilson 6, Miles 5
SMITH, William A. 32*, Mary 32, Sarah 8, Joseph 6, Josephine 5, William 2
STOKES, James 22, Louiza 18, William 1
STOKES, Nancy 49*
STROUD, Jerry 22* (B)
VINSONT?, Joseph 25
WADE, Harrison 29, Elizabeth 26, William 4, Frances E. 8/12

Schedule Page 214

COLEMAN, James T. 29, A. E. 25 (f), S. T. 1 (m)
DABNEY, Robert 83*
EDWARD, Jackson 24, Irena 23, Howel 5, William 3, Mary 10/12
FRANCES, Peter 21, Susan 15
GIBSON, James M. 35, Alla 30, Hervey 11, Mary 5, Jordan 2
GIBSON, Ewing 37*
LITTELL, James 47*, M. A. 38 (f), Harrisson 18, Mary 9
MOCK, Samuel 37*, Isabella 48
MOROW, William 40*, Malinda 35, John 16, Andrew 14, Sarah 12, Hanna 10, James 8, Rebecca 6, Caroline 4, Isabella 2
PASS, Fanny 4*, Jane 1
RAGER, Burk 46, Susanna 44, Eleanor 23, John 22, James 20, William 18, Martin 14, Harley 12 (m), Martha 10, Frances 7, Burk jr. 3
RAGER, John M. 74?, Milberry 64 (f), Elvira 23
SEARS, Fred 37, Louiza 30, James 10, John 8, Jefferson 4, Susan 2
SIMONS, George 44, Suranna 46, William 23, Harrison 17, Frances 15, Sarah 14, Amanda 12, George 8, James 2
SMITH, James 65*
STINNET, Noel 34, Margaret 30, Harriet 14, William 12, Nancy 10, Cyrus 8, Leander 6, Jasper 3
TANDY, N. M. 40 (m), Margaret 31, John 13, Samuel 3
WILKINS, George 15*
WILKINS, William 65*

Schedule Page 215

DANIEL, Levi 46*, Phoeba 45, William 17, Charles 16, Louiza 14, Zerilda 11, John 9, Thomas 7, Catherina 2
HARMON, Mary A. 30*
KIRKMAN, Peter 43*, Rebecca 26, Mary 16, Virginia 13, William 12, Elisha 10, John 7, George 3, James 11/12

1850 Census Todd County Kentucky

LEFTRIDGE, Angeline 20*
LINDSEY, H. R. 39 (m), Eliza 33, Eilzabeth 14, Richard 12, Sarah 10, Mary 6, John 4, James 2, Harmon 6/12
LYON, William H. 4*
MCCOLPEN, Char 40 (m), Martha 37, Joseph 16, Malachi 14, Miranda 11, Thomas 9, Charnor? 8 (m), Martha 6, Samuel 5, Nancy 3, John 1
MOOR, David 75*, Elizabeth 66, John H. 23
PASS, Dycy 30*, Newton 1
POE, George 43*, Pharaby 41
POE, Wyat 45*, Penelope 43, Martha 23, Letitia 22, Harrison 20, Mary 17, William 14, Sarah 12, Edward 10, Hester 5
ROE, William 53, Margaret 43, Mary 24, James 22, Leroy 21, Martha 16, William 15, Andrew 13, Julia 12, Nancy 9, Edward 7, Lucy 3, unnamed 8/12 (f)
SEARS, John 40, Martha 35, Eveline 13, Minerva 12, Reuben 10, Mahala 8, George 6, Martha 5, Laura 1

Schedule Page 216

BALLARD, Harrison 31, Frances 24, Susan 4, Margaret 2, Sarah 11/12
BRADSHAW, Minor 46, Jane 30, George 11, John 8, Pleasant 6, Mildred 11/12
BRADSHAW, Nancy 50
HANISSON, Mac 26, Missouri 21, John 4
HODBY, John 44, Tabitha 44
HOPLEY?, William 49, Mary 48, William 21, Winfred 19, Elizabeth 2
MCCALL, Parthena 40*, Samuel 10
MILLER, Wilkinsson 24, Elizabeth 22, Francis 3, William 1
MITCHUM, Willis 39*, Margaret 39, Mary 16, Nancy 13, William 8, John 5, Rebecca 8/12
NEAL, William 49, Mary 45, Eliza 17, Ellen 14, Clinton 12, Leonidas 10, Mary 7, William 5
PHIPPS, Garlan 16 (m)*
PORTER, John 53, Winifred 55, William 26, James 19, Mary 16, Frances 14, John 13, Melville 10
SHANTLIN?, Fielding 53, Mary 53, Lucinda 24, George 21, William 19, Sarah 17, Robert 15, Nancy 11
WADE, Brunt? 57 (m), Esther 55, Cyrus 22, Jane 19, Huston 17, James 15, Frances 12, William 10, Martha 8
WRIGHT, James H. 37*, Lucinda 32, Susan 10, Elizabeth 8, Florence 4, Janette 1

Schedule Page 217

CARVER, James 13*
COBB, Thomas 26*
EDRINGTON, F. W. 30 (m)*
FOX, N. 54 (m), Ellen 47, Mary 8
HOLMS, John 33*, Henry 4, Charles 3, Nancy 6/12
LINDSEY, James 44, Nancy 41, Elbert 19, Marion 16 (m), William 14, Susan 11, Harmon 9, Nicholas 6, Charles 4, unnamed 1/12 (f)
MCCORPEN, Samuel 50, Mary 50, Tabitha 25, John 22, Eilzabeth 20, Emily 19, Edward 18, Barbara 16, Warfield 15, Virginia 13, Thomas 11, Marion 7 (m), America 5
MOOR, J. T. C. 39 (m), Mary 34, Samuel 16, Elizabeth 15, Martha 12, Sarah 9, Mary 7, Melville 4, Harriet 1
PETTY, John 45*, Mary 35, John 19, Theodora 16, Martha 14, Sarah 7
RICE, Pamela 60, Louiza 30, Claiborn 26, John 2, Napoleon 14
SEBREE, E. G. 32 (m)*, Sidnee 30 (f), Fendal 7 (m), Ada 5, Lucy 1
SHELTON, Asher 81, Mary 65, Ralph 41, Jessee 34, Sarah 31, Polly 27
STANLEY, William 25, Mary 27, Isaac 1
TAYLOR, Mary 70*

1850 Census Todd County Kentucky

VANTER, Elliot 68*, Ann 67, Lucinda 33
WARE, Robert 49, Martha 38, Mary 16, William 15, Thomas 11, Susan 9, Elizabeth 7, John 5, Ellen 3
WHITFIELD, Lewis 24*, Caroline 29, James 1

Schedule Page 218

ADAMS, W. D. 44 (m), Mary 23, Jesse 19, Albert 18, Thomas 14, William 12, Nancy 10, Richard 8, George 6, Lucy 2
BROADHEAD, Lucy 71*
BULLINGER, H. 54 (m), Marthe 32, Catherine 15?, Henry 3, Atway 2 (m)
CANDLING?, Mary 7*
CARNEAL?, Harrison 52*, Mary 38
COLEMAN, Mad 44 (m), Eliza 36, Helen 13, George Ann 11, Thomas 8, Catherine 6
GRAHAM, Thomas P. 46, Mary 46, Eliza 16, Granville 14, Robert 11, Lucy 9, Mary 6, Joanna 4
HAY, William 59?, Eleanor 79?
MCELVANE, James 29*, Mary 25, Clementine 9, Maria 4, James 2
MOOR, Andrew 57, Isabella 50, Mary 24, Nancy 23, David 22, Andrew 20, Elizabeth 17
POLLOCK, Sandford 25, Mary 23, Edward 4, Mary 1
REEVES, William 43?, Anna 36?, Janetta 14, Clark 13, Benjamin 11, _____ 4 (m), Mary 3, William 1, Benjamin 20, Crittenden 7
TAYLOR, R. A. 33 (m)*, Lucy 26, James K. 9, William 6, Richard 3
VANCE, M. W. 38 (m), Eliza 39, John 13, Sarah 10, Ann 10, Newton 8, Mary 6, Augustus 4 (f), Samuel 1, June 28
WILLOUGHBY, W. J. 33 (m)
YANCEY, Elizabeth 45*

Schedule Page 219

BILLINGSLEY, Z. 48 (m)*, Amanda 44, John 23, Virginia 20, Emma 18, Sarah 16, Anne 14, Fredonia 12, Thedora 6
BLACK, Thomas P. 36, Emily 20, William 7, James 4, Andrew 2
BURRUS, Joseph M. 35*, Sarah 30, William 8, Webster 7, Mary? 5, Maria 2
EASLEY, M. 35 (m), Martha 21, Fredonia 7, Joseph Ann 3, Mary 1
FOSTER, Robert 30*, Maria 32, Ann 8, R. Ellen 5, Georgette 3
FOX, John 39, Catherine 29, Ferdinand 11, Warrick 9, Theophilus 5, Andromica _ (f)
FOX, Chs. M. 27 (m)*, Juliana 23
GARTH, Linus? 23, Lucy 21
GAUL, Elizabeth 40, Ann W. 7
MASSEE, Edward 13*
MOBLEY, W. E. 37? (m), Lucinda 38, Rachael 12
PAYNE, A. G. 23 (m), Sarah 18
RUDFORD, Gal 22 (m)*
VAUGHN, Panina 37*
WALLS, William 7*, Sarah 5, Mary 3
WAUGH?, James 28*
WHITE, Henry 47, Martha 47, Henrietta 16. Lean 14, William 12, Henry 7, Martha 5, Ophelia 3
WHITLOCK, R. R. 37 (m), Frances 37, George 16, Lycurgus 13, Charles 10, Rufus 8, Angeline 6, Foster 4, Ann 2
WILKINS, J. M. 31 (f), Nancy 26, Sarah 3, Richard 1
WOODROW, J. B. 29 (m), Angeline 25, Mary 3, Thomas 11/12

1850 Census Todd County Kentucky

Schedule Page 220

ARNOLD, W. P. 44 (m), Amydiah 43, Lycurgus 19, Lucy 16, Louiza 14, William 10
BACON?, Isabel 58*, Isabella 6
BILLINGSLEY, John P. 38*, Judith 38, Henry 18, John 16, Laura 14, Charles 10, Jesse 7, William 2
BUTLER, Sarah 60*, William 36, George 31, Edward 24, Benjamin 22
CARPENTER, Jane 48, Leander 14, John 11, Elizabeth 6
CONWAY, William 31*, Amanda 25, Mary 2, William 3/12
COOPER, George 32* (B)
DOSS, James 45, Nancy 40, Joel 21, Mary 19, Sarah 17, Richard 15, Amanda 12, Susan 9, James 7, Parale 5, Josephine 4
FEMEREZ, Pat 35 (m)
FOX, Elizabeth 61*, Mary 18, Susan 13
FULCHER, Alex 67, Sarah 53, Emily 27, John 23, Caroline 20, Alexander 15, Sarah 7, Eliza 4
KEELING, Thomas 48, Mildred 20, Susan 18, Thomas 14, Mahala 13, Lucy 11, Joseph 9, Luzana 8, Annamed? 6/12 (f)
KILEY, James 28, Elizabeth 20, Talbert 3
LIPSCOMBE, M. A. 26 (f)*
MANSFIELD, Thomas 45*
MOOR, John 50, Narcissa 30, Sarah 15, David 13, Newton 10, Samuel 5, Martha 3, Mary 62
MOOR, Dav. 21 (m)*
WOLF, Fanny 35*, L. H. 6/12 (m)

Schedule Page 221

ADAMS, Robert 50*, Jane 32, William 21, Robert 18, Oliver 16, James 14, Newton 12, Mary 8, Henry 5
BURRUS, C. H. 29 (m), Frances 25, Lycurgus 5, Mary 3, Virginia 2, William 5/12
HATHELL?, L. 32 (m), Lucinda 25, John 5, Martha 1
JESSUP, Virginia 23*
LANE, George 27*, Ann 26, Edward 6, William 4, unnamed 5/12 (m)
LOWRY, Squire 29, Eliza 30, Leonidus 9, Mary 6, Nancy 4, Samuel 2
MANSFIELD, Nancy 76*
MASSEE, W. M. 35 (m), Elizabeth 30, William 5, Martha 3, Henry 1, _____ 5/12? (m), Henry? 33 (m)
MASSEE, John T. 74*
MCQUERKY?, J. 25 (m)*
RODGERS, Elizabeth 14*
SHANKLIN, Jesse 36*, Joseph 31, Robert 26, Sarah 8
SHROVE, Wilson 41, Barbara 39, Mary 18, William 15, George 13, Samuel 11, Angeline 8, Virginia 3
SIMONS, Margaret 55*
SIMPSON, P. 50 (m), Jane 39, Catherine 18, John 16, Amanda 14, Henry 9, Martha 7, Frances 5, James 3, Thomas 1
THOMPSON, N. 60?*
WHITE, Martin 38, Elizabeth 37, Elizabeth 19, William 16, Mary 14, Thomas 10, John 9, Archy 6, Henry 7, Sarah 5, James 2
WILKINS, H. B. sr. 66 (m), Elizabeth 23, George 3/12
WILSON, Ed 30*, Susan 30

Schedule Page 222

DAMELL, Doctor? 35*
FOURGUERSON?, Martha 19*

1850 Census Todd County Kentucky

FRIGBY, M. A. 25 (m)
GRIFFEN, Joseph 22*
HANCOCK, W. A. 34 (m), Sarah 34, Elizabeth 13, Mary 11, William 9, Eveline 8, Sarah 7, Pettis 6, John 4, James 2
JONES, Amos 64
JONES, F. P. 50 (m), Lucretia 45, Lysander 21, Asher 19, Sarah 15, Mary 13, Benjamin 7
KYLE, Hugh 42, Martha 42, James 20, Enoch 15, Mary 14, Alex 12, Catherine 11, Theoph 9, Eliza 7
LACKEY, E. A. 28 (m), Lucy 23, James 3
LACKEY, William 52, Nancy 50, Teresa 27, Silla 25, Elizabeth 2_, Mary 22, Susan 18, Lucy 14, John 12, Samuel 10, George 8, Hanna 6
LINDSAY, John 50*
MCDANIEL, R. J. 32 (m)*, Angeline 25
MORROW, William 36*, Mary 29, William 9, Thomas 6, Albert 5, Emma 7/12
PETTY, James H. 33, William 8, Laura 4, Harret 1
SHANKLIN, Eliza 49, Julia 29, Mary 27, Frances 24, Eliza 22, Martha 19
SMITH, Fayette 24*
STAHL, John 26*
TAYLOR, Henry 25, Martha 23, Mary 2
WADE, Him.? 27 (m)*, Margaret 21, Mary 2, Nelson 25
WHITE, Archy 30, Rose 22, Betty 1
WILKINS, C. S. 25 (m)*, Elizabeth 26, Elizabeth H. 1
WILKINS, Martha 64?*

Schedule Page 223

BRUMFIELD, James 70, Lucy 30
BRUMFIELD, Tiny 29 (m), Elizabeth 32, Mary 9, Margaret 7, William 4, Sarah 1
GIBSON, Young 45*, Sarah 38, John U. 16, Sampson 5
HUMPHREY, James 35, Margaret 27, James 5, William 4, Mary 1
HUSTON, George 31, Louiza 26, David 5, Henry 1
JONES?, Harvey 28, Mary 28, Mirander 9, Nancy 7, Martha 4, Columbus 2
RALSTON, R. M. 34 (m)*, Elizabeth 33, William 13, Wesley 9, Susanna 7, David 4, Martha 2
SHANKLIN, Elizabeth 83, John 55, Julia 31, Edward 21
SHANKLIN, Robert 24, Mary 18
SHANKLIN, Edward 22*
SHAW, John 33*
STRANGE, J. H. 26 (m)*
TILLMAN, George 50, Matilda 37, Marcella 17, William 14, Mary 12, Robert 9, Harvey 9, Martha 7, Sylvester 5, Sarah 4
TILLMAN, James 18*, Nathan 15, Angeline 12, Virginia 10, Vina 8, Mary 6, Melena 4, Martha 8/12
WILKINS, Alex 30, Ann 29, Verginia 6, Mary 5, Margaret? 1
WILKINS, W. _. 38 (m), Celinda 40, Nancy 11, John 10, Alvens 7 (m), William 5, Horace 3
WILKINS, John C. 18*
WILLIAMS, Julia 45, John 21, Margaret 19, Rachael 17, Parale 14, Luran? 11 (f), Herence? 7 (f)
WILSON, George W. 29, Sarah 23

Schedule Page 224

ALLEN, Amerie 6*
BURTON, Robert 23*, Ianthe? 19 (f)

1850 Census Todd County Kentucky

CROWDER, Eleanor 42, Frances 14, Lilly 12
DORRINGTON, G. P. 27 (m), Martha 26, Mary 6, John 4
GIBSON, John S. 62, Matilda 55, Catherine 15
GIBSON, John T. 26, Frances 32, Marabel 2
GIBSON, Nick 67, Vina 57, Vina jr. 31, Mahala 24, Cerelda 14, George Allen 6, James Bueling 3
GIBSON, William 40*, Mary 45, William 18, Emily 16, Nancy 14, George 12, Mary 10, David 8
HAGGARD, George 15*
HINSON, Emily 30, Sidney 6 (m)
JEFFREYS, William 50, Bezeba 45, Martha 27, Harret 24, Mary 23, Agria 21, Nancy 20, Eleanor 20, Amanda 15, Araminda 13, Eliza 8, Sarah 6, John 5, Margaret 1
JEFFREYS, William sr. 28*, Sara 23, Thomas 2, John 1
JONES, Milly 44*, John 19, William 15
MARRIS?, Rosanna 32*
MCCARDY, Dolly 60
STOKES, George 33, Sarah 32, Lucy 8, William 6, Susan 4, Sarah 2
TAYLOR, Mary E. 2*
WILKINS, Lafayett 24, Mary 25, Melissa 1
WILKINS, John G. 27*, Aimens? 18 (f), William 10/12
WILSON, Joice 7*

Schedule Page 225

DODD, Henry 47, John 18, William 16, Thomas 11
ELLISON, R. P. 54 (m)*, Minerva 40, Caroline 18, Sophia 12, Nancy 7, Joseph 5
FLENN, Geo. D. 24, Martha 21
HENSLEY, James 29, Eliza 26, John 2, Henry 2/12
HOLLAND, John 51*, Mary 49
HUMPHREY, Sarah 38*
HUTCHISON, William 56, Harriet 36, Caroline 20, John 15, ARchy 13, Charlotte 7, William 2
JOHNSON, M. 51 (m), Mary 50, Hiram 23, William 21, Robert 19, Albert 17, Amanda 13, George 9
KING, Patric 13*, Alfred? 11
LANDERMAN?, Nick 28, Mary 21, Nancy 4, James 2, Mary 8/12
MCGEHE, Carr 55, Lucy 53, Matilda 18, Ann 16, Nancy 14, Charley 9
MOBLEY, N. L. 16 (m)*
MOBLEY, Sophia 42*
PARMELL, William 25*
PETREE, John 33*, John W. 18, Sarah 17, Mary 2, Edward 10, Peter 8, Lucy 1, Williametta 2
POWEL, Edmund 31, Mary 25, Thomas 6, Marion 2 (m)
POWEL, George 65, Frances 62, Milly 25, Nancy 23, Joice 21, Sarah 16
POWELL, Levi 34*, Edith 21
SEYER, John 31, Dianna 27, Francis 19, Ann 4, Moses 2, Russell 7/12
SKEGGS, Elec 45 (m), Cynthia 26, Martha 14, Louiza 12, James 10, Pamela 8, Mary 1, Wesley 16
SNADEN?, James 54

Schedule Page 226

ANDERSON, M. W. 30 (m), Nancy 30, Walter 4, Eugene 2, Matilda 1
BRADLEY, John 45, Jane 35, Dorrell 10 (m), Eliza 8, Margaret 6, Rufus 4
CARDEN, James 43, Paulina 38, Alpheus 15, Amanda 14, Sarah 12, Rolfe 10, Emeline 8, Pink 6 (f), Victoria 4, Jessee 8/12

- 192 -

1850 Census Todd County Kentucky

COPPENS, Chs. 23 (m), Maria 20, Frances 21, James 3, Joel 1
FERGASON, John B. 33*, Nancy 22, Caroline 1
GRADY, Benjamin 33, Martha 7, Reuben 4
HICKMAN, James 61, Maria 54, William 27, Joel 25, Sarah 18, Ellen 13, John 11, Edwin 8
MANION, Jane 63, Ambrose 22
MANION, Reuben 27, Rebecca 27, Mary 6, Eilzabeth 4, Nancy 7/12
MCQUIERY, Thomas 38, Fanny 51?, James 24, Lucy 24, Thomas 17, Mary 16, Arbella 14, Thornton 12, Rutherford _
MERRIWEATHER, Mary 63*
POLLARD, Thomas 40, Elizabeth 27, James 16, Frances 12, Martha 11, Julia 9, George 8, Joseph 5
TAYLOR, Wiley 53, Mary 50, James 26, William 23, John 21, Wright 20, Wiley 17, Julia 15, Benjamin 13, Adela 10
WATWOOD, John 30, Frances 23, Bethy 6, John 3, Ellen 1

Schedule Page 227

BARKSDALE, Lucinda 60, William 31, Ira 16, Lucy 15, Virginia 12
BARKSDALE, Nathaniel 40*, Margaret 26, Mary 7
BEASLEY, Elizabeth 43, Mary Jane 23, Margaret 14, Thomas 10, Bartlett 4, Zacheria 3
CARMAL, George 60, Betty 60, Henry 26, Richard 20
CHILES, B. B. 44 (m)*, Mary 27, John 17, Mary 15, Fleming 6, Walter 4, Walker 2, Larida 6/12
DAVENPORT, Edward 50*, Keziah 34, Temperance 13, Ann 10, Eliza 7, George 5, Edward 2
DAVIDSON, Sarah 18*, Lucy 7
GAINSTEAD, Elizabeth 100, Jemima 76, Jasper 72, Richard 36, Sarah 31, Thomas 10?, Mary 8, Frances 6, Nancy 4
GIBBS, Caroline 18*
KING, William 13*
MCLEMORE, John 19*
MERRIWEATHER, Chs. 49 (m)*, Caroline 45, Mary 18, Caroline 16, William 12
SMITH, Chars. 56 (m), Jane 52, William 20, Louiza 17, Eliza 15, James 12
STEPHENS, Thomas 28, Mary 26, Adalene 3
TULLY, William 40, Lucy 25, Mary 14, Josephene 12, Abigail 9, Lucy 8, Virginia 6, John 8/12?
WOODY, Ann 16*
WURIGH?, Chs. 35 (m), Mary 28, Nancy 10, James 6, John 4

Schedule Page 228

ALLEN, Fantlerry 64 (m), Judith 60, William 25, Christian 18 (m)
BROADHEAD, James K. 39, Mahala 35, Thomas 9, Enoch 2
DAY, Chs. M. 41 (m), Lucy 37
DICKENSSON, Joseph 44*, Elizabeth 37, Mary 15, William 13, James 10, Susanna 7, Josephene 5, Nanny 3, Charles 4/12
GILLINN, Fred 28, Elizabeth 28, Eliza 5, Sarah 1
GRIFFIN, G. W. 48 (m), Lucinda 44, Obadiah 16, Sarah 13, Francis 10, Amanda 8, Mary 6
HALSELL, Hany 21 (m)*
HATCHER, Samuel 49, William 16, Jane 12, Joseph 10, Elizabeth 7
JOHNSON, Wm.? 28
OLIVER, Henrietta 46*
RADFORD, William 16*, Victoria 10
SELREE, M. C. 50 (f), Georgeann 17, Fendall 15 (m)

1850 Census Todd County Kentucky

TAYLOR, William 26, Ann 14
TINSLEY, Mary 8/12
TINSLEY, William S. 26
TINSLEY, Alanson 34*, Catherine 26, Ann 4, James 2
TUTT, James F. 24, Mary 26, Clurtis? 7 (m), James 5, John 3, George Ann 2
WALLER, T. C. 54 (m), Martha 45, Sarah 20, Virginia 18, Susan 16, Isabel 15, Jefferson 13, Laura 10, Mariam 7
WATTS, Charles 30, Caroline 26, Amanda 6, Eudora 5, Eugene 1
WEBB, Nortlet? 45 (m), Ann 34, Kelvin 12, Thomas 11, Marcellus 10, Frances 6, Nancy 4

Schedule Page 229

ADAMS, M. M. 52 (m) (B), Matilda 23
BAUGH, Bartlett 56, Mary 26
BOONE, Tho. 23 (m), Mary 22, Samuel 20, John 18, Martha 16
BOONE, Martha 41*
BOONE, Squire 25*, Mary 24, William 6, Miles 3, Rayburn 3/12
CARVER, James 28, Jane 25, Lucy 10, James 8, Nancy 6, Sarah 4
CARVER, John C. 62, Nancy 60, Nancy A. 22, Frances 17
CRUTCHFIELD, A. J. 33, Maria 33, Vertence 5, Jane 4, Olivia 3, Robert 1
FLACK, A. B. 40 (m), Mary 34, Elisha 12, Nancy 10, Mary 6, Sarah 3, MArtha 1
FLACK, Nancy 76
GILLINN, M. W. 34 (m), Nancy 32, Elisha 22, Lucy 17, Mary 10, Frances 7, John 5, Eliza 3
JACKSON, John W. 30, Martha 26, Irwin 5, Sarah 3, Levi 11/12, Robert 35
MCGEE, Martha 33, Leonidas 14, Elizabeth 8, Lauren 6 (f), John 3
SESSELL, Zack 43, Henrietta 42, Lucy 20, Sarah 17, George 16
TUTT, Lucy 76, Ann 45
TUTT, R. A. 35 (m), Alberta 29, James 3, William 1
WINIFREY?, Math. 33 (m), Sophia 30, Warder 11, Edmund 9, Elizabeth 7, James 6, Eugene 4, Lucy 2/12
YATES, Elizabeth 26*, Willis 5, John 3, Samuel 2/12, John D. 35

Schedule Page 230

ALLEN, Benjamin 24, Martha 21, Lewis 9/12
BOYD, Epenetus 52, Nancy 43, Robert 20, Patric 18, Brobub 15 (m)
BUTLER, Nathaniel 45, Mary 45, Ann 21, Mary 19, Sarah 17, Catherine 15, Eliza 9, Lucy 7
EWEN, H. C. 62 (m), Eilzabeth 55, Sarah 30, Martha 27, Watts 20, Elizabeth 17, Therese 14
GRAVES, William 35
HANCOCK, James C. 32*, Zilpha 32
KENNEDY, James 8*, William 6, John 5
PATTEN, Sarah 45, James 25, Mary 21, Joseph 18, Sarah 14, Martha 13, Thomas 11, Elizabeth 9, Charity 6
PATTON, James 55
PETTUS, James 44
PETTUS, William 32, Elizabeth 30, Marion 3 (m), Ophelia 1
QUINLEY, Edward 42, Emma 45, Edmund 16, William 10, Fanny 11, Ellen 8, Marcellus 4, Mary 1
SIMMONS, Thomas 38, Susan 26, Andrew 9, Sarah 6, Lucy 4, Miranda 2
SMITH, Ann 49, William 24, Joel 22, Amelia 13
THOMPSON, Jo. 51 (m) (B), Malinda 45, Nancy 5, Benjamin 2
TRAINUM?, And. 26 (m), Rebecca 28, Melvina 1
TRICE, Luranna C. 16*, Zebiah 13 (f), William 10
WEEDEN, James? 42?, Unity 43, Minor 11, Mariame 9 (f), Rachael 4

1850 Census Todd County Kentucky

Schedule Page 231

BARFORD, Jacob 22*
CHILES, Garlan 68 (m)*, Fanny 47
CLARK, Lucy 20*
COLEMAN, Volney 36*
DUERSON, Thomas 54, Eleanor 43, Isaac 20, Granville 6, Lawrence 3
GARDNER, Jacob 24, Lucinda 22, Tennessee 4, Virginia 2, George 3/12
GILL, James 28, Susan 39, Joseph 13
GRAVES, Caswell 49*
HANCOCK, Susan 64*, John 30, Susan 23, Edwin 3/12
HILL, Chs. 23 (m)*
HUEY, William sr. 65, Pinckey 63 (f)
HUNTER, Melville 11*
MOODY, James 40, Martha 36, Eliza 15, Rebecca 13, Mildred 10, Martha 8, Robert 6, James 3, Saluda 3/12
OLIVER, John 28*, Emily 26, Wellington 7, Claudius 4, Andrew 2
PERKINS, James 68, Frances 29, William 18, Nicholas 16, Mary 14, Lucy 10, James 6, Frances 2
SIMS, William B. 52, Maria 54, Charles 28, Mary 24, Addison 22, Ann 19, Joseph 17, Martha 14, Edmond 11
SMITH, Dabney 70, Annis? 57 (f), Thomas 19, Fred 16
SMITH, William 32, Elizabeth 24, Irene 2
STUBBLEFIELD, Mary 77*
WADDELL, Granville 71, Joseph 35, Sally 34, Drucilla 28
WALLER, Benjamin L. 38*, Mary 36, Lucy 15, Eliza 12, Benjamin 10, Nancy 7, George 4, Yancey 1 (m)
WINFREY, Mary 78*

Schedule Page 232

BELL, Mary E. 30, Eilzabeth 13, Richard 8
BROCHMAN, Samuel 24*, Martha 22, Garth 9/12
CHRISTIAN, Abner 34, Virginia 28, Aleu? 6 (f), Richard 3, William 1
CHRISTIAN, R. H. 62 (m)*
CORBEN, James 34*, Mary 28, Mirinda 12, Robert 8, Roanna 6, Euginide? 4 (f), James 4/12
DYENS, Henry 32, Sarah 54
FISK, Robert 38, Rebecca 32, Mary 3
FRAZIER, T. H. 41 (m), Margaret 41, James 15, Barnett 14, Mary 12
GETER, Robert 23, Demarius 30, Mary J. 18
GETER, Mathew 27*
GOOCH, G. W. 23 (m), Priscilla 22
GRADY, R. T. 36 (m)*
HARRELL, Isaac 71, Anna 52
JOHNSON, Henry 52*, Sally 44, Enoch 21, Rebus 17 (m), Rebecca 15, Martha 13, Victoria 11, Armistis 9 (f), Lewis 4
LANDES, Samuel 42*
LAUPER?, James L. 36*, Smith 28, Samuel 5, Robert 3
MARTIN, Hugh 50*
MASSIE?, Thomas 34*
MOORE, Ann 24*
PERKINS, John 27, Vestina 19, Rosel 18 (m)
RAGAN, A. 42 (m), Sarah 19, Emily 12, Birney 8 (m)
RIMYON, F. 38 (m), Sarah 24, Freeman 11

1850 Census Todd County Kentucky

ROBINSSON, James 19*
RUTHERFORD, George R. 31*, Agnes 29, George 6, James 2
SMITH, Cornelia 19*
SOBROE?, Thomas 19*
STEPHENS, Edw. 28 (m), Virginia 17, Inis 7/12 (f)
STREET, Agnes 70*, Mary 24
WALKER, William 16*
WARE, Chaper? 19 (m)

Schedule Page 233

DICKINSSON, R. C. 48 (m)*, Emily 46, Jesse C. 22, Jack R. 21, Mary 18, James 16, William 13, Speller 11 (m), Virginia 5
EDWARDS, William L. 24*
GRADY, James 35, Mary 37, Mary 14, Sarah 9, Robert 8, Lucy 6, Rebecca 3/12
HANEBREE?, W. B. 36 (m), Amanda 28, Kella 5, Laura 3, Eugene 1
HANLEY, Elizabeth 37
HANLEY, William 17, Mary 15, John 12, James 9, Thomas 7
HARRIS, Thomas 25*
JESSUP, John F. 26, Narcissa 27, Mahala 3, Lucius 1, Sarah 19, Caledonia 18
LAWSON, J. 26 (m)*
LINK, Byrd B. 79, Susan 40, John 16, William 9
LINK, William B. 30, Patsey 31, John 13, Frances 10, Seta 7 (f), Byrd 4, Jane 1, Susan 32
MANION, Frances 26*, Louiza 9, Sarah 7, Mary 4, Frances 1
MOBLEY, Hazel 24, Eliza 22, Thomas 1
MOBLEY, Eli 34*, Mahala 32, Cytha 14, Newton 10, Mary 8, Martha 6, Ellen 1
PENDLETON, Harvey 38, Louiza 18, Martha 1
PENDLETON, John 60*, Lucy 60
PITTMAN, Nancy 40, Fredonia 14, Malinda 12
SMITH, Spob? 48 (m), Catherine 27, Eliza 9, Martha 6, John 4, Duke 2
TYLOR, Saml? 32*

Schedule Page 234

BRISENDINE, F. 38 (m), Catherine 33, Virginia 11, Robert 6, Ellen 10/12, William 75, John R. 21
CHRISTIAN, D. M. 44 (m)*, Lydea 42
CULBERTSON, Frances 56, John 22, Lucina 18, Patterson 14, Andrew 13, Sally 9
DUERSON, A. D. 25 (m), Teresa 17
FRAZIER, J. C. 69 (m)*, Priscilla 45, Thomas 15, Ermine 13
GARTH, Elizabeth 40, Julia 15, Peroma? 13 (f), Elijah 11, Elizabeth 8, William 6
HARRELL, William 37, Caroline 30, George 8, James 7, Augusta 4, Isaac 2
HENRY?, William B. 25, Pamela 27, Mary 10/12
HUEY, George 6
KEY, William jr. 25, Elizabeth 22, William 2
MCCROSKY, Sarah 13*, Nancy 8
PENDLETON, Nancy 16*
POLLOK, Robert 24, Paulina 18, John 5/12
POLLOK, George 60*, Nancy 60, James 20, Lucinda 18, Levi 13
PORTER, Jane 53?*, Virgil 17, Caroline 14, Barter 12
ROBINSON, George 16*

1850 Census Todd County Kentucky

SEARS, Bartlett 35, Malinda 23, George 13, Fanny 12, Sarah 8, Elizabeth 6, Zachary 3, Letitia 1
SHELTON, Coleman 37, Elizabeth 28, Nancy 7, Mary 3
SMITH, D. B. 25 (m)*
TINSLEY, John 27, Jemima 23, William 1
TULL, Jeptha 25, Sarah 20
WARE, Edmund 50, M_____ 12 (m)
WATTS, George M. 30, Judith 22, John 3, Mary 1

Schedule Page 235

ADMS, Thomas 24, Angeline 18, Rebecca 2
CRESWELL, James 54, Sarah 55, John 34, Mary 24, Lucy 21, Martha 19, Sarah 18, James 16, George 12
DEED, James 31, Frances 23, Charles 1, Mary 27, Sarah 24
FOSTER, John 68, Elizabeth 70
FOSTER, Tandy H. 27 (m), Sarah 24
FOSTER, Frank 33*, Martha 32, John 6, George Ann 3, Lawson 3/12
HATHELL?, Sirley 57 (f), Jane 27, John 25
HICKS, Lucy 70*
HORIS, James 16*
LANDERMAN, Noa 78, John 35, Martha 28, Sarah 25, Susan 21, Sarah 75
LANDERMAN, William 31*, Paulina 28, William 5, George 3, Ann 8/12
MCALISTER, Nabby 53 (f), Frank 23, Mary 19, Parthena 17
MENIFEE, James 42, Eliza 27, Mary 13, Robert 9, Nancy 8, Sarah 6, Elizabeth 3
MOBLEY, John W. 40, Artemesa 34, Wilberfisk? 12, Milton 9, Benjamin 6, Elizabeth 3, Thomas 2
SHANKLIN, James 39, Deborah 43, Solomon 17
SHELTON, Smith 52, Betsey 50, Nervin 25, Monroe 21, Mayfield 15, Nancy 13, Garrett 10, Cyra 6
TERRELL, James H. 35, Elizabeth 26, Elizabeth 9, Edmund 7, Jackson 5, Agnes 1
TERRELL, John 35, Ann 37, Margaret 1
WINDERS, John H. 25

Schedule Page 236

BRADSHAW, J. 18 (f)*
CLARK, Thomas R. J. 33, Mary 25, Catherine 7, Mary 5
CLARKE, Cath. 62, Susan 27, Isabella 21, Martha 19, Owen 15, Catherine 10, Mary 8, Garth 6, Thomas 4
HENDERSON, Ann 73, Hudson 42, Charles 35?
HOLLINGSWORTH, S. G. 35 (m)*, Susan 33, Mary 11, Gideon 9, Martha 7, Jeptha 4, Leander 2
LEAVELL, L. B. 3 (m)
LEAVELL, St. Clair J. 44, Sarah 25, Alfred 19, Lewis 17, Edmund 15, Mary 13, Sydonham 11 (m), Ann 9, John 5, Chalmers 3 (m), Mariam 1 (f)
LUNNDEN, James W. 45, Martha 33, John 2, Benjamin 2, B. T. 6/12 (m)
MIMMS, C. J. 22 (f)*, Martha 16
RUST, A. R. 30 (m)*
SAMUEL, B. L. 45 (m), Martha 43, Louiza 19, Cornelia 17, Susan 15
SAMUEL, R. 73 (m), Mansfield 44, B. F. 30 (m)
SLAUGHTER, G. G. 24 (m)*
SMITH, Thomas J. 20*
THOMPSON, Alex 49, Eveline 23, Elizabeth 20, Minerva 17, William 16, Robert 14, Mary 13
THOMPSON, George 50 (B), Sukee 40 (f), Ginsey 10 (f)
THOMPSON, R. U. 57? (m)*

1850 Census Todd County Kentucky

WAGGENER, S. T. 51 (m)*, Elizabeth 33, Olivia 17, Jasper 15, Leslie 8 (m), Annie 6, Jemima 3, Babe 1
WILLES, O. G. 28 (m), Martha 25, William 5, Robert 3, George 1
WILSON, Thomas J. 39, Evaline 37, Sabina 16
WISDOM, B. H. 28 (m)*

Schedule Page 237

ADAMS, Jacob 40*
BRADSHAW, William 48*
BUNCH, John ? 80*, Josiah 2
CARROLL, John 27*, Sophia 27, William 4, Frances 2
CHESNUT, Alex 50, Elizabeth 27
CHILES, F. U. 38 (m)*, Saluda 28, James 6, Fredonia 5, Sarah 3, Martha 1
DICKINSSON, William 70, Jane 63
DURRETT, Henry 44, Mary 40, Mary Ellen 21
DYENS, Hugh 57, Ann 45, James 23, Elizabeth 21, Louiza 18, Virginia 17, John 15, Havella 12, Camilla 10, Hugh 9, Thomas 7, George 4
ELLIS, Ira 10/12*
HARRISON, Robert 14*
JEFFERSON, J. R. 59 (m), Sarah A. 38, William 15, James 13, Walter 9, Susan 7, Nancy 4
JOLLY, Wiley 18*
LASLEY, Hanna 35*, Elizabeth 8, Mary 6, Elizabeth F. 4
MCELWANE, John 33, Martha 31, Thomas 9, Mary 8, Alexander 6, Martha 5, Samuel 3, Lucy 5/12
MCLEMORE, James 18*
RUSSELL, James 12*
SHANKLIN, William 25*, Margaret 24, Frances 7, John 3, Alexander 2, Sarah 4/12
TATE, William 56*, Ann 48, Anna 22, Eliza 26, LUcy 20, Isabella 16, Walter 15, Joseph 13, Charles 10, William 7
THOMPSON, Waddy 21 (m)*, Louiza 23, Samuel 1
TUCKER, James F. 33, Eliza 23, John 5, Orlando 3, Victoria 4/12

Schedule Page 238

BALLARD, Garl. 66 (m), Susanna 63, Sarah 35, John 24, Susanna 23, Garland 21, Wilmoth 22 (f)
BELL, C. U. 62 (m), Mary 50?, Caleb 12, Montgomery 10
BELL, John 33, Sarah 24, Caleb 4, Sarah 2
BURRUS, C. R. 35 (m), Cerilda 27, Tenn.? 2 (m), J. Cloyd 25
JACKSON, J. J. 37 (m), Cassandra 43, George Patric 14, Jo Burrus 13, Temperance 10, Virginia 6
JENKINS, A. G. 40 (m), Alice 34, Sarah 19, Alice 17, Rilly 15 (f), Edward 12, John 9, Bell 5, Mary 1
KNIGHT, E. R. 32 (m), Cynthia 24, Helen 11, Kathy 1, Nathaniel 2/12
MERRYFIELD, Davis 52, Lucy 36, Josephine 12, Napoleon 9, Cordelea 7, Paulene 1
MILLS, John W. 28, Eliza 22, Nathaniel 17
MINYARD, James 31, Mary 36, George Ann 7?, John 3, William 1
RAGER, J. F. 27 (m), Sarah 20, Leroy 9, Jackson 6, Lycena 4, Polk 3, Nancy 2, Lewis 1
RAGER, William 26, Eliza 37, Sarah 13, Thomas 11, Maryann _, Eliza 3, Susan 2
REECE, Thomas G. 51, Demarie 44 (f), Asbury 20, Jane 17, William 15, Samuel 12, Mary 10, Thomas 7, Susan _

1850 Census Todd County Kentucky

Schedule Page 239

BURRUS, Nancy 32, William Roger 33, Sarah 31, Nancy 21
BURRUS, Nathaniel 59*, Mary 57, Caroline 20, Mary 17, Ann 16
CARR, Jona. 34 (m), Elizabeth 31, Eliza 8, William 3
FINNEY, Alex 55*, Matilda 10
HANES, Richard 40, Nancy 23
MASSEE, Louza 15*, Edward N. 12
MCDANIEL, Hiram 65, Catherine 65, Jane 41, Polly 30, Addisson 21
MOBLEY, Claiborn 62, Betsey 50, Reuben 23, John 18, Claiborne 17
NEER?, William B. 60, Mary A. 21, Barbara 17, Anthony 15, Lucy 12, Sarah 9
PARKS, George 29, Eliza 20, Mary 5, Pamela 3, David 1
PORTER, Mary E. 28?*, John 26, Thomas 6
RAY, M. M. 33 (m), Amanda 30, Virginia 10, John 8, Frances 6, Richard 2
SCOTT, John 62, Pocahontas 40, Paulina 19, Robert 17, Mary 15, John 7, David 5, Virginia 3, Sarah 1
TAYLOR, W. B. 44 (m)*, America 40, Ira 16, William W. 14, Frances 10, Rebecca 8, John W. 6, Wright 4, Zachary 1
THORNHILL, George 26, Rebecca 26, Mary 2, Ellen 1
THORNHILL, Henry 50, Susan 40
WILHITE, G. M. 33 (m), Julia 50, Elizabeth 26, Catherine 23

Schedule Page 240

ALEXANDER, Andrew 60, Jane 50, Julia 20, Araminta 3
ALEXANDER, John A. 23*, Mary 20
ARMSTRONG, Chs. 48 (m), Edith 40, Harvey 15?, Frances 14, Virginia 15, Wilson 14, Amanda 12, Margaret 11, Martha 9, Huston 6, Parale 5, Sarah 2
BRADLEY, Reuben H. 48*, Barbara 48, Mary 17, George Ann 15, Virginia 12, Catherine 10, Eliza 5
CUSHMAN, P. H. 28 (m)*
DANIEL, Horace 47, Martha 28, James 21, William 17, Samuel 16, Felix 13, Gustavus 11, Sarah 9, Martha 7, Eliza 5
DANIEL, Frank 23*
DURHAM, John 30*
EDRING____, James 57, Elizabeth 52, Armstead 28, Sarah 22, Paschal 15, _____ 12 (f), Emily 11, Parthena 9, Manford 7, Warren 3?
ELLISSON, Ann E. 22*
GRAY, John P. 27
HARMON, John 25*, Frances 20
HOGAN, John 22*
KANNON?, Stephen 22*, Mahala 20
KENDALL, J. W. 40 (m)*, Margaret 35, Benjamin 12, William 9, Ebbert 6, John 3, Lucy 1
LONG, John S. 43*, Angeline 39, Lucy 15, Ellen 13, Mary 10, William 6
RYAN, Emily 50*
SASSEEN, Lewis 77*
STROTHER, Eliza 25*
SULLIVAN, S. H. 46 (m)*, Thurza J. 37, Mary 16, Ellen 15, Lewis 6, Silas M. 1
TAYLOR, Hanna 75*

1850 Census Todd County Kentucky

Schedule Page 241

BENTON, Geo. Tho. 1*
BROWN, Q. T. 34 (m), Elizabeth 26, Montgomery 2
CALHOUN, John C. 6?/12*
DOWNER, B. B. 31 (m), Emily 25, William 1, Mary 5/12, Elizabeth 68
EDWARDS, Ed 21*, Rhoda 32
GRAVES, Thomas C. 50, Nancey 50, Anne 20, Charles 18, Mary 13, Eliza 10, Thomas C. 8
HARRISON, John 52, Lucinda 42, Eveline 20, William 18, Sarah 15, Miranda 14, George 12, Jane 10, Lucinda 8, Henrietta 5
HOLT, Jane 17*, Jamey? 15 (m)
JAMES, Celia 46*
JAMES, Chloe 88*
KEELING, John 21*, Sarah 20, Elizabeth 1
KENNEDY, M. E. 58 (m), Achrah 23 (f), Urban 20, David 15, Henry 13, Mary 11, Michael 8, Theodora 5 (m), William 4, Lavinia O.? 1
LEWIS, Milton 32, Granville 28, Catherine 15?, Virginia 17
MOBLEY, William 25, Elizabeth 21, Babe 5/12 (f)
MOOLRY?, Jo 38 (m)* (B)
MURPHY, James H. 35*, Celia 20?, Thomas 2?, John 1
MURPHY, W. B. 32 (m)*
PERKINS, James R. 35, Penelope 30, John R. 11, Benjamin 8, Finis 4, Margaret 1
POE, James 43*, Mary 22
RHODES, Hanna 23*
SKILLMAN, John 45*
STEIN, Hanna 50*
TYLER, William B. 59, Emily 46, Thornton 30, Marcus 25, William 20, Olivea 20, Richard K. 13, James M. 4
WOODFORD, William 25*

Schedule Page 242

BAKER, Samuel 2*
BILLINGSLEY, Allen 47, Elizabeth 38, Louiza 16, John H. 13, Addisson 11, William 1/12
BURKS, Levi 24*, Mary 29, Sarah 13, Mary 10, Jane 8
DARNELL, Levi 55, Martha 35
DENNEY, William 38, Sarah 29, John 17, Samuel 14, James 12, Joseph 10, Albert 8, George 4, Thomas 2, Thomas J. 18
EDDINGS, Dulany 49*, Susan 43, Emily 20, Mildred 16, Columbus 16, Ellen 13, Benjamin 9, William 7
FINCH, Adam 65, Jane 40, Robert 23, William 19
HADEN, R. B. 38 (m), Elizabeth 47, Emeline 16
HALL, Ed S. 63, Robert 22, Archy 19, Sarah 16, William 13
HALL, James 2*
JONES, Bauldy? 33 (m)*, Panelma 25, Amantha 3
LANE, John 73, Sarah 60, Alexander 22, Thomas 20
MASSEE, George 16, Elizabeth 2
MORTON, George 54, Amanda 48, Angeline 19, Henry 14, Hulda 12, John 5
SEWELL, Rhoda 26, Lycurgus 9, Cordelia 5?
TANDY, Thomas 32, Lucy 30, Emma 18, Lucy 16, Amanda 16, Thomas Z. 2
TANDY, Sarah 40*, Oscar 20
TILLMAN, Rebec 17 (f)*

1850 Census Todd County Kentucky

WILLIAMS, D. C. 76 (m), Nancy 77, Jerry Roy 22
WILLIAMS, Mebree? 26, Mary 16, William 14, Sarah 4
WOODFORD, James 22*

Schedule Page 243

BIRNUS?, E. B. 32 (m), Ann 28, Josephine 11, Nathaniel 9, Sarah 6, Henry 6/12
BLAKE, Martin 24, Sarah 25, Sarah 2
BRADLEY, Sarah 70*
COFFMAN, John 24*, Nancy 24, Thornton 1
COULTER, William S. 36*, Harriet 39, Sarah 14, John 12, Robert L. 7, Martha 5, William 3, Mary 1
CROCKETT, William 73*
DALES, Sampson 24, Elizabeth 22, Eliza 1
EDMONDS, Ben 24*
GRAHAM, W. E. 28 (m)*, Wifery 26 (f)
HALL, John 25, James 2
HILTON, George 40, Elizabeth 36, Susan 16, Ann 14, Martha 12, John W. 8
MASON, Ely L. 60*, Sandy B. 25 (m)
MCCARNEY, William 31, Rebecca 31, Emeline 8, John 6, Robert 4, Jane 1
MCCUTCHEON, Elizabeth 23*
SPERLIN?, W. C. 36 (m), Wife 32, Unkena 14 (f), Calhoun 8, Thomas 6
TOWNSLEY, Henry 26?, Naomi 24, Napoleon 6, Levia 4, Thomas 2, Mary 6?/12
TUTT, John L. 45, Sabina 42, John 17, Sarah 14, David 13, James 11, Harry 9, Virginia 7, Mary 4, Benjamin 1
UTLEY, Jesse 46*, Clara 42, John 17, James 16
VANCE, George 23, Letha 19, unnamed 1 (f)
WARREN, Elizabeth 45*, Daughta 18
WILLIAMS, Thomas 32
WOLF, Rebuleon? 29 (m), Mary 25, Virginia 5, Harriet 3, Emily 1

Schedule Page 244

BEARD, C. R.? 25 (m)*
BRADLEY, Hempson? 40 (m)*, Catherine 29, Richard 9, Mary 7, Virginia 5, William 1
CABUNESS, George L. 57*, Jane 56, Virginia 16
CHRISTIAN, D. W. 32 (m), America 22, Richard 5, Celia 3, William 8/12
CLERKMAN, William 75, Susan 33
CRUTCHFIELD, E. H. 39 (m)*, Jane H. 30, James 5, Mary 3, George 6
CURTIS, T. J. 12 (m)*
DENNIS, Jos. 23*
DICKINSON, J. S. 23 (m)*
DODD, William 35*, Cynthia 30, Harry 12, Susan 8
DOWNER, John D. 40*, Elizabeth W. 33, Simed? A. 15 (m), Preston E. 12, Chloranthe 9 (f), Robert 7
EDWARDS, W. 45 (m), Mary 52, Mariam 18, Franklin 11, Margaret 11, Annice 10
FREEMAN, William 36, Jane 32, John 14, Julia 12, Salley 10, James 8
GARTH, Emma 14*, Horace 12, Eliza 10
GLENN, R. E. 40 (m)*, Eliza 38, James 1
GRAHAMS, Will E. 26*, Ellen 23, Lucinda 2
MCCASSIN?, Bonel? 37 (m), Janie 38
OWEN, James 20*

1850 Census Todd County Kentucky

PUNNELL?, William 23*
WALKER, St. Clair 11*
WARMER, Betty 56*, Lydia 20
WILKINS, James 54, Polly 50, John 18, Mary 16, Eliza 14, James 10, Nancy 8, Virginia 7
YANCEY, P. L. 39 (m), Eliza 36, Louiza 12, Mary 10, Catherine 8, Lucy 6, Samuel 3, Ann 1

Schedule Page 245

BOONE, H. G. 43*, Martha M. 32, Taswell E. 16, Victoria C. 13, Martha A. 11, H. Green 8, Mary L. 5, Ben E. 3
BRYANT, Jas. 25, Mary A. E. 22, John H. 4, Saml. F.? 2, Zachry T. 3/12
BRYANT, John 55*, Jane W. 53, Francis M. 19, Catherine 16, Sarah V. 12
CAMPBELL, Margarett 33*, Martha J. 10, John O. 9, Marg. A. 7, Jas. J. 5, Harriett A. 2, Martha S.? __
CLAGETT, Jno? R. 60, Miram 53, Aletia 17, David W. 15, Elen 13, Miriam 11, Saml. S. 7
EDWARDS, Martha F.? 50*, Margarett L. 30
FOX, Frank 27, Priscilla 28, Martha A. 7, Margarett 5, Julia F.? 3, Cyntha T. 2, Mary J. 1/12
GENTRY?, Chas. H. 33, Besa 33, FRances C. 3, Miles C. 1, Susan E. 4/12?
GREGORY, John 25, Elizabeth 27, George 2, John 6/12?
GREGORY, Obediah 55, Mary 47, Thos. 24, William 21, Joseph 19, John? C. 19, Jas. C. 16, Mary 14, Mozetts? 12 (m), Sarah J. 9, Zachary T. 3, Martha O. 1
HUTCHISON, Lewis 60, Mary 55, Frances J. 29, Margarett 25, John L. 23, Thos. D. 17
LINDSEY, Joseph 26, Emily 20
MCKINNEY, John 29, Suvena E. 27, Mary A. 6, Thompson 5, Sarah C. 3, Charles 8/12
THOMAS, Fielding 51, Margarett 50, Reuben 22?, Robt. 18, Frank M. 14

Schedule Page 246

BOATWRIGHT, William D. 9*
BRILY, Elizabeth 42*
BROCKMAN, Oswell W. 25*, Elizabeth W. 18, Virginia C. 2, Lettitia 7/12
CARNEAL, Baswell 48, Eliza 47, Emily 15, Mary 13, Jane 12, Mildred T. 10, Mary 8, Frank W. 7, John? 6, Charles 4
DUNCAN, John 60*
FRANCE, William 48, Mary A. 47, Daniel 23, Elizabeth 21, Joseph 19, Susan 16, Robt. 12, James 10, John 8
GRAHAM, David 20* (B)
HADDEN, John? N. 33, Sarah A. 26, Virginia C. 5, David B. 3, William R. 2/12?
LINDSEY, Jas. 30, Martha 26, Frank L. 6, Agness 5, Jas. L.? 2
MARTIN, Pleasant 57, Mary? 52, William Q.? 32, Elizth? R. 26, Thos. A. 23, ____ 21 (f), John A. 16, Sarah? M. 14, Victoria? 11, George __ 7?, Susan 20?
PIDCOCK?, William 22*
RAHPILBACK?, Mary J. 53, Mary E. 18, ____ 14 (m)
STEPHENSON, William 47, Elizabeth 42, Thos. H. 22, Elizabeth J. 17, Malinda 15, John H. 13, Francis M. 11, Mary E. 9, Aaron K.? 5, Lucy W. 1
STEPHENSON, William H. 20*
WHITE, Thos. W. 38, Ann E. 27, Margarett E. 6, James D. 8, Saml. W. 4, William N. 1, Jane 50
____, Archibald 34*, Mary? C. 30?, William S. 7, ____ 5 (f), Alice C. 2, ____ A. 1/12 (f)
____, Jno. M. 48*, Cyntha 46, ____ 11 (m), William L.? 8, John? O. 6?, James 4, Brily 2 (m), David __ 3/12?

1850 Census Todd County Kentucky

Schedule Page 247

CHAMBERS, Salina 12*
GLASS?, Charles 28, Amanda 25, Mary J. 2
HADDEN, Thos. 68, Ann 64, Mary A. 30, Thos. K. 34, Jane 26, Emily 23
HOLLINGWORTH, Jane 36*, John G. 4, Ruth 3
HUNTER, Isaac 60*, Salina 55, Charles 20, Rufus 18, Birchett 16
HURT, William 47, Nancy D. 45, Joel I. 21, Charles M. 19, William R. 17, Francis M. 12, James W. 10, John D. 7, Josiah? N. 4, Maranda P.? 1
KEEL, John Q. A. 22, Mary R. 22, Omasinda J. 3
MANN, Charles 63, Nancy S. 58, Matt W. 33, Mary A. 25, Charles jr. 28, Octavia 28, Nancy B. 25, Isaac W. 9, Elizabeth C. 7, Nancy A. 4
MANN, Daniel 39, Martha 31, Lewis 13, Charles 11, Jane 9, Elizabeth 7, Nancy 4, Lean 1 (f)
MARTIN, John 53, Cazzy? 45, Martha 16, Susan 11, Ben 10
MCINTOSH, Tolbert 49, Luvenia 48, Preston 16, John W. 22, George W. 21, Emanuel? 13, Francis M. 10
NEWMAN, Mary 55, Frances 21, John 20, Malvina 18, Munroe W. 16
PIDCOCK?, Horatio 23, Mary 20, Joseph 6/12
TALLY, Wesley 40, Harriett 38, Charles 14, Sarah C. 11, Martha 10, Elizabeth 8, Mary S.? 5, Saml.? 2
TEMPLEMAN, Madison 32*, Mary 30, John S. 7, Mary A. 5, Sarah E. 2, David J. 4/12

Schedule Page 248

ADCOCK, Green B. 32, Matilda 27, Elizabeth J. 7, James K. 4, Sarah E. 4/12
BLACK, John D. 43, Seth 11
CHRISTIAN, John W. 35, Elizabeth 30, Robert N. 15, Alis E. 14, Alxr. M. 13, Nelson H. 12
DENNY, Saml. 25, Eliza A. 20, Mary J. 1
DUFFER, Robert 25, Elizabeth J.? 23, Frances 5, Mary J. 4, James 3
IRVIN, Robert T.? 29, Mary A. 28, Henrietta 5/12
IRVIN, William 67*, Mary 55, Joseph E.? 28, Mary J. 22, Nancy 20, Elizabeth 17
LATHAM, John 40, Sarah 36, William 19, Jane 16, Frederick 14, Mary E. 12, Lettitia 5, Lewis T. 2
MCBRIDE, Samuel S. 27, Mary C. 25, William S. 6, John V. 4, Lewis H. 1
RICKMOND, James 52, Eliza K.? 45, James H. 19, John A. 17
SHUMWELL, William S. 30, Susan R.? 30, James A. 9, George A. 7, Samuel V. 5, Catharine J. 3
TROUT, Henry 35, Mary 32
TROUT, Isaah 33, Nancy 28, Martin A. 11, Nancy O. 7, James W. 3
TROUT, Joseph 73, Mary 63
WHALEY, William H.? 4*
WRIGHT?, Thos. 47, Jane 46, Nancy 24, Thos. K.? 20, Margarett 16, Jas. H.? 14, William 12, Robert 10, Elijah 6, Simeon T.? 3

Schedule Page 249

ANDERSON, Silas 48, Lucy 38, Elizabeth F. 16, Richd. 14, Mary J. 11, William 9, Henry C. 5
AYERS, Isaac 38, Mary 55, Martha 20, Matilda 16, Jane 13, Isaac H. 10
BRYANT, George W. 31, Sarah 28, Mary H. 7, Nancy J. 5, John F. 4, George L. 2, Thomas J. 1
CHRISTIAN, Miles H. 41, Mary 35, Mary E. 17, John W> 14, Zachry M. 12, George A. 7, Maria T. 4, Nancy 2
DAVIDSON, Harriet B. 60*
HARDIN, Joseph 44, Eliza 43, Elizabeth 19, Nancy 17, Mary 15, Sarah 13, John 11, Catharine 9, Smith 7, William 5, Jane 3

1850 Census Todd County Kentucky

HOFFMAN, William 31, Catharine U. 23, La Rue 1
LATHAM, George A. 8*, Evaline 6, William H. 2
LATHEM, Andrew 32, Levina 30, Basil 12, Mary A. 12, Virginia C. 10
LEARS, Parsley E. 30, Amand 32, Elias 10, Sarah C. 8, Eliza V. 5, Asa 3
MORROW, James 37, Athaleah 30
OVERTON, Saml. 62, Barbary 51, Susanna L. 15, Saml. G. G. 10
ROACH, Jas. G. 33*, Ellen C. 26, James F. 2
RUSSELL, James A. 35, Mary L. 34, Lydia J. 10, James D. 8, Charles M. 6, Mary J. 4, Robert 1
SHUMWELL, Samuel 76
TROUT, Elijah 29*, Lusinda 25, Saml. S. 8, James J. 6, Mary A. E. 5, Louisa J. 3

Schedule Page 250

CARNEAL, John 70*
CARTWRIGHT, Nelson 47, Adline 39, Rebeca 16, John 15, Marcus 13, James 10, Adaline 8, Ann? 5, Susan 2
CARTWRIGHT, William 28, Henrietta 23
GORRELL, Jacob 53, Mary 62, Richard 14
GRAY, Mary T.? 14*
HENRY, Moses H. 51, Jane 59
HENRY, William J. 22, Mary A. 23, Samuel E. 2/12
HESTER, Benjamin R. 34, Margarett 31, Moses H. 9, George D. 5, John B. 2
JOHNSTON, Marcellus 10*, Morril A. 8
KEE, John M. 24, Mahaly 23, Mary E. 2, William R. 1
KEE, Rubin 54, Mary 57
LYON, John 75*, Agness 72, John R. A. 16, William H. 5
MCMILLEN, Alexr. W. 39, Sarah 39, Mary F. 1
MCMILLEN, Samuel 76, Margaret 76, Elizabeth 42, Ann 28, Mary 21, Francis M. 17
MILLBORN, Ransom 38, Elizabeth 25, Mary J. 8, John 7, Susan 5, William 4, Frances 6/12
REAL, Omagonda? 50*, Andrew J. 21
STEVENSON, John 36, Mary 34, Sarah E. 12, Samuel D.? 10, Mary A. 7, Thomas A. 5, Elizabeth L. 2, William H. 2/12
STEVENSON, Samuel 64, Elizabeth 50, Martha 26?, Squire 20, Sally 17, Margarett 15
TESTER, James H. 43, Elizabeth 41, Martha J. 18, Levisa 16, Nancy 14, Mary A. 12, John W. 8, Margarett 5, James W. 4, Elizabeth 2

Schedule Page 251

CAMP, George 55, Maria 47, Thos. W. 28, Squire 19, Ambrose 18, Mary 15, Lucy A. 12, Maria J. 7, Edward 5
CLARK, Jas. T. 25*, Mary A. 22
CROUCH?, William P. 35*
DEW, Pahash? E. 28, Lucy C. 19, Sarah F. 3, William M. 1
ELISON, William M. 25*
GARRARD, Jas. D. 54, Sarah 56, Thos. A. 29, Elizabeth 22, Eliza 22, Sarah M. 16, Martha 14, Edward 1
GARVIN, Rufus 21*
GOODMAN, John A. 37*, Sarah E. 30, Ormel? E. 12, Andrew W. 10, Betty W. 8, Kate H. 6, George W. 4, John E. 2, Gideon 1/12, Gideon 25, Wesley C. 19
GORRELL, Jacob V. 12*
KENNEDY, William T. 45, Ann 49, Elizabeth 18, Clara 9

1850 Census Todd County Kentucky

KENNEDY, Nancy 47*, Saml. W. 26, Lettitia 16, Octavia 12
MARTIN, Wm. G. 27, Margarett 25, John B. 6, Lawson B. H. 3, Sarah E. 1
MCCORMICK, Walter B. B. 34*, Patsey J. 30, Thos. A. 6, Catharine J. 4, Vascan? F. 2 (m)
MCNEES, William 31*, Mary 24, Mary L. 4/12?
MCREYNOLDS, Jas. A. 38*, Mary J. 35, Mary J. 10, Ben H. 8, Susan H. 5, John O. 23
MELLEN, Jas. C. 47
REED, Didridge C. 25*
REEVES, Ellen 10*
ROBINSON, Jesse B. 39, Harriett 39, Mary E. 13, Almiry J. 11, William F.? 10, Henry H. 8, Jas. K. P. 6, Hester O. 5, Susan K.? 4, Louis? A. 1

Schedule Page 252

ATKINSON, Robert 24*, John M. 22
BELL, John W.? 34*, Minerva 32, George A. 9, Martha E. 5, Caleb N. 4, Mary S. 2
BILL, Henry G. 29, Emily? 23
BUNCH, Josiah C. 69, Betsy 69, Susan 37, John 31, Mary A. E. 28
CHILDERS, John B. 33*, Elizabeth 30, Susan B.? 9, Mary E. 7, Ellen B. 4, Martha 1, Joseph 24
CHRISTIAN, Philip K. 24*
COPE, Mary E. 13*
DAVIS?, William G. 41*, Susan 32, Catharine 18, George 16, Sarah 11, Joseph 8, Mary E. 6, Emily 2, Bek? 6/12 (m)
EDMUNDS, Newton 17*
HOLLINGWORTH, J. G. 28 (m), Louisa 31, Lucy T.? 2, Ella E. 7/12
HURT, Berry 43*, Arlana? 35, Mary 15, Emma 13, William D. 12, Martha 10, Ellen 8, Tina 6, Clementine 4, Bee? 1 (f)
LANGSTON, John W. 35, Mary J. 27, Susan 12, John B. 10, Martha F. 8, Ann M. 5, James C. 1
MCGUIRE, Esther 55
MCGUIRE, Green B. 30, Elizabeth 28, Elizabeth A. 9, Esther 7, Marion A. 3 (m), Susan E. 1
SHANKLIN, Robert H. 25*, Lettitia M. 22
SMITH, John C. 27, Sarah A. 21, Mary S. 3
SULLIVAN, John D. 37*, Sarah B. 22, Lewis F. 4, John D. 2, Silas H. 1, U.? T.? 26 (m)
THOMPSON, J. M. 26 (m), Mary E. 21, Thomas E. 4, Samuel E. 2
WHEELER, John D. 23*, Mary L. 18

Schedule Page 253

ACHISON, Aaron 37, Nancy 30, Mary P.? V. 6, Catharine A. 4, George B. 2
BOONE, Mary 18*, Emily 16
COLEMAN, Thomas 65*, Hannah A. 42
DEAVERS, Joseph 54*, Martha 54, Evarilla 18, Elizabeth A. 17, Mary E. 14
EDWARDS, William W. 35, Judith 32, Mary 13, Sacebra? 11, Susan 7, Sarah R. 4
GARNETT, Casandria 43*
HUDSON, Elizabeth 65
IRVIN, L.? K.? 33 (m), Rebecca A. 31, Samuel 1
MCCOY, John W. 27* (B)
MELLEN, Alexr. 56, Elenor 50, Armington H. 26, John C. 23, Frank 19, Lucy 14, Taswell 12, Martha C. 10, Lettitia J. 8
PENICK, Thomas M. 37*, Ann S. 6
REEVES, Mary A. 57, Sarah 56, Susan 24, Jennett 22, Lettitia 20, Ben W. 18

1850 Census Todd County Kentucky

ROBERTS, Henry H. 52, Minerva 36, Miranda 25, John R. 22, William H. 18, Alis B. 14, Thomas Q. 12, Lucy E. 7, James B. 4, Henry H. jr. 2
SIMPSON, Maria 21*
SMITH, Catherine 43, Rethan? H. 27 (m), Mary D. 15, George? A. 11, Nancy 8, Howard? H. 4
SOLOMON, J. S. 45 (m), Isabela 45, Elizabeth 22, Mary Jane 20, Susan M. 19, William A. 13, James E. 10
SPENCER, Joseph 50, Delila 36, Joseph G. 4, Theophilus 1
STEWART, Joseph 38, Catharine A. 37, Alexander C. 15, Willis N.? 11
WASHINGTON, Warner 50*, Louisa 48, Virginia 12, Thomas J. 10, Catharine 7

Schedule Page 254

ALLENDER?, John 45*, Siner? 43 (f), Emily 15, Ophelia 13, Robert 11, John C. 9, Dump? 7 (f), Shusy? H. 3 (f), Seth 3, Harritt 2
BLACK, Dickson 36*
BOWEN?, Edward N.? 30*
CAMPBELL, Alexander 25*
CRABB, Jarred 50*, Betsy 42, Vincent W. 24
CREEL, Hannah 32*, Mary 7, Hannah 4
DICKEY, William 36*, Lucinda 35, William 10, David 8, Ellen 6, James 2, Edward 6/12?
EDWARDS, Edward 37, Martha J. 26, William N. 10, Ann D. 8, Martha G. 5, John E. 2
EDWARDS, Elisha B. 26*, Sarah B. 26
GLASSCOCK, _____ 28 (m), Sarah 21, Oscar 4, Myers? 2
GORDON, George W. 44, Mary 28, David 14, Elizabeth 11, Josephus 9, George R.? 8, Cornelia A. 6, Albert D. 1
GORDON, John 63, Elizabeth 55, Jane 25, Elizabeth 22, Margarett 20, John B. 19, Ben F. 17
GORDON, Sarah 40, Sarah A. K. 18, Mary C. 16, Washington 14, Martin 12, John R.? 10, Joseph S. 9, Florentia 7, Jasper E. 5, Christopher S. 1
GORDON?, Joseph 69, Nancy 56, William 23
HALL, William H. 23*
HOFFMAN, Robert 27*
HOKSON?, Thomas 25*
HOLLINGSWORTH, _____ 29 (m), Elizabeth M.B. 21, Mary F. 3, George 1, Ben F. 26
HOOSIER?, William 28*, Josephine 24, Florah P. 2
HORD?, Robert 30*
JOHNSTON, Joseph R. 25*
LESTER, Philip S. 30*
POST?, Catharine M. 14*
TAYLOR, Moses 30*
THOMPSON, William C. 30*

Schedule Page 255

ATKINS, James 15*
BOYD, Catharine 10*
BRICKELL, Joseph 16*
CAMP, Gilly 43 (f)*
CLARK, Benjamin 39, Sally 29, Eliza A. 17, Susan C. 13, Virginia M. 12, John T. 10, William H. 8, Benjamin C. 4, Lucinda E. 4, Sarah F. 1
GRADY, Rebecca 7*, John 5
GRADY, Reuben 68*, Nancy 62

- 206 -

1850 Census Todd County Kentucky

HATSELL, Edward 27*, Sarah A. 28, Marion E. 7 (f), Henrietta 5, Ruth 3
HOLOWAY, David 59*, Annah 61, Elizabeth F. 19, Terry? 24 (m)
LEWIS, Charles 67*, Frances 54
MABEN, Mathew 48, Thomas 50, Rebecca 46, Tracy 44 (f), Nancy 42, Elizabeth 38, Margaret 36
MCRAE, William 24*
MURPHEY, Mary E. 33*, Roswell 13, Jasper 10
PARRISH, John 45, Frances 42, Benjamin A. 18, James 16, Edward 4
PERKINS, Peter 52*, Martha 37, Mary 10, Sarah C. 8, Martha V. 7, James H. 6, Elizabeth 2
SHELTON, Hubboard 45, Tranguline V. 10, Homer L. 8, George A.P. 7 (f), Theron M. 4 (f), Ethelbert T. 2
SMITH, John 43, Martha A. 28, Edmund 16, Thomas G. 14, Sarah G. 12, Margaret F. 9, George A. 8, Nancy 5, Emily 4, David 2, William 35
SUEL?, Solomon 59*
WILKINSON, William 37, Susannah 27, Sarah F. 8, James K. P. 5, Cornelia 5, Billy 3, Calpernia 12

Schedule Page 256

BRISTOW, Francis M. 45, Emily E. 40, Benjamin H. 19, Mary 16, Francis M. 10, Martha 13
BROVARD, J. J. 24 (m)
CHANDLER, John 24, Feraly 21, John W. 9/12
CHANDLER, Margaret 42*, Madison 20, Hugh 18, Robert M. 16, Bailey 14
CHERRY, George Y. 38, Mary A. 38, Charles B. 18, Thomas G. 16, William J. 14, Mary A. 12, Martha L. 10, George W. 9, Gilley 7 (f), John R. P. 6, Lucy 4, Lewis C. 2
EVANS, Thomas E. 16*, Elizabeth P. 13
LAMB, William 32, Jno. P. 3
LOGAN, William 13*
MOMLEY?, Finis 11*, Margaret 9
NELMS, John L. 33*, Harriett H. 27
NELSON, Susa D. A. 46, Martha T. 21, Louisa A. 16, Adda 13
OGG, William 52, Elizabeth 30, Frances 14, Susan 12, Mary 10, Virginia 8, Martha E. 6, Maranda C. 4, James 2
PORTER, James W.? 52, Sarah B. 49, Pushus H. 28 (m), Virginia 17, Marietta 15, Catharine 14, James 13, Samuel D. 11, George W. 7
PUCKETT, John 22*
RANDELL, William 43*, Elizabeth 43, Jaconias 12, William 10, Eliza 5, Perthena M. 4, James 2
ROACH, Blackman 24*
WARD, Edmund jr. 38, Paulina W. 32, Louisa E. 12, Thompson 10, Lucy W. 8, Alis 4, Mary 2
WELLS, Nancy 48, Gustavus A. 28, Warner 20, Albert 18, Mary 16, Harriett 12, Lydia 10

Schedule Page 257

BAILEY, John A. 60, Martha 50, Calvin C. 25, Sarah 18, Margaret 15, Menathe B. 13 (m), Maximus 11
CAMPBELL, William H. 28, Winney N. 22, Richard A. 3, Sarah L. 10/12
COLEMAN, James 40*, Susan H. 53, Samuel S. 23
HARRIS, James E. 43, Parelee 22
HELSLEY, Matthias 45, Rodah 43, Emeline 10, Martha 9, John 7, Sarah J. 5, Elizabeth 3, William 2, Elvira 1
HOLLAND, N. W. 22 (m), Almira E. 22, Newton E. 4, Rebecca 2, Amanda 3/12
HOLLINGSWORTH, Emily 32, Sarah 9, Nancy E. 6, James G. 4
HOLLINGSWORTH, Jeptha 59, Mary B. 57, Jeptha H. 21, Virgil C. 18
JONES, Beriman 50, Susan F. 39, James M. 21, Martha A. V. 18, Susan A. 16, Joseph N. 14, Mary F. 10, Emily 8, Caroline 6, Eliza 4, Manlius T. 1

1850 Census Todd County Kentucky

LASTLEY, John 37, Minerva 27, Elizabeth 5, Mary 3, James 4/12
LEAR, Mary 55, Henry 28, Adaline 20, Jacob 24, Levi 21, John 14
LEE, Saml. 36* (B)
MCCORMICK, James 77, Jane 75
MCINTOSH, William C. 24*, Eliza 29
TALKINGTON, Isaac 55, Eliza 42, Maxwell C. 18, Leonidas M. 16, Chesterfield B 10, Elizabeth 8
VINCENT, Mary J. 9*, Nathan B. 7
WIMPEY?, Obadiah 62, Margaret 60
WRIGHT, John E. 22, Eliza 21

Schedule Page 258

BOWERS, Jeremiah 82, Margaret 68, Thomas F. 21
BROWN, Paschal 32, Charlott 24, John W> 3, Visa 1
CAMPBELL, James 77, Nancy 69, Logan 14
CARSON, Samuel 49, Elizabeth 46, Jane 20, William R. 17, Catharine L. 15, Susan H. 13, Ann 11, Priscilla 9, Angeline 6
CORNWELL, Elizabeth 54*
GARRET, James 37, Nancy 33, James C. 18, Philip C. F. 16, Andrew W. 14, Paulina A. 12, John F. 10, Henry H. 7, Saml. A. 5, Leander T. 1
GLENN, George F. 50, Nancy 47, John T. 14, Lemuel C. 12, Rachael 8, George A. 9/12
KILLMORE, Jacob 37, Sarah 40, Uriah R. 15, Susan A. 13, Lewis S. 8
LENTS, Levi 36, Visa 27, Ben 11, Nancy J. 8, Susan 6, George 2
RICE, John 51, Jane 40, Paulina 16, Nathan 15, Joseph W. 13, Emma 10, Green 8, Francis M. 6, James 4, Lafayett 2
SHEMWELL, Nancy 49
TABB, William K. 31*, Larinda 32, Newton M. 9, Dempsey T. 7, William D. 5, Mary E. T. 3, Jack H. 8/12
TOMLINSON, Sally 50*
TROUT, John 43*, Mary 42, Mary 16, Ben 14, Harriett 11, William 9, Nancy J. 4
WHITESIDES, Russell 40, Elizabeth G. 36, Mary J. 18, Eliza R. B. 14, Elizabeth S. 11, Nancy E. 7, James A. 4

Schedule Page 259

BIBB, James 43, Thomas A. 14, Richard 10, Florence 6
BROADDUS, Walter 43*, Jane E. 40, Samuel T. 21, Ben J. 18, Brookvill? S. 8, Jane E. 6, Amanda M. 4, Washington A. 1
CHRISTIAN, Harris 51, Jane B. 44, Elizabeth 25, John 18, Joshua 15, George C. 10, Robert F. 6
COLE, William 64*, Rebecca 35, Louisa 33, George 26, Richard 24, Francis W. 19
CRAWFORD, William 40, Emily C. 32, John W. 15, Nancy F. 13, Elizabeth S. A. 1, Louisa 9, Mary J. 8, Martha L. 7, James T. 5, George S. 2
DUDLEY, Robt. B. 58, Sarah 54, Robert J. 24, William B. 20, Benjamin A. 16, Mary R. 13
DUNCAN, William 41, Mary 35, John W. 19, Jeptha S. 17, Elizabeth 15, Samuel K. 13, James T. 11, Jasper 6, Emily 3
LEE, John B. 46, Uledia? 41, Logan 19, Jane 16, Lettitia 10, David 13, Elizabeth 9, John 4
LEE, James 15* (B)
RUTHERFORD, John 49*, Jane 54, Blackburn 23, John W. 17, Emaline 14, Elizabeth 9
SHEMWELL, Ben F. 26, Catharine 26, William 7, Mary L. 6, Alvaronda J. 4, James 2, Betty T. 6/12
SHEMWELL, Samuel 41*, Paulina 28, James M. 8, William A. 5, Elizabeth J. 3
TALLY, William M. 14*, Susan 11

- 208 -

1850 Census Todd County Kentucky

Schedule Page 260

BLACK, William S. 33, Lucinda 33, Mary 10, Maranda 10, Elizabeth 7, Sylvester D. 6, Ann E. 4, William S. 3, Betty T. 1, Isabela H. 40
COLEMAN, Susan 57, Emily 27, Ivin 23, Napoleon B. 18, Martha S. 16
CORNEAL, William 26, Lucinda 26, Robert N. 3
CUNNINGHAM, James 51, Martha 50, Margaret 25, Rebella 18, Lucy E. 16
DRISKELL, John P. 52, Mary 40, Joseph Y. 20, Mary E. 18, John A. 16, America 8, Almira 6, Alis T. 3
GAY, Levina 40, Drury 22, Samuel 20, Elizabeth 16, Margaret 13, George T. 12
LATHAM, Stephen 50, Mary 37, Finis 19, John R. 16, Sarah 13, Mary E. 10, Marion F. 6 (m), Johnathan 5, Huston 2, Benjamin 3/12
LUCKETT, Alfred D. 43, Martha 37, Thomas P. 5, James 3, Alfred 1
MILLEN, William A. 42*, Nancy S. 30, Marion A. 11, Silvanis N. 8, Mary A. 5, George E. 3
MILLER, Simon 42, Mary J. 18, Sarah E. 13, Barbary A., Serena H. 6, Louisa M. 2, Malvina 1
MOORE, John 50*
TAYLOR, Thomas 51, Philadelphia 40, Eliza A. 18, Thomas W. 16, John A. 15, Richard M. 13, Frances M. 11, Elizabeth 6
WATKINS, Thomas 50, Eliza B. 44, William J. 20, Sarah 18, Henry 16, Robert 12, Thomas 8, Maria F. 4, John D. P. 4/12

Schedule Page 261

BAILEY, Thomas B. 27*, Sarah M. 18, Parthena 1
BAILEY, Thomas G. 42*, Amanda 35, Mary 18, Isabella 16, Catharine 12, Sally A. 8, Ellen 3, Winnieford 1
COLEMAN, James W. 28*
CRUTCHFIELD, Nancy 75*, Mary 40, Elizabeth 38, Rebecca 34, Emily 31
FITZGEREL, Jonas 23, Rosanna 21, John H. 4, Araminta A. 2
GORDON, Beverly 32 (m), Caroline 25, Elizabeth 4, John T. 2, Henry O. 6/12
GRISHAM, Henry 28, Mary 24, Betty T. 3/12
GRISHAM, William 40, Martha 27, Thomas K. 11, Elizabeth 9, William 7, Sally 5, Terressa 3, Alexr. 26
HUGHES, Catharine 57, Warner 38, Frances 24, Matthew 23
KNIGHT, William 28, Sarah 20
LEE, Jackson 38 (B), Martha 12, Tom 9, Saml. D. 7, George F. 5, John W. 4, Zach T. 1
LUTERELL, William 24*
MCCOY, Tom 55 (B), Hannah 55, Elvira 17, Elvira J. 8, Stewart B. 5
POINTER, David 40, Nancy 37, John V. 16, Sarah 15, Samuel D. 13, James M. 10, George T. 8, Joseph M. 5, Martha E. 3, William D. 1
SMALL, Spencer 28*, John S> 7, Mary E. 6, Amanda 4
TALLEY, Manal? 21 (m), Araminta 24
YOUNG, Elizabeth 45*, John M. 18, Henry J. C. 17, Caroline 26, Clarence A. 8

Schedule Page 262

ADAMS, George E. 23*
ANDERSON, James 40, Eliza 35, Caroline 18, Nancy 16, Eliza 14, Sarah 12, Sophia 11, Maria 9, Elizabeth 7, Matilda 5, Jane 3
BREEDLOVE, C. V. 38 (m), Elizabeth 35, William F. 15, Jesse T. 9, Henry J. 7, Mary A. 5, John J. 3, Sarah E. 8/12
BRYAN, Thomas 60, Polly B. 55, Delpha 22, Tom 19, Peggy 17, Minerva 16
COLE, Samuel 36, Sarah 30, Martha 8, Amseys? 4 (m), Zachry Taylor 2

1850 Census Todd County Kentucky

COLE, William jr. 32, Aurelia 26, Jessee B. 3, William W. 1
CONWAY, James 40, Sally 30
DESPER, John T. 6*
GRISHAM, James 40, Mary 36, Matthew J. 15, James M. 13, Henry T. 11, Mary 9, Martha 7, Amanda 5, Virginia H. 1
HADDEN, Harvey 38, Elizabeth 35, Samuel 16, Marion 10, Elizabeth 8, Nancy 2
JOHNSTON, Thomas 75*
KNIGHT, Margaret 50, Ephraim 21, James 19, George 16, Lewis 15, John 13, Marion 11, Levi 8, Nancy 7
MADDING, B. W. 52 (m)*, Pamela 44, Hiram T. 21, July A. 18, Asa 15, James 12, William 10, Mary 8, Pamela 4
RUTHERFORD, Thomas B. 25, Hester 23, John B. 4, Philip L. 2
RUTHERFORD, James B. 27*, Pamelia E. 24, Margaret 4, Tabitha 2

Schedule Page 263

BRYANT, William 27, Spicy 25, Robert B. 3, Francis 1
CAMPBELL, Martin 45, Sarah 38, James A. 17, William H. 16, John H. 10, Lowry D. 9
CHRISTIAN, John 77, Ellen D. 52
DALLIS, Robert 22, Catharine 21, Susan A. 6/12
DRISKELL, Furney 29, Anna 27, George 10, William 6, Almeda 4, Byron 4/12
DRISKELL, William R. 27, Sophia 29, Anna F. 5, Frusanna W. 1
DRISKILL, Anna 52, Adaline 18, Sylvester 16, George H. 14
DRISKILL, George W. 23, Mary 20
GLENN, Leander M. 25, Elizabeth R. 21
HARRIS, Jeptha 25, Fada J. 20, William L. 2
HUNT, George 40, Eliza 22, Sarah 6, James 6, Bryant 4, Susan 3, Eliza T. 1
LATHAM, Harvey J. 27, Susan A. 23, George W. 5, John W. 3, Saphronia 1
LEANS, William 68*, Susan 63
LIBBAND?, Susan 18*
SHOULDERS, Jacob 45*
SULLIVAN, Daniel 28, Prissilla 22, James 5, Lucy 3
SULLIVAN, James 58, Sarah 38, Martha 25, James 16, Mary 14, Charity 10, Sarah 8, Joseph 4, Oscar M. 2
SULLIVAN, William P. 23
TEMPLEMAN, Anny 75, Matthew 26, Mary A. J. 28, Frances E. 23
TUCKER, Abslem 65, Lydia A. 40, Mary S. 27, George W. 17, Solomon R. 11, Jefferson M. 9, Jacob H. 7, Amanda E. 5, Martha V. 2
WARREN, William C. 30, Nancy 26, Mary L. J. 5, Johnathan O. 2

Schedule Page 264

BLANKENSHIP, John J. 17*, Sarah 16, William D. 12, Mary S. 11, Margaret G. 9, George W. 6
CARNEAL, John 32, Barbary A. 30, Richard M. 5, Mary E. 2
DRISKELL, Johnathan 25, Elizabeth 22, Sarah E. 2, Mary T. 9/12
DRISKILL, Franklin 22, Barbary J. 24
DRISKILL, Sarah 54, Malinda 32
DRISKILL, William 40, Elizabeth 37, William 13, Taylor 11, John 9, Thomas 5, Robert 3, Christopher 1
GATES, John 48, Lucinda 32, Sabrina J. 18, Mary F. 16, Evira C. 14, Martha A. 12, Sally 11, John F. 9, Lucinda E. 8, William W. 6, Andrew V. 2
GORRELL, Virginia 6*
HARRIS, Andrew 25, Jane 20, William 1

1850 Census Todd County Kentucky

HARRIS, Elijah 17, Rebecca 14
HARRIS, Taylor 76*, Cynthia 65, America A. E. 18, Joseph 15
PIDCOCK, Liner 49, Ruth 50, Martha J. 25, John 17, Harvey 15, Mary E. 12, Elijah B. 10
SEARS, Leonard 26, Margaret 17
SHEMWELL, James 40, Elizabeth 32, Betsy 75, Armena 12, Amanda 10, Almira C. 8, Mary 6, Augustine A. 4, Christopher 2
SHEMWELL, John 44, Priscilla 46, Isabella 21, Samuel 18, Mary A. 16, John Jr. 14, James 12, Theophilus M. 7
TABB, John L. 27, Martha E. 23, Thomas W. 4, Jacob S. 2
WARREN, James 60*, Catharine S. 46

Schedule Page 265

FLOYD, William 44*, Lucretia 31, Elizabeth 13, Jane 10, Susan 8, Rachael
GILBERT, Irvin 32, Elizabeth 27, Philip 4
HALL, John 53, Mary 51, James F. 25, Lucinda H. 21
HARRIS, Lumuel? 29, Mary E. 22, Cynthia 6, Mary E. 5, Taylor E. 3, Joel N. 2
HORN, George 26, Maria 29, Elizabeth F. 1
HORN, Harris 40, Martha 23, Thomas N. 3
HORN, James 54, Mary 51, William T. 22, Frances 16, Mary 15, Martha 12
SHERROD, Robert J. 30, July A. 21, William T. 4, Leander K. 2
SHERROD, Samuel 48, Piety 44, Nathan F. 20, Sarah E. 18, Fadia 16, Priscella 14, Nancy R. 12, Almarinda J. 10, Mary H. 8, Harriett 5, Angeline 3, Cornelia E. 9/12
SHERROD, Thomas 57, Sarah 57, Perry 19, Thomas jr. 16, Allbritain B. 14, Amanda 13, Finis W. 8
SHERWOOD, James P. 32, Elizabeth A. 32, Richard T. 6, Tabitha J. 3
TOMBERLIN, Elias 41, Martha 38, Francis M. 14, Lewis T. 12, Mary M. 11, William C. 9, Granvill W. 6, Elias P. 2
TOMBERLIN, William 44, Jane 38, Sarah A. 18, Eliza J. 17, John L. 16, Theophilus 11, James A. 8, Johnathan R. 5, Mary L. 1
WALACE, B. F. 19 (m)*
WHITAKER, George 32, Lettitia 31, William A. S. 7, Mary J. 5, Sarah L. 3, Zach Taylor 1

Schedule Page 266

ADISON, Shelton 39, Catharine 32, Richard 13, Mary J. 11, Nancy 10, Amanda 8, William 6
BABB, Burwell 25, Evaline 25, Victoria 9/12
CLEVENGER, William 45, Jane 35, Rebecca 15, Susan J. 13, Mary A. J. 11, Sarah 9
DUNCAN, Zachariah 66, Jemima 65
GORREL, David F. 17*
GORREL, Thomas T. 34*, Sarah E. 23, Nancy T. 4, Mary F. 2, James 75
GORRELL, William 46*, Martha 42, Priscilla 18, Mary 14, James 11, Newitt 8, Elizabeth 2
GREAR, Warren 35, Frances 32, Charles 11, Ephraim 9, Virginia S. 7, William 3
HALL, Micajah 25, Martha 21, William J. 6/12
HAMILTON, Cornelius C. 16*
LANDS, Mitchel 43, Elizabeth 34, John W> 2, Mary 7/12
PITTMAN, Elizabeth 70*
PITTMAN, Newit 42*, Frances 38, Unah 14, Elizabeth 8, Mary M. 6, George T. 4, Caroline 2
RICHMOND, Levi 30, Sarah 28, Martha 9, Suretha 7, James R. 5, Josiah A. 3, Sarah J. 2/12
SUTTON, Isaac 48, Ann 45, Martha 20, John 19, Thomas 16, Smith 15, Sally 13, Isaac 11, Jonathan 9, George 7, Celia 5

1850 Census Todd County Kentucky

TEMPLETON, Solomon 40, Rebecca L. 38, Adolphus J. 12, Sarah A. 10, John P. 8, James C. 6, Mary 5, Thomas B. 2

Schedule Page 267

ATTERBURY, Hepsebeth 18*, Martha J. 15
CAMPBELL, Florah 35 (B), Henry 33
COURCEY, Francis A. 34, Messenera A. 27, Francis M. 4, Ben H. 2, James C. 6/12, Mary 74
GILBERT, John 41, Catharine 35, Denis M. 17, Mary J. 12
GILBERT, Sarah 67, Frances 38, Martin 30, Hannah 27, George R. 24, Nancy J. 21
HARRIS, Jackson 35, Caroline 25, James T. 7, John A. 5, Joshua J. 3, William E. 3/12
HUNTER, Jacob 42*, Nancy 42, John B. 13, Samuel S. 10, La Farsh 9, Rebecca 6
MILLER, Willis 50, Hannah 50, William 21, Almira J. 17, Margaret 15, Richard J. 10, Matilda 6, Amanda 6, Elisha C. 4
SPARROW, William 32, Emily 30, Wesley L. 11, Frances L. 8, James C. 6, Mary M. 4, Sarah R. 2
STARKS, A. M. 54 (m), Martha 48, Mary J. 22, James 19, Elizabeth 17, John L. 15, Rebecca A. M. 12, Acquilla M. 10, Josephus 8, William T. 4
STARKS, Polly 45, William 28, Ephraim 22, Nancy 20, Elizabeth 18, Presley 14, Lucinda 9, Joseph 6/12
TATHAM, Daniel 33, Eleanor 28, George W. 14, Virginia 12, Charity A. 10, Manda 8, Martha F. 6, Rebecca 5, Benjamin 3, Pamela 5/12
TATHAM, William 28, Charity 64, William P. 16

Schedule Page 268

FLOOD, Joseph 35, Elizabeth 30, John 9, Elizabeth 7, Lydia 5, William 2, Evinder 30
HELSLEY, Michael 39, Dorathy 33, William 13, John 10, Jane 8, James 6, Robert 5, Eliza 3, Frederick 1
MUNDAY, A. J. 29 (m), Martha 32, Elizabeth F. 21, Calpernia 4/12
MUNDAY, Walker B. 56, Martha 45, Mary 23, Rebecca 21, Nancy 18, Martha 16, James 14, Margaret 12, Caroline 9, Thomas 7
NEEDHAM, Ethelbert L. 31, Almira 30, Nancy J. 9, Martha 7, Mary A. D. 4, Sarah M. E. 2
PHILIPS, Edard 34, Nancy 30, Evinder G. 15, Emily 12
QUALLS, John 24, Martha A. 21
QUALLS, William 26, Rebecca 32, James H. L. 4, George W. 3, Robert 1
RICHISON, G. 96 (f)*
RICHMOND, A. J. 34 (m), Nancy 30, Henry 18, Harry 12, Martha 8, Amanda 6, Micajah 1
RIPPEY, Anderson 42, Elizabeth 41, Edison 21, Delila 21, Jeremiah 20, Granvill 18, Mills 5
RUDDLE, William H. 45, Elizabeth 40, Manerva J. 16, Steve H. 14, Benjamin 12, Martha P. 3, William T. 1
SNEAD, Grief A. 40, Mary 35, William C. 18, James E. 16, Sally A. 14, Polly A. 12, Henry 9, John 7, Richard 5, Benjamin 2
STANFORD, John 60*, Sally 50, Alexander 16, Sarah 15, Cassin 12

Schedule Page 269

BRADSHAW, James 42, Mary M. 31, William 19, Richard 17, Bird 15, Mary 12, Jane 10, Lucinda 7, Susan E. 2
BRADSHAW, William 40, Susan 70, Edith 47, Sarah 44, Mary 33, Etha 24, Ann 21
CHRISTIAN, Nicholas 45, Sarah 38, Samuel J. 15
CONNELLY, James H. 17*, Erasmus D. 22
EDWARDS, William M. 33, Sarah A. 30, Phebe M. 5, Josiah 2, Nancy R. 1

1850 Census Todd County Kentucky

GAINS, Asa 30, Nancy 30, George R. 17, Abby 25
GAINS, Recy R. 26*, Moses 26, Elizabeth 55
GRAHAM, Jas. M. 42*, Henry 30, Mary F. 16, John T. 14, Sally R. 3
KESSELBAUCK, William 25, Catharine 20, Mary C. 2
LEWIS, *, C. D. 25 (m), Elizabeth 21
LOWRY, William 37, Frances 36, Madaline 9, William 8, Frances 6, Eliza 3, Sophronia 4/12
MARSHALL, William 10*
MITCHELL, Henry 32, Harriett M. 24, William C. 4, Nancy J. 2
REEVES, Willis 50*, William 25, Mary F. 23, Douglass 22, Florida 19, Willis B. 14, Haden E. 12, Willis L. 8, Calean D. 6, John C. 4, Sarah P. 2
RUSSELL, John M. 39, Sarah 38, Mary M. 14, James 11, Ephraim 9, Joseph 5, Frances 3
SCOTT, William 44, Ann 37, Dabney W. 17, Moses H. 16, Welthy? Ann F. 13, Tabitah A. O. 11, Martha A. L. 9, Jemima A. V. 6

Schedule Page 270

BEAN, Brewnard M. 25, Nancy 26, Francis M. 3?, John W. 6/12
BRADSHAW, Ben 51, Lucy A. 42, James 17, Robert 15, Joseph 12, Charles 10, Benjamin W. 8, Martha 5
BRADSHAW, Thomas 51*, Sarah 48
CAMP, James 31, Nancy 18, Lucinda E. 2, Geroge F. 3/12
CHESNUT, John 54, Ruth 37, Washington 27, Jane 25, Mary E. 23, John W. A. 13, James A. 11, Samuel M. 9, Franklin 7, Martha L. 5, John W. 3
CHESNUT, Samuel 57, Martha B. 50, William 30, Patterson 19, Louisa 17, James 14, David 11
CHESNUT, Isaac 32* (B)
GRAHAM, Sandy 45* (B)
GRAY, William 41, Mary 32, James P. 14, Sarah F. 12, William R. 10, Rachael 7, Samuel N. 5, Benjamin 2, Susan 5/12
LEWIS, Lucy 50, John D. 23, Mary 20, Joseph 18, Virginia 14
LINK, William B. 32, Martha 32, John 11, Francis 9, Letha H. 6, William 4, Martha 1
LONG, Sampson 52, Malinda 44, Mary 17, Elizabeth 16, Sarah 14, Susan 12, Nancy 10, George A. 8, Eliza J. 2
MARIO, Charl 68*
OATS, Thomas 37, Eliza 25, Joseph H. 7/12
PORTER, Ephraim T. 45, Paulina C. 38
PORTER, Lydia 60
RUSSELL, David N. 70*, Lydia 72, Margaret 28, Charles M. 25

Schedule Page 271

BIVIN, Henry 46, Elizabeth 45, McHenry 18, Thomas H. 17, Cynthian 14, Charles W. 13, Jane 10, Eliza 8, Elizabeth 6, Amos 2
BIVIN, John B. 22, Sarah A. 17
CRABTREE, Samuel 53, Sophia 45, Margaret 14, Milly 10, Charels 8
CROUCH, John 28, Mary 24, James T. 1
CROUCH, Richard 11*
GATES, Joseph 40, Parkey A. 39, Jacob 19, Mahaly 17, Amanda 16, Robert 14, John 10, Riley 8, George 6, Cyntha 4, Joseph 2
GRAY, Stephen 75, Nancy 58, Zilpha 33, Franklin –, Martha J. 23, Elizabeth 28, Mary J. 8, Amos J. 5, Emily C. 3, July Ann 1
HARRIS, Charles 48, Barbary 44, William 28, Isaah 22, James 14, Drake 11, Eleanor 10, John 6

1850 Census Todd County Kentucky

KING, Louisa A. 11*
LEAR, George 55, Nancy 54, George Jr. 24, Ephraim 23, Daniel 22, Barbary 19, Nancy 17, Eliza 15
LEAR, Jacob 30, James 25, Ann 6, Margaret 4
LEAR, John 27*, Caroline 23
MEEKS, Elizabeth 30*, Nancy J. 6, John W. 5, Matilda 3, Elizabeth 1
MEEKS, Hetty 50*
MOORE, Amariah 50, Eleanor 46, William 19, Doctor T? 18, Elizabeth 16, Lucinda 13, Susan A. 11
UNDERWOOD, John 30, Malinda 24, Elizabeth 5

Schedule Page 272

BLAKE, John 37, Letty 34, Daniel M. 17, Elias 15, Elizabeth 14, Mary J. 11, Anna A. 7, Angeline 6, Minerva F. 3, Nancy E. 1
BLAKE, Martin 22, Jane 25, Elizabeth J. 2
BLAKE, Wiley 40, Frances 31, John 14, Samuel 12, William 9, Nancy R. E. 6, Louisa F. 3
CROUCH, William 23, Phereby P. 23, Eliza A. E. 10, Lewis 8, Elizabeth 5, Aaron V. 3
KING, Thomas 38, Leek 30, George 17, William 14, Jane 13, Elizabeth 11, Jemima 9, Lucinda 7, Mary 5, James 4, John W> 2
MAES, William 51, Elizabeth 63, Sarah A. 30, Alexander G. 6
MCFEARSON, Alna 35, Elizabeth 33, Jesse E. 11, John W. 10, Nancy E. M. 8, Samuel A. 6, Thursey A. M. 4, Minerva D. E. M.1
MCFERSON, Amos 37, Nancy 28, Miles C. 6
PATTON, William 45, Margaret A. 15, Nancy 13, Leonidas 11, Mary E. 9, Alexander 6, Sarah 4
RAINWATER, Henry 28, Adalena 24, Mary E. 4, Minerva 2, James B. 1
STEPHENSON, James 25, Sarah 23, July A. 3, John C. 1
WHITAKER, Jesse 45, Rachael 33, George 16, Mary 15, Henry 13, Catharine 12, Margaret 7, Dicy 6, Frances 3, Angeline 1

Schedule Page 273

ADAMS, John 47*, Alace 40, John C. 19, William 17, Jane 10, Henrietta 9, Matilda E. 7
BARNS, E. B. 29 (m)*
CALDWELL, John J. 44, Ermin 40, Henrietta H. 15, James W. 11, Cleopatria A. 8, John F. 7, Sydney W. 4, Beverly 71
CLARK, Elizabeth 26*
DENNY, Albert 30, Nancy 21, William 4, John 3/12
FERREL, William 25*
GILL, W. W. 20 (m)*
HATCHER, Creed 53, Angeline 40, James W. 19, Josiah H. 17, Margaret 12, Milton L. 10, Piety F. 8, Sarah E. 6, Cassius M. C. 3
HATCHER, Charles H. 28*, Lennetta J. 25, Ida 2
HAYS, William E. 22*
HICKS, Robert 25*
HOOSER, John H. 42*, Martha G. 38, Andronica 15, John 10, Martha T. 8, Sarah E. 3, George 5
MEADE, William 45*
MONTGOMERY, Ellen 45*
MUIR, Horatio 53, Lurinda 40, Robert 21, John 19, Mary A. 17, Margaret 15, June 13, Martha 10, Beng. F. 6, Thomas —
REYNOLDS, Y. P. 35 (m)*, Mary E. 21, Borner W. 5 (f), Imelda 3, Susanna A. 1
RING, Mary 76*

- 214 -

1850 Census Todd County Kentucky

SALE, Leroy 42*, Henrietta L. 37, Adaline H. 20, Frances J. E. 17, James H. 15, Lucelia P. 8, Marmaduke G. 6, Bushrod L. 4, Virginia H. 2
SMITH, Thornton 47, Martha R. 39, Elizabeth 22
WATKINS, Ballard 55*

Schedule Page 274

ANDERSON, M. J. 33 (m)
BAILEY, Charles A. 52, Elizabeth 40, Thomas A. 23, Susan A. 21, John J. 17, Patsy B. 13, James S. 11, Elizabeth 9, Emily 7, Sandy A. 4 (m), Horace 4/12
CAVANAUGH, Tabitha 41*, Pamela F. 13, Charles A. 11, George M. 3
COLEMAN, Edawrd L. 28, Mary C. 21
COLEMAN, Mary J. 22*, Emily 20
DAVIS, Silas A. 42, Eliza A. 37, George A. 11, David E. 9, Charleaw? 6 (f), Hiram S. 1
DAVIS, John 15*
GRAHAM, Chaney 70 (f)* (B), Emily 8, Ellen 6
HANCOCK, Thomas W. 24, Jacinthy 18, Elizabeth M. 4/12
HURT, Abraham 50, Judith 50, Howard 19, Malinda 23, Eliza 17, Margaret 13
KING, Malinda 45* (B), Francis 8
LOWRY, Squire M. 49, Louisa S. 46, Henry 17, Charles M. 15, James W. 14, Squire M. jr. 12, Samuel G. 10, Sylvanus T. 6, Homer 4, Augusta 2
MCLEAN, Pamela 78*
MUIR, Esley 55, Rebecca 51
OATS, William 38*
POLLARD, Henry S. E. 40, Elizabeth D. 41, Rosina 14, Martha 12, Emily 10, Lucy N. 8
SHELTON, Gabriel 25, Conna 28, Christopher W T 4, Robert 2
SHELTON, W. D. 36 (m), Margaret 28, Lander F. 5, Eliza J. 3, Mary S. 1
TALIFAIRO, LeRoy 48
TRAINUM, Robert 35*, Elizabeth 30, Lucy 13, Sarah 11, Mary 9, Dorathy 7
WOOLDRIDGE, Seth 57*, Catharine 32, Marion 17

Schedule Page 275

ALLEN, James sr. 75, Nancy K. 43
ALLEN, James K. 36*, Sarah N. 36, William T. 8, Mary A. 6, James K. 2
ALLEN, Mary D. 15*, William 10, James 3, Margaret 1
CARVER, Noel 27*
EDWARDS, William H. 43*, Martha J. 31, Jerome 15, Thomas 11, George 8, Mary E. 3, Calpernia 4/12
ELLIS, Ann 50*, Lucy T. 21
FALAN, John 32, Elizabeth J. 30, John C. 5, James H. 3, William E. 2
GRADY, James R. 40*, Eliza 20, Ann E. 7, Inez 5
GRAHAM, Jane 46*, John F. 24, Lucy P. 18, William J. 16
HARRISON, John 21*
HOLLENS, Richard 59, Sarah T. 53, Samuel P. 28, Uriah G. 22, Frances J. 18, Richard T. 17, Ann E. 14, Helen 14, Susan J. 12
HOOSER, James M. 26*, Elizabeth 20
HOOSER, William G. 50*, Lurily? B. 53, William 24, George 23, David 20, Emaline 16, Elizabeth E. 14, Harrison 12
JOHNSON, William B. 21*
LESTER, Joshua 32*, Elizabeth 28

- 215 -

1850 Census Todd County Kentucky

MALONE, J. 35 (m)*, Elizabeth 38
MATTELL, M. 39 (m)*, Charity 35, David 10, George 8, Betty A. 1
MIMMS, William T. 35, Parthena A. 33, Thomas S. 11, William H. 9, Gaines N. 8, John C. 3, Susan E. 4/12
MOORE, H. M. 28 (m)*, Rebecca 22, Robert 2
MOSEBY, Mary S. 82*
TAYLOR, William 22*
WATKINS, Alfred 27*

Schedule Page 276

ALLEN, Abe 57, Sarah 38, Barbary A. 12, Jerome 10, William T. 7, Gustavus H. 5, Joann 1
ANDREWS, Albert 40, Catharine 38, Mary E. 10, Martha 8, Maria N. 5, Lucy T. 3, George L.? 1
ATKINS, Green L. 30, Margaret 26, Ann 6
BRITT, Eliza 18*
CLARK, Mildred 49*
HARRIS, Lewis 52*
HOOSER, Daniel 49, Margaret 48, Rosanna 17, John A. 13, Martha E. 7
KIMBROUGH, Gaines T. 28, James G. 5, Susan E. 3
KIMBROUGH, Thomas W. 54*, Lucy T. 37, Charles L. 16, Martha S. 5, Joe 3
LUCK, John J. 45, Adaline E. 33, Madison 16, Luther C. 9, John T. 5
MCLEAN, Maria 18*, Eliza 74
ROACH, John 43*, Ann 39, John 7, Charles 4, Florence 2
SHELTON, M. C. 33 (m), Chany E. 47 (f), Coleman 75, Catharine 49, William B. 12, Thomas 10, Penelope 8, Parthena L.? 6, Piety C. 4, Lucy J. K. 2
SHELTON, William P. 37, Lettus B. 30 (f), Coleman H. 14, Martha E. 10, Mary E. 8, Ophelia 6, Delia P. 3, Jane G. 37
STINNETT, Dabney 74, Elizabeth 62, Minerva 33, Myra 26, Elizabeth 25, Sarah A. 24
STINNETT, Noah 23
TULL, John 59*, Catharine 50, Ben H. 27, William T. 25, John C> 21, Henry C. 19, Sarah C. 16, Charles 14, Amanda 12, Marcella 7

Schedule Page 277

CARNEAL, Thomas 42, Mary 30, John 20, Margaret 16, Nancy 13, Martha 11, William 13, Lucy 2
CUNNINGHAM, Robert 53, Martha A. 55, Jane E. 23, Margaret 21, George H. 18, Martha M. 16
HOLAWAY, Joel 68, Lucy 25, Susan 23, Willma 21, James B. 116
HOWL, A. T. 37 (m), Louisa 28, Mary C. 14, James P. 12, Margaret 10, Jasper 8, Martha J. 6, Armsted 4, Louisa 2
KENNEDY, James T. 24, Martina J. 20, Levina 4, Hiram A. 1
LEE, Betsy 35 (B), George A. 6, Samuel D. 2
MACKEY, M. K. 30 (m), Mary A. 27, Mary 8, Matilda 6, Michael A. 5, William T. 2
MARTIN, Elizabeth 50, Sarah Jane 35
MARTIN, John 28, Mary 24, Nancy 19, Noah 16, Joseph E. 6, Lucy J. 4, Thaddius 2, James 1
PENN, William 42, Mary A. 36, William H. 19, George P. 14, Levi 12, Alfred H. 11, Shoderick 8, Aquilla 6, Gilbert 4, Mary A. 2
SMALL, London 80 (B), Jane 70
STEPHENSON, Charles 31, Mary A. 9, George W. 6, Margaret 4, Sarah F. 1
WINDOWS, John 58, Jarusha 40, William 19, Lycurgus 13, Greenfield 14, Finis 12, Henry C. 8, Martha A. 6, Frances J. 4, Mary E. 2, Nancy 9/12

1850 Census Todd County Kentucky

Schedule Page 278

CHEATHAM, Robert 51, Susan 44, William 20, Elizabeth 18, Thomas 17, Virginia 16, Edwin 13, Radigand? 11 (f), Alexander B. 9
COLE, James 27*
COLEMAN, John D. 30, Nancy 27
DAY, John 66, Ann 56, John F. 27, Susan 25, William J. 22, Littleton 20, Lewis 17, Louisa 12
DAY, George H. 35*, Lettitia 19, Elizabeth E. 9/12
EDWARDS, B. B. 28 (m), Corinad 26 (f), Mary E. 6, George L. 4, John B. 1
EDWARDS, Barnard 66, Peyton 24, Martha 62
EWING, James 18*, William 13, Jane 10
FRAZER, James M. 31, Paulina P. 29, Elizabeth J. 9, Thomas C. 4, Joseph P. 2
GORDON, H. H. 34 (m), Ellen 22, John T. 2
HADEN, James C. 31, Eliza J. 28, Nathan O. 6, Elizabeth 3, Joshua P. 4/12
HAYS, Jane 25* (B), Henry 1
MCELWAIN, Alexr. 69*, Mary W. 64
PENICK, Nathan 43, Nancy H. 41, William P. 19, Thomas H. 17, John R. 16, Isaac N. 14, Mary P. 12, Sarah L. 10, Nancy C. 8, Nathan 5, James T. 3, Henry 5/12, Martha C. 14
RUSSELL, Joseph M. 35, Ann 27, David 2
RUSSELL, David jr. 30*, Ann E. 23, John C. 2, Margaret 1
SENTER, Luke 40*, Frances 24, John M. 14, William F. 11, James F. 2, Martha W. 1
STALKS?, James 24*
WILLS?, William J. 30, Ann 21

Schedule Page 279

ATKINS, John L. 38, Frances 40, Delphy 16, Henrietta T. 7, Malvina G. 5, William T. 3, John J. 2
BELOMY, James 31, Sarah M. 26, Joseph M. 7, Ellen R. 5, Ann L. 3, James S. 1
BOLEY, Nancy 37, John 17, Thomas 13, Mary A. 11, Benjamin 10, Sarah V. 9, Tholly 7 (m), Nathan 6, Zachry T. 3
CARNEAL, Patrick 56, Frances 27, Ann 23, Carter B. 22, Malissa 18
CARSON, Daniel A. 24, Elizabeth 19, James 3, Elizabeth 1
GARRARD, James A. 31, Martha S. 26, Joseph 2, John 1
GORRELL, Abram B. 32*, Abby 34, Jasper N. 10, Samuel A. 7, Mary R. 4, Elizabeth J. 2
GRUMLEY, Frances 36, Geraldine 13, Harriett 11, Laura 9, William H. 7, Robert H. 5, John S. 3, Ellen 6/12
HENRY, Sarah A. 17*
JACKSON, Richard C. 29, Sarah A. 20, Sarah V. 4, Robert G. 1
KENNER, Joseph C. 33, Ellen 22, Nepoleon 8, Martha E. 6, Mary E. 3, David 1
MCGEHEE, Dillard 60*, Elizabeth 56, Michael 20, John 24, James 14
PERKINS, C. W. 23 (m), Elizabeth 23, George J. 1
TALLY, Nancy 55*, Mary 50
WALKER, John 33, Elizabeth 25, Ella 4, John D. 1
WIMS?, Patterson A. 42, Sarah A. 32, Ann J. 14, Thomas P. 11, George S. 7, Cornelia 1

Schedule Page 280

BIVIN, Ben 42, Mary 40, Elizabeth 19, William 18, John 16, Thomas 14, Benjamin 12, Ellen 10, Malinda 8, Susan 4, Abram 2
BIVIN, John 37*, Edith 36, Richard R. 15, Susan C. 13, Barbary A. 12, John M. 10, Ephraim T. 9, Felix G. 7, Zachariah 6, Martha 4

- 217 -

1850 Census Todd County Kentucky

CROUCH, William 36, Susan 27, Mary E. A. 14, Ann M. 10, Elizabeth 6, Susan M. 3, Virginia 1
CROUCH, Martha J. 19*
DRISKELL, Susan 50*
GREENFIELD, William 29, Jane 22, James H. 4, Joseph E. 2
HALL, Micajah 76*, Mary 76
LATHAM, Elijah 36, Malinda 32, John 14, Nancy J. 12, Eliza A. 10, Francis M. 8, Delitha 6, Amanda 2
LATHAM, Harrison L. 23, Nancy 25, Amanda 1
LATHAM, Squire 47, Mary 43, Mary E. 17, Nancy J. 16, Edith H. 14, Susan J. 13, George W. 10, Perry S. 8, John D. 6, Lucy 2
MCGEHEE, Samuel 22*, Jane 20, Dillard 4/12
MCINTOSH, Elgah? 22 (m), Adaline 22, Elizabeth 3
MCMILLEN, Eliza 23*
SHURFIELD, Thomas 23, Sarah 26, William 5, Benjamin 3, Bolgonni 2 (f)
SHURFIELD, Barbary 92*
SLAUGHTER, Noah 39, Elizabeth 36, Jane S. 18, Mary A. 15, Kuziah M. 13, Dicy B. 12, John C. 10, David B. 6, Edward 3, Martha A. 8/12

Schedule Page 281

BELOMY, John 65, Mahaly J. 46, Branerges? 17 (m), Margaret 18, Rebecca 16, Follceana 12, William 11, Alexander C. 9
BLAKE, Samuel 43, Delila 39, John 18, Mary 15, Efelder? 13, Catharine 11, Patience 10, Polk 4, Amanda 3
BLAKE, Thomas 21
BOATWRIGHT, Edward 13*
BOREN, Mary 55, Susan 38, Lucinda 15, Silas H. 13
BOREN, Vardery 42, Kizzy 30, Emily B. 10, Henry C. 8, Louisa V. 5, Miles C. 1
BROCKMAN, Durrel 56*, Catharine 57
CHAPEL, William 50, Patience 40, Nancy 23, Jefferson 20, James 18, Martha 16, Catharine 14, Mary 12, Williamson 10, John 8, Susan 8, Ellen 4, Charles 2
GREENFIELD, James 30, Mary 26, Harriett 6
LUMSDEN, Ann 72*
MCINTOSH, Thomas 23, Martha 25, Sarah F. 3, James S. 4/12
OATS, Ann 80, James 28
PETTIS, Elizabeth 33*
SAMFORD, Green 34, Mary M. 28, Elizabeth M. 15, George 12, John 8, Davis 6, Caskey 4
SHELTON, Abram 50, Jane 47, Thompson E. 22, Mary 20, Susan 18, Alexnader S. 14, William 12, Abner R. 10, Benjamin F. 6
STEPHENSON, John 28, Catharine 30, William J. 5, James K. 4, Wesley M. 3, John H. 1
WILLES, William 30, Mary J. 29, Harvey 7, David 4, Julia A. 1

Schedule Page 282

ANDERSON, Edward L. 35, Mary 25, Norton B. 8, John L. 6, William T. 4, Irene 3, Mary 1
ANDERSON, Sarah 40*, Isaac N. 18
BAKER, Margaret 71*
BELOMY, John 10*
EDWARDS, James 30, Maria J. 19, Frances G. 20, Eliza J. 2
GOODMAN, C. C. 26 (m)*
HILL, Sarah A. 17*, Edward H. 23
HUGHES, Edward W. 36, Mary S. 26, Sarah F. 8, Mary E. 6, David B. 5, Richard B. 2

1850 Census Todd County Kentucky

JOHNSTON, Samuel 64*, Winnieford 54, Agness 22, Benjamin 18
KIMBROUGH, Garth M. 30*, Mildred A. M. 23, Thomas R. 5, Rebecca S. 3, Underwood 1
LASLEY, M. S. 45 (m), Sophia H. 35
MUIR, Horatio jr. 23
MUIR, Joseph 3*, Margaret 1
NEWTON, James M. 23
NEWTON, John J. 28, Lucinda 24, Mary A. 3, Cornelia E. 5/12
QUALLS, Pinckney W. 19*
SMALL, James 44, Nancy H. 38, John M. 19, Martha 15, Amanda J. 13, Mary W. 11, Elizabeth B. 9, James B. 7, Anna 7, Theodore F. 6, Higgison B. 4, Joseph W. 2, Ben F. 4/12?
SMALL, Sydney 37*, Ann 31, Robert E. 13, William T. 11, John E. 9, Thomas B. 7, Benjamin 5
TERRY, Robert J. 50*, Boana? P. 18, Charles N. 15
WATKINS, Ephraim 54*, Frances 53, Ambros 31, Elizabeth 24, Frances E. 19, William 13, Benjamin W. 10, Mary F. 3, Calpernia 4/12
WILSON, W. R. 28 (m)*, Susan M. 20, Zachry T. 4/12

Schedule Page 283

ADAMS, Elizabeth 50*, Martha E. 26, Jenrilton? 18, Mildred 16
ALLENSWORTH, Philip B. 40, Hannah C. 25, Stephen P. 10, Nancy K. 8, Alace J. 6, Nimrod R. 4, Susan C. 3/12
ALLENSWORTH, Elizabeth 64*
BOISSEAU, Wm. H. 44, Mary H. 36, Ed C. 21, Mary A. 18, Indiana G. 16, Virginia 14, Thomas G. 11, Elizabeth C. 10, William D.? 8, Calpernia 6, Richard H. 4, Henry T. 2
BRICKLE, John 35*, Sarah 22, William 1
BRISTOW, John 15* (B)
CARROLD, Virginia 25*, Lucinda 21
EDRINGTON, Nancy 53, Sarah 27
HARREL, Josephine 16*, Paulina 14
HOLLINGSWORTH, Thomas K. 52*, Amanda 42, Mary A. 20, Nancy J. 16, Elizabeth 10, Cornelia 4
HUGHES, Jacob 75 (B), Rebecca 55, Martha 17, James 2
ISBAL, George 64, Nancy 30, Mornan M. 16 (f)
JOURDON, Coleman 35, Lucy 30, Elizabeth 3, Zach T. 1
KAY, Nimrod 34*, Elizabeth 37
KERLEY, Richard 9*
KIMBROUGH, Thomas S. 33, Mary 28, Thomas 12, Mary 9, Margaret R. 6, Zachry 3
MORRIS, Mary T. 52, Patrick C. 23, Elizabeth 20, Samuel W. 2
PURKISON, Mary 9*, Margaret 7, Louisa M. 5, Susan A. 2, George J. 33
ROACH, Samuel 54*, Margaret 54, Frances 19, Richard M. 14, Catharine A. 12
ROAN, Eliza 17*
SHANKLIN, William 26*
SUTTON, James M. 33, Marian A. S. 27, William C. 9, James B. 7, Andrew J. 5, Malvina 2

Schedule Page 284

ADKINS, Elijah 61, Jefferson L. 26, Harvey B. 17, Doritha 13
BAGBY, Frederick 75*, Susan 65, Ben 20
BRYAN, Noflet 50, Elizabeth 49, Chesterfield L 24, Bennet H. 22, Martha H. 19, Rebeecca J. 15, Margaret 13, Nancy M. 9, Sarah J. 7
DUFFEY, Francis 54*, Caroline 44, Thomas 23, Charles 20, Francis 19, Pamela 15, Cato 12, Michael E. 9

1850 Census Todd County Kentucky

GOGGINS, Mary 60, George 34, Frances 30, Martha H. 18, Mary 6, Thomas 6, Emma 2
GOGGINS, William 25*
GRIGSBY, Gideon 35*, Rebecca 24, Henry D. 5, Sintha A. 4, George J. 2
JOHNSTON, Uriah H. 12*
JONES, Burwell 63, Mary 53, Samuel 24, Mary P. 22, William 12
LEWIS, Ann F. 53, Ellen E. 24, Waller 18
MADE?, Mayberry 32*
MASSIE, Susan 7*, Mary 4, Frederick 2, Mary 1
MURPHEY, Martha E. 26, Mary E. 8, Rebecca C. 6
ORENDUFF, Lorenda C. 5*
RICHARDSON, James B. 64, Catharine 44, Alexander E. 25, Benjamin 22, Feliciana 18, Frank 16, William 14, Leftrich 10, James K. P. 6
RICHARDSON, Thomas B. 32*, Sarah 25, Almeda 11, James 9, Joseph C. 7, Catharine 1
SALMON, Evaline 43*, America 16, Mary L. 13, John 9, William H. 5
TERRY, Stephen 29*, Frances 21

Schedule Page 285

BEALOR, Thomas M. 18*
BELOMY, A. P. 39 (m), Frances W. 29, Lettitia D. 14, Sarah M. 12, Margaret E. 9, Mary E. T. 7, Mahaley A. 3
BELOMY, John 27
BYAS, Alexander 33, Harrill 27, Ellen 6, Frank 4, LeRoy B. T. 2
COLEMAN, Edwin N. 52, Eliza 51, Greenfield T. 23, Benjamin W. 19, Mary A. 15, William E. 12, Robert H. 10
DINWEDDIE, James M. 24, Elizabeth 1
DINWEDDIE, Thomas 61, Phebe 62, Evaline 21, Harris 19
DONNODLY?, James 24*, Sarah A. 21, James T. 1
DOSS, James P. 23*
EDWARDS, William 45* (B)
GILL, James 34*, Sarah A. 28, George 10, John F. 8, Henderson 6, James 4
HALL, Lawrene H. 48 (m), Mary A. M. 40, Ann T. 17, Martha E. 12, Louisa F. 9, Richard R. R> 7, James W. 5, Verginia C. 1
LEE, George 69 (B), Clarissa 60
SALE, Rowland 39, Mary J. 29, Powhattan D. 12, Eliza S. 8, Willis L. 6, Osceola T. 3
SALE, Willis 34*
TALEFAERO, Samuel 54, Sarah 45, David 20, Frank 17, LeRoy 15, Isabella 9, Samuel 7, Sarah 5
TERRY, James H. 28, Eliza J. 24, Sarah E. 5
TERRY, James 32*, Elizabeth 28, Cornelia 10, Gobrias 4 (m), John F. 2
TERRY, William M. 64*, Eliza 57, Catharine 17
TOLER, Lewis 55, Kizziah 44, Josiah 15, Harriett 14, John L. 8, James 6

Schedule Page 286

ALLMAN, Polly 55*
BIAS, Martha 55*, Mary 12
GRANT, George 35*, Mildred 28, Martha J. 9, Mary A. 7, James A. 5, Sarah F. 3
HAGWOOD, Elisha 50*, Rebecca 42, William 20, Robert 17, Eliza 19, Rosanna 14, Benjamin 12, James 12, Richard 10
HALSELL, C. T. 35 (m), Martha A. 27, William T. 5, Elizabeth M. 2

1850 Census Todd County Kentucky

HARRISON, James 84, Eliza 50, Sarah 17, James R. 24, Augusta 14, Henry 12
JOURDON, Tabitha 23*
KING, Joseph 30, Mary 30, George A. 8, Frank A. 6, Albirty 4 (m), Alace 3
KING, Josephine 6/12*
MURPHEY, William 24*
POINDEXTER, John 55, Elizabeth 37, Susan 21, Marion U. 9 (f), Marinda B. 7
RUTHERFORD, George 36, Elizabeth 26, Henry C. 12, John A. 10, Taswell W. 8, Elizabeth H. 6, Belvena 5, Mary M. 2
SMITH, B. D. 54 (m)*, Martha W. 39, Fredonia M. 16, Reuben D. 14, Adalade J. 12, Mary E. 10, Martha 8, Robert J. 6, Bedford D. 4, Emily S. 3, Virginia 1
THEVEALL?, Mary A. 55, Richard S. 30, William 28, Thomas 25, Peter 19, Ann 16
VAUGHT, James 44, Phebe 50, Elizabeth 17, James 15, Larkin 12, Mary S. 10, Lucy S. 8, Frank 6, George W. 4
WILLIAMS, Turner 35, Margaret 19, Emma 2, Turner jr. 8/12

Schedule Page 287

ANDERSON, David 48, Elizabeth 38, James J. 18, Cecil S. 14, David N. 10, Robert P. 4, Mary A. E> 2, Margaret J. 6/12?
ANDERSON, Frank 31, Mary J. 21, Martha E. 1
ATKISON, Quintus 10*
DAVENPORT, Richard 34*, Mary 35, Mary 11, John B. 6, Sarah J. 1
DICUS, Eli 45, Arabella 45, Mary 16, James 15, Martha 13
GIBBS, Perry 32, Elizabeth 26, Sarah 12, Perry 1
GILL, Coleman 44, Mary 40, James M. 14, William S. 11, George H. 9, Mat 7, Eliza C. 5, John 3
GILL, Milton 30, Mary E. 27, Margaret 7, James E. 5, Thomas W. 4, Milton 1
GILL, Lettitia 35*, Lucy A. 16, Granville 14, Charles 12, Edward 10, Western 9, Betty J. 6
GOODMAN, John 24*
MERRILL?, Daniel R. 50*, America 40, Daniel 17, Washington 15, Richard 13, Henry 11, Fisher 10, Rosabella 8, Montgomery 6, Leander 4, Charlott L. 3/12
MOON, Samuel 22*
SALE, Elizabeth 30*
SAMFORD, Littleton 30, Arabella 20, Lawson W. 7, James 4, Mary C. 2, Martha 4/12, Robert 20
STANLEY, Elisha 40, Sarah J. 11, John H. 10, Charles W. 6, Martha E. P. 4, Mary W. 1
VANCE, Samuel 20*
WATKINS, Matthew 38, Elizabeth 32, Sherwood W. 7, James H. 5, Crittenden 3, Margaret E. 3/12
WATKINS, Betsy A. 63*, Joseph 29

Schedule Page 288

ADAMS, James 30, Elizabeth 29, Catharine 5, Jane 3, James 1
ANDREWS, Patsy 62*, Nicholas 29
CHRISTIAN, James 21*
GLENN, William 23*
HALL, F. J. 28 (m)
HILL, Frances 42, Mary 20, Frances 18, Margaret 16, Joshua 14, Henrietta 12, Junius 10, William 8, Eliza 6
HOOSER, David 78, Polly 60, Nancy 40, Martha 14, Mary 14
HOOSER, George 46, Mary 41, Washington 18, Thomas 14, George W. 7, Charles D. 3
KIMBROUGH, George 22
KIMBROUGH, Landen 25

1850 Census Todd County Kentucky

LATHAM, William 25, Mary 21, Susan 5, Stephen 2
LEWIS, J. P. 25 (m)*
LOFLAND, Dorman 51, Margaret 54, Elizabeth 28
LOFLAND, Elizabeth 40, Tranquiline 16, Florence 14, Elizabeth 12, Ben 10, Lucy 8, Haws 4, Horatio 2
MADDING, Robert N. 28*, Mary J. 26, David A. 5, Joseph L. 4, John T. 6/12
MADISON, Albert 45, Elizabeth 37
MCKENT, Mary 55*
MIMMS, Sarah 30*, Gideon 16, Susan 14
PARHAM, Lucy 50, Cordelia 15, Mary W. 7, Nathaniel 30
SMITH, Jesse 60*, Mary 50, Richard 25
SNADEN, George 52, Mary L. 16, Martha V. 13
WALL, Peter 37, Christiana 18, William H. 7
WIMS, Virginia 18*

Schedule Page 289

BEAUCAMP, Melton 36, Mary B. 38, David E. J. 14, Sarah O. O. 13, William T. 11, Ophelia A. 10, Mary E. C. 7, Aurelias N. 4, Martha 2
BROWN, Preston 45, Rosana 35, Preston S. 10, Virginia E. 8, Elijah C. 6
CAMP, William 38*, Emily 28, Nancy A. 12, Jno. W. 10, Matilda F. 8, Aramilla J. 7, William Z. T. 2, Emily 4/12, William 18
CASKY, William 33, Ellen 33, Ellen 4/12
GORRELL, Jno. B. 36, Mary 35, William T. 12, James T. 10, Tholamiah B. 8, Nancy E. 6, Jno. B. 4, Nathan V. 2
MARSHALL, Burton 16*, Lurinda 22
RING, N. T. 43 (m), Nancy T. 33, William T. 8, Mary S. 6, Richd. 4, Ausula 2, William T. 50

- 222 -

1850 Census Trigg County Kentucky

Schedule Page 290

AVERY, Margaret 15*
CARSON, D. B. 42 (m)*, Barbara 35, George W. 12, Robert D. 10, Sarah C. 7, Mary L. 4
CHAPPELL, E. M. 22 (m)*
COBB, R. H. 14 (m)*, Irene 13, Linah M. 12
COURTNEY, Robert H. 23, Mildred 18
EWING, Margaret 20*, Albert 8/12
JEFFERSON, Thomas B. 45*, Martha A. 39, George H. 18, John G. 15, Thomas G. 12, William H. 8, Mary C. 6, Zack 3
LANDERS, Ursula 16*
LANDIS, Sarah 11*
LINDSAY, Lunsford 57*, Elizabeth 53, David 18, George 16, Elizabeth 13, Caroline 11, Ellen B. 6, Julia 17
LOGAN, Jane 46*, John D. 27
MAYES, Matthew 52*, Elizabeth A. 40, Agness T. 81, Emma C. 4, Robert 9/12
MCALLISTER, Elizabeth 63*, William H. 36, Mary E. 21
MCKINSTRY, John O. 28, Sarah 23, Martha N. 9/12
MIDDELTON, Amanda J. 15*
MIMS, Byron 11*, John H. 9, Linah 7 (m)
NANCE, Reuben L. 32, Nancy 27, Sidney C. 7 (f), Robert W. 3, Mary M. 1
NORRIS, Susan 16*
PRYOR, Bernard H. 24, Frances A. 23
ROBERTSON, George 26*
SMITH, Arthur 27, Sarah A. 21, W. Z. T. 2 (m), Sarah P. 18
SPICELAND, E. C. 24 (m), MArtha J. 26, Sandford J. 10/12
TERIAN, E. P. 30 (m)*, Martha L. 22
THOMPSON, Hiram 40, Ursula P. 34, Alexander B. 14, Charles W. 12
TWYMAN, James W. 40, Martha L. 34, John W. 15, Cornelia C. 3, George A. 1
TYLER, M. M. 35 (m)*, Sarah J. 31
WALLIS, James 63, Wineford 59, Wineford jr. 22, John T. 21, Angeline 15

Schedule Page 291

BAKER, Alexander 56*, Catharine T. 44, Charles D. 12, James E. 11, Lucy E. 9
BAKER, David 12*
BOYD, Abraham 20*
BOYD, Ward 17*, Linn 13 (m), F. G. 9 (m)
BRADLEY, C. D. 48 (m)*, Mary J. 29
BRISTOW, Charles 1*
BROWN, Catharine 18*
BURNETT, Henry C. 24, Mary A. 20, Henry T. 1
CALDWELL, John H. 8*, Thomas 6, Joseph W. 4
CAMRON, Emily 13*
CHAMBERS, Samuel 33* (B)
CHAPPELL, John W. 26, Sarah E. 21, Emma F. 2
CHAPPELL, R. H. 27 (m)*
CHILES, John W. 18*
COLE, Mariah 19*
DABNEY, Thomas C. 26, Susanna 25, James Rumsey 1, Albert J. 3/12
FISHER, Frances 63*
GARDNER, Josiah S. 33*, Caroline M. 20, Mary A. 10/12

1850 Census Trigg County Kentucky

GOODE, William 15*
HENRY, Lafayette 25*
HIGGINS, Palmer A. 47, Hannah P. 46, William H. 23, Charlotte B. 19, Mary B. 9, William P. 2
HOPSON, Sidney 40 (m)*, Sally 36, Eustatia 16, Isabella 13, Cyrus 9, Rosaline 4, Nat O. 2 (m)
JAMESON, Isabella C. 13*
JENKINS, Frances A. 11*, Margaret A. 9
MCKINNEY, Matthew 26*
MUNDAN, Sarah 30*
POSTON, George N. 27*, Elizabeth 18, Amanda 1
RAGAN, Ferdinand H. 23*, Mildred C. 20, Thomas E. 8/12
ROACH, C. W. 48 (m), Frances A. 36, John J. 25, Camilla 18, E. C. 18 (m), Virginia W. 14, Martha J. 12, Robert W. 9, Mary E. 6, Joseph J. 2
ROBERTS, John C. 18*
RUSSELL, William C. 43*
SEARCY, John D. 43*, Ursula 38, Mary E. 12, Alexander M. 5
STREET, John L. 31*, Mary E. 21
TYLER, Quinton M. 33*, Emily B. 33
WALL, Thomas A. 41*
WATSON, John 6*

Schedule Page 292

BURNETT, Isaac 49, Martha F. 45, James M. 22, Mary N. 14, Isaac jr. 12, Fanny 8
CAMERON, John 45, Frances 34, Catherine 15, Susan 13, Sarah 11, Thomas 8, James 8, Martha 5
COFER, Thomas J. 24, Martha F. 19, N. L. 22 (m)
DAVIS, Daniel 35, Sarah 36, William 11, Robert 8, Marcellus 6, Martha 3, George K. 1
ELLIS, Ira 29, Mary 49, James O. 18, Elizabeth O. 16, Allen W. 13
KELLY, Eliza J. 25*
KENADY, Eudora 31, William H. 9, Robert 7, Eliza E. 5
LEWIS, Elizabeth 27, Jane 24, Louisa 19
POSTON, Alexander H. 35, Mary D. 28, John H. 9, Alexander M. 5, Mary A. 6/12
POSTON, Richard 55, Sophia M. 23, Ward 13, Ellen 12, Sarah M. 10
RAGEN, D. M. 30 (m), Martha S. 24, John H. 4, Ellener 1
RAINE, Robert W. 24*, Emily 19
RICHARDSON, James R. 16
SHERIDAN, Joseph 40, Nancy G. 40, Susan 15, James A. M. 12, Mary 10, Martha 10, Columbus 9, Emily A. 5
SMITH, Mark A. 25, Mary E. 21
THOMPSON, James E. 45, Ann E. 37, Zebulon 19, George V. 17, Elizabeth C. 14, Camilia J. 13, Thomas C. 11, Walter S. 5, James E. jr. 3, Sarah 1
THOMPSON, James 50*, Mary C. 35, Mary V. 8, Frances . 5, James R. 1
THOMPSON, William C. 47*, Sarah 77, Eliza 15, Lucy 13
WATSON, James 55 (B), Mary 45, Patsey 4
WILKINSON, Bryan 34, Rosabella B. 28, Milus 12, Felix G. 10, Mary E. 5, Henry B. 1

Schedule Page 293

ALLEN, Labourn 40*
ARMISTEAD, R. A. 36 (m), Atway E. 4 (f), Inez 6 (f), Alice 4, Richard P. 1
BAKER, Robert D.? 26*

1850 Census Trigg County Kentucky

BOYD, Alfred 47*, Agnes J. 17, Adaline L. 15, Martha A. 12
CALDWELL, Mary 40
CHAPPELL, Robert 50, Elizabeth 44, Robert W. 17, Susan 11, Adaline 9, Elizabeth 6, William Dicke 2
COFFEY, Jane 57, Julia 25, Lucy 23, Barilla 21
DABNEY, Albert S. 25, Pamelia A. 20, J. Middleton 4/12
GILFEY, James 46, Elmira 35, James R. 11
GRINTER, Thomas H. 26*
HOLLAND, A. N. 47 (m), William C. 23, James E. 21, Cynthia A. 20
KINADY, Miles R. 25*
MALONE, E. R. 43 (m), C. A. 35 (f), M. J. 21 (f), John S. 19, Frances C. 4, Thomas J. 2
MCCAIN, James L. 38*, Melissa J. 27
MILLER, Jane 61
MILLER, Josiah H. 52, Virginia E. 21
PURSLEY, Richard M. 27, Louisiana 21, John? W. 7, George H. 3, Susan J. 1, Gracy 68
ROTHROCK, John J. 14*, Emiley J. 16
RUSSELL, Cynthia A. 36*
SAVELLS, George R. 37, Charlotte 32, Cornelea 7, Virginia M. 6, Mary S. 5, Surana 3, Mariah E. 2/12, Coleman R. 9, James A. 7, Ann M. 5
SAVELLS, Lurana 70*, Lurana 27, Susan 24
SLAUGHTER, Alphonzo 12*
STEPHENS, Joseph H. 35*
THOMAS, Stanley 42*, Sarah B. 35, Robert B. 5, Henry C. 2
THOMPSON, F. S. 26 (m)*, Theodoca A. 21

Schedule Page 294

ADAMS, Elizabeth 52, Mary Ann 36, Jane 32, George W. 22, Spotswood W. 19, Frances 17, Amanda 11, Henry C. 5
ADAMS, Madison 35, Malinda 39, Robert H. 14, Jesse 12, John J. 11, Decatur 8, Mary 5, Zack T. 1
BOYD, Elizabeth B. 58, Thomas 24
COOK, Augustin 56*, Mary 59, Eliza J. 23, Sally A. 19, William F. 18, Mary A. 14
CURLING, James 43, Elizabeth 70, Elizabeth 40, John C. 16
EILERT?, Charles L. A. 22*
GARDNER, George 60, Elizabeth 33, William H. 10, George D. 7, Menina C. 5, Sarah E. 1
GOODWIN, Mary F. 13*
LADD, Finis E. 29*, Mary Q. 23, Ann E. 7, Isabella 5, William T. 3, Edmonia E. 1
LITTRELL, Robert D. 46, Louisiana 36, Susan W. 12, Frances? C. 10, Andrew J. 9, Sarah E. 4, Robert L. 3/12
MART, B. B. 35 (m), Misseniah 29, Thecla 7, Mary E. 2
MAYES, Martha 42*, Catharine C. 18
MITCHELL, Maxey M. 16 (m)*
PETTY, M. F. 27 (m)*
ROBERTSON, Mary F. 10*, Winston S. 7
SMITH, William F. 49*
TERRY, Eleanor 45, Susan E. 15, Eleanor H. 13, Felix G. 12, Martha A. 10, Silas W. 7, George A. 6, Lucy M. 3
WATTS, Alsen 51, Temperance 45, Malissa 26, Minerva 23, Mariam A. 17, William H. 14, John H. 12
WHITE, John F. 33, Susan 33, Eliza 12, John S. 11, Amazella 10, Mary N. 9, William C. 4, George 1, Hellen 4/12

1850 Census Trigg County Kentucky

Schedule Page 295

BEAZ, Permela 43, Virginia 15, Thompson 9
BEAZ, Robert D. 31*, Elizabeth 32, Henry 5, Susanna 2
BOYD, William 33, Harriet 25, John M. 4, Frances 1, William T. 4/12
BRANDON, James 16*, Charles 14, Mary 12, Matthew 7
COLLINS, George W. 43, Mildred 38, Martha 19, William T. 17, July A. 15, Sarah J. 13, Daniel 11, Mary 8, John 6, Elizabeth 4, James E. 1
GOODE, John 25, Eliza 25, William D. 3, Edward Y. 2
HAWKINS, Hiram 23*
HOBSON, Watkins 63, Sally 50, Caroline 18, George 17
HUSK, Lewis 39, Lucinda 39, William 17, James 13, Mildred 12, Henry 10, Mary 4, John 6/12
HUSK, Isaac 53*, Ellen 42, B. F. 22 (m), Louisa 24, Robert 18, Thomas 15
JONES, James W. 20*
LADD, John C. 22, Susan 21, Luvica A. 5/12
LITCHFIELD, Mildred 17*
MCFARLAN, D. R. D. 36 (m), Mary A. 33, Marion 10, Elizabeth 8, Marvel 6, Mary 4, David 11/12
MCKINNEY, Samuel 53*, Charlotte W. 48, Charles 20, Sarah A. 7
PARMENTER, E. B. 39 (m)*, Sarah 36, Martha A. 17, Sarah E. 14, Pernecy J. 12, Mary C. 9, William H. 6, Cornelia V. 4, Ellen M. 1
SIMS, Garland 49, Sarah 50, Laurence 28, Richard H. 26, Martha A. 24, William F. 13
WATKINS, John 23*
WHARTON, William 28, Sarah J. 19, Frances O. 6/12

Schedule Page 296

BAKER, Martha 5* (B), George 10, Billy 4
CAY, William S. 29, Virginia S. 19, Martha N. 4/12
CIRBY, Henry 45* (B), Nancy 30, Henry 2, Joseph 11/12, Billy 41
DAVIS, Robert 79*
FAULKNER, D. D. 41 (m), Nancy 37, John D. 17, Mary E. 13, Henrietta 1
GARDNER, O. G?. 36 (m), Lucy W. 31, John D. 12
HARPER, Bird 20*
HAYES, James R. 28*, caroline T. 27, Mary E. 5, William T. 3, Virginia E. 1
HOPSON, George M. 17*
MART, A. C. 3 (m), Evaline H. 33, Walter J. 13, Melvina J. 11, Mary A. 9, Mariah A. 7, Lucy A. 5, John F. 3, _____ 1 (m)
MCCAIN, John A. 31*, Caroline 22, Benjamin 2, Frances 4/12
MCKINNEY, Daniel 15*
PHILIPS, John 51, Susan 42, Alanson M. 19, Drewry A. 17, John 14, William H. 13, James J. 11, Martha E. 6, Elijah T. 2
POOL, Bedford P. 51, Elizabeth 46
SWATZWELL, Benjamin 45, Eliza 28, John C. 21, Elizabeth 16, Joseph 14, Mary 15, Jeremiah 11
TALLY, David 34, Elizabeth 30, Eliza 10, William 5, James M. 1
WALL, John B. 47, Harriet C. 23, Virginia E. 2, Alphonzo H. 6/12
WALTERS, Richard 35*
WASH, James O. 34, America 23, William J. 9, Mary F. 7, John T. 6, Amelia A. 3, Thomas M. 2/12
WASH, William 41, Frances 35, Rebecca 14, Mary L. 12, John W. 11, Ebenezer E. 7, Robert O. 3
WHEELER, John S. 9*

1850 Census Trigg County Kentucky

Schedule Page 297

BEAZ, Robert 6*
COATES, James T. 26, Jane 18, Mary J. 4/12
DODSON, Luvina 76, John 32
FAULKNER, William A. 37, Mary 31, Edward 7, Thomas 5, Eudora 1
FAULKNER, Charles 43*, Mary 36, Lucy 19, Martha 17, Mary 15, Emily 10, William 18
GRAY, Stephen W. 36, Elizabeth 25, Robert C. 6, Elvira M. 4, James W. 5/12
HART, Joseph 57, Nancy 48, John 21, Joseph 15, Willis A. 12, Elizabeth 8, Thomas 6
HEDSPETH, William 46, Louisiana 43, Judy Ann 12
HESTER, Henry 43, Mary A. 49, Amelia 22, Sally A. 19, James F. 11, Richard W. 4
JENNINS, Elizabeth 32*, Rachel 31, Melissa 24, Elizabeth 21, Ann E. 19, Rebecca 16, John 13, Peter 11
KELLY, Ann T. 38, Benjamin F. 26, Susan S. 16, Edward 11
STINEBAUGH, Joseph 48, Elizabeth 62, Catharine 60, Nancy 40
TALLY, William 38*
TEAR, Felix 30, Sarah 30, Catharine 5, William 3, Arthur B. 1
WALL, D. D. 39 (m), Elizabeth 31, John S. 10, Joseph J. 35, Mary E. 31
WALL, Matthew W. 34, Rebecca J. 28, Isabella 7, Johnson 5, Mary V. 3
WHITLOCK, Mary 46, Laura A. 11, Nancy B. 10, Andrewella 9, Alice M. 5
WORTHAM, John 56, Martha 42, Richard 20, Margaret 16, Charles 10, Parthena 8

Schedule Page 298

ASHBY, Nancy 27*, Charles S. 19, John H. 16
BLANE, Alexander 40*, Mary 30, Erasmus 13, Thomas 11, Robert 9, Jesse 8, Lucy V. 4, Alice B. 2, Sophia 6/12
BOUNDS, Thomas M. 28, Elizabeth 23, William 3, Altazara E. 3, John T. 5/12
CAMERON, Daniel 49, Martha 41, William F. 25, Margaret 19, Mary D. 17, Sarah C. C. 12
CHILDRESS, Jesse 59*, Lucy 63
DAVENPORT, John 25*, Lucy 18
DUNNING, Margaret 63*
LACKEY, Susan 30*
MCCAUGHAN, L. C. 23 (m), Sarah G. 22
MCFARLAN, Robert 64, Catharine 41
MCKINNEY, Henry 23, Pernecy 23, Cordelia 2/12
MCKINNEY, John 57*, Sally 60, Bushrod 28
OVERBEY, L. B. 27 (m), Elizabeth J. 24, Cornelius? F. 5, Robert 3, Platle? 2/12 (m)
POOR, Mary 56*
PPOOL, Peter P. 60, Elizabeth 50, Jechonia 24 (m), Sally 21, Rebecca 18, Nancy 17, John 16, Adam 12
RANDOLPH, Nancy 70
REED, James 18, Permela F. 15, William F. 1
SIZEMORE, Byrgess 63 (m), Nancy 63, Henry C. 22, Eddy O. 24 (f), Mary J. 1
SIZEMORE, Charles 19, Sally A. 21
SIZEMORE, Daniel C. 28, Nancy 22, Drucilla 2, Seretha C. 4/12
SIZEMORE, Bedford 33*, Catharine 34, Sarah E. 7
STINEBAUGH, Daniel 43, Lurata 43, William O. 17, Martha A. 11, Lydia A. 9, Angeline 2
WEST, Robert 49, Eliza R. 37, William H. 18, Sarah A. 16
WOOLF, George 45, Saleta 37, Lewina 13, Claborn B. 10

1850 Census Trigg County Kentucky

Schedule Page 299

BINGHAM, John 75*, America 19, Talitha A. 3/12, Jabez 23, Mary J. 18
BLANKS, James 83, Sarah 77, Richard 32
BOUNDS, Joseph 61*, Margaret 51, Joel 21, Starling 15, Francis M. 14, Elizabeth 23, Martha 16, Elender 14, Elizabeth 5
COY, Robert H. 21*
GOODE, Benjamin M. 49, NAncy 48, Elijah 23, Frances 16, Martha 14, Sarah A. 12, Emily 9
HAWKINS, Robert 63, Sarah S. 53
HUMPHRIES, John 57, Elizabeth 53, Absalom J. 18, Thomas J. 17
JACKSON, C. A. 34 (m), Susan E. 34, E. A. 3 (m)
JONES, Thomas 47, Frances T. 37, Julian M. 17, Silas C. 14, Elizabeth 12, Pleasant G. 30, Elizabeth 24
MABRY, Martha 61*
MILLER, John L. 31, Mary 24, John J. C. 4, Olivia 1
SLAUGHTER, William S. 30, F. A. 27 (f), Mary E. 3, Eugene 1, J. L. 4/12 (f)
SMITH, H. W. 27 (m)*, Mary N. 34, William M. 9, Martha E. 5, Leander 3, Mary L. 4/12
STINSON, Isaac 51, Rachel O. 50, Daniel M. 23, Abigail O. 24, Elizabeth E. 20, Isaac W. 19, Lucy F. 17, Rachel D. 16, Socrates H. 14, Clementine V. 13, Josiah L. 10
WATKINS, Hezekiah B. 44, Dianah 43, Samuel J. 20, Suphemia E. 18, Judy Ann 16, Martha J. 15, Hezekiah T. 15, Charles J. 13, Catharine 11, William L. 9, George W. 8, Francis M. 8, Susan 7, Jesse M. 5, Sarah C. 2

Schedule Page 300

ANDERSON, P. H. 63 (m), Hannah H. 58, Mariah 21, Charles H. 13
BAKER, Dick 21* (B)
BLAKELY, William S. 40, Louisa 35, James D. 17, John 14, Louisa 11, William 8, Charley 3, Edward 1
BOYD, Randle 30*, Margaret 25, Ann E. 4/12
COURTNEY, William P. 28, Elizabeth 19, James C. 1, John E. 2/12, James M. 24
CRITCHFIELD, Jesse 51, Ruan 46 (f), Mary J. 19, Nancy A. 17, Franklin J. 16, Nathan H. 10, Sarah E. 8, Susan C. 6
DANIEL, John 65*, Nancy 48, Mary Jane 17, John W. 14
FAULKNER, John J. 24*, Lonrica? 21 (f), Charles 13
FUQUA, F. M. 25 (m)*
GAITHER, William N. 29, Lavenia 26, Nathan 5, Mariah 7/12
GOODWIN, G. G. 34 (m), Martha 20, Ann Eliza 1, Virginia E. 8/12
GOODWIN, Harrison W. 32, Mary Ann 21, Augusta A. 3, William T. 1
GOODWIN, Samuel 64, Mary 61, William S. 26, Martha M. 25, Augustus H. 11/12, Pernecy 19, Mary J. 16
GREENWALL, Morice 14*
LADD, Absalom 37, Jane 36, William T. 13, Susan H. 12, Julia A. 9, Sarah E. 7, Polly A. 5, Charles A. 3
LAMPTON, M. M. 29 (m)*, E. S. 23 (f), A. R. 2 (f), James M. 1/12, W. M. 21 (m)
POOL, Fielding W. P. 29, Mary J. 22, Elizabeth E. 1
POOL, William T. P. 31, Martha J. 25, Angeline 6, Ann Eliza 1
RICHARDSON, Henry 61, Bidra? 50 (f), Meriwether 26, Henry 22, Sarah 12, Catharine 9
WAKE, Alice 45, Ann Eliza 23, Russell W. 15

Schedule Page 301

BERIE, William B. 34, Elizabeth A. 31, John S. 6, Leander C. 3, ____ 4/12 (m)
BLAKELY, Josiah 51, Elizabeth 49, Sarah A. 26, Mary J. 24, Almira E. 13, Josiah R. 11, Jane 84

1850 Census Trigg County Kentucky

BLANKS, James 44, Margaret 40, William B. 18, Martha 15, Sarah 14, John 11, Richard A. 9, Virginia A. 7, Mary E. 5, Margaret E. 2
BLANKS, William 41, Dolly 43, Martha J. 14, Eliza E. 12, John W. 7, William A. 6, Sarah E. 4
EZELL, Jane 90*
FRANCIS, Hayster? 55 (m), Mary 37, Elizabeth 16, Martha J. 12, John W. 9, Mary C. 7, Susan H. 5, Joseph A. 1
GOODWIN, Robert S. 39, Nancy J. 30, Susanna A. 5, _____ 1 (m)
GUTHRIE, Vincent 55, Sarah 40, Sarah A. 26, Patrick A. 19, Mary E. 16, Frances 13, Charles W. 11, Virginia C. 8
HANKLEY, William C. 28, Catharine 30
MCRHANY, David B. 28, Mary C. 32
POOL, Bedford P. 26, Sally Ann 20, Wiley D. 21
POOL, John W. 32, Sally C. 27, George W. 9, Virginia D. P. 6, Nancy E. 2
POOL, Stephen P. 31*
SIZEMORE, Anderson 55, Cynthia 29, Martha 14, Rebecca J. 10, Mary C. 2
SIZEMORE, George G. 36, Lydia 37, William H. 13, Nancy J. 11, Martha A. 8, James A. 6, Sarah T. 4, John D. 1/12
SIZEMORE, John H. 34*, Jane 27, Sarah E. 6, William J. 5, Eliza A. 1
WILSON, Dolly 50, Stephen P. 16, Jane T. 20
WILSON, Wiley 61*, Sarah 57, Elizabeth 25, Dolly M. 20

Schedule Page 302

BAKER, Peter 45, Rhoda 43, Docia 14, Francis M. 12, Charles W. 10, James M. 9, Robert A. 7, Fielding W. 6, Thomas W. 2
BLAKELY, James 65*, Susannah 64
BLANKS, Thomas 45, William 20, Salley 18, Nancy 15, James 13, Elizabeth 12, Vincent 10, Bedford 7
BURRUS, Henry T. 57*
CALHOON, Henry C. 41*, Emily G. 34, John C. 12, James 10, Harriet E. 8, Fredonia A. 6
GOODWIN, John 66, Anna 60, Jane 20
GOODWIN, William C. 31*
HARPER, Robert W. 25, Harriet 23, Margaret 1
HICKS, Isabella 12*, Sarah S. 10
JONES, Thomas 48, Benjamin 50, Nancy 28
MCATEE, Charles 40, Mary 42, George R. 18, Francis M. 16, John L. 14, Charles W. 12, Jacob H. 8, James D. 6, Mary S. 3, Zachariah T. 1
MCATEE, John 74, Sarah 29, Virginia M. 1
MOORE, Henderson 43, Margaret 43, Edward R. 18, William J. 15, James H. 12, Martha J. 8
PURSLEY, Andrew 39, Lucretia 34, Martha A. 12, John J. 10, Susan J. 7, Mary C. 4, Sarah E. 2
TURNER, James W. 66, Jane L. 59, Lucinda 24, Samuel P. 14
TURNER, Robert R. 37, Leah 40, Louisa J. 15, Sarah A. 13, Robert P. 9, John J. 7, David R. 4
WERTHAM, Warner? 50, Bethia 40, Mary 18, Elizabeth 16, William 14, Sarah 13, Jeremiah 10, Nancy 8, James 4, Josiah 1

Schedule Page 303

BAKER, Peggy 65* (B)
BRANDON, Thomas C. 31, Mary 21, William J. 2, Samuel L. 1, Mary J. 62
BURCHETT, Sarah 53*, Judith 25, Sarah A. 22, Martha J. 20
COX, Charles 32, Nancy 33, Miles H. 10, Matilda M. 8, Elizabeth M. 6

1850 Census Trigg County Kentucky

LADD, G. W. 33 (m), Sarah 34, Finis E. 9, Henry F. 5, Pernecy A. 2, James B. 7/12
LADD, John C. sr. 56, Mary 62, Thomas J. 17
LADD, Samuel C. 31, Sarah A. 26, John H. 7, William A. 9, Susan E. 6, Doctor S. 4, Joseph Z.? 1
MCCAUGHAN, Hager 45 (B)
PEARCE, Elias 21* (B)
REED, Wesley 25*, Nancy 25, Mary Ann 1, William A. 4/12
SOLMON, John 25, Octavia 20
SOLMON, Hardy 25*, Mary 20, William D. 2
TINKER, Tom 60* (B), Lucy 33, Elizabeth 6, Sally 2, Thomas S. 1/12
TURNER, John T. 22, Eliza 17
WADE, Edward jr. 28, Sarah A. 28, John R. 6/12
WADE, Peter 67, Elizabeth 63, William 40, Polly 34, Hampton 30, Robert 25, Diana 24, Peter jr. 20, Virginia 18
WILSON, Daniel 42, Caroine 28, Nancy F. 4, Cornelia H. 1, Amanda 12
WILSON, Hiram 46, Matilda 47, Sarah J. 17, Felix J. 15, Lewis D. 12, Angeline 10, Mary E. 8, Emily 4
WOOD, James H. 26, Elizabeth N. 22, Elizabeth F. 6, Sarah T. 4, James 1

Schedule Page 304

DANIEL, James L. 28, Martha 27
HARRISON, Robert 69, Elizabeth 68
HUDSON, A. G. 36 (m), C. A. 27 (f), Charles W. 10, James W. 4, Daniel 9/12, Daniel 22, James 21
LAUDER, Henry 56, Elizabeth 42, Letitia 15, Susan J. 13, Henry F. 11, Mary 9, John 7, Miriam 5, Nancy E. 3, Nathaniel 10/12
MEADER, T. G. 30 (m), Melissa 29, Margaret A. 6, John W. 5, Mary C. 4, America F. 2, George C. 4/12
OVERBY, Zachariah 43, Elizabeth 40, Stephen M. 19, William S. 17, Andrew J. 15, Robert H. 12, Rufus 9, Martha E. 7, Ann E. 5, Mary F. 2, Macadiah 87 (m)
REED, Thomas 47, Ann 45, Margaret 21, Frances 18, Elizabeth 14, John W. 11, Sarah A. 7, Thomas 3
STEWART, Johnson 45, Susan 44, Harrison 16, Martha A. 15, James 12, Levey 9, Thomas R. 5, Mitchell 2, Wilson jr. 21
STEWART, Johnson 24*
TALLY, William S. 41, Matilda 39, Sally A. 17, William E. 14, Charity M. 10, Martha E. A. 7, Mary F. 4, Joseph G. 10/12
TORIAN, Lipscomb 45, Mary 45, William 25, Richard 22, James 20, Nancy 15, Sarah 11, Robert 9, Thomas 7, George 6
WILSON, Thomas 37, Rebecca 37, Elizabeth 19, Rebecca 12, Presley 10, Polly 8, William 2
WOOD, Charles L. 35, Harriet 35, Daniel 9, Mary F. 7, Elizabeth A. 3, Sarah D. E. 2

Schedule Page 305

ALLEN, William 13*
BRYANT, William G. 31, Martha W. 31, George Ann 2
CRONNEY, Jarvis 48 (B), Tarner 32 (f), Nancy 11, Silas 7, Oscar 6, Elizabeth 3, James 1
EDWARDS, John 45, Nancy 27, Eliza A. 13, James M. 11, Charles 9, Sally 6, Robertson 5, John H. 1, Keziah 35
GOOD, Prince 85* (B), Delia 44, Saluda 15
GREEN, Reuben 9* (B)
JONES, Dica 61*, Robert B. 17
LADD, Susan 60, NAncy E. 18, John F. 15
LADD, William H. 23, Jemima 23, Mary E. 2

1850 Census Trigg County Kentucky

LANGSTON, William B. 29, Harriet 27, Robert F. 5
LAYTON, Joseph J. 35*, Nancy P. 32, Martha W. 6, Richard F. 4, William H. 3, Stephen M. 1
MCDOWELL, Robert 31, Martha A. 27, Mary A. 5, Pernecy J. 3, Nancy E. 2, Susannah C. 7/12
REDD, William 64, Stapleton 24, Mary A. 22, Frances M. 20
RUSSELL, Thomas R. 42, Anny 36, John W. 19, Margaret L. 16, Julia W. F. 14, Levisa E. 12, Thomas S. 10, Dica J. 6, James S. 3, Robert H. 4/12, George W. 38
RUSSELL, Starling 27*, Mary A. 26, Lucinda C. 2, William W. 1
SHELTON, Henry N. 49, Susan A. 35, John N. 18, Henry T. 14, Susan A. 12, Stephen W. 10, Keziah F. 8, Sally H. 5, William O. B. 3
SOLMON, Armistead 50, Edna 40, William 22, Sally A. 17, Henderson 12, Lavica 4
WHARTON, John 65, Eilza 56, George S. 23

Schedule Page 306

BOYD, Fenton 18*
BROWN, Govy 15 (m)*
ELLIS, Richard T. 5*
HAMMOND, Thomas W. 56, Margaret 50, Thomas J. 14, John W. 11, James L. 8
HARDY, Joseph C. 31*, Martha A. 20
HOBSON, Jackson 33, Margaret R. 25, Sarah O. 3, Lucy E. 1
HOBSON, William A. 38, Lydia 33, Mary J. 16, Benjamin A. 14, Susan A. 9, John W. 7, Matthew W. 3
JONES, William M. 31, Sarah J. 23, George Ann 2
LANGSTON, Susannah 50, Mary 20, Pernecy 19, Lucinda 16, John 14, Nancy 11
NEWTON, John 45*, Eliza 40, Joseph 21, William A. 14, Mary J. 12, John 9, Louisa 7, Benjamin 4, Thomas 1
RANDOLPH, Alexander 49, Malinda 35, George B. 16, William S. 13, Mary J. 10, Martha A. 7, Edward 5, David W. 3
REDD, John 34*, Eliza A. 27, James W. 8, George L. 7, Theodore 5, John T. 7/12
ROBERTSON, John 54, Nancy 44, William A. 28, Charles H. 26, Philip T. 20, Judy 18, Amanda 14, Elizabeth 12, Nancy 10, Mary 5
STEWART, James 49, JEmima 49, Wilson 20, Elizabeth 17, Cassandra 23, John 18, Fielding 16, Wiley 13, Andrew 13, James M. 11
STEWART, Wilson 39, Lucinda 39, Eustatia A. 15, Elizabeth 13, Serena 12, Sarah 10, Johnson 7, Lucinda 4, Thomas M. 1
TYLER, Richared K. 46*, Minerva R. 37

Schedule Page 307

BACON, Edmond 60*, Nancy 65, Edmond 21
BEASLY, Washington 27?, Elinora 23, Elizabeth 4, Lucy A. 1
COX, Thomas 42*, Eliza 42, Thomas J. 12, Elizabeth 10, James W. 5, Phoebe A. 3
GAINES, John W. 29, Martha A. 23, Randolph 5, Walter 3, John 3/12
GAINES, Ann F. 50*, James H. 17
GOODE, Mary J. 17*
GUTHRIE, Irby 38 (m), Mary A. 27, Emeline 15, Chas. H. 12, Irby W. 8, Nancy S. 3
HAINES, Sally 16*
HASKINS, Susan 60*
HENRY, Sarah 7*
HOBSON, Benjamin 39*, Susan L. 35, Henry H. 10, Josiah D. 8, Marshall 6, Benjamin 4, Sarah J. 10/12
LADD, Evander 27, Mary 25, Mary E. 2, William B. 19

1850 Census Trigg County Kentucky

LEWIS, John 55, Margaret 45, Mt. Zion 28 (m), Elvira 24, Rosaline 6
LEWIS, William P. 24, Susannah F. 23, Mary S. 1
OLIVER, Robert S. 35, James 7
POWELL, Jesse A. 41*, Lucy 31, Susan 9, Margaret 6, Hellen 1/12
STEWART, William jr. 25, Nancy A. 25, Mary E. 5, William H. 3, Jemima 1
STINEBAUGH, Adam 53, Jacob W. 24, Ann 22, Robert R. 21, John W. 17, Elizabeth C. 15, Susan M. 11, Josephine 7, Martha J. 2, Lucinda R. 8/12
WARREN, William H. 35, Nncy 30, William H. 10, George W. 8, Mannin 6 (m), Frances A. 2
WILSON, William J. 24*
WOOD, Isham R. 22*
WOOLDRIDGE, Thomas M. 50, Joseph A. 22

Schedule Page 308

BOGGS, Rebecca J. 7*
BRIGG, Prudence 52, Ann R. 24, Wesley 22, Mary C. 18, John W. 17, Robert D. 14
CARLOSS, James B. 23, Elizabeth 21
CRUMP, Eliza P. 65, Robintt? S. 38(f), Octavia S. 34
DABNEY, C. J. 23 (m), Susan 22, Albert G. 5/12
DBANEY, Edwin W. 28, Hannah G. 32, Ann E. 7, Hannah E. 3, Edwin T. 1
GUYN, Randolph 53*, Elizabeth 51, Eliza 25, Sarah A. 23, Catharine 22, John 19, Susan A. 17, Cornelia 15, William 11
HOWELL, Daniel 18*
HUDSON, Joshua 57, Rachel 48, Mary 24, Louisa 20, Meredith 17, Marion 14 (m), Nancy 11, Margaret 9, Thomas J. 7, Sarah A. 3
JONES, John H. 58, Susan 54, John W. 19, Sarah J. 17, Margaret 15
JONES, John D. sr. 78*, Nancy 60, Richard 47, John D. jr. 39, Stanley 8, George Ann 5
JONES, Richard 73*, Louisa 35, Richard 9, Lerin? B. 8 (m), William 6, Martha A. 3, Nancy E. 1
LONG, John 12*, Sarah E. 8, Elizabeth 5
MCATEE, Eliza 49, Ann 21, Thomas J. 18
PRESLEY, David 59*, Mary 33
TALBOTT, Nancy 35*
TALLY, Hezekiah 18*
WADDELL, Joseph 66*, John 11
WALLER, Joseph A. 38*, Eliza R. 30, Charles S. 2
WHITE, Robert 36, Eliza A. 29, Beverly S. 10, Robert 7, William P. 9, A. J. B. F. 5 (m), Charles C. 5/12
WILSON, John 19*
WILSON, Joseph H. 22*

Schedule Page 309

ALLDRIDGE, James W. 35, Judith A. 28, Octavia 6, Frances E. 3, Valverda 1 (m)
BAKER, James T. 32*
DILLIARD, Beverly 51*, Martha A. 26, Sarah E. 10, America 8, Beverly 4 (m), Andrew 2
GRAY, Dick 38 (B), Polly 33, Leander 4, Fanny 57, Wesley 17, Adaliza 10, Lawrence 6
HARPER, L. B. 48 (m), Lucy 59, Elizabeth 22, Jesse 18
HITE, Henry C. 33*, Mary 30, Lorenzo D. 8, Thetus 4 (f), Henry J. 1
HOLLAND, Thomas P. 26, Elizabeth 24, Sarah A. W. 3, Martha L. C. 2
JONES, Edmond 52, Martha 25, Wesley 23, James 21, Mary 20, Narcissa 18, Richard 14
MILLER, James D. 27

1850 Census Trigg County Kentucky

NOE, James N. 40, Sarah H. 35, Sarah J. 14, Martha 11, Aquilla H. 10 (m), James M. 7, Tennessee 6 (f), Kentucky B. 2 (f)
PORTER, James 70*, Sarah W. 55, Sarah A. 21, Elizabeth J. 16, Robert 14
PORTER, William T. 28*, Susan A. 16
PURYEAR, H. G. 38 (m), Nancy B. 33, Elinora W. 12, Gabriel J. 11, Mildred A. 10, Marcellus H. 6, Thomas J. 4, Virginia H. 3, Nancy E. 2
STEWART, Dabney 26, Elizabeth A. 25, Francis M. 3, Irby W. 2
STEWART, William sr. 38, Mary P. 36, George W. 18, Melissa A. 15, Nancy 14, James W. 9, Henry C. 6, John M. 3, Amelia E. 2/12
STILL, Josiah B. 44*, Napoleon 9, Sarah J 7, Luvica F. 6, John W. 4, James 1
TURNER, David 23*
WARREN, Timothy 39
WRITER, Anaca 35*

Schedule Page 310

ALLEN, Elizabeth 43, John 19, Elizabeth 15, William 12, James 11, Pernecy 9
CHOAT, Agnes 45, Absalom 19, Jackson 17, Amanda B. 14, Thomas B. 11, Nancy A. 8, William 6
CRUTE, William N. 32, Squire C. 26, James W. 5, Mary A. 2
DAVENPORT, Janus 19*
FROMAN, Benjamin 55, Elizabeth 50, Elizabeth J. 17, John T. 15, Benjamin 12
GARNETT, Elkanah 26, Mariah V. 21, Virginia A. 2
HUMPHRIES, Charles 44, Absalom W. 12, John S. 11, Andrew J. 9, Calhoun 8, Charles 6, Richard 2, Mary C. 4, Sally A. 6/12
HUMPHRIES, William H. 24, Lucinda 24, William M. 2, Maranda E. 1/12
HUMPHRIES, William S. 29*, Mary J. 25, Berthena 77, Thomas 40
JACKSON, John N. 32, Sarah E. 21, Mary J. 2
JEWELL, James 43*, Fathy 60 (f)
JONES, Martha 18*
MCCAUGHAN, C. N. 27 (m)*
SCALES, Elizabeth 46, Hannah S. 25, Nancy W. 18, Barbara A. 16, Caroline 14
TYLER, John D. 23, Hillen M. 21 (f)
WALLIS, Jesse T. 32*, Mary E. 26, Mary C. 5, Ellen E. 4, Arabella 4/12
WASHINGTON, Mariah H. 26*
WILFORD, Robert 26, Nancy J. 23, Nathaniel G. 16
YOUNG, Ferdinand 53, Nancy B. 53, Elizabeth J. 20, William F. D. 17, Cynthia A. A. 8
YOUNG, Billy 45 (B), Stephen 39
YOUNG, Sol 45 (B), Spencer 36
YOUNG, J. G. V. 29 (m)*, Nancy W. 23, Mary S. 5, Fanny B. 3, Orville D. 1

Schedule Page 311

BAKER, Thomas 15*
CARLOSS, William jr. 32*, Frances A. 28, James W. 9, Henry C. 7, Anthony 5, George P. 3, Francis M. 5/12
COLEMAN, Nancy 54*, Elbridge 17
COLEMAN, Peyton S. 25*
DARNALL, John O. 25, William T. 23, Mary E. 20
DYER, Anderson 45, Sarah 37, Judy Ann 17, Mary 16, James 14, Lewis 12, Zarilda 11, Sarah 7, Eliza 2
EDERINGTON, William 62, Louiza 51, Robert 21, Laura 15
EVANS, James S. 29, Susan 29, Ezer 9 (m), Sarah 3

1850 Census Trigg County Kentucky

FAULKNER, Elizabeth 42*, John H. 26, Thomas B. 19
FAULKNER, Susan J. 17*, Ephraim 15
HARDY, George W. 36*, Martha J. 27, Mary J. 6, William H. 4, John G. 1
HARRISON, Webber M. 28*, Elizabeth 25, Virginia 4, Gabriella 1
JONES, Mark 31*, Elizabeth 36, John 10, Charles 7, Addison? 6, William 2, Elizabeth 4/12
LADD, Elizabeth 17*
LEWIS, Richard S. 15*
MCINTIRE, William 14*
MUNDAY, Eliza 24*
REESE, Joseph B. 50, Mariam C. 18, Zoria A. 12, Asphasia E. 10(m)
REESE, Thomas Therou 23
SCALES, Levi 11*
SIMS, Richard 73*, Margaret 71
SOLMON, Thomas H. 35*
STAPP, Nancy 52, Sinclair 22, Milton 20, Malinda 17, Thomas G. 14, Willis 12
WALLIS, William R. 30*, Margaret E. 25, James F. 4, _____ 1 (f)
WILFORD, Bennet 48*, Sarah 46, Merril 21, Minerva 14, George 11, Sarah J. 7, Doctor B. 5
WOOTTON, David C. 25*, Frances 19

Schedule Page 312

ALLDRIDGE, Lucaty 25 (f)*
CARLOSS, William P. 57*, Olivia 60, Elizabeth 37
COLEMAN, Jordan 73, Thomas 15, Martha W. 12
COLEMAN, William C. 28, Permela 28, John W. 1
DANIEL, Rhoda P. 47, Ephraim 15, Thomas 13, Henry 8
FORD, Thomas 27*
GREAM, George W. 53, Nancy W. 49, Martha C. 28, Pinkney C. 21, Elizabeth M. 23, Irene A. 18, George W. 15, Nancy E. 13, Minton A. 11, Benjamin F. 5
HARRISON, Jeremiah 51, Jane 22, David L. 18, Warren R. 17, Elizabeth M. 13
HOLT, John 38, Diana 39, Peter 18, Christiana 17, John 15, Jeremiah 8, George W. 6, Bidsy 5, Sophia N. 1
HUMPHRIES, Jesse W. 33*, Lurana 20, John D. 5, George 4/12
MCGINNIS, O. G. 24 (m)*
NANCE, B. G. 27 (m), Louvica S. 30, Sarah E. 2, William E. 7/12
PARSLEY, Jesse S. 57*, James J. 17, John F. 15, Minus C. 12, Nancy A. 10, Sarah J. 8, Andrew J. 6, Susan C. 3/12
PORTER, Joseph 24*, Martha 16
ROSS, Eveline 40*, Mary 16
ROSS, Thomas 15*
TAYLOR, Anderson 47, Mary A. 32, Alexander O. 25, Elzera 19, Theophilus 18, Frederick 15, James 13, Isaac 10, Louisa 5, John M. 4/12, Nancy 60
WASHINGTON, Thomas jr. 31*, Phoebe 36, Mary 9
WASHINGTON, Thomas sr. 68*, Rhoda 47, William B. 17, Sebra B. 14
WILSON, Alexander 55, Elizabeth 75, John 50, Garland 14 (m), Bonaparte 12, Albert 8, Pinkney 6

Schedule Page 313

ALEXANDER, John 37*, Martha A. 30, William H. H. 9, Sarah J. 7, John J. 5, Elenora A. 1, Andrew 20
DANIEL, Joshua H. 27, Charlotte 21, John Q. 21
DUNNING, Emeline 21*, Miles 5/12

1850 Census Trigg County Kentucky

FAULKNER, H. B. 35 (m)*, Elizabeth 34, Minerva 10, Harriet 8, Benjamin 6, Samuel 5, Mary 3, Charles 1
GRAY, Martha 14*
HARRELL, Eliza 21*, Mary S. 2
HARTMAN, Michael 42, Mary 28, T. W. 19 (m), An E. 18, Estella M. 16, Martin 13, Theophilus 10, M. E. 8 (m), Sarah M. 5
LADD, Susan 64* (B)
MCCAIN, James 77*, Alexander 26
MINTON, Henry 29, Mary E. 29, John J. 5, Susan 3, Angeline 6/12
MINTON, Thomas J. 23, Martha 23, Mary 56
NEAL, John R. 40, Eurinda 38, Rufus 12, Agnes 10, Thomas 8, Lucy 4, Spencer M. 2, John J. 9/12
NUNER?, Mary 15*, Joseph 12
TART, Lodwick? 43 (m), Susan 34, Thomas B. 14, Josephine 13, Susan E. 11, Charles A. 8, Ottway 5 (m), ____ 1 (m)
WILSON, Joel F. 37, Mary A. 32, Thomas A. 8, Martha J. 6, Mary A. 3, George L. 7/12, Elizabeth 35
WILSON, Myserine? 31 (f), William T. 8, Edwin B. 6, John P. 4, Susan B. 2
WILSON, Thomas B. 44, Polly Ann 35, Algernon 17, George F. 15, Clara A. 11, Thomas L. 2, Wiley C. 1
YOUNG, Elizabeth 59*, William B. 25, Martha 23, John 2

Schedule Page 314

BEARD, Elizabeth 17*
BENNETT, George R. 40*
BOYD, Linn 49 (m)*, Ann L. 31, Butler 5
BRAYBEY?, John 34, Henrietta 11, Sally 10, William 8, Nancy 6, Mary 4
BURNAM, Isaac 51*, Elizabeth A. 36, Benjamin 17, Wilson 15, Celia 13, Catharine 8, Isaac 6, Jane 3, Samuel 2
CANNON, Leander 26*, Susan M. 23, Irene 4, Leander 2, Ferulon? 8/12 (m)
CARNEY, Martha 46, William W. 24, Pernecy 22, Barnaby 20, Washington 15, Aurora 13
COY, William 58, Mary 56, Mildred A. 18, Charles P. 13, McHarden 11
DUNNING, Levi 52, Jennet M. 45 (f), Carney F. 23, Wiley M. 22, William L. 15, Ferelender 13, Levi 10, Joseph 8, Jennet A. 6, Gabriella K. 4, Rufus H. 2
GURER?, Emanuel 17*
HALL, Edward 27, Mary 24, James 2, Thomas 5/12
HOOL, Frances M. 25*
HOPSON, Nancy 14*
KRUADY, B. H. 31 (m), Isaphena T. 26, Julia A. 7, Sarah E. 6, America J. 4, Rosanna 2, Jennet F. 3/12
MABRY, Lewis B. 39, Sarah 40, Wayman C. 14, Lucy L. 12, Richard 10
MATTHEWS, Elizabeth 16*
MILLER, Isaac 59, Sarah 52, Caroline S. 24, Martha A. 19, Emily 17, William A. 14, Rufus H. 11
NEWMAN, Joseph 9*
REED, Mary C. 13*
STEELE, Moses A. 37*, Louisa A. 25, Catharine W. 2
VAULANDINGHAM, M. 85 (m)*
WAKER, Ellen 10*
WHITLOCK, John 64*
WILKINSON, Spotswood 35, Mary L. 37, Webster C. 14, Robert L. 12, Emma E. 10, Richard M. 8, Alexander C. 5, Mary F. 2, Susan D. 3/12

1850 Census Trigg County Kentucky

Schedule Page 315

BAKER, Elizabeth 12*, Samuel F. 8, Melissa F. 6
BRYANT, Lawrence 40, Margaret 39, Virginia K. 11, Mary Ann 10, Catharine E. 8, Henry H. 6, Sarah F. 4
CANNON, John J. 28*, Ophelia P. 24
CURLING, Harry 50* (B)
CURREN, Mary B. 7*
HANBERRY, Daniel S. 27, Martha 24, Frances 2, William T. 8/12
HOLLOWELL, Lott 33, Elizabeth 24
HOPSON, Mary 20*, William G. 1
HUMPHRIES, James M. 38, Jane 38, James A. 15, Susan J. 13
JOHNSON, Pressly 26* (B), Sylvester 23, John 18
MITCHELL, America A. 18*, Alexanon 14
MOORE, Matthew 40*, Eliza 36, Matthew 2, James F. 4/12
MORRISON, William H. 28, Matilda 28, Frances N. 6, Sarah E. 2
PEARCE, William 17* (B), Jack 15
SANDERS, John 45*, Frances 40, William B. 17, Laurinda 16, Lautippe? 10 (f)
SAVELLS, John H. 41, Sally 32, Martha 12, Sarah J. 9, Elenora 6, Edger H. 2
SAVELLS, John M. 44*, Marilla L. 43, Simon B. 30, James 16, Sarah 14, William 12, Lorenzo 9, Delia A. 7, Ruth 5
SCALES, John 80*
STANDRED, Samuel 60*, Elizabeth 51
WILKINSON, Jacob 37*, Permela 35
WILLIAMS, Jane 40*
WIMBERLEY, Guilford 48*, Margaret 43, John J. 23, Cynthia A. 16, Charlotte 14, Edgar 10, George A. 4
WRIGHT, Andrew 35*

Schedule Page 316

ADAMS, Wesley 58, Margaret 51, Hannah Y. D. 24, Ann W. 21, Sarah M. 20, Margaret 12, Josephine 10, Clara A. T. 8
BARNES, Gideon W. 5*
DUNNING, Jonathan 52, Axy 40 (f), Matilda 23, Ada 20, Sarah 18, Minerva 15, Henry L. 17, George 12
DUNNING, Shadrach 35, Elizabeth 42, Arrena F. 9, John W. 7, Angeline 5, Adaliza 3, David H. 7/12
DUNNING, Alexander 25*, Arrena E. 22, King E. 1, Maranda E. 3/12, Martha M. 11
GATEWOOD, Martha A. 10*
HAYDEN, Jane 31, Wm. Clinton 24, Seldon 21, Judy Ann 19, Eveline 16, Robert 9
HAYDEN, Samuel 36*, Martha 24, Reuben H. 6, Leslie 3 (m)
HOLLOWELL, Mary 37, Jonathan 23, Daniel G. 22, Lucretia 19, Charlotte 17, Harriet 15, Levi M. 13
KRUADY, Felix G. 25, Henrietta 26, William B. 2, Mary A. 3/12
KRUADY, Josiah 49, Minerva 36, Albert 14, Josiah 11, Charles 9, Martha E. 7, Frances 5, _____ 1 (f), Dudley W. 18
LANG, Thomas 54, Martha 51, Harriet 15
LESTER, William 49*, Jane 38, William 17, James 14, Samuel 13, Deresa 21, Matilda 19, John 9, Joseph 8, Enos 6, Martha 5, Lizetta 2, Armstead 2/12
MITCHELL, Riley 22, Elizabeth 25, Mary 2, Cassandra 2/12
MITCHELL, Thomas J. 27, Altazara 33, Albrit F. 1
WARREN, Booker 38, Martha 28, Elmira F. 11, Mary J. 9, Sally Ann 7, William A. 5, Susan A. 3, Harriet A. 1

1850 Census Trigg County Kentucky

Schedule Page 317

ARMSTRONG, John 11*
BRANDON, John L. 40, Eliza 40, Hurt? F. 14 (m), Josephine 13, Lott 12, Edwin 9, Irvin 4, Lucretia 2
FOWLER, Mordecai 72*, Jane 67
HENDERSON, Bennett 54, Catharine 48, John M. 27, Thomas 24, William 21, Mary A. 18, Robert 16, Sarah 14, Joshua 13, Henry 8, Bennett 5, Caroline 1
HOLLOWELL, Lucretia 38
JONES, Wiley 40, Eviline 37, Cynthia A. 16, John 8, Sally 10, Nancy 7, Henry 4, Loftin 2, Elizabeth 2/12
JONES, James 17*
LARKINS, William 58, Penelope 45, William J. 28, Samuel 25, Henry 24, Susan 20, Sovreign 17 (m), Carroll 15 (m), Martha 14, Eliza 11, Louisa A. 9, John 7
LESTER, George W. 20, Lucinda 23
MARQUESS, Mary H. 71, Elender 41, Malinda 22, Eliza A. 5, Mary E. 2
MARQUESS, William K. 44, Charlotte 42, Sarah W. 21, James 19, Jacob 17, Matthew 14, John 12, Elizabeth 8, Mary 5, Jasper N. 1, John W. 27
MITCHELL, William Y. 25*, Cassandra 21, Nancy J. 3, Joseph 6/12, Mary A. 24, Yovney? 7 (m), Polly 5, Rebecca 1
RAINEY, William R. 42, Nancy 45, Andrew A. 12
TURNER, James B. 35*, Nancy 37, Mary 2, Elizabeth 3?/12

Schedule Page 318

BUSH, James J. 24, Mary A. 21
CLARK, Warren 57, Rebecca 33, Joseph 4, Virginia 2, William 1
ETHERAGE, Elizabeth 70*
FAUGHER, James M. 26, Polly 22, James H. 6, Andrew W. 3, Emily F. 7/12
FAUGHER, William R. 21, Sarah 20, Virginia A. 7/12
HOWARD, Martha E. 43*, William 16, Frances 14, William 8, Elisha E. 5
KING, William 28*, Pheribe 29, Mary Jane 7, Rufus 4, Warren 2
MITCHELL, Emily 8*
MITCHELL, Franklin 13*
MITCHELL, William J. 21*, Eliza C. 17
OLIVER, Leaven 25, Pernecy 23, Lucretia 4, Enoch 2, Dulany 3/12
PEARCE, John 37*, Elizabeth 28, Dicintha 11, Leander 9, Cary D. 7 (m), Elizabeth 4, Phoebe A. 2
RAMEY, John L. 34, Phoebe A. 34, Margana 7, James 6, Mark M. 5, Sandford 1
RAMEY, Jane 55*, Julia B. 32, James M. 27, Nancy 25, John 2
REDDICK, Asa 58, Loften 23
REDDICK, James 36, Elizabeth 24, William Y. 3, Sarah F. 1, Nancy J. 2/12
REDDICK, Elizabeth 35*
RYAN, Francis 27, Mary 28, Robert 6
SANDERS, Jeremiah 59*, Thomas 39
TOOK, William 27, Martha J. 23, John T. 3, William J. 2, Jesse N. 1, Delila 64, Malinda 37
WYNN, Hezekiah 20, Julia A. 17, Mary A. 1
WYNN, Nathan O. 32, Kezziah 25, Isaac T. 5
WYNN, Thomas 35*, Elizabeth 32

Schedule Page 319

BUSH, George 32, Lucinda 23, Elizabeth F. 2, William H. 1/12
CRUMP, Abner 66, Nancy 62, George P. 31, John A. 20

1850 Census Trigg County Kentucky

CURLING, Thomas 26, Mary A. 24, Kitty Ann 1, Martha F. 1/12
CURLING, John 59*, Martha 67
FOWLER, Williams 43, Nancy 38, James C. 18, West 16, Martha E. 13, William B. 10, Sarah D. 6, David R. 5, John B. 2
HANBERRY, Rebecca 55, John W. 23, Savells 21, Thomas 19
LESTER, James 39, Delila 36, Miles 10, James 7, Gabriella 5, Demarcus L. 2, Mary E. 2
MITCHELL, James 44, Celia 44, Martha 19, Dennis 17, Mary 15, Mabry 13, James 10, Benjamin 6, Martha 8
MITCHELL, Luvina 38*, Malinda M. 14
MITCHELL, Polly 23*
OLIVER, Nathan 27, Leviana? 26, Lurana G. 8, Nathan 6, Charlotte 5, Drewry W. 3, Milton L. 1
RHODES, Nancy 47
SANDERS, Bracken 53, Ann 53, William B. 16, James 14
SANDERS, Whitson 33*, Rebecca 30, Nancy 10, Ashford 9, Zachary 2, Uriah Scott 2
SAVELLS, Thomas jr. 32, Elizabeth S. 29, Samuel W. 9, James T. 7, Ann E. 5, Mary E. 3, William B. 2
SAVELLS, Thomas sr. 76, Elizabeth 69
SAVELLS, Elizabeth 50*, Miles W. 30, Sarah F. 28, Daniel C. 25
SMITH, Eleanor 60, Irvin W. 24, Ferman A. 16, Hardy W. 6, John H. 4
SMITH, Isaac G. 31, Susan 17
WOOLF, Elizabeth 26*, Susan J. 3, Cornelia A. 2

Schedule Page 320

ADAIR, Crawford 30, Lucy 27, John 12, Stephen 5
ANDERSON, James 42, Harriet 41, C. D. 20 (m), Elizabeth 16, Harriet A. 14, William H. 11, Milton J. 7
CREEKMORE, George 80
CUNNINGHAM, Michens 38, Elizabeth 27, Robert 15, Rutha 13, Eliza 8, James 5, Missouri A. 4, Catharine 1
DELAWSON, John 35, Nancy 34, Joseph 11, William 7, Francis M. 4, Wiley 2, John H. 4/12
HANBERRY, John 69, Mary 66, Lucy 27, Thomas 24
HARRIS, John B. 52, Elizabeth 43, Lucinda 16, Louisa 13, Amanda 9, John W. 7
JONES, John 36, Amanda 33, Presley 15, James R. 12, Sally A. 8, Martillus 6, William T. 3
MITCHELL, James 30, Martha 22, Sarah 10, William J. 8, Leander 6, Thomas J. 2
MITCHELL, Sarah 49, EDavid D. jr. 26, Benjamin 21, Dennis 19, Caroline 19, Elias 13, Martha 11, Sarah 9, Lucinda 7, Jarrett 4
NICHOLLS, Maxey 45, Martha 42, Thomas 21, William 19, Sarah A. 14, Emily 12, John 6, Martha 4, _____ 2 (f)
OLIVER, Leaven sr. 60, Lurana 56, Delila 14
PROCTOR, William 28, Rachel 27, James A. 9/12
WORTHAM, William 52, Martha 33, David S. 15, James 13, Robert 8, Virginia 6, Thomas 4, Elizabeth 2

Schedule Page 321

BOURLAND, Andrew K. 45*, Medis 43 (f), Sarah 20, Rebecca F. 19, Samuel 21
CALLOWAY, Thomas H. 42, Rebecca 51, Eliza J. 26, Minerva 9
CERBY, John 26, Sally 19, Lucy 1
CREEKMORE, Amzi 31 (m), Nancy 25, Rufus 2, Martha A. 6/12
CREEKMORE, Bartlett 28, Elender 23, Thomas E. 2, Duoley C. 1
CREEKMORE, Malachi 71, Anna 45, Mary 22
CURRAN, Ann S. 8*
GRASTY, Gordon B. 28, Cassandra W. 22

- 238 -

1850 Census Trigg County Kentucky

GRASTY, Lucinda 52, Laura 21, Milton 19
GRASTY, Sharshall 53
HAWKINS, John D. 45, Mary 40, Sarah 22, William 20, Dycus 16, John 15, Polly 12, Jinny 10 (f), Melissa A.
    6, James 4, Kirten Lee 2 (m)
HOLLAND, John A. 32, Minerva 29, Cinderella 4
LITCHFIELD, Nancy 60, Evaline 25, William 5, Margaret 2
LITCHFIELD, William 29, Eliza 29, Henry 6, Samuel 4, Susan 1
MITCHELL, George 30, Nancy 25, King E. 3, Mary A. 1
OLIVER, Andrew W. 31, Elizabeth 31, Sarah F. 6, Elbert 4, Nathan T. 1
OLIVER, Leonard W. 24, Eliza Jane 21, Margaret J. 1, Leaven T. 1/12
OLIVER, Nathan T. 28, Susan 32, George W. 8
OLIVER, William 21, Emily 22
PEEL, Harvey 29, Eureline 32, Sarah F. 8, Mildred 4, Wayman 1, Wiley 6/12
STANDRED, Bazzel 52 (m)*, Rebecca 50, Samuel 25, Rebecca S. 21, Sally A. 17
TOOK, William T. 6*

Schedule Page 322

BAILY, William 60*, Charlotte 45
BAKER, Blake 45, Edna 45, Christian F. 19, Laurinda 17, Hazard P. 15, Blake 13, Thomas K. 11, Helan E.
    9, Linn B. 6 (m), Mary E. 2/12, John F. jr. 26
BAKER, John F. sr. 27, Sarah A. 25, Letitia L. 8, Sarah E. 7, Telitha A. 6/12
BAKER, King F. 30*
CALLAWAY, Achilles 35*, Aanda 38, Elizabeth 10, Amanda 6
CAMPBELL, William 52, Sarah J. 39, John F. 19, Catharine F. 17, Sarah E. 15, Elvira 12, Joseph 10,
    William B. 7, Mariah V. 5, King S. 3
DYER, Martha 64
FUQUA, W. L. 24 (m), Nancy M. 21, James H. 2, William J. 3/12
GRASTY, John M. 44*, Cynthia 34, Elizabeth J. 10, Lucy A. 8, Gorden B. 6, James 4, John N. 1
HARRIS, Malinda 31*, Joseph C. 15, Martha A. 11, John T. 9, William F. 7, Frandens? B. 5(m), Achilles C. 3
HOLLAND, Rebecca 52, Matthew 25, Eliza A. 23, Robert S. 20, Rebecca 18, Amanda C. 15
MITCHELL, James 47, Mary 34, Mary 22, Calvin 19, Martha 15, Nancy 13, James jr. 11, Jasper 7, Sarah 6,
    Elizabeth 4, Seth 3, Amanda 2/12
MITCHELL, Thomas S. 55, Mary A. 35, Polly 23, Martha A. 17, Margaret A. 13, Sarilda 8, Cordelia 6,
    Achilles C. 2/12
MITCHELL, Mabry 16*
MITCHELL, Thomas 22*
OLIVER, John 35, Mary J. 23, Elizabeth 12, Sarah 11, Cynthia 9, Elvira 4, Joseph 1
STANDRED, Drewn? W. 28 (m)*
TAYLOR, James 18*, John 15, Thomas 13
WALL, B. J. 32 (m)*

Schedule Page 323

ANDERSON, John F. 31, Chloe A. 21, Sarah J. 2, Alphonse 1
BALLENTINE, James S. 28, Louisa J. 25, Miles 26
FAULKNER, James 47, Mary A. 36, Amanda M. 14, Virginia 10, John 4, Mary E. 1
JOLLY, Edward 47, Rebecca 48, Sherwood 15
KENADY, Robert 15*
MABRY, F. A. 38 (m), Rebecca 29, John W. 6, Yeatman S. 4, Mary J. 3, Henry F. 1

1850 Census Trigg County Kentucky

OLIVER, Walter 68, Mary 68, Virgnia A. 29, Mary 20, Nancy A. 10, Walter A. 9, James W. 4
OLIVER, Henry 33*, Margaret 23, Mary C. 1
OSBORN, Miles 36, Margaret 35, William 11, Thomas 9, Jesse 8, Ephraim 6, Sarah 3, Kesinsco 1 (m)
PEEL, Stephen 70, Mary 69, Mary Ann 27, Perry 25, Partney 21 (m), Mary E. 12
PRESCOTT, John H. 57*, Drucilla 47, Wilson 18, Caroline 15, Edward 7
PRINCE, Albartes 51, Mary 50, Thomas H. 19, John E. 17, Prudence 12, Mary 10, Enoch 8
ROLSTON, Catharine 53, Mary J. 28, William 13, Emeline 9
RYNE, Michael 35, Rhoda 24, William 9, James 7, Mary C. 4, Amanda J. 2, John 9/12
SIMPSON, William 51*
WALLACE, John 28*
WILSON, John W. 52, Mary E. 21, Rachel E. 25, Eliza A. 4, Sarah C. 3/12
YOUNG, John M. 29, Martha 30, Joseph 9

Schedule Page 324

ARICK, Polly Ann 22*
BOYD, Carr 21*
BURNAM, Elizabeth 35, Minerva 14, Wilson 20
CREEKMORE, George jr. 32, Nancy A. 20, George M. 2, Mary J. 2/12
CUNNINGHAM, Dabney 42, Rebecca 40, James 18, Sally A. 17, Vitura 15, John G. 13, Martha 11, Emerine 8, King E. 5, Miss Ann 2
CUNNINGHAM, William 49*, Jane 39, And. G. 17 (m), David D. 15, William T. 13, M. C. 10 (m), Elias A. 6, Eliza J. 4, John J. 1
HENDRICK, Thomas 32*, Nancy 38, Elizabeth 11, Thomas 9, Leony 7 (m), Sarah A. 5, George 4, Mariah E. 1
JOHNSON, Henry 40, Margaret 37, Isaac P. 17, Richard A. 16, William M. 14, Louisa J. 12, John J. 10, James H. 8, Alfred A. 6, Mary F. 5, Peter G. 2
MABRY, Ellenor 40, Susan A. 20, Alexander 18, Martha 14, John 12, Malinda 10, Victoria 7, James 5, Arrena 2
PARMENTER, Theophilus 30, Jane 19, Celia A. 5/12
PEEL, Baily 32, Winny F. 25, Bayless 6, Miles P. 4, Perry P. 2, Irray 3/12 (f)
PEEL, Dennis 33, Jane 30, Amos 13, William R. 9, John J. 6, Hilsa 3, Leander 1/12
PRESCOTT, David D. 34, Sally 33, Julia A. 8, Thomas 6, Sarah F. 5, Margana 2, Albina 2/12

Schedule Page 325

ALEXANDER, Thomas 29, Ann M. 22, Lenar 7 (m), Mary F. 5, Martha A. 2, William C. 1
BAKER, Robert H. 24*
BOUNDS, Jesse 26, Mary E. 24, Luanna E. 3, Mary J. 1
BRENER, Meradeth 66*, Sina 50, Thomas 17, Mary L. 15, Lucinda 12
BUMAN, Wilson 52, Elizabeth 40, James R. 21, Permela 15
CUNNINGHAM, Alexander 36, Cynthia 27, William 9, Ellen 7, Alexander 5, Lydia 3, Z. Taylor 1
DYER, Alfred B. 33, Sarah D. 30, Rebecca E. A. 5, Marshall Ney? 2
DYER, John J. 29, Mariah A. 25, William D. 7, Eliza H. 5, Rufus K. 3, Cyrus 1
HANBERRY, Joseph 28, Eliza B. 28, Mary A. C. 2
HENDRICK, William 25, Mary 20, Prior 3, Gideon 9/12
HOLLY, Sally 61, Sarah 21
JONES, Richard 62, Nancy 57, Sarah 24
LANDES, Daniel 47*, Adaline H. 37, Charles 17, James 9, Henry 5
LAVIEVE, Samuel 50, Beverly 21 (m), Emily N. 16, Ewel W. 12, Edward B. 23, Kezziah E. 20

1850 Census Trigg County Kentucky

MITCHELL, David D. 43*, Celia 35, David D. H. 16, James M. 15, Blake B. 13, Sally A. 12, Fruy? 10 (f), Josiah H. 8, Nathan B. 6, George W. 3, Mary A. 1
STEEL, Elizabeth 21*
VANCE, Richard 8*
WADLINGTON, Thomas 52, Freny? 39 (f), Celia 15, Felix 16, Wayman 10, Ann 8, Mark 6, Lee B. 1
WADLINGTON, Eliza 22*
WILLIAMS, Cassandra 26, Hiram S. 6

Schedule Page 326

CHOAT, Gideon 58*, Margaret 48, Nancy 21, Mary A. P. 19, Edward 11
DANIEL, Green P. 44*, Margaret M. 35, Green P. jr. 18, Mary V. 15, Hellen M. 8, Euphemia T. 4, George S. 1
FAULKNER, John 33, Nancy 25, Josiah 6, Henry 3, Daniel 6/12
HARRIS, Reuben F. 22*
LADD, Elisha 52, Oneida 35, John C. 13, Edward B. 11, Sarah F. 6, Francis M. 3, Henry F. 1
MARTIN, William H. 38*, Amanda M. 24, Edward 10, John 8, Theodore 6, William 7/12
MCGAVIN, Washington 18*
SIMMONS, Charles 29*, Valentine 30
WILLS, Margaret A. 25*, John L. 1

Schedule Page 327

BARNES, Joseph 51, Elizabeth C. 27
CRUMP, R. M. 32 (m)*, Caroline 26, Susan 1
DAVENPORT, Thomas 52, Elizabeth 42, Mary F. 18, Minerva 16, William F. 14, Thomas W. 12, G. H. C. 10 (m), Elizabeth M. 7, A. H. 4 (m), Moses T. 3, J. F. 1 (m)
HOWARD, Allen 45, Susan 48, Martha A. 20, William F. 19, Thomas B. 17, Eliza T.? 14, Finis E. 13, Nancy E. 10, John W. 8
KRUT, Stephen 30*, Lucy 21
LIGHT, James 45, Sally 30, Eliza A. 13, Peter T. 12, Margaret M. 7, Samuel 5, John J. 2
MARTIN, M. M. 26 (m), Martha 27, Charles L. 4
MCKEE, Frances 23*
MONDAY, James 44*, Agnes A. 28, Muscoe N. 7, Sarah J. 18, Francis W. 3, Catharine 3/12
PEATROSS, Matthew W. 60*
SAXON, M. 33 (m)*, Mary 29, Joshua 13, Susan 11, Mariah 8, Mary J. 4, Charles 1
STOKES, Nancy H. 37*, Frances 15, Jackson A. 12, Mary J. 10, W. H. H. 8, Zachariah T. 3
THOMAS, Wimberly 39, Sarah 41, Virginia 16, James 12, Elizabeth 10, John H. 7
WADDELL, Elizabeth 17*
WADLINGTON, Mariam 30*
WALLACE, William 48, Bynum M. 18, Irvin H. 15, Uriah C. 14, William M. 12, Nancy E. 10, Martha A. R. 8, Liguor? R. 6
WALLIS, Chanin H. 22 (m)*, Nancy C. 19
WILBORN, Oliver 27*, Sally 23, Elizabeth C. 1
WIMBERLEY, Alford 50, Mariah H. 44, Gabriella 14, Benjamin 11, Margaret 9, Edward 7, Richard 4, Alfred T. 2

1850 Census Trigg County Kentucky

Schedule Page 328

ALLDRIDGE, Benjamin F. 29*, Sarah H. 21, Sarah J. 7/12
ARICK, Nancy 12*, William 6
BRIDGES, Alcy 17*
CARLESS, Benjamin W. 60*, Sally R. 58, Martha J. 19, Sarah O. 17, Benjamin F. 18
CRUTE, Clemens 57, Sarah A. 55, Sarah E. 18
CRUTE, James R. 25, Matilda 18
DAVENPORT, Frances 38*, Sally 32, Cynthia 30, Nancy W. 28
HARRELL, James 18*
HERNDON, Alfred C. 24, Martha F. 21, Martha E. 3, James T. 2, Mary J. 6/12
HOWARD, Elizabeth 64*, John 25
HUTTS, Nancy B. 6*
INGRAM, Marmaduke 76, Margaret P. 84
INGRAM, Rebecca 58, Lucy A. 35, Medis J. 28 (f), David R. 25, Eliza E. 22, Alexander M. 15
INGRAM, William B. 32, Elizabeth 34, Sarah M. 16, Marmaduke 14, NAncy E. 6, Charlotte T. 6
MANNING, Cornelius 65*, Nancy 61, Nathaniel H. 38, Harriet A. 32, John W. 27, James M. 12, George W. 11, Elizabeth N. 9
MCALLISTER, James S. 39, Calia C. 35, Joseph 11, William 2, Susan 1/12
PATTERSON, John G. 71, John B. 32, Martha J. 30
ROBERTS, John C. 9*, James O. 7, William T. 5, Marina 2
STOKES, Elizabeth 17*
THOMAS, Catharine E. 21*, Allison W. 24 (m), Sarah E. 6/12
WALLIS, Ferdinand 46, Mary F. 48, Wayman T. 21, John J. 15
WALLIS, John 43, Elizabeth 41, Lucy A. 16, W. B. 15 (m), Permelia E. 12, John J. 10, Iredell H. 8, Cynthia 5, Nancy E. 4/12
WALLIS, Benjamin 69*, Milly 59

Schedule Page 329

BARNES, Reuben 80, Nancy 70
BISHOP, Thomas C. 56, Sarah 44, Frances 10, Joseph 9, John 8, Birdy 5, Robert 3, Rebecca 1
BOBBIT, Stephen 29, Virginia 33, William J. 8, Alexander A. 6, Joseph P. 5, John D. 1
BRELSFORD, Mahlon 39, Paninah 36, Martha M. 13, Thomas 11, Jefferson 9, Susan 7, Mary E. 5, Serrelda 2
CARLOSS, Thomas H. 25, Courtney A. 22(f)
DAVENPORT, Allna 32*, Martha J. V. 17, Nassera A. 11, Ripley S. 9
FLOOD, Benjamin 27, Mary J. 27, Edward T. 1, Harriet A. 7/12
FLOOD, Benjamin 47*, Elizabeth 26, John A. 22
HEATHCOCK, Sarah 41, Elanor 21, Martha A. 18, James Y. 16, William R. 12, Aler 9 (m)
HENRY, James 7*
LASSITER, W. C. 18 (m)*
MALONE, Moses 32*, Rebecca 30, Maranda F. 12, Thomas D. 10, Alexander 8, William 5, James K. P. 3, Matilda 1/12
SKINNER, George W. 26, Mary A. 18, Elizabeth R. 2, James H. 2/12, Nancy 16
SON, John S. 39, Mary 30, Thomas J. 9, Robert L. 8, Eliza A. 2
TRAVIS, J. W. 35 (m), Nancy 29, Susan A. 7, Thomas R. 5, Mary E. 4, William A.? 2, Rebecca J. 1, Ann E. 10
WADLINGTON, Ferdinand 32, Zereloah 24, Anthony W. 2, Mary F. 3/12
WALLIS, James B. 44, Permelia 46
WILKINSON, William P. 50, Miriam 38, Mary A. 20, Martha E. 16, W. W. 12 (m), Isora 10, Adelia 7, Thomas W. 4, Flora 2

1850 Census Trigg County Kentucky

Schedule Page 330

ALFIN, James 64*, John 24
BENNETT, Isaac 44*, Malissa M. 43, Susan M. 10, William H. 9, Nancy 7, George W. 6, Fleming 4, Mary 3, John C. 2
DANIEL, William 84*
FLOOD, Thomas 39, Catharine 33, George A. 13, Margaret J. 12, John W. 9, Thomas E. 5, Elizabeth A. 3, Elbert 5/12
GARNETT, James G. 38, Rebecca A. 23, Nancy 15, William H. 14, Sarah 12, Elizabeth 10, Susan 1
GRIGSBY, Jesse 43, Mary M. 38, Robert J. 16, Martha A. 14, Savannah M. 13, Henry A. 9, Suffronia J. 11, John F. 4, Elizabeth F. 2/12
JOHNSON, Thompson 56, K. B. 45 (f), Bushy 19, John R. 17, Martha J. 15, Mary Ann 12, Ellanor? 9, Elizabeth 7, Sarah F. 2
JOHNSON, Wiley 21*
MALONE, Martha 75*
MARTIN, William 34*, Alpha E. 28, Eliza A. 8, Nancy J. 6, Sarah F. 4, Mary J. 2, Joseph 65
RANDOLPH, David 52, John 21, David jr. 19, James J. 17, Giles R. 14, Thomas J. 10
SHOLAR, David 36, Temperance 26, Thomas B. 4, William H. 2, Sarah E. 1/12
SKINNER, Merrill 31*, Elizabeth 30, Charlotte 9, Frances F. 7, Eliza J. 6, Narcissa 4, Sarah E. 1
SPENCER, Lucy 40*, Thomas H. 16, Mary F. 13, Polly Ann 10, Lucinda 1
WILSON, Joel 42, Margaret A. 32, Thomas A. 15, William W. 13, John B. 12, Joel M. 10, Charles A. 2

Schedule Page 331

CRENSHAW, Robertson 34*, Mary F. 30, Albert 9, James 7, William 5, Robertson 3, John W. 8/12
EULENS, Ellen 20*
GARNETT, Elizabeth 56, Lewis G. 22, Richard 18, Andrew 16, Mary E. 12
GARNETT, Robert 34, Lucy A. 24, Mary L. 9, Ophelia 7, Richard B. 5, George W. 4, Amanda 1
GARNETT, Thomas 43, Mary 35, Rebecca 18, Western 16, Mary T. 14, John B. 12, Elizabeth 6
GARNETT, James 63*, Polly 62, Anthony 31, Henry 29, Muser? 22 (m)
GREENWADE, John 54*, Ann 41, James 19, Thomas P. 13, Henrietta H. 8
HERNDON, Younger 65, Sarah 49, David D. 19, Susan 16, Younger 13, Missouri J. 10, Nancy A. 7
HITE, John S. 39*, Mary E. 28, Susan E. 6, Joseph 3, John W. 1, Susan 65
LINDSAY, James 65* (B)
MALONE, Miles 33*, Sarah A. 33, Lucy E. 12, Mary E. 11, James W. 7, Nancy M. 1
MILLS, William 27, Martha J. 24, John R. 6, Martha E. 3, Thomas L. 1
ROBERTS, William 39, Nancy 36, George A. 16, John W. 11, Nancy E. 9, Richard R. 4, Susan A. 2, Lowry 27, Martha A. 29
THOMPSON, Mary 36, Miles H. 13, Thomas W. 10, Nancy M. 8, William B. 5
THOMPSON, Elizabeth D. 17*
WALDEN, Lucy 45*
WILLIAMS, Abursha 21 (m)*
WILLIAMS, Arin 17 (m)*
WORTHINGTON, Milton 20*

Schedule Page 332

BENNETT, Cornelius S. 30, Nancy A. 26, John J. 9, William H. 7, Mary J. 6, Rufus M. 5, Sarah H. 4, Elizabeth H. 2
BENNETT, Fleming 31, Mary J. 18

1850 Census Trigg County Kentucky

BENNETT, P. H. 42 (m)*, Mariah 40, Melvill D. 20, James G. 18, Elizabeth 16, Elijah 14, Lucretia 10, Julia 7, Patrick 5, Mariah 2
BURBRIDGE, Elijah 77, Elizabeth T. 60
DAWSON, John 43, Permelia 35, Lewis 17, Greenup 15, Phoebe A. 13, Christopher C. 12, Dicy 9, Josephine 4, Lucy 2/12
EZELL, Jane _*, G. M. 20 (m), Mary A. _, Narcissa E. _
FULLER, Wills 24*, Elizabeth 19
GOLLADY, Samuel 54, Caroline 44, William D. 25, Luiza 20, James R. 18, Fountain W. 14, Samuel jr. 11, Caledonia 6
GORE, James T. 26*, Susan A. 23, Elizabeth A. 6
HOOPPER, William 46, Elizabeth 18, Mary Ann 13, Frances J. 7, Jacob A. 11
HOOPPER, Abraham 18*
HUTTS, Cornelius N. 39, Sarah 42, Mary E. 18, Martha B. 13, Maria 11, Rhoda 9 (m), Rufus B. 11, Susan 7, Nancy 6
LAWRENCE, James 86, Martha 48
LAWRENCE, Polly 34*, Mary E. 11, Olpha 7
MALONE, Thomas D. 59*, Matilda 58
NALL, Harriet 37*, John J. 8
SHOALER, William B. 30*
UNDERWOOD, Joseph R. 25, Sophie N. 21, Sarah M. 3
WALDEN, Mildred 39*
WILSON, Abel O. 39*, Mary A. 23, Saffrena R. 4, Nickolas W. 2, Maddison E. 3/12
WILSON, Richard 37*, Mary A. 28

Schedule Page 333

BOND, Benjamin W. 35, Frances R. 35, Thomas W. 14, Miriam 7, Elizabeth A. 5, Eliza 3, Benjamin F. 4/12
CARR, Joseph 53, Margaret 45, Nathaniel 25, Margaret A. 22, Martha J. 20, Dulcena 18, Thomas D. 16, Nossissa? 12, Aurelius 8
COOK, William 40, Nonia 35, David 2, Jane 6
COVINGTON, Thomas 48, Bolen 18, Mary J. 22, Mary E. 15, John M. 13, Nancy J. 11, Thomas A. 7
CRENSHAW, Thomas 30, Eliza A. 24, Elizabeth 9, Susan 7, Malcom 5, Nancy E. 3, Thomas 5/12, Cornelius 66
DARNALL, John M. 37, Mary J. 32, Jemima A. 14, Mary H. 12, Susan M. 7, Elizabeth T. 3, John F. 4/12
DYER, George J. 21*, Sarah S. 17
DYER, Joel 60*, Mary R. 56, Nancy R. 39, Sarah A. 28, Benjamin F. 26, Joseph F. 18, William H. 18, Mary S. 10
GARNETT, Charles W. 25, Nancy W. 21, Rhoda J. 5, Mary A. 3, James W. 4/12
HADEN, Silas 38*, Louisa A. 25, Elizabeth A. 6, Zac. T. 2
MASON, Martha 76
PAINE, Mary V. 10*
PUCKETT, Isaac 39, Elizabeth 33, John T. 18, Permelia A. 12, Mary J. 10, Matthew M. 7, Nancy M. 5, Elizabeth H. 3
PUCKETT, William H. 15*
RASCO, Josiah H. 32, Mary E. 30, Augustus 4, Milton 2, Flavus 1
SHOLAR, Thomas 25, Martha J. 20
WALKER, Elly 6*
WIET?, Vinson 23*
WOMACH, Jesse 78*
WYATT, Henry 27*, Elizabeth M. 24, Joseph F. 1, Mary A. 4/12, Peyton 24, Mary 14, Susan 11, Henry 63

1850 Census Trigg County Kentucky

Schedule Page 334

BENNETT, Uriah J. 31, Lucy A. 23, George L. 6, Ann E. 2, Luvenia 22
CANE, Maria 46*
CARR, William S. 28, Albina B. 24
CRUTCHFIELD, William 46, Catharine F. 25
DANIEL, Andrew B. 36*, Matilda 28, John M. 12, Nancy A. 10, Henry C. 7, Andrew B. jr. 5, James W. 5, Charles G. 10/12
DAVENPORT, William G. 35*, Cantharine 20, Isabella S. 2, John T. 1, Richard M. 1/12, Lucy K. 60
DAWSON, Samuel 50*, Mirea M. 45, Rhoda M. 20, John W. 16, Samuel J. 13
DUNN, Josiah 25, Elizabeth J. 23, Sarah J. 1
DUNN, William 21*
GREENWADE, Isaac 29*, Elizabeth 25, Frances A. 8, Thomas C. 6, John J. 6, Julia A. 3, Richard H. 2, Cornelia 1
HITE, Joseph 41, Susan E. 19
HOOPPER, Isaac 16*
JONES, James T. 42, Luisa A. 38, Margaret A. 16, Garland W. 13 (m), Rufus N. 11, Edward B. 10, Amos K. 9, Malinda E. 7, Tillman G. 5, Caroline V. 3, Emily F. 1
KNIGHT, Martin 12*
LANCASTER, B. R. 21 (m)*
MASTIN, James 14*
MCENTIRE, Thomas 15*
MCGINNIS, John B. 27*, Peachy A. 21, George H. 4, Mary J. 2, Martha A. 6/12
MCGRAW, Archy B. 32, Mary E. 21, Flavius Alp 2, Lenan 1/12 (m)
MILLER, Susan E. 22*, John A. 27, Ada 7/12
MILLS, J. P. 48 (m)*, Rebecca R. 52, Elizabeth 17, Miriam 14, Martha C. 12
WILSON, James 36, Sebell? F. 26 (f), James A. 2

Schedule Page 335

BAKER, Wilson H. 35, Lucinda 37, Nancy F. 11, Lucinda E. 5, William C. 3, James M. 1
BAKER, German 8*
BARBOUR, Joseph 39*, Larina 38, Susan J. 14, Sarah E. 7, William M. 13, Joseph A. 6, James H. 4, Martha A. 3/12
CHOATE, William 25*
COLEMAN, John 20*
DAWSON, Greenup 38, Susan J. 30, Emily 6, Alment 3 (m), Betty 1
DAWSON, James 46, Tamblin M. 57 (f), Elizabeth 13, Frances E. 10, Mary J. 8
DAWSON, Thomas D. 40, Lucy 30, Elizabeth 12, Augustus G. 11, Malissa A. 9, Susan J. 7, Laura 1
DRANE, James F. 46*, Emily E. 30, Henry C. 4, Charles H. 2
EVANS, Susan 56, Josiah A. 21, Miles D. 19, Samuel W. 17, Patience J. 26, Washington 15, Easer E. 12 (m)
LANDRUM, Nancy 49, Eliza J. 18, Julia 15
LINDSAY, Livingston 23*
MILLER, Elizabeth 62
MILLER, James Q. 32*, Susan A. 26, Ida E. 4, Ira 2, Sinclair 45
NANCE, Preston S. 55*, Elenor N. 50, Peyton W. 20, Jeptha G. 10
NORTHINGTON, William J. 27*, Martha E. 23
RASCO, James 36, Sarah 36, Menton 9, Mary E. 8, Emily H. 5, Albert 4, Lenora 2, James M. jr. 4/12
WALDEN, William 40, Lucy 35, Alfred 12, Ann E. 12, Harriet A. 10, John L. 4, Fannie 2
WALKER, William J. 27, Margarett 26, Mary E. 2
WARD, John O. 22*
WATWOOD, William S. 34, Eliza A. 17, David N. 6, James 1/12

1850 Census Trigg County Kentucky

Schedule Page 336

BAKER, Elizabeth 13*
DANIEL, Susan E. 18*, William C. 23
DAWSON, Edmond P. 33, Martha A. 34
DAWSON, Joseph A. 26, Mary A. 26, Edgecomb L. 3, Richard W. 1
DAWSON, Richard J. 58, Rebecca 54, Thomas H. 24, Reason 22, Algernon S. 20, Elizabeth 18, Henrietta 16, Richard jr. 11
DAWSON, Augustus G. 35*, Wilmoth 23 (f), Henrietta C. 6, Wiley J. 3
DEGRAFFENREID, William 74*, Rebecca 55, Lucinda H. 19, Rachel 15
ESTISS, William B. 33, Nossissa T. 30, Marquis L. 7, Catharine 5, Ann F. 4/12
FOSTER, J. G. 39*, Elizabeth 35, Susan A. 16, Mary E. 14, Thomas M. 11, Jane 6, William G. 5
HAYES, Elizabeth 45*
MATHIS, Anderson B. 30, Martha W. 25, Mary A. 6, James H. 5, Margaret E. 3, Malinda E. 1/12
MATHIS, Leonard 25, Letsy 23, Margaret A. 1/12
MICHUM, Jeremiah 61, Jane 39, Polly 21, Baily 16, Elizabeth 12, Isabella 10, Adaline 5, Susan 1
NANCE, Lissonby 48 (m)*, Mary L. 33, William S. 26, John W. 24, Virginia 17, Edmond L. 15, Lissenby S. 11, Peyton C. 4, Reuben L. 2, Harriet 1/12
REYNOLDS, Benajah 54 (m), Susan 45, William E. 24, Hester A. 20, John 18, Joseph 15, James 13, Frank B. 11, Abigail 9, Mary 7, Charles C. 4
ROBBINS, William C. 41*, Mary W. 42, William L. 17, Catharine E.S. 16
TAYLOR, Washington 26*, Margaret 20, Elizabeth 4, Mary 2
WILEY, John S. 8*

Schedule Page 337

BACON, Charles A. 42*, Margaret G. 25, Thomas L. 18, Matthew L. 16, Charles F. 13, Malcolm M. 4, John A. 2, William B. 39
BLANE, Ephraim 43*, Celia Ann 33, Mary A. 23, William G. 21, George D. 17, Elizabeth T. 13, Alpha 11, Catharine 8, Thomas H. 1, Martha 4/12
BUCKCANNON, Richard 1*
CLARK, William C. 53, Sophia 47, Samuel 24, Elizabeth 20, William J. 18, Martha M. 15, Andrew J. 13, Permelia 8
DUDLEY, John A. 30, Catharine 22, Robert 5, George T. 3
HAYES, John W. 25, Jane S. 22
LANDRUM, James D. 28*
LEDFORD, Andrew 37, Martha S. 38, Arthusa K. 15, Lucy J. 13, Mary E. 11, Lueza F. 8, Gaberella A. 4, Georgia A. 2
LEDFORD, Carter 35, Nancy M. 29, Edmond L. 10, William A. 8, Mary J. 7, Joseph S. 5, James C. 3, John H. 1
LEDFORD, Jane 69, James S. 21
LEDFORD, Joseph 33, Oney D. 23 (f), Thomas P. D. 4, Alice E. 3, Luvinia C. 1
MCCLAIN, Mary P. 68*
NANCE, Spotswood A. 36, Mary A. 28, John P. 7, Albert D. 5, Virginia C. 4, Mary A. 1
NANCE, Elizabeth 60*
RANSOM, Elizabeth H. 51, Stephen C. 27, John J. 26, Elizabeth J. 23, Charles W. 16
RATCLIFF, Cornelia C. 9*
ROBBINS, John H. 43*, Martha S. 38
SHELTON, Robert 19*, Lucinda 17
WIET, Sanders 35, Susan J. 20, John A. 4/12
WILEY, Robert F. 6*
WORRELL, Willis W. 25, Elizabeth C. 28, Thomas P. 1

1850 Census Trigg County Kentucky

Schedule Page 338

BOYD, Ebenezer 52, Eliza 28, Betsy J. 25, Martha 22, Andrew J. 17
BOYD, Thomas J. 15*
BURKE, Quinton A. 36, Virginia 36, Margaret E. 16, Mary S. 14, Lucy A. 11, James H. 9, Elissus C. 5 (m), Virgil J. 3, Sarah A. 6/12
BURKE, Thompson 65, Ann 64, Milly 42, Jackey G. 32 (f), Sarah N. 29, Hosea M. 19
CARSON, William W. 40*, Margaret 38, James T. 11, Margaret E. 7
COLEMAN, Joel 24, Eliza 21, Sarah A. 2
COLEMAN, William 50, Susan 47, William T. 22, Jemima 17, Mary A. 15, Caroline 13, Martha 11, John 8, Lissenby 5 (m)
DEMPSEY, Henry 6*, Luiza 3
DUNN, Jackson L. 40, Sarah 39, Hester 19, Rebecca 15, Wesley 14, Martha 13, James 11, Leander 9, John 7, George L. 5, Josiah 1
EDWARDS, Sophia T. 21*
FORD, John D. 15*
HILL, Berry J. 13*, John 11
LANDRUM, Edward S. 22*
MARTIN, John J. 32, Sarah 23, James 7, Margaret 5, Peachy A. 1 (f), Whitmell 11
OTTERSON, William 52, Sarah C. 42, Sarah M. 20, Mary J. 15, Rebecca 12, Betsey 9, Eliza 4, William T. 2
SCOTT, John 24, Ann 21, Frances 1/12
SHELTON, Joseph S. 26, Sarah A. 26, James L. 2, Andrew W. 4/12, James C. 20
SHELTON, William 41, Agnes 40, George A. 12, Ellinor J. 8, Mennoa? 6, Eliza L. 4, Mary 2
STILLS, John 54*, Frances 36

Schedule Page 339

ARMSTRONG, Andrew 50, Almira A. 38, David H. 20, Mildred E. 19, Sarah E. 17, Mary J. 15, Andrew J. 13, John E. 10, Susan C. 8, Lucy A. 6, James H. 4, Samuel L. 2
BURKE, Stepen 25, Emeline 23
FRANCIS, Wiley 47, Elizabeth 45, Middleton 16, Jane P. 14, John 11, Margaret 85
GREEN, Warren 45, Elizabeth 44, LEwis 18, Nancy V. 16, Jackson M. 11, Elizabeth 6
GROOM, James 56, Mary 57
LEGIT, Henry 4*
MATHIS, John 60, Margaret 57, Malinda R. 17
NEELY, Samuel 45, Sarah 48, Jane S. 25, William 23, Sarah A. 18, Rebecca M. 17, Albert L. 16, Samuel jr. 15
NEWTON, Harrison D. 22, Mary 55, Lucinda 19, Marilda 16
NEWTON, William W. 26, Elizabeth 20
PITTMAN, Mitchell 47, Elizabeth 33, James 14, Lurilla 11, Able O. 9, Demaratta 3, Baznell? 7/12 (m)
SAVELL, Thomas B. 25, Mary C. 30, John W. 3, James T. 1
STUART, William 62*, Robert G. 25, Mary J. 23, Berneice 20, William A. 17, Sarah 5
VAUGHN, Thomas R. 49, Sarah F. 50, Sarah A. 21, Mary J. 20, Albert R. 18, Indiana V. 17, Thomas R. jr. 15, Alvin B. 10
VAUGHN, Willis W. 56, Visa S. 39, Cintha 23, Lewis R. 20, Malinda 19, Elizabeth 16, Martha J. 14, James H. 12, Martin V. 10, Virginia A. 6, Mary A. 6, Mary A. 3, Syrmira J. 2
WILSON, Martha 30, Malvina 28, James 6, Joseph 5, Elizabeth 1

1850 Census Trigg County Kentucky

Schedule Page 340

CARY, John M. 35*, Nancy 22, Sarah E. 2, Henry 70
EZELL, Charles 23, Sarah J. 20, Amanda E. 4/12
EZELL, Gillum 22, Mary 19
EZELL, Hansel 48, Hester 44, William J. 19, Murrell G. 16, Chesley C. 12, Owen S. 9, Mary C. 6, John P. 1
EZELL, Murrell 45, Sarah 41, Mary A. 18, Susan 16, Haldelina 12, Nancy 10, Benjamin G. M. 6, Sarah E. 3
EZELL, William 30, Ellinor B. 18, Malinda A. 3/12
FORT, Irvin B. 20, Cintha A. 21
GILLUM, Elisha D. 46, Sarah J. 19, John C. 17, Preston M. 13, Joseph S. 10
GILLUM, Sarah 81*
GOALEY, John 32, Mary J. 11, Nancy H. 8, Zerilda 6, Percilla 2
GOALEY, Robert W. 22, Hester 18, Isabella 4/12, Elizabeth 51
HESTER, William G. 33, Harriet M. 39, Sarah A. 1
JONES, Anderson 35, Elizabeth 36, William R. 16, Lucinda A. 13, Margaret 11, Sarah A. 7, Finis A. 5, Nancy E. 3, Jonathan 1/12
MATHIS, James 33, Sarah A. 38, John W. 12, Willis M. 10, James F. 8, Eveline J. 6, Andrew J. 2
MATHIS, Preston 20, Mary 19
MATHIS, Thomas M. 21, Elizabeth 20, Martha 1
SHELTON, Robert 52, Anney 48, Catharine 19, Miramar 16 (f), Jane 15, Peyton N. 10, Samuel R. 7
WALKER, Mary A. 22*
WILEY, Lucinda F. 11*

Schedule Page 341

CAMPBELL, William G. 43, Nancy J. 43, Emily H. 18, Sarah S. 16, William A. 12, Margaret 9, Velevus P. 6, Amanda V. 4, Permelia H. 3/12
COX, George E. 33, Elizabeth 29
ELLISON, John 74*, Polly 75
ELY, Richard 14*
FRANCIS, Henry 54, Sarah 49, Elizabeth 18, Catharine 16, Robert H. 13, Martha J. 11, Polly A. 9
FRANCIS, Levi 35, Emeline 24, Nancy J. 11, Josiah J. 9, Harriet E. 8, John M. 6
HANCOCK, James 50, Jane 46, Josiah 23, Jessey W. 20, Sarah E. 18, Richard J. 15, Joseph J. 13, William T. 10, James H. 8
HARRELL, Leroy S. 24, Elizabeth A. 20, Nancy E. 9/12
HARRELL, Norflet 26, Mary L. 23, George A. 2
HESTER, James 50*, Mary 42, William H. 9, Sarah E. 7
JOINER, Isaac 24, Elizabeth 21, Mary F. 2
JOINER, Jonathan 28, Polly 28, John T. 6, Sandy 4 (m), James J. 3, Malissa E. 1
JOINER, Russell 34, Tabiatha 29, Nancy E. 10, Nancy S. 9, Martha E. 6, James H. 4, Rhoda L. 1
JOINER, Mary M. 25*
MATHIS, Adley T. 25 (m), Elizabeth B. 28, Martha A. J. 1, Henry 3/12
PRYOR, William 46, Mary 42, Adaline 22, Delila C. 17, Jonathan E. 15, James R. 13, William L. 10, Joseph P. 7, Lucy A. 3
ROBERSON, Josiah 22, Rhoda J. 21
ROBERTSON, Samuel 50*, Nancy 48, Joel 23, Amanda E. 14, Malinda C. 11, Thomas 8, James T. 5
STAGNER, Rebecca J. 17*, Josiah M. 4/12

1850 Census Trigg County Kentucky

Schedule Page 342

CHERRY, Martha 20*
COLEMAN, Henry 16*
EZELL, William 46, Catharine 46, Andrew J. 18, Nancy 16, Martha 14, Mary A. 12, Sarah 9, Rebecca E. 7, Mary F. 5, William H. G. 1
FRANCIS, Josiah 34, Rebecca 35, Francis M. 12, Josiah H. 3/12
FRANCIS, Wiley 24*, Henrietta 23, Joseph M. 3, Martha A. 1
HUDSON, Richard 38, Hannah E. 35, Mary E. 10, Margaret A. 8, Luiza C. 6, Rufus E. 3
JOINER, Nathan 32, Nancy 28, James B. 7, Nathan M. 6, Malissa H. 3, Pinkney J. 2/12
KEETON, Lewis H. 38, Z. W. 37 (m), Martha 66
LADD, James 32, Julia A. 33, James 2
MCCAIN, A. M. 24 (m), Sarah J. 22, George W. 1
MCCAIN, William B. 27, Rhosama 29 (f), Amanda C. 6, Mary A. 5, Minerva J. 3
PRYOR, Jonathan 37, Frances J. 21
PRYOR, James 47*, Elizabeth 40, Mary 72
ROSE, Theophilus 33, Drucilla 21, Mary 2
ROSS, Ely 45 (m), Elizabeth 44, Charles A. 21, George A. 15, Nathan A. 12, Mary E. 10, Jonathan E. 9, Joshua T. 2
ROSS, James A. 21, Mary 27, Martha A. 1, Matilda 1/12
ROSS, Reuben C. 19, Martha F. 17, Pinkey G. 1/12
ROSS, William H. 22, Emily J. 21
RUSSELL, Lucy F. 59*
WALKER, Abraham 44*, Mary A. 23, John H. 17, Martha A. 14, William H. 10, Joseph W. 8, Emily E. 6, Frances 4, Nancy 1

Schedule Page 343

AVERY, John Y. 25*
CARR, Nathaniel 61, Jane 53, Mary 23, Thomas P. 18, Luiza M. 14, Joseph M. 13
COLEMAN, James 20, Rebecca 25, Mary 7/12
CROSS, James 18*
DUNN, William 38*, Margaret 32, David A. 7, Levi P. 6, Martha A. 4, Rebecca J. 2, William jr. 7/12
ELLIS, John B. 25, Julia A. 22
EZELL, Hansel 20, Martha 21, Catharine E. 4/12
FRANCIS, John 60, Nancy 57, James W. 25
FRANCIS, Levi jr. 35, Nancy 34, Mary A. 14, John J. 13, William E. 11, Lessenby 9, Nississa 7, Martha 3
FRANCIS, Levy 57 (m)*, Jane 37, Elizabeth 16, Nancy 14, Luvenia F. 10, Mary A. 8
HENSON, William 65, Ailcey 61, John 37, Wiley 35, Sarah 28, Sarah 26, Henry 10, Jessey 5, Martin V. 13, Wiley 4
HENSON, Henry 23*
JOHNSON, John L. 28, Rhosanna 33, William H. 10, Martha A. 8, Thomas C. 4, Sarah A. 1, Georgia A. 1/12
JOINER, Israel 50, Martha 52, Thomas 23, Rebecca 20, Willis M. 18, Matilda 16, Martha A. 14
JOINER, Elizabeth O. 2*
KNIGHT, Richard 16*
NIGHT, Richard 35, Martha 26, William K. 11, James H. 8, Geo. Washington 6, Mary A. 5, Jessey L. 1
RAGSDALE, William G. 35*, Emily 28, Elizabeth 14, Lucy A. 12, Polly H. 10, James S. 6, William E. 3, Emily J. 4/12
SMITH, John 77*, Charity 65, Nassisa 25

1850 Census Trigg County Kentucky

Schedule Page 344

ALLEN, William H. 45*, Mary 45, Mary J. 17, Joseph H. 14, Sarah K. 11, Thomas H. 9, Susanah 7, Robert J. 3, John H. 2
CARR, Ann 46*, John M. 22, Cintha A. 19, Elizabeth 16, Arcena E. 13, Lyrilda 11, Mary L. 8
CARR, William G. 25*, Casandra 21, Gustavius L. 1, Delany W. 3/12(f)
CHENNING, Thomas L. 54, Samuel 24, Martha 19, John E. 16, Thomas C. 12
COBB, Warren D. 28, Mary 27, Finis P. 8, John W. 3
COOKSEY, William 24*
FARMER, John 19*
FORT, Mears P. 26, Ann 24, Amanda L. 3/12, Missouri A. 17
GRANT, William 27*
GREEN, Allen 16*
HARGROVE, Willis 60*, Rachiel 55, Margaret 24, James W. 21, William J. 18, Francis M. 16, George W. 15
HESTER, John J. 31, Elizabeth 29, Samuel W. 8, William A. 6, Mary M. 4
HESTER, Nathaniel 30, Mary 34, Alexander 7
HESTER, James sr. 63*, Mary 55, Abner N. 15, Robert J. 12
MASON, Mary S. 4*
PRYOR, Wesley 39*, Frances 39, Sarah J. 15, Frances A. 5
ROBERSON, William 31, Delila F. 22, Nancy J. 3
SCOTT, John H. 42, Annah 38, Andrew J. 19, Joseph 17, John M. 16, William Leny 14, Nancy J. 10, Gamabiel? C. 7(m)
SHELTON, James B. 26, Annie? E. 22, Alexander H. 7/12
SHELTON, John 48*, Easter 47, John C. 17, Quintus A. 16, Allen J. 15, Nancy J. 13, Elizabeth F. 11, Susan A. 7, Louisa A. 4
SHELTON, Milley 33*, Martha 17, Thomas J. 11, Grey W. 10, Elizabeth J. 8
WIMBERLEY, George 53, Nancy 47

Schedule Page 345

BOREN, James 56, Martha 49, Martha H. 15, Sarah A. 14, Elizabeth A. 9, George E. 7
BOREN, Wiley J. 28, Nancy 27, Henry A. 2, Elizabeth L. 2/12
BRUNSON, David 38*
CHENNING, Samuel 24
CRANE, Nancy 29, John B. 9, Pollard D. 3 (f), Samuel B. 1
CRANE, Fountain 45*, Nancy 44
ELLIOTT, Joseph P.? 29, Emeline 22, George S. 6, Addison J. 3
FARMER, Jeremiah 50, Jinsey 44 (f), Lucinda C. 22, John 20, James 18, Margaret J. 16, Thomas 14, Harvey 13, William 11, Richard 9, Jerry B. 7, Rebecca 6
HENDERSON, James W. 12*
LEWIS, Jackson W. 32*, Mary F. 28, Sarah A. 6, John W. 4, Mary J. 1, Abner J. 3/12
LINDSEY, S. S. 49 (m), Mary 44, Albert G. 21, William N. 19, Romelous? 17, James 15
MCKINNEY, Ewin 57*, Elizabeth 56, Nancy 31, Elizabeth J. 29, James E. 24, Robert J. 20, Luiza E. 14, Albert C. 9
MCKINNEY, Guy W. 34*, Rhoda 29, Bunyan H. 8, Mary E. 7, Albert E. 5, Guy L. 4, Catharine B. 1
RAMSEY, William 43*, Sarah 40, James W. 19, Elizabeth W. 17, William H. 15, Martha L. 13, John B. 11, John S. 9, Thomas R. 6, Samuel W. 1
RYE, James 28, Addaline 19, Martha 3, Francis M. 5/12
RYE, George 17*
SHELTON, Elizabeth 26*
SHELTON, George W. 18*

1850 Census Trigg County Kentucky

Schedule Page 346

BOREN, James jr. 22, Jane B. 22, Martha A. 2
COLEMAN, William A. 37, Mary A. 34, Isaac M. 10, Sarah E. 8, William S. 6, Fountain M. 5, Nancy H. 2
COX, William 37, Rebecca 36, Elias W. 12, Ruthy A. 9, Rhoda M. 6, Martha E. 8/12
CRANE, Alfred L. 25, Clarisa 26, Henry E. 4, Jonathan G. 2
CRANE, Samuel 71, Elizabeth 68
DANIEL, Royal 58, Elizabeth W. 50, Joseph L. 17, Rebecca E. 17, James M. 15
FLETCHER, Joseph 39, Mary A. 26, Martha E. 7, John W. 5, James E. 3, Thomas C. 9/12
HOWARD, Sarah 42, Mary W. 20, Martha J. 19, Richard H. 17, John B. 15, Susan A. 13
LASSITER, James 70*, Lydia 71
ROGERS, Joseph 49, Elizabeth 39, Augustus L. 22, Emeline A. 18, Nancy C. 16, Sarah A. 14, James R. 12, Elizabeth F. 10, John G. 8, Eliza B. 6, Malissa C. 4, Lucy 1
ROGERS, Martha 52, Joseph B. 27
ROGERS, Richard S. 32, Mary J. 31, Nancy D. 11, Thomas B. 10, Cyrus S. 7, Martha A. 4, Malissa E. 1
ROGERS, William S. 24, Matilda 21, John J. 3, Joseph G. 2, William H. 4/12
SHOLAR, James A. 36, Jane E. 29, Martha 8, Elizabeth 7, Albert W. 5, Julia A. 2, James P. 6/12, Elizabeth 74
SIMPSON, Rebecca 37*, John L. 11, Henry B.? 5
SKINNER, Wesley 35, Susan 27, Elbert 9, Eliza A. 6, Alfred L. 5, Emiline 3, Martha J. 2, Missouri A. 2/12, Samuel Ross 18

Schedule Page 347

CARR, John R. 36, Julia A. 25, Lucy A. 10, Peyton C. 8, Nancy W. 6, Lory O. 4, Wilmot E. 1 (f)
CARR, John 67*, Emeline N. 22, Eliza E. 17, Fidella S. 16, Russell B. 14, Andrew W. 14
DUNN, John 27, Sarah A. 34, Jonathan R. 10, Frances A. 7, John J. 4, Mary C. 2, Benjamin N. 11/12
HARRELL, Wiley 27, Rebecca J. 22, William A. 5, John R. 4, Sarah E. 2, James S. 4/12
HARRELL, Alexander 49*, Elizabeth 52, John 27, Martha E. 18, Sarah H. 13, Sarah M. 25
MILUM, Thomas 38*, Tabitha 26, Maria B. 1, Georgia A. 3/12
RANE?, Augustus 5*
ROSE, Merit 35, Mary 34, Irvin 9, Urskine 8, Kasandra J. 5, Sarah J. 4, Cyntha 1
SCOTT, William 85*
SIMMONS, Joseph 53, Elizabeth 47, Martha G. 22, Joseph jr. 21, Elizabeth S. 19, Julia A. 17, John B. 15, Mary A. 14, James C. 11, William H. 9, Amanda J. 6, Eliza G. 3
SIMPSON, Jane B. 12*
SKINNER, Amy 67, James H. 12
SKINNER, Edwin R. 33*, Elizabeth 31, William R. 8, Callum 6, Russel P. 5, Peyton D. 3, Augustus L. 1, Ross 58
TINSLEY, James 53*, Elizabeth 50, James C. 22, Araminta E. 17, John G. 15, Julia A. 13, Charles R. 11, Cyntha A. 40
WEST, Thomas 16*
WILEY, John 50*

Schedule Page 348

BEARD, Boggit 38 (m), Mytha 28, Mary J. 9, James K. 8, John R. 6
BEARD, Zebuolon 40*, Sarah A. 30, MArtha E. 12, Sarah A. 9, Georgie A. 5 (f), William R. 2
FUTRELL, Hansel 52*, William R. 18, David 16, Jonathan 13, Thomas 11, Daniel W. 9
FUTRELL, James E. 22*

1850 Census Trigg County Kentucky

LEWIS, E. H. 29 (m)*
MCCANLEY, Benjamin E. 46, Sarah A. 38, Mary D. 17, William E. 15, Harriet M. 14, John M. 11, Thomas B. 9, Joel A. 8, Sarah E. 8/12
PITTS, Martha 25*, Nancy 9, Jane 6
RAINWATER, John H. 46, Frances 36, Jane W. 23, Pinkney L. 19, Missouri E. F. 9, Theodore M. 7, Wiley C. 5, Edmond D. 2
ROGERS, Jonathan 41, Sarah R. 37, William B. 20, David L. 17, Martha R. 13, Farthy P. 11 (f), Sarah J. 10, Amy E. 7, Jonathan R. 3, Richard L. L. 1
ROGERS, Mary 32, Elizabeth 8, Tabitha L. 7, Sarah J. 5, Ewell 3, Eliza J. 2
ROSS, Ambrose B. 25*
SHAW, Zachariah 44, Sarah 35, Nancy C. 16, William C. 14, Thomas 13, Lenard 11, Margaret A. 7, Etna 5, Malissa 5, Rienza 2, Eudora 3/12
SUMNER, Reddick 52, Jane 39, Benjamin 20, Betsy 17, Caroline 14, Isaac N. 8, Thomas D. 6
SWEENEY, Cyrus B. 38, Sarah J. 23, Louisa J. 3, John C. 2
WENVER?, John 30*, Harriet 29, Mary 7, Blanch 3 (m), W. B. 6 (m), H. B. 1 (m)

Schedule Page 349

BENNETT, James 39, Nancy R. 23, Ann E. 6, Sarah A. 2
BINKLEY, James 41*, Lucy 38, William H. 15, James M. 12, Mildred L. 10, Thomas P. 8, Finis F. 5, Hester A. 5/12
BOREN, Bradley 15*
BOREN, Charity 59*, Alfred 23
CHERRY, James M. 30, Lyda 33, William F. 2, Reuben F. 1
COATSON, Temperance 54*, Henry 28, Jackson 26, Edmond 23
COLSTON, Sandy? 88 (m), Basherby 86, Shedrick 39
EDMONDS, James 28*, Clerussa 31, Jane 14, Basheba 12, Elizabeth 10
EDMONDS, Stephen 18*
EVANS, Jon L. 35*
FLETCHER, James 20*
FULLER, Leonard W. 37, Susana 39, Eliza 13, Allsee H. 9 (m), John A. 6, Mary E. 4, Sarah 1
GEORGE, Tennessee 28 (f)*, William 12, Thomas B. 9, Rufus 6
GRIFFIN, Mary 81*
HART, William 39, Nancy 27, George W. 9, Elizabeth 4, W. T. 2 (m), Mary E. 5/12
HOUSE, Brinkley 40, Anney 37, Alvira A. 14
HOUSE, John C. 84, Penelope 92
RICKS, John 44, Charity 44, Temperance E. 20, Jonathan S. 18, Alvira J. 16, Martha C. 14, Richard A. 12, Mary A. 10, Mornin? 6 (f), Frances 4, Martin L. 5/12
SHERRELL, H. H. 43 (m)*
STEWART, Elizabeth 62, George W. 25, Sarah J. 23, Walter 18
TAYLOR, William H. 30, Nancy 27, Leander 5, John T. 3, Elmander 1 (f)
THOMAS, Albert 26*
TOMLINSON, John J. 28*
TURNER, William 72*, Nancy 60, Green L. 23
WILEY, Emeline S. 18*

Schedule Page 350

ARMSTRONG, Mahaly A. 30, Thomas 12, Charles 6, James 2
COHOON, Archibald B. 51, Charity 41, Joel 20, Uriah 15, Mary 13, George M. 10, Needham 8, Amanda 1, Neomi 82

- 252 -

1850 Census Trigg County Kentucky

ENLOE, Nathaniel L. 28, Ruthy A. 22, Frances E. 3, Nathaniel M. 8/12
FORD, Ann P. 20*, Uphenia 18
HARGROVE, Nathaniel 33*, Eilzabeth 27, William D. 11, Sarah 8, Jemima 3, Leander 8
HOLLAND, Abraham 53, Mary 55, Elizabeth 32, Samuel 28, Edmond 18
HOLLAND, Whitmel 30, Nancy 35, Mary E. 10, Claiborne 6, Margaret V. 4
HUTCHERSON, William 46*, Caroline 35, James 14, Jasper 13, Henry 11, Sarah 9, Martha J. 7, Ssuan A. 5, Mary 3/12
MCINTOSH, Washington 21*
PRINCE, Alfred 23, Elizabeth 23, Louisa 4, America J. 2
PRITCHARD, William 39*, Elizabeth 46, Cintha A. 15, Eliza 11, Joel F. 8, Mary A. 5
RICKS, William L. 22, Cassandra 19
SUMNER, Joel 49, Catharine 47, Joseph G. 20, Dudley A. 18, Isaac N. 16, Sarah S. 15, Martha J. 13, Mary E. 11, Benjamin 8, Samuel 5
TILLY, Louiza 14*, Columbus 10
TUCKER, Jonah 14*
WATKINS, Noel 80*, Sarah 70, Tennessee 25 (f)
WATSON, John F. 34*, Sarah J. 23
WILSON, Alexander G. 41, Sarah 48, Thomas T. 13, Nancy Ann 11, Olpha A. 3
WILSON, William 21, Martha M. 20

Schedule Page 351

BERKLEY, Mary 75*, Jackson 14
BERKLEY, Seberne? 27 (m)*, Martha 26, Mary A. 8, Sarah C. 6, Susan H. 3, Frances L. 1
CASEY, Mary 35*, James C. 2
COHOON, Joel 46*, Nancy 43, James A. 24, Lemon 23 (m), Parthena 12, William H. 10, Peachy A. 7, Edmon 4, Joel jr. 2, Susa 38, Daniel 28
CRAIG, Joseph S. 8*
DIXON, John 43*, MAtilda 39, James T. 16, Mary M. 14, Elizabeth H. 12, Martha J. 10, Alpha E. 8, Matilda A. 4, Peachy A. 2 (f)
FRIZELL, Francis M. 26, Charity 24, Sarah A. 4/12
FRIZELL, Reuben 25*, Jessy 22
FULLER, Nancy 62, John L. 28, Martha 26, Alpha 22 (f), Elvis 20, Emily 18
HARGROVE, Jethro 38, Melbra 34, Mary E. 14, Daniel A. 11
HAYNES, Susan 25*
JONES, Fredrick 65*
LANCASTER, William D. 34, Mary 30, Jonathan R. 12, Thomas J. 10, Ann 9, Samuel 7, Lucretia 5, Edwin 3, Faithy 1, Faithy 66
SUMNER, Alfred 23*, Martha 19, Benjamin M. 1
VINSON, Thomas 25*, Emeline 20, Selthy 7 (f), Henry 3, Mary E. 3/12
WALKER, Newton 10*, Elizabeth 4
WILLIAMS, Abisha 42 (m), Elizabeth 37, Dudley M. 9, Delila 7, Elighu G. 6, Thomas C. 4, Admira 1
WILLIAMS, Fertrell 44 (m), Elizabeth 50, Mary 18, John Bradford 17, Leanberry 16 (m), Ann E. 14, Alfred S. 11, Mariam 80

Schedule Page 352

BARNES, Lawrence 22*
BRIDGES, Drewry 23, Peachy Ann 17

1850 Census Trigg County Kentucky

BRIDGES, Mary 48, Orin D. 29, Starkey T. 27 (m), James C. 18, William 15, Mary A. 10, Charity S. 8, Cullen T. 6
BRIDGES, Simco? 25 (m)*, Emiline 20
COHOON, Daniel 61
COHOON, Catherine 16*
COLEMAN, Alfred B. 27, Alpha 27 (f), Mary 4, Martha J. 2, Albert T. 3/12
COLEMAN, Needham 56*, Mary 46
CRAIG, James 44, Mary 46, William S. 2
CURRY, Margaret A. 42*, Mary J. 13, Ellen F. 8
ELDER, Cyntha A. 39*, William 38
FORD, Elizabeth 36, Mariam 14, Alexander 10, Abbert S. 8, William F. 4
FUTRELL, Joel 48*, Selitha 50
GUIER, Frederick 61*, Terece 53 (f), Mary 29, Jacob F. 24, Edmond 22, Ann T. 20, Peter 18, Nathan 15, Ferris P. 8
HARRELL, Emeline 13*
HOLLAND, James 25, Mary J. 24, Jessey H. 4, Averilla 2
JOHNSON, Thomas F. 24*, Bernetta 22, Berry H. 16
PENNIGER, Mary 12*
POLLARD, Samuel 38, William 15, Susan 14, James F. 11, Louiza A. 8, Thomas 5
PRITCHARD, Wineford 65, Elizabeth 38, Louiza 30, Polly J. 23, Jonathan 22
STARNES, Nancy F. 48*
SUMNER, John 23*, Terese? 22 (f), Mary C. 2/12
TART, Richard 55, Elizabeth 49, James W. 15
TART, James 61*, Mary 57
THOMAS, Stanley jr. 22, Emily A. 19, Sarah A. 4/12
TUCKER, John 33, Sarah 29, Margaret J. 6, James 4, William 2

Schedule Page 353

BARNES, Elizabeth 34, Nancy J. 13, Minerva A. 10, James L. 9
BRIDGES, Charity 76
GUIER, Barnett 33, Catharine 33, Amanda 10, Tamsey E. 7, George A. 4, John B. 9/12
HARGROVE, Richard R. 20, Caroline A. 20, James N. 4/12
HARGROVE, Sarah 65, Nathan 26, Leander A. 9, Thomas W. 3
HARGROVE, Ollford 35*, Elvira 34, John J. 9, Minerva E. 7, Peachy 5, Sarah A. 1, George M. 1/12
HARRILL, Malissa 12*
LANCASTER, Edmond 43, Elizabeth 39, Mary 18, Faithy 16, William D. 14, Josephus 12, Sarah F. 10, Julia A. 8, Bleuford 4, James E. 2, Elizabeth J. 1/12
LANCASTER, Wiley 46, Nancy 50, Levi 15, Basherby 13 (f), William H. H. 11, John Tyler 9
LAWRENCE, Alfred 35, Nancy 40, Emily 18, Clusa 17, Bernetta S. 13, Thomas L. 10, Linn E. 8, Rufus 5, Elizabeth 3, James A. 5/12
LAWRENCE, Humphrey 52, Harriet 50, James H. 28, Wadeston 23, Wayman B. 21, Sarah A. 20, William O. 16, Parthena 11, William A. 6, Eliza A. 3
PATTERSON, George A. 36, Margaret F. 34, Ann O. 9, Susan E. 7, Henrietta V. 5, John W. 3, George W. 5/12
REDD, Dudley D. 9*, William H. 7
THOMAS, Starkey 50, Mary 42, James J. 17, Alfred 15, Francis M. 10, Bleuford M. 9, Perry 7, Starkey A. 5, Mary J. 3
THOMAS, William B. 24, Nancy J. 19, Peachy A. 1
THOMAS, Dillas 60*

1850 Census Trigg County Kentucky

Schedule Page 354

BARNES, Patsy 37, Elbert 20 (B), Sarah 18, Josephus 9
BARNES, Celie 50*, Elizabeth 24, Martha J. 5, James H. 10
BARNES, William 17*
BELL, Elizabeth 44, Nancy E. 15, Richard 13, James 11, Benjamin 9
BELL, Lynn 23 (m)*, Lucy Ann 21, Maudam 19 (f)
FUTRELL, Dallam 30 (m), Mary A. 26, James S. 10, Permelia J. 9, Sarah J. 6, William L. 4
FUTRELL, Thomas 56, Martha 57, William 29, Wiley 25, John R. 20, Elizabeth 18, Cullen 14
GRAY, Samuel A. 22*
RAY, Thomas 26*, Lydia 29, Elizabeth N. 6, Celie C. 4, Matilda A. 2
SUMNER, Elizabeth 60*
SUMNER, James 26*, Elizabeth A. 25, George W. 5, William L. 3, Edward 5/12
TAYLOR, Joshua 74*, Mary 72
THOMAS, Cullen 59, Drucilla 40, James 25
THOMAS, Edwin 20, Amanda O. 20, James W. 2/12
THOMAS, Perry 53, Elizabeth 45, William 22, Rufus 20, Franklin 18, Perry jr. 13, Eliza 11, Chilton A. 9, Starkey D. 7, Josephine 4, Etna 2, B. H. 1/12 (m)
THOMAS, James 46*, Margaret 40, Carroll 18 (m), Clark 15, Amanda 10
THOMAS, Peyton 30*, Sarah L. 28, Alfred C. 7, Albert D. 6, Martha A. V. 3, Zackria T. 1 (m)
WILLIAMS, Shadrach 51, Elizabeth 45, Martha 24, Aquilla 19, Temperance 14, Joel 12, Joseph 13
WILLS, Joseph P. 33, Harriet 19, Philip 3/12

Schedule Page 355

ADAIR, John 24*
BARNES, Solomon W. 56, Clarisa 53, Joseph F. 23, John F. 16, Elizabeth F. 13
CUNNINGHAM, James 41*, Sarah 38, Penelope 14, Malissa 17, Mary 10, Helen M. 8, Victoria 6, John K. 4, Alfred P. 2, Nancy J. 1
FAUN, William 25, Elizabeth 18, Jessey M. 1/12
HARRELL, Francis M. 23*, Pinkney B. 14, Jane 16, William 9, Martha 2, Josephine 3/12
JARVIS, Miles 25, Sarah A. 22, Martha E. 3, Mary M. 1
JEFFERSON, Peyton G. 42, NAncy 38, Thomas J. 17, Virginia 11, John P. 9, Hester A. 6, William J. 3, Montgomery 1
JONES, Robert 74*, Elizabeth 53
LANCASTER, Joseph H. 22*
LAWRENCE, Margaret 6*, Josephine 1
MERSHON, E. T. 38 (m), Margaret 37, Leuis L. 14 (m), James Wallace 11, Jane E. 10, Mary B. 8, Gabriella F. 6, Luiza 5
MOORE, Mary B. 46, Mary J. 14, Robert 9
SHOLAR, Allen 57*, Jemima 55, Allen jr. 25, Emily 22, Alpha 20, Drury 18, Peyton 15
STALLIONS, William 32, Mary 36, John W. 12, Cater 10 (m), Joseph A. 7, James F. 4
STALLIONS, Reuben 20*, Leander 2, James W. 1/12, Elizabeth 48
STARNES, Samuel 38*, Jaily 48 (f)
STARNES?, Sarah 22*
VINSON, Riley 23, Ann S. 22, Parizave? J. 3(f), Alexander M. 1
VINSON, William 40, Harriet 36, Lemuel M. 14, Julia A. 11, Mary C. W. 10, Louiza E. 4, James W. 1/12
WHITNEY, Wayman 24, Ruth 18, Missouri 2/12, Mary J. 22, Marilda 2
WIMBERLY, John jr. 37, Cintha F. 26, Aurora 5, John sr. 79

1850 Census Trigg County Kentucky

Schedule Page 356

ADAIR, John 73*, Tabitha 50
BOYD, Robert 45, Jane 39, Maria 19, James J. 17, Alexander 15, Francis M. 12, Linn 10, Robert jr. 7, Maranda 7
COOPER, Cornelius 28, Frances 22, William 10, James 5, Vinson 1
COOPER, Kinchen 26, Maria 21, Eliza 8/12
CUNNINGHAM, Robert 34, Mary J. 28, Elizabeth 8, William C. 7, Thomas C. 4, Robert jr. 3, Mcdonald 5/12
CURTIS, John C. 52, Elizabeth 40, Taylor 21, John A. G. 17, Elias F. 14, Martha 12, Mary 9, James C. 8, Caroline B. 9/12
CURTIS, William B. 45, Mary 42, Adaline 22, James B. 21, Mickens 18 (m), Nancy 14, Alfred 2
HENDRICK, Detson 20, Elander 18, Charles 9
HENDRICK, John 31, Sarah 28, Laura 3, Lucinda 5/12, Isabella 55, David 23
KIDD, William 53, Mary 42, Elizabeth 18, Jane 15, Mary A. 13, Lensaney 10 (f), James 8, William 6, Minerva A. 2
MOORE, David 46*, Clarisa 37, Elizabeth 17, Andrew 15, Ann N. 11, Stephen 9, Mary J. 2
POOL, Benjamin 41*
WORSHAM, John 28*
WRIGHT, Isaac 41, Matilda 35, John J. 16, Lucinda 7, Sarah 5, Mary F. 3

Schedule Page 357

BAKER, Thomas L. 49, Malinda 48, Caroline B. 21, Blake 18, John F. 16, Alexander 15, Thomas L. jr. 12, Ann E. 10, Francis M. 8
BAKER, William 27, Mildred J. 18
BOYD, Archy 65, Elizabeth 51, Caleb 16, Ann E. 13, Margaret 12
CUNNINGHAM, Andrew 22, Beedy 21, John 21
CUNNINGHAM, John 53, Mary 47, William 28, Jasper 19, John jr. 13, Mary 11, Isabella 9, Eddy 7 (f), Helen M. 3
CURTIS, Lucinda M. 12*
EIDSON, Hardy 32, Arena 32, Alfred 12, William B. 11, Sarah E. 8, Emeline 6, James 5, Richard A. 3, Adaline 1
GUIER, Richard T. 31, Elizabeth A. 23, Sophia J. 4, John F. 1
HENDRICK, George W. 27, Jane 25, John T. 5, Margaret E. 4, David 2/12
JEFFERSON, Anna 25*, Elizabeth 7
JONES, John C. 24, Zylpha A. 22
MITCHELL, Elias 41, Sintia? 42 (f), Andrew J. 19, Cornelius 17, Nancy 15, Jane 13, Ann 12, Malinda 7, George E. 5, Elizabeth 4, Joseph 1
MORRISON, Joseph 38*, Isabella 28, James 4, George W. 2, Nancy A. 1/12
NOEL, Thomas 51, Nancy 35, Edmond 18, William M. 15, Martha J. 12, Major 10, Henrietta 8, Sophia 6
TYER, Council? 53, Lettatia 53, Frances J. 20, Elizabeth 18, Martha A. 16, Thomas 10
WILLIAMS, Mary Jane 13*, John 75, Elander 65

Schedule Page 358

ADAIR, John W. 41, Elizabeth 39
BOYD, Parmetus 28 (m), Milly 26, William 7, Franklin 6, Arena 3, Malissa A. 2, Rufus K. 3/12
BOYD, Armstrong 31*, Lousaney 29, Martha 5, Abner 2/12
BRIDGES, John 13*, Sarah 13
BURRADELL, John L. 46*, Emily C. 41, Franklin 16, Sarah E. 3

1850 Census Trigg County Kentucky

CANNON, Elizabeth 45*, Lucinda 23, Elizabeth 21, Douglass 15, Emily 13, Susan 11, Walter W. 9, Martha 7, Ellen 4, Sarah 1
COOPER, Frances 51*, James 20, Mary 18, Samuel 16, Newton 13
CUNNINGHAM, Andrew 45*, Nancy 41, Morgan 12, Green 9, Robert B. 7, Mary E. 4, Ann E. 2, Josephine 4/12
GEE, William 24, Susan J. 23, Athelee? 1 (f)
GEE, Anderson 49*, Sarah 58, Ann L. 19, Richard A. 17
KENADY, Dunning 45, Frances 43, Minena? 18 (m), Pazaro 16 (m), Virginia 12, Malinda 10, Mildred A. 8, Dunning 6, William 5, Cordelia 2
LIGHT, Samuel 49, Sarah A. 40, Thomas S. 17
MITCHELL, Willis N. 30, Mary J. 24, Mary J. 3, Margaret A. 1
NOEL, John 42, Elizabeth 45
NOEL, Emily C. 16*, John 9, Delia 6
NOEL, James 7*
POOL, Caldwell 22*, William 25
RANDLE, Parham 48*, Sarah A. 47, Henry 19, Samuel 13
SMITH, Richard M. 25*
STALLIONS, Amanda M. 8*, Malinda F. 4
WILLIAMS, Alfred 23*, Elizabeth 35, Benjamin F. 3/12

Schedule Page 359

BATTOE, Frederick A. 31, Nancy 32
BATTOE, James 58, Elizabeth 51
BATTOE, Kinchen 32, Tabitha 32, Mary A. 13, James J. 12, Teresa C. 11, John K. 9, Alpha E. 8, William F. 6, James jr. 24
BUCKANNON, Sarah 29*
CARSON, William 77, Alanson M. 38, Elizabeth 21
CHOATE, Nancy J. 10*
HARRIS, Matthew 33, Ann H. 24, Susan E. 6, Leander B. 4, Milton C. 2, Rebecca 35
HELBLING, Joseph 36*
HOLLAND, Bazwell 48, Ellen 38
HOLLAND, William 28, Mary J. 30, James A. 2
JEFFERSON, Albert G. 40, Elizabeth 34, Peterfield 18, John J. 12, Sarah C. 8, Virginia E. 6, Martha M. 3, Samuel A. 26
JEFFERSON, Thomas B. sr. 65*, Jane 60, Eliza J. 22
JONES, Elizabeth 79*
LINN, Young A. 30*, Sydney 28 (f), Elizabeth 24, Reuben 23, Witteman O. 13
MITCHELL, James 21*
NEWTON, Robert J. 45, Phoebe F. 30, Reuben J. 18, Eligha J. 14, John A. 12, Henry C. 8
NOEL, Frances 20*, Washington 31, Frances 7
ORR, John R. 13*, George O. 11
PALMER, William C. 37*, Elizabeth M. 36, Elizabeth J. 12, Joseph M. 10, Parminas P. 7
PRINCE, Nathan 57*, Mary 49, Delila 20, Milly 18, Milford 15, Eliza 14, Elizabeth 13
THOMPSON, Mars? S. 43*, Clarisa H. 36, James P. 15, Louisa C. 13, Mary 11, Robert 9, William F. 7, Harriet B. 3, Moses 1
VINSON, Ezekiel 59, Mary 61
WHITNEY, Pryor 32*, Sarah 26, Joshua 4, Charles 3, Eliza 1

1850 Census Trigg County Kentucky

Schedule Page 360

ADAMS, John 50, Mary 50, Lewis 24, John Q. 22, Elizabeth J. 19, George W. 14, Mary A. 10
ADAMS, William J. 26, Lucinda B. 18, Lucinda J. 1
BAKER, Sarah A. 1*
CURREY, John 9*
DEW, John J. 43, Nancy 33, Wilson 15, Nancy E. 13, James 10, Robert 9, William 8, John J. 6, Alfred 4, Martha 1, Thomas 25
FRIZELL, Francis 59, Averilla 54, Catharine 19, Cyntha A. 17, Caroline 15, Claudius 12, Rebecca C. 9
FUQUA, Julia 54*, John 34
GUIER, Elizabeth 52, Sarah 50
JOHNSON, Levey L. 22*, Mary 25, Cyrus F. 6/12
JORDAN, Tillmon 38, Cassandry 35, Eliza J. 14, Elizabeth 8, William A. 5, Martha C. 8/12, Nancy 19, Martha A. 15
LOCKER, John P. 25*, Martha M. 21, Mary E. 2, James W. 3/12
MAJOR, Charles H. 32*, Mary J. 23, Charles H. 10, Robert W. 8, Joshua H. 6, William C. 7/12
MCENTIRE, Henry J. 12*
MORRIS, William H. 15*
NOEL, Jane M. 53*, Cyrus 20
NOEL, William M. 25*
NOEL, William M. 40*, Amanda F. 25
OAKLEY, James __*, Martha 31, George 12, Mary 10, William J. 5, Thomas D. 2
PATTERSON, Mary 44*
RICKMAN, John 61, Jane 54, Harriet 18, James M. 13
STOKES, Eligha 44, Sarah 33, Frances E. 15, Catharine 13, Richard 11, William H. 9, Delia 7, Edwin 3, George 1
TERRELL, Nannie 50*
TORIAN, Augustine G. 22*, Frances E. 19
WALDRIDGE, John B. 32*, Chestina 33, James A. 4

Schedule Page 361

ADKINS, Thomas M. 23*
COLLEY, George L. 32*, Mary 18
COUNTS, John 24, Caroline 22, David 2, William 9/12, David 19
FITZGERALD, Caleb 12*
FUQUA, William J. 20*
GORE, Eleazer 35, Mary 33, Celestial 8 (f), Eugene 6, James 4, Henry 2
HIXON, John 49, Sarah 46, Elizabeth 17, Susan 16, Prudy M. 14 (f), Thomas J. 9
LEE, A. Gates 32*, Miranda A. 34, Florence 2, William R. 37, Patrick H. 18
MCKINNEY, Joel 20*
NOE, Allen T. 45, Sarah J. 42, Mary J. 21, Ruth 15, Henry W. 12, James 8, Robert C. 3
NOEL, Franklin G. 50*, Frances 40, Caleb W. 18, Adelia 15, Benjamin F. 5, Emily 4
SOERY, William 38, Henrietta 30, Robert B. L. 13, William H. H. 10, Olivia H. 6, George M. 4
TILLMAN, Catharine 54*, Andrew J. 36
TYER, Jefferson 28, Amanda M. 22, Alla A. 1
VINSON, Ezekiel 28, Elizabeth E. 29, Henrietta S. 6, Eliza D. 4, Dewitt H. 2, Missouri A. 4/12
WALLIS, Jessey 36, Lucinda A. 30, Virginia E. 5, Lafayett R. 2, Ophelia A. 5/12, Sharlot P. 25
WALLIS, William K. 37, Elizabeth M. 35, James B. 16, Isaac P. 13, Zacheus L. 10, Edward T. 7, Betty A. 4, Crittendon T. 1
YATES, Isaac B. 37*, Ann P. 35, Thomas J. 9, Raimey N. 7 (m), Sarah A. 5, Jasper N. 3

1850 Census Trigg County Kentucky

Schedule Page 362

BAKER, Frank H. 22*
BENNETT, Mary 33*, Isaac 11, Walter 5
BOYD, W. A. 24 (m)*
BOYD, Volentine 54* (B), Dicy 60
CAMPBELL, David S. 75*, Rachel 74
COLLISON, Edward E. 29, MArtha J. 24, John W. 7, Henrietta E. 3, Sarah C. 4/12
DANFORTH, Oscar F. 28*
DURRETT, William 42, Mary M. 16, Morgan M. 13, Nancy M. 1, William L. 6, Catharine 44, Louiza A. 42
ELLIS, Mary 55*
EZELL, Samuel D. 25*, Mary J. 25, Robert A. 5, Henry G. 3, Jasper N. 1
FITZGERALD, Laton 17*
FORD, Sherwood A. 28*
FRIZELL, Solomon 49*, Lydia 47
HARRIS, Sarah J. 5*
HOLLAND, Bazwell 25*
HOPSON, Joshua 38, Lamira 22, Morgan 16, Joseph 4
HOUSTON, Andrew 28* (B)
INGRAM, Thomas W. 35, Nancy J. 31, James F. 11, Sarah E. 9, Martha W. 7, Francis P. 5, Eudora P. 1
JONES, William 21, Nancy 17
LACKEY, T. S. 25 (m)*, Lucy D. 17, William 1
LYNN, Edward 26, Matilda 22, Cintha E. 7, James S. 4, Julia C. 2, Mahaley J. 1, Margaret 7, Daniel 5
MOORE, Jeffrey 100 (B), Rosey 85
PANKEY, Thomas A. 44*, Frances 19, D. H. 14 (m), Augustus 10, Thomas 6, Robert 3, Richard 1
SANDERS, Thomas C. 28*, Sarah 19
SEXTON, Jacob 31, Judith H. 28, Joseph C. 1
SPICELAND, J. S. 18 (m)*
THOMAS, Walter M. 26*, Ann T. 26, Martha E. 2, George W. 1
TILLARD, Elizabeth A. 17*
VINSON, Thomas A. 24*
WRIGHT, Moses 31, Jane 33

Schedule Page 363

AHART, Mitchell 50*, Anna 52, Sarah J. 19, Thomas 18, Adam 16, Martha A. 14, Margaret 12, Franky 10 (f), Mary M. 8
ALLEN, Robert E. 28, Elizabeth H. 23, William A. 3, Nancy J. 1
BAKER, Thomas 36, Margaret J. 8, Mary E. 5, Franklin 5, Thomas J. 4, James D. 3, Sarah A. 1
BASS, Margaret 48*, Nancy C. 6
BEARD, Sarah A. 8*
BELL, Eliza M. 18*
BRYSON, Thomas W. 47, Mary 39, Cyrus W. 20, James M. 18, Thomas W. jr. 12
COHOON, John 25, Eveline 19, Martha J. 2
COOPER, Benjamin 36*, Julia A. 27, Isaac 6, George 4, Ludia E. 1
DIX, John P. 67, Lydia 59, Hugh M. 28, Owen T. 22, John B. 18
FUTRELL, Perry 35, Elizabeth 34, James S. 12, Caswell 10, Harriet 8, Temperance 6, Nancy 4, John L. 2
FUTRELL, Winborne 59, Sarah 55, William E. 20, Naomi 18, Martha 16, Amy A. 14, Harriet B. 12
GRIFFEN, Arthur 27, Elizabeth 19, Andrew E. 2
HACKNEY, Marion H. 18 (m)*, Caroline 21, Thomas A. 3/12
KENADY, Mary 17*

1850 Census Trigg County Kentucky

WALLACE, Eaton 25, Milbry M. 23 (f), Rufus 1, B. H. 1/12 (m)
WALLACE, William 40, Lucy J. 28, Reuben R. 7, George E. 5, William B. 3, Sarah J. 1
WALLACE, John 68*, Delila 63, Susan 31, Amy 29, Caswell 25, Agnes 20
WOOD, James D. 23*, George A. 19, William 14, Martha L. 13, Eliza A. 8

Schedule Page 364

COHOON, David G. 22, Catharine 18
COHOON, William 39, Nancy 36, Mary 16, Rebecca 15, Eliza J. 13, Sarah 12, Joseph 10, Martha 8, Perry 6, Henry 5, William S. 3, Rix 6/12
COHOON, David 64*, Rebecca 63, Woodford 14
COHOON, Louiza J. 18*, William 23
COLSON, Matilda 40*, Margaret 16
FUTRELL, John 66, Charlotte 37, Thomas S. 27
FUTRELL, Martha 34, Elizabeth 16, Nancy 12, Louiza 10, Edward D. 6, Frances 4
FUTRELL, Shadrick 46, Mary 42, Albert 18, Elizabeth 16, Martha 13, William P. 7, Daniel R. 5
FUTRELL, Solomon D. 30, Clarisa 19, Cullen H. 2, Peachy A. 4/12
FUTRELL, William 34, Dashuby 19, Amanda 3/12
FUTRELL, Joel C. 25*, Clarisa 38, Mary 2
HENDERSON, James 23*
HICKS, Benjamin P. 36, Malisa 36, Frances L. 10, Elizabeth S. 6, Lemuel S. 6, Benjamin P. jr. 4, James M. 12
HODGE, James C. 39, Eliza 36, Samuel H. 18, Jessey 16, James E. 12, Isaac E. 9, John W. 7, George A. 3, Aaron F. 3, Sarah E. 2/12
JONES, Malachia 11 (m)*, Thomas B. 9, David A. 7, Amanda 5
LYONS, William 65*, Elizabeth 43, William jr. 17, Mary J. 16, Thomas 14, Nicholas 6
ROSS, Jonathan 39, Nossisa 40, Elizabeth 18, Edmond 12, Vica 11, Nancy 9, Thomas M. 6, Telitha 3, Lucinda V. 1
VINSON, Polly 19*, David 24
WALKER, Fidella 6 (m)*

Schedule Page 365

ALEXANDER, Robert A. 11*
BIRD, Catharine 40, Sarah 17, Missouri B. 9, Alfred J. 7
COLLIER, John 41, Mary 37, James 15, Martha 13, William 11, Uriah 6, John 4, Mary A. 1
COOK, John T. 9*, Benjamin F. 8
COOPER, Malichi 45, Sarah A. 31, Celest 7 (f), Eliza B. 3, Columbus 1
CUMPTON, William T. 33, Rachel M. 31, Gibson 10, Mary E. 9, Isaac D. 6, John V. 4, Milly 2
DIX, Ely 25, Winney 24, Artemecia 1
DOWNS, David 23, Clarisa 16, Benjamin F. 4/12
DOWNS, Irvin 22, Frances 23, Mary E. 5/12
DOWNS, John W. 24, Rebecca 19, Samuel E. 5/12
DOWNS, Lossen 30 (m), Almetta 20, Elizabeth 6, Nancy L. 1
DOWNS, Benjamin 53*, Elizabeth 54, Henry 16, Permelia 14, William R. 20
FOX, William 28*, Sarah A. 26, Jonathan P. 4, Penelope A. 1
FUTRELL, Shadrick jr. 23, Louiza J. 20, John 7/12
FUTRELL, Thomas jr. 40, Allcey 29, Caroline 11, Dilliard 10, William R. 8, Sarah 6, Berry 2, Nathan 1/12
FUTRELL, Winborn 22, Susan 26, Thomas G. 2
HAMILTON, Martha E. 18*

1850 Census Trigg County Kentucky

RICH, Jasper 15*, Marion F. 13, Louiza 10
ROSS, James 21*, Annah 36
SANDERS, Nancy 32*, William F. 4, Mary 2/12
SHAW, Zacharia 30, Mary A. 25, Jane L. 6, Amanda A. 2, Ephram 2/12

Schedule Page 366

BATEMAN, Esaias 45 (m), Elizabeth 34, Abel G. 15, James A. 14, Jonathan 10, Camiley 7 (f), Calvin E. 5
BEAVER, Mahuldy 21 (f)*
COHOON, Charity 29*
DOWNS, Eldridge 31, Ann B. 26, Lucy A. 6, Martha J. 4, William T. 3
DOWNS, James 34*, Amy 29, Mary J. 8, Rhoda E. 6, William C. 1
FUTRELL, Charity 73
FUTRELL, Rex 49*, Sarah 42, Bryant 22, Henry 19, Charity 16
HENDON, Eligha 37, Saville 30 (f), William F. 11, Julia A. 9, Charity 6, James S. 3, Winborne 5/12
HICKS, Garland 32*, Rebecca 31, Mary J. 10, Pernecia A. 8, Alfred 6, Elizabeth M. 4, Thomas A. 1
JOYCE, James 48, Nancy 36, Orlena 21, Elizabeth 18, John H. 16, Susannah 12, Robert 10, William 5
LUMFORD, Virginia 74*
MAYES, David 24*, Thomas 21
MCMAHAN, William 17*, Joseph 8
MEREDITH, Calvin R. 29*
MUYER, William 26*
OUTLAND, Lemuel 28*
PARKS, William 19*
REDD, George K. 34*
RUSHIN, William 57*, Frances E. 44, Therou 22, William J. 20, Wright 16, Ellen K. 8
RUSHING, Albert G. 45, Delila 36, Mary J. 8, Philip V. 6, Angeline J. 2, Josephine 6/12
RUSHING, Lucy 24*
SHAW, Newton 27, Martha 24, Mary J. 3, Harriet E. 1
WATSON, Samuel B. 55*
WHALEY, Nancy 53, Sarah J. 16, Thomas 14, Louiza 12
WHALEY, John 29*
WILLIAMS, Levy 28*, Eliza 27, Samuel 5, John W. 3, Mary J. 6/12

Schedule Page 367

DAVIS, Edmond 25, Elmina 18, Francis L. 1
FLORAR?, Daniel 36, Lucy 26, Christopher C. 13, Cornelia 6, Joel 2
GORDON, Andrew 34, Sarah 33, Adam 12, William G. 10, John H. 7, Andrew J. 4, Emeline 3, Elizabeth J. 2
HAYNE, John 51, Sarah 15
HUN, Lindsey 49 (m)*, Rachiel 44, Jacob F. 18, Elias A. J. 16, Mary E. 14, Rachiel A. 12, James F. 8, Thomas W. S. 3
JOYCE, John 75, Lucy 66
JOYCE, Nancy 30, Wilson 12, Wilson 9, Mahaly 7, Elizabeth 6, Martha 2, Mary 5/12
JOYCE, Patrick 22, Jane 19
JOYCE, Thomas 44, Elizabeth 42, James 18, Mark L. 16, Martin 14, Alexander 12, Henry 10, Nancy 8
MEREDITH, Samuel jr. 32, Sarah A. 28, Caroline C. 9, Sarah A. 6, Aaron H. 5, Joel 3
MILLER, William 51, Mary 58, William 23, John 21, Elizabeth 15
NUNN, John 22*, Louiza 19
PARKS, James 45, Elizabeth 22, Mary E. 14, James R. 5, George K. 3, John T. 5/12

1850 Census Trigg County Kentucky

ROACH, Mary J. 40, Oliver? D. 16, Marshall A. 13, Jordan B. 10
RUSSELL, William 25, Martha 22
SALTZGIVER, Andrew 56*, Rachel 55, Orlando 14
VINSON, James 44, Faitha? 42, Sarah 21, Edmond 19, William 14, Catharine 13, Rebecca 8, Elizabeth 6, James D. 3, George P. 3/12
WARD, William 23, Mary 20, George R. 5/12

Schedule Page 368

BAUMER, Davis 28, Annah 23
BOOKER, Isaac 18*
BORROUGH, Jessey D. 25, Mary 20, James 7/12
BRISTOE, Mary 14*
CASY, Levin 50, Sarah 53, Daniel 20, Thomas 18, George 15
CAYCE, James P. 42, Jemima 35, Victoria 6, Isaac N. 4, Josephine 2, Kimble K. 2/12
CHILDRESS, Wilson 35*, Laura A. 24
COLEMAN, John 49*, Rachiel E. 13, William J. 10, Nancy 8
CROSS, Henry 40*, Elizabeth 35, Tobias 14, John 11, Mary 2
GAMBOL, Lear 44 (f)*
GRIFFIN, Andrew J. 47, Nancy 24, George W. 1/12
MEREDITH, Frederick 47, Susan 44, Elizabeth D. 20, Robinet K. 16 (f), Robert H. 12, Frederick H. 10, Susan M. 8, Mohulay 6 (f), William F. 2
OAKLEY, George 63*, Sarah 44, Francis M. 15
PRITCHET, James 7*, Ellen E. 4
ROSS, Ansel 29, Josephine E. 28, James M. 6, George G. 4, John R. 2
ROSS, Krunith? 49 (m), Betheny 50, Rebecca 17, Sarah E. 6
SOLMON, Jessey 26, Rebecca 21, Roma 5, Martha A. 3, Mahaly E. 2, William T. 10/12
SOLOMON, John 25, Sarah A. 19, Mary 1
TURNER, John P. 40*, Ellen 33, Amanda 15, John R. 12, Adaline 10, William 9, George 6, Jane 4, Edward 2, Allice 3/12
WALDROP, Obediah 32*, Flabrio? 28 (f), Talitha 8, Mary J. 6, Nancy A. 3, Harriet P. 5/12
WOOD, Melvilla J. 21*

Schedule Page 369

ARMSTRONG, Nicholas P. 28*, Franky 24 (f), John M. 5
BARNES, Allen 25, Eliza A. 20, Emily E. 3/12
BRISTOE, Agnes 44*, Hayne 18 (m), Elisha 16, Elizabeth 14, Martha J. 9
CLEMENTS, William 44*, Elizabeth 43, Peterfield 20, Maria 14, William C. 14
CORBIT, Caroline 25*, Ann D. 6, Robert M. 4, Moroe H. 1 (m)
CROSS, Christopher C. 35, Lucinda 30, John D. 10, Jane F. 9, Francis M. 8, Nancy C. 5, William F. 6/12
CROSS, Elisha 28, Sarah 26, Nancy 9, Samuel 5, William 3, Taylor 1
CROSS, Catharine 60*
ELMORE, Thompson 20* (B)
FAUN, Nancy 48, Sarah J. 15, Eliza J. 11
FRICKS, Ann 36*, James 8
HENDERSON, Elisha 40*, Jane 25, Nancy 4, Lucinda 3, James L. 2/12
HIGHT, Warren 27, Angeline 16
LUSTER, Eliza A. 8*, Rebecca E. 5
MITCHUSON, Drewry O. 23*

1850 Census Trigg County Kentucky

ORIC, William 32, Phetney 32 (f), James N. 7, John T. 6, Sarah M. 4, George W. 2, Mary J. 1/12
RICHMOND, John 46*, Sharlotte F. 30, Ezekiel W. 21, Jonathan W. 15, Nancy J. 1
SMITH, Jackson P. 35*, Nancy 33, James H. 14, Mary A. 11, William E. 9, Benjamin J. 5, Robert S. 1
SWIFT, John 49, Mary 39, Barnett M. 20, William F. 17, Martha J. 12, David F. 10, Mary A. 7, Sarah E. 3
VICKERS, Joel 50, Irena 40, Mary A. 18, Casandre 17, William D. 13, Joel 10, Sarah E. 5, Mildred 2

Schedule Page 370

AARICK, John 55*
BANISTER, Catharine 56, Henry 27, Hughy W. 26, Laton Y. 25, Martha E. 19, Robert C. 16, James M. 9
BORUM, Mary L. 2*
BROWN, Hardin 38, Nancy 33, Robert 14, Mary A. 12
BRYANT, George W. 25, Mary 24
COOK, William W. 32, Nancy 33, Mary J. 14, Clarinda A. 12, William E. 9, Elizabeth 7, Josiah E. 5
COOK, Matilda 43* (B), Shandy? 21 (m), James 16, Lucy 15, William 5, Henry 5, Robert 1
DINSON, James 41, Permelia 32, Thomas T. 14, James A. 12, Ruthy E. 10, John B. 7, George B. 4, William H. 1
HAYGOOD, James 35*
HIGGINS, Andrew J. 32, Rachiel 29, James A. 12, Newton 7, Emily 5, Francis M. 2
HIGGINS, William 65, Charity 64
HUBBARD, William 34, Eliza 33, Charles W. 10, Jane M. 6, Permelia G. 4, Charity 3, Eliza P. 3/12
INGRAM, William H. 20, Dicy 20
INGRAM, Eli 62*, Nancy 49, Benjamin J. J. 22, Ailcey 15, Nancy E. 9
MCMORE?, Elick 40* (B)
MITCHELL, Charles 62*, Sarah 61, Emeline W. 29, Catharine 27, Charles Z. 25, Marcus L. 23, Sarah A. 18, Josiah 16
MITCHUSON, Z. F. 43 (m), Nancy 32, William A. 13, Edward N. 12, Nancy E. 10, Gregory H. 8, Drewry C. 6, Martha M. 2
MURRAY, Alfred 25*
RHODES, Robert 32*, Eliza J. 27, Thomas G. 7, Mary A. 5, Jane D. 3, William H. 2, Robert W. 5/12
WOODBURN, Sarah A. 19*

Schedule Page 371

BARNETT, Nathan 45, William 18, Dotia 16, Isaac I.? 14, James J. 13, Josiah 11, Nathan L. 9, John F. 7, Lucy A. 6
COOK, James 75*
DAVIS, Elizabeth 39*, John P. 18, James C. 2
DOLES, John 35, Ruthy 32, Mary 14, Margaret 12, Martha 10, John 8, Elizabeth 6, Ephriam 1
HUGGINS, James H. 35, Barbara 26, Lucinda 14, Jane 9, Martha 7, John T. 1
HUGGINS, Urbin L. 34, Jane 45, James H. 20, William H. 18, Nathaniel H. 16, Ellen J. 15, Jessey 12, Cyntha A. 10, Marina C. 8, John T. 7, Elizabeth 4, Erbin L. 2 (m)
HUGGINS, Josiah 29*, Elizabeth 25, Malissa J. 4, Robert H. 2, James H. 4/12
HUGGINS, Robert 56*, Jane 53
MCQWADE, William H. 17*
MCWATERS, Samuel 34, Jane 23, Mary A. 6, Benjamin F. 5, Elizabeth A. 3
MITCHELL, Moses 26, Arey R. 20 (f), Thomas L. 1, Margaret 50, Cyntha A. 18
MITCHELL, Thomas 52*, Mary 53
NEWTON, Isaac 30*
OBRIEN, John W. 34, Mary 33, Martha E. 15, Sarah J. 12, Henry C. 8, John W. H. 3, Mary E. 6/12

- 263 -

1850 Census Trigg County Kentucky

RHODES, Ephraim 29, Virginia 28, Mary E. 5, Thomas W. 3
RHODES, Thomas 28, Elizabeth 27, Martha L. 3
SCOTT, Jenkins E. 27, Eliza 28, Elizabeth 5, William 4, Martha A. 3, Delinaa? 1 (f)
TIMMONS, Nancy 19, Achilles J. 6/12
TIMMONS, Elizabeth 22*

Schedule Page 372

AHART, George 42, Sarah 36, Joseph 13, George W. 11, Martha A. 9, Hannah L. 7, Andrew J. 4, James 1
AHART, Jacob 27, Hannah 31, Martha 10, Elizabeth 4
AHART, William 25, Mary 27, Susan J. 4, James M. 2
ATWOOD, Mary 55, John 21, James 17, Mary 15
ATWOOD, William J. 32, Louiza W. 30, Wilson A. 8, William G. 7, Mary J. 5, Martha A. 9/12
BEASLY, Charles C. 38, Caroline 36, Ephram 7, Elizabeth 4, Martha A. 2
BENNETT, Eliza 8*
BOGARD, Charles C. 35*, Elitha 30, John D. 9, William A. 8, Joseph B. 6, Hester A. 4, Zachariah T. 1
BOYD, Rufus J. 18*
ELLIOTT, Eliza 5*
HACKNEY, Jack M. 58, Sarah 46, James 12
HOPSON, Morgan 63, Ann 47
HOWARD, Alexander 26, Rhoda A. 21
LUTEN, Benjamin F. 35, Martha 29, Allice 2, William Ryan 10, Quincy 24
MILLER, Morgan 39*, Eliza 38
NOLES, Jessey 48, Rhoda 46, James 17, Benjamin A. 14, William J. 12, Nancy A. 9, Martha E. 8, George W. 6, Aaron H. 4, Morgan A. 1
NOLES, Thomas W. 20, Jane 16, William A. 5/12
OAKLEY, George W. 30*, Artemecia 29, Thomas O. 6, Mary J. 4, Lydia A. 2
RHODES, Robert W. 56*, Louiza 48, Wiley 15, Charity 11
RICKMAN?, William 18*
ROACH, Elame 24 (m)*
SCUM?, John 21*
UNDERHILL, E. P. 26 (m)*

Schedule Page 373

ATWOOD, Moses A. 30, Julia A. 25, Mary E. 6, Thomas J. 3, Josephene E. 16
ATWOOD, Thomas H. 23, Elizabeth 25, Rob J. 1
BOATWRIGHT, Susan 40, Elias 22, Major S. 12, Claiborn L. 8
COLSTON, Sander 22, Mary 21, Starkey 5, Catharine A. 2, William B. 1
COLSTON, Joel 53*, Margaret 52, Caroline 21, Adaline 16, Lewis 13
DALLAS, A. G. 37 (m), Nancy 40, William 14, James 12, Eleazer 8
DUNNAWAY, Mary A. 8*, John 7, Susan 5
FERGUSON, James D. 35, Mary 32, William H. 11, John 10, James M. 5, Henry N. 5
FRANKLIN, Calvin W. 28, Elizabeth P. 18, Andrew J. 6, William S. 2/12
FRANKLIN, Sylus sr. 49, Mary 50, Silas Y. 22, Thomas G. 20, Richard H. 18, James M. 16, Martha E. 13, Margaret Jane 9, Benjamin 7
GRACE, Elliott 35, Mary A. 30, Marcella A. 12, Richard 9, George 7, Nancy 5, Samuel 2
GRIFFIN, John 29*, Margaret E. 4
KENADY, Robert 15*, Sarah 13, James H. 11
LUTEN, Henry E. 28, America 27, Gerilain? 2 (f)

1850 Census Trigg County Kentucky

MCWATERS, Elias 28, Mary 22, Malinda M. 7/12
MCWATERS, John B. 27*, Mary J. 21, John J. 3, Samuel G. 1
MCWATERS, William 51*, Manilla 38, William H. 17, Missouri A. 12, Louisa A. 8, Russell C. 6, Daniel H. 3, Henry C. 20
MEREDITH, Titus M. 37, Nancy 13, Martha 6
MURRAY, Patience 76, William 38

Schedule Page 374

BOMER, Mary D. 44, Elizabeth 18, Ailcey 16, Mary D. 11
BOMER, Wiley 30, Elizabeth C. 22, John 3, Nancy E. 5/12
BROWN, William 77, Elizabeth 74
COCHRAN, Elij. 75 (m), Cezia 44, Cornelius 12, Mary E. 10, Malinda 8, Frances L. 5, Eligha 3, Permelia 3/12
FERGUSON, Robert B. 49, Nancy 43, William 23, Eliza 19, Martha 16, Julia 13, Andrew J. 11, Francis M. 8, John 6, Nancy 3, Robert B. 1
FLEMING, William 27, Minerva 23, Margaret E. 2, John R. 6/12
HOOKS, William 44, Sarah 37, Christopher C. 13, Louisa 11, Samuel H. 7, Mary 4, William A. 2
HOUGHMAN, Mary 63*
KENADY, John 26, Milly 28, Cornelious 10, Irvin 8, John 2
LAMKIN, Charles 52, Hannah 49, Charles J. 14, Barshaba 19, John T. 12
LAMKIN, David 24, Elander 16
MAYES, William 40, Rhoda 17, Frederick 13, Nancy E. 11, Cyntha 9
MCWATERS, Samuel C. 23, Eliza M. 16
MEREDITH, Samuel 75*, Milly 70
MERIDITH, John 23, Eveline 30
MORGAN, Matthew 43, Mary 35, Sarah A. 16, William H. 14, Matthew L. 12, Mary E. 10, David A. 8, John M. 6, George W. 4, Lucy A. 1/12
OGLESBY, Stephen D. 11*
ROGERS, W. S. 33 (m), Mary 28, George T. 13, James W. 11, Harrison F. 9, John B. 6, Mary A. 3, William F. 2/12
WALLACE, Nathan 28, Sarah 21, King S. 2, Richard A. 8/12
WILLIAMS, Abraham 42*, Charity A. 28

Schedule Page 375

COBB, A. G. 34 (m)*, Lucy A. 29, Elizabeth A. 13, Mary J. 11, Emily 4, Louiza A. 1, George W. 1
COX, Jessey 52 (B), Mary A. 29, Hanible 13
DAVIS, William L. 55*
FERGUSON, John 36, Fruzy F. 26 (f), Abraham C. 7, Linn B. 5 (m), Sarah A. 2
GIBSON, Henry E. 50, Nossisa E. 25, George R. 11, Eliza N. 8, Lorenzo O. 4, Maria P. 1
GRACE, George 63*, Nancy 67
HIGGINS, James 49*, Nancy 48, William 24, Nancy C. 15, Martha A. 12
HILLMAN, Daniel 40, Anne J. 26, Hart 10, Thomas J. 6, Fredonia 3
HOLLAND, Enias 30 (m)*
JONES, James T. 33, Elizabeth 34, Lucy A. 1, James C. 1
MALONE, William 21, Angeline 19, William C. 1
MATHENA, Abner D. 27*
MCWATERS, Sampson L. 27
MITCHELL, Thomas 23, Caroline D. 19, James W. 1/12

1850 Census Trigg County Kentucky

PEARCE, Susan 24* (B), Charles 6, Elias B. 3, Mary A. 1
PENNAGER, William 12*
ROSS, Lyda 25*
SILLS, James A. 21, Elander 20
SILLS, Lemuel 30*, Elizabeth 26, Fatama 7, James A. 2, William T. 28, John E. 17, Annas 60
SPICELAND, Orin 21*
WHITE, Joseph 25*
WILLIAMS, William 56, Arametta B. 46, Henry C. 26, William S. 22, Elizabeth P. 20, James F. 18, Melvena M. 11, Marcus M. 8, Edgar L. 5
YARBROUGH, Asa 36, Tempy 32, Lucy 13, Samuel 11, Nancy 4, Mary 2

Schedule Page 376

BARNES, Mary 55*
BARNWELL, Mary 20*, Emma J. 2
BELL, George 33, Lavina 29, Elander C. 8, John W. 5, Emily A. 2, Monroe T. 1/12, Robert A. 9
BESTON, John 41*
BIRDSONG, John C. 34, Nancy 33, William 10, Elizabeth 8, John 6, David 5, Jane V. 2, Victoria 5/12
DEMPSEY, James 33*, Dora 25, Edward 1
DOLES, Ephraim 32*, Ann P. 18
FERGUSON, Robert 32*
FERGUSON, Samuel 13*
GARRET, Mary 67*
GILLEHAN, William 32*, Celia 28, James 5, John 3/12
GRAHAM, Samuel 27*
HOGAN, Jeremiah 30*
JACKSON, Jacob 60 (B), Fany 55
LITTLE, Eliza 48*, Joseph 14, James H. 13, Eliza J. 12, Virginia 8, Samuella 4
MABRY, Isaac 65* (B), Charity 55
MCCIREN?, Alexander N. 26
MCGREGOR, Harris 56*, Eliza A. 41, Harris V. 5, Montague M. 1
MCWATERS, Wiet 35, Martha 25, Elizabeth 10, James E. 8, Isaac 5, Moses 3, William 1
OSBORN, Benjamin 48*, Sarah 47, Isom J. 24
PURNAGER, Martha 14*
RHODES, Margaret J. 24* (B), Matilda 3, Charity C. 2
SHELLY, Reuben J. 22, Telitha 18, Telitha L. 7/12
SHELLY, Hiram 48*
SHOEMAKER, John W. 33*
SPRIGGS, Elizabeth 62*
THOMPSON, Fildred E. 9 (m)*
WALLACE, Alfred R. 30, Sophia 21, Green F. 5, Margaret 2, Elizabeth 47, Ann E. 16, Hugh D. 13, Alexander 9, Mary 8, Lewellen 35 (m), Francis 20, Elbert G. 22, Dudley 20
WHISTON, Joseph 41, Mary 30, Edwin J. 12, William E. 7, Mary A. 4, Martha J. 2, Emina? C. 1/12, Edwin 26, Emina 26
WHITLOCK, William B. 41*
WILLIAMS, Amanda 14*

1850 Census Trigg County Kentucky

Schedule Page 377

ALEXANDER, Silas 51, Juliet G. 49, Elizabeth 16, Daniel W. 13, Henry C. 10
AUSTIN, David P. 27*, Frances 17, Mary E. 11/12
BOYD, James 21, Sarah 22, Joseph 2
BROWN, Carney W. 31, Mary A. 30, Jessey A. 9, William 6, John 5, Martha A. 2
DIXON, Hugh 24*, John 26
FARLEY, Richard E. 35, Susan A. 39, Henry S. 9, John F. 7, Edward R. 5, James T. 3, Robert F. 2/12
FINISON, James 26*
GAMBILL, Henry L. 25*, Minerva C. 24, John 3, Lewis 1
GRACE, William D. 37*, John R. 15, Mary 9, Martha E. 1
HENDERSON, Patsy 100*
JONES, Lurana 70*
LOTSPEICH?, James 18*, David 17
MCCLELLAND, Henry 25*
MCNICKOLS, Archy 22*
MEYERDIRKS?, Frederick 25*
PHILIPS, John 24, Martha J. 19, Elizabeth S. 2, Mary A. 2/12
RICH, William 18*
RICHERSON, James 23*
RUDY, Minerva 35*, Margaret A. 16
SHOLAR, Henry W. 21, Mary 17
SPOTT, J. E. 40 (m)*
TURNER, William F. 29, Elizabeth 26, Nancy A. 6, John L. 3, Blunt 1
WADDELL, John P. 61, Jane 21, Mary E. 18, Emma 13, John 11

1850 Census Warren County Kentucky

Schedule Page 1

BRATTON, Aden 64*, Mary 55, N. A. G. 56 (f)
BREEDLOVE, R. 41 (m), E. 37 (f), G. A. 16 (f), J. P. 14 (m), E. A. 11 (f), W. H. H. 9 (m), E. E. 6 (f), C. E. 4 (f), J. T. 8/12 (m)
CARTER, F. 71 (f), S. P. 31 (m)
CONWAY, M. 21 (m)*, Marion 18 (m)
GRAHAM, Jas. A. 22*, E. W. 20 (m)
HINES, Paul B. 30, A. A. 24 (f), A. T. 5 (f), L. R. 4 (m), W. M. 3 (m)
LEWIS, Franklin 41, Elizabeth 33, Mary Ann 13, Jno. W. 10, E. C. 7 (m), Emily C. 4, Charles H. 1/12
LEWIS, Isaac O. 72, F. 68 (f), M. E. 40 (f), E. J. 38 (f), J. H. 35 (m), Y. H. 24 (m)
MITCHEL, Jno. G. 23, A. M. 17 (f), J. S. 14 (m)
PUCKET, Timothy 47*, F. 39 (f), M. A. 13 (f), Minerva 9, E. 7 (f), Josephus 6, S. 11/12 (f)
RUNNER, Madison 36, Malinda 29, Martha J. 7, E. R. 5 (f), S. F. 3 (f), W. H. 2 (m), M. J. 5/365 (f)
SMITH, David 73, Jane 5, Sol H. 27 (m), Jesse H. 24
STONE, Daniel 71
STONE, Wm. E. 38, E. A. 30 (f), S. B. 13 (m), J. H. 11 (m), R. D. 9 (m), W. T. 5 (m), S. E. 3 (f), E. C. 1 (m)
WELLS, Hilary 42, Malinda 33, Tho. 16, Eliz. 13, Henry 10, Elen 8, Israel 6, Sally 5, J. H. 3 (m), E. 3 (f), B. 8/12 (m)
WILLSON, W. 25 (m), S. 21 (f), B. F. 3 (m), R. W. 1 (m)
WITHERS, S. A. 50 (m), A. M. F. 42 (f)

Schedule Page 2

BECK, Wm. 37, S. 35 (f), J. A. 6 (m), W. A. 4 (m), J. 3 (m), R. 1 (m)
BLEWITT, Wm. H. 26, M. 24 (f), O. A. 4/12 (m)
BRYANT, T. 22 (m), M. 22 (f), M. J. 1 (f)
CANNON, Isrl. 65*, Elizabeth 55, Russell 22, E. 12 (f)
FRENCH, J. 27 (m), A. 20 (f), L. A. 5/12 (m)
FRENCH, J. 36 (m)*, M. A. M. 26 (f)
HEAVNER, S. 44 (m)*, M. 43 (f), S. 15 (f)
JENKINS, Jno. 11*
JENKINS, M. J. 8 (f)*
KEOWN, J. 26 (f)*
LEWIS, Joseph 79, N. 75 (f)
LEWIS, L. D. 34 (m), J. A. 28 (f), W. 4 (m), A. C. 2 (f), Ophelia 3/12
LONG, J. 55 (m)*, P. 52 (f), Eveline 24, William 21, Harriet 19
MILLER, A. sr. 59 (m), A. 55 (f), A. 21 (m), P. 16 (m)
MILLER, Anthony 29, F. 25 (f), S. H. 1 (f)
MILLER, Joseph 28, E. 26 (f), Wm. H. 6
MILLER, Bedford 25*, M. A. 24 (f)
MILLER, Isaac 50*, E. 45 (f), M. 21 (m), S. 26 (f), Wm. 20, E. 13 (f), M. 12 (f), N. 8 (m), F. 3 (f)
MILLS, ____ 12 (m)*
RAMA, J. G. 9 (m)*, M. E. 5 (f)
SPINKS, P. 38 (m)*, E. 18 (f), S. J. 4 (f), J. T. 10/12 (m)
SPINKS, Thos. 77*, Bostin 25, N. 22 (f)
STUART, A. 35 (m), M. 30 (f), L. J. 13 (f), M. E. 12 (f), W. T. 10 (m), S. A. 7 (f), M. 6 (f)
WATT, G. F. 21 (m), P. 20 (f). F. W. 1 (m), J. A. 7/12 (f)
WHITESIDES, John 32*
YARDLEY, T. 44 (m), P. 41 (f)

1850 Census Warren County Kentucky

Schedule Page 3

BAKER, L. F. 34 (m), M. E. 24 (f), M. F. 6 (f), M. L. 4 (f), G. H. 1 (f)
BLEWITT, C. E. 24 (m), A. 23 (f)
COLLET, W. 28 (m), M. 31 (f), M. J. 5 (f), Wm. 2
COLLET, Jas. 62*, M. 63 (f), E. 21 (f)
GATES, H. S. 27 (m), R. 32 (f), M. A. 14 (f), J. H. 12 (m), N. M. 10 (f), F. T. 9 (m), G. G. 7 (m), D. J. 5 (f), S. L. 4 (f), R. P. 1 (m)
JENKINS, Jas. 38, M. J. 34 (f), A. E. 10 (f), J. H. 8 (m), M. E. 6 (f), M. J. 4 (f)
KEOWN, S. 47 (m), M. 50 (f), E. A. 21 (f), T. J. 18 (m), A. C. 13 (m), M. J. 9 (f)
LEWIS, N. 47 (m), M. 41 (f), J. W. 13 (m), T. J. 11 (m), M. E. 9 (f), J. H. 7 (m), F. M. 5 (f), N. E. 1 (f)
LEWIS, B. 55 (m)*, L. 40 (f), F. 22 (m), W. 18 (m), M. 15 (m), J. G. 13 (m), G. N. 9 (m), L. J. 8 (m), M. F. 3 (f)
LEWIS, C. 52 (m)*, R. 43 (f), A. 22 (m), F. 19 (m), W. 17 (m), M. J. 15 (f), E. 12 (f), J. A. 10 (f), C. 6 (m), S. 3 (f)
READ, Va 17 (f)*, G. A. 14 (m)
SHROADER, M. C. 36 (m)*, S. A. 25 (f), C. A. 1 (m)
SPALDING, J. 47 (m)*, E. 41 (f), W. T. 17 (m), C. A. 10 (m), J. H. 7 (m), A. S. 4 (m)
VERNON, J. 44 (m), M. 38 (f), M. 16 (m), E. 14 (f), J. A. 12 (m), J. 7 (m), S. A. 2 (f)
WALKER, W. 83 (m)*

Schedule Page 4

ADKINS, John 34, M. 34 (f), A. 14 (m), J. F. 11 (f), S. M. 9 (m), M. A. 4 (f), M. V. 2 (f), N. Ellen 3/12
ADKINS, Jas. 8*
CANNON, B. 28 (m), A. J. 28 (f), E. 6 (f), M. F. 4 (f), J. W. 2 (m)
COWLES, F. 31 (m), S. 25 (f), R. 8 (m), M. A. 6 (f), S. 5 (m), T. W. 2 (m), M. E. 1/12 (f)
COWLES, V. 56 (m), M. 57 (f), S. 24 (f), E. 20 (f), F. 18 (m), L. 14 (f)
COWLES, W. 35 (m), M. 28 (f), L. 9 (m), N. J. 8 (f), S. 5 (m), P. 2 (f), M. A. 1 (f), J. A. 9/12 (m)
FLORA, H. 29 (m)*, M. A. 36 (f), T. 4 (m), S. A. 2 (f)
HEAVNER, E. 18 (f)*, S. 14 (m)
HOUCHENS, W. 38 (m), L. C. 42 (f), Ch. 16 (m), John 13, Martha 11, P. 8 (m), E. T. 5 (f), A. R. 2 (f)
JENKINS, R. 15 (f)*
LEWIS, R. 45 (m), M. 37 (f), P. 18 (m), D. 14 (f), B. N. 11 (m), C. 9 (f), M. J. 7 (f), F. A. 4 (f), V. E. 2 (f)
OTTER, H. R. 60 (m)*, S. R. 57 (f), Jas. B. 31
RASH, F. 45 (m)*, S. 48 (f), D. 22 (m)
SHROADER, N. 11 (m)*, S. 8 (m)
VERNON, D. 47 (m), N. 41 (f), J. N. 21 (m), A. 20 (m), S. J. 18 (f), B. 14 (m), E. A. 12 (f), A. 7 (f), W. M. 4 (m)
WATT, F. 22 (m), H. 25 (f), W. T. 4 (m), J. L. 3 (m), A. F. 5/12 (f)
WILLIAMS, B. 22 (m), E. 21 (f), G. A. 1/2 (f)

Schedule Page 5

BARTON, G. 43 (m)*
CLINE, E. 59 (f), D. 39 (m), D. 37 (f), R. 23 (f)
DOYLE, Jas. 33, C. 35 (f), J. R. 13 (m), S. A. 11 (f), E. F. 9 (f), J. A. 8 (m), W. F. 7 (m), G. W. 5 (m), R. 2 (f), R. G. 2/12 (m)
EARNEST, R. 72 (f)*
FLORA, Jno. 21, Mary 24, Melvina 16

1850 Census Warren County Kentucky

FLOYD, S. 56 (f)*, G. 53 (m), A. 38 (f), Sarah 36, R. 18 (m), Wm. 24
HACK, Jonathan 63, E. 63 (f), H. 36 (f), Jno. 23, W. 22 (m), N. 20 (f), C. 14 (m), E. 8 (f), A. G. 4 (m)
HACK, Saml. 26*, S. A. 30 (f), H. 5 (f), W. P. 4 (m), B. 2 (m), M. L. 3/12 (f)
HOLDER, C. 46 (m), M. 43 (f), M. A. 22 (f), W. M. 21 (m), A. M. 15 (f), S. F. 13 (f), J. F. 11 (m), E. H. 3 (f)
HOLDER, R. 41 (f), E. A. 21 (f), M. 16 (f), W. 20 (m), M. 14 (f), Wdfd. 13, Isaac 11, N. 5 (f), J. A. 3 (m)
HUDNAL, M. A. 17 (f)*
ISBELL, B. 27 (m), F. 29 (f), M. S. 8/12 (f)
MILICAN, W. 30 (m)*, N. 26 (f), J. L. 7 (m), G. H. 4 (m), S. J. 4 (m), S. C. 1 (m)
POTEET, M. 58 (f), Manerva 31, Samantha 18
POTEET, Thos. 24, Mary 21, G. W. 2 (m), F. M. 8/12 (m)
SCOTT, John 72, M. 52 (f), Jas. 31, R. 29 (f), Elizabeth 27, M. 25 (f), L. 21 (f), William 19, A. 15 (f), K. 13 (f), J. A. C. 1/12 (m)

Schedule Page 6

ALEXANDER, B. 21 (m), E. 19 (f), E. C. 10/12 (f)
CLINE, W. A. 21 (f)*
JOHNSON, Jno. F. 1 (m)*
JONES, Jas. 46, Mary 39, Wdfd. 18, J. A. 15 (f), M. 10 (f)
JONES, Jno. 22, Elizabeth 24, Jas. J. 9/12
JONES, Wm. 36, M. J. 33 (f), J. A. 14 (m), J. R. 13 (m), Milburn 9, M. A. 7 (f), J. A. 5 (f), S. J. 3 (f), Louisa 1
LEE, Frances 70*
MILLER, Saml. 38, E. 28 (f), W. T. 12 (m), R. P. 10 (m), A. 8 (f), S. E. 7 (f), M. E. 5 (f), N. J. 3 (f), A. F. 1 (f)
SLONE, Thos. 42, M. 36 (f), Wm. 15 (m), C. 12 (f), J. 10 (m), Jas. 7, Jona? 5 (m), E. 3/12 (f)
SPINKS, Jno. 47*, M. 46 (f), Beddford 20, E. 10 (f), M. J. 9 (f), P. J. 6 (m), T. J. 5 (m), D. 3 (f), S. 1 (f)
WATT, Elizabeth 38*, Jno. 22, Nancy 20, Silas 18, P. C. 16 (m), S. J. 14 (f), Jas. 12 (m), E. A. 8 (f), M. F. 5 (f)
WATT, Sarah 14*
WHALIN, V. 23 (m), E. 22 (f), S. E. 1 (m), T. J. 3/12 (m)
WHALIN, Wm. 45, P. 42 (f), M. E. 18 (f), Jas. H. 15, Wm. G. 11, M. J. 8 (f), A. F. 6 (f), Jno. L. 1 (m)
YOUNG, N. C. 46 (m), E. 45 (f), A. D. 21 (m), Margaret 18, M. A. 17 (f), S. A. 14 (f), M. 11 (f), L. A. 9 (f), T. M. 5 (m), J. S. 3 (m), S. A. 10/12 (f), Mary A. 20

Schedule Page 7

ADKINS, Nancy 36*
AMOS, Jackson 28, E. 25 (f)
BASSHAM, Hiram 23
BASSHAM, Jas. 62*, E. 52 (f), J. D. 22 (m), J. M. 19 (m), Margaret 16, J. H. 5 (m), J. A. 3 (m), F. J. 1 (m)
CHASTINE, S. D. 29 (f)*
CHILDRES, Hiram 37, N. 39 (f), M. A. 19 (f), Mary 16, R. P. 14 (f), A. J. 10 (f), N. M. 8 (f), F. 6 (f), L. 4 (f), Wm. W. 3, M. 3/12 (f)
DOOLIN, Jno. B. 38, N. 40 (f), R. D. 15 (m), L. F. 10 (f), C. F. 9 (f), A. L. 8 (f), Wm. T. 6, T. J. 5 (m), A. L. 4 (f), J. F. 3 (m), M. E. 5/12 (f)
FLOYD, Gideon 28, R. C. 23 (f), M. B. 1 (m), S. F. 3 (f)
GRAVIL, D. 57 (m), Sally 67, Wm. 48
GRAVIL, Jno. 31, M. 32 (f), M. A. 11 (f), G. H. 5 (m), E. J. 1 (f)
HEAVNER, Jno. A. 14*
HUDSON, Jno. 30*, Jane 33, J. M. 12 (m), Jno. M. 8, A. W. 5 (m), M. A. 2 (f), Marshaan 2, Missouri Ann 5/12

1850 Census Warren County Kentucky

JOHNSON, G. A. 25 (m)*
LAWS, Andrew J. 27, M. 25 (f), S. J. 3 (f), S. W. 1 (m), T. J. 17 (f)
TAYLOR, Jas. W. 25, M. A. 22 (f), A. 3 (m), R. B. 2 (m), M. F. 9/12 (m)
TINSLEY, Jno. N. 42, L. 32 (f), S. J. 14 (f), Jas. H. 12, B. S. 9 (m), T. C. 7 (m), G. D. 5 (m)
WATT, Jno. 66*, E. 62 (f), F. W. 19 (m), M. H. 17 (m)
WILSON, Stanford 28, Sarah 29, L. 8 (f), Jonathan 5, P. G. 4 (m), T. L. 3 (m), Wm. Stanly 2

Schedule Page 8

BECK, R. H. 26 (m), F. E. 20 (f), E. W. 1 (m), Jas. T. 25
BRYANT, Burwell 37, F. 38 (f), Jas. G. 17, Thos. G. 15, W. 14 (m), P. J. 11 (m), S. J. 9 (f), F. C. 7 (f), J. 1 (f)
GRIMES, Jas. 42, M. 38 (f), Wm. B. 19, Amy 16, S. E. 15 (f), M. J. 13 (f), A. 11 (m), J. H. 9 (m), L. 7 (f), N. 5 (f), Jas. 3
HEAVNER, A. A. 7 (f)*
HOLDER, Z. 21 (f)*, P. E. 19 (f), G. A. 7 (m)
KEOWN, Mary 53*
LIKENS, M. 34 (m)*, D. 40 (f), J. H. 12 (m), D. 10 (m), S. J. 8 (f), L. 6 (f), M. M. 4 (m), S. H. 2 (m)
SANDERS, A. C. 22 (m)*
SANDERS?, Wm. A. 9*, Jas. S. 5
SHROADER, Henry 55*, E. 44 (f)
SMITH, Wm. 37, W. A. 5 (m), H. E. 2 (m), S. J. 8/12 (f), E. 38 (f)
SMITH, A. A. 29 (m)*, P. E. 17 (f)
SPINKS, Isaac 36, M. A. 26 (f), F. 13 (f), M. J. 9 (f), Jas. 7, Saml. 3, S. E. 1 (f)
SPINKS, B. 19 (m)*
STONE, H. 37 (f), M. J. 17 (f), E. D. 15 (m), Jas. H. 14
TURNER, Fielding 26, Lucinda 23, Reuben 3
WILSON, Bluford 30, Ruth 26, Martha A. 4, S. J. 3 (f), J. H. 6/12 (m)
WILSON, Jonathan 65, Eliza 45, S. A. 21 (f), Jno. 20, H. L. 15 (f), S. H. 13 (f), P. F. 11 (f), E. A. 9 (f), K. A. 7 (f), N. S. 5 (f), P. L. 1 (f)
WILSON, Robert 31*, E. 29 (f)

Schedule Page 9

ADAIR, Jno. 32*, M. S. 25 (f), S. J. 1 (f)
ARNOLD, Elizabeth 40*, Sally 7, Martha 5, Joseph 4
BURCHFIELD, Joseph 43, Sarah 42, Margaret 20, Thomas 17, John 15, Jas. C. 14, F. 12 (m), M. A. 10 (m), W. J. 7 (m), Martha 5, W. 3 (m), Columbus 1
FLORA, Henry 24, Sarah 25, C. T. 2 (m), A. E. 5/12 (f)
GOFF, Jane 12*
HINES, H. 68 (m), R. B. 24 (m), C. F. 16 (f)
HINES, Thos. 27*, C. C. 23 (f), H. T. 1 (m)
HOLDER, Elijah 42*
HOLEMAN, Jno. 20*, M. J. 20 (f)
HOLEMAN, R. B. 10 (m)*
MILICAN, Jno. 75, Ruth 55, S. P. 26 (f), P. 24 (f), Lac? 18 (f), Luvena 18, A. 16 (f), Jas. L. 12, G.? F. 9 (f)
MILLER, Jno. 37, M. A. 27 (f), P. P. 8 (m), A. H. 5 (m), M. F. 3 (f), J. W. 3/12 (m)
MITCHEL, A. T. 59 (m)*, Sarah 48, M. F. 18 (f), S. J. 27 (f), Nancy G. 16, J. W. 13 (f)
MITCHEL, Jno. 65*, A. R. 52 (f), M. A. 27 (f)
PASLEY, Jos. A. 11*
PERRY, Israel 32, A. J. 25 (f), Jno. H. 6, R. J. 4 (f), W. R. 2 (m)

1850 Census Warren County Kentucky

RUNNER, P. 46 (f)*
SHREWSBURY, William 55, Rhoda 47, J. T. 24 (m), A. E. 21 (f), Patsey 16, Juliet 13, Rhoda 10, Ellen 6, William 4, Mary 82, C. U. 3/12 (m)
SMITH, Nancy 58*, Sarena 35, Stanford 24, Melvina 20
WATSON, M. 56 (m)*
WHALIN, Jno. 57, Frances 50, James 16

Schedule Page 10

BECK, Jas. 67, Nancy 55, John 28, Frances A. 22, Amanda 23, Alfred 19, Frances S. 15
BECK, Jesse C. 18*
BLAKEY, R. C. 39 (m)*, Ann E. 9, Clarissa P. 7, Margaret C. 5, Jas. H. 3
BRATTON, George 63, Elizabeth Ann 54, Margaret J. 23, Alexr. C. 16, Sarah R. 15, Nancy D. 12
BURRIL, L. 2 (m)*
GATES, Mary 75*
HADEN, Hiram 45*, Ann E. 33, Nancy M. 12, Wiley J. 9, Wm. H. 8, C. Radford 6
JACKSON, Lemuel 50, Jas. 28, Jos. 27, Nancy 24, Synthiana 18, Amanda 17, Lemuel 16, Marion 14, America 13, Jeremiah 12, Charles 11, William 9, John 1
JONSTON, D. B. 31 (m)*
MILICAN, W. H. 32 (m), E. 35 (f), A. 6 (f)
STURGEON, Jno. 53, Hannah 46, Roda 17, Ouvier? 13 (f), Thompson K. 11, Syntha Jane 9, Mary F. 6, Warner U. 1
STURGEON, William 22, Orlena 21, John 1, Cristopher 2/12
SULLENGER, G. J. 33 (m), Mary F. 31, Sarah A. 8, Mary Frances 6, Augusta 10/12, Gabriel 26
VANCE, Henry 51, E. R. 16 (m), Mary F. 15, Cristopher C. 12, Jno. E. 9
VANCE, Jno. 66, Catherine 42, Sena B. 18, Catharine H. 11
WHITE, John H. 51, Dosha H. 40, Wilmoth A. 20 (m), Lawson H. 16, Robert C. 15, Wilson M. 13, Milton O. 12, Jas. L. 6, Ann H. 4
STURGEON, Jas. 19, Phebe 17

Schedule Page 11

BROWN, Catharine 51*, John W. 24, George W. 17, Jas. W. 13
CARTER, Wm. C. 43, Mary Ann 40, Lucy Ann 14, Sarah Jane 12, Adaliza 10, Charles W. 8, Jas. A. 8, Walter H. 6, Mary F. 4, George E. 1
CARTER, Jas. A. 25*
COLLIER, Henry H. 26*, Susan F. 23, Lucy G. 2, Merton F. 1
COMFORT, Saml. S. 20*
CORNING, Andrew L. 20*
ELKIN, Allen 42*, Margaret P. 45, Mary E. 21, Sarah F. 19, Jane T. 18, James B. M. 16, Henry H. 14, Malinda C. 12, Miram H. 7 (f), Micael S. 1, Daniel B. 9
GILMORE, Thos. D. 35*, Mary J. 29, Martha T. 16, Mary M. 14, Joseph P. 12, Ira F. 7, Lucinda M. 5/12
GRAHAM, Robert 47, Martha 42, William A. 13, Robert B. 10, Jas. H. 8, Charles N. 5, Milton R. 1
JENKINS, L. 30 (m), Elihu 20
JENKINS, Sturman C. 45, Missouri 43, Sarah J. 17, Sampson 14, Sturman C. 9, Missouri A.? 6, Nancy E. 4, Thomas J. 1
LEWIS, J. H. 28 (m), Mary J. 18, Finis E. 32
LUCAS, Mary A. 21*
MEARS, John 40*
MITCHEL, Martin 70, Margaret 69, Martha A. 25

1850 Census Warren County Kentucky

QUISENBERRY, Jas. S. 41, Salada 38, Margaret S. 17, Nathaniel 16, Jas. A. 14, Nancy 11, Thomas 6
QUISENBERRY, Many W. 38 (m), Martha 35, Nicholas 18, William 11, Sarah A. 8, Elizabeth 7
TAYLOR, Z. 47 (m), Virginia H. 47, Mary E. 22, Sarah J. 19, John B. 18, Zechariah G. 16, William F. 13, Morris W. 9

Schedule Page 12

----, Surrey 49 (m)* (B)
BRYANT, Washington 23*
DAVIS, Asa 34*, Elizabeth 28, Martha 6, Elizabeth 3, William L. 1
DISHMAN, Daniel 37, Mary E. 25, Jas. W. 4, Mary E. 1
DISHMAN, Jas. 50, Mary J. 18, Jane 86, Elizabeth 38
FLOYD, Gideon 37, Virinda 34, Sarah F. 13, Ann E. 11, Almada A. 9, Artimesia E. 7, Luther L. 3, LCasander 46, Alexander C. 19
GOFF, Isaac A. 19*
GOYER, David 48*, Nancy 39, Frances 16, Mary 14, Hester A. 11, David A. 9, Elizabeth 6, Nancy B. 3
GRIDER, John 61, Rebecca 52, Jesse S. 22, Nancy E. 18, Nathan M. 16, Martha J. 10
HACK, Phebe J. 25*
ISBELL, Thos. 30, Elizabeth 25, Jas. L. 1, Mary 65
LINSEY, A. M. 58 (f)*, David 16
LUCAS, Fidello 39, Susan 36, Josaphine 16, Ann E. 14, William 12, Napoleon 9, John 7, James 5, Edwin 3
MAHUE, Hartford 23, Eliza J. 23, Alace L. 4/12
MAHUE, Walter 76*, Susan 49, Martha 18, Alexander 12
MALONE, Thos. J. 40, Martha 32, Ann E. 11, Granville 9, Josaphine 6, Mary 4, Dona M. 2, Charles S. 5/12
MOORE, Levi 20*
SHEETS, Samuel 43*, Emily 44, Nancy J. 19, Zarelda 18, Henry 17, William 15, Sarah A. 13, Mary F. 11, James M. 7, Samuel N. 5, Susan A. 4, Jno. J. Ca? 2
VERNON, Luvina 45, Frances M. 17, Alexander 15

Schedule Page 13

BOOTEN, Patrick H. 16*, Elizabeth C. 14, Jemima W. 12
BOOTEN, Wm. W. 20*
BOYD, Hiram 30, Nancy 26, Sarah J. 11, Sarilda 9, Rebecca 2, Louisa F. 10/12
BOYD, William 28, Lucinda 25, Napoleon 7, Isaac 5, Frances 3, John F. 6/12
DRAKE, Taylor 57*, Elizabeth 51
DUVALL, Jacob 22, Marsha Ann 18, Elizabeth M. 1/12
EWING, Jas. F. 32, Virginia L. 27, Sarah J. 10/12
EWING, Lilburn B. 28, Amanda M. 23, Nathan A. 3, Jas. H. 1, Rebecca 57
GRAHAM, John 19*
GREGORY, Susan 48*
HAYS, David 28, Martha 21
INGRAM, Tabitah 45*, Georgeann 16
JOHNSON, Jesse 29, Elizabeth 23, Sarah A. 2
JOLLY, Robert 18*
KELLEY, Jas. M. 38*
LONG, A. 16 (m)*
MURRELL, Samal.a 58*, E. R. 48 (f), Mary Ann 22, Sallie B. 20, Maria S. 17, Ellen Jane 14, Eliza JF. 12, Chalia 9, George M. 24
PARKER, Sterling 40, Rebecca 37, Caroline 12, Elizabeth 10, Julia H. 8, Susanah 6, Luter B. 3, Adaline 1

1850 Census Warren County Kentucky

PARKER, Nancy 68*
RASDAL, Lucy 69*
RAY, Singleton 32*, Permela G. 32, Elizabeth M. 10, Thomas E. 7, Asel D. 5, Napoleon B. 2
RAY, Thos. 65*, Elizabeth 49, Irven W. 29, Henrietta F. 5
RODES, Petronello 17 (f)*
SIMMONS, Reuben 32, Hester Ann 30, Ann E. 7, David 5, Asa D. 3, William H. 1
SMITH, William B. 70, Joshua 40, James 14
STERRITT, Mary 74*
WAMACK, Jesse 80*

Schedule Page 14

ALEXANDER, Jno. D. 44, Pamela 36, Robert 18, James 16, Mary 14, Martha 12, Sarah 11, Caroline 10, John 9, Julia 7, Chas. 5, Henry 1
ALEXANDER, Philiip 35*, Mary 35, John 9, Mary 7, Jas. 4, Joseph 1
BECK, Andrew 23, Eliza J. 17, Margaret V. 14, John 12, Mary Louisa 9, Frances Ann 5
BECK, William 62, Elizabeth 20, Josiah 6/12
COLE, Francis M. 23, Harriet 24
JENKINS, Jno. 39, Henry E. 14, Frances A. 13, Albert E. 8, Mary E. 5, Nancy A. 4, Jas. T. 2, Elihu 20, Cornelius M. 18, Simon 30
JONES, Thos. J. 38, Susan H. 28, Henry O. 8, Thomas 6, Margaret 2
RICHARDS, Thomas 38, Susan 39, Ann 16, Sarah 14, Susan 12, Hannah 10, John 8, Thomas 6, Edward 3
RUNNER, Benjamin 44, Sidneyann 46, Washington 21, Harriet 17, Sarah A. 15, William 13, Jane 9, Susan 8, Louisa 2
WALKER, John 37, Elizabeth 30, James 12, Thomas J. 10, John 8, Lewis M. 4, Somon 2
WILLIAMS, James 24*, Joseph 26
YOUNG, James 52, Louisa 45, Ann 21, Joseph W. 19, Lewis L. 16, Allen T. 14, Benjamin F. 15, Pleasant 13, Susan E. 11, Mathew P. 9, Mary M. 7, Henry E. 5

Schedule Page 15

DOHERTY, Matilda 29, Sarah J. 11, John W. 7, William G. 2
HASEL, William 17*
HUDNALL, J. W. 41 (m), Rachel 35, Jeremiah 14, Caroline 11, James 8, Roda 5, Heritage 5, Louisa 3, Elijah 1
HUDNALL, James 79*
JOHNSON, John M. 41, Eloisa M. 36, Wm. L. 16, Robert S. 14, John H. 12, Samuel F. 10, Lucian C. 7
JOHNSON, Samuel 18*
MILLER, John 25, Rebecca 24, James 11/12
MILLER, Margaret 52, Jacob 22, Harriet 19, Jane 17, John 15, William 12, Frances 12
MILLER, John 77*, Susan 63
MILLER, Thomas 40*, Mary 35, Thomas 9, Charles A. 5, John 3, Bluford 1
MILLER, William 29*, Elizabeth 30, Mary J. 1
MORROW, John 43*, Narcissa 39, Elizabeth 19, Richard 17, James 14, Sarah E. 12, Benjamin 10, William 8, Roda 6, Luvena 3, John 1
RUNNER, William 16*
SMITH, George M. 17*
SMITH, John P. 28*, Edmonia M. 17, Josephine 4/12
SPINKS, Thomas 33, Sarah 33, Serena 8, Elizabeth F. 7, William 3, Sarrah 5, Ruth 1
TARRENTS, Leonard 37, Martha 43, James 16, John 14, Isaac 13, Martha 10, Susan 7, Elizabeth 3

1850 Census Warren County Kentucky

TARRENTS, Mary 66, Synthann 17
TARRENTS, Terry 29, Rachel 29, Martha J. 7, Elizabeth 3, Mary 3/12
WHALIN, Hartford 28*, David 22
WILSON, Thos. 75, Martha 71, Jane 9
WILSON, Jane 12*
WILSON, Martin 24*, Syntha 21

Schedule Page 16

BECK, William 43*, Maryann 24, Arminta 4, John R. 1
CRABB, George 79*
DUNN, Dolphin 14*
HEAVNER?, Julia A. 10*
HERALD, Joseph 52*, Margaret 52, Alfred 20, Martha 9
ISBELL, John 63*, Mary 63, Maria 25
JOHNSON, Robert G. 18*
JONES, Malinda 45, James 27, Washington 17, Melvina 13, Bedford 10, John 7, Elizabeth 5
MARSHAL, July 13*
MARTIN, Gibson 60*, Mary 45
MILAM, Henry 30, Loretta 22
MILLER, Dolphin 34, Elizabeth 33, John 12, Sarah C. 8, Philander 6, Susan 1/12
MILLER, Henry 30*, Mary 31, Susan 10, William 7, Melvina 2
PASLEY, William 39, Mary 28, Joseph 12, James 11, Elizabeth 7, Nacisa 4
SMITH, John 26*
STERRITT, Susan 30*, William 9, Margaret 6, James 8, Caroline 5, Mary T. 9/12
TAYLOR, Joseph 48*, Sarah 42, Thomas 26, Nicholas N. 22, Sarah 20, Paradine 18, Allen 16, Tabitha 12,
    Mary A. 10, Joseph E. 8
TURNER, Manerva 33*, Maria F. 8
WETHESOON, Mary E. 8*
WILSON, Thomas 43, Susan 35, Elizabeth 14, Jane 12, Rachel 10, Samuel 7, Sarah 6, Martha 3
YOUNG, Samuel 34, Lavina 32, Mary Jane 14, Milburn P. 12
YOUNG, Hudnall 25*, Louisa 22, Solomon C. 2, Irina 6/12

Schedule Page 17

BURCHFIELD, Bedford 18*, Comidore 8
CHERRY, Alford 36, Sarah 36, Samuel 14, Adam 13, William 10, John 9, Elijah 6, Aaron 1
CHILDES, Elisha 44, Juda 43, James 19, Samuel 17, Amey 15, Thomas 13, Hyrem 10, John 8, Harriet 1
CHILDES, Saml. 74, Susan 50, Lucinda 23, Nancy 21, Uriah 21, Martha 18, Mary 17, James 3, Susan 1
DOUGLASS, John 46, Mary 32?, Benjamin 8, Jilson 6, Walter 1
DOUGLASS, William 32, Martha 21, Catharine 11, John 9, Gustanga 7, Evaline 5, James 2, Elizabeth 10/12
DUNN, Harrison 36, Elizabeth 32, William 14, James 13, Elizabeth 9, Louisa 8, Joseph 5, Clarasa 2
HUDNALL, Sidneyann 12*
LAGRAND, George 25, Elizabeth 23, Columbus 1
MEADOWS, William 51, Elizabeth 45, Mary 18, Marthaaaa 16, Richard 15, Elizabeth 13, Catharine 12,
    Artheusa 9, Eveline 7, Rebecca 5, Louisianna 7/12
ROW, George 34*, Eliza 32, George 12?, Rebecca? 11?, Roleta? 9, Virgil 7, Commodore? 6, Mary 3,
    Christopher 1
TAYLOR, Henry 35, Louisanna 22, William 3, Curren 2
TAYLOR, William 38, Franky 32, Lafayette 9, Harriet 7, Joseph 2, Aaron 36

1850 Census Warren County Kentucky

UPTON, Elijah 65, Mary 58, Absalom 24
UPTON, James 28, Nancy 33, John 3/12

Schedule Page 18

BELLOW, Jacob 35, Margaret 21, Joanna 1, David 8?/12
DAVIS, Thomas 55, Margaret 26, John 3, Virginia 2, Francis 4/12
DOOLIN, Hardin 47, Frances 36, John 15, Calvin 12, Nancy 10, Mary 8, Virtula 6, George 4, Baley 2
HUDLAN, Joseph 23, Eliza 17
LAMASTERS, John 42, Elizabeth 39, Nancy 16, Caroline 14, Woodford 13, Bluford 12, Charlotte 9, Sarah 7, Edward 6, Mary 5, Orlena 3, Juda 1
MARTIN, Prudence 19*
MILLER, Jacob 34, Margaret 34, Catharine 10, Ann L. 9, Milburn 6, Asel 5, Albert 2, Saml. 1
MILLER, Woodford 31*, Ann 30, John 5, Elizabeth 2
ROW, Corn? P. 25, Eliza 21, Columba 2, Theodore 3?/12
SMITH, Daniel? 26, America 19, Columbus 1, Constantine 6/12
SMITH, Benjamin 4/12*
WHITE, William 49*, Charlotte 44, Allen 21, Martha 17, Davis 18, John 17, Chesterfield 15, Margaret 13, Hueston 10, Syntha 9, Melvina 4
YOUNG, Jackson 35, Maria 31, Mary J. 10, Susan 7, William S. 5, Frances A. 3, Prudence F. 2/365

Schedule Page 19

BRIGGS, Jas. M. 52, Harriet 50, Charles 25, William T. 22, Jas. A. 19, Ann E. 20, Elizabeth R. 1
BROWNING, James E. 28*, Hester A. 27, Jno. W. 4, Henry T. 1
BRYSON, Abraham A. 51, Elizabeth S. 36, Sarah C. 13, Philena 5, Benjamain F. 4, John M. 11/12
BURNAM, Bennet 59
COLE, William 43*, Nancy 41, William A. 17, July A. 16, Emerline 14, Hezekiah V. 8, Albert N. 5, Joseph W. 3
CONNER, John 8*
CURTIS, James W. 42*
EWING, Henry 18*
FOX, Henry 38, Elizabeth 35, Sarah J. 12, William H. 10, Mary A. 8, Elizabeth F. 6
FRANSWAY, John 19*
HERDMAN, Jno. G. 35*, Sarah E. 26, Allace J. 11, Rachel 9, George N. 5
HESS, John 55, July A. 45, Sarah E. 18, Alexander 16, Amanda C. 4, Julia 11/12, John Henry 20
HOWORTH, John 49, Susan 38, Lawrence 11, Sarah M. 5, John M. 1
HUDNALL, William 21*
JOHNSON, Mary 16*
NEWTON, Isaac 55*, Rachel W. 45
OCONNER, Margaret 9*
REAVES, Peter M. 39, Sarah 36, Elizabeth 18, Mary A. 15, James 13, George 11, Zerilda 3
RODES, Robert 25, Mary F. 22, Henry C. 5/12
SIMPSON, William 58*, Winifred 50, Franklin B. 20, Frances 18, James 15, Beverly A. 13, William L. 11
SMITH, Allen 29, Catharine 19, Lucretia 1
SMITH, Calvin B. 30*, Lee Ann B. 22, Mary 5, Calvin 3
STUART, Rebecca 58, Burwell 21, Jane 18, Thompson 15

1850 Census Warren County Kentucky

Schedule Page 20

BASSHAM, Bartlett 68, Nisa 45, Nancy 16, Napoleon B. 14, Carroll C. 13, Margaret 10, Samuel W. 7, Selena C. 3
GOTT, Reese 37, Elizabeth A. 44, Margaret J. 17, Thomas H. 15, Samuel A. 13, Martha P. 11, Sarah A. 9, Joseph S. 8, Mary F. 7, Jacob R. 5, Harriet A. 1
HARBIN, Eliza J. 11*
HERALD, Henry 44*, Harriet 35, John 10, Emerline 8, Charles W. 5
HICKS, Albert 34*, Mary 31, William A. 6/12
JACKSON, Charles 22, Mary 20
JACKSON, Harriet 16*
LEWIS, Joseph 46, Nancy 30, Joseph 20, Margaret 16, Clarissa J. 12, Frances 9, Lucinda 6, William T. 4, Mary Jane 1
MCCOMICK, Joseph 54, Nancy 55, Mary J. 30, Virginia S. 22
MILLER, Benjamin 62, Perlina 45, Isaac 31, Lucinda 27, Benjamin F. 20, Saml. D. 18, Christian H. 15, James H. 13, Adam M. 10, Emerline G. 6
MILLER, James 32, Jane 30, Sarah E. 3, Eugene 4/12
MORROW?, Brittain 38, Elizabeth 41, Mary A. 14, Melvina 10, Sarah F. 5, Caroline 3, Lori N. 1
STEVENSON, Elizabeth 32*, Sarah E. 8, Ebenezer 7, Edward 5
TAYLOR, Alfred 31, Matilda 24, Elihu G. 7, Allen 4
WATT, Silas 17*
WHITE, Calvin 14 (m)*
YOUNG, Matthew 67*, Elizabeth 53, Margaret 24, Catharine 23, Elizabeth A. 21, Melvina 19, Mary M. 16, Perlina 10

Schedule Page 21

BAILEY, Jno. W. 24*
BEARCE, Wm. 35*
CHASTINE, Sarah F. 7*, Wm. 22
COLE, Isaac M. 28*, Jane 22, Mary E. 1, Jno. W. 3/12
CONWAY, Monterville 18*
ENOCK, S. 28 (m)*
GRAHAM, Alexr. 37, Corilla 22, David A. 4/12
HARRISON, A. 27 (m)*, Nancy B. 22, William H. 1, Joseph R. 1/12
HINES, Pleasant 53, Tabitha A. 48, Martha 20, Hetty 28, Sarah J. 16, John 8, William H. 1
HOWARD, William H. 29* (B), Sarah 22, Sarah C. 4, Maria J. 2, James Andrew 2/12
INGRAM, James 28*
LIKENS, Maria 17*
MARTIN, Jos. B. 28, Mary D. 50, William B. 20
MARTIN, Perry 21*
MCGEHEE, J. G. 35 (m)*
MCGUIAR, James 22*
MCNEAL, John 55*
MILLER, Bluford 31*, Catharine 21
MITCHEL, Zachariah 17* (B)
OCONNOR, James 5*
POLAND, — 30 (m)*
PORTER, L. C. 40 (m)*, Z. A. P. 36 (f), Frances K. 13, Charles L. 7
ROBERTS, E. T. 41 (m), Elizabeth 30, Kitty A. 11, Jas. A. 10, William 7, Frances 4
ROW, John L. 27*, Eliza A. 27, Henry D. 3, Perry T. 10/12, Hannah 67, Rachel 18

1850 Census Warren County Kentucky

SULSER, Henry 38, Eliza A. 28, William T. 11, Lucinda F. 9, Mary E. 7, Delia A. 5, Z. Taylor 1, Winey 60
TRABUE, Andrew 48 (B), Maria 40, Alexr. 12, Corilla 9, Halena 8, John 6, Ida 7/12
VANMETER, Jacob 62, Martha 58, Samuel K. 25, Charles J. 23, Sarah F. 17, Clinton C. 15
WINANS, A. 25 (m)*
WOODS, Rhodes 35*
YOUNG, Saml. C. 27*

Schedule Page 22

ADAMS, Eliza 9*, Martha A. 8
ALLEN, Isaac 35, Mary W. 32, James W. 12, Nathan 9, Thomas 6, Elizabeth 5, Albert 3, Nancy 1
BURNAM, John 46, America 41, Thompson 20, J. Quincey 18, Bennet 15, Nancy H. 14, James 11, Curtis P. 5, Sarah A. 2, Mary E. 1
BUTTERSWORTH, R. H. 32 (m), Permela 27, Alphonzo H. 9, Laura J. 5, L. M. 22 (m)
CLARK, M. B. 53 (m)*, Susan 45, John H. E. 13, Martha A. 7, Susan J. J. 22, M. J. 16
COLWELL, Isaac 36 (B), Maria M. 23, Margaret J. 10, Charles H. 8, Zacheriah 6, Lucy 4, Sophia A. 62
GOODWIN, Perry 36*, Rosana 29, Thomas 10, Loyd 8, Deveann 6, Margaret P. 4, Rebecca 1/12
GRIDER, John 24*
HARRIS, Lydia 15*
HINES, James 67, Caroline B. 60, Ann E. 32?, James F. 10, John H. 8, Edward L. 6, Walter G. 5, Julia C. 3
MCGINNIS, B. L. 27 (m)*, Elizabeth F. 26, Martha F. 6, Harvey L. 3, James A. 5/12
MCGINNIS, Hezekiah 47*, Mary 45, James A. 22, Benjamin S. 21, Sterling A. 19
MORNAR?, John 12*
RABOLD, Adam 33, Andrew 25, John 7, Henry 5, Adam 4
SHANNON, Saml. 53, Mary 47, James S. 22, Mary E. 17, Jane M. 13, Anna E. 11, Harrison L. 9, Harriet H. 7, Virginia R. 5, Sarah 9/12
WOOLDRIGE, Caroline 25*
WREN, S. B. 22 (m)*
WRIGHT, T. B. 44 (m)*, Andromache 30, Astley C. 13, Daniel W. 11, John L. 9, Ann E. 7, Ella B. 3

Schedule Page 23

ATCHISON, H. C. 43 (m)*, Hannah C. 43, Wm. A. 18, T. A. 32 (m)
BURCH, Frances A. 64*
BURNAM, Sophia 28*, Alex 40, Mary Ann 14, Emily 12, E. H. 11 (f), V. B. 6 (f), Allice 4, Thompson 2
DAVIS, Robert 50*, Lavinia J. 42, Charles L. 15, Joseph 12, Henry C. 6/12
ELROD, H. B. 55 (m)*, Jane 50
GAINES, Amanda M. 19*
GORIN, Jno. 59*, Lucy B. 49, Thompson 28, Louisa 22
GRAHAM, Wm. E. 54, Druscilla 50, Sarah V. 18, Wm. E. 13
GRAHAM, A. W. 51 (m)*, Lawrence 16, Sarah J. 13
GRAHAM, Ellen M. 16*, Harriet J. 12, George W. 15
HALL, Nancy 50*, Michael T. 24
HASE?, Alexander 25*, Eliza D. 21
HAWKINS, P. B. 31 (m), Jane F. 25, A. E. 8 (f), Mary Bell 2
HERDMAN, Augustus A. 39*, Nancy B. 32, Andrew 12, Margaret 8, John 6, Lucy 2
HODGE, Mary A. 30*, Edmund H. 9, William 7
HOWORTH, Geo. M. 41*, Harriet W. 13
PORTER, James 29, Elizabeth R. 21, Sarah 3/12
PORTER, Jno. 51*, Susan A. 50, Everline 16, John 14, Wesley 12

1850 Census Warren County Kentucky

SHANKS, Sarah 44*, Thomas 17, Calvin 14, Rufus 10, Alison 8
SMITH, Nancy 12*
VAUGHN, Susan 14*
WAKEFIELD, John 60*
WILKERSON, Jane? 20*, Nancy M. 18, Margaret 15
WOOD, J. B. 24 (m)*, D. E. 22 (f), A. L. 11/12 (m)

Schedule Page 24

ATCHISON, J. C. 40 (m)*, Mary A. 39, Andrew A. 14, Maria E. 4
BLACKFORD, Helen 34*, John 38, Thomas 7
BRAWNER, William T. 55*, Mary 50, Ann M. 21
BUTCHER, Mary 55* (B), Maria J. 21, Sarilda 15, Martha 12
CARNAHAN, Willis 44, Frances 39, Charles E. 19, Ann E. 16, Joseph 14, Mary 13, William 11, Melvina 9, Robert 6, Judson 4, Louisa 2
COOKSEY, George C. 15*, A. A. 19 (f), R. E. 12 (m)
COX, Mary 56*, Henry 31, Margaret 24
CULLENS, Josiah 42, Elizabeth 40, Sarah E. 16, William 15, Martha H. 14, Mary E. 10, Joseph 8, Benjamin 6
DAVENPORT, Mary A. 21*
DODSON, Elizabeth 66*
EVERHART, C. A. 30 (m), Margaret S. 25, Hetty J. 7, Mary F. 4, Charles A. 1
HARDIN, William 21* (B), Caroline 19
HARRIS, E. J. 5 (f)*
HENDRICKS, D. D. 25 (m)*, Hester 22, John D. 4?/12, Cassey 20
HINES, R. 38 (m), Mary 25, Ophelia 4, John 1
PAYNE, Wm. H. 33, E. Y. 21 (f)
PAYNE, Susan 29 (B), Mary Jane 9, James Leonard 7, Thomas 11/12
PORTER, Vance 52, Mary 51, Elizabeth 21, James 20, William 11, Jane V. 6
RICHARDS, N. 42 (m)*
SHILES, James R. 49*, Eliza A. 47, Charles 18, George W. 11, William R. 8
SLAUGHTER, Sally 27* (B), William 6, Joseph 2, Columbia 4
STRANGE, Mary A. 40*, Sophia A. 14
VANMETER, N. S. 32 (m)*, M. E. 20 (f)
WHITE, Matilda 14* (B)
WOOD, Richard 12*

Schedule Page 25

BAKER, Sarah 68
BARCLAY, Saml. A. 35*, Louisa B. 32, Thomas P. 10, Jane A. 9, Hester A. 6, Sarah F. 2
BEVERLY, H? M. 23 (m)*, Frances C. 20
COLES, Philip 45, Sarah A. 32, Stanford 19, Zachariah 10, Mary 5
COLLETT, Alexr. 27, Margaret 29, James 1
FRENCH, Umphrey 38*
GATTON, T. B. 24 (m)*
GRISWOLD, Benjamin 37*, Lucinda 35, Mary J. 13, Sarah F. 11, Nancy 9, Lucinda C. 7, Matthew 6, Benjamin 5, Edmund 3, Elizabeth M. 1
HELM, Jno. B. 52, Mary A. 38, Siras T. 22 (m), Clinton 19, Matilda 13, Benjamin 11, Sarah 8, Eliza B. 5, Mary M. 2, P. Goin? 30 (f)

1850 Census Warren County Kentucky

HINES, Elizabeth M. 45*, Martha 31, Margaret E. 17, John F. 15, James D. 12, Henry C. 9
JACKSON, Lewis 42 (B)
KIFER, Henry 55, Martha A. 22, Lafayette 13, John A. 11, Frances L. 9/12
MACEY, C. 40*
MARTIN, P. 25 (m)*
MCALLISTER, William 56, Elizabeth 48, Susan M. 12, Harriet C. 11, George W. 7
MCLEAN, Mary B. 22*
PRICE, William 60, Kitty B. 53, William C. 24, Hobson 20, Kitty 14, Henry C. 12
STUART, Charles W. 27*
THOMPSON, James 24*
TWIDDLE, Clabourn 32*
WANDER, Nise 38 (m), Jane 23
WHALIN, Saml. 28*, Elizabeth 34?, John N. 6, James N. 4, Enwood 8/12
WILSON, George 41, Courtney 35, James 15, Henson 13, Helen 11, George E. 8, John 2

Schedule Page 26

ADAMS, C. 52 (m)
ADAMS, Tylor 59, George B. 30, Caroline C. 25, William 7, Mary L. 5, Saml. P. 3, Julia W. 1
BARCLAY, Ann 58*, Joseph W. 19, Eli 20
BARCLAY, J. P. 19 (m)*
BLACKFORD, B. F. 30? (m)*
BROWN, E. V. 32 (m), July S. 22, Harriet E. 2
CARSON, Oliver C. 32, Mary E. 29, William R. 7, Virgil E. 5, Allace E. 4, Infant 11/12 (f)
CHAPMAN, William C. 34, Martha A. 26, Birom 5, Mary B. 2, Maranda 11/12
COX, E. 35 (f)*, Eli 3
CULBERTSON, Polley 68*
DAVIDSON, J. C. 27 (m)*, G. F. 19 (m)
DODD, Margaret 60*, Jephtha M. 23
GRIDER, Sally 45, John 28, Tobias 26, Mary J. 13, Sarah M. 11
GUTER, Burwell 60
JACKSON, Rachel 56*, H. H. 31 (m), Julia A. 30, Chesterfield 26
KELLEY, Manerva 31*, Harriet A. 12
LAMASTERS, Umphrey 35, Emily 37, Rachel A. 15, Jane 13, Thomas G. 10, Ruth A. 6, Sarah A. 2
LONG, Abram 50*
MCCOMIC, Peter B. 34*, N. 63 (f), Lucinda 31
MEREDITH, R. W. 18 (m)*
OGDEN, Robert 45, W. 62 (m)
ROBERTS, A. D. 33 (m)*, Elizabeth 24, Alonzo 6, Emily 24, W. P. 12 (m)
SANDERS, Jessee 36, Emerine 27, John 11, Barton 9, James 5, Emma 4, George 1, Benjamin 19
SMITH, Joseph A. 14*
SMITH, R. J. 30 (m)*, Caroline 21, Thomas H. 2, Ann J. 23
WILKERSON, Frances 20*, Issabell 2
WILKERSON, Perlina 33*, Mary J. 17, Elizabeth 20
WOODROW, Jno. W. 20*

Schedule Page 27

AMOS, J. B. 34 (m), Sarah F. 21, Mary B. 1, Mary 67
ARMSTRONG, Jas. M. 48, Jennet 77

1850 Census Warren County Kentucky

ARNOLD, W. 18 (m)*
BALL, Harvey 49, Elizabeth 50, Susan T. 20, Henry M. 16, William S. 14
BARNER, Lewis 60 (B)
BROWN, Kiah 24* (B)
COLLETT, Hiram 37, Hannah 33, Elizabeth 5, Mary 1, Martha 25 (B)
COURTS, C. H. 51 (m), Amanda 15, Chestreller 12, Wm. 22
CURD, Hawes 30*
DRAKE, William A. 28, Mary E. 24, John H. 1
GERHARDSTEIN, Andrew 29, Mary E. 19
HOWARTH, John 48, Susan 38, Lawrence 10, Sarah A. 5, John Maxey 1
IRBY, William W. 39, Lucy J. 35, Charles T. 5, Mary E. 3, Martha S. 1
KERKENDALL, James 25* (B)
MCNEAL, Pendleton 11*, Drucilla 6, William 22
MILLER, Lucy 57* (B), Lucinda 15
PHILLIPS, D. H. 24 (m)*, Mary F. 21, William H. 8/12
PLEASANTS, Jos. B. 22, D. G. 57 (m), Harriet 35, Amanda 12, Eudora 10, Charles 8, Edward 4
POPE, John 36 (B), Elizabeth 34, Charles 8, Robert A. 7, Mary B. 5, John W. 3
RANSDELL, Charles M. 39, Prudence 39, Mary A. 15, Jane 14, Juliett 12, Webster 11, John 5, Shelton A. 4?/12
SEAMES, Randolph 18*
TAYLOR, David C. 29, Hannah 25, Maria L. 8, James F. 5, Brice S. 4, Mary E. 10/12
WALKER, Catharine 26*, Samuel 3
WILKERSON, Jno. 28, Frances 32, William 4, Jno. Thomas 3, James H. 1
WILLIAMS, Prudence 44, Edwin R. 21, Amanda 19, Robert A. 15, Lucius M. 12, Julia A. 9

Schedule Page 28

ALFRED, William 45, Elizabeth 53, John 22, Peter H. 19, Mary J. 16, Nancy M. 15, Wm. 12, Wilson L. 10
AYER, Archer 14*
BROWN, James 24, Sarah A. 21
BROWN, William jr 32*, Sarah A. 20, Mary 7/12
BROWN, William sr 60*, Mary 36
DAVENPORT, John 24*, Margaret 21
GRAHAM, Jane 54, Emarine 37, Lucinda 33
HEAVNER, Sarah 51, Samuel 12, James 10
HERALDSON, Robert D. 25, Elizabeth J. 19, John C. 1
HIGGANS, Eliza J. 18*
HOLEMAN, Robert 49, Amanda C. 34, Amanda J. 13, Robert B. B. 10, Leander 8, William 6, Mary E. 4
HOLLY, Samuel 40*
LEWIS, Judith 57*, Juliet A. 17
MANEY, Edward 68, Juda 60, James G. 25, Chambers 21, Preston W. 18, Henry L. 16, Marada J. 1/12, Mary 21
MANNON, William 44, Nancy 36, Vincent 16, Mary 13, Thomas 12, Delila J. 6, William 4, Benjamin 3, Jefferson 9/12
MARTIN, Nancy 34*
ROUP, Thomas 25*
SAMMONS, Victoria 8*
SETTLEMAN, Elizabeth 3*
SPROLL, John 35*, Maria 29, Nancy 7, William 5
VALENTINE, John 34*, Mary H. 8, Jno. F. 6, Martha J. 4, Edward D. 2
WILSON, Woodford 39, Maria 40, Granville W. 17, Elizabeth 15, Amanda 13, William 9, Emerline 8, Silas 6, Bluford 4, Louisa 9/12

1850 Census Warren County Kentucky

Schedule Page 29

BROOKS, Robert 64*, Thankful 52, Henry 21, Virginia 9
HARDEN, Joel 25, Lucinda 26, Zechariah 2, Daniel J. 1
HOWL, James 26, Syntha 24, Thomas 3/12
HUDNALL, Jos. W. 42*, Narcissa 16, Louisa M. 14, Roda C. 13, Aaron J. 11, John J. 8, Issabel 6, Martha W. 4
JENKINS, John 45, Mary 30, Mary A. 20, Frances E. 15, Nancy 14, John 10, James 9, Susan J. 7, Wade 6, Thomas 2, Sarah A. 1
JOHNS, Robert 26, Malinda 24, Hester A. 2, Elizabeth 1
JOHNSON, James T. 20*
LANKFORD, Benjamin D. 55*, Mary Ann 40, William 13, James 11, Thomas 6, Richard 4, George 2, Winfield S. 4/12
MANNON, Wilson A. 31, Hetty 26, Sarah A. 9, John W. 8, Elizabeth 5, Mary 3, Margaret 11/12
MARTIN, Joseph 23, Mary 25, Surphrona 1
MARTIN, Meredith 19*, P. 64 (f)
OTO?, James H. 13*
ROMAN, Saml. J. 24, Sarah 52, Mary A. 29, Sarah R. 22, Perlina A. 19
SANDAGE, Sarah E. 2*
SHIELDS, Jno. G. 42*, Frances 45, James A. 20, Saml. T. 18, Susan F. 16, Adaline 14, William T. 13, Sarah E. 12, Robert A. 8, Cassandra 2, Mary E. 19
SMITH, William P. 72*
SNELL, William 36*, Commodore P. 12, Frances 5, Catharine 4
STAHL, Isaac 53, Elizabeth 44, William 22, Joanna P. 18, Benjamin 15, Henry C. 14, Hardin 11, Columbus 9, Mary N. 5

Schedule Page 30

BOWLES, Thomas 26*, Maria D. 17, Margaret A. 14
CLARKSTON, Thomas 43, Mary 41, William 19, Saml. J. 17, John D. 15, Sarah J. 13, Mary E. 11, Nancy J. 10, Garret T. 9, Francis M. 7, Zach Taylor 5, Robert 2, Anthalius E. 3/12
GITHENS, John 25, Malinda 17, William 1
HIGGINBOTHAM, Jas. 60, Egbert 21, Nancy 23, Eliza 19, Robert 17, Sarah 15, Cabill 11, Augustus 6
HIGGINBOTHAM, William S. 31, Virginia T. 26, James A. 1/12
HIGGINS, William 47, Elizabeth 30, Eliza J. 18, Mary A. 6, William 3
HINES, V. K. 34 (m), Ann M. 30, James H. 10, Mary 8, Jane 5, William 3, Woodford 11/12
KERR, James D. 24*
KINNERMOUTH, Robert 55*, Harriet 47, Jane 9
MANNON, James 38, Nancy 34, Warren T. 14, Sarah E. 12, Mary E. 10, Synthian 8, Rebecca A. 5, Zachariah T. 1
MANNON, Jno. 74, Sally 64, Richardson 36
MCGINNIS, Smith 25*, Elizabeth 25, Mary F. 5, James 4, Robert K. 3
PALMORE, William J. 27*
SHEARER, F. 20 (m)*
SHEARER, Jacob 54*, Mary 45, John W. 17, James W. 15, Catharine M. 13, Henry A. 11, William T. 5
SNELL, C. P. 29 (m), Elender 27, Melvin A. 5, William P. 3, Nancy A. 1
TARRENTS, James H. 11*

1850 Census Warren County Kentucky

Schedule Page 31

ADAMS, James 28, Elizabeth 24, Amanda 6, Sarah 8/12, Samuel 17
ALDERSON, Elizabeth 60, Permela 40, Elizabeth 22, William T. 18, Thomas 24
CARROLL, Elizabeth 48*
CHERRY, Allen 42, Margaret 40, Elizabeth 17, Jno. 16, Columbus 14, William H. 10, Samuel 5, Richardson 4, Mary A. 3, Reuben 10/12
CHERRY, George 28*, Martha F. 17, Frances 66, Sarah 31, Lucinda 25, Baily 23, Thomas 10, Charlotte 8
CHERRY, Joseph 43*, Salina? 38, William 18, James 17, Jno. A. 14, George R. 7, Caroline 4, Joseph T. 11/12
FORD, James 62, Mary 70
HORTON, Nancy 49, Rosan T. 19, Thomas C. 18, Susan 17, Elizabeth 14, David C. 13, Nancy 11
HORTON, Jno. B. 22*, Sina A. 30
HOWL, James 69*, Elizabeth G. 65, Ephroditus A. 31, Sibby 21
HUDNALL, Reu 51, Lear 39, Catharine 5, Louisa E. 4, Virginia T. 2, James B. 1
LANGFORD, William 15*
MARTIN, James 25*
MCMURRY, Ann 51, Thos. 29, Lydia A. 24, Elizabeth 22
NEIGHBOURS, Mahala 12*
RUNNER, John 55, Elizabeth 50, Mary A. 29, William 25, Elizabeth 24, Margaret 22, Rachel 20, Emily 18, John 16, Benjamin 12, James 10
SWANEY, Charles 45, Ann E. 35, Jane A. 14, Martha E. 10, Henry C. 7, William S. 1

Schedule Page 32

ALLISON, James 26, Nancy 34, Henry M. 16, Martha 13, Susanna 11, Curtis 10, Mary 4, John 2, Adaline 4/12
BACON, John 27*
CARROLL, Catharine 68, Syntha 42, Caroline 33, Jane 27, Wilily Ann 18, Henry 13
HARBEN, Henry 7*, Amanda 6
HEARD, Susan 46*, Elijah 25, George 20, James 17, Caroline 16, William 12, Robert 8, Mary 4
LAWRENCE, Thomas 44*, Dosha 44
MILLER, Joseph 40, Sinai E. 38, Jane 10, Charlotte 8, Nancy 6, Charles 5, Adelia 8/12
NEIGHBOURS, N. W. 38 (m), Sarah 33, Amanda E. 12, Ellen J. 10, Terresa A. 7, Mary C. 5, Sarah F. 4, James M. 7/12
SIMMONS, Arthur 49, Mary 50, William 24, George 22, Angeline 20, James 18
SIMPSON, Russell 40, Sarah 39, Margaret J. 12, George W. 10, Benjamin T. 8, Warner U. 5, Shelby C. 3, Laurel L. 6/12
SNELL, Saml. 39, Jno. 12, Elizabeth 10, George 9, Eliza J. 7, Thomas 4
WESTBROOKS, Charles W. 34, Jane A. 31
WESTBROOKS, Elijah 23, Jane 17, Malinda 1
WESTBROOKS, Elijah 62, Mary 59, Henry B. 21, Eliza 25, Martha 11, James 5, John 5, Sarilda 11/12
WESTBROOKS, Washington 28, Josephine 20, Thomas 1, John 29
WESTBROOKS, Maria 37*, Mary 6

Schedule Page 33

ANDERSON, James A. 27, Zarilda A. 27, William 3, Mary F. 2, Thomas C. 6/12
CAMPBELL, Hugh 35*
DRAKE, Tarlton 79, Mary 68, Albin G. 32

1850 Census Warren County Kentucky

EDWARDS, Telitha 25*
HAMPTON, Susan 30*, Dosha 23, Ruth J. 2, Benjamin 4
HAZLE, Mary 26*, Nancy E. 3
HENRY, Jno. 10* (B)
MARTIN, Frances 43, Mary 18, Voltan 13, Georgeann 9, Jeremiah 7, Thomas J. 2
MARTIN, Joseph 23, Mary 25, Ciphrona 1
MARTIN, Sarah 70*, John B. 42
NEIGHBOURS, Haden 42, Elizabeth A. 27, Nathaniel 21, James 16, Epapra? D. 13 (m), Mary F. 11, Fredonia B. 7, Octavia A. 4, Martha H. 2
PALMORE, Elizabeth 43, Emily 22
PALMORE, Mary 48, Margaret 14, Sarah 12, Angeline 11, Carter 8
PALMORE, Noah 31, Maria 41, Elizabeth A. 18, Harriet E. 16, Sarah E. 13, William 11, Jas. T. 9, Noah 6, Zachariah 2
PALMORE, William 21*
PALMORE, William 54*, Nancy M. 17, Sarah D. 16, Aurora H. 15, Martha M. 12, Parmenus E. 11, Pinkey 9, Amanda M. 6, Caroline 5, Thomas B. 1
RUNNER, William 50, Sarah 38, Mary E. 23, Frances 18, Silas 17, Margaret J. 15, Nancy 13, William 11, Catharine 7, Sarah H. 4, Richard B. 1
SUBLETT, William 48*, Sarah E. 41, William P. 22, Mary F. 20, Henrietta E. 17, Temple J. 15, Richard W. 7, Saml. B. 4

Schedule Page 34

BRIGGS, Margaret 83*
BUCKNER, A. 60 (m), Frances D. 54, Sarah C. 25, Aurelia C. 22, james A. 20, Archibald 16, Thomas J. 12
BUSBY, D. T. 42 (m)*, Marinda M. 15, John 9, Milton 6, Margaret J. 2
COX, F. G. 28 (m), Frances H. 30
DAVENPORT, F. 64 (m), Martha 52, Joseph 35, Shadrac 22, Thomas 20, William 17, Mary 12
FORD, Thos. 33*
FRYAR, Richard 17*
GEORGE, Mary 42*, Mary E. 14, Robert 10, Sarah A. 9, Charles L. 6
HAMPTON, P. D. 44 (m)*, N. D. 24 (f), Sarah D. 17, Martha C. 14, Mary E. 1/12
MATTON, Moses 9* (B)
MILES, James 30, Susan 26, William R. 5/12
PALMORE, John 46, Sarah 24, Ewing 13, Albert 11, John 3/12
PALMORE, Nancy 76, — 48 (f), Louisa 42, William G. 22
RAMSEY, Booker 45, Mahala 37, Mary 15, Castilion J. 11, Albin F. 8, Walter 7, Wilburn B. 3, Thomas H. 2
SANDRIDGE, N. 27 (m)*
SHIELDS, George 31, Elizabeth 24
STEVENS, Thomas 59*, Charlotte 54, Charles B. 24, Abram mB. 23, Thomas L. 20, William T. 14
TATE, Fielding 39 (B), Eliza 37, Mary 12, Fielding 10, Frances 8, James 6, Isaah 4, Leander 2
THOMAS, H. K. 44 (m)*, Elvira 44, Richard C. 12, Margaret M. 9, Harriet B. 7, Charles 4, Hezekiah K. 1?
WALTHAL, A. M. 54 (m), Mary 20, Perlina 18, James 16, Louisa 14, Mildred P. 12, Caroline 8, Columbus B. 5, Fredrick C. 3
WALTHAL, Elizabeth 81*, Nancy 55

Schedule Page 35

ALLEN, Charles D. 18*
ATKINSON, Thomas 36, Rachel 30, Jesse C. 10, John 6, Robert 2

1850 Census Warren County Kentucky

ATKINSON, John 42*, Jane 39
COOMBS, Saml. W. 19*
COX, Thomas C. 21
CURD, Richard 60*, Eliza M. 55
CURD, Richardella 10*
ELLIS, Lizzie 17*
HAW?, Matthew 55, Nancy R. 50, Eliza 15
HOBSON, Atwood G. 34*, Juliet A. 29, Mary E. 10, William E. 7, Jonathan 5, Joseph V. 3
HODGE, Charles H. 28*
JENKINS, Charles 36, Mary 32, John S. 12, Nancy E. 9, James L. 6, Charles W. 2, Lori A. 5/12
KELLEY, Miles 42, Elizabeth 64, James C. 21
MCLURE, Isham E. 31*, Martha A. 24
MCMURRY, James 18*
MEGOWAN, W. S. 35 (m), Sarah A. 33, W. Warner 11, Edward W. 2
MITCHEL, Albert 38*, Margaret 38, George 8, Edgar 6, Luan 2
PEDIGO, James 29*, Catharine A. 29, William 9, Emily F. 6, Zarilda E. 4, Malissa J. 3
PENDLETON, James M. 35, Catharine J. 30, Letitia 11, John M. 9, Frances 7
PERKINS, Joseph S. 18*
ROBINSON, Jeremiah 51, Margaret W. 47, john 23, James 22, George 18, Albert 14, Harriet 10, Thomas 8, Joseph 6
ROBINSON, William 77*, Elizabeth 70
SANDERS, James 30, Sarah E. 25, J. 3 (f)
SHROEDER, Rebecca 62, Delila 22, David 21
SMITH, James 38*
TALBOT, Arthur 6* (B)

Schedule Page 36

ARMSTRONG, R. A. 32 (m), H. E. 32 (f)
BETTERSWORTH, Nancy 54*, Caroline 21, Mary 18, Cornelia 14, Joseph 11
BURCH, B. 41 (m), July 36, Sarah F. 13, Kinchen M. 15, Susan 12, John 4, Catharine 1
BURGE, Beverly 59*, Priscilla 55
CLARK, Isaac 28*, Susan 26, Wesley T. 7, Isaac H. 5, Mahala J. 2, James D. 3/12
DISHMAN, Harvey 26, Sarah J. 17
DODSON, William 5*
EDWARDS, Catharine 34, Frances 15, James L. 13, Henry 10, Rebecca J. 8
ENNIS, W. T. 24 (m), Nancy M. 18
GOODBREAD, Thomas 26, Nancy 60, Kitty Ann 7
HACKNEY, Steven 72, Sarah 75
KEEL, Polly 30* (B), Columbia 10, Harris 8, William 8, George 2
LASTLEY, Lucinda 32*
LOVING, W. V. 47 (m), A. M. 39 (f), A. Q. 14 (f), H. V. 12 (m), Willie 6, John A. 3
MCGOODWIN, Phebe 53* (B)
MOMAN, Lewis 33, Mary 29, John S. 6, Lydia A. 3, Margaret J. 1
MURRELL, H. P. 55 (m), Mary 50, Ophelia 18
NORRIS, William 29*, Jane 36, Joseph W. 3, Emmet 1, Emma 1
PALMORE, Charles 48* (B)
PALMORE, Sarah A. 29* (B), James E. 9, Sarah J. V. 6, Mary A. C. 5, James W. 1
REW, Jesse 40, Eliza J. 30, William 8, James 6, Kate 4, Ella 2
SIMPSON, Levi 23* (B)
SMITH, Dudley 56*, Susan 49

1850 Census Warren County Kentucky

SNIDER, Jno. S. 73*
STEVENS, Isaac 32, Sarah J. 31, Milburn W. 4, Mary C. 3, Charles R. 1, Thomas H. 2/12

Schedule Page 37

ANDERSON, Elizabeth F. 41*
ASHER, Charles 39, Mary J. 31, Martha F. 10, Zachariah K. 8, Mary E. 5
DAVIS, Nathaniel A. 42, Kitty C. 38, John 17, Isham 15, Voltaire 12, Mary 9, Thadeus 5
ELLIS, William 52, Elizabeth 77, Benjamin J. 17, William L. 14, Mary Elizabeth 11
ELLIS, Bedford 24*, Elizabeth 25, Sarah M. 2
GLADDISH, Emily L. 37*, William M. 15, Thomas H. 13, Charles E. 11, James J. 8
GRUBBS, Jno. W. 17*
HADEN, James 21, Susan F. 18, Moton 2/12
JONES, Edmund G. 24, Malissa 17
JONES, James 31, Catharine 21, Mary E. 1
MANS, Alfred 19*
MASON, Maria 42, Nancy 20, Claburn 12
MCCOMMICK, Jno. F. 40*, Harriet E. 36, James J. 18, William S. 16, Margaret J. 14, Jesse T. 12, Mary A. 5, Murat A. 2
MOFFET, Maria 56*, William T. 27
NASH, Wm. 32, Sarah A. 29, Hester A. 12, James A. 10, Elizabeth F. 8, John W. 7, Mary M. 5, William H. C. 3
PERKINS, Joseph P. 40, Elizabeth 30, Louisa 11, Benjamin F. 9, James T. 7, Sarah A. 6, Oscar 1
ROMANS, John 74, Susanna 66, Louisa A. 24, Susan A. 20
ROMANS, John C. 23, July A. 22, Hester A. 6/12
SHAVES, Presley 18* (B)
SMITH, Ellen 40* (B)
SUMPTER, Carter 50*, Nancy 42, Amanda 19, Louisiann 16, Missouri 14, Georgeann 9, John T. 6, Martha E. 2

Schedule Page 38

CARNAFIN, W. W. 40 (m), Martha 31, John E. M. 14, Rosalphe 12, Elizabeth V. 10, Maryanna 8, Wm. C. 6, Thomas D. 4, Richard B. 4, Martha C. 2
CLARK, Edward 38, Elizabeth 32, Emily 10, Luther A. 4, Albert G. 4/12
CLARK, John T. 26, Sarah 28, Joseph A. 2
COLLARD, James 16*
DAVIS, Elizabeth 28*, John S. 10, Henrietta 7, Mary Catharine 3, Peter E. 2
HINES, Thomas 65, Jne 69, Pembrook 6, Matilda Sarah 3
HODGE, Mary Ann 35, James 6
JOHNSON, James 45*, Frances 30, James 9, Mary A. 7, William W. 5, Governor C. 1
LONG, James 66*
MARTIN, Edward 24, Ellen 22, Frances 1/12
MAXEY, John 33, Elizabeth 25, William 10, John M. 7, Prudence A. 5, Ann H.. 4, Milburn A. 3, Altha M. 6/12
MCGINNIS, Margaret 17*
MOODY, Mary 9*
SHIELDS, George 66
STAGNER, George? 35*, James 46, Nancy 11, James 9
SUBLETT, Benjamin 26, Margaret 19, Samuel 75, Mary 57, Susan 15, Mary 11

1850 Census Warren County Kentucky

SUBLETT, Samuel 31, Margaret 20, James B. 1
TAYLOR, John 53*, Ann 50, Hester A. 20, Mary M. 14, Milton 12
WADDELL, William P. 23*, Mary D. 19, Alonzo W. 10/12
WALLER, John 24, Hester 20, Mary 1, Frances 55
WAND, Benjamin 37, Adaline R. 36, Thomas J. 16, Mary E. 13, William H. 11, Benjamin 8, Robert F. 7, John M. 5, Sarah E. 3, Rachel A. 1

Schedule Page 39

BELCHER, David 40*, Lively 35, Louisa T. 15, Isaac N. 12, Rebecca J. 11, Emerilla 7, Margaret J. 1, Martha E. 13, Lucinda G. 11
BUMPUS, Nathan 32, Martha 41, Catharine 16, William 13, George W. 11, Richard 10, Absalom 8, Martha 5, John 3, Nathan 1
BURGER, John 60
CHAPMAN, Thomas C. 40, Hannah R. 32, John 12, Ann 10, Mary 8, Hetty 7, Margaret 6, Sarah 4, Milton 1
CUMMINGS, Darcas 54 (B)
DUNCAN, Mary A. 15*
FURGUSON, Paul 50
HILL, Presley 48, Isabella A. 41, Francis E. 17, John W. 15, Thomas 13, Rachel 12, Ruth A. 8, Mary E. 3, Joanna B. 1
HINES, James 44, Louisa 31, Martha 19, Ann E. 17, Elenor 15, Sarah 9, William 6, Frances 4, Thomas 2, Dilling 2/12
HODGE, George 9*
JONES, Thomas 54, Ellen 58, Thomas 21, Elizabeth 26, Jeremiah 19
MCCOY, Sarah 44*, james M. 18, Morrison A. 5
NEIGHBORS, Alvina 8*
NOLIN, Byrd 49, Mary 48, Roda A. 23, Lucretia 19
ODEN, Lucinda 50
ROWAN, Philip C. 37*
TAYLOR, Moses 50, Sarah L. 42, Margaret E. 20, Martha L. 16, Allace J. 4/12
TAYLOR, Sidda 67*
WADDELL, G. H. 55 (m)*, Elizabeth G. 33, Sarah A. 1, Alpheus 6/12
WADDELL, Jno. S. 50*, Sarah 51, John H. 18, Sarah D. 15, Eliza J. 12, Martha A. 10
WILY, Benjamin 56*, Nancy 54, Hartford 24, Henry 20, Gladden B. 8

Schedule Page 40

BERRY, Presley 44, Elizabeth 27, Euclid 2, Wilburn T. 2/12
BRINKLEY, John 22*
COOKE, Wm. 40, Mary J. 31, John J. 9, Martha A. 7, Charles L. 5, Samuel 1, Anna 63
CURTIS, James W. 40*
EATON, Wesley 35, Nancy G. 28, Sarah E. 7, Mary C. 5, Emily C. 3, Allace E. 1
ENNIS, Willis 33*, Caroline J. 32, James R. 10, Mary E. 8, John S. 6, Ann E. 4, Lucy F. 2
FURGUSON, Mary 48, William P. 26, James D. 22
LAVAW, Isaac 27*
LONG, Malinda 17*
MALLORY, W. C. 31 (m)*, Mildred A. 29, Mary J. 6
PARRISH, James R. 24*, Mary T. 19, Thomas 1?/12
RICKS, Charles W. 39*, Mary A. 34, Virginia C. 15, Benjamin F. 11, Indiana J. 9, Mary E. 7, Susan A. 5, Lucy A. 3, Laura 4/12, Thomas 78, Ann E. 27

1850 Census Warren County Kentucky

RICKS, Lucy J. 35*
SMITH, William 26, Hester A. 23, Caroline X. 4, Josephine X. 2
TAYLOR, Mary 43, Hezekiah J. 20, William S. 18, Edwin 17, Mary 15
TAYLOR, William H. 26*, Caroline 20, Elenor F. 1
THOMPSON, Jno. M. 48, Mary 53, George 22, Martha J. 20, Nancy A. 18, Sarah 13
WOOD, Parley 51, Elizabeth 48, Adaline A. 19, Alfred P. 15, Philander S. 14, Lady P. 9, Joshua E. 5

Schedule Page 41

ADKINS, Nancy 27*, Mary 3, Dulcy B. 20
BLANCE?, Hosa 17*
BRIDGES, Margaret 52, Butler T. 10
BURGE, F. A. 56 (m), Elizabeth 50, Jane Ann 21, William M. 19, Fredrick M. 15, Sarah D. 13
CREWS, James 70*, Cloa 67
HALL, S. B. C. 39 (m)*, Melvina 46, Sophia 19, Shelby W. 16, Mary C. 13, Fetna? A. 11, Sarah 9, Melvina 5
HARRIS, Enoch 66*, Mary 60, James 27, Elijah 26, Robert A. 38, Abijah 21, Thomas 21, William 33,
    Elizabeth 28, Frances 7, John 4
HARRIS?, Martha 7/12*
MANNON, John 44, Anna 45, Amanda M. 8, Jno. R. 1, Elizabeth F. 17, Hezekiah 14
MARTIN, L. G. 29 (m), Elizabeth 20
MAY, James 34*
MAY, Prudence 33*, Deloricus 3, Ann C. 1
MOYERS, D. J. 37 (m), Mary J. 27, Henry M. 7, Phebe 5, Nancy A. 3, Richard J. 1
MOYERS, Catharine 65*, William J. 22
MOYERS, Samuel 35*, Martha J. 26, Susan F. 9, Barbara E. 7, Catharine 5, James W. 4, John H. 1
PULLUM, Lucy 51, James M. 26, Susan 23, Anthaline 21, Martha 13, William 8
RAGLAND, Sinai 48, Robert E. 24, Andrew J. 22, John W. 32, William 15, Felix G. 14, Laura J. 11, Sarah
    D. 18, Frances V. 20
STAGNER, Kitty Ann 14*
THRUSTON, Elizabeth J. 11*
THRUSTON, Margaret 18*, Perlina 17, Jno. R. 22
WADDEL, George 21, Margaret 20
WILEY, Chesterfield 26, Henryann 26, Nancy 6, William 4, Mary 4/12

Schedule Page 42

BURCH, Stapleton C. 40, Lucinda 36, Eliza 11, William 8, Joseph 7, Ann V. 5, Mary 4, Julian 2, Eugene 11/
    12
COX, Barbara 91, Eliza 35, Calep J. 18
COX, Sarah 47, Coleman 26, Burwell J. 18, George W. 16, Sarah M. 14, Robert 13, Phenis 11, James 9,
    Drucilla 7
COX, William 66, Nancy 54, Barbara 26, Winney 23, Zachariah 27, John 20
HANES, Thomas 51, Eliza 42, Malvina 13, Saml. L. 7, Sarah H. 5, Charles 3
JOHNSON, David H. 30, Lucinda 24, Charles E. 4, Elizabeth 3, William 1
JOHNSON, James 32*, Milly J. 29, John W. 7, Hester A. 5, Andrew E. 1, William F. 12
LANE, John 12*
MENIR?, Christina 12*
STAGNER, Andrew 56, Mary 50, Henry W. 28, Frances A. 24, John A. 22, Mary J. 20, James M. 17,
    Benjamin 15, Barbara E. 12, George W. 10, Sarah C. 8
STAGNER, D. J . 26 (m), Sarah A. 24, Susan C. 4, Mary E. 2, Sarah F. 3/12

1850 Census Warren County Kentucky

STAGNER, John W. 48, Susan 46, Sarah E. 19, Nancy J. 16, Mary 15, Kitty 13, Ellender 11, Susan F. 10, John W 9, James T. 4, Narcissa 3
STONE, Virgil M. 33, Elenor T. 27, Andrwe M. 6, Nancy C. 4, John H. 2, Sinai 8/12, John M. 23, Louisa 27, James H. 32

Schedule Page 43

ADAMS, John 21*
COX, Phineas G. 35*, Elizabeth 28, John H. 1
DAVIDSON, Alfred L. 33*, Mary J. 32, George W. 11, John H. 9, Sarah E. 7, Leroy L. 5, Alfred C. 2
DAVIS, Margaret 17*
ELLIS, Thomas 28, Martha 31, William W. 8, John G. 6, George W. 4, Margaret J. 9/12
HINES, John 78*, Nancy 62
JACKSON, Clinton 40, Jane 29, Victoria 9
JACKSON, F. W. 36 (m), Martha C. 26, John 8, Nancy D. 6, Robert 4, Mary A. 2
MARTIN, Steven 75, Elizabeth 65, Steven B. 25, Clayton M. 23, Melvina 22, Coswell 19, Luke 40, G. M. 26 (m)
MARTIN, Minta 35*, Isaac 4 (B), Samuel 2
MAY, Jno. R. 45*, Elizabeth 89
SHEARER, Caty 45*
STEVENSON, Margaret 73, Elizabeth 45, John A. 23
STUART, James C. 54, Jane 52, Garret D. 29, Charles W. 27, Esther A. 25, James W. 23, Elenor S. 18, Jno. S. 15, Chastine S. 12, Josiah N. 10
TAYLOR, James 32, Elizabeth H. 24, Oscar H. 9, Mary C. 7, Sarah A. 6, John 3, Carolne 6/12
WILLIAMS, Jno. S. 30, Mary Y. 27, Crawford E. 3
WILLIAMS, Parsons 33, Mary A. 30, Margaret J. 8, John P. 7, Royal M. 5, Mary J. 4, Louisa F. 3, Millard F. 1
WILLIAMS, Delphy 56*, Jno. A. 23
YOUNG, John 25, Nancy 22
YOUNG, Phineas 23*

Schedule Page 44

BURRES, Andrew 53*, Elizabeth 48, Henry C. 15, Woodford D. 13, Frances E. 11
CAUBIN, James 38*, Lenice 33, Thomas 9, Muroe 7, Mordica 5, Elbridge 1
DIAL, Wm. 43, Elizabeth 22, Warren 18, Orleans 16, Sarah 14, James S. 12, Amanda 10, William F. 8, Mary D. 6, Thomas 3, John 1/12
DUNCAN, J. D. 35 (m), Jane 33, Druscilla A. 5, Eliza C. 3, Euclid M. 6/12
DUNCAN, Edmund 63*, Sarah 48, Woodford 25, Virginia E. 22, Edmund 20, Henrietta 17, Thomas C. 9, Sarah E. 7, Mary 5
ELLIS, William 25, Nancy 22, Artemasa 3
FULLER, Elvira 10*
HERT, Lewis C. 52, James 22, Sarah J. 23, Hugh C. 21, Lucy A. 17, Amanda 16, Mary M. 14, Nancy V. 9, Clarence 7, John 80
HESTER, Henry 43, Benjamin 18, Solomon 15, Mack 13, harriet 10, John 7, James H. 5, Emerline 2
MARSHALL, Jas. R. P. 56, Mary G. 39, Joseph 8, Malinda J. 8, James A. 1
ROBINSON, William 57*
SANDAPHOR, Elzia 41, George 17, Mary A. 15, Louisa 14, Prudence V. 9

1850 Census Warren County Kentucky

SHANKS, Robert H. 39, Tabitha T. 28, Robert B. 7, James A. 6, Elizabeth F. 4, Samuel 2
SHEHORN, John 60, Henrietta 48, John F. 12, Saml. P. 9
TAYLOR, Wm. C. 42, Elizabeth 35, Sarah F. 12, Narcissa 11, Horace B. 9, William H. 7, Joseph 5, Mary E. 3, Zachariah 4/12

Schedule Page 45

COVINGTON, Francis 59, Lucy 59, Francis 20, John R. 26, Thomas M. 23
COX, John 55, Edna 45, Coleman 28, John 21, William 18, James 16, Henry C. 13, Joseph N. 6, Frances 12
DODSON, David 31, Hetty J. 20, James C. 4/12
DULANEY, Harriet A. 18*
DUNCAN, William E. 29, Margaret 25, John 5, Virginia 3, Dulaney 6/12
FANT, Wm. T. 45, Mary C. 36, Frances A. 17, Virginia L. 15, William H. 13, John J. 11, Susan E. 9, Martha F. 7, Mary E. 5, James R. 3, Mark H. 1
GAINES, Thomas B. 39, Mary A. 34, Joseph R. 19
GRUBB, Jacob 40, Winiford 35, John 20, William 14, Sarah 13, Phinis 5
MARSHALL, Sarah 57*, Juliet H. 17
MCMILON, Darcas 24*
MCQUIRTER, William H. 34*, Margaret 27, Elizabeth 13
MOBLY, Mary 42*
PATTERSON, John 28, William 27, Julia A. 18, James 3
PHILIPS, Joseph 28*, Harriet P. 18
PRICE, James J. 45, Malinda A. 44, Christiana 17, William S. 16, John 14, Issabel 11, Thomas D. 9, Joseph H. 7, Woodford L. 4
PROCTOR, A. Y. 20 (m)*, G. B. 18 (m), James S. 15, Margaret 22
SHAW, Mary 48, Mary A. 24, Ceburn M. 22, James M. 18, Emily D. 14, Sarah M. 11, Henrietta 10
STANLY, John W. 23, Mary E. 22, Jane C. 2, Wilber 2/52

Schedule Page 46

BADGETT, Thomas C. 34, Manerva A. 34, Elizabeth 8, James S. 6, Sarah V. 1
BOSTICK, Davidson 41, Margaret 38, Mary Jane 15, Henrietta 9, Benjamin 5, Louisa 2, John 10
BROWNING, D. B. 38 (m), Louisa T. 38, George S. 15, William S. P. 13, Sarah E. 11, Joseph U. 9, Mary A. 7, Francis P. 5, Daniel 11/12
BROWNING, Q. 32 (m), Mary L. 34, Gilliann C. 11, Micajah T. 10
GAINES, Franch 15*
HUNTON, Willis 62, Mary 55
JONES, John 56, Winnaford T. 54, Catharine W. 20, William 18, Fredrick B. 16, Barbara A. 13, Sarah Eliza 11, Isabel 22, John 24, Sarah E. 4, Warner L. 2
JONES, Henry C. 31*, Amanda C. 32, Sarah J. 5, Jeremiah B. 3, Mary F. 1
LOVING, P. N. 36 (m), E. J. 28 (f), Sarah 6, Ann Eliza 1
ROBINSON, Jeremiah 58, Mary F. 54, Rumsey G. 24, Margaret 20, Sarilda 17, James 13, George 12
SMITH, William 79, Elizabeth 61, Louretta 20, David 17
SMITH, Solomon 22*
SWAANEY, N. 52 (m), Jane 44, Thomas J. 17, George Ann 15, Mary J. 13, William 9, Jesse 7, Nancy 4
TAYLOR, Allen 60, Luvena 56, Jane 24, Samuel D. 23, John A. 21, Robert F. 20, Joseph 18, Sidneyann 15
WALKER, N. H. 46 (m)*, Susan S. 38, William S. 22, Elizabeth A. 16, Elenor F. 14, Henry H. 9, Nancy 3

1850 Census Warren County Kentucky

Schedule Page 47

ANDERSON, Elizabeth 66*
BARBARA, Jesse 47*, Lucinda G. 42, Sarah E. 17, Nancy J. 15, Emily F. 13, Joseph W. 11, George E. 9, David L. 7, Harriet M. 4, James G. 2
CLARK, A. B. 28 (m)*
COX, Jackson 38, Phebe 30, Henrietta 11, William 9, Kitty A. 7, Josephine 4, Tecomser B. 1
COX, Albert C. 30*, Mary 19, Virgil M. 5/12, Milburn 15, Harrison H. 18
DOWNEY, F. M. 30 (m), Susan A. 26, Martha E. 6, James A. 2
DOWNEY, Mary 52, Lucinda 29, William 25, Martha A. 21, John W. 12
DULANEY, Robert 27*
EDMUNDSON, William 50, Kitty H. 47, Margaret A. 16, Catharine E. 9, Mary E. 7, John B. 4
ELLIS, Marion 12*
HARNAN, Thomas 75 (B)
HUNTON, L. A. 65 (m), Frances J. A. 45, Washington R. 24, Ludwell 21, Cosssins 19, Elenor 15, John R. 12, Willis P. 10, Sophrona 8, Rebecca 6, Drucilla 4
HUNTON, Willis 60*, Mary 55, Daniel 16
JOHNSON, Robert 38*, Eliza J. 26, William C. 5, Drucilla 3, Shelby W. 6/12
JOHNSON, Clara 55* (B)
SMITH, J. H. 29 (m), Sarah A. 20, Emma C. 1
SMITH, Margaret 58, J. H. 20 (m), Anthaline 17, M. J. 14 (f)
SMITH, Ezekiel 20*
SMITH, Temple 33*, Sarah E. 30, Mary M. 6, Fayette F. 4
STARKS, Henry 50* (B)
WHITE, Isham 49, Susanna 47, Richard 26, James 23, Martha 21, Charles 18, Mary 12, Susan 4

Schedule Page 48

BOSWELL, John 28, Martha 47, George A. 25, Martha R. 21, Susan M. 17, Joseph 15, Sarah J. 12, Robert 9
BOWERS, Barnabas 44, Sarah 39, John W. 13, Lydia A. 11
BOWERS, Wm. sr 67, Elizabeth 59
BOWERS, William J. 32*, Margaret 26, Jane 9, Elizabeth 7, John W. 5, Catharine 4, Margaret 2, Edmund 1/12
COVINGTON, Wm. 31, Nancy J. 25, Julyann E. 6, Zelinda C. 4, Harbard C. 2, Slaughter W. 5/12
CRABB, Hester C. 3*
DULANEY, Woodford 51*, William L. 11, Hiram W. 9, Ann E. 7, Robert F. 5
HALL, H. H. 47 (m), Fetney 45, Slaughter J. 21
HOUSE, Saml. 36, Sarah 30, Lucy A. 11, Franklin 8, Thomas 5, James 27
HUNTON, Richard G. 53
JACKSON, Thomas 35, Jane 33, Elizabeth S. 9, Martha 7
JOHNSON, Thomas 50*, Elizabeth 50, Louisa 18, Helen 16, Hetty 14
SAMMONS, Robert 51*
SMITH, Edmund 29, Sarah 20, Louisa 3, James H. 1, Jessee W. 15
SMITH, Eliza 46, Jeramiah R. 28, Luseta 18, Mary 14, Nancy 12
SMITH, Elizabeth 17*
STONE, Sarah 14*
UPTON, Joseph 31, Roda 25
WHITE, Henderson 54, Eliza S. 46, Alexander 19, James 17, Mary 14, Ann E. 12, Samuel P. 10, Elizabeth 8, Sarilda 5, Elvira 2
WILKERSON, Abner 44, Charlotte 28, Mary R. 7, James H. 3, John 1

1850 Census Warren County Kentucky

Schedule Page 49

BADGET, Andrew 77*, Elizabeth A. 27, Mary C. 25, Nancy H. 23
BARNETT, Joseph C. 34, Drucilla 37, Indiana 10, Robert 9, John 7, Franklin 5, Vandelia 4, Alonzo 2, Martha 3/12
CURREN, Rebecca 46*, Sydney T. 12, Virginia L. 7
FRASIER, Alxr. 57, Zuriah 47, Sarah 22, George 20, Juliet 17, Thomas 15, Nancy 13, Saml. 10, Theodore 6
HARKREADER, P. M. 35 (m), Mildred A. 25, John T. 7, Charles H. 4, William V. 2
HERNDON, William 24, July 18
HERNDON, John 65*, Nancy 52, Benjamin 19, Elizabeth 17, Mary 16, Henry C. 12, Edward T. 6
HURT, John H. 21*
HURT, William A. 47*, Mary Ann C. 42, Hester Ann 18, Wm. V. 14, James S. 12, Robert M. 10, Dillard 7, Atwood 5, Henry C. 2
LANE, Synthaann 14*
MCDONALD, Hugh 46, Sarah 34, Francis 20, Joseph 17, Lucinda 15, Catharine 13, Elizabeth 12, Rebecca 9, William 7, Mary 5, Susan 4, Samuel 1, Saml. 73, Catharine 68
ORNDORFF, John 34, Harriet 28, Joseph 4, Eli 1
PRICE, Joseph K. 25, Elizabeth 23, John D. 2
PRICE, Thomas 27, Narcissa 21, Sarah E. 3, Daniel J. 1
ROYSTER, William L. 26, Sarah F. 24, Lucy A. 8, Mary 6, William 3
SLOP, Ann T. 9*
WALTERN, Isaac 38, Luann 28, Martha A. 8, Sarah E. 6, July A. 4, Eliza J. 2

Schedule Page 50

ATWELL, Leonard H? 10*
COLLETT, Martha L. 28, Mary A. 8, Melvina W. 6, James 2
COVINGTON, Joseph 61, Nancy 61, Zelinda 30, Margaret 18
DAVENPORT, G. G. 36 (m), Eliza A. 30, Mary J. 6/12, Mary P. 49
DAVENPORT, Frances 12*
DOHERTY, Margaret 13*
DRAKE, Philander W. 33, Mary E. 27, William E. 8, Alfred T. 6
GLADDISH, Wm. M. 44, Louisa J. 37, Martha J. 15, James W. 12, William M. 7, Columbus 6
HERT, Hiram L. 23*
HOCKER, Washington 42*, Rebecca 40, Margaret 19, John 17, Permela 15, James 13, Samuel 8, Mary 4, Robert 3, William 1
JOHNSON, D. W. 28 (m), Elizabeth 28, Huson M. 6
MCCLEWAIN, James 46, Lydia A. 43, John 15, Mary E. 13, James 8, Newton C. 3
MCDAVITT, Thomas 55*, Eliza 45, Edmund 22, Sarah 17, Edwin 14, Newton 12, Price 4, Oscar 1
MILES, William 30*
MOSS, David J. 29, Martha 22, Sarah E. 3, Virgil U. 1, Thomas 14
PAYNE, John B. 49*, Elizabeth R. 55, Mary E. 21, Deram 18, John W. 16, Mansah W. 13
SIMPSON, Rachel B. 44, July A. 23, John 18, Albert 16, Anthaline 13, Emily 10, Monroe 6, Hetty 3
SIMPSON, Elias 47*, Nancy 44, William 16, Mary 6
STANLEY, Mary E. 18*

Schedule Page 51

DAVIS, Robert 34, Maria 22, William 8, Granville 4, Mary 10/12
DODSON, John 38, Juda 33, Richard 10, James 8, William 6, John 4, Robert 2, Mary 70, Umphrey 7

1850 Census Warren County Kentucky

EATON, Lorenzo 29*, Nancy 18
GLENN, Peter 36, Mary 30, John 14, Rebecca 12, Jane 10, Amanda 6, James 2
MORGAN, Jonathan 40, Nancy 39, Josiah 19, Elizabeth 17, Thomas 15, Mary A. 13, Martha 12, Newton 11, John 9, Leonard 7, Franklin 8/12
MORGAN, Lafayette 21, Frances 20
NEIGHBOURS, Jonathan 50, Elizabeth 45, Mary 25, James 15, George 13, Wesley 8, Elizabeth 5, Martha 4, Prudence 1, George 1
PENNER, Peter 52, Elizabeth 46, Louisa 22, Malvina 20, John H. 18, William F. 16, Milburn J. 13, Hester Y. 10, Josephine 8, Calvin B. 3
RUSSELL, Benjamin 73, Frances 73, Henry 16
RUSSELL, Jackson 30, Elizabeth 20
RUSSELL, Benjamin 30*, George 13, Ann 11, Daniel 10/12
RUSSELL, Sarah 55*
SHAW, William 45, Hannah 37, Mary 12
SMITH, Martin 21, Jane 20
STEVENS, David B. 27, Elizabeth 24, Thomas 1
STONE, John C. 40, Elizabeth 40, Nancy 14, Sandly 13, Malinda 11, Elizabeth 9, Frances 7, Mary 5, Levi 2
TURNER, Joseph 47, Mary A. 40, James 20, Phebe 17, John 12, Martha 10, Joseph 8, William 5, Fielding 3
WEAVER, Nancy 50*

Schedule Page 52

COLE, James 40*, Martha 32, Bluford? 12, Coster? 10, Mordicai? 10, Lorenzo 7, Nathias 4, Mary 1
FOX, Arthur 50*, Rachel 51, Augusta 20, Henry 18, Joseph 15, Lucy 10
GRIMES, Elias 29, Annis 28, Mary 3, Margaret 1
HAZLE, George 39, Malissa 22, Mary 5, William 3
HIGHTOWER, Andrew 39, Dorinda 34, Nancy 9, Robert 8, Adaline 7, Mary 6, Silas 4, Fielding 2
JONES, George 39, Nancy 28, William 13, John 12, Manuel 10, Elizabeth 8, Margaret 7/12
LAMASTERS, Bedford 24*, Sarah 23, William 1
LIKENS, James 71*
MARTIN, Elizabeth 58*
MASON, William 26, Salina 22, James 2
MAXEY, William H. 36, Sarah 36, George 17, Susan 14, Sarah 12, Juda 8, Samuel 6, Nancy 2
MCDONALD, Lindsley 32*, Sarah E. 26, Victoria 2
RUNNER, Washington 35, Sarah 29, Eliza 7, George 2
TARRENTS, John 37, Lutecia 36, Hester 16, Cornelius 14, Mariah 8, Carter 6, Roda 4, Calvin 2, Jane 2/12
WHALIN, Wm. 35, Thomas 19
YOUNG, Elizabeth 55, Martha 33, Bluford 10, Joseph 3

Schedule Page 53

BARNETT, Henrietta 63*, John W. 23
BUCHANAN, Anny A. 44, Eliza J. 10, Trifena? A. 8, Josephus K. 7, Ebenezer L. 6, Benjamin F. 3
COLE, Francis 21, Harriet 30
GATEWOOD, F. 74, Margart F. 51, John C. 20
GLASS, James 38, Rebecca 28
HOBSON, Jonathan 66*
LASLEY, Peter 20, Susan 20, William 1
LIKENS, William 26, Margaret 32, Edward 4, Sarah 6/12
MANSFIELD, Elizabeth 53*

1850 Census Warren County Kentucky

MARTIN, Abigail 54, Mary 27, Catharine 26, Lucinda 24, Delila 16, William 12, Robert 10, George 6, Benjamin 3
MASTIN, Phebe 80, Elizabeth 39, Mary 38, John 36, Nancy 34, Martha 18, Mary 2/12
MINTON, George 35, Abzada 30, Francis M. 10, Joshua 8, Elizabeth 6, Mary 4, Susan 1
SMITH, Elizabeth 40, Susan 25, Nancy A. 23, William 20, Elizabeth 18, Solomon 16, Mary F. 9
TURNER, Reuben 56, Elizabeth 56, Rody 24, Phebe J. 19, Mark 14
VANCE, James 74*
VOSS, Thomas 45, Elizabeth 48, Robert 20, James 18, Frances 17, Mary 10, Thomas 8
WATSON, John 40, Mary 42, Jane 18, John 16, Lucinda 13, Mary 11, Louisa 9, Manerva 5, Caledonia 4, Sarah 6/12
WILSON, Melvina 22*
WOOLVERTON, Catharine 40, Andrew 20, Elizabeth 17, Henry 15
YOUNG, Margaret 59*, Isaac 21

Schedule Page 54

ANDREWS, Jesse M. 44, Elizabeth A. 37, James W. 18, Elizabeth 16, Joseph D. 14, Emily J. 11, Benjamin B. 8, Elias S. 6, Jessee 4
BLAKEY, Benjamin F. 22*
BRIGGS, Elizabeth 50*, Hester 20, John F. 13, William W. 13
CURD, John R. 29, Sarilda J. 22, John J. 8/12, Mary 54, Nancy D. 23, Elizabeth T. 25, James K. 19
DETHERAGE, James 53, Sarah 53, James 17, Elizabeth 20, Mary 15, Sarah 13
DUKE, John C. 46, Esther C. 31, William H. 9, John C. 7, Charlton G. 5, Wesley L. 3, Jane E. 5?/12
GAINES, Thomas R. 31*, Malinda 24, Samuel B. 1
HAMMOND, James G. 32*, Nancy 24, Harrison H. 6, Martha J. 2
LEWIS, Wm. R. 51, Jane B. 47, Thompson 25, Frances E. 20, Margaret P. 19, Sarah O. 18, John W. 16, Isaac O. 14, Columbus V. 8, James J. D. 6
MCDONALD, Ward 50, Ann 59, Francis 23, Elizabeth 22, Samuel 19, Sarah 18, Hugh 16, Nancy A. 13, Ward 11, John M. 8
PAYNE, Derram 19*
POSEY, J. B. 34 (m), Elenor F. 25, Sarah J. 5, Harriet A. 4, Mary C. 8/12
POTTS, Woodford 26*, Nancy 44, Nancy A. 24, Bethsheba 18, Ann E. 16
SMITH, John J. 20*
TREWITT, John S. 37
TURNER, James M. 21, Narcissa A. 18
WEST, E. B. 30 (m)*
WOODS, Enoch 31, Amanda 23, Elizabeth 8, Sarah 6, Nancy T. 3, Thomas 6?/12

Schedule Page 55

ALEXANDER, Catharine 60, Job 24, Delilah 20, Sarah 17, William 22, Nancy 17
COLE, Francis 21, Harriet 30
FOSTER, Askew 51, Jane 50, Elizabeth 19, Eliza 10
HARRIS, Mary 23*, Emaline 6, George 3
HUNT, Welden 30, Nancy 24, George W. 2
JENKINS, Leah 43, Samuel 22, Margaret 21, William 19, Sarah 16, James 17, Simon 13, Thomas 4
KILPATRICK, Thomas 28, Sylva 30, Margaret 6, Maria 3
KILPATRICK, Mary 65*
LACKEY, Samuel 63, Mary 57, Mary J. 32, Agness 29, Martha 27, Elizabeth 26, Milly 22, Elvira 20, Virginia 14, Nathan 23

- 295 -

1850 Census Warren County Kentucky

LAMASTERS, Umphrey 36, Emily 40, Rachel 14, Bernetta 11, Thomas 89, Mathew 5, Sarah 3
MAHAN, James 39, Frances 32, John 12, Sarah 8, Mary 5, Charles 2
MAHAN, Washington 33, Mary 32, James 18, Margaret 15, Elizabeth 11, Granville 8, John 6, Hester 3, Susan 2
MCGINNIS, B. 51 (m), Mary 51, Ealine 21, Hezekiah 18, John 15, William 12, Sarah 10
MORROW, B. 39 (m), Elizabeth 40, Mary 14, Melvina 10, Sarah 7, Caroline 4, Laura 1
NEIGHBOURS, Samuel 25, Prudence 21, William 5, Calvin 3
SANDERFORD, Joseph 28, Alda 25, Florence 5

Schedule Page 56

BLEWITT, E. W. 53 (m), Lucy 48, Thomas H. 25, Lucy 22, Susan L. 20, Edward W. 18, David L. 16, Mary A. 14, Elizabeth H? 12, Joseph W. 8, Howard M. 5
BOYD, Payton 22*, Elizabeth 20, Sarah 16
DOWNEY, Nathaniel 35, Elizabeth 30, James M. 10, Mary E. 7, Frances 2
DOWNEY, Rebecca 33, John W. 10, James L. 5, Wm. 25, Tabitha 21
HORN, Henry 28, Elizabeth 24, Nathan F. 7, Mary E. 2, Joseph 2/12
LAMASTERS, Jerusha 54, Harriet E. 33, Jane L. 28, Martha J. 18, Emily B. 15, Charles C. 12, Judy 60
LONDON, Wm. 35, Mary 32, Mary E. 15, Martha J. 13, Sarah 10, David R. 9, Thomas W. 7, Nancy 5, George L. 3, Amanda J. 1
MOORE, A. E. 26 (m), Mahala 26, Sarah J. 11/12
PADGET, Mary 82*
PEATON, Wm. 24, Frances 25, Cornelius M. 3
SLOP, Tabitha 52, Martha A. 18, Joseph M. 17, Tabitha T. 14, John E. 27
SMITH, Thomas M. 23, Elizabeth A. 20, Joseph 6/12
SNOW, James 23*
SPALDING, Charles 35*, Syntha Ann 28, John H. 5, Sarah A. 2
TURNER, Robert S. 44, Sarah 40, Edward 20, Joseph 18, Elizabeth A. 16, Benjamin 8, Aurelius 7
WOOD, Wm. 29, Lucy 16, George W. 5/12
YOUNG, B. 35 (m), Rebecca 31, Thomas K. 12, John H. 10, Samuel H. 7, Eli K. 6, Merida S. 4, Elizabeth 3, Lee Ann 3/12

Schedule Page 57

CRAIG, Elizabeth 30*, Juliet 11, Mary Ann 9, John 7, James 5
DRYDEN, Phebe 70*
GAINES, Saml. B. 28*
GILLS, Betsy 14* (B)
HARNEY, Jas. T. 59*, Harriet 22, Adaline 21, Jane 15, Lucy 13, Edward 12
HODGER, I. N. 36 (m)*, Caroline 29, Wilson R. 5, Lucy E. 3, Olivia 1
LEWIS, Elen 25*
MACKNAMARA, James 52, Elizabeth 39
MASON, William M. D. 37*, Rebecca 28, Mary 12, James 7, Samuel 2
MCDAVITT, Virgil 21*
MULKEY, John N. 43, Nancy 43, Elizabeth 25, Jacob L. 23, Nancy 21, Telitha 18, John 16, Mary E. 14, Lydia A. 12, Sarah C. 10, Elijah F. 8, Eda M. 6, Isaac N. 3, Sarilda H. 1
PARKS, Margret 36*, Hetty J. 16, William 15, Rebecca 13, Mary 12, John 10, Margaret 8, Sirus 6, Eugene 4
REED, Charles D. 50, Margaret 19, Chesterfield 12, John 11, Isaac 8
REYNOLDS, Susan 36, William 16, Mary 14
SALE, Saml. A. 54*, Jane 48, John T. 26, William W. 21, Saml. T. 19, Washington L. 17, Maria 22, Mary 20, Lucy 7, Ela 4

1850 Census Warren County Kentucky

STALL, John 23*
STILL, James 38, Rachel 36, Martha F. 14, Mary E. 13, Sarah A. 11, William A. 9, James G. 8, Josephus 6, Charles A. 5, Alfred T. 3, Abraham 8/12
WHITE, Elizabeth 1*

Schedule Page 58

BLACKFORD, Demarius 28 (f)*
BREEDLOVE, Wm. M. 50, Martha A. 48, Mary 16, Montgomery 14, Frances 10, Arabella 8, George W. 20, Wm. H. 26
CARTER, Wm. L. 31*, July A. 27, Alwilda 11/12
CASH, Wm. C. 38, Mary A. 27, John C. 13, Elizabeth A. 11, William H. 9, James W. 6, Henrietta 5, Catharine A. 4, Samuel B. 3, Fernando C. 2/12
CHRISTIAN, A. F. 35 (m), Mary R. 34, Madison A. 5, John W. 1, Wm. L. 73
DRYDEN, Mary Elna 8*, James S. 6
FIELDING, M. C. 40 (m), Matilda 45, Wm. R. 30
FRANCES, Mary 20*
KEEL, Abraham 63, Nancy S. 53, Nancy 28, james A. 22, Wm. H. 19, Emily J. 14
MCCLEWAIN, Frances 82*
MCCLEWAIN, Joseph 49*, Sarah 40, James 15, Anastatia 13, Nancy 12, John 10, Julia 8, Frances 6, Sarah 5, Mary 3, Josephus T. 1, William 42
ORR, Wm. 39*, Paulina J. 31
PERCELL, James 43*, Samuel 18, Campbell 15, Monroe 13, Henry 11, Harrison 9, Alexander 8, Hamilton 6
SMITH, E. S. 40 (m), Rebecca 29, William S. 14, Eliza Jane 10, Jonathan 8, Nancy 5, Columbus 3, John C. 3/12
STANLEY, Shadrac W. 43*, jane 34, Anderson 9, William 8, Eugene 5, Elizabeth 4, Zachariah T. 2, Shadrac 2/12
STILL, John E. 37, Rebecca A. 36, Mary E. 13, Wm. J. 7, Elvira M. 4, John W. 5/12
STILL, John 25*

Schedule Page 59

ADAIR, Wm. 30, Sarah 26, John 9, Umphrey 6, Beverly 3
BASSHAM, Anderson 30, Nancy 27, Reuben 5, James 3, Henry 6/12
BLACKBURN, S. D. 40 (m)*, Elizabeth H. 20?, Jeanie 3, Kate M. 1
CHASTINE, Boon 9*
DUNAVAN, C. T. 52 (m), Nancy M. 45, William M. 22, Nancy M. 17, Margart 13, Mary M. 11, Chastine 9, John 4
FLOYD, Lucy 57*
GRAHAM, John H. 49*, Eliza F. 42, Mary Lee 4, Annie Bell 2, Mary E. 34, Jane A. 13
HICKS, Edward 35, Eliza 33, James 8, Mary E. 6, William E. 5, Nancy 3, John C. 2, George L. 8/12, Wm. 25
LONG, A. B. 25 (m), L. F. 21 (f)
LUCAS, John W. 20*
MALLORY, Betsy 25* (B)
MARSHALL, Amanda 24*
MCFADIN, E. 31 (m)*, Catharine 24, John H. 3, Virginia 2, Nancy 2/12
MILLER, Elizabeth 52*
MORRIS, Joseph 40*, Elizabeth 19, Manaweather 14
PILLSBURY, Josiah 38*, Zerilda E. 33
QUISENBERRY, Monroe 26*, Harriet 23, Louisa 12

1850 Census Warren County Kentucky

RUNNER, Alexander 25, Adaline 21
RUNNER, John 27, Juda 25, Susan 4, David 3, Amanda 1
SHIELDS, Saml. 51, Maria 41, Ann E. 20, William 19, George R. 17, Edwin E. 15, Joseph L. 13, John 11, Margaret J. 9, Mary A. 7, Milburn F. 3, Calvin 9/12
STANLEY, Lucy 55 (B)
STEVENS, James 62*
STEVENS, Jane 70* (B)
TAYLOR, Jack 60 (B)
WHITE, John 16*

Schedule Page 60

ALLEN, A. D. 36 (f)*, Virginia S. 8, Benjamin H. 6, Luke Ann 4
CRABB, Wm. H. 36*
ELLIS, Arnold 13*
HEDGPETH, Wm. H. 36, Mary C. B. 31, Ann E. 11, John H. 10, George T. 9, William R. 7, Martha C. 5, James K. P. 3, Susan 10/12
JACKSON, Wm. A. 31, Juliet 28, Nancy 5, Sarah 4, William 2
LEE, George M. 26*
MCCLEWAIN, Alexander 52, Martha 36, James 24, Josephine 16, John 14, Harriet 7, Alexander 5, Elzira 8/12
MCKINNEY, Jno. R. 37*, Martha 27, Mary E. 7, Richard J. 6, Theodore F. 4, William T. 1
PERKINS, Hardin 43, Sarah J. 41, Joseph S. 17, James 16, John 14, Spottswood 12, Frances 9, Benjamin S. 7, Eliza J. 4, Wesley H. 1, Aurela C. 31
PERKINS, Hannah C. 69*
POPE, Lucinda 20*
RONALD, Geo. W. 64, Emily R. 57, Gabriel S. 32, Emily C. 25, Mary M. 22, Harriet M. 20, John M. N. 16, Balsora J. 11, Lucy E. 23
SHANNON, Saml. 40, Mary 46, Samuel 22, James S. 21, Mary E. 16, Jane M. 13, Ann E. 11, Harrison 9, Harriet 8, Virginia 5, Martha 8/12, Adaline 24
SHANNON, Willis 28, Mary 35, James 5, John 4, Sarah 3, William 4/12
SMITH, Vance 29*, Ann E. 30
SMITH, William C. 30*, Lucy 50, Harriet J. 22
TALBOT, Henry 44, Hester 45, William E. 14

Schedule Page 61

BLEWITT, Susana 52, Thomas 22, Susanna 18, Sarah 16, Margaret 14, Hensley 12, Nancy 10, Susan A. 21, Elizabeth 6/12
BLEWITT, E. K. 38 (m)*, Margaret 35, Christopher M. 15, Eli C. 12, John C. 9, Harriet S. 8, Sarah C. 4
BROCK, Louisa 34*, Permela M. 14
BUCKLEY, Samuel 62, Jane 59, Jeremiah N. 27, Thomas J. 25, Saml. F. 23, Mary J. 21, Harvey A. 18
LANE, Saml. 7*
MORRIS, David 45, Louisa 38, Lafayette 15, James T. 10, David C. 7, Louisa 4, William 1, Thomas 11
MORRIS, Wm. A. 29, Cassander J. 29, Falvius J. 7, George L. 3, David E. 1, Martha 67
NOEL, Burwell 64, Anna 64
OVERSTREET, Jas. P. 29, Emily 29, Sarah E. 7, John W. 5, Reuben S. 8/12, Elisha P. 20, Elziabeth 62
PERKINS, Wm. S. 39*, Amanda C. 30, Cordela G. 11, Wesley W. 8, William H. 6, Robert H. 2
SNOW, Willis 45, Ruth 45, Margaret 18, Nancy A. 17, Susanna 15, Rebecca 13, Martin 11, Thomas P. D. 9

1850 Census Warren County Kentucky

TREWETT, Wm. R. 42, Maranda H. 40, Nancy A. 20, Sarah K. 19, David R. H. 17, Robert A. 15, Margaret A. 13, Wm. R. 11, Mary E. 9, Harriet E. 7, John M. 5, Sarena 3, Leroy 1
WARLER, Mary 15*
WISE, William 39*, Marilla 41, Elizabeth 22, Thomas M. 16, Louisa 14, Abzena 11, Martha 7
WOOD, SArah 21*
WOODS, George 64*, Winna 55, George 25, Thomas 21, John 16, Susanna 14

Schedule Page 62

ALLENDER, Syntha 38, Lutetia 10, James A. 6
BUCKLEY, J. M. 33 (m)*, M. H. 21 (f), Elizabeth J. 6, John A. 4, Alace A. 5/12
COX, Charles 32, Martha A. 26, James 9, Mary S. 4, Sarah E. 3, Prucilla 1
COX, John 30, Ann E. 28, Martha A. 10, William H. 8, Mary S. 6, Sarah E. 4, Rebecca A. 2, Isaac N. H. 6/12, Caroline C. 6/12
GALLIWAY, M. L. 36 (m), Cyrena A. 33, William T. 15, Mary 13, Matilda V. 11, Thomas 7, Elizabeth 4
GALLIWAY, Thomas 63, Susan 56, Thomas N. 26, Flemming N. 24, Abraham 18, Taylor 14, Jefferson.10
HERN, Luvena C. 14*
JONES, Seth S. 50*, Elizabeth A. 23, Jane 80
MASON, Jno. M. 48, Sarah F. 23, Wm. H. 3, Susan E. 1
MCDONALD, Samuel 55, Mildred 50, Martha J. 17, Caroline 14, Sophia A. 12, Mary E. 10, William W. 7
MOREHEAD, Raleigh 30, Frances 29, John 7, Jessee W. 4, Thomas H. 6/12
PERKINS, Martha S. 39*
POTTS, Jonathan 75, Priscilla 70
PRICE, James P. 39, Frances 39, Louisa 12, Nancy 10, Frances 7, Sylvester 5, Euclid 2
SMITH, John P. 57*, Ann D. 50, Elziabeth C. 17, Mary J. 15
WATERS, Nancy 46, Abner 20, William 18, Sindarella 16, Leaner 14, Harriet 13, Flavius 10, Felix 7, Robert 2

Schedule Page 63

ATKINSON, Robert 30, Ann E. 17
BOYD, James 28, Jane 26, James H. 2, Solomon L. 1
DOWNING, Catharine 61*
GRANGER, Anderson 48* (B), Hannah 34, Elizabeth J. 17
GRISWOLD, Isaac 64, Nancy 63, _____ 20 (f)
JACKSON, John 53, Eliza K. 45, John 23, Mary 21, Harriet 19, Burwell 14, Martha 12, Eliza C. 10, Hetty 8, William F. 4
LOVING, Alexr. 44, Ann 29, Eusebius 10, Mildred 9, Sarah 7, Susan 4, Voltaire 3, John 1
PALMER, William 45*, Nancy 42, Thomas D. 22, Sarah E. 20, Catharine 19, Hedgeman D. 17, Lucinda J. 15, Nancy 13, John 12, Emily 10, George A. 7, Isaac W. 5, Zachariah T. 3, Susan A. 1
SATTERFIELD, John 49, Lucy 37, Elizabeth A. 13, John W. 11, Rebecca 9, Sarah 1
SCRUGGS, G. F. 40 (m), Nancy M. 35, Bettie B. 16, James 14, Malissa P. 10, Mary B. 8, Edward H. 6, Frances J. 3, Martha H. 2, Oberia G. 4/12
SMITH, Thomas 23, Mary 22, Nancy E. 2, Mary 3/12
THACKER, Prudence 29, James E. 11, Lucinda W. 10, John W. 7, Elizabeth 4, Mary V. 2
UNDERWOOD, J. R. 58 (m), Elizabeth 31, Eliza 22, Jane 20, John 9, Robert 5, Thomas 3, Edith 1, Amelia 43 (B), Catharine 13 (B)

1850 Census Warren County Kentucky

Schedule Page 64

ANDERSON, James 4/12* (B)
GOODE, S. V. 59 (m)*, Elizabeth 44, Sarah V. 19, Wm. A. 18, Louisa A. 16, Henry A. 14, Martha 8, Samuel V. 5, Henry W. 40
HEARD, James 50, Sarah F. 37, Columbus 17, George D. 15, James C. 13, Robert H. 10, John R. 8, Sarah J. 6, William E. 2
HUDNALL, Isham 17*
MITCHEL, Solomon 36, Augusta J. 34, Charles 14, Salrah 10, Joseph 8, Wm. G. 6, Mary E.

Schedule Page 65

CAMPBELL, Sarah 60*
CAPLINGER, John 55, Nancy D. 39, Michael T. 9, Mary H. 7, Harriet R. 2
COOKE, Wm. A. 16*
COUSINS, Anthony 24* (B), Richard 21
DERRETT, Sarah A. 34, John G. 20, Mary A. 18, Kesiah 14, Elizabeth 13, Frances 9, Harriet 7, William 6, Jas. K. Polk 3
DONALDSON, Charles B. 35*, MarMary J. 30, Charles S. 10, Mary J. 8, Olivia T. 5, David E. 10/12
DRAKE, Frank 55* (B)
HAYS, William 51, Nancy 46, J. E. 21 (m), Mary J. 19, Frances Ann 17, Wm. J. 14, Henry M. 11, Nancy A. 10, Margaret J. 8
HENRY, Gabriella F. 18*
HUME, George Ann 24*
KYLE, Robert 50*, Mary J. 35, William 14, Robert 7, Mary J. 9, Ann 5
LAXAUGH, Joseph 15* (B)
ODEST?, Robert M. 18*
OGDEN, Robert W. 45*
PAYNE, Wm. J. 52*, Susan B. G. 39, Mary E. 13, George B. 2
PORTER, Sarah C. 20*
PROFITT, Richard 34*
REESE, Jacob 31*, Sarah J. 26, Robert 8, Eli 6, John E. 4, Ann E. 2, Elizabeth 76
ROCHESTER, Agatha J. 17*
SEARS, Bradford 38, Elizabeth 38, Martha J. 23, Frances A. 25, Wm. T. 6, Rolley G. 4
TALBOTT, Unity 40* (B), Harriet R. 1/12
THOMAS, John 29*, Rebecca A. 26, James W. 8, Sarah E. 4, Martha J. 3, unnamed 10/12 (f), Ann 23, Jeremiah 5, Elizabeth F. 5, Matilda J. 4/12
THORNTON, Thomas L. 24, Elizabeth 25, Martha F. 1
UNDERWOOD, Warner L. 42*, Lucy C. 33, Frances R. 17, Juliet B. 14, Lucy W. 12, Joanah 9, Warner 4, Henry 2

Schedule Page 66

BURNETT, Vincenty 48, Nancy 40, Thomas 22, John 20, Henry 17, Eleaney 11, Mary 9, Virginia 5, George 1
CAGLE, Sampson 67, Frances 61, Susan 29, Frances 25, Drew Ann 19
CHAPMAN, John J. 32, Mary L. 29, James B. 25
CHAPMAN, David 58*, Lydia Ann 38, Thomas 4, Mary 7, George 2
CLASPILL, Rachael 21*
DICKERSON, A. C. 43 (m)*, Mary J. 30, Wm. H.? 17, Thomas R. 9, A. H. 5 (m), Mary B. 2

1850 Census Warren County Kentucky

ESTES, Abram P. 39, Delila Ann 33, Abel C. 6, Edmonia M. 4, Wm. R. 2
GARRISON, Calvin A. 50, Maria 49, Thomas 22, Samuel Y. 20, Sarah 17, Ramsey 15, Wm. C. 12, Euphemia 8
GOTT, M. P. 26 (m)*, Sarah E. 24, L. J. 2 (m)
HAYS, Kesiah 25*, Samuel G. 22
HOWELL, John F. 21*
LIGUT?, John 35*, Ellen 35, Samuel 10, Mary J. 7, James 5, John T. 1
MCELROY, Ritmon 18 (f)*, Sarah 16, Ann M. 13
PHILIPS, Lucinda 19*, Aaron 8
POTTER, Lewis W. 34*, Rebecca 34, John T. 12, Elizabeth F. 10, Martha A. 8, Rebecca L. 6, James A. C. 4, Samuel F. 1
RAY, Benjamin 34, Louisa 26, Ann Eliza 9, Wm. D. 7, Charles L. 6, James A. 2
ROGERS, Thomas 84*
SMITH, Isaac M. 28*
TALBUTT, Eliza 31 (B), David 10, Harriet E. 7, Canelia 6 (m), Catharine C. 4, John Arthur 1
WALTERS, Fayette 22*

Schedule Page 67

AREN, James 30*
CLASPILL, Elizabeth 16*
CLASPILL, Robert F. 42*, Rachael 50, Catharine 24, Jerry 22, John 21, Frances 16, Martha 12
DILLINGHAM, Michael 51, Mary J. 46, Nathan 19, William 18, Elizabeth 8
DREW?, Thomas 11*
DUNHAM, Lemuel P. 4*
GOODHEAD, Joseph 33, Julia A. 22, Kitty 6, George Ann 4
GOTT, Palmer S. 23, Matilda 18
HAYS, James B. 33*, Nancy B. 31, Ury Ann 8, James A.? 5
HAYS, Martha A. 29*
HENDRICK, John R. 43, Margaret 42, Sarah J. 19, Wm. R. 17, Isaac A. 16, Ann E. 13, John H. 9, Joseph F. 6, Pleasant F. 3
HESS, Moses 45*, Elizabeth 60
HOWEL, James 11*
LOCKERANGE?, Wm. 27, Mary A. 27, Sarah A. 1
MANSFIELD, Wm. 15*, Thomas 12
MANSFIELD, Wm. F. 40*
PATILLON, Davis J. 42, Mahala B. 44, Wm. B. 21, Martha J. 19, John D. 17, Harriet 14, Thomas J. 13, Elizabeth 11, Laner 9, Trenton A. 7, Mahala 1
PETTY, Joseph 76, Nancy 70
POTTER, John 50, Joseph 32, Julia A. 28, Robert 13, Charles 6, John 4, Luther 9/12
RAGLAND, Pettis 53*, Martha J. 22, Elizabeth F. 18
SIMPSON, John 14*
SMITH, Wm. H. 36*, Penny 30 (f), Elizabeth 12, John 9, Martha 7, Artimitia 5, Moses 4, Mary F. 2, William T. 5/12
THOMAS, John F. 25, James A. 22
THOMAS, Jeremiah 53*, Frances 47, Matilda 21, Wm. 16

Schedule Page 68

BARR, Mathias 52, Jane C. R. 47, Matilda 14, Nancy E. 8
BASS, Thomas A. 37, Lucy A. 25, Mary E. 2

1850 Census Warren County Kentucky

BEAFFEY?, Mary A. 40*
BERRY, Loyd J. 35*, Frances R. 34, George S. 6, Martha F. 1
CAMPBELL, George 22*
COWL, Edward 25* (B)
DENTON, Wm. 28*, Sarah A. 10, Jane 8, Mary F. 6, Emorella 2
FALLEN, William 58*, Mary 54, William 25, Mary A. 23, Harriet 20, Rufus 18, John 14, Alwood M. 12
HIGGINS, Eliza A. 30*
HOLSELL, Elijah 38, Nancy 27, Wm. E. 17, Thomas C. 15, Mary F. M. 14, Martha D.? 6, Ellen J. 2
KEEL, James 70*, Henry 13, Wm. 9, Nancy 18, Elizabeth A. 16
LOGDON, John 16*
LOGSTON, Permelia 25, Mary J. 9, John 5, Wm. H. 1
MOSELY, Viney 52 (f)*
POTTER, Thomas 40, Lucretia 30, Stephen W. 9, James T. 14, Joseph 6, Joshua 4, Lucy Ann 1
POWELL, Susan 69*, Elizabeth 28, Matilda E. 20, Martha 10, Mary 5
RICHARDS, William 76*, Martha 64, Elizabeth 42, Sarah 30, Patsy 24, Laura 23, Frances 10, Irvin 7, Polly 5, Bird 23
SIMPSON, Andrew J. 27, Caroline 32, John E. 14, Elvira J. 12
SMITH, John J. 62, Elizabeth G. 52, John Nowel 16
SMITH, John H. 29*, Lorinda 29, Mary E. 5, Eliza J. 4, Jacob 1
SMITH, Sidney P. 41*, Naomi E. 21, infant 2 days (m)
TAYLOR, Sylvester 55*, Sarah A. 31, Julia A. 28
VARBEL?, Patsy 16*

Schedule Page 69

BUTT, John 81, Thankful 71
CASSIDAY, Jerry 29*
FALLEN, Joseph 30*, Hetty 37, Wm. B. 4, Eugene O. 1
GARLAND, Thos. R. 42, Julia A. 36, Angeline A. 13, James M. 12, K. J. 10 (f), Amanda 8, Charles T. 6, Wm. E. 3, Emeline 1
HANCOCK, Isaiah 34*, Mary 37, Thomas H. 14, John W. 13, Stephen C. 10, Rebecca E. 9, Charles E. 7, Moses R. 5, Elizabeth F. 5, Mary L. 4, Phebe A. 2, George W. 9/12
HARRIS, Thomas H. 47*, Martha E. 45, A. H.. 18, Martha A. E. 12, Mary Thos. 3, Charles T. 2
HILL, Elijah W. 23, Susan 18
HILL, Nathan 51, Mary A. 47, Joseph J. 20, Elizabeth R. 18
KIRBY, Jessee L. 45
KIRBY, John J. 36, Columbia A. 30, Eliza 10, Mary 8, Thadius 6, Andrew J. 3
LIGHTFOOT, Milly 34*, Jane 5, James 3
SAUNDERS, John 55, Elizabeth 42, A. C. 22 (m), D. A. C. 18 (f), Simeon 10, Mary M. 8
SCAGGS, Joseph 37, Jane 45, James M. 17, Levi R. 15, Sarah A. 13, Daniel M. 11, Columbus E. 9, Susan H. 7, Eli P. 3
TAYLOR, Sarah A. 21*, James H. 27
THOMAS, Hannah 16*
WALTERS, George H. 30, Frances 20, Hester Ann 6, Tabitha 4, Virginia 3, Jerry Thos. 1
WALTERS, James K. 37, Nancy 33, Mary E. 13, Martha F. 8, Joel L. 6, Julia A. 4

Schedule Page 70

ARNOLD, H. T. 36 (m), Sarah 65, L. R. 26 (m)
COLLETT, Melville 39*, Martha F. 32, Virginia 5, Eugene 3, Luther 1

1850 Census Warren County Kentucky

DISHMAN, Bluford 28, Rachael 25, Eugene 2, Calvin 1
HARNEY, James E. 36, Maria A. 32, Wm. S. 8, James E. 6, Thomas C. 2, Lucy M. 15
HAYNES, Christopher 29, Sarah A. 27, Mary J. 8, Sarahann 3
HENDSON, P. R. 16*, Mary 15, John 13, Jane 11, Eliza 9, Elizabeth 7, Frank 36
LAINE, Jacob C. 244
LEWIS, Elizabeth 30*
MASSSEE, George 59, Sarah 49, Thomas 26, Bradford 18
NEAL, Wm. P. 61*, Catharine 49, James M. 30, Richard D. 25, Mary F. 23, Sarah C. 20, Ann E. 18, Martha F. 12
PATTERSON, Francis 12*, Kitty M. 42, Sarah 35
POTTER, Moses 42, Eliza 40, Mary 18, Presley 16, John 13, Frances M. 11, Dick 8, James 6
RAY, Caroline 63*, Mary 27, Young G. 25, William 23, Caroline 19
RIGSBY, John 12*
SEARS, Martha 23*
SKILES, Clem 47, Sarah 38, Joseph 22, James R. jr. 21, Mary 18, Charles 16, Sarah 14, Jacob 12, Harriet B. 7
SKILES, William 42*, Keziah 26, John L. 9, Henry C. 4, Margaret 2, Zerilda 4/12
TALBOTT, Joseph 14* (B)
TOTTY, John 36, Thursey 36, Wm. 14, George 13, Samuel 11, Mary Jane 9

Schedule Page 71

ARNOLES?, John M. 32
BAILEY, Joseph P. 27, Elizabeth A. 25, Louisa 5, Abaella? 3 (m), Joseph 8/12
BARNETT, Thomas 20*
BRIGGS, Thomas H. 42*, Sarah 44
COLEMAN, Daniel 52*, Harriet 32, Frances A. 8, Juliet M. 3, Geo. W. 11/12
COOK, Nancy 62*
ENNIS, John W. 23*, Rebecca 19, Henry 1
GOTT, Jonathan 53*, Elizabeth 51, Morris 20, Elizabeth J. 15
LANE, Henry 17*
LINDSAY, Wm. W. 33, Sally 32, Rachael E. 9, Sally A. 7, George W. 5, Willis A. 3, John 1
MANOR, Wm. 54, Elizabeth 45, Martha 17
NEALY, Frances 16*, Charles 6, John 4, Albert 2
NEWTON, Hiram 47, Polly 40, Andrew J. 21, Silas L. 19, James R. 15, Marcellas 13, Frances 11, John D. 7, Hiram 1
PHILIPS, James 13*, Morris 11, Simion W. 4
PICKINS, William A. 28, Lucy C. 23, Sarah C. 4, Frances J. 8/12
POTTER, David 38, Deberah? 35, Jane E. 14, James C. 12, Louisa L. 10, William H. 9, Marion 8, Millville C. 6, Martha C. 5, Lonora 1
PRICE, Lowery 4222*
RICTOR, Charles 17*
ROBERTS, George 50, Elizabeth 36, Nancy 26, Partheny A. 21, Mary 19, Sarah C. 17, Francis M. 7, Easter M. 5, Columbia J. 1
SHORT, Cyrus 24*
SKILES, Charles A. 45, Lady 32, George Ann 10, Eugene 8, Lucian 6, Betty 4, Mary 2
WHEATLEY, James 24, Mary E. 18, John 26
YOUNGER, John 16*

1850 Census Warren County Kentucky

Schedule Page 72

CAMPBELL, John S. 47, Mary 46, Willy S. 25, George W. 23, Wm. H . 21, Lucinda F. 17, Eliza M. 12, Alxr. S. 10, Margaret L. V. 7, Julia A. 4
DAVIDSON, Frances 10*
DISHMAN, James 54, Martha 47, Ewing 30, Nancy 20, John 18, Sarah 16, Elizabeth 14
EDWARDS, James 13*
ELDER, Elizabeth 20*
GARRISON, Saml. Y. 52, C. S. 40 (f), Robert A. 20, Saml. H. 16, John C. 13, Gideon B. 11, David R. 9, Sarah C. 7, Thomas C. 5, Hannah A. 56
HILL, Elizabeth T. 69*, John R. 39
LADD, Wm. H. 35*, Sarah 26, Wm. H. 7, Peggy 5, Virginia 3
MARTIN, Pleasant 49, Sarah 45, Leander 19, John 13
MARTIN, Joshua 20*
NEALY, Ed D. 23, Judy 23, James E. 3
NEALY, James 52*, Margaret 4
PHELPS, Polly 37, Cherry 64, Pulley 13, Benj. F. 6, Mary F. 4
PHELPS, T. J. 28, Nancy C. 19
PHELPS, David E. 35*, Matilda 52, Columbus 12, George W. 10, Martha A. 6
PHELPS, William 46*, Sally 40, James R. 23, Mary F. 22, Wm. H. 19, John W. 17, Margaret E. 16, Louisa A. 14, Amanda M. 13, Joseph C. 11, Jane A. 9, George A. 6, Julia A. 3, Thomas J. 4/12
SMITH, Benj. 50, Adeline 20, Virginia 18, James 16, Frances 14, Josephene 12, Julia 10, Wm. 8
WALTERS, Elizabeth 20*

Schedule Page 73

BARNES, William 44*, Clary 35, William H. 18, Garret 14, John T. 11
BARNETT, Pheba 75*
BECKHAM, Elizabeth 43, Anderson 26, Sarah A. 19, Susan J. 16, Nathaniel 14, Julia E. 12, John W. 6
BROWN, Samuel 21*, Elizabeth 19
CONWAY, Marion*
COOK, Josiah O. 39, Margaret 35, Calvin 17, Archy 15, Caroline 13, Robert 11, Mary J. 8, Margaret 7, Overton 5, Lethe 3, Pernicia 5/12
COVINGTON, Milly 60, Lettitia 57
COVINGTON, Isaac 54*, Benj. H. 23, Edward D. 20, Frances L. 16, Margaret R. 12
GOODCUM, James R. 28, Eliza 30, Susan 13, Queen A. 5, Telitha G. 3, John E. 1
HICKMAN, Charleroy 43*, Martha 41, John L. 18, Nancy E. 16, William E. 14, James R. 13, Stephen 11, Mary 8, Sarah J. 5, Thomas E. 2
HITCHINGS, George W. 26*
JOHNSON, Fielding 40, Mary 27, Thomas 20, Nancy 13, John 9
MANOR, Boler H. 16*, Elizabeth 13, Wm. 12, Sarah J. 9, Mary F. 7, Rebecca 3
PAGE, Henry 35, Rebecca 45, Polly 63
POTEATE, James 26*, Nancy 21, Pleasant A. 2, Minerva E. 1
ROGERSON, John 50*
SIMMONS, Cyrus 28, Myra 22, Alice F. 10/12
SMITH, John M. 19*
VANTREESS, Maria A. 50, Martha 16, Barnabus 15, Samuel 14
WHEELER, Wm. H. 32, Ruth 40, John 10, Prudence 3, Mary 4/12
WHITE, Wm. J. 27, Mary 30, Sarah 12

1850 Census Warren County Kentucky

Schedule Page 74

ADAMS, Jessee 10* (B)
BOHANNON, Elizabeth 52, Thomas 32, Mary Ann 25, Martha J. 19, Harriet 11, Wm. 8
BUCKLEY, James 35, Lavinia 31, Martha J. 10, Wm. 6, John T. 3
CLARK, James B. 45
COOKSEY, Henrey C. 12*
GAINES, Nancy 48*, Charles H. 19, Edwin Y. 16, Octavia J. 13, James M. 11, Julia F. 10, Henry C. 7
GRAINGER, Maria 58* (B), Isaac 37, John 26, Nelson 23, Lemuel 21, Paty 24, John J. 8, Toba 6 (m), Susan 4, Mary 3, Isaac 1/12
HERNDON, George 37, Susan 26, Ann E. 7, Elizabeth 4, Wm. H. 1
KEYS, John 60, Mary 55
LAWSON, Elizabeth 26* (B)
MARQUESS, Wm. 78*
MASON, Harrison J. 35, Mary Ann 34, Mary E. J. T. 11, Sarah S. 7
MASON, J. H. 25 (m)*
MASON, Wm. D. 66*, Mathmore 27, James H. 25, Angeline 23, Martha A. F. 19, Elizabeth 16, Andrwe J. 13
MASSEE?, Adeline E. 18*, John J. 23
MERRITT, Wm. W. 46, Mary V. 24, Mary E. J. 5, Eliza Bell 2
MOREHEAD, Joel 32*, Jessee W. 35, Luraney 30, E. E. B. 12 (f)
NARVAL?, Sarah 35, Sarah E. 10, Wm. A. 8, Samuel H. 2, Fidello V. 1
REYNOLDS, Charles B. 22, Patsy A. 27
ROBERTS, Boas 68*, Eliza 42, Branuger? 9
SCANLAND, O. H. P. 36 (m), Margaret J. 34, Edward R. 13, Susan A. 5
SIMMONS, Alford 30, Julia 24
STAHL, Magarlin? 85 (f), Esther 50, Samuel S. 17, Rebecca 11

Schedule Page 75

BARNETT, John J. 10*, Wm. 9, David 6, Martha E. 3
GRAHAM, Robert 53, Elizabeth 49, Mary E. 22, Nancy 19, Sarah A. 14, John A. 11, Lucinda 8, Jonus R. 7, Samuel 20
KELLY, James 39, Malinda 34, Oscar 16, Harriet 11, Robert 8, Sarah 4
KERBY, Jesse A. 39, Rebecca 37, Louisa J. 14, Thomas H. 12, Josiah 10, George W. 7, James R. 5, Martha E. 2
LAMAR, James H. 53, Sally Ann 47, Lucy J. 21, Wm. S. 19, Granville M. 18, Marion 15, Richard 13, Rebecca M. 11, Clinton 8
LIVELY, William 47, Marion 39 (f), Lucy J. 20, John M. 17, Wm. H. 14, George W. 12, James M. 10, Thomas 8, Sarah F. 6, Henry 4
MCCOOL, Martin R. 45, Margaret 49, Elizabeth J. 20, John A. 19, Julia A. 16, Charles C. 14, Ann E. 12, George Ann 10, Martin L. 7
POTTER, Daniel 40, Elizabeth 40, William 18, Uriah 16, Samuel 15, Joseph 13, Jeptha 11, Jessee 9, John 4, Nancy 1
POTTS, William 9*
ROBERSON, William G. 31*, John L. 60, Sarah 55, Robert 20, Martha 22
ROMANS, James 38, Matilda 27, Calahan 6
SMITH, John 58, Margaret P. 54, George M. 17, Peter T. 14, Wm. H. 11
TIBBS, James 70*, John 21, Nancy E. 17, James 16

1850 Census Warren County Kentucky

Schedule Page 76

ACTON, Francis 40, Catharine 32, Mary C. 11, William T. 9, James W. 6, Elizabeth J. 3, Sarah F. 4/12
CLARK, Alvira 19*
COOK, Isaac 74*, John 34, Margaret E. 28, Francis 33, Loyd J. 8, Sarah F. 6, Ann E. 4, John S. 2, Mary C. 15, Edgar H. 11
ESCUE, Eliza 20*
FORD, Henry M. 25, Jane E. 22
GRIDER, Henry 54, Rachael 54, Benj. C. 23, Jane E. 19, Henry 17, Rachael A. 15
HALSELL, John E. 23*, Sarah A. 24
HALSELL, William 46*, Sarah 32, William 20, Elijah M. 18, James M. 16, Martha 12, Mary 10, Thomas C. 8
HAMILTON, Priscilla 19*
HARRIS, Henry 12*
HUNTER, Polly A. 25*
LIVELY, George 43, Lucinda R. 51, William L. 17, S. Frances R. 16, Joseph M. 13, Lucy A. 9
PERRY, George W. 46*, Minerva 30, Julia F. 10, James O. 9, Mary A. 7, Eliza J. 5, Elijah W. 4, Isabella E. 2, Sarah E. 5/12
POTTER, George 33*, Agnes 35, John C. 10, Charles 8, Martha M. 6, Elijah 4, Ewing 8/12
ROBERSON, W. M. 24 (m)*, A. J. 22 (f), Mary C. 3, Henry T. 1
SKILES, Henry 76, Thomas 26, Joseph 24, Jane A. 23, Andrew 20, James H. 10/12
SMITH, Daniel O.? 42, Margaret 38, Erasmus B. 13, Sarah J. 11, Benj. T. 9, Saml. 8, Mary G. 6, Margaret C. 4, Daniel H. 2, Frances A. 10/12, Adeline 30
TOWERY, Jackson 20*

Schedule Page 77

DYE, Abram 57*, Elizabeth 49, Loray 32, Talitha 25, Frances M. 18
GRISWOULD, James 40, Margaret 36, Henry T. 10, Mary J. 8, William M. 6, Jefferson E. 4, Susan N. 2, Margaret E. 1
HARRIS, Elizabeth D. C. 7*, Mary A. 1
HICKMAN, Nancy 63*, Nancy 25, Christopher C. 21, Permelia C. 36
HIGGINBOTHAM, Aaron 22*
HOWARD, Charles 12*, Nancy 6
KIRBY, David 21, Lydia 24
KIRBY, Jessee R. 58, Prudence 49, Fuliciana 25, Emilly 24, Elizabeth 22, Beverly C. 20, Gallatin D. 18, Cenetta N. 15, Hetty Jane 10, Jesse H. 8, Milbourn H. 6, John M. E. 2
NEALY, Francis M. 27, Elizabeth J. 26, Thomas R. 5, Susan A. 3, William H.H. 4/12
POPE, Elijah 43, Adaline 38, James 13, Nathan R. 10, Eliza J. 7, Emily M. 5, Hiram 1
POTTER, Frederick 64*, Elizabeth 60, Stephen 16
RECTOR, John 44, Mary 41, Anna 22, Lewis 20, Levany 16, Elizabeth 14, Mack 13, William M. 10, John 7, Jane 5, Thomas 2
SCAGGS, Dennis 39, Alley 35, Jonathan 14, Margaret M. 12, Effy 10, Daniel J. 7, Ellen 4, Joseph R. 6/12
SMITH, William H. 36*, Margaret 35, Luther M. 32, Elizabeth 26, Lanus? L. 15 (m), Mary E. 12, John W. 9, Luther Ann 6 (m), Amos H. 4, David J. 2
TARRANT, Minos 61, Nancy 55, Marshall 24, Eliza J. 20, Bradford 17, Sarah 15, Mary 13

Schedule Page 78

CHAPMAN, Maria 33, Wm. J. C. 22, Eliza J. 17, Levi M. 10, Mary J. 4
CHAPMAN, John 66*, Emily 48, John A. 24, David S. 19, Sarah E. 19, Charles H. 11

1850 Census Warren County Kentucky

CHAPMAN, William 22*
COLEMAN, Mary 54, Edward T. 28, James W. 26, Susan S. 19, John W. 15
CRAFTON, Robert G. 30, Emeline 17, Mary F. 4, William H. 2, Thomas J. 9/12
DYE, John S. 9*
HOLSTON, John 30, Mary Ann 28, Sarah F. 7, Wm. T. 6, Mary C. 5, Susan J. 3, Zack T. 8/12
KELLIS, Woodford M. 25, Nancy M. 21, William V. 3, James M. 1
LESLIE, Betsy 35*, Samuel J. 20, Mary 17, Eliza 14, David 11, Thomas 2
MUSSER?, Peter 43, Joseph 11, George Ann 9, Mary 7
REYNOLDS, John 40, Artimacy 30, Sarah F. 1, Thomas A. 4/12
RONEY, John 61, Harmon 40, James 19, John 17, Martha M. 22, Cata 15, Peter 13, Mahala 11, Sarah 7, Hetty 1
SMITH, Jacob 60, Polly 60, Elizabeth 23, Louisa J. 21
SMITH, David E. 38*, Hetty M. 29, Hannah 3, Mary 1
SMITH, Jefferson 36*, Eliza A. 30, John J. 12, Mary E. 10, James B. 9, Lemuel R. 5
SMITH, Samuel 53*
WEBB, Elizabeth 72*
WOODY, James 49, Lydia 51, Lucy 20, Thomas 19, Martha 16, Ann 16, Louisa 8

Schedule Page 79

BOSS, Martha 75*, Robert B. 34, Martha S. 32
BUNCH, Jessee 48*, Kesiah 42, Mary Ellen 8
BURGESS, Timothy 23, Pheba C. 20
CLARK, James 13*, Sally A. 9
COOKSEY, Miles 80, Frances 65
GRAINGER, Lucy 30 (B), Mary 16, Betsy 13, Thomas 12, Harriet 10, Maria 8, Henry 7, Jane 2
GRAINGER, Mary 53* (B), Jenny 100, Isaac 60, Jane 24, Anderson 22, Veasy 17 (f)
GRAINGER, Samuel 32* (B)
HAINS?, George O. 60, Elizabeth 58, William 21, Frances 18, Elizabeth 15, Narcissa 12
HARRIS, Anthony 70* (B)
KIRBY, Absalom 43*, Elenor 43, Wm. 23, Elizabeth 19
KIRBY, Ann Eliza 22*
MATLOCK, John C. 34, Alpha 44, Susan 8, Sarah F. 7, James M. 7
MCKINNY, William 12* (B), James 11, Fanny 10, B. 5
MOORE, Joseph 74*, Rebecca 53
PAGE, Samuel 39, Permelia 34, James 17, John 15, Elizabeth 13, William 11, Oscar 8
SCAGGS, E. J. 30 (m), L. L. 26 (f), James 7, Henry 5, John 2
SMITH, Harrison 30, Nancy 30, Marion W. 3, Rebecca 1
WAULLAND, Cyrus W. 22*
WHEELER, Wm. 30*, Sarah 24
WREN, Joseph 56, Jane 54, Elizabeth 27, Mary 25, Margaret 22, Joseph 19, Ira 17, Sarah 15, Emily 13, Charles 12, Calvin 11, Edgar 9

Schedule Page 80

BASS, George H. 40, Mary Ann 35, Elizabeth C. 16, George W. 14, John T. 12, Martha A. C. 10, Henry B. 8, Robert B. T. 1
BERRYMAN, Austin 78, Elizabeth 51, Sarah 24, Nathaniel 23, Malvina 22, William 20, John 16, James 11
BERRYMAN, William 71*, Sarah 64, Nancy 60, Polly 51, Genny 47
BYRUM, William 40*, Martha 22

1850 Census Warren County Kentucky

BYRUM?, James 50*, M. G. 43 (f), John L. 16, Morris J. 13, Sarah M. 10, Mary E. 8, Susan F. 4, M. J. 2 (f)
GRAINGER, Frances 46 (B), Elizabeth 31, William 22, Charlotte T. 17, Mary J. 17, Susana E. 6, Louisa T. M. 4, George Ann E. 2
GRAINGER, James 12* (B)
HAMPTON, Benj. S. 41*, Elizabeth 40, Sarah T. 15, James M. 13, Ruth A. E. 11, Mary H. 9, Thomas V.? 7, Myra O. 4, Caroline B. 3, Elizabeth B. 8/12
HARRIS, Eliza F. 49, Maria C. 21, Mary J. 19, Martha D. 17, Robert W. 16
HARRIS, A. C. 41 (m)*, Mary 30, Amanda J. 12, David M. 7, Harvey A. 6, Mary E. 4, Thomas M. 1
HOLLAND, James E. 24*
KELLY, Calvin 25, Jane 26, James R. 3, Mary A. 1
LANEAR, William 29*
MALLORY, Harriet 30* (B), Lafayette 4
MATLOCK, Rial H. 50, Absalom 25, Malvina 22, Elizabeth 23, James B. 21, Charles E. 18, Micajah J. 13, Rial A. 11, Angeline E. 2, Amanda A. 9/12
ODLE, Elizabeth 23*
RONEY, Robert 35 (B), Lucinda 28, Henry 6, Martha 4, John W. 1
YOUNGER, Wm. 12*

Schedule Page 81

BARCLAY, Archy 48 (B), Hasty 45 (f), Martha A. 11, Archy S. 9
BARNES, Thomas W. 24*
BLEWETT, James 51, Sarah 44, Garland J. 26, Elizabeth A. 23, Sarah J. 21, James S. 18, Mary J. 15, William R. 10, Thomas W. 6
BLEWETT, George L. 29*, Nancy D. 29, William B. 8, James R. 6, Ann E. 5, George H. 4, Samuel R. 3, Maria J. 1
BROWN, Josiah 55*, Susan 52, Martha M. 16, Mary J. 14, Thomas M. 11
BUNCH, Elizabeth 72*
COUSINS, Dolly 30 (B), John 10, Henry 6, Thomas 2, Anthony 37, Sally 58
FOLEY, Leroy M. 27, Caroline B. 28, Virgil M. 5, Joseph R. 9/12
FOLEY, James 70*, Jane 61, Alma J. 25, James M. 16
HARDY, Louisa 34 (B), Amanda C. 8, Joseph 4
HARRIS, Nancy 68*
HUNTER, Henry 69*
MALLORY, John A. 5*, Robert 3
MATLOCK, Samuel M. 49, Martha 45, Paragida 22, Woodford 20, Narcissa 15, Samuel 11
MORRIS, George W. 11*
ROBERSON, Ewing M. 38, Louisa M. 24
SOWARD, Lorenzo K. 26, Isald? 27 (f)
TIGERT, Elizabeth 19*
VARVAL?, James L. 32*, Celia A. 25, Allen 11, Sarah M. 7, Lidia L. 5/12
WEBB, Sarah 43 (B), Virginia 6, Rochester M. 3/12
WHITE, Wilson 37, Mary A. 29, Nancy 25, George 21, Mary F. 7, Sarah J. 6, James P. 5, John Henry 3, W. D. 1 (m)
WHITLOCK, John 75*, Lydia 63
WILKERSON, Perlina 50*
WILSON, Nancy 47*

1850 Census Warren County Kentucky

Schedule Page 82

BURTON, Sterling W. 30, Nancy 26, John 7, Andrew 5, James 3, Benj. 1
DUNHAM, Mary 66*, Mary A. 27, Strangeman S. 25, Mahulda 37
FIELDS, Eliza 41, Silas 16, Arthur 14, William J. 12, Luticia 8, Benj. F. 6, Nanny Bell 8/12
GARRISON, John M. 34, Martha 26, John T. 7, Mary 5, Martha 5
GAULTNEY, Spencer 51, Eliza 46, Scarlet 21 (m), Alford 19, Squire 14, Greenbury 13, Sarah E. 9, Malinda J. 7, Baby 2 (f)
GILMORE, Caroline 23*, Martha J. 5, Nancy E. 3
HARDCASTLE, Robert 29, Mary 25, David E. 2, Nancy E. 7/12
KELLY, Andrew J. 34, Jane 28, Mary A. 10, Nancy A. 8, Eliza J. 1
KITE, James 59*, Nancy 49, Martha 17, Henry 19, Edward 15
MOORE, Wilbourn W. 39, Mary Ann 32, M. J. 10, Charles 5, John 1
RECTOR, Wm. M. 50, Sarah 44, Elizabeth 20, Charles 18, Charlotte 17, Sarah Ann 15, John 14, James 13, Harriet 11, Margaret 7, Thomas 7, William 5, Charles 3
ROBERSON, Thomas 56, Jane 54, Joseph 28, Elizabeth F. 19, John J. 19, Albert W. 17, Thomas F. 13
SEALY, E. B. 25 (m), Nancy L. 24, Edward J. 2, Julia 1/12
WHORTON, Reuben 25, Paralee 20, Calvin 2
WOLF, Margaret 24*, Rebecca 22, Elizabeth P. 1

Schedule Page 83

BRIDGES, Joseph T. 34, Margaret E. 32, Sarah E. 9, Joseph B. 8, William L. 6, Nathaniel T. 2
CASSIDAY, Marion 39, Mary J. 16, Nancy A. 11, John 9, William J. 6, Sarah F. 5, Louisa J. 3
CLASPILL, Jacob 48, Mary A. 35, Adeline G. A. 18, Thomas C. 15, James H. 14, Alexr. 12, Albert G. 8, Polly W. 2, Clement 1
COOK, Josiah C. 20
GILMORE, Andrew 45, Sarah 43, Anderson 22, John 19, Andrew 17, Jane 14, Catharine 12, William 10, Sarah 4, Joseph 2
HARDCASTLE, Nancy H. 51, James R. 24, John 22, Isaphine 17, Henry G. 16, Ewing 14, Francis Marion 10
HARDCASTLE, William 31, Sarah A. 32, Emily J. 9, James Wm. 7, Mary E. 5, Nancy J. 3, John R. 1, Thomas E. 1/12
KIMBROUGH, Rachael 51, Nathaniel 25, Squire 22, Martha Ann 19
LETHERADGE?, Mary 70*
MARTIN, Sarah 38*
NEFF, Decatur 38, Nancy 40, Sarah 50, Marcillus 9, Polly Ann 7, Sarah J. 5, Elijah 3
OSBOURN, John 46, Margaret 35, Martha E. 17, Elizabeth A. 16, Newman 15, John James 8, Richard M. 4, Polly A. 2, Amanda Y. 2/12
REDMAN, John 53, Zero? 36 (f), Sarah E. 12, Charels E. 11, Mary A. 8, James W. 6, Virginia J. 5, Frances L. 1
ROBERSON, Bazzle 26, Mary F. 21, Louisa J. 1
YORK, Greenberry 30, Elizabeth 25, John W. 6, Robert 4, Washington W. 1

Schedule Page 84

CASSIDY, Addison C. 4*
CLAYPOOL, John S. 55*, Elizabeth 54, Hester J. 22, Daniel L. 20, George W. 16, Mary F. 14, Sidney S. 12
DEMPSEY, G. W. 48 (m), Nancy 38, Barnett 17, Margaret 16, James C. 12, Doctor P. 10, Wm. J. 5, Levi L. 3

1850 Census Warren County Kentucky

DODD, John 36, Frances 36, Mahala F. 19, William R. 16, John W. 14, Isaiah 12, Rebecca A. 11, Mary A. 9, Eugene 8, Malinda F. 2, Martha E. 4
GILMORE, Ritta 50
HOWARD, Jacob 23*
HOWELL, Moses 32, Sarah A. 32, John S. 10, Elizabeth A. 8, Thomas E. 6, Bluford 2
HOWELL, Thomas 29, Milly J. 22, Gasper 5, Newton 4, Milicia D. 2, Amanda J. 2/12
ISBELL, James R. 40, Ellen E. 35, John J.? 19, Elizabeth F. 15, Mary Ann 14, William E. 10, Nancy J. 9, Elvira 7, Sarah Ann 5, Sidney J. S. 2
ISBELL, John P. 44, Mary 44, Ewing E. 18, Pascal E. 16, Edney E. 14, Mary C. 10, John E. 8, Calvin H. 6, Julia A. 3
PORTER, Asbury D. 36, Catharine A. 23
ROBERSON, Jessee 46, Rebecca 47, Granville 25, Cinderella 18, Nancy 14, John 12, Thomas 10, Julia A. 7
ROBERSON, Roland S. 27, Margaret G. 27, James M. 4, Melisa D. 2
SEARS, John 45, Frances 44, William T. 19, James W. 17, John M. 15, George R. 13, Robert L. 10, Ann F. 8, Nancy J. 4, Maria E. 2

Schedule Page 85

CASSIDAY, James 6*
CLAYPOOL, Elijah 41, Jane 41, John R. 17, Stephen F. 15, Woodford W. 13, William M. 11, James M. 7, Ann E. 4
CLAYPOOL, R. H. 25 (m), Sarah Ann 25, Matilda E. 3, Ann E. 1
CLAYPOOL, Stephen H. 35*, Elizabeth A. 27, John M. 14, William H. 12, James H. 6, Thomas S.? 2, Benj. F. 6/12
DEMPSEY, John D. 21*, Lutitia 18
DODD, James M. 38, Sarah A. 34, Mary J. 15, Malinda F. 13, Martha Ann 11, William C. 9, John E. 6, James M. 2
ESKEW, George 27, Agnes 30, John Wm. 9, Harrison 6, Jane 5, Mary 3, George Ann 6/12
GILMORE, Andrew 65*, Lucinda 26, Patsy Ann 24
HERALD, Reuben 50, Martha A. 39, James L. 11, Henry C. 6, William J. 4
HOWEL, Eli 31, Elenor S. 25, Eliza J. 8, John C. 6, Henry B. 4, Dudley F. 2
KNOWLES, Mathew 79, Sarah 76, Elizabeth 33, Alford 27
LEE, Robert 58*, Elizabeth 45, Thomas D. 21, Henry A.? 18
MOAT, Robert 24, Patsy 40, Albert F. S. 3
SAUNDERS, L. S. 26 (m)*
SEARS, Jane 64, Josua 28
THOMAS, John 65, Elizabeth 54, Jerry 32 (m), Samuel 20, Jessee 17, Evelina 24
WEATHERSPOON, Younger 45, Darcas 67, Susan 21, Samuel 20, Sarah 1
WELCHER, William 18*
WORLEY, S. M. 53 (m)*, Mary B. 26, John W. 6, George D. 5, James T. 3, Henry C. 1

Schedule Page 86

BURTON, Wm. H. H. 36, Louisa 27, Wm. L.? 2, Dewy? T. 2/12
DICKERSON, Fountain 12*
DODD, Thomas 45*, Permelia 38, William J. 15, Lucinda 11, John H.? 8, Sarah J. 6
GREATHOUSE, Josiah 47, Sarah 29, Thomas 13, Elijah H. 11, Charles 7, William 3, Louisa 4/12, B. H. 32 (m)
GREATHOUSE, Rebecca 16*
HOWELL, James 54*, Mary 54, James M. 20, Dudley T. 17, Henry D. 11

1850 Census Warren County Kentucky

ISBELL, George W. 38, Mary 32, William 6, Jane 3
LEWIS, Joseph D. 28, Louisa B. 17, Sarah E. 3
LIVELY, Joel C. 31, Frances 24, Maria 6, Patrick E. 6, Benj. M. 1
LOCKERIDGE, Lucinda 65*
MAURY, Elijah W. 4*
ODLE, Robert A. 51, Anna 42, Obediah O. 21, Mary A. 16, Alexr. H. 15, A. W. G. 10 (m), Louisa A. 4
PORTER, Luther 47, Eliza F. 46, Jane E. 18, David R. 16, John W. 14, A. E. 12 (f), Robert E. 10, Theadore F. 8, Margaret Bell 3
POTTER, Richard J. 32, Martha L. A. 25, Joseph H. 9, Rebecca F. 5, Edward L. 1
RUNNELS, Sylvester 21*
SATTERFIELD, John 23*, Harriet 23, Sidney 1, Jessy 55
SATTERFIELD, Moses 50*, Rebecca 45, Henry 19, Elizabeth 15, Martha J. 10, Moses J. 8, Phebe 5
SEARS, Anderson 29, Permelia J. 28, Susan R. 4, Henry J. 3, Wm. W. 1
SMITH, Franklin 23, Elizabeth 25, Louisa 4, Zachariah 2
STARR, Thomas 42, Sarah A. 27

Schedule Page 87

BARR, Thomas 25, Elenor 32
CASSIDAY, Henry 32, Susan 33, Sally A. 11, William L. 10, Stephen F. 8
CASSIDAY, Jemison 17*
CASSIDAY, Jeremiah 66*, Elizabeth 50, Jerry 28, Catharine 22, Emily 18, Lucinda 16, James 14, Alford 11
CASSIDAY, Nancy J. 13*
CLAYPOOL, Stephen jr. 33, Elizabeth 26, Thomas J. 5, Sarah J. 3, Martha E. 1
HARMON?, Hiram 32, Eliza 22, Elizabeth 5, John A. 1
HENDRICK, John L. 85, Mary 46, John 53
HENDRICK, Joseph 38*, Sally Ann 26, John W. 4
HETER, Frederick 63*, Mary 63
HOLLAND, Richard 41*, Pheba 28, John W. 11, Sidney W. 9, Zachariah P. 7, Mary F. 5, Elizabeth 1
HOWELL, Matilda M. 35, Martha E. 14, Thomas J. 13, Frances 11, John R. 10
ISBELL, Franklin 27, Martha 26, Julia Ann 4, Mary F. 3, Sarah E. 1
LODGE, Thomas J. 45, Elizabeth 36, William L. 11, Louisa J. 10, George G. 8, Lemuel S. 7, Louellen S. 5, Denton S. 1
OWENS, Thomas 35, Elizabeth 22, Allen 4, Permelia 9/12
SEARS, Catharine R. 19*, Robert F. 16
TABER, Anna 30*, Elizabeth 8, Mary A. 5
WHITTEN, Bazzle 46*, Matilda 36, Nancy F. 19, Elbert W. 17, Martha A. 14, John 12, Mary E. 7, Perlina F. 1
WILLOUGHBY, Hiram B. 47, Catharine M. 40, Martha A. L. 19, John J. 14, Wm. T. 12, Edward R. 10, Susan F. 7, Catharine A. 5, Mary E. 2

Schedule Page 88

CASSIDAY, Anna 23*, Kevin J. 1
COLEMAN, Catharine 34, Thomas E. 11, Simeon W. 9, Wm. H. 6, James L. 3
CRISTY, Andrew J. 31, Mary A. 22, Mary W. 2/12
DAVIS, Simeon 5/12*
EDMUNDS, L. L. 52 (m)*, Pamelia 51, Sophia 19, Mary G. 15, James 11
HAGANS, Jessee E. 23*
HARMON, John 60, Sarah 58, Micajah 16

1850 Census Warren County Kentucky

JACKSON, Benjamin 40, Lucinda 35, Nancy C. 7, William J. 5, Benj. F. 9/12
MACHRAM?, James 28, Sarah 38, Margaret 12, Mary E. 9, Sarah J. 1
MARTIN, Margaret 33, Joseph 12, Martha 10, Elizabeth 8, Margaret 6, Emily 6
MARTIN, John 60*, Creasy 24 (f), Newton J. 12, Julia A. 1
MOODY, Nancy 69, John 42, Judy 41, K. M. 23 (f), M. E. 19 (f), Benj. 15, Virgil A. 13, Enoch 11, Susan 8, Celia J. 5, Nancy 2
MOODY, Samuel 36, Julia F. 30, Alvira 15, Nancy S. 11, Wm. H. 10, Henry C. 8, Samuel J. 5, Julia F. 4, Sarah H. 2
PEARSON, Elizabeth 56*
REYNOLDS, Admiral 62*, Sarah 52, Coley 29 (f), Sylvester 21, Casey 19, Sidney 17, Jonathan 15, Juliet 15, Admiral 13, Estes 11
RUDE?, H. A. 40 (m)*, Sarah 40
SLEDGE, Miles C. 66, Sarah 64, Celia J. 33, Wm. S. 20
TIBBS, Susan 12*
WEATHERSPOON, Simpson 43, Elizabeth 26, Nancy S. 13, W. L. 11 (m), Mary E. 6, Martha A. P. 1/12
WEATHERSPOON, M. O. 26 (m)*, Frances A. 26, Wm. T. 4, Mary J. 2
WRIGHT, Benj. 11*

Schedule Page 89

CASEY, Elizabeth H. 17*
CAUSBY, John 26, Sally G. 24, Sophia 54, Maria S. D. 9/12
COLE, Jackson F. 36, Mary 18, Angeline 11, James 4, John 9, Samuel F. 34
FEALAND, James H. 51*, Christina 35, James F. 5, Isaac G. 2
HARMON, Alford W. 29, Elizabeth A. 18, Eliza A. 1
HOLLAND, George O. 33, Jane 36, Samuel V. 10, Mary C. 6, James H. 4
JOHNSON, James L. 15*
JUSTICE, Thomas B. 47, Mary 45, Robert B. 21, Elizabeth M. 19, Mary A. 17, Sarah A. 14, Isaac N. 12, Nancy M. 10
KIRBY, Samuel M. 67, Elizabeth 51, Washington 30, Parale 22, Leonard 21, John Q. 19, Malvina 17, Perry 14, Adaline 12, Samuel B. 10
MOTLEY, Sarah A. E. 11*, Mary F. 9
PEARSON, John 32, Mary F. 31, William R. 6, George W. 4, Susan E. 1
PEARSON, William 38, Nancy M. 25, George W. 5, Mary A. 3, John A. 1, Sally G. 17 (B)
RILEY, Abner 42*, C. C. 29 (f), Sarah F. 5
RILEY, Mary A. 35*, Cintha J. 2
ROSE, Abijah 43, Elizabeth 39, Frances M. 18, Ann E. 16, John R. 14, Wm. B. 12, Rebecca C. 10, Elizabeth F. 8, Mary M. 5, Lutitia R. 3, Mary A. 6/12
SATTERFIELD, William 22, Bathsheba 24, Sarah W. 1
WATTS, Elias 29, Elizabeth 30, William R. 8, Ann Y. 6, Mahala A. 4

Schedule Page 90

BUREN, Edward 36*, Honor M. 27 (f), Joel E. 7, Emily J. 5, Mary C. 3, Sarah C. 3, Sissa 2/12
EWING, John H. 36*, Martha J. 30, Mary A. 11, Julia F. 6, John W. 3, Susan E. 1
HARMON, John 22*
HART, Nathan 50, Amelia 38, Ellen 17, Rebecca 16, Moses 14, Eliza 11, Nancy 8, Amelia 6, Benj. 3
KIRBY, James W. 31, Phebe 21, Elizabeth 2
KIRBY, Thomas J. 26, Julia P. 31, Malinda K. 7/12
KIRBY, Thomas J. 45, Mary 43, Nancy J. 19, Jasper E. 17, Leonard J. 16, Daniel W. 13, Wm. H. 11, Thomas

1850 Census Warren County Kentucky

J. 9, Cornelia E. 6, Mary F. 4, Edward 2/12
LEGRAND, Coleman 31, Martha 35, Lavenia 12, Sally Ann 8, Joel G. 6, John W. 4, Nancy 3, Malinda J. 1
PEARSON, Reuben 44*, Martha 36, Nancy J. 19, Rebecca J. 16, Eliza A. 14, Permelia 11, Sarah 9, Benj. F. 7, William 4, Julia G. 3, John H. 5/12
REAVIS, Edwin 52, Catharine 49, Mary J. 22, Benj. H. 21, Edwin M. 19, Alexander B. 16, Andrew W. 14, Sarah F. 13, Julia A. 11, Harriet A. 9, Wm. H. 8, Margaret L. 6, Joseph L. 5
SLEDGE, Thomas J. 30, Nancy C. 23, Wm. P. 4, John H. 2, Sarah L. D. 11/12
TALBOTT, Albert 15* (B)
WATTS, Moses 33, Lucinda 31, William R. 13, John W. 9, Judy E. 7, Isaac J. 5, Louisa 3, Mary E. 1

Schedule Page 91

BEVIL, Miles 36, Emily 35, America V. 16, Margaret A. 14, George W. H. 12, Miles G. 10, Jarret H. 7, N. Eliz. E. 5/12
CLAYPOOL, Easton 37, Mary A. 33, Sarah F. 11, Lucinda E. 9, Harriet C. 6, Ann E. 4, Stephen M. 1
COOL, George W. 27, Virginia 20, Alice M. 18, William P. 8/12
GARLAND, Robert 65*
GOODNIGHT, Isaac 66, Rhody 76, Rachael 23, Isaac 20, Jacob 19, Henry 16
HAGERMAN, Joseph B. 29, Frances 23, Lavenia J. 6, Thomas J. 4, David L. 2
HAGERMAN, Henson R. 40*, Thomas H. 26, Ruth 66
KNOWLES, John 52, Elizabeth 40, Robert S. 17, Sarah J. 15
MALLORY, Robert 23* (B)
MERRETT, Jessee M. 45*, Eliza A. 33, Hugh A. 47, Elizabeth P.J. 12, James R. 9, Carroll H. 7, Richard W. 5
MORRIS, Reuben 44*, Mary 44, Emeline 18, Mary A. 16, James E. 15, Lucy M. 13, William T. 11, Reuben H. 9, Robert W. 7, Sarah E. 5
PEARSON, William W. 55, Phebee 55, Rebecca 68, Henry L.? 26, Frederick J. 24, Martha S. 24
POTTER, Henry 32, Mary A. 32, Aurelius M. 6, Viola A. 5, Angeline S. 3, Margaret A. 2, Mary 4/12
POTTER, William 18*
SOWARD, John T. 37*, Eliza 31, George 15, William J. 14, Jessee E. 12, James R. 10, Calvin P. 7, Mary F. 3, Tonk? 1 (f)
WILLIAMS, Elizabeth 26*

Schedule Page 92

ARNOLD, Elizabeth 55, Elizabeth 15
ARNOLD, William 32, Mary 33, Kitty A. 9, William H. 8, Asbury M. 5, John W. 4, James W. 3, Benj. F. 1/12
BARNETT, Elisha 40*, Emeline 34, Daniel M. 18, Laura M. 14, Eli E. 12, William W. 11, Alvira J. 9, John M. 8, Malvina 6, Dorothy 4, Emeline 2, Henry C. 7
BURGESS, Harden 65, Tabitha 58, Elizabeth 36, James G. 21, Noel J. 18, Tebitha A. 16
DURHAM, V. C. 42 (m), Frances 40, Mary Margaret 16, Zerilda 14, Ann E. 12, Jeremiah 10, Benj. 8
FELAND, James 51, Mary 52, Mary E. 20, Eliza C. 17, Matilda A. 15, Lafayette 13, Martha E. 10
GOODHOUSE, John 30*
HERRICK?, F. C. 21 (m)*
KIRBY, Jessee sr. 92, Sophia 91, Elizabeth 17
MADISON, Joel R. 35, Mary J. 30, Nancy R. 12, John W. 10, Mary J. A. 9, Janus? K. 7 (f), Lucretia C. 5, Joseph R. 4, William F. 3, Milton B. 3/12
MCMAURY?, James 17*
NUTALL?, James 18*

- 313 -

1850 Census Warren County Kentucky

PEYTON, Samuel O. 20*, Volney W. 16
PORTER, William R. 43*, Eliza M. 40, Mary 62, Luther T. 16, William E. 14, David L. 12, Zebulon R. 10, James S. 6, Mary E. 2
REESE, Isaac 63*, Angelina 40, Harriet A. 16, Frances E. 12, Hester A. 10, William 4, Mary 1
SEARS, Zachariah 34, Jane E. 24, Edward P. 5, Isabella 3
SEARS, Mary F. 32*
SMITH, John T. 22*
THOMAS, Peter 37*, Frances 30, Elenora 10, Volney P. 7

Schedule Page 93

BROADY, Nancy 33*
CLARK, Micajah J. 42, Averilla 33, Wm. J. 18, Joseph M. 17, Julia F. 15, Levi E. 14, David B. 10, Absalom 4, Ann E. 2
COLEMAN, Larkin P. 49, Jane J. 42, James P. 23, Melcina 15, Thomas 12, Elizabeth 10, Drucella 8, Charles 5, Robert 3, Lucy Ann 9/12
CORLEE?, Hannah N. 32*, Joseph L. 7
EDDY, John 19*
HARRIS, David 33*, Malinda 32, Jonathan H. 11, Sarah C. 10
KELLY, John 60, Henry 24, Addison 21, Eliza 16
KNOWLES, Elizabeth C. 28*, Mary E. 7, Malinda A. 3
LUCAS, John S. 58*, Margaret A. 61
MCMAURY, Thomas R. 17*, Nancy C. 16, America H. 15, Elvira 9, Elizabeth 7, Mahala J. 5, Lucinda 1
RICE, Stanford 43, Ann E. 35, Ann E. 7, James 2
SMITH, Elizabeth 45, Thomas H. 30, Elizabeth B. 27, William G. 25, Jane 24, Nicholas A. 19, Sarah J. 16, Maria F. 13, Lucy J. 7, Isabella 4
SMITH, Thomas J. 39*, Nancy H. 32
SPENCER, James P. 42*, Margaret J. 42, Susan E. 19, William S. 18, Nancy J. 9
STUBBLEFIELD, Thomas W. 38, Anna 38, Eli M. 16, Frances 14, Robert C. 12, Mary D. 10, Sarah J. 8, James S. 6, Eliza A. 4, Martha E. 1
TEMPLE, J. C. 38 (m), James R. 10, Walter R. 8
WRIGHT, Wesley 34*, _____ 35 (f)

Schedule Page 94

BUNCH, Lem 55* (B)
BURGESS?, William J. 28, Nancy A. 34, Mary E. 5, Joseph W. 3, Emeline M. 1
CHAPMAN, James E. 32, Louisa A. 26, John W. 11, Arthura P. 6, Catharine 4, Henry C. 2, Elizabeth 4/12
DUNHAM, John S. 41, Susan A. 30, Harrison 9, Eliza J. M. 7, Eugene N. 4
GALLOWAY, James M. 32, Margaret V. 28, Oliver P. 7, John M. 5, George H. 4
GARLAND, John 66*, John J. 26, Thomas J. 24, Lucinda J. 21
HARPOOL, John 74*, Margaret 56, John L. 26, Joseph 20, Charles B. 16
HARRINGTON, Nathaniel 74, Elizabeth 54, Malinda M. 15, Mahala 13, Mary 11
HARRIS, Leander G. 23, Nancy 23
HARRIS, John M. 77*
HOLLAND, Elizabeth 33*, Almeda 7, Margaret 5
INGRAM, Kerby 44*, Eliza 41
KIRBY, Wyatt 42*, Mary A. 39, William 19, John 6, Wyatt 4, Taylor 2
LANEAR, Alexander 23*
MALLERY, George 9* (B)

1850 Census Warren County Kentucky

MORRIS, Mary 25*
MUSSER?, Henry 36, Martha 36, Levi 12, Sarah A. 11, Elizabeth 9, Mary J. 7, David 5, Asbury 2
PRATER, Mary F. 16*, William 14, John F. 12
PRICE, Eligy 33 (m), Mary A. 33, Francis M. 11, James B. 4, Martha H. 2
SEWARD, Nancy 39*, Milton 8, Mary E. 2
WHEELER, John 67*, Mary 63, John V. 30, Julia A. 19, Nancy 21, Elizabeth 17, Walter 20
WHITE, Carter 82, Elizabeth 37

Schedule Page 95

BYRD, John 36, Elizabeth A. 23, Virginia 4, Lucy A. 2
CLARK, Silas H. 35, Harriet 34, John F. 13, Thomas B. 12, James M. 10, Rufus L. 9, Malinda A. 7, Amanda 4, Alonzo 8/12
GAINES, Walter W. 24, Louisa 22
GARLAND, Margaret 37*
HANN?, Henry F. 37, Susan 20, Mary E. 2, Eliza Ann 5/12
HARPER, Nelson 45, Martha J. 28, John H. 15, Sarah M. J. 13, Charles 9, Nancy 7, William 5, Thomas 3, James 1/12
HARRIS, David M. 45, Hannah 40, John E. 17, George S. 14, Lucinda E. 12, H. H. 9 (m), James A. 7, Eliza A. 4, Mary H. 1
HERRINGTON, Benj. J. 25, Sarah J. 25, Norrel? 19, Margaret 14
HODGES, Martha 50*, Judith 47
HUNT, Elizabeth 50, William 24, Samuel 21, Nancy E. 17, Herbert S. 15, Thomas 14, Henson 12, Susan 11, Stanford 9
KELLIS, Andrew H. 28*
LOWERY, Elizabeth 50, George W. 19, A. J. 19 (f), Sarah 16, Julia A. 14, Lucy 13, John H. 10
MASON, William 58, Frances 44
MATLOCK, Earl? E. 39, Elizabeth 34, Daniel B. 13, Emily E. 11, Rial J. 9, Elizabeth E. 8, Josephus 6, Ellen E. 4, Geo.? Taylor 2, Benj. F. 1
PAGE, William S. 32*, Elizabeth 32, Mary J. 10, Louisa F. 8, John H. 7, Margaret A. E. 5, Cornelia J. 3, Wm. Taylor 1, Mary 60
THOMAS, Mathew A. 37, Celia D. 51

Schedule Page 96

BILLINGSLY, John M. 24*, A. M. 27 (f), John J. 50
BUSH, William W. 25*
BYRUM, Thomas 16*
CHAPMAN, David 65, Rhoda 63
DARNELL, William 53, Louisa P. 40, James F. 23, John P. 20, Harriet J. 18, Andrew J. 16, Charles M. 14, Martha E. 10, Sally M. 7, Louisa F. 5, Nancy C. 1
GEE, William 39, Malinda 34, John A. 12, Isaac G. 9, William S. 3, McCreary? D. 1
GOODRUM, John 31, Queen H. 25, Benj. W. 25, Nancy E. 7, Joel R. 6, Wm. J. 4, Asbury W. 2, Henry A. 4/12
HAM, Artwell 37, Margaret 30, Mary E. 2, Wm. H. 1
HENTON, Joseph 26, Mary V.? C. 23, Wm. B. 2
HINTON, Willis 34*, Eliza J. 38
JOHNSON, Joel 47, Minerva 42, George H. 17, Juliet R. 15, Mary M. 12, Nancy A. 10, Julia A. E. 8, William B. 5
KIRBY, Clarinda 51, John Q. A. 16, Effy J. 11

1850 Census Warren County Kentucky

KIRKLAND, William 15*
MERRETT, Robert H. 50*, Ann 38, Thomas M. 17, Susan C. 12, Saml. W. H. 10, Edward N. 5
MORRIS, Claibourn 57, Rutha 34, Harriet 23, Frances 15, Emeline 8, John E. 6, Claibourn 2/12, Renny 26 (f)
PORTER, Martha C. 58*
QUISENBERRY, Chesterfield 29, Susan 23, James M. 6, Harriet E. 4, Alzira E. 2, William M. 1
RUSH, Daniel 25, Roda J. 22, David M. 6/12
SCAGGS, Aham? M. 58, Reda B. 57, Bollivar 21, Eliza J. 18, James M. 16
SCAGGS, James 61*, Dorothy 60
SQUIRES, John C. 26, Sarah 27, Mary E. 7, Mildriage C. 5, Charles Y. 2
WICKS, Delila J. 5*

Schedule Page 97

DUNCAN, Alford 30, Myra 19, Nancy E. 1
GIBBS, George W. 32, Matilda 35, Macklin 10, Willis 9, Mary A. 6, George 4, Winfield 2
GIBBS, Macklin 64*, Cintha 70
GOODMAN, Eli 28, Nancy M. 19, Henry W. 2
GOODRUM, James 53, Elizabeth 55, Sarah 86, Thomas 24, James 22, Robert 20, Martha 18, Marion 16, Sarah 14, Joel 12
HARMON, Rebecca 40, William 21, George 20, Elizabeth 16, Newton 15, Jackson 13, Amanda 11, Nancy 9
JUSTICE, Robert H. 41, Mary 36, Julius M. 18, Stephen J. 16, Rebecca 13, Thomas 11, Elizabeth 8, Mary 8, Alford 6, Nancy 3, Isaac 1
JUSTICE, William 51, Churchany? 45, Lucy A. E. 28, Jarrat A. 19, Annis A. 16, Mahala J. 12, Nathan K. P. 7
LANDRUM, Nelson 49, Barthena 40, Eliza 15, Henry 13, James 12, Lindsay 9, Patsy 5, Jane 2
MOORE, Julius 49, John H. 23, Nancy 21, William 20, Carroll 18, Julius 16, Eliza 13, Lucinda 11
MORGAN, John 46, Elizabeth 43, Isabella 21, Charles 17, Elias 15, Mary 13, Rebecca 11, Francis 8, Jones? 6, John 4, Nancy 1, William 23, Frances 20
SEWARD, Mary 59, Mary 20, George A. 18
TAYLOR, Elizabeth 20*

Schedule Page 98

BAILEY, Orlande 41, Lydia 29, Lorenzo 4, Granville 3, Margaret 1/12
CASSEDAY, Frances 26*
GIBBS, John 28, Evy 33, Catharine 17, Maria 10, Cintha 6, Eliza 4, Albert 6/12
GLASSCOCK, Walter W. 47, Polly L. 25, Scarlet E. 14 (m), Elizabeth M. 13?, Howard 10, Isaac J. L. 8, Mary A. M. 6, Athelda 2, Artunicia 4/12
HARMON, Benjamin 55, James 19, Elizabeth 21, Jasper 16, Benjamine 15, Sarah 12
JOHNSON, James 34*, Sarah 28, Robert 10, Lucy A. 8, David W. 6, William T. 5, Leonard 2, Samuel C. 1/12
KIRBY, Frances 16*
KIRBY, Leonard C. 59*, Eliza A. 23, Thomas J. 19, Jueline 13, Leonard C. 12
OWENS, Obediah 65, Coleman 27, Elizabeth 23, Margaret A. 2, Mary W. 9/12
OWENS, William 30*, Mary A. 28, John W. 5, Stephen H. 3
ROBERSON, Samuel 55* (B)
SNIDER, Andrew 24, Susana 23, Mary J. 2
WALTER, Burwell R. 39*, Permelia 30, Henry 17, Elizabeth 15, Eliza A. E. 12, Murhinton? W. 10, Thomas W. 4/12
WHITLOCK, John A. 23, Nancy 27, Sarah E. 3, Isrilda? 4/12
WHITLOCK, Nelson 28, Martha 21, Ewing 10, Eliza C. 8, Dudley L. 6, William G. 2

1850 Census Warren County Kentucky

WILLOUGHBY, Huston 32, Hetty A. 27, Elizabeth 6, Perry 5, Charlotte 1

Schedule Page 99

CASEY, Allen M. 27*, Emy 26, James A. 5
DICKERSON, Martha 10*
FINNEY, John 49*, Lucinda 40, Zachariah 17, Elizabeth 14, John W. 12, Oscar 10, Morgan 8, Jane 6, Martha 2
GRAFFALD, Modest 34 (m)*
GRISWALD, William 55, Mary 50, Wm. 22, John R. 18, George W. 17, Elias 15
HAYNES, Lewis 56, Elizabeth 30, William 16, Samuel 13, Elisha 11, Eliza 10, Jessee 3, Joseph 2, Mary A. 3/12
HERALD, William 55*
HOOD, Wiley 48*, Milly 47, Elizabeth 22, Jane 20, Andrew J. 18, John F. 17, Jessee? W. 15, William T. 12, Permelia 10, Mahala 9, Matilda 8, Henry 7, Amanda 5
LEGRAND, Obediah 67, Sarah 68, Susan 27, Sarah 22, William 7, Lucinda 4, Hannah 1
LEHMAN, George 36*
LYNN, John 47, Elizabeth 37, Penny 13, Polly 11, Nancy 8, Sally 7, Pattey 5, William J. 2
MCNEAL, James 16*
PEDIGO, William 60, Rhoda B. 57, Willis H. 13, George W. 17, Martha B. 12
PHILLIPS, Warren 15*
RAGSDALE, Thomas 32, Maria 31, William 12?, Eliza 10, Gabriel 5, Martha 8
TARRANT, William 32, Mary E. 30, Zerilda J. 10, Nancy E. 7, Julia C. 5, Mary B. 3, Amanda 2/12
WADDLE, John 50, Susan 27, Mary F. 16, Jessee W. 13, Rebecca A. 12, William H. H. 10, Elizabeth A. 7, Lavina H. 4, Sarah G. 2

Schedule Page 100

BROWNING, James E. 28*, Hester A. 26, John W. 4, Henry 2
CASEY, James A. 48*, Nancy 47, Permelia J. 21, Margaret A. 18, Sarah C. 16, Rebecca 15, William H. 12, Mary C. 11, John J. 9, Louisa D. 7, Nancy 3, George A. 1
DOUGHTY, Daniel J. 24, Nancy 20
GARDNER, Daniel 53, Permelia 39, Bedford F. 18, Affice 17 (f), Woodford 15, James 12, Whiteford 10, Stanford 6, Alford 4, Radford 2, Josaphine 2/12
GILMORE, James L. 43, Rebecca A. 36, Eliza J. 10, Andrew 9, George W. 7, Mary E. 5, Sarah C. 2, James M. 8/12
GRIMSLEY, David 76, Sarah 52
GRIMSLEY, James 40, Mary 35, John 19, Charles 18, James H. 9, Sarah J. 7, Shelton 5, Elizabeth 4, Eury? 3 (f), Joseph 1
HARBIN, Eliza J. 11*
HAYS, Mary 23*
HELM, William D. 42*, P. L. 34 (f), Rebecca A. 5, George A. 3, John G. 9/12
PHILIPS, Mathew 51*, Nancy 24, Alpheus 18, William 16, Virgil 15, Elizabeth 12, Eliza J. 5, Sarah A. 8/12
RAGLAND, Thomas J. 45*, Isabell 35, Nancy 12, Harriet 10, Sarah 8, Mary T. 5, Ellen 1
ROBERTS, Joseph B. 10*
SAUSON?, Stephen 30*, Elizabeth B. 27
VEAMAN?, John H. 22*
WHITE, John C. 14* (B)
WILLOUGHBY, John A. 30, Anna 34, Audney 17, Joseph 15, William 13, Edwin 11, John 8, Jefferson P. 6, Warner L. 3

1850 Census Warren County Kentucky

Schedule Page 101

BASS, Elizabeth 25*
BROWN, James 21, Harriet 15, John D. 6/12
DODD, William 40, Sarah 30, Robert 17, Harriet A. F. 15, Thomas J. 14, George W. 4, John C. 1
DODD, Emilly 75*, Mahala 38
DONALDSON, James T. 48, Mary M. 38, James 11, Joseph 4, Bush 2
EWING, Thomas W. 28*, Martha S. 22, T. S. 2 (m), Sarah B. 1, George T. 1/12
GRAMLING, John 26, Eliza 26, Artimasa 1
GRIMSLEY, Shelton 33*, Nancy 18, Alezr. P. 7, Sarah J. 5, Melville J. 7/12
GROUNDS?, Rhoda 71, Rhoda 35, William 32, Harrison 25
HARRIS, Henry W. 38, Elizabeth 43, Anak? A. 12 (m), Maria F. 10, William J. 7, Ann 4 days
HAYS, John 19*
HERALD, Joseph 17*
LOWERY, Stephen 30, Elizabeth A. 25, Catharine 4, James K. 2, Robert 6/12
MOATS, George W. 26, Anna 26, Mary E. 6, Melisa A. 3, Sarah J. 2/12
PAGE, Marshall 22*, Mary 36
STEPHENS, Casey 48, Mary 42, James M. 21, Elizabeth A. 20, Hezekiah 18, Thomas B. 16, John W. 14, Lunsford E. 12, Erasmus P. 10, Chas. 8, Robert T. 7, George H. 5, Rufus M. 3, Martha A. C. 4/12
WHITTON, Wyatt 27, Thursey 30, Reuben W. 6, Pleasant A. 4, Colyer 2
WOLF, Bennet S. 32, Martha J. 26, Frances 8, Permelia 5, Robert 4, William H. 1

Schedule Page 102

BACON, Peter 56 (B), Perlina 26
COOKSEY, Harrison 69
FLINN, James 35, Ann 30
HARRISON, Benj. C. 40*, Lucy 45, Robert R. 18, Wm. E. 17, James 15, Americas 13, Benj. F. 11, Mary F. 9, Amanda 7, Monk 4 (f)
HENDRICK, John 29, Sarah J. 23, Mary E. 6, Ann E. 5, Martha F. 3, Thomas H. 1
HENDRICK, Thomas sr. 55*, Elizabeth 57, Polly A. 28, Squire 25, Nancy 19, William 21, Elizabeth 17
JACKSON, Andrew 25, Lucinda 20, Charles 2, Narcissa E. 9/12
JACKSON, Sarah 50, Marcus 22, Cordelia 20, Matravol? 19, Tennessee 18, Thomas 17, Leracy 15
JONES, Frances 49, Catharine 21, Mary 19, Henry 14, Rufus 12
LUCAS, William H. 41, Harriet 32, Mary E. 13, James A. 11, Wm. H. 8, John P. 5, Charles A. 3, Victoria B. 1/12
MANSFIELD, Cyrus 31*, Rachael J. 32
PETTY, James 21*
REECE, Sarah 18* (B)
STRANGE, Darcas 65* (B)
TABOTT, Rebecca 55 (B), Nancy 13, Emily 10
TABOTT, Patsy 45* (B), Cintha 26, Eliza 19, Thomas 15, Mary 13, Henry 10, Catharine 7
TALBERTT, James 24* (B)
THOMAS, Elizabeth 39, Squire 19, William 16, Hannah 17, Jane 15, Lucinda 12
THOMAS, John 21*
TIGER?, Milly 31*
WADE, Wm. H. 23, Mary Ann 23, William J. 2
WHITE, William A. 28, Sarah G. 27, John T. 1

1850 Census Warren County Kentucky

Schedule Page 103

ARMSTRONG, William 45*
BETTERSWORK, Armenia 42, Lethe V. 10, Alphonzo 8, Victoria 7
BUTTERWORTH, Eugene 14*
CALVERT, Eliza C. 43, Thomas C. 24, Joseph W. 21, Emma H. 19, Henry B. 15
COOK, William 24*, Rachael 21, Lucretia 1
DONALDSON, James M. 32*, Elizabeth M. 25, Ophelia C. 4, Lucy B. 2
DOYLE, Legrand 37, Margaret F. 22, Mary A. 4, Louisa 2
DOYLE, Nicholas 37
GREEN, Malinda A. 44, Wyatt 19, Margaret 15, Lafayette 10, Benj. F. 8, Luther 5
GREY, William 17*
HENRY, James M. 56*, Rebecca H. 43, John B. 23, Martha E. 16, James D. 6
JACKSON, N. B. 28 (m), Martha A. 21
JOHNSON, Thomas Wm. 11*
JONES, Mary B. 59*, David G. 27
KIRBY, Bailey 41, Nancy 37, James S. 15, Wilbourn W. 13, Joseph B. 8
LEWIS, Frances 52, Abner 26
LUCAS, John W. 28*, Ann M. 22, Reuben 5, James G. 3, Ann M. 1
MALLORY, Asa J. 33, Julia A. 28, Margaret M. 6, Isola 1
MASSEE, E. B. 21 (m)*
MCFERRIN, James C. 39*, Elizabeth P. 24, John B. 12, William H. 8, Margaret A. 6, Catharine 4/12
MCNEAL, Robert 16*
MORRIS, Alexr. 18*
POTTER, Evans 27, Jane 18
POTTS, Nancy 74*
ROBB, Mary A. 12*
SATTERFIELD, Eli 58*, Delila 58
TALBOTT, Andrew J. 27*, Susan 22, James A. 9/12
TALBOTT, Martha 7* (B)
TARWHILLAGER, John 43, Alice L. 28
VANMETER, Eliza 15* (B)
WHITE, Eliza 30* (B), John 3
WILSON, Elizabeth 70*
WOOD, James 26*, Lucinda 24, Mary O. 3
WOODS, F. A. W. 41 (m)*

Schedule Page 104

EPPERSON, Samuel V. 34, Rachael 32, John 12, William W. 8, Samuel 5, Charles 3, Mary F. 2
FOURTH?, Carrol 22, Edith 20, Emily F. 1
GOODWIN, John sr. 60, Mary Ann 28, Mary F. 16, John W. 15, Emily J. 13, Margaret 10, Jackson 9, Patsy A. 6, Cindarella 3, Thomas J. 2, Berryman 1/12
HARRIS, John 31, Elizabeth 31, Sina A. 9, William L. 6, Ellen M. 4
KIRBY, Leonard 54, Nancy 56, Susan 29, Samuel 21, Eliza 19, Julia 16, William 13
KIRBY, Ramsey 25, Malvina 23, Joseph 3
KIRBY, George M. 25*, Clarinda 27, William 25
LIGHTFOOT, Harrison 35, Nancy 30, Mary J. 1
LIGHTFOOT, Simpson 30, Comfort 24, Malinda C. 3, William J. 2, Sarah E. 2

1850 Census Warren County Kentucky

LIGHTFOOT, William 63, Sarah 56, Elizabeth 18, Sidney 13
LIGHTFOOT, William D. 38, Polly G. 37, Sarah A. E. 15, Nancy M. 13, James M. 12, Izzarilda 10, Joseph S. 8, Rhoda C. 6, William H. 4, Malinda J. 2, Susan G. 6/12
LIVELY, Patrick H. 28, Mary A. 23, Eugene M. 3, Fayette R. 1
POE, Amos 41, Louisa 43, Green B. 22, William 18, Nancy C. 14, Frederick J. 8, James A. 6, Louisa E. 5
POE, Stephen 35, Mary Ann 35, Sarah E. 8, Nancy J. 6, Mahala C. 4, Louisa 3
RITCHEY, James 27, Malinda 23, Delitha 5, Louisa 2
SEWARD, James W. 32, Keziah 28, James H. 1
THORNTON, William 27, Isabella L. R. 27, Margaret M. A. 6, Orson R. 4, Joseph H. 1

Schedule Page 105

BRUFF, Henry 35*, Dick 8
CASEY, Samuel 64*, Polly 25
DUNCAN, Martin 45, Rebecca 40, James 9, Robin 6 (m)
FOSTER, Elizabeth 66*
GLASSCOCK, Alzira 25*, Buckner M. 22, Amanda M. 20, Arvagana S. 16
JUSTICE, Isaac A. 26, Ridley V. E. 20
JUSTICE, Elizabeth 63*, Uriah H. 39, Adrazana 25
LAMBERT, Benjamin 53, Polly 48, Nancy 17
LARMAN, Henry 40, Mary 45, Conly 12, Sardinia 11, Mary N.? 9
LEE, Anna 30*
LIGHTFOOT, Josiah 37, Elizabeth 33, William B. 15, Elizabeth A. 13, John S. 11, Joseph C. 9, Calvin N. 5, Wiley A. 6/12, Frederick O. 6/12
LIVELY, James 35*, Lutitia 30, Daniel 11
MARTIN, Mordica 35
NANNEY, Amey 65, Frances 30, Josiah 12, William 6
NANNY, James 42, Jane 44, Polly 19, Abner 18, Anney 15, Rebecca 13, Howard 10
RAY, Clayton 54, Rebecca 47, Mourning 16, Polly 14, Elkridge 13 (f), Jane 12, Benjamin 10, Sarah R. 5
RILEY, Samuel 14*, John 5
ROBINSON, William 45, Elizabeth 38, Lafayette 15, Thomas 14, Dydamey 12, Martha 10, Mary 9, Samuel 7, William E. 2
SIMPSON, Cornelia F. 10*
WILLIAMS, David 35, Elizabeth 38, Susan 11, John 9, James 3, Dona D.? 6/12

Schedule Page 106

BABER, Caleb 74*, Keziah 65, Malinda 34, William 29, Harriet A. 26, Isaac 14, Ann J. 12
CLARK, W. W. 31 (m), Caroline 23, Melissa D. 3, Elizabeth 7/12
CRAIG, John J. 31*, Malvina 29, John W. 8, James F. 5, Mary V. 4, George W. R. 7/12
DOUGHTY, George W. 38, Ann F. 29, Mary E. 12, Fidello P. 10, George Ann 5
DOUGHTY, Philander M. 8*
GARMON, Jacob 56, Malinda 51, Julia A. 21, Blackston M. 20, John A. 16, Sarah J. 13, William H. 11, Thomas J. 8
GUNSTEAD?, John 35, Mary 21, James R. 1
JONES, Lewis 57, Peachy 50, Helen H. 31, Ambrose K. 29, Olivar H. 27, Sarah F. 21, Mary E. 19, Emeline H. 14, James B. 13, Susan A. 8, Samuel H. 4
LANCASTER, Elizabeth 22*, Mercer 22
LARK?, Jane 30*
LARK?, Robert 68*

- 320 -

1850 Census Warren County Kentucky

LARK?, Sarah 36*
LINDSAY, John? 42, Polly 45, George W. 15, Asel D. 14, John T. 9, James D. 2
SMITH, Thomas M. 62, Nancy 45, James 17, Joseph 14, Mary E. 10
SMITH, William B. 70, Martha 64, Lane 30, Marion 26, John F. 29
SMITH, John C. 45*, Sarah 36, Alxr. H. 13, Herchael P. 7, Sarah V. 5, Carrol J. 2
WOOTON, S. B. 32 (m), Harriet N. 28, Junius 5, Mary 1
WRIGHT, George 32*, Martha 28, Mary J. 8, Luther E. 5, William T. 3, George C. 1

Schedule Page 107

ALLEN, Nathan 68, Sarah 58, William 33, James T. 31, John M. 25, Nathan P. 20
ALLEN, Thomas 30, Elizabeth 21, John W. 2, Ann M. 5/12
ATCHISON, Mary C.? 6*
CAMPBELL, John T. 45*
COOKE, Peyton 59*, Catharine T. 42, Peyton W. 23, Mary C. 15, Victoria 12, Loudonia 10
EATON, Janus 36*, Amanda M. 26, William H. 9, David N. 5, James B. 2
FREEMAN, Walter 31, Clarissa 28, Dolly 8, Eliza Ann 6, John 4, William 2, Thos. B. 2/12
GOSSOM, S. A. 41 (m), Eliza J. 39, Charles 13, Edmund H. 11, Rumsey 9, William 6, James 3, Ann E. 7/12
HOUCHENS, Charles 38, Sarah A. 25, James H. 14, Nancy C. 12, Rutha 9, Julia H. 7, Sarah J. 4, Charles A. 4/12
JOHNS, Thomas 36, Mary D. 18, Frances 14, Mary E. 12, William 11, James 9, Nancy 7, John 6, Elizabeth 5, Thomas L. 4, Philip T. 1
JONES, Esther 69*
LANCASTER, Zachariah 24, Elizabeth 22, Thomas 10
MIDDLETON, Rebecca H. 46, William E. 23, Rebecca A. 11, Mary H. 8, Samuella E. 5
PATTERSON, Richard 57*, Caroline 43, Susan N. 17, Charles 12, James 9, George Ann 5
ROGERS, George W. 34, Judy 32, William T. 9, Jacob 7, Mary C. 3, John W. 1
SHOBE, Moses 44*, Martha 37
SHULL, Rebecca 50*, Isaac G. 17
WRIGHT, William 72*, Mary 51

Schedule Page 108

ALLEN, William 69*, Mary 55, Nancy 22, Elijah 21, Catharine 19, Mary J. 16, Carter 14, Charles 11
BRIANT, Sarah 40*, Virginia 11, James C. 5
CARPENTER, Jonathan T. 41, Elizabeth 35, Mary 15, Luther 13, Spencer 10, Mildred 7, Elizabeth 5, Sarah 4
COMFORT, Jane A. 45, Joseph C. 37, James 24, Samuel 21, Mary E. 18, Nancy J. 16, Hanibal G. 8, Susan C. 6, Nicholas W. 4
FORD, John 56, John W. 12
FORT, Andrw J. 35, Jane 36, Robert 8, William 6, James 4
HANOR, Susan 40*
JONES, Lewis J. 33, Mary I. 23, William 2
JONES, James H. 25*
LONG, Lafayette 25*, Ann 25
LUCAS, Nancy 53, Edmund 20, William S. 17, Martha E. 16
LUCAS, Nathaniel L. 27, Louisa A. 21, John 3, Amanda 1
LUCAS, Sarah 59, Samuel 27, Sarah A. 23, Mary E. 18, Martha 16
SHOBE, Lewis D. 17*, Amanda 15, Emily 12, Rebecca 10, Ann 6, William 3
SMITH, Henry D. 29, Eliza 27, Thomas J. 7, Eliza J. 5, unnamed 6/12 (m)

1850 Census Warren County Kentucky

SMITH, Joseph H. 30*, Sally 25, Amanda 6
TUCKER, James M. 41*, Elizabeth 33, Moses 16, John T. 15, William H. 13, James E. 11, Mary E. 8, Henry V. 6, Martha A. 3, Margaret E. 1
WATSON, Henry 31, Harriet 21, John L. 8, Thomas J. 3, William 4/12
WHITE, Sarah J. 13*
WRIGHT, Jacob 75

Schedule Page 109

BUFFORD, John A. 29*, Mary A. 29
BURGESS, Thomas 51, Sarah 50, Helen M. 12
COLYIER, Bartley S. 51, Elizabeth 45, Anderson A. 20, Pleasant P. 13, Sarah A. 11, John P. 8, Preston M. 6
FURGUSON, Elizabeth M. 20*, James J. 16
HAWKINS, Henry 25, Caroline 20, William 1, Francis 4/12
KINCAID, Fantly? R. 40, Jane 33, Harriet C. 5, Mary A. S. 4, Louisa M. 2, David R. 8/12
KINCAID, William H. 46, Disy 38, Eugene 17, David 15, Thomas 9, Samuel 6, Eliza J. 12, Sally Ann 1
MAKINS, Daniel 40 (f?), Martha 35, Martha 9, William 8, James 4, Ann 2
NEWMAN, Alexr. 23*
NORRIS, William 75, Jane 63, Elizabeth 44, Lucy 33, William 12
ROYALTY, Henry W. 36*, Elmina 40, Adaline 10, Mary S. 8, John 5, Sarah B. 3
SCOTT, Nimrod 55, Sarah 46, Jacob 19, Elizabeth 17, James H. 14, Reuben 12, Rebecca W. 11, Almira 10, Mary E. 7
SMITH, Joseph K. 28*
STONE, Samuel 47, Matilda 41, William T. 21, Francis M. 20, Elziabeth 18, Woodford 16, Mary J. 15, James W. 13, John M. 10, Amanda M. 9, Matilda A. 7
WADE, John 52, Dulcena 47, John P. 21, Archibald 19, R. A. 15 (f), Henrietta 12, George W. 9, Lucy J. 7, Martha F. 3
WITHROW, Isaac 70, Jane 60, Catharine 25, Martha 18, Nancy 16

Schedule Page 110

ALLMAN, Wilson J. 26, Mary A. 28, Frances A. 4, William E. 1
BICK, John R. 55*, Tabitha W. 50, Francis E. 26, L. S. 25 (m), William 22, Seaney P. 17, Isaac L. 13, Emeline 10
HOUGH, G. L. 25 (m)*, N. D. 22 (f)
JENKINS, Eli 42*, Sarah 26, Elizabeth 14, Isaac 13, Edward 12, Mary 5, Eli 2
JONES, Fielding 31, Elizabeth 30, Bluford 9, George Ann 5, Luther 2
LESSENBURY, Mary 24*, Margaret 2
MAJORS, John 56, Abbey 64, Polley 26, Elizabeth 24, Robin 23, Gilbert 21, Levina 19
MAJORS, Milton 38, Elizabeth 20, Elizabeth W. 12, John G. 10, William C. 6
MAJORS, Mary 13*
MCMAHAN, Gilbert 24, Martha A. 19, Nancy D. 1/12
MOORE, Peter 49*, Lettitia 47, Perry 24, Andrew 22, Jackson 22, Sarah 18, Job 13
NORRIS, Nathan 28, Catharine 28, Sarah J. 4, Mary E. 3, James M. 6/12
NORRIS, Samuel 49, Sarah 36, Elizabeth S. 12, Lucy B. 10, John H. 8, Mary B. 5, William W. 3, Nathan J. 2
SPRADLING, John 44, Malina 39, Peery 19, Prior 17, Granville 15, Jane 12, Mahala 11, Sarah 9, George Ann 7, Helen 3, Frances 1
VICKERS, James T. 23, Eliza A. 21, Mary E. 3, Nancy A. 6/12
VICKERS, Samuel 81, Hannah 64, Nacy A. 35

1850 Census Warren County Kentucky

Schedule Page 111

ALLMAN, Susan 73, Emily 21, Zachariah 19
ARMOUR, Alferd 24, Joanna E. 27, Jasper N. 5, Jacob 4, Lucinda 2/12
CLAYTON, David 22, Mary 15
CLAYTON, John 27*, Cena? A. 20, Mary Anne 5, George W. 2
DAVIS, George C. 34, Naome C. 24, James C. 15, Malinda 13, Jessee 11, William 10, Andrew B. 5, Sarah J. 3, Martha A. 2, Mary F. 4/12
FULKS, Rufus 26, Mary I. 27, James B. 6, Margaret E. 3
JAGGERS, Daniel W. 36, Abigal 29, Mary A. 10, Hester M. 8, Hezekiah F. 6, Elizabeth B. 4, Perlina 1
JONES, Hubbard 42, Malinda 33, James 20, Delila 14, Mahala F. 9, John 7, Thomas 6, Virginia 4
KIMBLE, Abram 31, Jane 29, Louann 9, Melessa 7, Fidello 3
KIMBLE, Thomas 39, Elmina 22, John S. 1, James H. 1/12
KIMBLE, Samuel B. 35*, Celia A. 30, Thomas W. 12, John H. 8, Rebecca E. 4, Amanda E. 1
LOWE, Hugh 50, Ann 26, Permelia 25, Mary 23, Whiteman 21, Maria F. 19, Martha C. 17, Marshall D. 15, Susana 14, John W. 12, Hannah 11, Aulle? H. 9 (m)
LOWE, John W. 22*, Artelasa 17, John A. 2/12
MITCHELL, Allen 18*
MOON, George 28, Elizabeth 56, Joseph 26
THOMAS, Robert W. 39*, Ann E. 33, Matilda 13, James L. 10, Robert W. 6, John W. 3, Baby 10/12 (f)
WADKINS, Elizabeth 35, Ann F. 15
YOUNG, Theresa G. 25*

Schedule Page 112

ALEXANDER, Emeline 35, Reuben A. 18, Sarah E. 16, Martha J. 13
BOOTEN, William W. 18*
COLE, Hutson 21*
DOUGHTY, Preston H. 60, Preston E. 19, Mary P. 15
HAYNES, Lewis W. 20, Mary E. 17
MCDANIEL, Gideon 49, Mary L. 46, John 20, Sophia 17, Mary A. 15, William 13, Martha L. 10, Tubal 8, Thomas 6
MOORE, Joseph M. 30, Celia 28, Ann V. 7, James H. 5, John B. 3
MOORE, William G. 38, Robert D. 32, Fanny 22, Martha 18
NEWMAN, Elizabeth 49, Richard 16, James W. 12
RASDALE, Elizabeth 65*, Eli 24
RASDALL, Urias 39, Rebecca 31, Leander W. 12, Lorenzo W. 8, Alvarado 3
RHODES, Daniel 50, Catharine 46, Thomas 5
ROBERTS, B. B. 41 (m), Thursey J. 30, Ellen 8, Ann 5, Newton 2
ROSE, Stephen 42, Mary 42, John W. 15, James M. 14, William D. 12, Agnes C. 10, Thomas J. M. 8, Sarah M. 6, Alexr. C. 3, Malinda E. E. 1
SAUNDERS, Albert 29*, Martha 21
SCOTT, James T. 10*
SHOBE, Absalem 47, Jane 39, Jacob L. 22, Sarah A. 18, Woodford 16, Jonathan 11, Milbourn 9, Mary E. 7, Edmonia 5
SHOBE, Cyrus 28, Celena 24, Ellen E. 5, Eugene A. 2
SHOBE, Clody 65 (f)*
TATE, Hudson 58*, Susan 50
WALLACE, John 70, John A. 30

1850 Census Warren County Kentucky

Schedule Page 113

BLEWETT, Elizabeth G. 46, Alburt E. 19, Alexr. C. 15, Garland J. 13, Edward M. 11, Mary J. 9, Sarah M. 7
FLOWERS, Valentine 20*
GOSSEM, Thomas B. 45, Nancy H. 51, Thompson 21, Isabella J. 19
GOTT, Simon P. 30, Pheba 30, Richard 8, John J. 4, Rebecca H. 2
HAUM, Josaphine 44*
HAYS, Daniel 28, Elizabeth 31, James 28, Ann E. 8, William D. 6, Mary E. 4, James L. 2
HAYS, Samuel 64, Charlotte 73, Asa M. 25, Joseph J. 6
HODGE, Elizabeth 20*
JELETT, Mary 67*, Abbey H. 27
LOWERY, Stephen 27, Elizabeth 22, Sarah J. 4, Phebe E. 2, Soloman P. 3/12
LUCAS, Charles 78, Easter 73, Matilda 39, Joseph A. 24
LUCAS, Nathan H. 30
QUIGLEY, Thomas 49, Eliza M. 43, Laura B. 15, Edward P. 13, Harriet E. 11, Eugene P. 8, Ellen J. 6, Cireen A. 4, Joseph 45
RHODES, Daniel sr. 80*
RHODES, Stephen J. 34*, Mary 31, John M. 8, Thomas 6, Sarah J. 4, Mary F. 9/12
RICE, William G. 41*, Mary G. 41, Mary F. 12, William G. 7
SMITH, Harlery T. 45, Mary W. 35, Walter C. 19, James D. 16, Lucy E. 14, Mary J. 10, Susan A. 8, Arabella 5, Harley T. 1
SMITH, James 25, Frances 20, Mary E. 3, Sonney 4/12
WARDLOW, John F. 52*, Mary 43, Margaret 16, Sarah J. 14, Andrew J. 12, William T. 10, Fulton B. 8, Mary R. 4

Schedule Page 114

BECKHAM, Elizabeth 46, Anderson 27, Sarah Ann 19, Susan J. 16, Nathaniel 14, Julia 10, John W. 6
BECKHAM, Isaac W. 24, Martha 20, Williamson T.1/12
CARRY, Thomas D. 24, Lavenia 20, Louisa J. 1
FOLKS, Samuel 38*, Rebecca 42, Polly 17, Elizabeth J. 15, Sarah 14, Kitty 12, Calvin 7, James T. 3
GAINES, Charity 40*, William 21, Benjamine 15, Margaret 10, John 6
GEE, Sack H. 34*, Mary H. 30, Abigal L. 10, Nancy E. 9, James T. 7, Sarah C. O. 2
GUNSTEAD, Samuel Esq. 31, Margaret 22, John 1?, Sally 1/12
GUNSTEAD, Warren 29, Mary 32, Artimesia? 6, Joseph E. 4, Nancy J. 3, Patsy R? 6/12
GUNSTEAD, Bartholimew 54*, Nancy 46, Nancy A. 77
HAYNES, James 27, Susan 24, Daniel 6, Sarah E. 4, John F. 1
HAYNES, John 31*, Elizabeth 32, Ann E. 10, John L. 9, James H. 7, Elizabeth E. 5, William F. 3, Margaret C. 6?/12
HAYNES, William 18*
HAYS, William H. 32, Mary 24, Nancy E. 7, Mary G. 6, Louann 4, Martha C. 9/12
HENDRICK, John 70, Joseph 23
HENDRICK, Elizabeth 21*
HENDRICK, William R. 16*
HERALD, Jackson 14*, Joseph P. 12
HICKMAN, John 66*, Nancy 64?, Martha W. 27, Mary F. 21, Nancy W. 19
LOWERY, Ann 45*, William 25, Wyatt 17
MOORE, Elizabeth 22*
POTTER, Fed 50 (B), Caroline 9
RECTOR, Elizabeth J. 18*
SMITH, Sally 69*, Honor 41

1850 Census Warren County Kentucky

Schedule Page 115

ANDERSON, Albert 28*, Louisa 25, Caroline 1
CLAYPOOL, Josiah 26, Mary 26, Sarah E. 4, John W. 2
CONKIN, Ransom 26, Lettie 26, Sarah J. 5, Elizabeth 3, Emily V. 1
CURTIS, Peter H. 26, Nancy A? 23, Alice B. 5, John J. 4, Satiller C. 2
DAFFEW, Nancy 25*
DAVIS, Nathan 42, Elizabeth 30, Louann 13, Permelia J. 11, Martha E. 10, Kitty M. 7, James B. 5, Samuel W. 2
DAVIS, John W. 6*, Margaret J. 5
DICK, Abram 55, Jane 47, Lucinda E. 19, Louisa F. 16, Narcissa J. 13, Harriet G. 11, Archebald M. 6
GILMORE, Joseph P. 40, Catharine 37, Thomas B. 17, William H. 13, Martha A. 9, Jerry C. 6, Mary A. 1/12
HARVEY, Robert 36*, Vashte 38 (f), Philip 14, John R. 11, Hiram 9, Nancy 7, Sherod W. 4, Elhanon N. 1
LARK, Joseph 36, Harriet 29, Samuel 11, Sarah 10, William D. 6, Mary A. 3, Stephen P. 10/12
MILLICAN, Lewis 54, Abigal 51, Sarah A. 23, Jane 21, George 22, Elizabeth 18, Mary 15, Newton H. 14, Frances 11, Franklin 10, Silas 8
PARKS, William 30, Ann 25, Jane 3, Samuel W. 2
POTTER, Thomas 59*, Bersheba 58, Philip W. 16, Thomas W. 7
RHODES, Benj. 36, Frances A. 26
RHODES, Ellen B. 3*
WASHER, William 25, Sally A. 24, Luther 3, Mary 1
WHITLOW, Pleasant 60, Elizabeth 50, Alpheus 17

Schedule Page 116

BEVEL, Elvis 34, Zana 33, William 15, Nancy 13, Margaret A. 10, Sarah 2
CARBACK, Henry 38, Anna 28, Sarah A. 10, Mary E. 8, Julia 6, Caroline P. 5, James L. 1, John W. 3
GIBSON, George S. 56, Eliza Ann 35, Uriah T. 1
HAGAN, Ralph 39, Irena M. 38, John R. 13, Sarah A. 10, Joseph H. 4, Robert T. 1, Mary C. 8
LAWRENCE, Micajah 53, Elender 41, Mary Ann 26, Sarah 24, Haden 22, William 19, Kitty Ann 17, Amanda 16, John 13, Henry 11, Lucy 9
LOWE, Vincent 34, Nancy 30, Lydia C. 11, Permelia J. 9, William 7, Franklin 4, James M. 5/12
PEDIGO, Joseph 31, Emily 31, Mary J. 9, Martha 7, Rhoda C. 5, William P. 3, George W. 1
ROBERSON, James 39, Catharine 32, Mary J. 10, Alford J. 7, Susan E. 3, Jas. K. P. 1
SMITH, Thomas J. 48, Susan 36, Joseph H. 18, Mathew G. 17, William E. 15, Mary J. 13, John L. 11, James B. 9, Elihu R. 7, Martha W. 4
WADKINS, Joseph 73, Sarah 64, Martha 30, Catharine 20
WHITE, Isaiah 34, Elender 32, Lucinda M. 11, Pleasant 9, Frances 8, Ewing 6, Henry 5, Polly Ann 3, Bud 1
WHITE, Jacob 27, Susan E. 27, David F. 7, Serena C. 3, Mary L. 1

Schedule Page 117

CUMMINGS, William 22*
DILLINGHAM, James 36, Eliza 36, Sarah C. 13, Martha F. 11, Permelia J. 9, William H. 7, Jacob W. 5, Susan E. 3
DILLINGHAM, Jacob 33*, Elizabeth 26, John 9, Sarah A. 7, George 5, James K. P. 3, Henry 1
EDWARDS, Brice 44, Milly 44, Phebe 22, Ivey 20, Edwin 18, Jane 17, Henry 14, William 13, Thomas 8
HOLEMAN, John W. 40, Eliza 36, William H. 16, Sarah E. 14, Mary A. 12, Charles 10, Joseph 9, Nancy 4, Simion 2
LAWRENCE, Edward 76, Sarah 59, William 25, Woodford 23, Thomas B. 18

1850 Census Warren County Kentucky

LEGRAND, Lukle 55, Martha 53, Mary A. 27, Elizabeth 24, Nathaniel 17, Irena 15
LOWE, Prior P. 40, Nancy 40, Elziabeth 16, William F. 12, John W. 10, Newton 8, Samuel H. 7, Joseph 5, Sinney 3, Mary Ellen 1
LYLE, Calvin 23, Mary A. 19, Willis F. 4/12
MCCOY, George 25, Sally 23, James M. 2, Andrew 8/12
MCCOY, Stark 32, Irena? 29, Hiram M. 8, John A. 6, James B. 4, Mary J. 2
RITCHEY, Thomas 37, Lucinda 32, Jordan 13, James 9, Daniel 7, Burton 5, Henry 3, Nancy 3/12
SAUNDERS, Lemuel Q. 36, Elziabeth 34, Yeatman 7, George 5, James 3, Caroline C. 6/12

Schedule Page 118

BOATMAN, John 28, Lydia 28, Phebe F. 7, Richard T. 5, Sarah A. 3, Nancy H. 1
DICKERSON, Mary 61*, Sarah 33, Frances 31
DICKERSON, Telitha? 20*
DOUGHTY, Catharine 49, Hetty A. 25, Preston 23, John 22, Harvey 20, Sarah E. 18, James 16
GARMON, James 24, Susan 24, Phebe J. 4, John 3, James 4/12
GUNSTEAD, Thomas 46, Mary 41, Amelia A. 24, David 22, Nancy 21, Alexander 19, Polly 17, Frances 16, Martha 14, Thomas 12, Sarah J. 10, Melisa C. 8, Bartholimew W. 5, Ann E. 2
GUNSTEAD, Edward 26*
HARRIS, James 22, Hetty Ann 25, Thomas 6
HARRIS, Leonard 17*
HESS, John 28
JACKSON, William 13*
LAWRENCE, Edward 30, Frances 19
LAWRENCE, John 30, Polly 24, William H. 9, Ann F. 5, John P. 2, James 4/12
LAWRENCE, Walter 69, Caney 40, Franklin 23, Julia A. 13
LAWRENCE, William 28, Jane 25, Mary 9/12
MCCOY, Strother 30, Martha 30, Henry W. 2, Samuel T. 8/12
MCMAURY, Preston 41, Aretta A. 40, Alford 17, Jefferson 15, Mary J. 13, William H. 11, Ann F. 9, Margaret J. 7, Susanah E. 4, Baby 2 (f)
PHILIPS, Morris 74, Nancy 50, William 13
TOTTY, Leonard 38*, Julia Ann 38
TOTTY, Mary 75*, Elizabeth 45
WHEATLEY, Richard 43, Nancy 37, Jane 19, Sally 17, Marey 13, Robert 12, Morris 8, William 6, Ann E. 4, Nancy 1
WHEATLEY, Carret 33*, Louisiana 25

Schedule Page 119

ARNOLD, George 27, Sarah J. 24, William 6, James W. 5, Benj. F. 4, Celesia 1
BECKHAM, Charles H. 25, Sarah E. 21, Jas. K. Polk 2
GARMON, Isaac 38*, Martha 33, Ann 12, John M. 8, Marion J. 5, Mary J. 4, Ellen 3/12
HARLOW, Rufus A. 33, Eliza J. 30, Mary A. 11, Elizabeth 8, Susan 6
HOWARD, Garret 40, Abigal 28, William J. 15, Mary E. 9, Samuel T. 7, Elizabeth B. 5, James T. 3, Harmon 9/12
MCMAURY, William R. 24, Elizabeth 50, James F. 18
MEEK, Samuel 38, Nancy 27, Neoma 75, James T. 2, Neoma E. 3/12
MEEK, William 40, Polly 27, Angeline 9, Ann E. 7, Mary J. 5, Wiliam T. 4, Narcissa 3, Artemesia 3/12
MEEKS, Cyrus W. 21*, Eliza 15
MURDOCK, John W. 26, Nancy 26, Isaac N. 3, Sarah E. 2

1850 Census Warren County Kentucky

NORRIS, John C. 28, Elizabeth 32, James R. 10, Ann B. 4?, John H. 3, Isaac W. 1
NORRIS, John 53*, Elizabeth 42, Mary A. 2
OSBOURN, Jonathan 46, Amey? 42, John W. 22, Mary Ellen 13, James 7
PICKET, Thomas A. 32*
SANSON, Micajah 23, Susan 20, James J. 4, Mahala J. 3
WILLIAMS, Helen C. 38, Julia A. F. 6, James W. M. 4
YOUNG, Andrew 32, Jane 29, Martha E. 8, John 7, William 4, Mary R. 2

Schedule Page 120

ADAIR, Elisha M. 35, Mary 23, George Ann 2
ARNOLD, John 33, America 28, Willis 11, Elizabeth J. 9, Artimasa A. 4, Nancy E. 3/12
ARNOLD, Lewis P. 23, Julia A. 22, America F. 1
BROWN, John 43, Nancy 38, Wyatt 20, Milly 17, Elizabeth 15, John 12, Martha J. 10, Susan 8, William 6, America A. 4, Perry 2
BURRESS, Elizabeth 40, William H. 21, Jefferson 20, Mary 14, Thomas 6
DUCKET, John 32, George W. 8, Ostenn 6, William J. 4, John 1
GILMORE, Samuel 38, Rosina 37, Washington 17, Sidney A. 15, Elisha E. 13, Elizabeth 12, Leander 10, Patrick 8, Elliot 7, Pamelia J. 1
GREATHUOSE, John 40, Catharine 36, Leonard T. 11, William R. 9, Isaac C. 7, Sarah F. 5, Susan E. 4, Christina A. 2
GRISWOULD, Thomas D. 25, Elizabeth 18, Emily J. 1
HILL, Joseph 40, Mahala J. 35
HOWARD, Henry jr. 22, Nancy S. 19, John W. 9/12
HOWARD, Rebecca 34, Jarret 15, Martha 13, Rebecca 11, William 8, John 6
LAWRENCE, Ali 30, Farey? 29 (f), William S. 8, Susan E. 6, Charles C. 4, Sarah C. 2
MCCAMMON, David 24, Frances 20, Josephus 3, Elizabeth J. 1
POTTER, John 26, Minerva A. 24, Mary E. 6/12
RODES, Soloman 21, Delila P. 18
WHITE, Edmund 67, Susana 57, Edmund 21, Elizabeth 23, Joseph 20, James 14

Schedule Page 121

CAPLINGER, Richard H. 32, Mary 32, John W. 5, Margaret E. 2
DENTON, William 32*, Julia A. 28, Sarah A. 11, Martha J. 9, Mary F. 5, Emerilda 2
DUCKET, Thomas 40, Alvira 34, Jemima 15, Elizabeth 13, Jacob 11, James 9, Mary 5, Jackson 2
DULANEY, Leroy 30*
ELROD, Elizabeth 60*
FASSIG, William 23*
HAYS, William 21*, Mary J. W. 11/12
HOPKINS, E. D. 28 (m)*
JACKSON, J. S. P. 29 (m)*
PAYNE, Edmund 58*, Catharine T. 55, Frances 24, John H. 18, E. H. 12 (m), Eugene H. 10
PHILIPS, Aaron 50, Henrietta 27, Moses 18, Elizabeth 16, Malinda 14, Sidney 11, Mary J. 4, George W. 1
PHILIPS, John T. 31*, Virginia 28, James W. 23
RECTOR, Jacob 57, Jemima 52, Giles W. 24, Elizabeth 22, James L. 21, Rhoda J. 16, Jacob P. 14, Luke B. 11, William 8
RECTOR, Lewis S. 27, Jane S. 25, James 6, Elizabeth 4, John 2
RECTOR, Wilson R. 31, Martha J. 21, William B. 1, Minerva J. 2/12
RECTOR, Ludwell G. 27*, Elizabeth 26, Elizabeth 5, Eliza V. 3, Amanda J. 1

1850 Census Warren County Kentucky

ROSS, William 25*
SATTERFIELD, Sarah A. 34*
SIM, John 23*
SIMONS?, J. F. 23 (m)*
TAYLOR, Sylvester 52*
THOMAS, Jonathan 50, Elender 45, Wm. C. 22, Alcy J. 18, Elizabeth T. 16, David W. 14, John J. 12, Zachariah 10, Malinda 7
WOOD, John H. 21*

Schedule Page 122

BARNETT, Ewing E. 25*
BEAUNER, Wm. T. jr. 23, Louisa 17
CHALLEN, James 25*
CLARK, John B. 36*, Sarah E. 30, Reuben O. 28
CLOSBY, Rena C. 15*
COUSINS, Harriet 8* (B), Sarah 12
CRESWELL, Caaroline 18*
DAVIS, Aley 32*, Sidney S. 15, Albert W. 11, Thomas 13, John W. 8
DINWIDDIE, William 63*
EWING, Albert A. 39*
FLOWERS, Isaac 25, Mary 19, James P. 1/12
GARRISON, Caleb 33, Lucinda K. 22, Elizabeth 6, John 4, William A. 1
GOODSELL, F. E. 41 (m)*, Sarah A. 36
HESS, William 18*
HEWITT, Benjamin 43, Mary 42, Franklin G. 14, Francis A. 12
HILL, Thomas 69*, Mary 69
HOBSON, W. J. 28 (m)*
LONG, George 38*
LUCAS, Joseph R. 33*
LUCAS, N. P. 37 (m)*
MCNEAL, Alexander 19*
MOREHEAD, Charles D. 44*, Eliza 40, Emma 11
PETTY, John 31, Zerilda 29, Joseph A. 9, Alferd M. 5
POTTER, Lewis 40, Elizabeth 38, Charles F. 18, Albert T. 17, Harrison J. 15, Julia A. 14, Josaphene 12, Calvin H. 11, Fayette D. 9, A. G. 7 (m), Fulton R. 5, Chiston 1, Ruth Ann 3
POTTER, Pleasant 30, Julia F. 30, Elizabeth B. 5, Mary R. 4, James E. 2, Lavenia 3/12
RECHEL, Eurena? 25*
ROBERSON, John E. 39*
ROGERS, George C. 24*
ROSDALL, William 52, Drucella 23
SHOWER, John L. 37*, Sarah A. 27
SMITH, Elijah C. 45, Sarah 45, Joseph 23, John 21, Alexander 19, Frances 17, Caroline 15, Charles 15, Susan 11, Mary Ann 9, Ophelia 7
STONE, William 17*
VALENTINE, William 36, Eliza G. 33, Mary E. 12, John J. 9, Susan 6, Sarah J. 5, Samantha J. 2
WATKINS, William 30*

1850 Census Warren County Kentucky

Schedule Page 123

BABER, Polly 35, William 12
BROWN, Martha 26*, John Ella 6
CARTER, Carlton T. 29, Nancy 29, George Ann 2, Allen 3/12
CARTER, J. B. 49? (m), Permelia G. 35
DUNN, Spencer 46, Mary S. 24, Leander 19, Jonathan C. 11, Mary J. 7, Spencer 6, William 1, Harry 52 (B)
GOSSOM, William 76*, Elizabeth 72, Mary 29
HALEY, Daniel 63 (B)
JENKINS, Thomas 28, Ann E. 19
JOHNSON, Elender 68*
JONES, Mary K. 41, Franklin 13, Henry L. 11, Charles K. 8, Mary 6, Joseph S. 4
LOVELESS, John 35*
MANEY, William W. 44, Mary 47, Mary 16, Virginia 14, William H. 9
MCELROY, Underwood 2*, Wm. H. 4/12, A. B. 34 (m)
OSBOURN, Elizabeth 55, Josiah 44, Mary 23, Rubin B. 21, Sina 20
SKILES, C. W. 20 (m)*
SKILES, William H. 50*, Ella 52, Josephene 23, Henry H. 17, Mary 15, Warner 12, Isabella 10, Ellen 8, Theodore F. 5
SMITH, Josephus J. 32, Mary A. 29, Louisa B. 3
STUBBINS, Samuel 51, Mary 42, Ann E. 23, Martha J. 16, Samuel B. 14, Philander W. 12, Virginia W. 10, Hugh 8, Asher R. 5, Cecil G. 3, Joseph B. 8/12
WRIGHT, Mary 50, William W. 20, Joseph 19, Mary C. 17, Francis 14, Susan 12, Derilla 7

Schedule Page 124

BECKHAM, Clayton 46, Margaret 36, Nancy 16, Rhoda 14, Pleasant 11, John 9, Sarah 7, Phebee 3
CLASPILL, John 19*
COOPER, William 36, Mary 34, Nancy 10, John 7, Sarah 5, Peggy 3
ELROD, Thomas 26*, Mary 19, John W. 9/12
FINNEY, Robert 44, Josaphene 38, Elizabeth A. 14, Nancy J. 12, William L. 10, Catharine 4
GREATHOUSE, Samuel sr. 82, Susana 72, Warren 30
LAWRENCE, Robert 23, Martha 22, Sidney J. 2, Henry W. 8/12
LEE, Henry 21*
LYLE, Robert 49, Mary 34, Columbus 21, Absalom 19, James 7
NEAL, Elizabeth 17*
PHILIPS, Sarah 16*
POTTER, Garret 26, Sarah 19, William F. 1
POTTER, Harmon 48, Martha 48, Elizabeth 20, Frances 18, Nancy J. 16, Joseph F. 3
POTTER, James Esq. 37*, Mary 20, Amanda 15, Christopher 67
RICE, William 28, Mary A. 27, Asbury 2
SATTERFIELD, Martha B. 27, Julia A. 25, John W. 5, Eli W. 4, Juan F. 2
STRANGE, Nathaniel S. 57, Mary 15, Robert 13
SUFANER?, Frances A. E.*, John 30
THOMAS, Ann 36*
THOMAS, Zachariah 83*
WHEATLEY, Casey 60 (f), Edwin 23, James 21, Nancy 19, Sarah 18, Mary 17, Polly? 16, Daniel 15
WHEATLEY, Andrew J. 33*, Mary 35, Amanda J. 8, Nancy R. 3
WILLOUGHBY, Nehemiah 60*, James 23, Mary A. 18, George W. 9

1850 Census Warren County Kentucky

Schedule Page 125

ADAMS, Josiah 45, Martha 37, Edward 21, William 19, Polly 16, James 14, John 12, Nancy 9, Joseph 7, Rutha 3, Betsy 1
ADKERSON, William 24, Eliza 22, Robert 19, Andrew 17, Melissa 8, Sarah 45
GILMORE, Mary 44, Louise 15, Samuel 17, Robert 13, Mary 9
GORDON, James 58, Rebecca 40, Esquire 23, Ellen 16, Lucinda 11, Rebecca E. 4
GOTT, John 22
GOTT, Richard 57, Milly 59, Mary 28, Sarah 23, Elias 19, William 16
GOTT, Sutton 86*, Polly 74
HARLOW, Milly 36, Catharine 12, James 10, Robert L. 8, M. E. 6 (f)
HAYS, Daniel 50, Rebecca 37, William H. 20, Elizabeth 18, Nancy C. 16, Maria E. 13, John 10, Rebecca D. 7, Thomas 5, James 2
HAYS, William 90
HOWEL, Hannah 47*, Mary 16, Thomas 14, Jonathan J. 13, William S. 5
JOHNSON, Hugh W. 58*, Jane M. 57
LEGRAND, Martha 35*, McDonald 1
LONG, William 25, Elenaer 40
LORTON, Thomas 64*
MANN, Caroline 13*
MOATS, John 50*, Mary 49, Peggy 19, Delila 15, Malinda 13, Mary 11, Suzan 9
RENNICK, Robert 50, Catharine 46, William 22, James 19, Robert 16, Catharine 16, Louisa J. 13
RICKMAN, James 25, Elizabeth 21, Eliza C. 3/12
THOMAS, Sarah 28, Jeremiah B. 6, Mary C. 4, Louisa H. 2
WILLIAMS, Mary 50*
YORK, Elizabeth 67, Thomas H. 26, Catharine 24, Charles W. 21

Schedule Page 126

CLASPILL, Samuel 35, Sarah 27, James 6, Clement 38
DEAN, John 28, Frances A. 24, Destimony 7, Elizabeth R. 6/12
EDWARDS, Claibourn B. 24, Dorathy 75, Catharine 18
EDWARDS, William 45, Cinthia 38, Henry 12, John 10, James 8, Mary J. 6, Elizabeth 4, Narcissa 2
GLENN, Peyton W. 54, Harriet 43, Joseph F. 24, Louilla E. 18, Martha A. 16, Robert D. 15, William M. 14, Milburn A. 12, Thomas J. 11, Peyton W. 3, Mary F. 10, Sarah E. 8, Edwin O. 1
GREATHOUSE, Samuel B. 38, Mary 27, Seaney? A. 9 (m), Luther E. 7, Nancy J. 6, Louisa M. 4, Lewis F. 3, George W. 1
HAYNES, Catharine 31, William L. 11, John 9, James P. 7, Mary E. 5, Joseph P. 3, Sarah J. 1
HAYS, Elizabeth 50, William 25, Lusaney 20, Joseph 15, Solomon P. 14, Daniel 12, Elizabeth F. 8
HAYS, Nancy 12*
HOWARD, Nathan 28, Martha 23, Lucinda E. 1
HOWARD, Polly 48, Nancy 19, Stephen 17, Nathan 13, Isaac 6, Mary L. 4, Marth 10
HOWARD, Henry 73*, Ma 62, Isaac 19
LOWE, Holson H. 24*, Nancy 23
MANNING, John D. Esq. 50*, Mary 47, Helen 18, John H. 15, Joseph U. 11, Mary 8, Emeline F. 6
RICHERSON, George W. 35, Joana 33, John 11, Patrick 5, Lewis 2
WAND, Hannah 69*

1850 Census Warren County Kentucky

Schedule Page 127

BROWN, William 55*, Frances 24, Elizabeth M. 18, Martha A. 16, Nancy P. 13, Thomas H. 3, Nicholas 1
BUNCH, John Marion 20, SArah 20, Sarah E. 1
BUNCH, Thompson H., Elizabeth 40, Levina J. 18, Thompson 7
DRAKE, Jacob G. 45, Jane 40, Indiana M. 21, Martha A. A. 18, Margaret C. 16, Mary F. 14, Newton E. 12, William E. 5, Sarah C. 2, Elizabeth J. 1/12
HANSON, John 22, Susan 24
HARLOW, Lenny 57 (f)*, Burrella 30, Sophia J. 27, Samuel 23, James R. 21, Emily J. 19, Jenetta 12
HENDRICK, Joseph H. 38, Martha 30, Mary 11, James 9, Sarah 4, Nancy 2
HOWARD, Henry jr. 30, Elvira J. 24, James D. 6, Harriet A. 4, John T. 2, Mary C. 6/12
KIMBROUGH, Thomas 29, Sally A. 24, Squired 11/12
ROE, William 37, Rachael 29, John 9, Martha E. 6, Henry 3
SHEARLY, Nancy 57, Benjamin 21
SMITH, Elizabeth 28*, Lucy J. 11
SMITH, Emiline 19*, John C. 19
TIGER, James 31, Milly 31, Samuel T. 11, John W. 9, Sarah E. 8, Susan A. 5, James W. 2
UNDERHILL, Samuel 62, Margaret 44, William 22, John 20, Louisa 16, Samuel 14, Marion 11, Jasper 8
WHITE, Thomas R. 30, Elizabeth J. 27, George W. 8, James H. 6, Sarah F. 4, Henry T. 2

Schedule Page 128

ALLEN, Joseph D. 28, Louisa W. 26, Charles S. 9/12
BARRET, Anthony 18*
CLAYPOOL, Stephen sr. 62*, Sarah 60, George W. 21, Baswell P. 18, Sarah 25, William 17, Osten 12
EMERSON, George B. 18*
EVANS, Henry J. 46, Harriet 36, Sarah F. 13, William H. 12, John T. 10, Mary F. 7, Martha W. 5, Ann E. B. 3
FREEMAN, John 48, Elizabeth 39, Polly A. 15, William 13, Louisa 9, Ezekiel 8, John D. 4, Isaac 2?/12
HATCHER, Hanibal W. 33, Susan F. 28, Mary E. 5
HENDERSON, Harvey W. 18*
HERNDON, Joseph E. 34*, Mary 24, Jacob 5, Lucy 3
HERNDON, Reuben 42*, Edward 13, Mary 10
HINES, James K. 20*, Lucy K. 51
JENNINGS, Sarah E. 13*
JONES, Abram M. 42*, SArah A. 33, Sarah C. 13, Lemuel S. 11, Susan C. 9, Esley O. 7, Martha B. 3, Mary E. 1
MCFERRIN, Samuel H. 22*
MOON, Polly 18*
RECTOR, Lucinda 28, Stephen 12, Sarah A. 11, Amanda 9
SATTERFIELD, Reuben 40, Michael 42, Mary 82, Areena 17, Ancel 16, John 14, Mary 12, David 8, Newton 5, Sarah 3
SMITH, William H. 39, Elizabeth 34
THACKER, Benj. 33, Martha 23, John 40
WILKINS, Jeny C. 43, Jane A. 38, Elizabeth H. 19, James 17, Mary B. 16, Frances A. 9, John M. 6, William T. 2
WOOD, Marcelas 27*
ZEGLER, Anthony S. 27*, Emeline E. A. 25

1850 Census Warren County Kentucky

Schedule Page 129

CLAYPOOL, Joseph J. 23, Martha 24, Sarah W. 1
CLAYPOOL, Jerry K. 34*, Mary A. 34, Louisa J. 15, Charlotte 12, Sarah A. 10, Mary H. 7, John S. 3, Emily J. 10/12
CLAYPOOL, John W. 39*, Charlotte 36, Sarah J. 16, Luther 12, Harrison 11, Frederick J. 8, Joseph R. 6, George 4, John J. C. 1
CROW, George W. 14*
CROW, Mary Ann 12*, James Ann 8
DUCKET, Elisha 25, Nancy 25, Martha 2, Mary J. 1/12
DUCKET, John 71, Charity 63
DUCKET, Joseph 37, Mahaley 32, Sarah Ann 14, John 12, James 10, Stephen 6, Samantha 4, Marshall 1
DUCKET, Josiah 35, Eliza 33, Martha J. 7, John W. 5, Nancy H. 2
HARDCASTLE, Dolly A. 62
HARDCASTLE, James 33, Ann 31, Elizabeth 10, John F. 9, William G. 8, Robert W. 6, Patsy Ann 4, James H. 2, Luther 8/12
LINN, John H. 46, Elizabeth 37, Penny 14, Polly 12, Nancy 10, Sally 8, Patsey 5, Jefferson 2
LINN, Penny 65
OWENS, John 32, Nancy J. 28, Mary W. 2, James T. 1
RECTOR, Jacob H. 29, Elizabeth 29, Mary Ann 8, Margaret J. 6, William F. 1
RECTOR, John J. 72*, Mary A. 72, Powatan F. 16
RENNICK, Sarah 42, Thomas 46, William 15, Dicy Ann 13, Elizabeth 10
WORLEY, John M. 38, Eliza A. 31, Mary A. 10, Margaret J. 9, Henry C. 7, Junius W. 4

Schedule Page 130

BOWDEN, John 30*
BURNETT, Mary 74*
BUTLER, Henry J. 39, Rebecca 30
COOKE, Ludlow L. 37*, Mary C. 29, E. A. 38 (f), Giles W. 3, William W. 1
COVINGTON, Emelia? M. 44 (m)*, Abert 42
COX, Robert 48 (B), Minerva 45, Mary E. 5, Rachael 2
CROSTHWAIT, Vivian 50 (m), Margaret N. 45, Samuel M. 26, Sarah A. 25, Mary E. 21, Margaret 15, Nancy M. 12, Vivion 10 (m), Lucy B. 8, Maria 4, John 1
DAVIDSON, John 53, Sina 51, Elijah 23, John 27, Sarah A. 19, Eliza 23, Julia A. 17, Cintha A. 15, George W. 12, Letty F. 10, Alexr. R. 8, James 6
ELLIS, Harvey 26* (B)
MCGOODWIN, James K. 57, Cornelia 36, Elizabeth 17, James H. 15, Isaac B. 12, Rufus P. 5, Eugene 2
MOORE, Elizabeth 74*, Maria 43
POWELL, Thomas S. 10*
SIMONS, George W. 29, Sarah A. 18
WILMOTT, Doctor H. 19*
WINSON?, Caroline 68 (B)
YOUNGLOVE, Joseph J. 31, Sarah A. 19, John E. 23, Margaret 21, John M. 1

INDEX

Index

A

AARICK
John 55* (TR-370)
ABBOTT
Henry C. 16* (LO-103)
ABERNATHY
Henry G. 25* (CH-378)
Hutchins 43 (CH-485)
ABSHA
John H. 26* (LO-131)
ACHISON
Aaron 37 (TO-253)
ACKERMAN
Daniel A. 79 (LO-30)
David 47 (LO-51)
Richard 30* (LO-26)
Valentine 24* (LO-26)
ACTON
Francis 40 (W-76)
ADAIR
Crawford 30 (TR-320)
Elisha M. 35 (W-120)
Jno. 32* (W-9)
John 24* (TR-355)
John 73* (TR-356)
John W. 41 (TR-358)
Wm. 30 (W-59)
ADAMS
Andrew J. 12* (B) (LO-66)
Andrew J. 31 (SI-67)
Benja. 45 (CH-435)
Benjamin 25* (LO-86)
Bledsoe 42* (CH-487)
Burrel 58 (LO-91)
C. 52 (m) (W-26)
Caroline 15* (LO-70)
Eliza 9* (W-22)
Elizabeth 50* (TO-283)
Elizabeth 52 (TR-294)
Ezekiel C. 20 (CH-481)
George 47* (LO-95)
George E. 23* (TO-262)
Isaac 45* (B) (CH-364)
Jacob 40* (TO-237)
James 26* (CH-480)
James 28 (W-31)
James 30 (TO-288)
Jessee 10* (B) (W-74)
John 21* (W-43)
John 30 (CH-481)
John 34 (CH-362)
John 47* (LO-85)

John 47* (TO-273)
John 50 (TR-360)
Joseph 18* (B) (CH-421)
Josiah 45 (W-125)
M. 54 (m) (LO-82)
M. M. 52 (m) (B) (TO-229)
Madison 35 (TR-294)
N. 52 (f)* (LO-74)
Nancy 50* (LO-92)
Ned 20* (B) (CH-421)
Robert 50* (TO-221)
Samuel G. 43 (LO-110)
Samuel G. 55 (LO-102)
Thomas 24 (TO-235)
Tylor 59 (W-26)
W. D. 44 (m) (TO-218)
Wesley 58 (TR-316)
William 23 (LO-94)
William 38 (LO-85)
William J. 26 (TR-360)
Wm. 59 (CH-494)
Wm. C. 11* (CH-451)
ADAMSON
Wilson J. 36* (CH-456)
ADCOCK
Green B. 32 (TO-248)
Joseph 51 (LO-9)
ADDISON
John 32* (LO-115)
John R. 22* (LO-13)
Jonathan 56 (LO-130)
William 82 (LO-17)
ADISON
Shelton 39 (TO-266)
ADKERSON
William 24 (W-125)
ADKIN
Eliza A. 50 (LO-58)
ADKINS
Elijah 61 (TO-284)
Jas. 8* (W-4)
John 34 (W-4)
M. 50 (f)* (CH-362)
Nancy 27* (W-41)
Nancy 36* (W-7)
Thomas M. 23* (TR-361)
ADON
Allice 4* (LO-71)
AGERMAN
Wm. H. 34* (CH-485)
AHART
George 42 (TR-372)

Jacob 27 (TR-372)
Mitchell 50* (TR-363)
William 25 (TR-372)
AINGEL
George P. 38 (LO-10)
John R. 36* (LO-16)
Presley F. 37 (LO-10)
AKES
John 50 (LO-5)
ALCOCK
Willis 56 (SI-41)
ALDER
Elizabeth 45* (CH-394)
George 18* (CH-399)
James 44 (CH-402)
ALDERSON
Benjamin 27 (LO-132)
Elizabeth 60 (W-31)
Emily R. 30 (LO-62)
J. 52 (m)* (SI-6)
Wm. 46 (SI-40)
Wm. 55 (SI-32)
ALEMBERT
Lerod 16 (m)* (CH-384)
ALEXANDER
A. 23 (m)* (SI-23)
Andrew 60 (TO-240)
B. 21 (m) (W-6)
Catharine 60 (W-55)
Emeline 35 (W-112)
J. 34 (m) (SI-31)
J. G. 44 (m) (SI-8)
Jno. D. 44 (W-14)
John 37* (TR-313)
John A. 23* (TO-240)
Philiip 35* (W-14)
Robert 21 (CH-382)
Robert A. 11* (TR-365)
Silas 51 (TR-377)
Thomas 29 (TR-325)
Thomas G. 26 (CH-382)
ALFIN
James 64* (TR-330)
ALFRED
William 45 (W-28)
ALLDER
William 42 (CH-399)
ALLDRIDGE
Benjamin F. 29* (TR-328)
James W. 35 (TR-309)
Lucaty 25 (f)* (TR-312)

- 335 -

Index

ALLEGREE
  Richard W. 24* (CH-391)
  Robert L. 27 (CH-363)
ALLEN
  A. D. 36 (f)* (W-60)
  Abe 57 (TO-276)
  Amerie 6* (TO-224)
  Anne 80* (LO-91)
  Benjamin 24 (TO-230)
  Charles D. 18* (W-35)
  Elijah 46 (LO-106)
  Elijah F. 19 (LO-116)
  Elizabeth 15* (TO-205)
  Elizabeth 43 (TR-310)
  Elizabeth 48 (CH-413)
  Ellen 30* (SI-69)
  Fantlerry 64 (m) (TO-228)
  Isaac 35 (W-22)
  James 40* (B) (LO-93)
  James K. 36* (TO-275)
  James M. 44 (LO-116)
  James sr. 75 (TO-275)
  John 20* (CH-372)
  John 45 (CH-370)
  Jonas 43 (LO-5)
  Joseph 45* (B) (CH-413)
  Joseph D. 28 (W-128)
  Labourn 40* (TR-293)
  Mary D. 15* (TO-275)
  Nathan 68 (W-107)
  Newton 50 (CH-413)
  Q. 95 (m)* (B) (LO-77)
  Robert E. 28 (TR-363)
  Sarah 21* (CH-475)
  Thomas 30 (W-107)
  Thos. C. 47* (SI-30)
  Thos. C. 51* (SI-38)
  William 13* (TR-305)
  William 49* (LO-93)
  William 69* (W-108)
  William 9* (TO-202)
  William H. 45* (TR-344)
ALLENDAR
  Edmund 11* (TO-208)
  Thomas 71 (TO-197)
ALLENDER
  Syntha 38 (W-62)
ALLENDER?
  John 45* (TO-254)
ALLENSWORTH
  Agnes 68 (CH-369)
  Elizabeth 64* (TO-283)

Elizabeth H. 23 (CH-366)
H. C. 35* (CH-485)
Henritta 62* (CH-370)
James 61* (CH-374)
Philip B. 40 (TO-283)
Philip G. 43 (CH-369)
Sarah 68 (B) (CH-369)
ALLEY
  James A. 31 (LO-95)
  Willis 56 (CH-367)
ALLISON
  Abraham 48 (CH-416)
  B. F. 26 (m) (TO-198)
  F. S. 31 (m)* (LO-55)
  James 26 (W-32)
  James sr. 70 (LO-40)
  Joseph 21 (TO-198)
  Malinda 20 (LO-37)
  Robert J. 21* (LO-37)
ALLMAN
  Polly 55* (TO-286)
  Saml. H. 16* (CH-483)
  Susan 73 (W-111)
  Wilson J. 26 (W-110)
ALLMON
  Canada 45 (CH-413)
ALLNUTH
  Sarah J. 37 (LO-24)
ALMITH
  Eleanor 65* (LO-10)
ALNUTH
  Daniel 70 (LO-24)
ALSUP
  J. H. 5 (m)* (SI-45)
AMES?
  Benjamin 18* (TO-206)
AMOS
  J. B. 34 (m) (W-27)
  Jackson 28 (W-7)
AMOS?
  Margarett 6* (LO-61)
ANDERESON
  Thomas A. 36* (LO-97)
ANDERSON
  Albert 28* (W-115)
  Alex 33 (LO-53)
  Chas. 19* (CH-467)
  David 38* (CH-426)
  David 48 (TO-287)
  Edward L. 35 (TO-282)
  Elizabeth 66* (W-47)
  Elizabeth F. 41* (W-37)

Frank 31 (TO-287)
Franklin B. 21* (LO-103)
George 60* (R) (LO-108)
James 35 (CH-497)
James 4/12* (B) (W-64)
James 40 (TO-262)
James 42 (TR-320)
James A. 27 (W-33)
John 25* (CH-393)
John 29* (CH-496)
John Boyer 16* (CH-429)
John F. 31 (TR-323)
Joseph T. 30* (CH-497)
Josiah 60 (CH-453)
Lenard 36 (LO-53)
M. J. 33 (m) (TO-274)
M. W. 30 (m) (TO-226)
Margaret 23 (B) (CH-388)
P. H. 63 (m) (TR-300)
Robert R. 39 (LO-97)
Robert T. 58* (CH-376)
Sampson 26 (SI-34)
Samuel 41 (LO-53)
Sarah 40* (TO-282)
Silas 48 (TO-249)
Thomas 19* (CH-422)
Thomas 27 (LO-104)
Thomas 36* (LO-36)
Thomas A. 40 (TO-207)
Thomas O. 30* (LO-134)
W. O. 29 (m) (LO-75)
Watkins 55 (LO-89)
Welcome 11* (LO-58)
Wesley 24 (SI-34)
William 11* (LO-61)
William 27 (LO-53)
William B. 45* (LO-97)
William M. 27 (CH-450)
ANDREWS
  Albert 40 (TO-276)
  Jesse M. 44 (W-54)
  Patsy 62* (TO-288)
  William? 54 (LO-52)
ANGEL
  E. 20 (f)* (LO-81)
ANGEL?
  Jesse W. 27* (CH-485)
ANGLEN
  H. 40 (m) (CH-425)
APLIN
  J. D. 30 (m) (SI-27)
  Joel M. 32 (SI-55)

Index

APLIN
 Lucy Jane 10 (LO-46)
 Thos. 59* (SI-29)
APPLING
 David E. 34 (LO-18)
 William A. 44* (LO-54)
 Wilson 22* (LO-47)
ARBUCKLE
 Alex W. 43 (CH-459)
AREN
 James 30* (W-67)
ARICK
 Nancy 12* (TR-328)
 Polly Ann 22* (TR-324)
ARMISTEAD
 R. A. 36 (m) (TR-293)
ARMOUR
 Alferd 24 (W-111)
ARMSTRONG
 Andrew 50 (TR-339)
 Catherine 70 (B) (LO-65)
 Chs. 48 (m) (TO-240)
 David 51 (LO-133)
 Elijah 39 (CH-491)
 Elliott J. 22* (CH-479)
 James 44 (LO-4)
 James M. 45 (CH-491)
 Jane 73 (CH-470)
 Jas. M. 48 (W-27)
 Jno. 45 (CH-491)
 John 11* (TR-317)
 John 24 (LO-114)
 John 40 (CH-476)
 John 50 (LO-114)
 Jonathana 40* (CH-406)
 Joseph 24 (TO-199)
 Lawrence 23 (CH-409)
 Lawrence T. 25* (CH-481)
 Mahaly A. 30 (TR-350)
 Mary 43 (CH-479)
 Matthew 30 (CH-481)
 Nancy 53 (TO-200)
 Nicholas P. 28* (TR-369)
 R. A. 32 (m) (W-36)
 Robert 35* (CH-388)
 Robert M. 40 (SI-47)
 Samuel 54 (LO-37)
 William 45 (LO-5)
 William 45* (W-103)
ARNOLD
 Ayres A. 41 (LO-127)
 E. W. 24 (m)* (LO-125)

Elizabeth 14* (LO-71)
Elizabeth 40* (W-9)
Elizabeth 55 (W-92)
George 27 (W-119)
H. T. 36 (m) (W-70)
H. T. 37 (m)* (SI-11)
Jackson C. 29* (LO-123)
John 33 (W-120)
John D. 43 (LO-127)
John E. 54 (LO-124)
Lewis P. 23 (W-120)
Pleasant 52 (SI-56)
Reuben 38* (SI-3)
Sally R. 11* (LO-71)
Samuel 21 (LO-113)
Samuel 63* (LO-131)
Sanford 26 (LO-123)
Thomas 17* (CH-424)
W. 18 (m)* (W-27)
W. P. 44 (m) (TO-220)
William 32 (W-92)
ARNOLES?
 John M. 32 (W-71)
ARPLEY
 Saml. 52 (SI-26)
 Wm. 59 (SI-26)
ARRIVETT
 William 34 (CH-370)
ASHBY
 Apps 23* (CH-486)
 Nancy 27* (TR-298)
 Napoleon B. 26* (LO-64)
ASHER
 Benjamin C. 57 (LO-123)
 Charles 39 (W-37)
ASHFORD
 Harrison 50* (CH-422)
ASHLEY
 Thomas J. 39* (SI-63)
ASKEW
 Robert W. 27 (LO-23)
ASKEW?
 Elizabeth 50 (LO-61)
ATCHISON
 H. C. 43 (m)* (W-23)
 J. C. 40 (m)* (W-24)
 Mary C.? 6* (W-107)
ATKINS
 Green L. 30 (TO-276)
 James 15* (TO-255)
 James 58* (CH-368)
 John L. 38 (TO-279)

Reuben 22* (CH-431)
ATKINSON
 Amos 58* (CH-414)
 E. 68 (m) (SI-6)
 Elizabeth 15* (CH-420)
 Gabriella 18* (CH-433)
 George W. 32 (SI-27)
 Gregory B. 40* (CH-490)
 J. P. 30 (m) (SI-45)
 Jane 15* (LO-92)
 John 42* (W-35)
 Lewis 41 (CH-403)
 Morga 50* (B) (CH-413)
 N. 38 (m) (SI-26)
 Pembroke S. 24* (CH-411)
 Robert 24* (TO-252)
 Robert 30 (W-63)
 Sherwood 60?* (LO-66)
 Thomas 36 (W-35)
 William W. 74* (CH-402)
ATKISON
 Quintus 10* (TO-287)
ATTERBURY
 Hepsebeth 18* (TO-267)
ATWELL
 Leonard H? 10* (W-50)
ATWOOD
 Mary 55 (TR-372)
 Moses A. 30 (TR-373)
 Thomas H. 23 (TR-373)
 William J. 32 (TR-372)
AUSTIN
 David P. 27* (TR-377)
AUSTON
 Elizabeth 62* (SI-2)
AVANT
 William 45 (CH-376)
AVERET
 Betsy J. 13* (LO-70)
AVERITT
 Joseph 11* (LO-69)
AVERY
 John Y. 25* (TR-343)
 Margaret 15* (TR-290)
AYER
 Archer 14* (W-28)
AYERS
 Isaac 38 (TO-249)
 Sarah 57* (CH-487)

Index

AYRES
  E. 46 (m) (LO-79)
AZRIVET
  John 19* (CH-370)

B

BABB
  Burwell 25 (TO-266)
  Pleasant 29 (LO-7)
BABBINGTON
  Nancy 71* (SI-53)
BABBITT
  John W. 36 (CH-495)
BABER
  Caleb 74* (W-106)
  Polly 35 (W-123)
BACON
  Benjamin 17* (CH-375)
  Charles A. 42* (TR-337)
  Edmond 60* (TR-307)
  Hillary E. 29 (m)* (CH-377)
  John 27* (W-32)
  Peter 56 (B) (W-102)
  William 17* (CH-378)
BACON?
  Isabel 58* (TO-220)
BADGET
  Andrew 77* (W-49)
BADGETT
  Thomas C. 34 (W-46)
BAGARLY
  John T. 6* (CH-380)
BAGBY
  Bennett 24* (LO-86)
  Frederick 75* (TO-284)
  Henry 38 (LO-93)
  J. 19 (m)* (LO-85)
  Jesse A. 37 (LO-84)
  Jonathan B. 7* (LO-22)
  Robert 59 (LO-91)
BAGLY
  Frances 5* (LO-9)
BAGWELL
  A. 18 (m)* (LO-90)
  Ann 15* (LO-71)
  James W. 21* (LO-103)
  Smith 21* (LO-109)
BAILER
  Robin 75 (B) (LO-64)

BAILEY
  Charles A. 52 (TO-274)
  Darcus 55* (SI-65)
  Edwin 35 (LO-128)
  Elizabeth 52* (LO-91)
  Francis 27 (CH-433)
  G. Harmon 38* (LO-82)
  Hiram 45* (LO-91)
  James M. 19* (TO-208)
  Jno. W. 24* (W-21)
  John A. 60 (TO-257)
  Jonathan R. 32 (LO-82)
  Joseph P. 27 (W-71)
  Lucy 27 (CH-384)
  Orlande 41 (W-98)
  Peyton H. 70 (LO-128)
  S. A. 23 (f) (LO-77)
  Thomas B. 27* (TO-261)
  Thomas G. 42* (TO-261)
  Washington 34 (LO-82)
BAILY
  William 60* (TR-322)
BAIRD
  Alexander 27* (CH-385)
  Ben 35 (SI-55)
  Chas. H. 26* (LO-52)
  Eliza H. 36 (B) (LO-13)
  John W. 48 (SI-19)
  Sarah 16* (B) (SI-59)
  Thomas 37 (LO-13)
BAKER
  Alex 11* (LO-67)
  Alexander 56* (TR-291)
  Alfred 39 (LO-20)
  Benjamin H. 60 (CH-418)
  Blake 45 (TR-322)
  David 12* (TR-291)
  Dick 21* (B) (TR-300)
  Elizabeth 12* (TR-315)
  Elizabeth 13* (TR-336)
  Ellison C. 38 (CH-450)
  Frances A. 23* (CH-429)
  Francis M. 23 (LO-20)
  Frank H. 22* (TR-362)
  German 8* (TR-335)
  James T. 32* (TR-309)
  John F. sr. 27 (TR-322)
  John T. 30* (CH-487)
  John W. 19* (LO-14)
  Joseph T. 40 (LO-55)
  King F. 30* (TR-322)
  L. F. 34 (m) (W-3)

  Margaret 71* (TO-282)
  Martha 5* (B) (TR-296)
  Michael 27* (CH-393)
  Peggy 65* (B) (TR-303)
  Peter 45 (TR-302)
  Robert D.? 26* (TR-293)
  Robert H. 24* (TR-325)
  Saml. F. 37 (CH-488)
  Samuel 2* (TO-242)
  Sarah 10* (LO-71)
  Sarah 68 (W-25)
  Sarah A. 1* (TR-360)
  Susan 55* (CH-406)
  Thomas 15* (TR-311)
  Thomas 36 (TR-363)
  Thomas L. 49 (TR-357)
  Thos. H. 40* (CH-487)
  William 27 (TR-357)
  William 67 (LO-20)
  Wilson H. 35 (TR-335)
BAKER?
  Perry 52 (LO-4)
BALDINE?
  John 33* (LO-3)
BALDING
  T. 19 (m)* (SI-21)
BALL
  Harvey 49 (W-27)
BALLARD
  Garl. 66 (m) (TO-238)
  Harrison 31 (TO-216)
  James G. 39 (CH-384)
  Warner 34 (CH-382)
  Winston 36 (LO-64)
BALLENTINE
  James S. 28 (TR-323)
BALLEW
  John 32* (CH-467)
BANISTER
  Catharine 56 (TR-370)
BARBARA
  Jesse 47* (W-47)
BARBEE
  James 22* (LO-3)
  Pleasant 51 (LO-3)
BARBOUR
  Joseph 39* (TR-335)
BARBY
  G. W. 21 (m)* (LO-5)
BARCLAY
  Ann 58* (W-26)
  Archy 48 (B) (W-81)
  Franklin L. 25* (CH-447)

Index

BARCLAY
  Hugh 47* (LO-132)
  J. P. 19 (m)* (W-26)
  Saml. A. 35* (W-25)
BARFIELD
  William G. 26 (CH-481)
BARFORD
  Jacob 22* (TO-231)
BARKER
  Ananias 20 (LO-72)
  Ananias? 41 (LO-12)
  Ann L. 28 (LO-46)
  Ann R. 70* (CH-484)
  Caroline M. 27 (CH-449)
  Chiles T. 34* (CH-375)
  Cornelius 62 (LO-80)
  Elizabeth 37* (LO-70)
  Henson 45 (LO-75)
  John 33 (LO-80)
  M. 13 (f)* (LO-81)
  William 29 (LO-4)
  William 88 (LO-37)
  William H. 21* (LO-13)
BARKSDALE
  Lucinda 60 (TO-227)
  M. 21 (m)* (TO-210)
  Nathaniel 40* (TO-227)
BARNARD
  J. A. 17 (m)* (SI-20)
BARNER
  John 62 (LO-132)
  Lewis 60 (B) (W-27)
BARNES
  Allen 25 (TR-369)
  Bartus 19 (CH-483)
  Betty 10* (CH-421)
  Celie 50* (TR-354)
  Commodore 25* (LO-134)
  Cullin 24 (CH-495)
  David 68 (CH-495)
  Elizabeth 34 (TR-353)
  Ephraim 12* (CH-393)
  George W. 23 (CH-400)
  Gideon W. 5* (TR-316)
  Harrison P. 31* (CH-392)
  J. S. 43 (m)* (SI-9)
  James 22 (SI-39)
  John F. 26 (SI-40)
  Joseph 51 (TR-327)
  Lawrence 22* (TR-352)
  Mary 55* (TR-376)
  Mellville 35 (CH-405)

  Nancy 40 (CH-493)
  Patsy 37 (TR-354)
  Reuben 80 (TR-329)
  Robartis? 20 (CH-493)
  Saml. 77 (SI-56)
  Solomon W. 56 (TR-355)
  Stephen T. 49 (SI-4)
  Thomas W. 24* (CH-392)
  Thomas W. 24* (W-81)
  Wiley 53 (CH-400)
  William 17* (TR-354)
  William 44* (W-73)
  William 73 (CH-412)
BARNET
  Abner 63* (TO-205)
  Garner 41 (TO-205)
  Joseph 38* (LO-96)
BARNETT
  David 60* (LO-70)
  Dennis D. 33?* (SI-45)
  Eleanor 81 (CH-472)
  Elisha 40* (W-92)
  Elizabeth H. 46 (CH-386)
  Ewing E. 25* (W-122)
  Harvey 34 (CH-417)
  Henrietta 63* (W-53)
  J. A. C. 31 (m) (TO-205)
  James W. 33 (TO-205)
  John J. 10* (W-75)
  Joseph C. 34 (W-49)
  Mary E. 20* (CH-446)
  Nathan 45 (TR-371)
  Pheba 75* (W-73)
  Thomas 20* (W-71)
  Thomas 76* (CH-417)
  Thomas G. 45* (CH-434)
  William 36 (CH-475)
  William 45 (CH-407)
  William 48* (LO-27)
  Wm. M. 31 (SI-46)
BARNS
  Caroline 35 (CH-423)
  E. B. 29 (m)* (TO-273)
BARNWELL
  Mary 20* (TR-376)
BARR
  J. 40 (m) (SI-11)
  Mathias 52 (W-68)
  S. 65 (m)* (SI-11)
  S. M. 36 (m) (SI-11)
  Thomas 25 (W-87)

BARRET
  Anthony 18* (W-128)
BARRINGER
  Josiah 39* (SI-49)
BARRON
  Moses 38 (LO-55)
  Moses 38* (LO-59)
BARROW
  Isaac 34* (LO-41)
  William 22* (LO-37)
BARROWS
  Charles M. 57 (LO-122)
BART
  Marion 66* (CH-489)
BARTON
  G. 43 (m)* (W-5)
BASS
  Elizabeth 25* (W-101)
  George H. 40 (W-80)
  Jordan 27 (CH-415)
  Jordan 76 (CH-415)
  Joseph C. 43* (TO-200)
  Margaret 48* (TR-363)
  Thomas A. 37 (W-68)
BASS?
  Jerry 50* (B) (LO-130)
BASSHAM
  Anderson 30 (W-59)
  Bartlett 68 (W-20)
  Hiram 23 (W-7)
  Jas. 62* (W-7)
BASTOCK
  H. 13 (f)* (SI-15)
BATEMAN
  Esaias 45 (m) (TR-366)
BATEY
  Richard 89 (B) (LO-103)
BATSELL
  Wm. 40* (SI-56)
BATTEY?
  E. S. 22 (m)* (SI-19)
BATTOE
  Frederick A. 31 (TR-359)
  James 58 (TR-359)
  Kinchen 32 (TR-359)
BAUGH
  Abraham 46 (LO-17)
  Bartlett 41 (LO-126)
  Bartlett 56 (TO-229)
  John 22* (LO-97)
  John 51* (CH-365)
  John 79 (LO-125)
  Samuel 63* (LO-44)

Index

BAUMER
  Davis 28 (TR-368)
BAWLS
  Rachel 65* (SI-65)
BAYLES
  Bayly 45* (TO-201)
BAYLESS
  A. 13 (m)* (SI-30)
  Henry W. 47 (SI-65)
  Levi 12* (SI-34)
BAYLEY
  Charlotte 45 (B) (CH-409)
  Peter J. 32 (CH-409)
BAYLOR
  Barbara 55 (TO-211)
BAYLY
  George 68 (CH-368)
BEACH
  George W. 16* (LO-106)
BEAFFEY?
  Mary A. 40* (W-68)
BEALL
  Elizabeth 55* (LO-15)
  Jacob 59 (B) (LO-19)
  James M. 55 (LO-134)
  William A. 53 (LO-1)
  William M. 56* (CH-422)
  Zadock M. 53* (LO-15)
BEALOR
  Thomas M. 18* (TO-285)
BEAN
  Brewnard M. 25 (TO-270)
  Margarett 30* (SI-17)
  William 55 (TO-207)
BEARCE
  Wm. 35* (W-21)
BEARD
  Boggit 38 (m) (TR-348)
  C. R.? 25 (m)* (TO-244)
  David R. 34* (CH-497)
  Elizabeth 17* (TR-314)
  James H. 20* (CH-387)
  Malinda M. 30* (CH-374)
  Sarah A. 8* (TR-363)
  Zebuolon 40* (TR-348)
BEARDEN
  Duncan 35* (CH-368)
  Mary J. 6* (CH-472)
BEASLEY
  Berry 56* (LO-109)
  C. S. 27 (m) (SI-13)
  Dillard 28 (LO-117)

  Elizabeth 43 (TO-227)
  George W. 25 (LO-35)
  J. C. 34? (m) (SI-5)
  James 22 (SI-35)
  John 68 (SI-35)
  Joseph 26* (SI-35)
  Mary E. 7* (LO-7)
BEASLY
  Charles C. 38 (TR-372)
  Washington 27? (TR-307)
BEASON
  William E. 25* (LO-29)
BEATY
  Henry 41* (SI-63)
  Jesse 30 (LO-23)
  John 47* (SI-63)
  Samuel 57* (LO-22)
  Wm. 40 (SI-16)
BEAUCAMP
  Melton 36 (TO-289)
BEAUCHAMP
  E. 60 (f)* (LO-78)
  Francis M. 32 (LO-21)
  K. C. 30 (m) (SI-3)
  T. 73 (m) (SI-24)
BEAUMONT
  Emma C. 20* (CH-367)
BEAUNER
  Wm. T. jr. 23 (W-122)
BEAVER
  Mahuldy 21 (f)* (TR-366)
BEAZ
  Permela 43 (TR-295)
  Robert 6* (TR-297)
  Robert D. 31* (TR-295)
BEAZLEY
  Joseph 23* (CH-432)
BECK
  Andrew 23 (W-14)
  Jas. 67 (W-10)
  Jesse 43 (CH-366)
  Jesse C. 18* (W-10)
  Merredith 25* (CH-367)
  R. H. 26 (m) (W-8)
  William 43* (W-16)
  William 62 (W-14)
  Wm. 37 (W-2)
  Wm. G. 19* (CH-485)
BECKER
  Theodore 58 (LO-67)
  Theodore H. 25* (LO-133)

BECKETT
  George 29* (CH-427)
BECKHAM
  Charles H. 25 (W-119)
  Clayton 46 (W-124)
  Elizabeth 43 (W-73)
  Elizabeth 46 (W-114)
  Isaac W. 24 (W-114)
BEEDLE?
  Hortincy 55* (LO-70)
BEGLIN
  M. 41 (m)* (CH-367)
BELCHER
  David 40* (W-39)
  Isaac 25 (LO-38)
  Jacob 26 (LO-34)
  John W. 41 (LO-34)
  Thomas 46 (LO-34)
  William O. 32 (LO-34)
BELL
  Berry W. 42 (B) (LO-50)
  C. U. 62 (m) (TO-238)
  Eliza M. 18* (TR-363)
  Elizabeth 44 (TR-354)
  Francis 22* (SI-43)
  G. H. 39 (m) (SI-10)
  George 33 (TR-376)
  George A. 37* (LO-64)
  Henry 22* (LO-96)
  John 33 (TO-238)
  John F. 52 (CH-377)
  John H. 23 (CH-369)
  John L. 58 (LO-62)
  John W.? 34* (TO-252)
  Langley 35* (CH-426)
  Lynn 23 (m)* (TR-354)
  Margery 52 (SI-68)
  Mary E. 30 (TO-232)
BELLE
  Harriett 21* (CH-481)
BELLOW
  Jacob 35 (W-18)
BELOMY
  A. P. 39 (m) (TO-285)
  James 31 (TO-279)
  John 10* (TO-282)
  John 27 (TO-285)
  John 65 (TO-281)
BENHAM
  James 67 (CH-382)
  Shederick A. 57* (CH-381)
BENNET
  Sarah 70* (CH-439)

Index

BENNET
  Stephen 34 (CH-439)
BENNETT
  Cornelius S. 30 (TR-332)
  Eliza 8* (TR-372)
  Elizabeth J. 24* (CH-459)
  Fleming 31 (TR-332)
  George R. 40* (TR-314)
  Isaac 44* (TR-330)
  Isabell 54* (CH-484)
  James 39 (TR-349)
  Mary 33* (TR-362)
  Morton 28 (TO-205)
  Nancy 18* (LO-28)
  Nancy 45* (CH-406)
  P. H. 42 (m)* (TR-332)
  Richd. E. M. 33* (CH-457)
  Saml. B. 44 (CH-444)
  Thos. 53* (SI-34)
  Uriah J. 31 (TR-334)
  William 24 (LO-32)
  William 60 (LO-28)
BENTLY
  Arther 64 (SI-2)
BENTON
  Geo. Tho. 1* (TO-241)
BERIE
  William B. 34 (TR-301)
BERIEN
  B. W. 45 (m) (LO-76)
BERKLEY
  Mary 75* (TR-351)
  Seberne? 27 (m)* (TR-351)
BERNARD
  Samuel M. 24 (CH-424)
  Wm. V. 37* (CH-498)
BERRY
  David 24* (CH-400)
  David 43* (TO-205)
  Epharim 24* (SI-66)
  Gilford 34* (TO-209)
  Loyd J. 35* (W-68)
  M. 46 (m)* (LO-77)
  Presley 44 (W-40)
  Robert 45 (CH-396)
  W. D. 28 (m)* (SI-52)
  William 47 (TO-205)
BERRYHILL
  E. 62 (f)* (LO-70)
BERRYMAN
  Austin 78 (W-80)
  William 71* (W-80)

BESHEARES
  Matilda 20* (CH-475)
BESHEARS
  Sterling 21 (CH-475)
BESTON
  John 41* (TR-376)
BETTERSWORK
  Armenia 42 (W-103)
BETTERSWORTH
  Nancy 54* (W-36)
BETTERWORTH
  Frances 51* (CH-424)
BETTS
  Paulina 43 (LO-62)
BEVEL
  Elvis 34 (W-116)
BEVERLY
  H? M. 23 (m)* (W-25)
BEVIL
  Miles 36 (W-91)
  Nancy 38* (CH-434)
BIARD
  Rebekah 63* (SI-60)
BIAS
  Martha 55* (TO-286)
BIBB
  Abby 43 (B) (LO-52)
  Andrew 25* (B) (LO-135)
  Angella 50 (B) (LO-52)
  Benjamin W. __ (B) (LO-118)
  Branch 68 (LO-87)
  Charlotte __ (B) (LO-118)
  Clarissa 35 (B) (LO-133)
  Dennis 35* (B) (LO-135)
  Eliza __ (B) (LO-118)
  Elizabeth 47 (LO-67)
  Ephram 21 (B) (LO-118)
  Eugene 24* (LO-134)
  Frank 40 (B) (LO-118)
  Jack 46 (B) (LO-52)
  Jacob 76 (B) (CH-419)
  James 26* (TO-208)
  James 34 (B) (LO-90)
  James 43 (TO-259)
  John 60 (LO-134)
  Judy 40 (B) (LO-52)
  Mat 100* (LO-49)
  N. 36 (m)* (B) (SI-9)
  Nancy 50 (B) (LO-64)
  Randal 52 (B) (LO-68)
  Richard 31 (LO-95)
  Richard 45 (B) (LO-100)

  Sarah 60* (LO-67)
  Stephen 40 (B) (LO-118)
  William E. 33 (LO-37)
  York 51?* (B) (LO-49)
BIBLES?
  Mary A. 25* (LO-30)
BICK
  John R. 55* (W-110)
BIGERSTAFF
  James 44 (CH-419)
BIGGER
  Joseph B. 56* (LO-134)
BILL
  Henry G. 29 (TO-252)
BILLINGSLEY
  Allen 47 (TO-242)
  John P. 38* (TO-220)
  Z. 48 (m)* (TO-219)
BILLINGSLY
  John M. 24* (W-96)
BINGHAM
  John 75* (TR-299)
BINK
  Samuel 71 (CH-431)
BINKLEY
  James 41* (TR-349)
BIRD
  Catharine 40 (TR-365)
  James 22 (LO-49)
BIRDSONG
  Jesse 30* (SI-41)
  John C. 34 (TR-376)
  N. 23 (m) (SI-31)
  Wm. 27 (SI-31)
BIRNUS?
  E. B. 32 (m) (TO-243)
BISHOP
  Gustavus 9* (CH-457)
  Thomas C. 56 (TR-329)
BITTMAN
  Anderson 26 (CH-367)
BIVIN
  Ben 42 (TO-280)
  Henry 46 (TO-271)
  John 37* (TO-280)
  John B. 22 (TO-271)
BLACK
  Dickson 36* (TO-254)
  Dixon 30* (TO-208)
  J. S. 31 (m) (SI-30)
  John D. 43 (TO-248)
  Margaret 57* (TO-206)

Index

BLACK
  Thomas P. 36 (TO-219)
  William S. 33 (TO-260)
BLACKBURN
  S. 44 (m) (SI-6)
  S. D. 40 (m)* (W-59)
BLACKFORD
  B. F. 30? (m)* (W-26)
  Demarius 28 (f)* (W-58)
  Helen 34* (W-24)
BLAIR
  A. M. 29 (m) (LO-124)
  Evan B. 46 (CH-445)
  Jas. L. M. 30* (LO-62)
  Jos. B. 28 (LO-64)
  Joseph 60 (LO-133)
BLAKE
  Howell 22 (LO-112)
  Jas. M. 26* (CH-451)
  John 37 (TO-272)
  Martin 22 (TO-272)
  Martin 24 (TO-243)
  Samuel 43 (TO-281)
  Samuel 62* (LO-112)
  Thomas 21 (TO-281)
  Wiley 40 (TO-272)
BLAKELY
  James 65* (TR-302)
  Josiah 51 (TR-301)
  William S. 40 (TR-300)
BLAKEY
  Benjamin F. 22* (W-54)
  C. H. 20 (m)* (LO-135)
  Cyrus 27* (LO-69)
  George D. 41* (LO-102)
  George T. 26* (LO-130)
  Lucy 47* (LO-71)
  Margaret 83* (LO-48)
  Martha 20* (CH-438)
  Polly 51* (LO-70)
  R. C. 39 (m)* (W-10)
  Thomas 56 (LO-26)
BLALACK
  William 66 (CH-398)
BLANCE?
  Hosa 17* (W-41)
BLANCHARD
  George H. 36 (LO-44)
  Greenberry 63 (LO-41)
  Henry 26 (LO-41)
  Jacob 83 (CH-478)
  Jacob jr. 40 (CH-478)

  Medford 35 (LO-41)
BLAND
  John 57* (SI-50)
  Milton 44* (LO-46)
  S. K. 27 (m)* (SI-8)
BLANE
  Alexander 40* (TR-298)
  Ephraim 43* (TR-337)
  Mary 55 (SI-67)
BLANKENSHIP
  Henry 50 (CH-390)
  Jane 14* (CH-423)
  John J. 17* (TO-264)
  John W. 21* (CH-490)
  Saml. T. 49* (CH-491)
BLANKS
  Hariet L. 49* (CH-372)
  James 44 (TR-301)
  James 83 (TR-299)
  Thomas 45 (TR-302)
  William 41 (TR-301)
  William D. 24 (CH-374)
BLEDSOE
  Jno. S. 26 (CH-454)
  Joseph C. 26 (CH-367)
  Richard 32 (LO-86)
BLEVETT
  John G. 46* (SI-48)
BLEWETT
  Eli H. 30 (SI-61)
  Elizabeth G. 46 (W-113)
  George L. 29* (W-81)
  James 51 (W-81)
BLEWITT
  C. E. 24 (m) (W-3)
  E. K. 38 (m)* (W-61)
  E. W. 53 (m) (W-56)
  Susana 52 (W-61)
  Wm. H. 26 (W-2)
BLICK
  William P. 27 (LO-79)
BLITHE
  Harvy 30 (CH-406)
BLOODWORTH
  John W. 8* (SI-67)
BLYE
  A. D. 40 (m)* (CH-421)
BLYTHE
  Mary 50* (CH-427)
BOATMAN
  John 28 (W-118)

BOATWRIGHT
  Edward 13* (TO-281)
  Frances 23* (CH-392)
  P. 56 (m) (LO-1)
  Richard 28 (CH-380)
  Susan 40 (TR-373)
  William D. 9* (TO-246)
BOAZ
  Henry 25* (SI-45)
BOBB
  James 35* (CH-421)
BOBBETT
  John 67* (CH-483)
BOBBIT
  Stephen 29 (TR-329)
BOBBITT
  Isham 38 (CH-483)
BODDIE
  Willie P. 24 (CH-430)
BODINE
  Isaac 39 (LO-83)
BOGAN
  A. 42 (m) (SI-24)
  Elvian 14* (SI-64)
  Ira 29 (SI-60)
  James 72* (SI-61)
  James B. 32 (SI-63)
BOGARD
  Charles C. 35* (TR-372)
BOGGS
  Rebecca J. 7* (TR-308)
BOHANNON
  Elizabeth 52 (W-74)
BOICE
  Jessee 25* (LO-60)
BOICE?
  Jessee 25* (LO-59)
BOISSEAU
  D. F. 51 (m) (SI-24)
  Patrick 49* (SI-69)
  Wm. H. 44 (TO-283)
BOLES
  Samuel 25* (LO-94)
BOLEY
  Nancy 37 (TO-279)
BOLLOMEY
  Robert 32 (LO-95)
BOMAN
  William 50* (B) (LO-93)
BOMER
  Mary D. 44 (TR-374)

Index

BOMER
  Wiley 30 (TR-374)
BOND
  Benjamin W. 35 (TR-333)
BONDLOVE
  Harriet 31* (LO-71)
BONDS
  Martha 18* (CH-400)
  Thomas 72 (CH-404)
BONDURANT
  J. 29 (m)* (CH-360)
BONE
  Blackman 34 (CH-417)
  Mark 3* (CH-417)
BOOKER
  Anna 34* (LO-71)
  David B. 40* (SI-68)
  Gabriella 19* (LO-133)
  George W. 36* (SI-68)
  Isaac 18* (TR-368)
  Lucillah S. 15* (LO-70)
  S. B. 39 (m)* (SI-19)
  Samuel 42 (LO-125)
  William 9* (LO-69)
BOOKER?
  Richd. 29* (SI-46)
BOON
  John 18* (CH-368)
BOONE
  H. G. 43* (TO-245)
  Martha 41* (TO-229)
  Mary 18* (TO-253)
  Squire 25* (TO-229)
  Tho. 23 (m) (TO-229)
BOOTEN
  Patrick H. 16* (W-13)
  William W. 18* (W-112)
  Wm. W. 20* (W-13)
BORDERS
  Samuel 17* (LO-101)
  Shelby 16* (LO-97)
  William H. 27 (LO-97)
BOREN
  Bennett 43 (SI-31)
  Bradley 15* (TR-349)
  Charity 59* (TR-349)
  Frank 65* (SI-32)
  James 56 (TR-345)
  James jr. 22 (TR-346)
  Mary 55 (TO-281)
  Vardery 42 (TO-281)
  Wiley J. 28 (TR-345)

BOROM?
  William 21* (LO-51)
BOROUGH?
  Leo C. 27* (CH-484)
BORROUGH
  Jessey D. 25 (TR-368)
BORROW
  V. H. 28 (LO-51)
BORUM
  Mary L. 2* (TR-370)
BOSS
  Martha 75* (W-79)
BOSTICK
  A. 18 (m)* (SI-16)
  Absolom 80 (CH-453)
  Benjamin 17* (SI-8)
  Davidson 41 (W-46)
  E. 24 (f)* (SI-50)
  Elijah 25 (SI-55)
  James Z. 25* (CH-422)
  S. 6 (f)* (SI-25)
  Wm. 50* (SI-18)
BOSTON
  Andrew J. 43 (CH-443)
  Chastian 33 (CH-442)
  James 27 (CH-444)
BOSWELL
  John 28 (W-48)
BOTHICK
  D. M. 29 (m)* (SI-2)
  John 32* (SI-2)
  Saml. 53* (SI-2)
BOTTOMLY
  J. 24 (m)* (SI-24)
  John 23* (SI-69)
BOTTONLY
  Thomas 45 (LO-62)
BOUGH
  Levy M. 25 (LO-125)
BOULWARE
  Elizabeth L. 17* (CH-401)
BOUNDS
  Jesse 26 (TR-325)
  Joseph 61* (TR-299)
  Thomas M. 28 (TR-298)
BOURLAND
  Andrew K. 45* (TR-321)
  Felix 43 (CH-409)
  Jessee 33 (CH-481)
BOURLAND?
  Elizabeth 35 (CH-479)

BOW
  Daniel 23 (B) (LO-118)
BOWDEN
  John 30* (W-130)
BOWEN
  E. 21 (m) (LO-79)
  John 28* (CH-488)
  John 41 (CH-401)
  John L. 23* (LO-123)
  John W. 44* (LO-125)
BOWEN?
  Edward N.? 30* (TO-254)
BOWERS
  Barnabas 44 (W-48)
  James 25 (LO-129)
  Jeremiah 82 (TO-258)
  John 36 (LO-115)
  William J. 32* (W-48)
  Wm. J. 21 (CH-467)
  Wm. sr 67 (W-48)
BOWLAR
  Arthur D. 23 (CH-446)
  Geo. T. 30 (CH-445)
BOWLES
  Augustus 38 (CH-385)
  Austin 51 (CH-384)
  Catharine R. 48 (CH-370)
  David S. 37* (CH-413)
  George B. 25* (CH-385)
  James 52 (CH-385)
  Letitia 17* (CH-422)
  Stephen P. 50 (LO-25)
  Thomas 26* (W-30)
  William H. 19* (CH-392)
  William H. 36* (CH-385)
BOWLING
  B. R. 24 (m) (SI-19)
  H. S. 21 (m) (LO-77)
  Jane 32* (LO-22)
  John 23 (SI-56)
  Robert C. 30 (LO-134)
  Robert S. 34* (LO-13)
  Wm. 23 (SI-21)
BOWMAN
  John 52 (SI-49)
  John 24 (TO-198)
BOYCE
  R. 69 (m) (LO-81)
BOYD
  Aaron 48* (CH-489)
  Aaron M. 22 (CH-482)
  Abraham 20* (TR-291)
  Alfred 47* (TR-293)

Index

BOYD
Anderson 29 (CH-496)
Archy 65 (TR-357)
Armstrong 31* (TR-358)
Caroline T. 38* (CH-433)
Carr 21* (TR-324)
Catharine 10* (TO-255)
Coleman 43* (CH-484)
Daniel 41 (LO-22)
David 52 (CH-477)
David E. 35 (CH-489)
Drury 23 (CH-407)
Drury 47 (CH-456)
Ebenezer 52 (TR-338)
Edward 30 (CH-451)
Elizabeth 89 (CH-476)
Elizabeth B. 58 (TR-294)
Epenetus 52 (TO-230)
Ervin 52 (TO-213)
Farah 82* (CH-492)
Fenton 18* (TR-306)
Geo. W. 54 (CH-487)
Hardy 59 (CH-442)
Hiram 30 (W-13)
Iverson B. 25* (CH-489)
James 21 (TR-377)
James 22 (LO-22)
James 28 (W-63)
Jane 73 (CH-491)
Jas. 51 (CH-496)
Jas. G. 32 (CH-491)
Jas. H. 22 (CH-453)
Jesse 71 (LO-7)
John W. 35 (CH-497)
Joseph 23* (CH-433)
Linn 49 (m)* (TR-314)
Margaret 68 (CH-472)
Marilda 6* (B) (TO-211)
Martha 37* (CH-496)
Mary 73* (CH-484)
Matthew H. 24* (CH-433)
Moses 44* (CH-447)
Nancy 57* (CH-447)
Parmetus 28 (m) (TR-358)
Payton 22* (W-56)
Randle 30* (TR-300)
Reason G. H. 39 (LO-11)
Richard 31* (TO-204)
Robert 45 (TR-356)
Robert S. 50* (CH-468)
Rufus J. 18* (TR-372)
Samuel 25 (CH-407)
Sarah M. 21* (CH-454)
Thomas J. 15* (TR-338)
Volentine 54* (B) (TR-362)
W. 31 (m) (LO-78)
W. A. 24 (m)* (TR-362)
Ward 17* (TR-291)
William 28 (W-13)
William 33 (TR-295)
Wm. L. 66 (CH-492)
Wm. R. 45* (CH-488)
Wm. W. 24 (CH-495)
BOYER
James 20* (LO-104)
James O. 38* (LO-86)
Lucy 53* (CH-429)
R. L. 25 (m) (LO-78)
William D. 25 (LO-94)
BOZARTH
Joseph 23* (CH-458)
Nathan 33* (CH-458)
Prudence 86 (CH-458)
BRADBURN
Edward P.? 33* (SI-19)
G. 20 (m)* (SI-30)
G. W. 19 (m)* (SI-39)
BRADFIELD
Archibald H. 25* (CH-486)
BRADLEY
C. D. 48 (m)* (TR-291)
David M. 35 (CH-388)
Elizabeth A. 17* (LO-134)
George W. 30 (CH-388)
Hempson? 40 (m)* (TO-244)
Hezekiah 45 (CH-470)
Jas. 71* (CH-467)
John 45 (TO-226)
John S. 32 (CH-432)
Lewis 43 (SI-18)
Presley 53* (LO-134)
Reuben H. 48* (TO-240)
Richard D. 47* (CH-420)
Sarah 70* (TO-243)
BRADSHAW
Albert 40* (CH-365)
Alexander 35 (CH-364)
Ben 51 (TO-270)
Benjamin 59* (CH-363)
Benjamin W. 39 (CH-386)
Carter L. 46* (CH-361)
Catharine 13* (CH-420)
Charles 29 (CH-365)
Edward 36* (CH-363)
J. 18 (f)* (TO-236)
James 33* (CH-364)
James 42 (TO-269)
Jesse 52 (CH-444)
Margaret 20* (LO-10)
Minor 46 (TO-216)
Nancy 50 (TO-216)
Thomas 51* (TO-270)
William 40 (TO-269)
William 48* (TO-237)
Wm. 60 (SI-61)
BRAKE
James 41 (LO-100)
BRAME
David 74 (CH-377)
Heny 60* (CH-448)
James 41 (CH-434)
John D. 33 (CH-429)
Joseph C. 46* (CH-434)
Olivia S. 8* (CH-376)
Richard A. 44 (CH-381)
Richeus 81* (CH-434)
Saml. 30 (CH-448)
Thos. 49 (CH-437)
William R. 30 (CH-377)
BRANCH
James 45 (LO-73)
John 24 (LO-94)
John 40 (LO-74)
BRANDON
James 16* (TR-295)
John L. 40 (TR-317)
Thomas C. 31 (TR-303)
BRANNUM
Elvira 55 (LO-112)
James W. 45 (LO-65)
BRASHARE
Asa 40* (SI-53)
BRASHEAR
Lilbourn 70 (LO-3)
BRASHER
Alexander 46 (CH-480)
Aquilla H. 48 (CH-479)
Elijah 34 (CH-478)
Elizabeth 47 (CH-409)
Isham S. 36* (CH-479)
Jacob C. 39 (CH-480)
Larkin T. 43 (CH-492)
Lawrence 45* (CH-436)
Thomas 77 (CH-480)
BRATTON
Aden 64* (W-1)

Index

BRATTON
  George 63 (W-10)
BRAWNER
  William T. 55* (W-24)
BRAYBEY?
  John 34 (TR-314)
BREATHILL
  Eliza 38 (B) (LO-121)
BREATHITT
  Cardwell 29* (LO-135)
  John W. 25* (CH-402)
BREEDLOVE
  C. V. 38 (m) (TO-262)
  Decalb 6* (LO-69)
  Ira 39* (SI-30)
  Nancy 53 (SI-48)
  Nathan 47* (SI-50)
  R. 41 (m) (W-1)
  Thos. 50* (SI-54)
  Thos. M. 28 (SI-46)
  Virginia J. 7* (LO-71)
  Wm. M. 50 (W-58)
BRELSFORD
  Mahlon 39 (TR-329)
BRENER
  Meradeth 66* (TR-325)
BREWER
  Elizabeth 23* (LO-103)
  Frances 73 (CH-395)
  Henry H. 47 (CH-397)
  Hezekiah 29* (CH-479)
  Hiram 30 (LO-92)
  J. 19 (f)* (SI-12)
  Jas. A. 38? (CH-449)
  Jessa 36 (m)* (TO-213)
  John 19* (SI-11)
  Joseph A. 42 (CH-452)
  Judah 19* (SI-68)
  Philip 57 (CH-409)
  Wm. 15* (SI-2)
  Zion 32 (CH-481)
BREWER?
  Edmund 30* (TO-207)
BRIANT
  Eli 62 (LO-17)
  Sarah 40* (W-108)
  William 24 (LO-17)
BRICKELL
  Joseph 16* (TO-255)
BRICKLE
  John 35* (TO-283)

BRIDGES
  Alcy 17* (TR-328)
  Charity 76 (TR-353)
  Drewry 23 (TR-352)
  John 13* (TR-358)
  Joseph T. 34 (W-83)
  Margaret 52 (W-41)
  Mary 48 (TR-352)
  Simco? 25 (m)* (TR-352)
  Stephen 28 (LO-48)
  Stephens 63 (LO-48)
BRIGG
  Prudence 52 (TR-308)
BRIGGS
  David 25 (LO-126)
  Elizabeth 50* (W-54)
  George 49 (LO-123)
  Jas. M. 52 (W-19)
  Jesse 40 (SI-48)
  Margaret 83* (W-34)
  Martha E. 46* (CH-433)
  Thomas H. 42* (W-71)
BRILY
  Elizabeth 42* (TO-246)
BRIMSON
  Moses 55* (CH-447)
BRINKLEY
  John 22* (W-40)
BRISENDINE
  F. 38 (m) (TO-234)
BRISTOE
  Agnes 44* (TR-369)
  Mary 14* (TR-368)
BRISTON
  Thinja 56 (f) (B) (TO-203)
BRISTOW
  Charles 1* (TR-291)
  Elijah 60 (B) (TO-203)
  Francis M. 45 (TO-256)
  John 15* (B) (TO-283)
BRITT
  Bowling 55* (LO-105)
  Eliza 18* (TO-276)
BRIZENTINE
  Cyrus 38 (CH-368)
BROADBENT
  John 50 (CH-367)
  William 29 (CH-367)
BROADDUS
  Edwin A. 37 (LO-105)
  Walter 43* (TO-259)
BROADHEAD
  James K. 39 (TO-228)

  Lucy 71* (TO-218)
BROADNAX
  Addison 45* (B) (LO-135)
  Henry P. 81 (LO-133)
BROADY
  Nancy 33* (W-93)
BROCHMAN
  Samuel 24* (TO-232)
BROCK
  Louisa 34* (W-61)
  Margarett 15* (SI-68)
  Sarah 28* (TO-202)
  William 1* (TO-202)
BROCKMAN
  Durrel 56* (TO-281)
  Margaret S. 33* (CH-367)
  Oswell W. 25* (TO-246)
  Osworld 56 (CH-391)
  Samuel 29 (TO-207)
  Tandy 54 (m)* (CH-368)
BRODNAX
  Allen 50 (B) (LO-21)
BROMFIELD
  Wiley 40* (CH-457)
BROMLEY
  Wilson 14* (LO-70)
BRONAUGH
  James 45 (CH-360)
  James R. 31* (CH-403)
  Malcom 35* (CH-386)
  W. T. 35 (m)* (CH-360)
  William 50* (CH-360)
BROODVENT?
  Eliza A. 16* (LO-71)
BROOKES
  James A. 59* (LO-53)
  John F. 35 (LO-53)
  John sr. 66 (LO-53)
  Owen 43 (LO-53)
  Owen R. 32 (LO-53)
  William 69 (LO-58)
BROOKING
  Charles C. 28* (CH-360)
BROOKLEY
  Lucinda 32* (LO-71)
BROOKS
  A. 22 (f)* (B) (CH-360)
  Cinthey 78* (CH-487)
  Eliza J. 8* (LO-100)
  Frances 45* (LO-98)
  James A. 36 (LO-53)
  James R. 32 (LO-53)

Index

BROOKS
  Robert 64* (W-29)
  Thomas 41 (LO-50)
  Thomas J. 21* (LO-133)
  Vincy 29 (m)* (B) (CH-469)
  William 69 (LO-61)
  William 7* (LO-60)
BROTHER
  John 43 (SI-44)
  Wm. F. 13* (SI-45)
BROTHERS
  Thomas 74* (LO-11)
BROVARD
  J. J. 24 (m) (TO-256)
BROVING
  Ephraim M. 55 (CH-370)
BROWDER
  Henry 37* (LO-90)
  Richard 62* (LO-104)
  Robert 46* (LO-90)
  Sarah 54* (CH-388)
  Sarah B. 42 (LO-127)
BROWN
  Absalom 31* (CH-387)
  Andrew J. 34* (CH-387)
  Carney W. 31 (TR-377)
  Catharine 18* (TR-291)
  Catharine 51* (W-11)
  E. R. 32 (m)* (SI-28)
  E. V. 32 (m) (W-26)
  Enoch A. 44 (CH-482)
  Fed 70* (SI-40)
  Govy 15 (m)* (TR-306)
  Hardin 38 (TR-370)
  J. A. F. 23 (m) (CH-363)
  J. M. 32 (m) (CH-424)
  James 21 (W-101)
  James 24 (W-28)
  James 25* (CH-421)
  James 49 (LO-44)
  James L. 33 (CH-472)
  James R. 28 (CH-475)
  Jessee 52* (SI-52)
  Joel B. 58 (CH-380)
  John 19* (CH-478)
  John 43 (W-120)
  John G. 43* (CH-492)
  John M. 53 (CH-456)
  John W. 38* (CH-482)
  Joshua H. 34 (CH-483)
  Josiah 55* (W-81)
  Kiah 24* (B) (W-27)

  Lewis E. 23* (CH-433)
  Martha 26* (W-123)
  Martha 60* (LO-132)
  Mary 50 (CH-384)
  Mary 6* (LO-51)
  Nancy 46* (LO-128)
  Nancy 60 (CH-477)
  Nathaniel 25 (CH-476)
  Paschal 32 (TO-258)
  Paschal D. 35 (CH-479)
  Preston 45 (TO-289)
  Q. T. 34 (m) (TO-241)
  Robert S. 29* (CH-384)
  Samuel 21* (W-73)
  Sarah J. 23* (CH-473)
  Thomas 60 (CH-384)
  Timothy 28 (CH-456)
  Timothy 79 (CH-473)
  William 25* (CH-435)
  William 55* (W-127)
  William 77 (TR-374)
  William jr 32* (W-28)
  William sr 60* (W-28)
BROWNING
  Alman 38* (TO-212)
  Angalina 38 (LO-113)
  Ceolia 37 (LO-123)
  D. B. 38 (m) (W-46)
  Elijah 22* (LO-121)
  Francis M. 25 (LO-41)
  Gillian 61 (f) (LO-121)
  Isaac 69* (LO-121)
  James D. 37 (LO-87)
  James E. 28* (W-19)
  James E. 28* (W-100)
  Jane J. 55* (LO-134)
  Q. 32 (m) (W-46)
  Sarah A. 13* (LO-113)
BRUFF
  Henry 35* (W-105)
BRUMFIELD
  Edward 39* (TO-213)
  James 70 (TO-223)
  Tiny 29 (m) (TO-223)
BRUMMELL
  John D. 31* (CH-376)
BRUNK
  Noah 59* (CH-443)
BRUNSON
  David 38* (TR-345)
BRYAN
  John 23 (TO-212)

  John 56 (CH-426)
  Margaret 65* (CH-485)
  Noflet 50 (TO-284)
  Thomas 60 (TO-262)
  Thomas S. 27* (CH-426)
  William M. 27* (CH-432)
BRYANT
  Augustine 38 (LO-93)
  Burwell 37 (W-8)
  E. 33 (m) (SI-9)
  George W. 25 (TR-370)
  George W. 31 (TO-249)
  Isaac 49 (SI-46)
  Jas. 25 (TO-245)
  John 25 (LO-96)
  John 55* (TO-245)
  Lawrence 40 (TR-315)
  Lawrence 76 (CH-476)
  Margaret 24* (LO-115)
  Robert 43* (SI-46)
  T. 22 (m) (W-2)
  Thomas H. 9* (CH-380)
  Washington 23* (W-12)
  William 27 (TO-263)
  William 33 (LO-91)
  William G. 31 (TR-305)
BRYSON
  Abner 13* (CH-489)
  Abraham A. 51 (W-19)
  James 37 (CH-458)
  Thomas W. 47 (TR-363)
BUCHANAN
  Anny A. 44 (W-53)
  John N. 34* (LO-108)
BUCK
  Elias J. 42* (LO-43)
  Samuel D. 46 (CH-423)
  Thomas M. 39 (CH-425)
BUCKANNON
  Sarah 29* (TR-359)
BUCKCANNON
  Richard 1* (TR-337)
BUCKHANNAN
  David D. 37* (CH-448)
BUCKINGHAM
  George 37 (CH-441)
  Jno. T. 48 (CH-446)
BUCKLEY
  H. L. 31 (m) (SI-46)
  J. M. 33 (m)* (W-62)
  James 35 (W-74)
  R. H. 38 (m) (CH-425)

Index

BUCKLEY
  Samuel 62 (W-61)
BUCKNER
  A. 60 (m) (W-34)
  Edward M. 28* (CH-380)
  F. W. 40 (f) (CH-361)
  George 34 (CH-364)
  James F. 37 (CH-427)
  John 57* (CH-391)
  Louisa 15* (CH-420)
  R. W. 26 (m) (CH-362)
  Richd. U. 60 (CH-495)
  William 21* (CH-370)
  Wm. T. 24* (CH-484)
BUFFORD
  John A. 29* (W-109)
BUICE
  Levi L. 33 (CH-436)
BUIE
  David M. 27 (CH-461)
BULLINGER
  Benjamin 46* (B) (CH-374)
  H. 54 (m) (TO-218)
BUMAN
  Wilson 52 (TR-325)
BUMPUS
  Nathan 32 (W-39)
BUNCH
  Elizabeth 72* (W-81)
  F. H. 27 (m) (SI-24)
  Jessee 48* (W-79)
  John ? 80* (TO-237)
  John Marion 20 (W-127)
  Josiah C. 69 (TO-252)
  Lem 55* (B) (W-94)
  Simon 51* (SI-29)
  Thompson H. (W-127)
BUNTIN
  James C. 22 (SI-68)
  Penelope 43* (LO-95)
BUNTON
  James 99* (LO-57)
  Robert H. 31 (LO-23)
BURBRIDGE
  Elijah 77 (TR-332)
BURCH
  B. 41 (m) (W-36)
  Frances A. 64* (W-23)
  Stapleton C. 40 (W-42)
BURCHETT
  Burrel 65 (LO-101)
  Henry P. 36 (LO-101)

James 38 (LO-84)
Sarah 53* (TR-303)
William 43 (LO-101)
BURCHFIELD
  Bedford 18* (W-17)
  Joseph 43 (W-9)
BUREN
  Edward 36* (W-90)
BURGE
  Beverly 59* (W-36)
  F. A. 56 (m) (W-41)
BURGER
  John 60 (W-39)
BURGESS
  Harden 65 (W-92)
  James 51* (LO-132)
  Rachel 39* (LO-99)
  Thomas 51 (W-109)
  Timothy 23 (W-79)
BURGESS?
  William J. 28 (W-94)
BURGHER
  William 63 (LO-115)
BURK
  James M. 32 (CH-434)
BURKE
  Quinton A. 36 (TR-338)
  Stepen 25 (TR-339)
  Thompson 65 (TR-338)
BURKS
  D. J. 64 (m)* (LO-76)
  J. P. 32 (m) (LO-76)
  John L. 35 (LO-84)
  Levi 24* (TO-242)
  Mary 34* (LO-12)
BURNAM
  Bennet 59 (W-19)
  Elizabeth 35 (TR-324)
  Isaac 51* (TR-314)
  John 46 (W-22)
  Sophia 28* (W-23)
BURNET
  Elizabeth 50 (B) (LO-109)
  William 54 (LO-95)
BURNETT
  Henry C. 24 (TR-291)
  Isaac 49 (TR-292)
  Lucinda 48 (LO-8)
  Mary 74* (W-130)
  R. A. 18 (m)* (CH-486)
  Richard 53 (LO-88)
  Rufus K. 30 (CH-362)

Vincenty 48 (W-66)
William 17* (LO-8)
BURNITT
  Elijah 56* (CH-461)
BURNS
  Henry 18* (LO-69)
  William H. 18* (LO-69)
BURR
  Aaron 36 (LO-4)
  E. 22 (m) (LO-82)
  Edmund 22* (LO-5)
  Edmund 50 (LO-14)
  Peter 25 (SI-54)
BURRADELL
  John L. 46* (TR-358)
BURRES
  Andrew 53* (W-44)
BURRESS
  Cathrine A. A. 18* (CH-493)
  Elizabeth 40 (W-120)
  Fredrick 21* (CH-467)
BURRIL
  L. 2 (m)* (W-10)
BURRIS
  Wm. 18* (SI-21)
BURROUGHS
  William C. 56 (CH-364)
BURRUS
  C. H. 29 (m) (TO-221)
  C. R. 35 (m) (TO-238)
  Henry C. 23* (CH-422)
  Henry T. 57* (TR-302)
  Joseph M. 35* (TO-219)
  Nancy 32 (TO-239)
  Nathaniel 59* (TO-239)
BURT
  William H. 46* (CH-386)
BURTON
  Ben 41 (SI-58)
  Davis 41 (SI-58)
  Gideon 35 (CH-476)
  Robert 23* (TO-224)
  Sarah 67* (SI-58)
  Sterling W. 30 (W-82)
  Wm. H. H. 36 (W-86)
BUSBY
  D. T. 42 (m)* (W-34)
BUSH
  George 32 (TR-319)
  James J. 24 (TR-318)
  S. 56 (f)* (SI-25)
  William W. 25* (W-96)

Index

BUSSELL
  Sandford 35* (CH-441)
BUSTTLE
  Silas 26 (CH-450)
BUTCHER
  Mary 55* (B) (W-24)
BUTLER
  Clinton 14* (LO-69)
  Collier 67 (TO-200)
  Douglass 74 (LO-72)
  George 53 (SI-3)
  Henry J. 39 (W-130)
  J. J. 31 (m) (SI-5)
  James 41 (SI-37)
  Jas. 10* (CH-495)
  Joseph 30 (SI-38)
  Nathaniel 45 (TO-230)
  Needham 32 (TO-199)
  Polly 62* (SI-11)
  Robert 42 (SI-17)
  S. 37 (f)* (SI-11)
  Samuel 47 (LO-83)
  Sarah 60* (TO-220)
  Theophilas W. 36 (CH-383)
  V. R. 30 (m)* (LO-135)
  Wm. 23* (SI-38)
  Wm. W. 25* (SI-4)
BUTT
  David 60* (B) (LO-109)
  J. 58 (m)* (LO-72)
  John 38* (LO-20)
  John 81 (W-69)
BUTTERSWORTH
  R. H. 32 (m) (W-22)
BUTTERWORTH
  Eugene 14* (W-103)
BUTTS
  Reuben 32 (SI-32)
  Wm. A. 37 (SI-32)
BYAS
  Alexander 33 (TO-285)
BYRAM
  Mary J. 31 (LO-48)
BYRD
  John 36 (W-95)
  John 49* (CH-469)
BYRNE
  Mary H. 48 (LO-67)
  Walter J. 26 (LO-65)
BYRUM
  Thomas 16* (W-96)
  William 40* (W-80)

BYRUM?
  James 50* (W-80)

C

CABANIS
  Mary E. 32 (CH-379)
CABINISS
  John W. 22* (CH-437)
CABUNESS
  George L. 57* (TO-244)
CACISITY
  Christopher K. 35* (CH-393)
CAGLE
  Sampson 67 (W-66)
CAHILL
  M. C. 44 (f)* (SI-19)
CAIN
  James 47 (CH-409)
CALDWELL
  Andrew 31* (SI-54)
  Beverly 25 (m)* (CH-484)
  Cain 55 (B) (LO-64)
  D. 18 (m)* (SI-53)
  David H. 28 (SI-43)
  Frances T. 65* (LO-66)
  Isaac H. 33* (CH-401)
  J. 47 (m) (SI-25)
  J. H. 27 (m)* (CH-361)
  J. K. 9 (m)* (SI-4)
  J. M. 33 (m)* (SI-10)
  James 46 (SI-44)
  John H. 8* (TR-291)
  John J . 44 (TO-273)
  Lousa A. 45* (LO-60)
  Mary 40 (TR-293)
  Patsy 40* (SI-61)
  Randolf 22 (LO-60)
  S. 23 (m)* (SI-25)
  Solomon? 43 (SI-43)
  W. M. 35 (m) (LO-1)
CALHOON
  Henry C. 41* (TR-302)
CALHOUN
  John C. 6?/12* (TO-241)
CALLAHAN
  Joseph 42* (SI-69)
CALLAWAY
  Achilles 35* (TR-322)
CALLEY
  Wm. 11* (SI-35)

CALLIS
  C. M. 46 (m) (CH-379)
  Elijah 50 (LO-28)
  James 23 (LO-28)
  Phips 23* (LO-35)
CALLOWAY
  Elizabeth 77* (CH-420)
  John 30* (LO-84)
  John H. 42 (CH-462)
  Josephine 9* (CH-387)
  Matilda 54* (LO-70)
  Thomas H. 42 (TR-321)
CALMEST?
  Isaac N. 32 (CH-467)
CALVERT
  Capt. Richd. 30* (CH-488)
  Eliza C. 43 (W-103)
CALVIN
  Aaron 55 (CH-398)
  Edward 24* (TO-206)
  James 60* (CH-396)
CAMERON
  Daniel 49 (TR-298)
  John 45 (TR-292)
CAMMACK
  George 69 (CH-365)
  George M. 33 (CH-365)
CAMP
  George 55 (TO-251)
  Gilly 43 (f)* (TO-255)
  James 31 (TO-270)
  William 38* (TO-289)
CAMPBELL
  A. P. 25 (m)* (TO-208)
  Addepa 26 (m)* (TO-211)
  Alex 38 (TO-212)
  Alexander 25* (TO-254)
  Allen 66* (LO-47)
  Benjamin S. 38* (CH-422)
  Cassendane? 48* (LO-70)
  Catharine 71* (LO-2)
  Charles G. 35 (LO-30)
  David 74 (CH-479)
  David S. 75* (TR-362)
  Elizabeth J. 15* (CH-484)
  Fletcher 37 (LO-108)
  Florah 35 (B) (TO-267)
  Frances M. 60* (CH-484)
  Geo. V. 24* (CH-486)
  George 22* (W-68)
  George 25* (CH-374)
  George 45 (CH-479)
  Henson 27 (LO-6)

Index

CAMPBELL
  Hugh 35* (W-33)
  James 77 (TO-258)
  James W. 27* (CH-487)
  Jas. M. 47* (LO-8)
  Jehoshaphat 55 (CH-415)
  John 32 (LO-2)
  John P. 60 (CH-486)
  John S. 47 (W-72)
  John T. 45* (W-107)
  John W. 39* (CH-387)
  Joseph W. 24 (CH-401)
  Margarett 33* (TO-245)
  Martha 58 (LO-3)
  Martin 45 (TO-263)
  Mary 60 (SI-65)
  Nancy 60* (CH-381)
  Neil 33 (CH-479)
  Robert 30* (LO-116)
  Robert 39 (CH-421)
  Robert 67* (LO-116)
  Rufus 23* (SI-69)
  Samuel 40* (LO-5)
  Sarah 60* (W-65)
  Thomas J. 26 (LO-107)
  Thomas P. 41* (CH-362)
  Thos. L. 35 (SI-65)
  W. A. 40 (m) (LO-73)
  William 47 (CH-401)
  William 52 (TR-322)
  William F. 31* (CH-363)
  William G. 43 (TR-341)
  William H. 23 (LO-116)
  William H. 28 (TO-257)
  Wm. F. 25 (SI-64)
CAMPLIN
  H. 24 (m) (SI-29)
  Henry 43 (CH-475)
  Nancy 40 (SI-18)
CAMRON
  Emily 13* (TR-291)
CAMTHERS
  Rebecca 64* (LO-118)
CANCLER?
  Henderson 35 (CH-472)
CANDLING?
  Mary 7* (TO-218)
CANE
  Maria 46* (TR-334)
CANNON
  B. 28 (m) (W-4)
  David 45 (TO-203)

Elizabeth 45* (TR-358)
  Isrl. 65* (W-2)
  John J. 28* (TR-315)
  Leander 26* (TR-314)
  Phebe 78* (CH-487)
  Richard 29 (CH-484)
CANSLER
  Goeden 43 (m) (CH-477)
  James 41 (CH-477)
  John 50 (CH-477)
  Plinny T. 46 (m) (CH-481)
CAPE?
  James W. 15* (LO-106)
CAPLINGER
  John 55 (W-65)
  Richard H. 32 (W-121)
CARBACK
  Henry 38 (W-116)
CARDEN
  James 43 (TO-226)
CARDIN
  James B. 24* (CH-378)
CARDWELL
  D. 28 (m) (SI-12)
  R. G. 21 (m) (SI-12)
CAREY
  Frances 18* (LO-71)
  Joseph B. 32* (CH-437)
  Naoma 1* (LO-71)
CARLESS
  Benjamin W. 60* (TR-328)
CARLILE
  George 24* (LO-134)
CARLISLE
  Haneson? 22* (LO-11)
  Jame C. 16 (m)* (LO-61)
  Lockhear 50* (LO-50)
CARLOSS
  James B. 23 (TR-308)
  Thomas H. 25 (TR-329)
  William P. 57* (TR-312)
  William jr. 32* (TR-311)
CARMAL
  George 60 (TO-227)
CARNAFIN
  W. W. 40 (m) (W-38)
CARNAHAN
  Willis 44 (W-24)
CARNEAL
  Baswell 48 (TO-246)
  Elijah 38* (LO-118)
  John 32 (TO-264)

John 70* (TO-250)
  Littleton 49* (LO-118)
  Lucy A. 36 (LO-118)
  Mary 38* (CH-404)
  Patrick 56 (TO-279)
  Thomas 42 (TO-277)
CARNEAL?
  Harrison 52* (TO-218)
CARNEY
  Martha 46 (TR-314)
CAROTHERS
  Johnathan 35 (CH-486)
CARPENTER
  C. A. 22 (m)* (CH-360)
  James S. 32* (CH-371)
  Jane 48 (TO-220)
  Joh n 39 (SI-48)
  Jonathan T. 41 (W-108)
  Larkin 46 (CH-441)
  Newton 39* (CH-371)
  Peter 42 (CH-395)
  Rachael 15* (LO-17)
  Sydnia 44 (LO-129)
  W. C. 23 (m) (SI-29)
  William P. 27* (CH-371)
CARR
  Ann 46* (TR-344)
  Aron 52 (SI-55)
  Benjamin 25 (SI-62)
  Elias J. 40* (LO-23)
  Elijah 42* (LO-41)
  James 23 (SI-62)
  James 28 (LO-9)
  John 36 (LO-79)
  John 67* (TR-347)
  John R. 36 (TR-347)
  John S. 31* (CH-393)
  Jona. 34 (m) (TO-239)
  Joseph 53 (TR-333)
  Nathaniel 61 (TR-343)
  Norflett E. 43 (LO-30)
  Robert 80 (LO-30)
  Robert C. 32* (LO-89)
  William G. 25* (TR-344)
  William S. 28 (TR-334)
CARREL
  James L. 21* (CH-376)
CARRINGTON
  George M. 56* (CH-388)
CARROLD
  Virginia 25* (TO-283)

Index

CARROLL
  Catharine 68 (W-32)
  Elizabeth 48* (W-31)
  James 48 (CH-389)
  John 27* (TO-237)
  John 37 (CH-397)
  William 73 (CH-389)
  William H. 36 (CH-389)
CARRY
  Thomas D. 24 (W-114)
CARSEN
  Margaret A. 4* (CH-388)
CARSLEY
  Seth F. 50 (CH-370)
CARSON
  D. B. 42 (m)* (TR-290)
  Daniel A. 24 (TO-279)
  Lucretia 55* (LO-70)
  Oliver C. 32 (W-26)
  Samuel 49 (TO-258)
  William 77 (TR-359)
  William W. 40* (TR-338)
CARTER
  Alfred 12* (B) (CH-408)
  Benja. 24* (CH-445)
  Benja. 54 (CH-445)
  Benjamin 15* (LO-16)
  Carlton T. 29 (W-123)
  Caswell 51 (SI-59)
  Catharine 30 (CH-437)
  F. 71 (f) (W-1)
  Fleming 70 (CH-445)
  Francis 28 (SI-38)
  Happy 22 (f)* (CH-448)
  Harrison 40* (LO-116)
  Henry 45* (B) (LO-77)
  J. B. 49? (m) (W-123)
  James 30* (CH-366)
  Jamesz G. 24* (SI-53)
  Jas. A. 25* (W-11)
  Jesse 4 (CH-360)
  John 58 (CH-451)
  John A. 28* (SI-69)
  John M. 33 (CH-369)
  London 65 (LO-15)
  Lucy 32 (CH-455)
  Mary 15* (B) (LO-21)
  Patsey 47* (CH-446)
  Roda 57 (LO-46)
  Thos. H. 29 (CH-445)
  Wm. C. 43 (W-11)
  Wm. L. 31* (W-58)

CARTHY
  Elizabeth 61 (LO-127)
CARTNER
  Jesse 43 (LO-45)
CARTWRIGHT
  Nelson 47 (TO-250)
  William 28 (TO-250)
CARUTHERS
  Malcom 2* (CH-430)
CARVER
  Andrew B. 11* (CH-371)
  James 13* (TO-217)
  James 28 (TO-229)
  John C. 62 (TO-229)
  Noel 27* (TO-275)
CARY
  Henry 73 (CH-438)
  John M. 35* (TR-340)
  Mary Jane 21* (LO-19)
  William H. 34 (CH-447)
CASEY
  Allen M. 27* (W-99)
  Elizabeth H. 17* (W-89)
  James A. 48* (W-100)
  Mary 35* (TR-351)
  Samuel 64* (W-105)
CASH
  Albern W. 34 (CH-417)
  George W. 26 (LO-25)
  John B. 21* (SI-47)
  John M. 30 (LO-36)
  Samuel 34* (LO-131)
  Samuel 70* (LO-25)
  Willis 60 (SI-48)
  Wm. C. 38 (W-58)
CASHENBURY
  F. 48 (f) (SI-15)
CASKEY
  James 41 (CH-361)
  John 45 (CH-380)
  Robert 55 (CH-386)
CASKY
  William 33 (TO-289)
CASON
  Benjamin 18* (CH-380)
  Lucy A. 9* (CH-368)
CASSEDAY
  Frances 26* (W-98)
CASSEDY
  Henry S. 34 (LO-1)
CASSEY
  Robert 23* (CH-463)

CASSIDAY
  Anna 23* (W-88)
  Henry 32 (W-87)
  James 6* (W-85)
  Jemison 17* (W-87)
  Jeremiah 66* (W-87)
  Jerry 29* (W-69)
  Marion 39 (W-83)
  Nancy J. 13* (W-87)
CASSIDY
  Addison C. 4* (W-84)
CASTILOW
  E. 40 (m) (SI-23)
CASY
  Levin 50 (TR-368)
  Richd. B. 21* (CH-437)
CATES
  Solomon 63 (CH-469)
CATHEY
  Pheriba L. 20* (CH-421)
CATLETT
  John A. 48 (CH-369)
  Letitia 15* (CH-427)
CATO
  Claibourn 48 (CH-466)
  Mathew 72* (CH-467)
  W. Henry 27 (CH-466)
  Wiley C. 48* (CH-467)
CATOE
  Willis R. 20 (CH-477)
CAUBIN
  James 38* (W-44)
CAUSBY
  John 26 (W-89)
CAUSEY
  Darcus 40 (CH-400)
CAUSSEY
  Zadock 34 (CH-396)
CAVANAH
  Buford B. 41 (CH-454)
  Celina J. 15* (CH-404)
  Ivy 76 (f)* (CH-404)
  Margaret 42 (CH-407)
CAVANAUGH
  Tabitha 41* (TO-274)
CAWFIELD
  Robert J. 53* (LO-94)
CAWLEY
  Frances 23* (LO-88)
CAY
  William S. 29 (TR-296)

Index

CAYCE
 E. 62 (f)* (CH-361)
 Franklin 26 (CH-361)
 James P. 42 (TR-368)
 Sally 36 (CH-441)
 William 35 (CH-441)
CAYSON
 Jerome 19* (CH-487)
CENDSON
 J. 18 (m)* (SI-25)
CERBY
 John 26 (TR-321)
CHALLEN
 James 25* (W-122)
CHAMBERLIN
 Mary 54 (SI-68)
CHAMBERS
 Salina 12* (TO-247)
 Samuel 33* (B) (TR-291)
CHANDLER
 Charles A. 40 (LO-35)
 John 24 (TO-256)
 Judah 67* (LO-34)
 Margaret 42* (TO-256)
CHANEY
 Hiram C. 23 (SI-33)
 James S. 20 (SI-33)
 Jas. 44 (SI-33)
CHANY
 M. W. 27 (m)* (SI-13)
CHAPEL
 William 50 (TO-281)
CHAPMAN
 David 58* (W-66)
 David 65 (W-96)
 Elbert 26* (SI-66)
 F. C. 24 (m)* (SI-4)
 G. 43 (m)* (SI-12)
 James A. 38* (SI-20)
 James E. 32 (W-94)
 John 66* (W-78)
 John J. 32 (W-66)
 Julian 19* (SI-68)
 Maria 33 (W-78)
 Orvill 17* (SI-69)
 Rebekah 21* (SI-66)
 Thomas C. 40 (W-39)
 Thos. 41 (SI-39)
 William 22* (W-78)
 William C. 34 (W-26)
CHAPPELL
 Dickie 68 (CH-457)

E. M. 22 (m)* (TR-290)
 John W. 26 (TR-291)
 Mary A. 18* (CH-448)
 Nimrod J. 34* (CH-457)
 R. H. 27 (m)* (TR-291)
 Robert 50 (TR-293)
CHASE
 D. 55 (m)* (SI-5)
CHASTAIN
 Hannah 49 (LO-48)
 J. 32 (m) (LO-82)
 John 48* (LO-130)
 Joseph 24 (LO-95)
 Louis 16* (LO-49)
 Mary E. 3* (LO-95)
 Samuel E. 12* (LO-23)
CHASTEEN
 B. 22 (m)* (LO-74)
CHASTINE
 Boon 9* (W-59)
 S. D. 29 (f)* (W-7)
 Sarah F. 7* (W-21)
CHAUVIN
 Wm. 46* (SI-58)
CHEANY
 Joseph M. 42* (CH-426)
CHEATHAM
 E. F. 21 (m)* (CH-361)
 Robert 51 (TO-278)
CHEEK
 Ambler 57 (LO-26)
 Ambler jr. 24* (LO-26)
CHENNING
 Samuel 24 (TR-345)
 Thomas L. 54 (TR-344)
CHENY
 A. J. 35 (m)* (TO-200)
CHERRY
 Alford 36 (W-17)
 Allen 42 (W-31)
 Alxd. 78 (SI-59)
 George 28* (W-31)
 George Y. 38 (TO-256)
 James M. 30 (TR-349)
 Joseph 43* (W-31)
 Martha 20* (TR-342)
 Rowland 26 (SI-60)
 Wm. 26 (SI-62)
CHESNUT
 Alex 50 (TO-237)
 Isaac 32* (B) (TO-270)
 John 54 (TO-270)

Samuel 57 (TO-270)
CHESTER
 Henry 45 (CH-429)
CHEW
 Thomas C. 70* (CH-421)
CHICK
 Burrell 35 (LO-10)
 Elizabeth 39 (CH-443)
 H. 50 (m)* (CH-360)
 Henry 15* (CH-443)
CHILDERS
 Gideon 49 (LO-26)
 John B. 33* (TO-252)
 W. 22 (m) (LO-75)
 William 33 (LO-87)
CHILDES
 Elisha 44 (W-17)
 Saml. 74 (W-17)
CHILDRES
 Hiram 37 (W-7)
CHILDRESS
 Jesse 59* (TR-298)
 Jno. 34 (CH-465)
 Wilson 35* (TR-368)
CHILES
 B. B. 44 (m)* (TO-227)
 F. U. 38 (m)* (TO-237)
 Garlan 68 (m)* (TO-231)
 John W. 18* (TR-291)
CHILTEN
 Lycias F. 35 (m) (CH-429)
CHILTON
 John 50 (CH-382)
 William 20* (CH-435)
CHISM
 Alvis 24 (SI-62)
 S. 11 (m)* (SI-30)
CHOAT
 Agnes 45 (TR-310)
 Gideon 58* (TR-326)
CHOATE
 Nancy J. 10* (TR-359)
 William 25* (TR-335)
CHRISTIAN
 A. F. 35 (m) (W-58)
 Abner 34 (TO-232)
 D. M. 44 (m)* (TO-234)
 D. W. 32 (m) (TO-244)
 Harris 51 (TO-259)
 James 21* (TO-288)
 John 77 (TO-263)
 John W. 35 (TO-248)

- 351 -

Index

CHRISTIAN
 Miles H. 41 (TO-249)
 Nicholas 45 (TO-269)
 Philip 24* (TO-208)
 Philip K. 24* (TO-252)
 R. H. 62 (m)* (TO-232)
CHRISTY
 Henry 22 (SI-38)
 J. 32 (m) (SI-27)
 James 38 (SI-42)
CHUB
 Robert 85* (B) (LO-127)
CHUMLEY
 Edna 26* (CH-393)
CHUNLEY
 Martha 48* (CH-476)
CIRBY
 Henry 45* (B) (TR-296)
CIVILS
 Martha 54 (LO-13)
 Samuel 19* (LO-20)
CLACK
 Elizabeth 46 (SI-35)
CLAGETT
 Jno? R. 60 (TO-245)
CLAIBORNE
 James 14* (CH-423)
CLARDY
 John B. 25* (CH-377)
 John C. 51* (CH-378)
 John H. 30 (CH-375)
 Martha 80* (SI-68)
 William V. 24* (CH-364)
CLARK
 A. B. 28 (m)* (W-47)
 Abner D. 39 (SI-43)
 Alvira 19* (W-76)
 B. L. 38 (m)* (SI-10)
 Benja. F. 28 (CH-494)
 Benjamin 39 (TO-255)
 Bennett M. 38* (SI-46)
 Bolin 73* (LO-20)
 C. 18 (f)* (SI-41)
 Edward 26* (LO-26)
 Edward 38 (W-38)
 Elizabeth 26* (TO-273)
 Geo. W. 61 (SI-29)
 Hector M. 54 (SI-29)
 Henry 71* (CH-367)
 Isaac 28* (W-36)
 Isaac 38 (CH-365)
 J. 25 (m) (SI-12)

 James 13* (W-79)
 James 14* (LO-69)
 James 58 (CH-379)
 James B. 45 (W-74)
 James M. 27 (LO-57)
 Jas. T. 25* (TO-251)
 John 25* (SI-63)
 John B. 36* (W-122)
 John C. 58* (SI-12)
 John T. 26 (W-38)
 Joseph 59 (LO-48)
 Joseph M. 33 (CH-475)
 Julian 18* (LO-22)
 Lucy 20* (TO-231)
 Lucy A. 19* (LO-70)
 M. B. 53 (m)* (W-22)
 Margaret H. 54 (LO-54)
 Mary J. 6* (LO-71)
 Matthew B. 29* (CH-443)
 Matthew M. 45* (LO-19)
 Micajah J. 42 (W-93)
 Mildred 49* (TO-276)
 Nancy 17* (LO-70)
 Nancy A. 23* (CH-494)
 Owen 14* (CH-453)
 Paulina 25* (LO-71)
 Rhoda 77* (CH-408)
 Salaski 1* (LO-71)
 Saml. 60 (CH-453)
 Sarah A. 11* (LO-71)
 Silas H. 35 (W-95)
 Thomas P. 52 (CH-362)
 Thomas R. J. 33 (TO-236)
 W. W. 31 (m) (W-106)
 Warren 57 (TR-318)
 William B. 35* (SI-69)
 William B. 53* (CH-413)
 William C. 53 (TR-337)
 William F. 50* (CH-385)
 Wm. F. 28 (SI-12)
CLARKE
 Cath. 62 (TO-236)
 Joab 42 (CH-471)
 John T. 33* (LO-54)
 William 30 (LO-48)
CLARKE?
 America 76* (LO-15)
CLARKSTON
 Thomas 43 (W-30)
CLARY
 Thomas 47* (SI-62)

CLASPILL
 Elizabeth 16* (W-67)
 Jacob 48 (W-83)
 John 19* (W-124)
 Rachael 21* (W-66)
 Robert F. 42* (W-67)
 Samuel 35 (W-126)
CLAY
 John D. 46 (SI-2)
 Josiah 28* (SI-1)
 Thomas Henry 9* (CH-433)
CLAYPOOL
 Easton 37 (W-91)
 Elijah 41 (W-85)
 Jerry K. 34* (W-129)
 John S. 55* (W-84)
 John W. 39* (W-129)
 Joseph J. 23 (W-129)
 Josiah 26 (W-115)
 R. H. 25 (m) (W-85)
 Stephen H. 35* (W-85)
 Stephen jr. 33 (W-87)
 Stephen sr. 62* (W-128)
CLAYTON
 David 22 (W-111)
 Harrison 32 (LO-2)
 John 27* (W-111)
 Mary 46* (LO-11)
 T. 30 (m)* (SI-24)
CLEAVINGER
 Asa 62* (LO-114)
 John 36 (LO-114)
CLEMENTS
 Christopher C. 34* (CH-432)
 William 44* (TR-369)
CLEMMONS
 Ann 61* (CH-406)
 Martha 32 (CH-407)
CLEMONS
 Jane 8* (SI-63)
CLERKMAN
 William 75 (TO-244)
CLEVENGER
 Uriah D. 27* (LO-128)
 William 45 (TO-266)
CLIFTON
 Washn. A. 15* (CH-467)
CLINE
 E. 59 (f) (W-5)
 W. A. 21 (f)* (W-6)
CLINTON
 Archibald 48 (CH-400)
 Richard G. 27 (LO-84)

Index

CLINTON
  Thomas 29 (LO-130)
CLOPTON
  John 15* (CH-433)
  Mary Ann 54* (CH-433)
CLOSBY
  Rena C. 15* (W-122)
CLOUD
  Daniel 16* (LO-17)
  J. B. 14 (m)* (LO-80)
  Samuel 18* (LO-80)
COATES
  James T. 26 (TR-297)
COATS
  John 52 (CH-457)
COATSON
  Temperance 54* (TR-349)
COBB
  A. G. 34 (m)* (TR-375)
  Bradford W. 16* (LO-42)
  Charles S. 17* (CH-434)
  Moses T. 39 (CH-429)
  R. H. 14 (m)* (TR-290)
  Thomas 26* (TO-217)
  Warren D. 28 (TR-344)
COCHRAN
  Andrew 80 (LO-37)
  Elij. 75 (m) (TR-374)
  John B. 47* (LO-37)
COCKEREL
  Milton A. 14* (CH-445)
COCKRAHAN
  H. K.? 40 (m) (SI-19)
COCKRAN
  Wm. 15* (SI-52)
COCKREHAN
  F. 36 (f) (SI-31)
  M. 73 (f)* (SI-31)
COCKRILL
  E. M. 31 (m) (SI-29)
  John 69 (CH-371)
CODE
  Peter 26* (CH-375)
COFER
  Thomas J. 24 (TR-292)
COFFEE
  Martha 31* (CH-495)
COFFEY
  Asa C. 28 (CH-434)
  J. E. 16 (f)* (CH-362)
  Jane 57 (TR-293)

COFFMAN
  Edward 26 (LO-23)
  Isaac 34 (TO-199)
  John 24* (TO-243)
  John N. 45 (LO-1)
  Mary 39 (LO-88)
  Mary 62 (LO-23)
  Preston M. 20 (CH-398)
  Richard 20* (LO-105)
  Robert 22* (LO-80)
COGHILL
  Thomas 61 (SI-63)
COGHIN
  A. G. 32 (m)* (LO-1)
COHOON
  Archibald B. 51 (TR-350)
  Catherine 16* (TR-352)
  Charity 29* (TR-366)
  Daniel 61 (TR-352)
  David 64* (TR-364)
  David G. 22 (TR-364)
  Joel 46* (TR-351)
  John 25 (TR-363)
  Louiza J. 18* (TR-364)
  William 39 (TR-364)
COILE
  Enoch 41 (CH-389)
COKE
  Elizabeth 67 (B) (CH-420)
COLBERT
  Thos. 46 (SI-39)
COLE
  Abraham 46 (B) (LO-64)
  Ellis 36* (LO-69)
  Francis 21 (W-53)
  Francis 21 (W-55)
  Francis M. 23 (W-14)
  Hutson 21* (W-112)
  Isaac M. 28* (W-21)
  Jackson F. 36 (W-89)
  James 27* (TO-278)
  James 40* (W-52)
  Mariah 19* (TR-291)
  Samuel 34 (TO-203)
  Samuel 36 (TO-262)
  William 32 (B) (LO-68)
  William 43* (W-19)
  William 64* (TO-259)
  William jr. 32 (TO-262)
COLEMAN
  Alexander 60* (B) (CH-457)
  Alfred B. 27 (TR-352)
  Anna B. 52* (CH-424)

  Catharine 34 (W-88)
  Daniel 52* (W-71)
  Edawrd L. 28 (TO-274)
  Edwin N. 52 (TO-285)
  Harden H. 37 (CH-425)
  Henrietta 5* (CH-368)
  Henry 16* (TR-342)
  James 20 (TR-343)
  James 40* (TO-257)
  James 73 (CH-423)
  James A. 18 (CH-455)
  James T. 29 (TO-214)
  James W. 28* (TO-261)
  Jas. W. 40 (CH-436)
  Jerry 25* (LO-72)
  Joel 24 (TR-338)
  John 20* (TR-335)
  John 49* (TR-368)
  John D. 30 (TO-278)
  Jordan 73 (TR-312)
  Larkin P. 49 (W-93)
  Mad 44 (m) (TO-218)
  Mary 54 (W-78)
  Mary J. 22* (TO-274)
  Nancy 54* (TR-311)
  Needham 56* (TR-352)
  Peyton S. 25* (TR-311)
  Pleasant 36 (LO-91)
  Roibert T. 10* (CH-422)
  Susan 57 (TO-260)
  Thomas 64* (LO-101)
  Thomas 65* (TO-253)
  Volney 36* (TO-231)
  W. S. 31 (m) (LO-133)
  William 50 (TR-338)
  William A. 37 (TR-346)
  William C. 28 (TR-312)
COLES
  Georgianna B. 17* (CH-377)
  Philip 45 (W-25)
COLLARD
  James 16* (W-38)
COLLET
  Jas. 62* (W-3)
  W. 28 (m) (W-3)
COLLETT
  Alexr. 27 (W-25)
  Hiram 37 (W-27)
  Martha L. 28 (W-50)
  Melville 39* (W-70)
COLLEY
  George L. 32* (TR-361)

Index

COLLEY
  Jane 68 (CH-466)
  Kinchen R. 31* (CH-464)
  Wm. Jr. 23 (CH-466)
  Wm. Sr. 67 (CH-465)
COLLIER
  Elizabeth 49 (LO-17)
  Henry H. 26* (W-11)
  John 41 (TR-365)
  Nancy E. 16* (LO-70)
  Pearson 42 (LO-104)
COLLINS
  Anna 75* (LO-50)
  Dabner 39* (LO-48)
  Ely 48 (LO-42)
  George 17* (LO-100)
  George H. 51 (LO-106)
  George W. 43 (TR-295)
  James 35 (LO-42)
  John 22 (CH-475)
  John 73 (CH-405)
  John C. 20 (LO-96)
  Joseph 52 (CH-474)
  Lucy 28* (CH-434)
  Morgan 28 (m) (CH-474)
  Robert E. 44* (LO-122)
COLLISON
  Edward E. 29 (TR-362)
COLSON
  Matilda 40* (TR-364)
COLSTON
  Joel 53* (TR-373)
  Sander 22 (TR-373)
  Sandy? 88 (m) (TR-349)
COLWELL
  Isaac 36 (B) (W-22)
COLYIER
  Bartley S. 51 (W-109)
COMBS
  Eli 37 (CH-383)
  James 40* (LO-36)
COMFORT
  Jane A. 45 (W-108)
  Saml. S. 20* (W-11)
COMPTON
  Elizabeth 45 (CH-387)
  Jasper D. 23 (CH-450)
  Wm. S. 50 (m) (SI-16)
COMSEY
  Anderson 39* (LO-111)
  Chastain 36* (LO-112)
  William 43 (LO-111)

CONERWAY
  Sarah 26* (LO-106)
CONGER
  Elisha 29 (CH-467)
CONGOR
  Elizabeth 24 (CH-378)
CONKIN
  Ransom 26 (W-115)
CONN
  Martha 28* (LO-8)
  William 42 (LO-8)
CONN?
  Notty 50 (m) (LO-7)
CONNELLY
  James H. 17* (TO-269)
CONNER
  James T. 22* (CH-426)
  Jas. T. 21* (CH-487)
  John 8* (W-19)
CONNERS
  Eliza 32* (CH-433)
CONNORS
  Jonathan 11* (LO-69)
CONWAY
  George 29 (LO-87)
  James 40 (TO-262)
  M. 21 (m)* (W-1)
  Marion* (W-73)
  Monterville 18* (W-21)
  Samuel 21* (LO-2)
  W. 70 (m) (LO-80)
  William 31* (TO-220)
COOK
  Alfred C. 34* (LO-47)
  Augustin 56* (TR-294)
  C. 23 (m)* (SI-31)
  F. A. 28 (f)* (CH-363)
  Frances M. 17* (LO-71)
  Geo. 51 (CH-493)
  Henry 30* (LO-1)
  Isaac 65 (CH-491)
  Isaac 74* (W-76)
  Jacob 42 (LO-6)
  James 75* (TR-371)
  James E. 33 (SI-36)
  James W. 35 (CH-491)
  Jno. W. 51* (CH-454)
  John T. 9* (TR-365)
  Josiah C. 20 (W-83)
  Josiah O. 39 (W-73)
  Levi 24 (CH-483)
  Mary -5?* (SI-31)

  Matilda 43* (B) (TR-370)
  Nancy 62* (W-71)
  Richard H. 45 (LO-10)
  William 24* (W-103)
  William 40 (TR-333)
  William W. 32 (TR-370)
  Wm. 55* (SI-31)
COOKE
  John P. 26 (CH-477)
  Ludlow L. 37* (W-130)
  Peyton 59* (W-107)
  Wm. 40 (W-40)
  Wm. A. 16* (W-65)
COOKSEY
  A. B. 29 (m) (SI-52)
  George C. 15* (W-24)
  Harrison 69 (W-102)
  Henrey C. 12* (W-74)
  Miles 80 (W-79)
  William 24* (TR-344)
COOL
  George W. 27 (W-91)
COOMBS
  Saml. W. 19* (W-35)
COON
  Andrew J. 34 (CH-491)
  Elizabeth 38* (CH-497)
  John 56 (CH-369)
  Mary 55 (CH-491)
COONES
  Alonzo 10* (LO-69)
COONS
  Emma P. 4* (LO-71)
COOPER
  Abner (TO-200)
  Alexander 35 (CH-405)
  Alfred 30 (CH-413)
  Benjamin 36* (TR-363)
  Cornelius 28 (TR-356)
  Eliza J. 19* (LO-70)
  Elizabeth 58 (CH-396)
  Emmett 37 (TO-197)
  Frances 51* (TR-358)
  George 32* (B) (TO-220)
  Hugh O. 22 (CH-439)
  J. E. 17 (f)* (SI-16)
  Jacob 72 (B) (CH-488)
  Jane 61 (LO-55)
  John 20* (SI-61)
  John 81 (CH-439)
  Kinchen 26 (TR-356)
  Malichi 45 (TR-365)

Index

COOPER
 Mary E. 8* (LO-71)
 Rebeckah 40 (SI-18)
 Robert J. 27* (CH-433)
 Susan 28* (SI-62)
 Thos. H. 16* (CH-451)
 William 26* (LO-94)
 William 36 (W-124)
 William 65 (LO-40)
 William C. 29* (LO-24)
 William H. 30 (CH-379)
 William W. 25* (CH-382)
 Wm. R. 10* (SI-11)
COPE
 Mary E. 13* (TO-252)
COPELAND
 Alexander 28 (CH-420)
 George W. 30* (LO-8)
 Greenbury 46 (LO-89)
 Harrison 32* (LO-21)
 James 50 (SI-58)
 John 65* (SI-49)
 Lewis 58* (LO-7)
 Wm. 30* (SI-49)
 Wm. B. 28 (SI-40)
COPPENS
 Chs. 23 (m) (TO-226)
CORBEN
 James 34* (TO-232)
CORBIN
 Edith 68* (LO-4)
 Gamalial 49* (CH-452)
 Hinton 47* (LO-20)
 Singleton 43 (LO-6)
 Thos. 23* (CH-442)
 ___ 7/12 (f)* (LO-11)
CORBIT
 Caroline 25* (TR-369)
CORCORAN
 Erastus 26 (SI-46)
CORDELL
 Aron C. 27 (SI-62)
 J. 39* (SI-24)
CORDIER
 Joseph 26 (CH-409)
CORLEE?
 Hannah N. 32* (W-93)
CORN
 Andrew 60* (B) (LO-93)
CORNEAL
 Josiah 39 (CH-369)
 Walker 45 (CH-371)

William 26 (TO-260)
CORNELIUS
 Benjamin 27* (LO-108)
 H. 45 (m) (LO-76)
 James 27 (LO-98)
 Jessee 27* (CH-468)
 Jno. 63 (CH-468)
 Wigiban? 53* (LO-108)
 William 34 (LO-105)
CORNELL
 Jesse 35 (CH-379)
 Louis 57 (LO-87)
CORNING
 Andrew L. 20* (W-11)
CORNWALL
 B. A. 33 (m) (TO-197)
CORNWELL
 Elizabeth 54* (TO-258)
 R. C. 29 (m)* (SI-1)
 Sally 32 (SI-62)
COS
 Harriett 53 (CH-456)
COTTON
 Alexander 38 (CH-415)
 Frances F. 49* (CH-471)
 J. H. 33 (m)* (SI-4)
 Sarah 56* (LO-86)
 Wm. 43* (CH-494)
COUCHAN
 Augustus 50* (LO-69)
COUCHON
 Tharissa 68* (LO-70)
COULTER
 Robert 43 (TO-207)
 William S. 36* (TO-243)
COUNCIL
 Ellen 14* (CH-376)
 Emily 15* (CH-376)
COUNTS
 John 24 (TR-361)
 Richard W. 45* (LO-66)
COUPLES
 William 51 (LO-55)
COURCEY
 Francis A. 34 (TO-267)
COURSEY
 John 38* (LO-42)
 Robert M. 36 (LO-122)
COURTNEY
 Malinda 48 (CH-427)
 Robert H. 23 (TR-290)
 Thomas 47 (CH-406)

William 60 (CH-406)
William P. 28 (TR-300)
COURTS
 C. H. 51 (m) (W-27)
 Chas. R. 21 (LO-1)
COUSINS
 Anthony 24* (B) (W-65)
 Dolly 30 (B) (W-81)
 Harriet 8* (B) (W-122)
COVINGTON
 Emelia? M. 44 (m)* (W-130)
 Francis 59 (W-45)
 Isaac 54* (W-73)
 J. M. 32 (m) (SI-8)
 James W. 28* (LO-27)
 Jas. 28* (CH-490)
 Joseph 61 (W-50)
 Matilda 53 (SI-39)
 Milly 60 (W-73)
 Philip W. 24 (LO-37)
 Pricilla 37 (CH-446)
 Thomas 23* (CH-435)
 Thomas 48 (TR-333)
 William M. 33 (CH-441)
 Wm. 31 (W-48)
 Wm. H. 32 (CH-467)
COWAN
 William 37 (TO-201)
COWARDINE
 Francis C. 35 (CH-373)
COWEN?
 Jane 20* (LO-70)
COWL
 Edward 25* (B) (W-68)
COWLES
 F. 31 (m) (W-4)
 V. 56 (m) (W-4)
 W. 35 (m) (W-4)
COWLEY
 W. C. 30* (LO-134)
COX
 Albert C. 30* (W-47)
 Barbara 91 (W-42)
 Charles 32 (TR-303)
 Charles 32 (W-62)
 E. 35 (f)* (W-26)
 Edward 22* (LO-33)
 Elijah J. 34 (CH-458)
 F. G. 28 (m) (W-34)
 Fields D. 25 (LO-37)
 George 17* (SI-60)
 George E. 33 (TR-341)

- 355 -

Index

COX
　Granville 50 (SI-57)
　Jackson 38 (W-47)
　Jessey 52 (B) (TR-375)
　John 30* (SI-57)
　John 30 (W-62)
　John 33 (CH-458)
　John 55 (W-45)
　Mary 56* (W-24)
　Phineas 68 (LO-33)
　Phineas G. 35* (W-43)
　Phineas jr. 28 (LO-33)
　Robert 48 (B) (W-130)
　Rose A. 21* (LO-32)
　Sarah 47 (W-42)
　Thomas 42* (TR-307)
　Thomas C. 21 (W-35)
　William 37 (TR-346)
　William 57 (LO-126)
　William 66 (W-42)
　Woodford M. 23 (LO-32)
COY
　Robert H. 21* (TR-299)
　William 58 (TR-314)
CRABB
　George 79* (W-16)
　Hester C. 3* (W-48)
　Jarred 50* (TO-254)
　Wm. H. 36* (W-60)
CRABLE
　Reuben M. 10* (LO-124)
CRABTREE
　C. W. 17 (m)* (CH-485)
　David J. 4* (CH-403)
　James 57 (CH-394)
　James 70 (CH-407)
　James W. 26 (CH-407)
　Margaret 14* (LO-113)
　Mary 11* (LO-50)
　Samuel 24* (CH-394)
　Samuel 53 (TO-271)
　Thomas 22* (CH-387)
　William J. 27 (CH-394)
CRAFT
　James 25 (CH-474)
　Jonathan H. 30 (CH-404)
　Joshua J. 36 (CH-404)
　Rowland T. 41 (CH-404)
　William G. 42 (CH-479)
　Willis C. 23 (CH-481)
CRAFTON
　John D. 31 (CH-422)

　Robert G. 30 (W-78)
　William 20 (LO-112)
CRAIG
　Elizabeth 30* (W-57)
　James 44 (TR-352)
　John J. 31* (W-106)
　Joseph S. 8* (TR-351)
　Wm. 48 (CH-438)
CRAIMER
　Johnathan 55 (CH-479)
CRAIN
　Armsted 53 (LO-52)
CRAINER
　John 39 (CH-478)
CRANE
　Alfred L. 25 (TR-346)
　Fountain 45* (TR-345)
　George 25 (LO-129)
　Nancy 29 (TR-345)
　Samuel 71 (TR-346)
　William B. 32 (LO-39)
CRANTY
　Julia 26* (SI-37)
CRAVINES
　Abram 56* (CH-457)
　Richard H. 25 (CH-457)
CRAVINS
　Elijah C. 53 (CH-434)
CRAWFORD
　Calvin 28 (LO-94)
　Flora A. 40 (LO-93)
　Henry 41* (LO-95)
　James S. 28 (LO-30)
　John 22* (LO-93)
　John S. 25 (LO-28)
　Thomas 27 (LO-27)
　William 23* (LO-74)
　William 40 (TO-259)
CREEKMAN
　Rolin 41 (LO-57)
CREEKMORE
　Amzi 31 (m) (TR-321)
　Bartlett 28 (TR-321)
　George 80 (TR-320)
　George jr. 32 (TR-324)
　Malachi 71 (TR-321)
　Richd. 28 (SI-55)
　Wm. M. 25 (SI-59)
CREEL
　Hannah 32* (TO-254)
CRENSHAW
　Robertson 34* (TR-331)

　Thomas 30 (TR-333)
CRESSAW
　Henry P. 70* (LO-114)
CRESWELL
　Caaroline 18* (W-122)
　James 54 (TO-235)
CREWDSON
　Andrew J. 4* (LO-34)
　George 21 (LO-37)
　George 67 (LO-37)
　Jane 60 (B) (LO-78)
　Thomas 63 (LO-35)
　Thomas S. 32 (LO-36)
　W. M. 24 (m) (LO-78)
CREWS
　Alex. 48 (CH-439)
　James 70* (W-41)
　John J. 35 (CH-434)
　Susan 60* (CH-433)
CRISS
　William P. 28 (CH-409)
CRISTEY
　M. J. 19 (f)* (SI-25)
CRISTY
　Andrew J. 31 (W-88)
CRITCHFIELD
　Jesse 51 (TR-300)
CROCKETT
　George F. 34 (CH-374)
　William 73* (TO-243)
CROFT
　David 69 (CH-481)
　Jacob 87* (CH-479)
　Westley 26 (CH-481)
CROMPTON
　Ralph 70* (CH-450)
CROMWELL
　Alexander 36 (CH-379)
　Charles 29 (LO-98)
　John 37* (LO-100)
　Oliver 45 (CH-438)
　William 41* (LO-57)
CRONNEY
　Jarvis 48 (B) (TR-305)
CROSS
　Catharine 60* (TR-369)
　Christopher C. 35 (TR-369)
　Elisha 28 (TR-369)
　Henry 40* (TR-368)
　James 18* (TR-343)
CROSTHWAIT
　Vivian 50 (m) (W-130)

Index

CROUCH
John 28* (LO-103)
John 28 (TO-271)
Martha J. 19* (TO-280)
Mary M. 65* (LO-102)
Richard 11* (TO-271)
Richard J. 24* (CH-366)
William 23 (TO-272)
William 36 (TO-280)
CROUCH?
William P. 35* (TO-251)
CROW
George W. 14* (W-129)
Mary Ann 12* (W-129)
CROWDER
Eleanor 42 (TO-224)
CROWDERS
Frances B. 40 (SI-69)
CROWDUS
J. A. 45 (f) (SI-17)
CRUMBAUGH
john 20* (LO-91)
CRUMP
Abner 66 (TR-319)
Eliza P. 65 (TR-308)
R. M. 32 (m)* (TR-327)
CRUNCH
James F. 9* (LO-60)
CRUNK
D. 32 (f)* (SI-11)
Jacob 46 (CH-403)
P. 12 (m)* (LO-60)
CRUTCHFIELD
A. J. 33 (TO-229)
E. H. 39 (m)* (TO-244)
Jas. 9* (CH-470)
Lotsey 47* (LO-129)
Nancy 75* (TO-261)
Samuel 55* (CH-385)
Sarah 10* (CH-492)
William 46 (TR-334)
CRUTE
Clemens 57 (TR-328)
James R. 25 (TR-328)
William N. 32 (TR-310)
CRYER
Martha 15* (LO-54)
CULBERTSON
Frances 56 (TO-234)
Polley 68* (W-26)
CULLENS
Josiah 42 (W-24)

CUMMINGS
Darcas 54 (B) (W-39)
M. 37 (m) (SI-13)
William 22* (W-117)
CUMMINS
Asa 38* (SI-3)
CUMPTON
William T. 33 (TR-365)
CUNCH
Erasmus S. 31 (SI-45)
CUNNINGHAM
Alexander 36 (TR-325)
Andrew 22 (TR-357)
Andrew 45* (TR-358)
Dabney 42 (TR-324)
James 41* (TR-355)
James 51 (TO-260)
John 53 (TR-357)
John 70 (LO-96)
Michens 38 (TR-320)
Richd. 33 (CH-444)
Robert 34 (TR-356)
Robert 53 (TO-277)
William 49* (TR-324)
CURD
Edward L. 29 (LO-103)
Hawes 30* (W-27)
John R. 29 (W-54)
Pleasant A. 31 (CH-445)
Polly S. 56* (LO-133)
Richard 60* (W-35)
Richardella 10* (W-35)
CURLING
Harry 50* (B) (TR-315)
James 43 (TR-294)
John 59* (TR-319)
Thomas 26 (TR-319)
CURRAN
Ann S. 8* (TR-321)
CURREN
Mary B. 7* (TR-315)
Rebecca 46* (W-49)
CURRENCE
Elijah 26 (LO-107)
Louis 21* (LO-107)
William 50 (LO-107)
CURREY
John 9* (TR-360)
CURRY
Amanda M. 40 (LO-64)
Margaret A. 42* (TR-352)

CURTIS
James W. 40* (W-40)
James W. 42* (W-19)
John C. 52 (TR-356)
John H. 48 (LO-106)
Joseph 16* (CH-392)
Joseph W. 18* (CH-387)
Lucinda M. 12* (TR-357)
Nancy 54* (CH-383)
Peter H. 26 (W-115)
T. J. 12 (m)* (TO-244)
William B. 45 (TR-356)
CUSHENBERRY
William 38 (LO-19)
CUSHENBURY
Elijah 36* (SI-63)
CUSHMAN
P. H. 28 (m)* (TO-240)
CYRUS
D. 40 (f) (LO-80)

D

DABNEY
Albert G. 50 (CH-363)
Albert S. 25 (TR-293)
C. J. 23 (m) (TR-308)
Edwin W. 28 (TR-308)
Robert 83* (TO-214)
Thomas C. 26 (TR-291)
Victoria 24* (CH-369)
DACEY
Thomas O. 54 (LO-105)
DACY
James 24* (LO-85)
DAFFEW
Nancy 25* (W-115)
DAILEY
John 55* (CH-365)
DAILY
Michael 41 (CH-487)
DALES
Sampson 24 (TO-243)
DALEY
Lucinda 20* (LO-125)
DALLAM
Ann R. 59* (CH-401)
DALLAS
A. G. 37 (m) (TR-373)
DALLIS
Robert 22 (TO-263)
DALTON
Alfred 33* (LO-101)

Index

DALTON
 S. W. 28 (m)* (LO-74)
 Wm. 35* (SI-40)
DAMELL
 Doctor? 35* (TO-222)
DAMRON
 E. G. 35 (m)* (SI-28)
DANCE
 Mary E. 17* (LO-15)
 Peter 58* (SI-12)
DANCE?
 Robert C. 29* (LO-15)
DANFORTH
 Oscar F. 28* (TR-362)
DANIEL
 Andrew 46* (LO-98)
 Andrew B. 36* (TR-334)
 Charles 16* (LO-108)
 Frank 23* (TO-240)
 Green P. 44* (TR-326)
 Horace 47 (TO-240)
 James L. 28 (TR-304)
 John 65 (B) (CH-424)
 John 65* (TR-300)
 Joshua H. 27 (TR-313)
 Levi 46* (TO-215)
 Martha 26* (LO-99)
 Rhoda P. 47 (TR-312)
 Richard 14* (LO-123)
 Richard D. 8* (CH-377)
 Royal 58 (TR-346)
 Susan E. 18* (TR-336)
 Walter 45 (CH-464)
 William 84* (TR-330)
DANKS
 John 34 (LO-113)
DANTZ
 T. P. 27 (m) (LO-80)
DARBY
 John E. 39 (SI-58)
DARLEY
 Denton 63 (SI-60)
DARNALL
 John M. 37 (TR-333)
 John O. 25 (TR-311)
DARNELL
 Levi 55 (TO-242)
 William 53 (W-96)
DAUSON
 Thos. J. 29 (LO-1)
 William 25 (LO-68)

DAVENPORT
 Allna 32* (TR-329)
 Edward 50* (TO-227)
 F. 64 (m) (W-34)
 Frances 12* (W-50)
 Frances 38* (TR-328)
 G. G. 36 (m) (W-50)
 Janus 19* (TR-310)
 John 24* (W-28)
 John 25* (TR-298)
 Mary A. 21* (W-24)
 Richard 34* (TO-287)
 Thomas 52 (TR-327)
 William 6* (LO-69)
 William G. 35* (TR-334)
DAVID
 Henry J. 14* (CH-484)
DAVIDSON
 Adaline S. J. 38 (CH-367)
 Alfred L. 33* (W-43)
 Frances 10* (W-72)
 Francis 17* (LO-133)
 Harriet B. 60* (TO-249)
 Hiram 41* (LO-24)
 J. C. 27 (m)* (W-26)
 John 53 (W-130)
 Pressilla G. 14* (LO-61)
 Sarah 18* (TO-227)
 Sarah 6* (LO-68)
DAVIE
 Edmund 43* (B) (CH-446)
DAVIS
 Abel C. 34 (CH-462)
 Aley 32* (W-122)
 Alsy 12* (CH-427)
 Ambrose 64* (CH-435)
 Asa 34* (W-12)
 B. L. 30 (m) (CH-445)
 Benjamin F. 40 (LO-124)
 Daniel 35 (TR-292)
 David 29 (CH-438)
 David F. 34 (CH-447)
 Earl W. 25 (CH-403)
 Edmond 25 (TR-367)
 Elizabeth 28* (W-38)
 Elizabeth 39* (TR-371)
 Franklin G. 23 (CH-403)
 Garey P. 28* (CH-439)
 George 32 (LO-102)
 George C. 34 (W-111)
 Henrietta 57* (CH-403)
 Henry 53 (LO-126)

Jacob 60 (TO-198)
James 26 (LO-48)
John 15* (TO-274)
John 35* (CH-438)
John 35 (CH-483)
John W. 6* (W-115)
Laban R. 26* (CH-377)
Lidia A. 16* (LO-70)
Margaret 17* (W-43)
Nancy 18* (SI-68)
Nathan 42 (W-115)
Nathaniel A. 42 (W-37)
Patsy 54 (LO-19)
Phlemon 28 (LO-130)
R. A. 19 (f)* (LO-4)
Robert 25 (LO-50)
Robert 34 (W-51)
Robert 50* (W-23)
Robert 79* (TR-296)
Sally 60* (CH-431)
Saluma 46* (LO-70)
Samuel 19* (LO-28)
Silas A. 42 (TO-274)
Simeon 5/12* (W-88)
Sisily 47* (B) (LO-28)
Sterling 38* (LO-1)
Thomas 55 (W-18)
Thos. 25* (CH-438)
Thos. A. 24* (CH-447)
William L. 55* (TR-375)
Winston J. 25* (CH-435)
Wm. 49* (CH-466)
DAVIS?
 William G. 41* (TO-252)
DAVISON
 Hosa 45 (SI-57)
DAVY
 Mary Ann 21* (LO-32)
DAWSON
 A. 49 (m) (SI-17)
 Augustus G. 35* (TR-336)
 Benoni 34 (LO-91)
 Caleb 32* (LO-46)
 Edmond P. 33 (TR-336)
 George W. 35 (LO-14)
 Greenup 38 (TR-335)
 Henry R. 25 (SI-6)
 J. C. 37 (m) (SI-47)
 James 27 (SI-17)
 James 46 (TR-335)
 John 43 (TR-332)
 Joseph A. 26 (TR-336)

Index

DAWSON
 M. M. 27 (m) (SI-46)
 R. D. 27 (m)* (LO-56)
 Richard J. 58 (TR-336)
 Samuel 50* (TR-334)
 Thomas D. 40 (TR-335)
DAY
 Chs. M. 41 (m) (TO-228)
 George H. 35* (TO-278)
 John 66 (TO-278)
 Joseph W. 16* (LO-44)
DEAN
 Charles 60 (CH-368)
 John 28 (W-126)
DEARMOND
 James W. 37* (LO-125)
 Samuel 30* (LO-125)
DEASON
 Benjamin 62 (TO-206)
 James 33 (TO-201)
 Simon 41 (CH-401)
 William 38* (TO-206)
DEATHERAGE
 Lewis 45* (SI-49)
 Martin 35?* (SI-49)
 Sarah J. 26* (SI-49)
DEAVERS
 Joseph 54* (TO-253)
DEBERRY
 John 49 (SI-23)
DEED
 James 31 (TO-235)
DEGRAFFENREID
 William 74* (TR-336)
DELANY
 J. 19 (m)* (SI-11)
DELAWSON
 John 35 (TR-320)
DEMPSEY
 G. W. 48 (m) (W-84)
 Henry 6* (TR-338)
 James 33* (TR-376)
 John D. 21* (W-85)
DEMSCOMB?
 Daniel 54 (LO-14)
DENNEY
 William 38 (TO-242)
DENNING
 Elitha 19* (CH-478)
DENNIS
 Jos. 23* (TO-244)

DENNY
 Albert 30 (TO-273)
 Charles 14* (CH-393)
 John 18* (CH-390)
 Joseph 28 (LO-56)
 Saml. 25 (TO-248)
 Sarah 45* (CH-403)
DENTON
 William 32* (W-121)
 Wm. 28* (W-68)
 Wm. H. 27* (CH-492)
DERLEY
 Washington 33* (B) (CH-482)
DERRETT
 Sarah A. 34 (W-65)
DERRING
 Rebekah 30 (SI-26)
DERRINGTON
 Francis 52* (SI-66)
DESHA
 Joseph 24* (LO-57)
DESPER
 John T. 6* (TO-262)
DETHERAGE
 James 53 (W-54)
 Wm. 28* (SI-49)
DEVASHAR
 Daniel 43 (SI-64)
DEVENPORT
 Edward 28* (CH-485)
 John W. 34 (CH-398)
 Martha 50 (CH-398)
DEW
 John J. 43 (TR-360)
 Pahash? E. 28 (TO-251)
DEWERSON
 Charles 26* (LO-85)
DEWHITT
 A. W. 30 (m) (SI-27)
 N. 50 (f) (SI-25)
DIAL
 Wm. 43 (W-44)
DICK
 Abram 55 (W-115)
 Conrad 67* (SI-60)
 Jesse 34 (SI-60)
 John 38 (SI-60)
 Nelly 54 (SI-60)
DICKENSSON
 Joseph 44* (TO-228)
DICKERSON
 A. C. 43 (m)* (W-66)
 Bushrod 27 (LO-120)

Fountain 12* (W-86)
 Martha 10* (W-99)
 Mary 61* (W-118)
 Telitha? 20* (W-118)
 William T. 35 (LO-21)
DICKEY
 James 60 (SI-16)
 Sally 45 (SI-60)
 William 36* (TO-254)
DICKINSON
 J. S. 23 (m)* (TO-244)
DICKINSSON
 R. C. 48 (m)* (TO-233)
 William 70 (TO-237)
DICKS
 William 50* (CH-373)
DICKSON
 N. 12 (f)* (SI-12)
DICKY
 Simon 38 (B) (LO-46)
DICUS
 Eli 45 (TO-287)
DILLARD
 Mary A. F. 47 (LO-30)
DILLIARD
 Beverly 51* (TR-309)
 Geo. L. 23* (CH-455)
 Robert D. 49 (CH-424)
DILLINGHAM
 Jacob 33* (W-117)
 James 36 (W-117)
 Michael 51 (W-67)
DILLON
 Emanuel 39 (CH-452)
 James 60* (LO-48)
 Jincy 54* (B) (LO-70)
 John H. 29 (LO-129)
 Judith 47* (LO-70)
 W. 35 (m) (LO-76)
DILLWORTH
 Thomas H. 64* (CH-370)
DINGUID
 Marshall N. 34 (CH-461)
DINGUID?
 Geo. H. 36* (CH-460)
DINKINS
 John W. 36 (SI-39)
 Thos. 30 (SI-33)
DINNING
 Anne 22* (SI-5)
 David 48 (SI-65)
 David D. 23* (SI-66)

Index

DINNING
  Elizabeth 31* (SI-61)
  H. 23 (m)* (SI-31)
  H. 26 (m) (SI-31)
  Hugh 51 (LO-124)
  John 33 (SI-14)
  John R. 28 (SI-65)
  Nat 30 (SI-18)
  William B. 3* (SI-67)
  Wm. 30 (SI-66)
DINSON
  James 41 (TR-370)
DINWEDDIE
  James M. 24 (TO-285)
  Thomas 61 (TO-285)
DINWIDDIE
  William 63* (W-122)
DIRNING
  J. 36 (m) (SI-24)
DISHMAN
  Bluford 28 (W-70)
  Daniel 37 (W-12)
  Harvey 26 (W-36)
  J. D. 46 (m) (SI-56)
  James 54 (W-72)
  James E. 27* (CH-434)
  Jas. 50 (W-12)
  Logan M. 39* (SI-68)
  Nancy 87 (SI-56)
  Wm. 28 (SI-20)
DIX
  Ely 25 (TR-365)
  John P. 67 (TR-363)
DIXON
  Franklin 25 (SI-42)
  Hugh 24* (TR-377)
  John 43* (TR-351)
DOBYNS
  Demos R. D. 35 (CH-410)
  Elbert G. 23 (CH-411)
  Goldman H. 30* (CH-482)
DOCKEY
  Bethiah 43 (SI-3)
DODD
  Emilly 75* (W-101)
  Henry 47 (TO-225)
  James M. 38 (W-85)
  John 36 (W-84)
  Margaret 60* (W-26)
  Thomas 45* (W-86)
  William 35* (TO-244)
  William 40 (W-101)

DODSON
  David 31 (W-45)
  Elizabeth 66* (W-24)
  John 38 (W-51)
  Luvina 76 (TR-297)
  William 5* (W-36)
DOER
  Elizabeth 59 (SI-66)
DOHERTY
  Margaret 13* (W-50)
  Matilda 29 (W-15)
DOIL
  Thos. 52 (CH-469)
DOLES
  Ephraim 32* (TR-376)
  John 35 (TR-371)
DOLLAM
  Adeline 25 (B) (LO-96)
DONAHOE
  Susan C. 21* (LO-132)
DONALDSON
  Archibald 56* (LO-96)
  Charles B. 35* (W-65)
  James M. 32* (W-103)
  James T. 48 (W-101)
  John 44 (LO-39)
DONLEY
  Agnes 90* (B) (LO-100)
  Thomas 37 (LO-97)
DONNODLY?
  James 24* (TO-285)
DOOLEN
  Michael 40* (CH-393)
DOOLEY
  James 22* (SI-47)
DOOLIN
  Hardin 47 (W-18)
  Jno. B. 38 (W-7)
DOOLY
  Thos. 35* (SI-24)
DOORS
  Jas. G. 16* (LO-1)
  Mildred 40 (LO-32)
DORRINGTON
  G. P. 27 (m) (TO-224)
DORRIS
  Doct. Jeremiah 25* (CH-466)
DORSE
  Laban 38 (CH-471)
  Nathaniel 10* (LO-132)
  Rhoda A. 3* (CH-471)
  Saml. 37 (CH-471)

DORSON
  Edward P. 32* (CH-392)
DOSS
  James 27 (LO-2)
  James 45 (TO-220)
  James P. 23* (TO-285)
  Joel B. 46 (LO-97)
  Staunton P. 20* (LO-86)
  William 35* (LO-2)
DOSSEL
  Mufes? 50 (m) (TO-202)
DOSSITE
  George 44 (TO-201)
DOTSON
  Jesse 13* (CH-472)
DOUGHTY
  Catharine 49 (W-118)
  Daniel J. 24 (W-100)
  George W. 38 (W-106)
  Philander M. 8* (W-106)
  Preston H. 60 (W-112)
DOUGLASS
  Benja. 41 (CH-468)
  H. 26 (m) (SI-40)
  John 46 (W-17)
  Joseph 20* (SI-39)
  William 32 (W-17)
DOUTHET
  Robert L. 37* (SI-69)
DOWDY
  A. T. 40 (m) (TO-197)
DOWELL
  John R. 33 (CH-376)
DOWLING
  Matilda 40 (CH-483)
DOWNER
  B. B. 31 (m) (TO-241)
  Elvira Ann 25* (LO-103)
  John D. 40* (TO-244)
DOWNEY
  F. M. 30 (m) (W-47)
  James 37 (SI-54)
  M. H. 52 (m) (CH-363)
  Martha 51 (SI-47)
  Mary 52 (W-47)
  Nathaniel 35 (W-56)
  Rebecca 33 (W-56)
DOWNING
  Catharine 61* (W-63)
DOWNS
  Benjamin 53* (TR-365)
  David 23 (TR-365)
  Eldridge 31 (TR-366)

Index

DOWNS
 Irvin 22 (TR-365)
 James 34* (TR-366)
 John W. 24 (TR-365)
 Lossen 30 (m) (TR-365)
DOYCE
 Aryus 22* (LO-93)
DOYLE
 James W. 27 (LO-114)
 Jas. 33 (W-5)
 John 67* (LO-128)
 Legrand 37 (W-103)
 Nicholas 37 (W-103)
DRAKE
 F. B. 30 (m)* (TO-200)
 Frank 55* (B) (W-65)
 Jacob G. 45 (W-127)
 Philander W. 33 (W-50)
 Tarlton 79 (W-33)
 Taylor 57* (W-13)
 William A. 28 (W-27)
DRANE
 Caroline 17* (LO-2)
 James F. 46* (TR-335)
 John 42 (LO-21)
 Thomas H. 53 (LO-2)
 Thomas O. 76 (LO-6)
DRAPER
 Noah 24 (LO-9)
 Richard S. 52 (LO-9)
DREON
 George 26 (LO-84)
 Henry 51 (LO-84)
DREW
 Clementina 60 (LO-67)
 Margaret F. 18* (CH-473)
 William 21 (CH-473)
DREW?
 Thomas 11* (W-67)
DRINKARD
 Branch R. 37 (CH-440)
DRISKELL
 Furney 29 (TO-263)
 John P. 52 (TO-260)
 Johnathan 25 (TO-264)
 Susan 50* (TO-280)
 William R. 27 (TO-263)
DRISKILL
 Anna 52 (TO-263)
 Franklin 22 (TO-264)
 George W. 23 (TO-263)
 Sarah 54 (TO-264)

William 40 (TO-264)
DRYDEN
 Mary Elna 8* (W-58)
 Phebe 70* (W-57)
 Pinkney W. 43 (CH-454)
 Sarah E. 21* (CH-366)
DUCKER
 James 58 (CH-426)
 James J. 33* (CH-394)
 James __* (CH-498)
 John J. 25* (CH-420)
 William 24 (CH-426)
DUCKET
 Elisha 25 (W-129)
 John 32 (W-120)
 John 71 (W-129)
 Joseph 37 (W-129)
 Josiah 35 (W-129)
 Thomas 40 (W-121)
DUDLEY
 John A. 30 (TR-337)
 Robt. B. 58 (TO-259)
DUERSON
 A. D. 25 (m) (TO-234)
 George T. 26 (LO-102)
 Thomas 54 (TO-231)
DUFF
 G. 23 (m)* (LO-79)
DUFFER
 Robert 25 (TO-248)
DUFFEY
 Francis 54* (TO-284)
DUGAR
 Everett 35 (CH-415)
DUKE
 John C. 46 (W-54)
 Lewis E. 45* (CH-376)
DUKES
 Ephraim 46* (CH-415)
DULANEY
 Harriet A. 18* (W-45)
 Leroy 30* (W-121)
 Robert 27* (W-47)
 Woodford 51* (W-48)
DULIN
 Austin 35* (CH-412)
 Edward G. 39 (CH-407)
 Lot W. 32 (CH-389)
 Mary 73 (CH-402)
 Rice 41 (CH-412)
 Robert 35* (CH-450)

DUNAVAN
 C. T. 52 (m) (W-59)
DUNCAN
 Alex J. 50 (CH-460)
 Alford 30 (W-97)
 Benjamin 40 (LO-121)
 Caroline 24* (LO-15)
 Coleman 32* (LO-90)
 Daniel 48* (B) (LO-57)
 Daniel? 55 (LO-58)
 Dillard 55 (LO-61)
 Edmund 63* (W-44)
 Ephraim 29 (LO-114)
 Ferdinand 14* (LO-19)
 H. J. 38 (m)* (SI-28)
 J. D. 35 (m) (W-44)
 James 28 (LO-30)
 James A. 23 (LO-121)
 Jas. M. 64 (LO-1)
 John 60* (TO-246)
 John 73* (LO-121)
 John Q. 25* (LO-103)
 Martha 49 (LO-109)
 Martin 45 (W-105)
 Mary A. 15* (W-39)
 R. C. 50 (m)* (LO-4)
 Robert 28* (LO-103)
 Sanford 64 (SI-70)
 Thomas 40* (LO-114)
 William 20* (LO-66)
 William 24* (LO-121)
 William 26 (LO-109)
 William 26* (LO-123)
 William 41 (TO-259)
 William 68* (LO-37)
 William E. 29 (W-45)
 Zachariah 66 (TO-266)
DUNHAM
 John S. 41 (W-94)
 Lemuel P. 4* (W-67)
 Mary 66* (W-82)
DUNKERSEN
 Robert 50 (CH-360)
DUNKERSON
 Chas. 50* (B) (CH-487)
DUNN
 Benj. F. 30* (LO-55)
 Bowling 45* (LO-39)
 Darcus 74* (LO-122)
 Dolphin 14* (W-16)
 Edward 76* (LO-60)
 Edwin 50 (LO-59)
 Edwin 76* (LO-59)

Index

DUNN
 Grey B. 46 (LO-14)
 Harrison 36 (W-17)
 J. B. 46 (m) (LO-120)
 Jackson L. 40 (TR-338)
 James 21* (CH-456)
 James 24* (CH-450)
 James 26* (CH-365)
 John 27 (TR-347)
 John 39 (SI-5)
 Josh 25* (LO-59)
 Josiah 25* (LO-55)
 Josiah 25 (TR-334)
 Lewis 26* (LO-40)
 Lewis H. 44 (LO-52)
 R. R. 48 (m) (SI-2)
 S. 40 (f)* (SI-11)
 Spencer 46 (W-123)
 William 21* (TR-334)
 William 38* (TR-343)
DUNN?
 Lewis 35* (LO-123)
DUNNAVAN
 Davis H. 34* (CH-421)
 Mary 56 (CH-419)
 Wm. H. 17* (CH-485)
DUNNAWAY
 Mary A. 8* (TR-373)
DUNNING
 Alexander 25* (TR-316)
 Emeline 21* (TR-313)
 Etherington 53 (CH-474)
 Gatland 27 (CH-481)
 Irey 23 (CH-467)
 John 18* (CH-473)
 Jonathan 52 (TR-316)
 Levi 52 (TR-314)
 Margaret 63* (TR-298)
 Nem 29 (m) (CH-454)
 Shadrach 35 (TR-316)
 T. 56 (f)* (SI-40)
DUNSCOMB
 D. Shephard 34 (LO-122)
DUPEY
 R. T. 20 (m)* (CH-426)
DUPUY
 John W. 28 (CH-450)
 Robert J. 20* (CH-487)
 William 85 (CH-393)
 William H. 25* (CH-450)
 Wm. H. 54* (CH-450)

DURHAM
 Henry 64 (CH-492)
 John 30* (TO-240)
 Saml. 24* (CH-456)
 V. C. 42 (m) (W-92)
DURNAL
 J. 35 (m)* (SI-30)
 Mahala 22* (SI-41)
DURREN
 Hardin 23 (LO-96)
DURRETT
 Henry 44 (TO-237)
 Mary 75* (CH-498)
 Richard 38* (CH-401)
 Sarah A. 39* (CH-453)
 William 42 (TR-362)
DUVAL
 America 18* (LO-54)
 Samuel 65 (B) (LO-32)
DUVALL
 Caroline 10* (CH-461)
 Claudius 82 (LO-113)
 Dennis P. 33* (LO-111)
 Felix G. 44 (LO-57)
 Jacob 22 (W-13)
 Joseph 32* (LO-110)
DYE
 Abram 57* (W-77)
 Isaac 45 (SI-16)
 John S. 9* (W-78)
DYENS
 Henry 32 (TO-232)
 Hugh 57 (TO-237)
DYER
 Alfred B. 33 (TR-325)
 Anderson 45 (TR-311)
 Elleanor 73* (TO-210)
 George J. 21* (TR-333)
 Joel 60* (TR-333)
 John J. 29 (TR-325)
 Martha 64 (TR-322)
 Naomi 70* (CH-372)

E

EADES
 J. R. 45 (m)* (LO-69)
 Sally 60* (B) (LO-70)
EADES?
 Samuel 72* (LO-69)
EARLE
 John L. 21* (CH-410)

EARNEST
 Jason? 56? (SI-17)
 R. 72 (f)* (W-5)
 R. H. 11 (m)* (SI-30)
 Wm. 23 (SI-42)
EASLEY
 M. 35 (m) (TO-219)
EAST
 Saml. A. 31* (CH-497)
 William 33 (CH-361)
EATON
 Janus 36* (W-107)
 Lorenzo 29* (W-51)
 Sterling 21* (CH-412)
 Wesley 35 (W-40)
EBLING
 William 25 (CH-415)
ECCLES
 Wm. 31 (SI-18)
EDDINGS
 Abraham 1* (LO-117)
 Agnes A. 30* (LO-12)
 Dulany 49* (TO-242)
EDDINS
 Isaac 38* (CH-392)
EDDY
 John 19* (W-93)
EDERINGTON
 William 62 (TR-311)
EDGAR
 Anna 18* (CH-379)
 Sosia 38 (m)* (LO-113)
EDMONDS
 Ben 24* (TO-243)
 Edwin S. 31* (CH-361)
 James 28* (TR-349)
 John T. 17* (CH-379)
 Stephen 18* (TR-349)
 Wm. A. (Dr) 27* (CH-484)
EDMONDSON
 Thomas G. 61 (CH-402)
EDMONSON
 Chas. 31 (LO-50)
 W. F. 43 (m)* (LO-122)
EDMUNDS
 L. L. 52 (m)* (W-88)
 Newton 17* (TO-252)
EDMUNDSON
 William 50 (W-47)
EDRINGTON
 F. W. 30 (m)* (TO-217)
 Leonidas 27* (CH-452)

- 362 -

Index

EDRINGTON
  Nancy 53 (TO-283)
EDRING_____
  James 57 (TO-240)
EDWARD
  Jackson 24 (TO-214)
EDWARDS
  Adaline 45* (B) (LO-135)
  B. B. 28 (m) (TO-278)
  Barnard 66 (TO-278)
  Benjamin 31 (LO-113)
  Brice 44 (W-117)
  Catharine 34 (W-36)
  Claibourn B. 24 (W-126)
  Clayton 30* (SI-64)
  Ed 21* (TO-241)
  Edward 37 (TO-254)
  Edward 73* (CH-397)
  Edwin 36* (CH-391)
  Elisha B. 26* (TO-254)
  George T. 31 (LO-128)
  Gideon 55 (LO-100)
  Hester 61 (LO-133)
  Howel 46 (TO-199)
  Hugh 25 (SI-60)
  Jacob 34 (LO-101)
  James 13* (W-72)
  James 30 (TO-282)
  James 53* (CH-391)
  John 45 (TR-305)
  John B. 35 (SI-67)
  John B. 39 (SI-53)
  John W. 27* (SI-64)
  Josiah 24 (TO-199)
  Martha F.? 50* (TO-245)
  Mary 43* (LO-70)
  Mary E. 4* (LO-71)
  Nehemian 29 (LO-101)
  Nehemian 70 (LO-101)
  Nicholas M. 52* (CH-431)
  Paulina S. 13* (LO-71)
  Rebecca 33* (LO-71)
  Ruth 40* (CH-417)
  Saml. 31 (CH-438)
  Sophia T. 21* (TR-338)
  Telitha 25* (W-33)
  Thomas 72* (TO-198)
  Thos. J. 29 (CH-397)
  W. 45 (m) (TO-244)
  William 10* (LO-69)
  William 45* (B) (TO-285)
  William 45 (W-126)
  William 53* (LO-69)
  William 79* (LO-42)
  William B. 29* (LO-101)
  William H. 43* (TO-275)
  William L. 24* (TO-233)
  William M. 33 (TO-269)
  William W. 35 (TO-253)
EIDSON
  Hardy 32 (TR-357)
  John 45 (LO-18)
  Mary 81 (LO-18)
  Pleasant 41 (LO-18)
EILERT?
  Charles L. A. 22* (TR-294)
ELDER
  Cyntha A. 39* (TR-352)
  Elizabeth 20* (W-72)
ELGIN
  Frances B. 49 (CH-387)
  George W. 40 (CH-387)
ELI
  Mary A. M. 6* (CH-474)
  May 2* (CH-474)
  Michael 51 (CH-474)
  Taliafero 25 (CH-474)
  Thomas 24 (CH-474)
ELISON
  William M. 25* (TO-251)
ELKIN
  Allen 42* (W-11)
ELLIOT
  Christopher 47 (SI-58)
  Josiah 48 (SI-58)
ELLIOTT
  C. 46 (m) (SI-20)
  Eliza 5* (TR-372)
  Jemima 35* (LO-18)
  John J. 25 (CH-385)
  Joseph P.? 29 (TR-345)
  L. 15 (m)* (SI-57)
  Rezin 57 (CH-391)
  Richd. 33* (SI-57)
ELLIS
  Ann 50* (TO-275)
  Arnold 13* (W-60)
  Bedford 24* (W-37)
  Fanny 15* (CH-423)
  Harvey 26* (B) (W-130)
  Ira 10/12* (TO-237)
  Ira 29 (TR-292)
  J. J. 51 (m) (CH-362)
  James 37 (LO-48)
  John B. 25 (TR-343)
  John M. 26 (CH-425)
  Lizzie 17* (W-35)
  Marion 12* (W-47)
  Mary 55* (TR-362)
  Richard T. 5* (TR-306)
  Thomas 28 (W-43)
  Westley 34 (SI-55)
  William 38 (CH-425)
  William 52 (W-37)
ELLISON
  James 59 (CH-360)
  John 74* (TR-341)
  R. P. 54 (m)* (TO-225)
  Rebecca* (LO-43)
  Robt. 52 (SI-46)
ELLISSON
  Ann E. 22* (TO-240)
ELLLIS
  William 25 (W-44)
ELLNORE
  Peter 27* (LO-48)
ELMORE
  Lucy F. 10* (LO-2)
  Thompson 20* (B) (TR-369)
ELROD
  Elizabeth 60* (W-121)
  H. B. 55 (m)* (W-23)
  Thomas 26* (W-124)
ELY
  Edward 65 (LO-14)
  Jesse 7* (CH-443)
  Richard 14* (TR-341)
  Samuel 54 (LO-122)
ELZE
  Hebley 70 (f)* (TO-198)
EMERSON
  George B. 18* (W-128)
EMERY
  Mary B. 28* (CH-429)
ENGLISH
  Adison J. 26 (CH-456)
ENLOE
  Nathaniel L. 28 (TR-350)
ENLOW
  James 50* (CH-459)
ENNIS
  John W. 23* (W-71)
  W. T. 24 (m) (W-36)
  Willis 33* (W-40)
ENOCK
  S. 28 (m)* (W-21)

Index

EPLEY
 Daniel 42 (LO-119)
 David 35 (LO-38)
 Jacob 78* (LO-131)
 John 47* (LO-120)
EPPERSON
 A. B. 35 (m)* (LO-2)
 Edward 27* (CH-366)
 Samuel V. 34 (W-104)
ERNEST
 Lawron 45 (B) (LO-12)
ESCUE
 Eliza 20* (W-76)
ESKEW
 George 27 (W-85)
ESTES
 Abram P. 39 (W-66)
 Newman 45 (CH-435)
ESTISS
 William B. 33 (TR-336)
ETHERAGE
 Elizabeth 70* (TR-318)
ETHERIDGE
 Nicholas 60 (SI-60)
EUBANK
 J. W. 16 (m)* (SI-24)
EULENS
 Ellen 20* (TR-331)
EVANS
 A.? 46 (m) (SI-15)
 Benjamin 27* (LO-95)
 Henry J. 46 (W-128)
 Hugh 62* (CH-485)
 Isaac H. 50 (CH-368)
 James S. 29 (TR-311)
 John R. 7* (CH-370)
 Jon L. 35* (TR-349)
 M. 38 (f)* (LO-73)
 Malinda 42 (SI-47)
 Susan 56 (TR-335)
 T. 16 (m)* (SI-16)
 Thomas E. 16* (TO-256)
 William S. 42 (CH-427)
 William T. 46* (LO-87)
 Wm. W. 34 (SI-57)
EVERETT
 Epps S. 64 (CH-462)
 Jane 60* (CH-467)
 Nancy 14* (CH-461)
 Wm. H . 30 (CH-489)
EVERHART
 C. A. 30 (m) (W-24)

EWBANK
 R. J. 21? (f)* (SI-4)
EWEN
 H. C. 62 (m) (TO-230)
EWING
 Albert A. 39* (W-122)
 E. M. 60 (m) (LO-135)
 Ellen R. 19* (CH-402)
 Georg W. 43* (LO-65)
 George W. 57 (LO-11)
 Gilson 42* (LO-22)
 Henry 18* (W-19)
 James 18* (TO-278)
 Jas. F. 32 (W-13)
 John H. 36* (W-90)
 Lilburn B. 28 (W-13)
 Margaret 20* (TR-290)
 Thomas W. 28* (W-101)
 William 32* (LO-38)
EZEL?
 William 33* (LO-32)
EZELL
 Amanda M. 14* (CH-439)
 Charles 23 (TR-340)
 Gillam 28 (CH-447)
 Gillam Sr. 50 (CH-448)
 Gillum 22 (TR-340)
 Hansel 20 (TR-343)
 Hansel 48 (TR-340)
 Jane 90* (TR-301)
 Jane __* (TR-332)
 Jason 26 (CH-447)
 Murrell 45 (TR-340)
 Samuel D. 25* (TR-362)
 Slaughter 58* (CH-447)
 Stephen 29 (CH-448)
 William 30 (TR-340)
 William 46 (TR-342)
 Wyatt 25* (LO-33)

F

FAIRBANKS
 William 46* (CH-385)
FALAN
 John 32 (TO-275)
FALDING
 Wm. P. 25* (SI-63)
FALKS
 Edwin 80* (CH-445)
FALLEN
 Joseph 30* (W-69)

William 58* (W-68)
William W. 30 (LO-11)
FANT
 Wm. T. 45 (W-45)
FARANER
 James P. 4* (CH-474)
FARLEY
 Harriet 35 (CH-424)
 Richard E. 35 (TR-377)
 Virginia 28* (CH-401)
FARMBROUGH
 Richard 18* (CH-368)
FARMER
 A. 33 (m) (SI-7)
 Benjamin 35 (CH-411)
 Conrad 74 (SI-12)
 J. 48 (m)* (LO-81)
 J. H. 22 (m) (LO-77)
 Jeremiah 50 (TR-345)
 John 19* (TR-344)
 John 46* (LO-33)
 Mary 48* (CH-475)
 R. 14 (m)* (LO-77)
 William 43 (CH-475)
 Wm. B. 35 (LO-4)
FARRAR
 Alexander J. 45* (CH-430)
 Elizabeth 69* (CH-431)
 George W. 43* (CH-431)
FARRIS
 Dudley 24* (SI-67)
 Dudly 26* (SI-8)
 J. 20 (m)* (SI-19)
 Wesley 18* (SI-69)
 Wililam H. 10* (CH-437)
FARTHING
 C. 25 (m) (LO-73)
 J. 50 (m) (LO-82)
 John B. 33 (LO-93)
 L. L. 58 (m) (LO-77)
 N. 75 (f) (LO-79)
 Reuben 28 (LO-82)
FASSIG
 William 23* (W-121)
FAUGHAN
 Wm. 37 (CH-492)
FAUGHENDER
 George 40 (CH-414)
FAUGHER
 James M. 26 (TR-318)
 William R. 21 (TR-318)

Index

FAULKNER
Alexander 22* (CH-422)
Charles 43* (TR-297)
D. D. 41 (m) (TR-296)
Elizabeth 42* (TR-311)
H. B. 35 (m)* (TR-313)
Henry L. 37 (CH-363)
James 47 (TR-323)
John 33 (TR-326)
John J. 24* (TR-300)
FAULKNER
Lear 25 (m)* (CH-425)
Richard C. 57* (CH-490)
Susan J. 17* (TR-311)
William A. 37 (TR-297)
FAULKS
Evin G. 30* (LO-67)
FAUN
Nancy 48 (TR-369)
William 25 (TR-355)
FAUNTLEROY
Joanna 15* (CH-427)
John 15* (LO-3)
FEAGINS
Edmond 30 (LO-117)
George 69 (LO-117)
Henry 33 (LO-117)
William 53 (LO-117)
FEALAND
James H. 51* (W-89)
FEASTER?
John 58* (LO-4)
FEAZEL
William 47* (LO-67)
FELAND
James 51 (W-92)
Samuel 39 (CH-427)
FELTS
Augusta 17* (LO-27)
George W. 40 (LO-41)
Hannah 38* (LO-33)
James H. 43 (LO-52)
Joseph 65 (LO-2)
Joshua 35 (LO-42)
Nancy M. 15* (LO-26)
Nathaniel 46 (LO-28)
Tabitha 7/12* (LO-41)
Thomas W. 50* (LO-2)
FEMEREZ
Pat 35 (m) (TO-220)
FERGASON
John B. 33* (TO-226)

FERGUSON
James D. 35 (TR-373)
John 29 (CH-437)
John 36 (TR-375)
Jonathan P. 37* (LO-34)
Luke H. 38 (LO-89)
Robert 32* (TR-376)
Robert 60 (LO-100)
Robert B. 49 (TR-374)
Samuel 13* (TR-376)
William D. 40* (CH-417)
FERREL
William 25* (TO-273)
FERRELL
Martin 60 (CH-470)
FERRILL
Henry B. 26 (CH-492)
Obediah 27* (CH-496)
Wm. M. 30 (CH-471)
FETTS
John N. 32 (LO-24)
FIELD
James W. 40 (CH-363)
FIELDING
M. C. 40 (m) (W-58)
FIELDS
Eliza 41 (W-82)
Robert 59 (CH-470)
Robert W. 22 (CH-496)
Wm. 29* (CH-496)
FIERS
Ann 12* (B) (CH-401)
FIGELY
John 37* (CH-485)
FIKE
Charles H. 22* (LO-13)
E. Copeland 30 (LO-9)
FINCH
Adam 65 (TO-242)
Elizabeth 49* (CH-460)
John 42* (LO-11)
Martin 35 (LO-16)
FINISON
James 26* (TR-377)
FINLEY
A. J. 35 (m)* (SI-19)
Elihu H. 42 (LO-66)
Hanna 80* (CH-402)
Henry I. 18* (CH-426)
James C. 68? (SI-19)
John P. 65 (LO-360)
Lucy 47* (CH-376)

Nicholas R. 39 (LO-39)
FINN
J. W. 36 (m) (SI-29)
Abram 31 (SI-44)
D. 41 (m) (SI-8)
E. 65 (f)* (SI-44)
J. 20 (m)* (SI-22)
J. A. 27 (m) (SI-7)
L. 50 (m)* (SI-11)
Peter 38 (SI-43)
Thomas L. 20* (SI-68)
FINNEY
Alex 55* (TO-239)
John 49* (W-99)
Robert 44 (W-124)
FISHER
Anna 73* (LO-70)
Clement 49* (SI-28)
Constant 78* (CH-461)
Frances 63* (TR-291)
John S. 28* (CH-484)
FISK
Robert 38 (TO-232)
FITE
Elijah 65* (LO-9)
FITZGERALD
Caleb 12* (TR-361)
Laton 17* (TR-362)
FITZGEREL
Jonas 23 (TO-261)
FITZHUGH
Mary 29* (LO-113)
Mary 49* (LO-126)
Mary E. 12* (LO-126)
Thomas 7* (LO-121)
FITZPATRICK
Saml. 55 (SI-69)
FLACK
A. B. 40 (m) (TO-229)
Nancy 76 (TO-229)
FLEMING
Beverly 31 (SI-58)
David L. 27 (LO-125)
George 36* (CH-401)
Hazel 33 (LO-107)
John 56 (CH-437)
William 27 (TR-374)
William A. 35 (LO-89)
FLENN
Geo. D. 24 (TO-225)
FLETCHER
Archibald D. 42* (CH-367)

Index

FLETCHER
  Cargil 45 (LO-97)
  James 20* (TR-349)
  James 70 (CH-378)
  Joseph 39 (TR-346)
  Laravus 45 (LO-130)
  William 31* (LO-42)
  William C. 23 (LO-130)
FLIN
  Patrick 40* (CH-410)
FLINN
  James 35 (W-102)
FLINT
  James P. 34* (CH-432)
FLOOD
  Benjamin 27 (TR-329)
  Benjamin 47* (TR-329)
  Joseph 35 (TO-268)
  Thomas 39 (TR-330)
FLORA
  H. 29 (m)* (W-4)
  Henry 24 (W-9)
  Jno. 21 (W-5)
FLORAR?
  Daniel 36 (TR-367)
FLOWER
  Geo. W. 33* (CH-485)
FLOWERS
  Isaac 25 (W-122)
  J. W. 58 (m) (LO-81)
  Jerome E. 24 (CH-442)
  S. 51 (m)* (LO-79)
  Valentine 20* (W-113)
FLOWERS?
  P. J. 42 (m)* (LO-4)
FLOYD
  George W. 25 (SI-30)
  Gideon 28 (W-7)
  Gideon 37 (W-12)
  Lucy 57* (W-59)
  S. 56 (f)* (W-5)
  William 44* (TO-265)
  Wm. 24* (SI-41)
FLURNOY
  Letitia 16* (CH-427)
FOARD
  Robert W. 32 (CH-451)
FOLAND
  R. 33 (m) (SI-16)
FOLEY
  James 70* (W-81)
  Leroy M. 27 (W-81)

FOLKS
  Samuel 38* (W-114)
FOOT
  Tempty 27 (f)* (LO-6)
FORBIS
  Cinthia J. 26* (CH-394)
  James H. 38* (CH-399)
  Samuel 51 (CH-397)
FORD
  Ann 36* (SI-48)
  Ann P. 20* (TR-350)
  Benjamin 50* (SI-68)
  Daniel 25 (CH-474)
  Elizabeth 36 (TR-352)
  Henrietta 32 (SI-65)
  Henry M. 25 (W-76)
  James 50* (CH-450)
  James 62 (W-31)
  Jesse P. 28 (CH-494)
  John 28 (CH-449)
  John 56 (W-108)
  John 66 (CH-440)
  John D. 15* (TR-338)
  Llewellen B. 27 (LO-26)
  Mary A. 27* (CH-482)
  Micajah 81 (CH-447)
  P. C. 45 (m) (LO-133)
  Philip 22* (CH-425)
  Robert 48 (CH-436)
  Sarah 54* (CH-422)
  Sherwood A. 28* (TR-362)
  Susan 15* (CH-423)
  T. W. 39 (m)* (SI-24)
  Thomas 27* (TR-312)
  Thos. 33* (W-34)
  Wm. F. 16* (CH-484)
FOREMAN
  Charity 49 (SI-61)
  Elicta 45* (LO-70)
FORGUERSON
  L. B. 38 (m) (LO-11)
FORGY
  James M. 30 (LO-39)
  William 6 (LO-45)
FORLINES
  George L. 39* (CH-402)
FORT
  Andrw J. 35 (W-108)
  Irvin B. 20 (TR-340)
  James D. 49* (CH-431)
  Laban T. 44 (CH-434)
  Mears P. 26 (TR-344)

FORTNER
  Sarah 53 (LO-50)
  William 32* (LO-107)
FORTSON
  George 23 (CH-372)
  William H. 37 (CH-372)
FOSTER
  A. E. 20 (f)* (SI-12)
  Andrew W. 45 (CH-392)
  Ashley B. 26 (CH-419)
  Askew 51 (W-55)
  Benjamin 24* (LO-134)
  Daniel M. 33* (CH-364)
  E. 58 (f)* (SI-11)
  Elizabeth 66* (W-105)
  Ephram H. 33* (CH-485)
  Frances 15* (LO-61)
  Francis 19* (LO-58)
  Frank 33* (TO-235)
  George W. 29 (CH-407)
  Harriet M. 53* (LO-108)
  J. G. 39* (TR-336)
  J. W. 48 (m) (SI-18)
  James 38* (CH-371)
  James 60 (B) (LO-104)
  James A. 32 (CH-389)
  Jane 57 (LO-89)
  John 68 (TO-235)
  John H. 54 (CH-433)
  Robert 30* (TO-219)
  Robert 41* (LO-94)
  Robert O. 38 (CH-407)
  Sarah J. 23* (CH-497)
  Tandy H. 27 (m) (TO-235)
  Thomas 20* (LO-95)
  Thomas 46 (LO-115)
  Virginia H. 23* (CH-378)
  Wm. 50* (SI-55)
  Wm. W. 43 (SI-54)
FOULKS
  Dennis 29 (LO-87)
  Ezriel 28* (LO-135)
  Joseph 63* (LO-131)
FOURGERSON
  Sarah 12* (LO-10)
  Threatt 36* (LO-13)
FOURGUERSON?
  Martha 19* (TO-222)
FOURTH?
  Carrol 22 (W-104)
FOWLER
  Mordecai 72* (TR-317)

Index

FOWLER
  Williams 43 (TR-319)
FOX
  Arthur 50* (W-52)
  Chs. M. 27 (m)* (TO-219)
  Elizabeth 61* (TO-220)
  Frank 27 (TO-245)
  George W. 58 (CH-429)
  Henry 38 (W-19)
  James W. 23 (CH-411)
  Jesse 48* (CH-411)
FOX
  John 39 (TO-219)
  N. 54 (m) (TO-217)
  Saml. T. 23 (CH-436)
  Thomas 22* (TO-197)
  William 28* (TR-365)
FRANCE
  Susanna 60 (TO-211)
  William 48 (TO-246)
FRANCES
  James 24 (TO-205)
  Levina 75* (TO-203)
  Mary 20* (W-58)
  NAncy sr. 64 (TO-205)
  Peter 21 (TO-214)
  William 28 (TO-203)
FRANCIS
  Hayster? 55 (m) (TR-301)
  Henry 54 (TR-341)
  John 60 (TR-343)
  Josiah 34 (TR-342)
  Levi 35 (TR-341)
  Levi jr. 35 (TR-343)
  Levy 57 (m)* (TR-343)
  Wiley 24* (TR-342)
  Wiley 47 (TR-339)
  William 46* (CH-461)
FRANKLIN
  Calvin W. 28 (TR-373)
  Elizabeth 14* (TO-212)
  Lewis 10* (CH-493)
  Mary 36* (CH-446)
  Sophrona 13* (LO-71)
  Sylus sr. 49 (TR-373)
  William 17* (LO-69)
FRANSWAY
  John 19* (W-19)
FRASER
  Alex J. 38* (CH-434)
FRASIER
  Alxr. 57 (W-49)

FRAYSER
  Hugh B. 33 (CH-390)
  John W. (Dr.) 32* (CH-433)
FRAZER
  James M. 31 (TO-278)
FRAZIER
  J. C. 69 (m)* (TO-234)
  James 18* (LO-114)
  T. H. 41 (m) (TO-232)
FRAZZILE
  Joel 47 (LO-129)
FREEHART
  Betsy 76* (B) (LO-70)
  Emerine 54* (LO-70)
  Hannah 46* (LO-70)
FREEMAN
  H. 33 (m)* (LO-1)
  Henry 47 (LO-8)
  John 48 (W-128)
  John P. 57 (LO-23)
  Lucy 73 (CH-455)
  Mildred 17* (LO-3)
  Moses B. 59* (CH-443)
  Walter 31 (W-107)
  William 36 (TO-244)
FRENCH
  Edward P. 20* (CH-392)
  Elizabeth D. 25* (CH-367)
  J. 27 (m) (W-2)
  J. 36 (m)* (W-2)
  Mildred 14* (LO-92)
  Umphrey 38* (W-25)
FRESH
  Benjamin 26* (LO-19)
  Nicholas 73 (LO-18)
FREY
  Henry V. 42 (LO-77)
FRICKS
  Ann 36* (TR-369)
FRIEND
  J. 14 (m)* (SI-54)
FRIGBY
  M. A. 25 (m) (TO-222)
FRISBEY
  Manthan 26* (CH-456)
FRIST?
  John F. 23* (LO-133)
FRITH
  William M. 42 (CH-456)
FRITZ
  David 23 (CH-393)
  John G. 23 (CH-388)

  Michael 58* (CH-390)
  Solomon 47 (CH-393)
FRIZELL
  D. C. 20 (m)* (SI-60)
  Francis 59 (TR-360)
  Francis M. 26 (TR-351)
  Reuben 25* (TR-351)
  Solomon 49* (TR-362)
FROMAN
  Benjamin 55 (TR-310)
FRPST
  John J. 35* (LO-15)
FRUIT
  James S. 40* (CH-482)
  John G. 34 (CH-386)
FRY
  John 43 (LO-79)
  Lucinda 25* (LO-130)
FRYAR
  Richard 17* (W-34)
FULCHER
  Alex 67 (TO-220)
  Allen 55* (CH-381)
FULKS
  Rufus 26 (W-111)
FULLER
  Danl. 42 (CH-489)
  Danl. 81 (CH-495)
  Elvira 10* (W-44)
  Geo. H. 34* (CH-492)
  Leonard W. 37 (TR-349)
  Nancy 62 (TR-351)
  Robert K. 28 (CH-495)
  Thomas 37 (CH-495)
  William 54* (CH-495)
  William C. 32 (CH-472)
  William D. 34* (CH-427)
  Wills 24* (TR-332)
FULZENLOGER
  Joseph 17* (LO-69)
FUNK
  Leroy 45 (LO-38)
FUQUA
  Aaron 31* (LO-1)
  Aaron sr. 74 (LO-12)
  Alex J. 30* (CH-432)
  F. M. 25 (m)* (TR-300)
  John A. 32 (LO-11)
  Julia 54* (TR-360)
  Matthew H. 43 (LO-36)
  Moses 30* (LO-23)
  Nath. 29 (LO-1)

Index

FUQUA
  Saml. 43 (LO-4)
  Sophia 41* (LO-72)
  Thomas J. 27 (CH-432)
  W. L. 24 (m) (TR-322)
  William J. 20* (TR-361)
FURGUSON
  Ann 54* (CH-439)
  Ben L. 46* (SI-32)
  Elizabeth M. 20* (W-109)
  Mary 48 (W-40)
  Paul 50 (W-39)
FURLOW
  David 25 (CH-403)
  John 45 (CH-409)
FUTRELL
  Charity 73 (TR-366)
  Dallam 30 (m) (TR-354)
  Hansel 52* (TR-348)
  James E. 22* (TR-348)
  Joel 48* (TR-352)
  Joel C. 25* (TR-364)
  John 66 (TR-364)
  Martha 34 (TR-364)
  Perry 35 (TR-363)
  Rex 49* (TR-366)
  Shadrick 46 (TR-364)
  Shadrick jr. 23 (TR-365)
  Solomon D. 30 (TR-364)
  Thomas 56 (TR-354)
  Thomas jr. 40 (TR-365)
  William 34 (TR-364)
  Winborn 22 (TR-365)
  Winborne 59 (TR-363)

G

GAINES
  Amanda M. 19* (W-23)
  Ann F. 50* (TR-307)
  Charity 40* (W-114)
  Franch 15* (W-46)
  James H. 38 (SI-33)
  John W. 29 (TR-307)
  Martha 15* (CH-423)
  Nancy 48* (W-74)
  Saml. B. 28* (W-57)
  Thomas B. 39 (W-45)
  Thomas R. 31* (W-54)
  Walter W. 24 (W-95)
  William F. 53 (LO-103)
  Wm. 61 (SI-33)

GAINS
  Asa 30 (TO-269)
  Marion 37 (SI-32)
  Pendleton 39 (SI-32)
  Recy R. 26* (TO-269)
GAINSTEAD
  Elizabeth 100 (TO-227)
GAITHER
  William N. 29 (TR-300)
GALASPIE
  Matthew 73 (SI-54)
  N. 31 (m) (SI-15)
  S. 33 (m)* (SI-15)
  Wm. 35* (SI-16)
GALBRAITH
  Duncan 67* (CH-368)
  Elizabeth 19* (CH-371)
  Grisilla 45* (CH-368)
  Henry 53 (CH-429)
  John B. 26 (CH-367)
  Maria 52* (CH-370)
GALESPIE
  John 40* (SI-63)
GALLAHER
  Emily 31* (LO-3)
GALLIWAY
  M. L. 36 (m) (W-62)
  Thomas 63 (W-62)
GALLOWAY
  James M. 32 (W-94)
GAMBILL
  Henry L. 25* (TR-377)
  T. 55 (m) (LO-72)
GAMBLE
  Andrew 66 (CH-395)
  David Q? 23 (CH-396)
  James S. 26 (CH-395)
  Samuel 20* (CH-419)
GAMBOL
  Lear 44 (f)* (TR-368)
GAMMEL
  David 42 (SI-36)
GAMON
  Harris B. 8* (CH-380)
GANT
  Archibald 68 (CH-484)
  Joseph K. 23* (CH-484)
GARDNER
  Daniel 53 (W-100)
  George 60 (TR-294)
  George 67 (CH-369)
  Jacob 24 (TO-231)

  Josiah S. 33* (TR-291)
  O. G?. 36 (m) (TR-296)
  Thomas W. 10/12* (LO-24)
GAREY
  Robert S. 52 (CH-442)
GARLAND
  John 66* (W-94)
  Margaret 37* (W-95)
  Robert 65* (W-91)
  Robt. F.. 24 (m)* (SI-45)
  Thos. R. 42 (W-69)
GARMON
  Isaac 38* (W-119)
  Jacob 56 (W-106)
  James 24 (W-118)
GARNDER
  Robert 50* (SI-51)
GARNER
  James O. 5* (CH-434)
GARNETT
  Benjamin C. 39 (CH-379)
  Casandria 43* (TO-253)
  Charles W. 25 (TR-333)
  Elbridge B. 38 (CH-379)
  Elizabeth 56 (TR-331)
  Elkanah 26 (TR-310)
  James 63* (TR-331)
  James G. 38 (TR-330)
  Lucinda 53* (CH-424)
  Richard __* (LO-135)
  Robert 34 (TR-331)
  Thomas 43 (TR-331)
GARRARD
  James A. 31 (TO-279)
  Jas. D. 54 (TO-251)
GARRET
  James 37 (TO-258)
  Mary 67* (TR-376)
GARRETSON
  Jane 70* (LO-127)
GARRETT
  David 30 (SI-61)
  J. M. 30 (m) (SI-32)
  James 38* (SI-61)
  Jo H. 23 (SI-32)
  John 43 (SI-60)
  Joseph 28 (SI-61)
  Neomi 39 (SI-37)
  Pleasant 16* (TO-210)
  Retus? 61 (SI-13)
  Richard 27* (LO-67)

Index

GARRISON
Caleb 33 (W-122)
Calvin A. 50 (W-66)
E. 42* (SI-22)
G. 17 (m)* (SI-13)
John M. 34 (W-82)
Saml. Y. 52 (W-72)
GARROTT
Isaac 57* (CH-366)
Pleasant B. 47* (CH-366)
Robert W. 28 (CH-366)
GARTH
Elizabeth 40 (TO-234)
Emma 14* (TO-244)
Linus? 23 (TO-219)
P. L. 41 (m)* (TO-207)
GARTON
John J. 23* (CH-433)
GARVIN
Rufus 21* (TO-251)
GARY
George C. 24 (CH-455)
William 21* (CH-377)
GARY?
Elridge 15* (LO-19)
GASTON
W. 33 (m)* (LO-77)
GATES
H. S. 27 (m) (W-3)
Jas. 50 (CH-444)
John 48 (TO-264)
Joseph 40 (TO-271)
Mary 75* (W-10)
GATEWOOD
F. 74 (W-53)
Martha A. 10* (TR-316)
Nancy 60 (LO-93)
Rebecca 37 (LO-95)
GATHAM
Aza 18 (m)* (TO-203)
GATTON
T. B. 24 (m)* (W-25)
GAUL
Elizabeth 40 (TO-219)
GAULTNEY
Spencer 51 (W-82)
GAUTIER
Francis 36 (LO-88)
John 59 (SI-2)
GAUTIN
Nicholas 20* (LO-130)

GAY
John 50* (CH-456)
Levina 40 (TO-260)
GEE
Anderson 49* (TR-358)
Anderson 56* (CH-449)
Henry 54* (CH-449)
Hiram 45* (LO-131)
John A. 24 (CH-449)
Sack H. 34* (W-114)
William 24 (TR-358)
William 39 (W-96)
GENTRY
Haden 34 (CH-486)
GENTRY?
Chas. H. 33 (TO-245)
GEORGE
Mary 42* (W-34)
Tennessee 28 (f)* (TR-349)
GEREL
Robert Y. 19* (CH-372)
GERHAM
George 29 (LO-56)
GERHARDSTEIN
Andrew 29 (W-27)
GERVIN
L. J. 36 (m) (LO-81)
GETER
Jeremiah C. 23* (CH-364)
Mathew 27* (TO-232)
Robert 23 (TO-232)
GHOLSON
James 73 (CH-429)
GIBBS
Ann A. 12* (LO-124)
Caroline 18* (TO-227)
Elizabeth 34 (LO-124)
Frank 19* (LO-123)
G. W. 28 (m)* (TO-210)
George B. 34 (LO-120)
George W. 32 (W-97)
Jane 15* (LO-124)
Jessee 27 (SI-53)
John 21* (LO-36)
John 28 (W-98)
Luranna 34 (LO-123)
Macklin 64* (W-97)
Malisa 18* (LO-124)
Mary 55 (SI-59)
Milton W. 27* (LO-132)
Perry 32 (TO-287)
Rachael 18* (LO-68)
Thomas 48 (LO-42)

William S. 19 (LO-124)
GIBSON
Abigail 75* (TO-203)
America S. 25* (CH-494)
Ewing 37* (TO-214)
George S. 56 (W-116)
Henry E. 50 (TR-375)
James M. 35 (TO-214)
John 40 (SI-43)
John 49 (SI-8)
John S. 62 (TO-224)
John T. 26 (TO-224)
Meridith 62 (CH-494)
Nick 67 (TO-224)
Preston 37* (CH-384)
Smith 31* (TO-202)
Thompson 23 (TO-213)
Vincent 38 (SI-38)
William 40* (TO-224)
William A. 30 (TO-209)
Young 45* (TO-223)
GIFFORD
John R. 36 (CH-452)
GILBERT
A. H. 60 (m) (LO-78)
Irvin 32 (TO-265)
John 41 (TO-267)
John 42* (SI-16)
John M. 33* (LO-66)
Martha 75* (LO-4)
Michael 22* (TO-207)
Micheal 44 (LO-51)
Miles G. 45* (LO-89)
Ocar? 27* (LO-50)
Presley 30 (LO-133)
Saml. 46 (SI-16)
Sarah 67 (TO-267)
Silas 51 (LO-10)
Thomas 45? (LO-16)
William 33 (LO-72)
GILES
Jessee 58 (CH-437)
Mary J. 12* (CH-485)
GILFEY
James 46 (TR-293)
GILKEY
James W. 35 (CH-483)
Jas. W. sr. 70* (CH-483)
Johnathan 42 (CH-483)
Mary 68* (CH-483)
GILKY
Thomas 23 (CH-409)

Index

GILL
  Coleman 44 (TO-287)
  Felton 36 (LO-97)
  Harriet 47* (LO-70)
  James 28 (TO-231)
  James 34* (TO-285)
  Johnathan 19 (CH-479)
  Joseph 33 (LO-100)
  Lettitia 35* (TO-287)
  Milton 30 (TO-287)
  Samuel 26* (LO-101)
  Sarah 64 (LO-101)
  W. W. 20 (m)* (TO-273)
GILLAM
  Amos 56 (CH-495)
  Ephram 43 (LO-50)
GILLATT?
  H. 25 (f)* (SI-21)
GILLEHAN
  William 32* (TR-376)
GILLEM
  Eliza 84* (LO-56)
GILLIAM
  Hiram 45 (LO-117)
  Isabella 40* (TO-210)
  John B. 40 (LO-15)
GILLILAND
  J. R. 43 (m)* (SI-39)
GILLINN
  Fred 28 (TO-228)
  M. W. 34 (m) (TO-229)
GILLISPIE
  Polly 70* (TO-205)
GILLS
  Betsy 14* (B) (W-57)
GILLUM
  Chas. P. 52* (LO-51)
  Elisha D. 46 (TR-340)
  Henry L. 50 (LO-15)
  James D. 36* (CH-433)
  James E. 45 (LO-18)
  John L. 24 (LO-16)
  Nancy 69* (LO-56)
  Sarah 81* (TR-340)
  Syal? 44 (m) (LO-56)
  William F. 33 (LO-16)
GILMER
  Joseph 71 (LO-37)
  Nicholas M. 74 (CH-375)
GILMORE
  Andrew 45 (W-83)
  Andrew 65* (W-85)

  Caroline 23* (W-82)
  James L. 43 (W-100)
  Joseph P. 40 (W-115)
  Mary 44 (W-125)
  Ritta 50 (W-84)
  Samuel 38 (W-120)
  Thos. D. 35* (W-11)
GIMBLIN
  A. 21? (m) (SI-1)
  R. 22 (m) (SI-1)
GIPSON
  Benjamin 48 (SI-64)
  J. 61 (m) (SI-21)
  Moses 45 (LO-5)
  S. M. 25 (m) (SI-15)
GIRAND
  Elizabeth 50 (CH-439)
GISH
  Danl. J. (Dr) 33* (CH-485)
  Doct. Jacob 30 (CH-486)
GITHENS
  John 25 (W-30)
GIVENS
  Samuel C. 43 (LO-129)
GLADDISH
  Emily L. 37* (W-37)
  Wm. M. 44 (W-50)
GLADISH
  Maston L. 37* (LO-27)
GLADWELL
  Jane 22* (LO-91)
GLASCOW
  Samul 65* (LO-60)
  William 30 (LO-60)
GLASGOW
  Saml. 65* (LO-59)
  Saml. B. 25* (LO-59)
  Samul B. 25* (LO-60)
  Wm. 30* (LO-58)
GLASS
  David 67 (CH-425)
  James 38 (W-53)
  Jas. M. 22* (CH-487)
  Jas. O. 22* (CH-453)
  John P. 27 (CH-487)
  Wm. A. 23* (CH-486)
  Z. 59 (m)* (CH-486)
GLASS?
  Charles 28 (TO-247)
GLASSCOCK
  Alzira 25* (W-105)
  Walter W. 47 (W-98)

  _____ 28 (m) (TO-254)
GLENN
  George F. 50 (TO-258)
  Leander M. 25 (TO-263)
  Peter 36 (W-51)
  Peyton W. 54 (W-126)
  R. E. 40 (m)* (TO-244)
  William 23* (TO-288)
GOAL
  Fredonia 14* (TO-210)
GOALEY
  John 32 (TR-340)
  Robert W. 22 (TR-340)
GODDARD
  John W. 51* (LO-110)
GODDEN
  Mary 21* (CH-427)
GODDIN
  James 55 (CH-383)
GOFF
  Isaac A. 19* (W-12)
  Jane 12* (W-9)
GOGGINS
  Mary 60 (TO-284)
  William 25* (TO-284)
GOIN
  Armstead 23* (TO-203)
GOLLADY
  Jacob S. 30* (LO-130)
  Samuel 54 (TR-332)
GOOCH
  Elijah 27* (CH-486)
  G. W. 23 (m) (TO-232)
  H. G. 49 (m) (LO-76)
GOOD
  John H. 56 (CH-497)
  Prince 85* (B) (TR-305)
GOODALL
  Alexander C. 39* (CH-423)
  Parks 53* (LO-45)
GOODBREAD
  Thomas 26 (W-36)
GOODCUM
  James R. 28 (W-73)
GOODE
  Benjamin M. 49 (TR-299)
  John 25 (TR-295)
  Mary J. 17* (TR-307)
  S. V. 59 (m)* (W-64)
  William 15* (TR-291)
GOODEN
  Edward R. 27 (LO-114)

Index

GOODHEAD
  Joseph 33 (W-67)
GOODHOPE
  Anna 75* (B) (LO-70)
  Rachel 50* (LO-71)
GOODHOUSE
  John 30* (W-92)
GOODLETT
  E. E. 69 (m)* (SI-24)
GOODMAN
  C. C. 26 (m)* (TO-282)
  Eli 28 (W-97)
  Henry 35 (CH-422)
  John 24* (TO-287)
  Sally 19* (TO-198)
GOODNIGHT
  Isaac 66 (W-91)
GOODRUM
  James 53 (W-97)
  John 31 (W-96)
GOODSELL
  F. E. 41 (m)* (W-122)
GOODWIN
  Chas. H. 9?* (CH-467)
  G. G. 34 (m) (TR-300)
  Harrison W. 32 (TR-300)
  John 66 (TR-302)
  John sr. 60 (W-104)
  Joseph 53 (CH-463)
  Mary F. 13* (TR-294)
  Perry 36* (W-22)
  Robert S. 39 (TR-301)
  Samuel 64 (TR-300)
  Sarah E. 7* (CH-459)
  William C. 31* (TR-302)
GORDAN
  Jane 62* (B) (LO-70)
GORDON
  Alexander 31 (LO-3)
  Andrew 34 (TR-367)
  Beverly 32 (m) (TO-261)
  George W. 44 (TO-254)
  H. H. 34 (m) (TO-278)
  James 58 (W-125)
  Joannah H. 40* (CH-446)
  John 63 (TO-254)
  Joseph 73 (CH-370)
  Samuel 60 (CH-375)
  Sarah 40 (TO-254)
  Thomas 28 (LO-21)
  William G. 69 (CH-394)
  William O. 27* (CH-370)

GORDON?
  Joseph 69 (TO-254)
GORE
  Eleazer 35 (TR-361)
  James T. 26* (TR-332)
GORHAM
  Derious 21* (LO-115)
  Elijah 49 (LO-20)
  Gladden G. 39 (LO-55)
  James 33 (LO-60)
  Joshua 64 (LO-15)
  Nancy 63 (LO-20)
  Shelby 37 (LO-8)
GORIN
  Allen 24* (CH-421)
  Jno. 59* (W-23)
  John 54 (LO-127)
  Presley Ella 17* (LO-87)
  W. H. 21 (m)* (TO-208)
GORREL
  David F. 17* (TO-266)
  Thomas T. 34* (TO-266)
GORRELL
  Abram B. 32* (TO-279)
  Jacob 53 (TO-250)
  Jacob V. 12* (TO-251)
  Jno. B. 36 (TO-289)
  John B. S. 29 (m) (LO-121)
  Virginia 6* (TO-264)
  W. S. 20 (m)* (LO-121)
  William 46* (TO-266)
GOSSEM
  Thomas B. 45 (W-113)
GOSSETT
  John 38* (SI-3)
GOSSOM
  S. A. 41 (m) (W-107)
  William 76* (W-123)
GOTT
  John 22 (W-125)
  Jonathan 53* (W-71)
  M. P. 26 (m)* (W-66)
  Palmer S. 23 (W-67)
  Reese 37 (W-20)
  Richard 57 (W-125)
  Simon P. 30 (W-113)
  Sutton 86* (W-125)
GOUGH
  Churchill 26* (LO-87)
  Joseph H. 28 (LO-107)
  Sylvester 30 (LO-114)
  Zach 75* (LO-56)

GOWEN
  John B. 38 (CH-423)
GOWLY
  Saml. F. 30 (CH-439)
GOYER
  David 48* (W-12)
GRABLE
  J. W. 46 (m) (LO-127)
  Samuel J. 30 (CH-392)
GRACE
  Alfred 38 (CH-416)
  Clement 62 (CH-418)
  Divinah 52 (CH-411)
  Elliott 35 (TR-373)
  George 63* (TR-375)
  Henry 35 (CH-417)
  Irvan 37 (CH-412)
  John H. 30 (CH-414)
  Joseph 54* (CH-416)
  William 45 (CH-415)
  William D. 37* (TR-377)
  Wm. 19* (CH-485)
GRADY
  Benjamin 33 (TO-226)
  James 35 (TO-233)
  James R. 40* (TO-275)
  R. T. 36 (m)* (TO-232)
  Rebecca 7* (TO-255)
  Reuben 68* (TO-255)
GRAFFALD
  Modest 34 (m)* (W-99)
GRAHAM
  A. W. 51 (m)* (W-23)
  Alexr. 37 (W-21)
  Chaney 70 (f)* (B) (TO-274)
  David 20* (B) (TO-246)
  Eli 37 (LO-129)
  Ellen M. 16* (W-23)
  Ely 75 (LO-41)
  Jane 46* (TO-275)
  Jane 54 (W-28)
  Jas. A. 22* (W-1)
  Jas. M. 42* (TO-269)
  John 19* (W-13)
  John H. 49* (W-59)
  Levi 52 (LO-39)
  Martha 57 (LO-119)
  Robert 23 (LO-39)
  Robert 47 (W-11)
GRAHAM
  Robert 53 (W-75)
  Samuel 27* (TR-376)

Index

GRAHAM
  Sandy 45* (B) (TO-270)
  Seth T. 26 (LO-39)
  Thomas B. 44 (LO-41)
  Thomas P. 46 (TO-218)
  W. E. 28 (m)* (TO-243)
  Wm. E. 54 (W-23)
GRAHAMS
  Will E. 26* (TO-244)
GRAINGER
  Frances 46 (B) (W-80)
  H. 33 (m) (SI-15)
  J. 42 (m) (SI-29)
  James 12* (B) (W-80)
  Jerry H. 40 (SI-35)
  Lucy 30 (B) (W-79)
  Maria 58* (B) (W-74)
  Mary 53* (B) (W-79)
  Samuel 32* (B) (W-79)
  William 24* (LO-92)
GRAMLING
  John 26 (W-101)
GRANGER
  Anderson 48* (B) (W-63)
  Catoe 40* (B) (CH-426)
  Henry D. 46 (LO-51)
GRANT
  George 35* (TO-286)
  Milton 15* (CH-398)
  William 27* (TR-344)
GRASTY
  Gordon B. 28 (TR-321)
  John M. 44* (TR-322)
  Lucinda 52 (TR-321)
  Sharshall 53 (TR-321)
GRAVES
  Caswell 49* (TO-231)
  Elizabeth 40* (SI-11)
  Elizabeth A. 46 (CH-491)
  Joseph P. 57* (CH-490)
  Mary J. 28* (LO-70)
  Nathan 46 (SI-56)
  Robert N. 25 (CH-490)
  Sarah 45* (SI-20)
  Thomas C. 50 (TO-241)
  William 35 (TO-230)
GRAVIL
  D. 57 (m) (W-7)
  Jno. 31 (W-7)
GRAY
  Daniel 41* (CH-387)
  Dick 38 (B) (TR-309)
  Georg W. 40 (LO-68)
  James 32 (CH-420)
  James 45 (CH-412)
  John 76 (CH-383)
  John P. 27 (TO-240)
  Joseph 27* (LO-134)
  Martha 14* (TR-313)
  Mary S. 15* (LO-118)
  Mary T.? 14* (TO-250)
  Moser J. 44 (SI-65)
  Moses S. 20* (CH-447)
  N. E. 42 (m)* (CH-423)
  Rezin D. 30 (m) (CH-383)
  Samuel A. 22* (TR-354)
  Sarah 47* (LO-70)
  Stephen 75 (TO-271)
  Stephen W. 36 (TR-297)
  W. W. 25 (m)* (CH-486)
  William 41 (TO-270)
  William C. 53* (CH-387)
  Wm. 10* (CH-494)
  Young E. 48* (CH-387)
GRAYSON
  John 62* (LO-6)
  William J. 28 (LO-21)
  Willis 23 (LO-21)
GREAM
  George W. 53 (TR-312)
GREAR
  Warren 35 (TO-266)
GREATHOUSE
  Josiah 47 (W-86)
  Rebecca 16* (W-86)
  Samuel B. 38 (W-126)
  Samuel sr. 82 (W-124)
GREATHUOSE
  John 40 (W-120)
GREEN
  Allen 16* (TR-344)
  Allen 24* (LO-100)
  Amstead A. 39* (CH-432)
  Ann F. 52* (CH-379)
  Charles 30* (SI-69)
  Charles B. 18* (CH-431)
  Charles P.? 23* (CH-429)
  Edward H. 45* (CH-365)
  John R. 33 (CH-490)
  John S. 62 (SI-63)
  Littleberry 28* (CH-392)
  Malinda A. 44 (W-103)
  P. 16 (m)* (LO-51)
  Reuben 9* (B) (TR-305)
  Thomas 30 (CH-363)
  Thomas H. 60* (CH-498)
  Warren 45 (TR-339)
  William C.M.G. 53 (LO-29)
  Wilson 54* (LO-50)
GREENFIELD
  James 30 (TO-281)
  John 41 (TO-209)
  M. H. 62 (m) (TO-213)
  William 29 (TO-280)
GREENHILL
  ____ 21 (m)* (CH-375)
GREENWADE
  Isaac 29* (TR-334)
  John 54* (TR-331)
GREENWALL
  Morice 14* (TR-300)
GREENWOOD
  Jas. C. 50* (CH-443)
  William M. 36 (CH-432)
  Wm. H. 21 (CH-443)
GREER
  Amos 49* (LO-13)
  D. 12 (m)* (SI-13)
  Jane 14* (LO-71)
  Jas. 16* (CH-485)
  John 8* (LO-2)
  Johnathan 48 (CH-460)
  S. 42 (m) (SI-1)
GREGORY
  Benjamin 26* (CH-387)
  Isham 45 (CH-450)
  John 25 (TO-245)
  M. F. 30 (f)* (SI-54)
  Obediah 55 (TO-245)
  Philip 55* (CH-387)
  Richard 22* (LO-9)
  S. 54 (f) (CH-362)
  Susan 48* (W-13)
  Thos. W. 21* (CH-450)
GRENLOR?
  William 78* (CH-496)
GRESHAM
  Archibald 40 (CH-442)
  Fleming 27* (CH-461)
  Joel 52* (CH-462)
  Saml. 43 (CH-460)
  Wiley 45 (CH-489)
GREY
  B. Edward 40* (CH-488)
  John C. 35* (LO-134)

Index

GREY
William 17* (W-103)
GRICE
William 28* (LO-124)
GRIDER
Henry 54 (W-76)
John 24* (W-22)
John 61 (W-12)
Sally 45 (W-26)
GRIFFEN
Arthur 27 (TR-363)
Joseph 22* (TO-222)
GRIFFEY
George 63 (CH-429)
GRIFFIN
Andrew J. 47 (TR-368)
Bird 55 (CH-435)
Calvin 14* (SI-45)
G. W. 48 (m) (TO-228)
James 38 (TO-199)
Jason W. 26* (CH-388)
John 29* (TR-373)
Joice 75 (TO-199)
Jones 34 (CH-464)
Lucy 17* (CH-381)
Martha S. 80* (CH-388)
Mary 81* (TR-349)
Samuel 36 (CH-362)
Weldon P. 31 (CH-431)
GRIFFY
James 65 (LO-45)
GRIGSBY
Gideon 35* (TO-284)
Jesse 43 (TR-330)
GRIMES
Elias 29 (W-52)
James 36 (LO-96)
Jas. 42 (W-8)
John 44 (LO-95)
GRIMSLEY
David 76 (W-100)
James 40 (W-100)
Shelton 33* (W-101)
GRINTER
Francis 66* (LO-88)
James 31* (LO-116)
James P. 50 (LO-116)
John 66 (LO-115)
John C. 23* (LO-62)
Mary 44* (LO-114)
Samuel 52 (LO-115)
Samuel A. 40 (CH-374)

Thomas H. 26* (TR-293)
GRISHAM
Henry 28 (TO-261)
James 40 (TO-262)
William 40 (TO-261)
GRISHUM
John 36 (LO-106)
GRISSAM
John W. 52 (CH-415)
GRISSARD
Mary 25 (LO-87)
GRISWALD
William 55 (W-99)
GRISWOLD
Benjamin 37* (W-25)
Isaac 64 (W-63)
GRISWOULD
James 40 (W-77)
Thomas D. 25 (W-120)
GROOM
James 56 (TR-339)
GROOMS
H. B. 51 (m)* (TO-210)
Thornton 51 (TO-213)
GROUNDS?
Rhoda 71 (W-101)
GROVES
Elizabeth 53 (TO-197)
George 21 (TO-197)
Michael 54 (SI-23)
GROW
William 25* (LO-8)
GRUBB
A. O. 45 (m) (SI-19)
Burrell 40* (SI-69)
Jacob 40 (W-45)
GRUBBS
Jno. W. 17* (W-37)
Joel 37* (LO-80)
John 64* (LO-80)
John T. 52 (CH-382)
Thomas 63* (LO-133)
Thomas H. 28 (LO-132)
GRUMBLEY
John 42 (TO-196)
Susan 28* (TO-204)
GRUMLEY
Frances 36 (TO-279)
GUFFY
Alex. 27 (LO-43)
Young 56 (LO-43)

GUIER
Barnett 33 (TR-353)
Elizabeth 52 (TR-360)
Frederick 61* (TR-352)
Richard T. 31 (TR-357)
GUINTY?
Milly 36* (CH-488)
GULLY?
Cynthia 29 (TO-203)
GUNN
E. W. 49 (m) (LO-77)
GUNSTEAD
Bartholimew 54* (W-114)
Edward 26* (W-118)
Samuel Esq. 31 (W-114)
Thomas 46 (W-118)
Warren 29 (W-114)
GUNSTEAD?
John 35 (W-106)
GUNTER
Robert 69* (LO-35)
GUON
Joseph 24* (LO-32)
GUPTON
Chesterfield 27 (LO-121)
F. 24 (m) (LO-123)
F. W. 30 (m) (LO-123)
Granville 24* (CH-364)
M. J. 21* (LO-135)
Manoah 23* (CH-370)
Turner 54 (LO-123)
W. 20 (m)* (CH-361)
GURER?
Emanuel 17* (TR-314)
GUTER
Burwell 60 (W-26)
GUTHREE
Asa 22* (CH-457)
GUTHRIE
Asa 22* (CH-467)
Harrison 18* (CH-449)
Irby 38 (m) (TR-307)
Joel J. 24 (CH-462)
John G. 28 (CH-463)
Vincent 55 (TR-301)
GUY
Samuel 16* (LO-17)
GUYN
Randolph 53* (TR-308)
GUYNN
Leonidas P? 20* (CH-488)
Robert 48 (CH-424)

Index

GYLES
　J. W. 40 (m)* (CH-424)
　Robert 7* (CH-426)

H

HACK
　Jonathan 63 (W-5)
　Phebe J. 25* (W-12)
　Saml. 26* (W-5)
HACKNEY
　Jack M. 58 (TR-372)
　Marion H. 18 (m)* (TR-363)
　Steven 72 (W-36)
HADDEN
　Harvey 38 (TO-262)
HADDEN
　John? N. 33 (TO-246)
　Thomas N. 44* (TO-208)
　Thos. 68 (TO-247)
　William 40 (LO-92)
HADDOX
　Daniel 45 (LO-80)
HADEN
　Danl. 18* (SI-57)
　Elisha 35 (SI-57)
　George 17* (TO-211)
　Hiram 45* (W-10)
　J. E. 35 (m)* (SI-24)
　James 21 (W-37)
　James C. 31 (TO-278)
　Jefferson 47 (LO-26)
　R. B. 38 (m) (TO-242)
　R. H. 9 (m)* (SI-24)
　S. H. 19 (m)* (SI-24)
　Saml. 65 (SI-59)
　Saml. H. 60 (SI-19)
　Silas 38* (TR-333)
　William 36 (LO-27)
　William M. 42 (LO-36)
　William sr. 64* (LO-48)
　Willis 23 (SI-58)
HAGAN
　Ralph 39 (W-116)
HAGANS
　Jessee E. 23* (W-88)
HAGARD
　William H. 44 (CH-388)
HAGERED
　James W. 23* (CH-387)
HAGERMAN
　Henson R. 40* (W-91)

Joseph B. 29 (W-91)
HAGGARD
　George 15* (TO-224)
　Parthena 11* (TO-203)
HAGWOOD
　Elisha 50* (TO-286)
HAIL
　Anderson 60 (CH-417)
　B. W. 28 (m)* (SI-11)
　D. 59 (m)* (SI-10)
　David 21* (CH-412)
　John 58 (SI-14)
　Silas 35 (CH-416)
HAINES
　Sally 16* (TR-307)
HAINS?
　George O. 60 (W-79)
HALE
　Jonah 25 (TO-199)
HALEY
　Daniel 63 (B) (W-123)
　Josiah 28 (CH-477)
　Sarah 54* (CH-490)
　Thomas 21* (CH-432)
HALL
　Adison F. 39* (CH-374)
　Amos 48 (LO-9)
　Andrew 38 (CH-394)
　C. B. 29 (Dr.)* (CH-433)
　Charles 35* (LO-134)
　Charles G. 38 (CH-383)
　Ed S. 63 (TO-242)
　Edward 27 (TR-314)
　Elihu F. 27* (CH-496)
　Elizabeth 40 (SI-65)
　F. J. 28 (m) (TO-288)
　George 33* (LO-84)
　George 41* (SI-66)
　Gildervy Y. 22* (CH-490)
　H. H. 47 (m) (W-48)
　Hawkins 40 (SI-64)
　J. W. 21 (m)* (SI-28)
　James 2* (TO-242)
　James 35 (LO-31)
　James C. 68 (CH-373)
　John 25 (TO-243)
　John 36* (CH-391)
　John 53 (TO-265)
　John C. 26 (LO-110)
　Jordon 27 (LO-32)
　Lawrene H. 48 (m) (TO-285)
　Marcus 35 (SI-66)

Margaret 14* (LO-62)
Margaret 71 (CH-451)
Martha 30* (LO-96)
Martha E. 8* (LO-55)
Micajah 25 (TO-266)
Micajah 50 (LO-110)
Micajah 76* (TO-280)
Moses 70 (B) (LO-32)
Nancy 50* (W-23)
Robert 67* (CH-496)
Robert C. 42 (m) (SI-54)
S. B. C. 39 (m)* (W-41)
Stenkie 32* (LO-32)
Thomas 28 (CH-394)
Wiley 26 (SI-65)
William 45 (LO-49)
William H. 23* (TO-254)
Willis 33 (CH-453)
Winkfield 43 (LO-10)
Wm. 42* (SI-66)
HALLAN
　Henderson 39 (SI-34)
HALLS?
　Allison 65* (LO-60)
HALSELL
　C. T. 35 (m) (TO-286)
　Hany 21 (m)* (TO-228)
　John E. 23* (W-76)
　William 46* (W-76)
HALT?
　Wm. 21* (CH-461)
HAM
　Artwell 37 (W-96)
　William H. 27 (CH-451)
HAMBY
　Isaac 76* (CH-472)
　James 53 (CH-479)
　Jerry 83 (CH-472)
　Philip 52 (CH-477)
　andrew M. 23 (CH-472)
HAMELTON
　William 15* (LO-60)
HAMILTON
　Cornelius C. 16* (TO-266)
　J. 9 (m)* (LO-1)
　John A. 34* (LO-35)
　Martha E. 18* (TR-365)
　Nancy 13* (CH-376)
　Priscilla 19* (W-76)
　William 51 (CH-432)
　William B. 41 (LO-16)

Index

HAMLIN
  Cally 26 (m) (LO-27)
  Eliza C. 20* (CH-473)
  Nancy 50* (LO-27)
HAMMER
  Nancy 67* (LO-22)
  William 46 (LO-22)
HAMMERS
  W. 27 (m) (SI-23)
HAMMILL
  Andrew H. 34 (CH-424)
  John 19* (CH-426)
HAMMILTON
  Wm. 30* (SI-19)
HAMMON
  M. L. 29 (m) (CH-361)
HAMMOND
  Davis S. 49* (SI-53)
  E. A. 31 (m)* (SI-22)
  Edna 25 (CH-484)
  George K. 28* (CH-472)
  J. L. 14 (m)* (SI-13)
  James G. 32* (W-54)
  Margaret 17* (LO-81)
  Martha A. 16* (LO-70)
  Peter 22 (SI-33)
  Richard 34 (CH-405)
  Selah 51? (SI-1)
  Thomas 62* (LO-69)
  Thomas W. 56 (TR-306)
  U. L. 35 (m)* (SI-12)
  Vincent M. 20 (SI-1)
  William 55 (CH-472)
  William F. 44 (CH-418)
  Wm. 67? (SI-1)
HAMMONDS
  Thomas E. 38 (CH-472)
  Timothy W. 39 (CH-477)
  William 20* (CH-425)
HAMPTON
  A. 18 (f)* (SI-52)
  Benj. S. 41* (W-80)
  Hannah 82* (LO-33)
  Jackson 34 (SI-48)
  Noah 58 (SI-46)
  P. D. 44 (m)* (W-34)
  Ratus? 36 (SI-17)
  Robert 32 (LO-15)
  Susan 30* (W-33)
  T. H. 34 (m)* (SI-29)
  William 44 (LO-33)

HANBERRY
  Daniel S. 27 (TR-315)
  John 69 (TR-320)
  Joseph 28 (TR-325)
  Rebecca 55 (TR-319)
HANCOCK
  Benjamin 51 (TO-212)
  Chesterfield 49* (LO-134)
  Edward 49 (LO-100)
  Frederick 22* (LO-105)
  Isaiah 34* (W-69)
  James 50 (TR-341)
  James C. 32* (TO-230)
  John 20* (LO-103)
  John 32 (LO-23)
  Joseph 16* (SI-7)
  Louis 57 (CH-441)
  Susan 64* (TO-231)
  Thomas W. 24 (TO-274)
  W. A. 34 (m) (TO-222)
  William 17* (LO-101)
  William 30 (LO-46)
HAND
  G. 26 (m)* (LO-33)
HANDERSON?
  Elizabeth 35 (LO-113)
HANEBREE?
  W. B. 36 (m) (TO-233)
HANES
  Nimrod 26 (SI-60)
  Richard 40 (TO-239)
  Robert 30 (SI-51)
  Thomas 51 (W-42)
  Wm. M. 27 (SI-56)
HANISSON
  Mac 26 (TO-216)
HANKLEY
  William C. 28 (TR-301)
HANKLIN
  Benja. 55 (CH-461)
HANKLY
  John 19* (CH-421)
HANKS
  George 24 (LO-62)
HANLEY
  Elizabeth 37 (TO-233)
  Jessee 41* (SI-45)
  John H. 26 (SI-46)
  William 17 (TO-233)
HANN?
  Henry F. 37 (W-95)
HANNA
  John 47* (TO-213)

Stephen 45* (CH-380)
HANNER
  James E. 73 (SI-38)
  Wm. 42 (SI-26)
HANNUM
  James 26 (LO-73)
  John 77 (LO-73)
  John P. 46 (LO-74)
HANOR
  Susan 40* (W-108)
HANSBROUGH
  Calvin 35 (LO-86)
  Peyton 49* (LO-86)
HANSON
  John 22 (W-127)
HANY
  Geo. W. 33 (CH-442)
  Saml. 66 (CH-490)
  Saml. T. 26?* (CH-454)
HANY?
  Joel 58* (CH-447)
HARARD
  Sarah 76* (CH-436)
HARBEN
  Henry 7* (W-32)
HARBIN
  Eliza J. 11* (W-20)
  Eliza J. 11* (W-100)
HARD
  Reuben S. 27* (CH-392)
HARDAWAY
  James R. 39 (LO-98)
HARDCASTLE
  Dolly A. 62 (W-129)
  James 33 (W-129)
  Nancy H. 51 (W-83)
  Robert 29 (W-82)
  William 31 (W-83)
HARDEN
  Caroline 23* (B) (LO-105)
  Joel 25 (W-29)
HARDIMAN
  S. G. 25 (m)* (CH-362)
  Samuel 24* (CH-387)
HARDIN
  Emly 27 (CH-437)
  John 7* (B) (LO-64)
  Joseph 44 (TO-249)
  Polly 81* (LO-127)
  Thompson 48 (LO-16)
  William 21* (B) (W-24)

- 375 -

Index

HARDING
America 40 (LO-66)
Ann 33 (B) (LO-12)
Ben 13* (B) (LO-13)
Emily 27 (B) (LO-15)
George E. 24 (LO-66)
H. 29 (f) (B) (LO-81)
Henry 23* (LO-13)
Hiram 23* (CH-451)
Horace H. 27 (CH-447)
Jefferson 26* (B) (LO-11)
Jenny 50* (B) (LO-66)
John 8* (B) (LO-16)
Margaret 9* (LO-65)
Mary 30 (B) (LO-64)
Mary 40 (B) (LO-20)
Rachael 18* (B) (LO-7)
Thomas 22* (B) (LO-5)
Walter P. 38* (LO-56)
Willow 60 (B) (LO-68)
HARDISON
Alexander 44 (LO-126)
Asa 42 (LO-127)
John 34 (LO-126)
HARDWICK
Christopher C. 21 (CH-365)
William 80 (TO-204)
HARDY
Bird 56 (CH-464)
D. W. 25 (m) (LO-4)
George W. 36* (TR-311)
George W. 39 (LO-49)
John 26* (LO-67)
John H. 9* (LO-49)
Joseph C. 31* (TR-306)
Lewis 52* (CH-465)
Louisa 34 (B) (W-81)
Richard 31* (LO-129)
HARGIS
Thomas H. 12* (CH-429)
HARGRAVE
John 45 (B) (CH-497)
HARGROVE
Jethro 38 (TR-351)
Nathaniel 33* (TR-350)
Ollford 35* (TR-353)
Richard R. 20 (TR-353)
Sarah 65 (TR-353)
Willis 60* (TR-344)
HARGUS
D. 16 (m)* (SI-19)
Eli 38* (SI-43)

J. 19* (SI-7)
T. 19 (m)* (SI-24)
Wm. 77* (SI-69)
HARIS
Howel 20* (CH-431)
HARKINS
James 28 (CH-414)
John 46* (CH-411)
William 33 (CH-414)
HARKREADER
J. W. 23 (LO-15)
P. M. 35 (m) (W-49)
William 46 (LO-28)
HARLAN
Parot 45* (B) (CH-381)
HARLOW
Elizabeth 6* (LO-13)
Lenny 57 (f)* (W-127)
Milly 36 (W-125)
Rufus A. 33 (W-119)
HARMON
Alford W. 29 (W-89)
Benjamin 55 (W-98)
John 22* (W-90)
John 25* (TO-240)
John 60 (W-88)
Mary A. 30* (TO-215)
Rebecca 40 (W-97)
William 17* (CH-371)
HARMON?
Hiram 32 (W-87)
HARNAN
Thomas 75 (B) (W-47)
HARNED
Edward 17* (CH-389)
Edward 46 (CH-389)
Enos 33 (CH-389)
Hanna 66 (CH-388)
Isaac 28 (CH-389)
James 44 (CH-388)
Larkin 40 (CH-386)
Mary 34* (CH-389)
HARNEY
James E. 36 (W-70)
Jas. T. 59* (W-57)
HAROLD
Robert 31* (LO-44)
HARPER
Bird 20* (TR-296)
James A. 40 (LO-14)
Jessee 44* (LO-10)
L. B. 48 (m) (TR-309)

Lawrence A. 36 (LO-134)
Nelson 45 (W-95)
Robert W. 25 (TR-302)
Smith 58 (LO-22)
Thomas 73 (LO-15)
William 24 (B) (LO-121)
William 24* (B) (LO-131)
HARPOOL
John 74* (W-94)
HARREL
Josephine 16* (TO-283)
HARRELD
William S. 26 (LO-34)
HARRELL
Alexander 49* (TR-347)
Eliza 21* (TR-313)
Emeline 13* (TR-352)
Francis M. 23* (TR-355)
Isaac 71 (TO-232)
James 18* (TR-328)
Leroy S. 24 (TR-341)
Norflet 26 (TR-341)
Wiley 27 (TR-347)
William 37 (TO-234)
HARRELSON
John B. 21 (CH-366)
John B. 39 (CH-369)
HARRILL
Malissa 12* (TR-353)
HARRING
Mary 77* (LO-96)
HARRINGTON
Nathaniel 74 (W-94)
HARRIS
A. 39 (m)* (LO-74)
A. C. 41 (m)* (W-80)
Alex. 66 (SI-51)
Ambrose 45* (LO-47)
Andrew 25 (TO-264)
Anthony 70* (B) (W-79)
Charles 48 (TO-271)
Christopher 56 (SI-55)
David 33* (W-93)
David M. 45 (W-95)
David O. 10* (SI-48)
E. J. 5 (f)* (W-24)
E. P. 3 (m)* (LO-130)
Edward H. 41 (CH-369)
Elijah 17 (TO-264)
Elijah 31 (LO-109)
Eliza F. 49 (W-80)
Elizabeth 19* (SI-68)

Index

HARRIS
 Elizabeth D. C. 7* (W-77)
 Enoch 66* (W-41)
 H. G. 45 (m)* (SI-9)
 Henry 12* (W-76)
 Henry 60* (SI-54)
 Henry W. 38 (W-101)
 Igre? 73 (m) (LO-114)
 J. H. 26 (m)* (SI-34)
 J. 63 (m) (SI-28)
 Jackson 35 (TO-267)
 James 22 (W-118)
 James 43 (SI-68)
 James E. 43 (TO-257)
 James G. 34 (SI-56)
 Jas. E. 15* (CH-459)
 Jeptha 25 (TO-263)
 John 31 (W-104)
 John 58* (CH-446)
 John B. 52 (TR-320)
 John F. 27 (TO-209)
 John J. 30 (SI-56)
 John M. 3* (CH-367)
 John M. 41 (TO-204)
 John M. 77* (W-94)
 Leander G. 23 (W-94)
 Leonard 17* (W-118)
 Lewis 52* (TO-276)
 Lumuel? 29 (TO-265)
 Lydia 15* (W-22)
 Malinda 31* (TR-322)
 Mary 23* (W-55)
 Mary 66* (CH-378)
 Mary A. 365 (SI-50)
 Matthew 33 (TR-359)
 Mourning 17* (SI-68)
 N. R. 45 (m) (SI-15)
 Nancy 68* (W-81)
 Nat K. 39* (SI-52)
 Peter 75 (CH-419)
 Reuben F. 22* (TR-326)
 Robert 34* (LO-113)
 S. 70 (f)* (SI-29)
 Sarah 63 (TO-209)
 Sarah J. 5* (TR-362)
 Taylor 76* (TO-264)
 Thomas H. 47* (W-69)
 Thomas 25* (TO-233)
 Thomas 47 (SI-6)
 Thos. D. 54 (CH-470)
 William 38 (TO-210)
 William B. 37 (LO-6)
 Wm. 22* (SI-30)
 Wm. W. 33 (SI-6)
 Y. F. E. 35 (LO-31)
HARRIS?
 Martha 7/12* (W-41)
HARRISON
 A. 27 (m)* (W-21)
 Abraham 45 (B) (CH-388)
 Benj. C. 40* (W-102)
 Benjamin 56* (CH-387)
 Carter 22 (LO-62)
 Daniel H. 45* (CH-410)
 Elbert 45* (CH-387)
 Elbert C. 31 (B) (CH-386)
 Fayette 14* (CH-372)
 H. M. 19 (m) (SI-22)
 J. M. 19 (m)* (CH-423)
 James 84 (TO-286)
 Jeremiah 51 (TR-312)
 John 21* (TO-275)
 John 52 (TO-241)
 John A. 27 (CH-394)
 Margaret 46 (CH-434)
 Margarett 55 (SI-39)
 Penina 51* (LO-70)
 Randolph 9* (LO-62)
 Robert 14* (TO-237)
 Robert 65* (CH-372)
 Robert 69 (TR-304)
 Robert P. 43* (LO-66)
 Samuel H. 53 (CH-391)
 Samuel M. 7* (CH-383)
 Sanford 24 (TO-209)
 Sarah 60* (CH-391)
 Thomas 26 (CH-380)
 W. 21 (m)* (SI-33)
 Webber M. 28* (TR-311)
 William 30* (CH-419)
 William R. 33 (CH-437)
HARROLD
 Jessee 15* (SI-49)
HARRY
 John B. T. 29 (CH-452)
HART
 Cupid 45 (m) (B) (LO-133)
 Francis 26 (CH-460)
 James 29* (CH-464)
 Joseph 57 (TR-297)
 Nathan 50 (W-90)
 William 39 (TR-349)
HARTIS
 Mary 32* (LO-122)
HARTMAN
 Michael 42 (TR-313)
HARTON
 Thomas 38* (LO-13)
HARVERSON
 Nancy 50 (LO-119)
 Woodson 20* (LO-119)
HARVEY
 Robert 36* (W-115)
HASE?
 Alexander 25* (W-23)
HASEL
 William 17* (W-15)
HASKINS
 Aaron F. 34* (LO-100)
 Susan 60* (TR-307)
 Thos. C. 37 (CH-444)
 Wm. A. 35 (CH-445)
HASLER
 Narcissa 17* (LO-71)
HASSLER
 America 13* (LO-71)
HATCH
 Harriet 19* (LO-99)
HATCHER
 Charles H. 28* (TO-273)
 Creed 53 (TO-273)
 Hanibal W. 33 (W-128)
 Robert 25* (CH-443)
 Samuel 49 (TO-228)
HATFIELD
 Saml. 41* (SI-52)
HATHELL?
 L. 32 (m) (TO-221)
 Sirley 57 (f) (TO-235)
HATSELL
 Edward 27* (TO-255)
HAUM
 Josaphine 44* (W-113)
HAW?
 Matthew 55 (W-35)
HAWKINS
 Benjamin 74 (CH-473)
 Benjamin F. 42 (CH-473)
 Chas. T. 39 (CH-462)
 Edmund 50 (LO-104)
 Helen C. 34* (LO-104)
 Henry 25 (W-109)
 Henry 45 (CH-473)
 Hiram 23* (TR-295)
 James 50* (LO-116)
 Jane 45 (LO-103)

Index

HAWKINS
 John D. 45 (TR-321)
 Martha J. 9* (LO-32)
 P. B. 31 (m) (W-23)
 Robert 63 (TR-299)
 Sarah J. 44* (CH-467)
 William H. 50 (LO-103)
HAWKS
 Daniel 17* (CH-425)
 Jacob 60 (B) (CH-391)
 Thomas J. 45* (CH-421)
 William H. 22* (CH-410)
HAY
 George W. 28* (SI-25)
 John 58 (SI-53)
 Lycurgus 24* (SI-45)
 Nancy 46 (SI-56)
 Nowlan 37 (SI-4)
 William 59? (TO-218)
HAYDEN
 Jack 90 (B) (CH-420)
 Jane 31 (TR-316)
 Otho O. 6* (LO-36)
 Samuel 36* (TR-316)
 Thomas H. 29* (LO-19)
HAYES
 Elizabeth 45* (TR-336)
 James R. 28* (TR-296)
 John W. 25 (TR-337)
 Maria 20* (B) (LO-93)
HAYGOOD
 James 35* (TR-370)
HAYNE
 John 51 (TR-367)
HAYNES
 Catharine 31 (W-126)
 Christopher 29 (W-70)
 James 27 (W-114)
 John 31* (W-114)
 Lewis 56 (W-99)
 Lewis W. 20 (W-112)
 Scott 11* (LO-69)
 Susan 25* (TR-351)
 William 18* (W-114)
HAYS
 Allen 43 (SI-59)
 Cornelius 26 (LO-119)
 Daniel 28 (W-113)
 Daniel 50 (W-125)
 Danl. S. 54 (CH-487)
 David 28 (W-13)
 David J. 36* (CH-401)

Elizabeth 50 (W-126)
Elyel 28 (CH-389)
James 20* (SI-59)
James B. 33* (W-67)
Jane 25* (B) (TO-278)
Jeremiah 20 (SI-59)
Jeremiah 23 (LO-119)
Jeremiah 90 (SI-59)
John 19* (W-101)
John 56 (CH-429)
John A. 29* (SI-58)
John W. 22 (CH-421)
Kesiah 25* (W-66)
Martha A. 29* (W-67)
Mary 23* (W-100)
N. 14 (f)* (SI-26)
Nancy 12* (W-126)
Russell 25* (B) (CH-388)
Saml. 50 (SI-59)
Samuel 64 (W-113)
Stephen 32* (CH-389)
Thomas 56 (CH-401)
William 21* (W-121)
William 51 (W-65)
William 90 (W-125)
William E. 22* (TO-273)
William H. 32 (W-114)
William J. 13* (CH-450)
Wm. 10* (SI-21)
HAZLE
 George 39 (W-52)
 Mary 26* (W-33)
HEAD
 Tavanah? 52 (m) (LO-128)
 Thomas ;69* (LO-44)
HEADY
 Christopher 29 (LO-119)
HEARD
 James 50 (W-64)
 Magdalen 49 (TO-208)
 Susan 46* (W-32)
HEARDY
 George A. 25 (LO-115)
 John 24* (LO-115)
 Solomon 65* (LO-130)
HEARN
 William 42* (TO-210)
HEARNDEN
 Jane R. 45 (CH-374)
HEART
 Henry 17* (B) (LO-135)

HEARTIS
 Henry 27 (LO-122)
HEATHCOCK
 Sarah 41 (TR-329)
HEAVEN
 James J. 15* (CH-425)
HEAVNER
 A. A. 7 (f)* (W-8)
 E. 18 (f)* (W-4)
 Jno. A. 14* (W-7)
 S. 44 (m)* (W-2)
 Sarah 51 (W-28)
HEAVNER?
 Julia A. 10* (W-16)
HEDGEPETH
 Saml. 42* (SI-18)
HEDGPETH
 Wm. H. 36 (W-60)
HEDSPETH
 William 46 (TR-297)
HEFFINGTON
 C. 35 (m)* (SI-18)
 David 12* (SI-14)
 James 56 (SI-28)
 Thos. 72 (SI-14)
HELBLING
 Joseph 36* (TR-359)
HELM
 Jno. B. 52 (W-25)
 William D. 42* (W-100)
HELSELY
 John 33 (TO-197)
HELSLEY
 Matthias 45 (TO-257)
 Michael 39 (TO-268)
HELTON
 Elvarine 31* (LO-70)
HEMINGWAY
 Conway 25* (CH-486)
HEMMAH?
 Rosetta M. 13* (LO-71)
HEMPHILL
 Precilla 39 (CH-399)
 Robert 28* (CH-388)
 Samuel 30* (CH-387)
HENCHEE
 James M. 32 (LO-54)
 Martha 16* (LO-54)
HENDERSON
 Ann 73 (TO-236)
 Bennett 54 (TR-317)
 Delila 45 (CH-419)
 Elbert 22* (CH-392)

Index

HENDERSON
Elbert 27 (CH-399)
Elisha 40* (TR-369)
Emsley 32* (CH-419)
Finis E. 40 (CH-394)
Harvey W. 18* (W-128)
Isaac 36* (TO-209)
Isaac 65* (CH-418)
James 23* (TR-364)
James 32 (LO-110)
James 52 (LO-31)
James W. 12* (TR-345)
Jane 22* (CH-397)
John 25* (CH-483)
John 60 (TO-202)
John B. 45 (CH-398)
John C. 25 (LO-31)
John M. 35* (LO-36)
John W. 22 (TO-202)
M. Washington 28 (LO-40)
Margaret 36* (LO-32)
Obadiah 37 (CH-399)
Patsy 100* (TR-377)
Robt. 30 (LO-4)
S. H. 37 (m) (TO-202)
Susan E. 18* (CH-418)
Westley H. 24 (CH-402)
William 50 (CH-397)
William 51* (CH-473)
Woodson 21* (CH-478)
HENDON
Eligha 37 (TR-366)
HENDRICK
A. A. 62 (m) (SI-11)
Detson 20 (TR-356)
Edwin H. 25 (SI-3)
Elizabeth 21* (W-114)
G. 48 (m)* (SI-7)
George W. 27 (TR-357)
Henry H. 46 (SI-4)
J. 31 (f)* (SI-31)
Jacob 53* (SI-26)
James 13* (SI-22)
James 21* (CH-377)
James 71* (SI-4)
John 29 (W-102)
John 31 (TR-356)
John 70 (W-114)
John L. 85 (W-87)
John R. 43 (W-67)
John T. 56 (SI-23)
Joseph 38* (W-87)

Joseph H. 38 (W-127)
Josiah 4 (m)* (SI-10)
Lee W. 46 (LO-67)
M. 22 (m)* (SI-35)
Nelly 78 (LO-66)
Peter 50 (SI-8)
Richd. 25 (SI-45)
Thomas 32* (TR-324)
Thomas sr. 55* (W-102)
William 25 (TR-325)
William R. 16* (W-114)
Wm. D. 29 (SI-21)
HENDRICKS
D. D. 25 (m)* (W-24)
Hestintha 38* (SI-37)
Noah 31 (SI-37)
Wesley 22* (SI-49)
HENDSON
P. R. 16* (W-70)
HENLEY
David 65* (SI-46)
William 33* (LO-8)
HENRY
Cornelia V. 49* (CH-453)
Faris 20 (m) (TO-198)
Gabriella F. 18* (W-65)
Harrison 22 (TO-212)
James 7* (TR-329)
James M. 56* (W-103)
Jno. 10* (B) (W-33)
John 58? (TO-208)
Lafayette 25* (TR-291)
Mary A. 38* (CH-422)
Moses H. 51 (TO-250)
Robert 50 (LO-120)
Robert W. 25 (CH-435)
Sarah 7* (TR-307)
Sarah A. 17* (TO-279)
Thos. 22* (CH-490)
William J. 22 (TO-250)
Winston 13* (LO-65)
Yano 30 (CH-452)
HENRY?
William B. 25 (TO-234)
HENSEN
Sally 6* (CH-486)
HENSLEY
James 29 (TO-225)
HENSON
Catharine 40? (SI-44)
Dick 35 (SI-40)
Henry 20 (SI-42)

Henry 23* (TR-343)
James 37 (SI-41)
Jiles 36 (SI-41)
John 32* (SI-41)
Lavina 23* (LO-71)
N. 28 (f)* (SI-7)
Sarah E. 6* (LO-71)
William 65 (TR-343)
HENTON
B. 60 (m) (LO-79)
Joseph 26 (W-96)
HERALD
Henry 44* (W-20)
Jackson 14* (W-114)
Joseph 17* (W-101)
Joseph 52* (W-16)
Reuben 50 (W-85)
William 55* (W-99)
HERALDSON
Robert D. 25 (W-28)
HERDENDON
Benjamin F. 26 (CH-368)
HERDMAN
Augustus A. 39* (W-23)
Jno. G. 35* (W-19)
HERMAN
William W. 18* (CH-401)
HERN
Jacob 80 (CH-490)
Luvena C. 14* (W-62)
HERNDON
Alfred C. 24 (TR-328)
Benjamin 59 (B) (LO-15)
George 35 (LO-104)
George 37 (W-74)
George T. 26 (LO-9)
Hannah 45* (B) (LO-16)
Jacob 28* (B) (LO-22)
James 68* (SI-64)
James W. 31* (SI-16)
John 46 (LO-94)
John 65* (W-49)
Joseph 62 (LO-51)
Joseph 66 (LO-8)
Joseph E. 34* (W-128)
Maria 21* (B) (LO-12)
Reuben 42* (W-128)
Robert B. 61* (LO-88)
Thomas W. 25 (LO-94)
William 24 (W-49)
William 31* (LO-104)
William 34 (LO-91)

Index

HERNDON
  Younger 65 (TR-331)
HERRICK?
  F. C. 21 (m)* (W-92)
HERRINGTON
  Ben 39 (SI-17)
  Benj. J. 25 (W-95)
  Clinton 33 (SI-40)
  Isabella 43 (SI-6)
  James W. 47* (SI-38)
HERRON
  Amail 32 (CH-385)
HERT
  Hiram L. 23* (W-50)
  Lewis C. 52 (W-44)
HERTER
  C. 18 (f)* (SI-52)
HESS
  August 18* (LO-33)
  John 28 (W-118)
  John 55 (W-19)
  Moses 45* (W-67)
  William 18* (W-122)
HESTER
  Archer P. 41* (CH-431)
  Benjamin R. 34 (TO-250)
  Eliza S. 44 (CH-447)
  Henry 43 (TR-297)
  Henry 43 (W-44)
  James 50* (TR-341)
  James sr. 63* (TR-344)
  John J. 31 (TR-344)
  Juliet 17* (CH-450)
  Martin 42* (SI-3)
  Nathaniel 30 (TR-344)
  Samuel 22* (CH-431)
  Samuel 45* (CH-431)
  Susan 75 (CH-432)
  William 47 (CH-433)
  William G. 33 (TR-340)
HETER
  Frederick 63* (W-87)
HEWEL
  Daniel 43* (CH-371)
HEWITT
  Benjamin 43 (W-122)
  William T. 34 (CH-408)
HEYLER
  Joseph 36 (CH-375)
HICKERBOTTOM
  D. 90 (f)* (B) (LO-77)

HICKMAN
  Benjamin 50 (SI-65)
  Charleroy 43* (W-73)
  Elijah 52 (LO-12)
  James 61 (TO-226)
  John 66* (W-114)
  L. B. 31 (m) (TO-207)
  Margaret 47 (LO-12)
  Nancy 63* (W-77)
  Polly 48* (LO-16)
HICKS
  Albert 34* (W-20)
  Benjamin P. 36 (TR-364)
  Edward 35 (W-59)
  Garland 32* (TR-366)
  Hamlin 44 (CH-467)
  Isabella 12* (TR-302)
  John K. 39* (CH-434)
  Lucy 70* (TO-235)
  Margaret 46 (CH-467)
  Robert 25* (TO-273)
HIGBEE
  David C. 31* (CH-367)
HIGGANS
  Eliza J. 18* (W-28)
HIGGINBOTHAM
  Aaron 22* (W-77)
  Jas. 60 (W-30)
  William S. 31 (W-30)
HIGGINS
  Andrew J. 32 (TR-370)
  Edward D. 34 (CH-426)
  Eliza A. 30* (W-68)
  James 49* (TR-375)
  John 55 (TO-197)
  Palmer A. 47 (TR-291)
  Peter 32* (CH-429)
  Richard T. 41* (LO-132)
  Robert 62* (CH-360)
  William 47 (W-30)
  William 65 (TR-370)
HIGHT
  Warren 27 (TR-369)
HIGHTOWER
  A. J. 28 (m)* (TO-204)
  Abijah 66 (TO-204)
  Andrew 39 (W-52)
  George W. 25* (CH-388)
  George W. 35* (LO-37)
  Joshua 71 (LO-36)
  Pinckney 35* (TO-204)
  Richard 26 (LO-37)

HILDEBRAND
  Jacob 43 (LO-62)
HILDERBRAND
  Alfred 28* (LO-124)
  John 25 (LO-43)
  Joseph 54 (LO-124)
HILL
  Berry J. 13* (TR-338)
  Chs. 23 (m)* (TO-231)
  Elijah W. 23 (W-69)
  Elizabeth T. 69* (W-72)
  Frances 42 (TO-288)
  Isaac 43 (SI-53)
  James 38* (LO-98)
  John 45 (CH-461)
  John 49 (LO-47)
  John 52 (CH-490)
  John M. 49 (LO-48)
  Joseph 40 (W-120)
  Nancy 38* (LO-10)
  Nathan 51 (W-69)
  Presley 48 (W-39)
  Sarah A. 17* (TO-282)
  Thomas 69* (W-122)
  Walter W. 19* (CH-426)
  Washington 15* (LO-10)
  William 20* (CH-421)
HILLMAN
  Daniel 40 (TR-375)
  William W. 30 (CH-424)
HILTON
  Aarchd. 26* (SI-53)
  Charity 29* (LO-71)
  George 40 (TO-243)
  Harriet T. 49* (CH-381)
  Rhoda A. 27* (LO-71)
  Wm. 30* (SI-69)
  richd. C. 70 (SI-55)
HINCHEE
  John 55 (LO-18)
  Samuel K. 20* (LO-13)
HINCHEY
  Louisa 14* (LO-108)
HINCKLEY
  Alea P. 45* (SI-68)
HINES
  Elizabeth 19* (LO-98)
  Elizabeth M. 45* (W-25)
  George W. 26* (LO-121)
  H. 68 (m) (W-9)
  James 38 (LO-98)
  James 44 (W-39)
  James 67 (W-22)

Index

HINES
  James K. 20* (W-128)
  John 60 (LO-91)
  John 78* (W-43)
  John C. 35* (LO-121)
  Paul B. 30 (W-1)
  Pleasant 53 (W-21)
  R. 38 (m) (W-24)
  Thomas 65 (W-38)
  Thos. 27* (W-9)
  V. K. 34 (m) (W-30)
HINKLEY
  A. P. 45 (f)* (SI-52)
HINSON
  Cyrena 3* (LO-71)
  Emily 30 (TO-224)
HINTON
  Jessee 25 (SI-12)
  S. 59 (m) (SI-12)
  Willis 34* (W-96)
HISE
  A. H. 21 (m)* (LO-134)
  Elijah 49* (LO-65)
HITCHINGS
  George W. 26* (W-73)
HITE
  Edward 47 (LO-109)
  G. B. 30 (m)* (LO-77)
  Henry C. 33* (TR-309)
  J. 26 (m)* (LO-77)
  J. 66 (m) (LO-78)
  James C. 35* (LO-8)
  John S. 39* (TR-331)
  Joseph 41 (TR-334)
HIXON
  John 49 (TR-361)
HLL
  Archer L. 19* (CH-383)
HOARD
  David S. 31* (CH-386)
HOBSON
  Atwood G. 34* (W-35)
  Benjamin 39* (TR-307)
  Jackson 33 (TR-306)
  Jonathan 66* (W-53)
  W. J. 28 (m)* (W-122)
  Watkins 63 (TR-295)
  William A. 38 (TR-306)
HOCKER
  Washington 42* (W-50)
HOCKERSMITH
  Edward J. 27 (LO-64)

  Elizabeth 49* (LO-128)
  John 54 (LO-64)
  John 93? (LO-56)
HODBY
  John 44 (TO-216)
HODGE
  Charles H. 28* (W-35)
  Elizabeth 20* (W-113)
  George 9* (W-39)
  James C. 39 (TR-364)
  Mary A. 30* (W-23)
  Mary Ann 35 (W-38)
  Samuel K. 44* (LO-122)
HODGER
  I. N. 36 (m)* (W-57)
HODGES
  George 36* (LO-95)
  Isam 21* (SI-12)
  Jesse 73* (LO-85)
  L. M. 31 (m) (SI-14)
  Martha 50* (W-95)
  P. M. 26 (m)* (SI-53)
  S. A. 60 (f)* (SI-1)
HOFFMAN
  Robert 27* (TO-254)
  William 31 (TO-249)
HOGAN
  Alexander 19* (CH-392)
  James 41 (LO-101)
  Jas. B. 26* (CH-486)
  Jeremiah 30* (TR-376)
  John 22* (TO-240)
  John 64 (LO-91)
  Martin 67 (LO-102)
  Mary 46 (LO-102)
  Newton 6* (LO-112)
  Samuel 15* (LO-25)
  William 34 (LO-102)
  Wm. 62 (SI-44)
HOKSEY
  Summerset 53 (LO-67)
HOKSON?
  Thomas 25* (TO-254)
HOLAWAY
  Joel 68 (TO-277)
HOLCOMB
  Benjamin 12* (LO-12)
  G. 36 (m) (SI-16)
  Hiram 59* (LO-12)
  J. 7 (m)* (SI-28)
  J. B. 38 (m) (SI-9)
  N. G. 36 (m)* (SI-47)

  Preston 23 (SI-45)
HOLDER
  C. 46 (m) (W-5)
  Elijah 42* (W-9)
  R. 41 (f) (W-5)
  Z. 21 (f)* (W-8)
HOLEMAN
  Ann 35* (CH-420)
  Jno. 20* (W-9)
  John W. 40 (W-117)
  Phebe 55 (CH-381)
  R. B. 10 (m)* (W-9)
  Robert 49 (W-28)
HOLLAND
  A. 75 (f)* (SI-57)
  A. N. 47 (m) (TR-293)
  Abraham 53 (TR-350)
  Asa 37* (SI-58)
  Asa 70 (LO-47)
  Bazwell 25* (TR-362)
  Bazwell 48 (TR-359)
  Elizabeth 33* (W-94)
  Elizabeth 63* (SI-51)
  Enias 30 (m)* (TR-375)
  George O. 33 (W-89)
  J. 34 (m) (SI-20)
  James 25 (TR-352)
  James E. 24* (W-80)
  James T. 30 (LO-48)
  Jeremiah 44 (LO-108)
  Joel 39 (SI-50)
  John 51* (TO-225)
  John A. 32 (TR-321)
  John W. 20 (LO-110)
  Lucy 61 (CH-374)
  N. W. 22 (m) (TO-257)
  Rebecca 52 (TR-322)
  Richard 24* (CH-374)
  Richard 41* (W-87)
  Shandy A. 35 (m)* (CH-378)
  Thomas P. 26 (TR-309)
  Whitmel 30 (TR-350)
  William 28 (TR-359)
  john W. 38 (SI-58)
HOLLAWAY
  Catharine 50* (LO-117)
  S. 55 (f) (LO-73)
  W. 25 (m) (LO-73)
HOLLENS
  Richard 59 (TO-275)
HOLLINGSWORTH
  Emily 32 (TO-257)

Index

HOLLINGSWORTH
 Jeptha 59 (TO-257)
 S. G. 35 (m)* (TO-236)
 Thomas K. 52* (TO-283)
 William K. 30* (LO-107)
 ____ 29 (m) (TO-254)
HOLLINGWORTH
 J. G. 28 (m) (TO-252)
 Jane 36* (TO-247)
HOLLINS
 John E. 30* (LO-57)
HOLLOWAY
 H. M. 40 (m) (SI-41)
 John 36 (SI-31)
 R. D. 41 (m)* (SI-5)
HOLLOWELL
 Lott 33 (TR-315)
 Lucretia 38 (TR-317)
 Mary 37 (TR-316)
HOLLY
 G. 2/12 (m)* (SI-24)
 Sally 61 (TR-325)
 Samuel 40* (W-28)
HOLMES
 G. 29 (m) (SI-23)
HOLMS
 John 33* (TO-217)
HOLOWAY
 David 59* (TO-255)
HOLSELL
 Elijah 38 (W-68)
HOLSTON
 John 30 (W-78)
HOLT
 Jane 17* (TO-241)
 John 38 (TR-312)
 Thomas B. 68* (CH-494)
HOMAR
 B. V. 2 (f)* (CH-362)
HOOD
 Andrw J. 19* (CH-392)
 Wiley 48* (W-99)
HOOK
 Elijah 54 (CH-363)
 Harvey 28 (CH-364)
 Samuel 26 (CH-364)
HOOKS
 William 44 (TR-374)
HOOL
 Frances M. 25* (TR-314)
HOOPER
 F? 7 (f)* (SI-23)

Sarah D. 45 (LO-27)
HOOPPER
 Abraham 18* (TR-332)
 Isaac 16* (TR-334)
 William 46 (TR-332)
HOOSER
 Daniel 49 (TO-276)
 David 78 (TO-288)
 David J. 35 (CH-425)
 George 46 (TO-288)
 James M. 26* (TO-275)
 John H. 42* (TO-273)
 William G. 50* (TO-275)
HOOSIER?
 William 28* (TO-254)
HOPE
 John P. 67* (CH-485)
 Mary J. 18* (CH-383)
 Samuel B.? 42 (SI-19)
 Thomas 63* (CH-380)
HOPKINS
 Albert G. 28* (CH-378)
 E. D. 28 (m)* (W-121)
 George S. 18* (LO-47)
 Jane 54* (LO-104)
 John 25* (SI-11)
 John 64 (SI-61)
 John N. 41 (CH-376)
 Joseph H. 51 (CH-367)
 Margaret G. 40* (LO-48)
 Samuel 78 (CH-405)
 Thomas J. 25 (SI-69)
 William P. 49* (CH-364)
 Wm. 28* (SI-36)
HOPLEY?
 William 49 (TO-216)
HOPPER
 E. H. 28 (m) (CH-426)
 Isaac 57 (B) (TO-198)
 Joseph A. 23 (CH-446)
 Margaret 16* (LO-71)
HOPSON
 Albert G. 34* (CH-460)
 Alfred H. 20* (CH-458)
 David 80* (B) (CH-459)
 Edwin H. 34 (CH-489)
 Ellen 29* (CH-486)
 Evan 48* (CH-408)
 George M. 17* (TR-296)
 Henry 66 (CH-470)
 James 30 (CH-408)
 Jas. S. 24 (CH-460)

John 31 (CH-468)
John 69 (CH-460)
Joseph 33* (CH-392)
Joseph P. 22* (CH-420)
Joshua 38 (TR-362)
Layfaette T. 24* (CH-458)
Marcus L. 29 (CH-459)
Mary 20* (TR-315)
Morgan 63 (TR-372)
Nancy 14* (TR-314)
Sarah 59* (CH-458)
Sidney 40 (m)* (TR-291)
William H. 28 (CH-420)
Wm. 46 (CH-460)
HOPTON
 Chloe 90* (B) (LO-35)
HORD
 Edward J. 25 (CH-393)
 George 42* (CH-393)
 James 30* (CH-406)
 Letitia M. 32 (CH-406)
 Lucretia 5* (CH-406)
 Mary E. 64* (CH-413)
 Rhodin H. 26 (m)* (CH-381)
 Susan K. 3* (CH-418)
 Thomas J. 24* (CH-380)
 William 32 (CH-413)
 William 64 (CH-394)
HORD?
 Robert 30* (TO-254)
HORIS
 James 16* (TO-235)
HORN
 George 26 (TO-265)
 Harris 40 (TO-265)
 Henry 28 (W-56)
 Jackson 28 (SI-49)
 James 27 (SI-48)
 James 54 (TO-265)
 L. M. 22 (m) (SI-16)
 N. 18 (m)* (SI-15)
 Nathan D. 38 (SI-63)
 Wm. 65* (B) (SI-59)
HORNBUCKLE
 Franklin 50* (CH-436)
HORNE
 Richard 41 (LO-104)
HORTON
 H. H. 35 (m) (SI-23)
 J. 29 (m) (SI-30)
 J. H. 19 (m)* (SI-24)
 J. S. 24 (m) (SI-30)

Index

HORTON
  Jno. B. 22* (W-31)
  Nancy 49 (W-31)
HOUCHENS
  Charles 38 (W-107)
  W. 38 (m) (W-4)
HOUGH
  G. L. 25 (m)* (W-110)
HOUGHMAN
  Mary 63* (TR-374)
HOUSE
  Brinkley 40 (TR-349)
  James A. 32 (LO-7)
  Jesse W. 27* (LO-108)
  John C. 84 (TR-349)
  Saml. 36 (W-48)
HOUSE?
  Andrew 44* (LO-59)
  John H. 46 (LO-52)
HOUSTON
  Andrew 28* (B) (TR-362)
  Nancy 49* (LO-70)
  Prudenc F. 46* (LO-70)
  Rachael 70* (LO-17)
  Robert 82* (LO-69)
  William D. 12* (CH-480)
HOWARD
  Alexander 26 (TR-372)
  Allen 45 (TR-327)
  Charles 12* (W-77)
  David 69* (LO-85)
  Eliza 25* (LO-89)
  Elizabeth 64* (TR-328)
  Francis 49* (CH-467)
  Garret 40 (W-119)
  Henry 73* (W-126)
  Henry jr. 22 (W-120)
  Henry jr. 30 (W-127)
  Jacob 23* (W-84)
  John 32 (LO-85)
  Martha E. 43* (TR-318)
  Nathan 28 (W-126)
  Polly 48 (W-126)
  Rebecca 34 (W-120)
  Sarah 42 (TR-346)
  William H. 29* (B) (W-21)
  Wilson 30* (LO-89)
HOWARTH
  John 48 (W-27)
HOWEL
  Dudley 50 (SI-64)
  Eli 31 (W-85)

Hannah 47* (W-125)
James 11* (W-67)
James W. 29 (SI-66)
John 56 (CH-494)
S. 39 (m)* (SI-21)
HOWELL
  Daniel 18* (TR-308)
  James 54* (W-86)
  John F. 21* (W-66)
  Matilda M. 35 (W-87)
  Moses 32 (W-84)
  Thomas 29 (W-84)
  Thos. B. 30 (CH-444)
HOWL
  A. T. 37 (m) (TO-277)
  James 26 (W-29)
  James 69* (W-31)
HOWORTH
  Geo. M. 41* (W-23)
  John 49 (W-19)
HUBBARD
  Dianna C. H. 39* (CH-427)
  Ralph 55* (CH-397)
  William 34 (TR-370)
HUDGEPETH
  E. A. 34 (f) (SI-18)
HUDGSPETH
  James 44* (SI-57)
HUDLAN
  Joseph 23 (W-18)
HUDNAL
  M. A. 17 (f)* (W-5)
HUDNALL
  Isham 17* (W-64)
  J. W. 41 (m) (W-15)
  James 79* (W-15)
  Jos. W. 42* (W-29)
  Reu 51 (W-31)
  Samuel 24 (LO-84)
  Sidneyann 12* (W-17)
  William 21* (W-19)
  William H. 52 (LO-45)
HUDSON
  A. G. 36 (m) (TR-304)
  Elizabeth 65 (TO-253)
  Jno. 30* (W-7)
  Joshua 57 (TR-308)
  Richard 38 (TR-342)
  Wm. 34 (SI-9)
HUEY
  George 6 (TO-234)
  William sr. 65 (TO-231)

HUFFMAN
  W. L. 12 (m)* (SI-2)
HUFHINES
  Christian 27 (SI-26)
  Christian 46 (SI-17)
  Daniel 39 (SI-45)
  David 38* (SI-22)
  G. W. 20 (m) (SI-18)
  Geo. 24* (SI-26)
  John 49 (SI-22)
  N. 43 (f)* (SI-22)
HUGGINS
  James H. 35 (TR-371)
  Josiah 29* (TR-371)
  Robert 56* (TR-371)
  Urbin L. 34 (TR-371)
HUGHES
  Catharine 57 (TO-261)
  David L. 32 (LO-18)
  Edward 64* (CH-408)
  Edward W. 36 (TO-282)
  Flora 50* (LO-19)
  Isaac H. 35 (LO-14)
  Jacob 75 (B) (TO-283)
  Rowland S. 30 (LO-19)
HUGHS
  E. 34 (m)* (LO-81)
  James 24 (LO-79)
  Rileman? 24 (LO-57)
  S. 43 (m)* (LO-78)
  W. 21 (m) (LO-80)
  William 47 (LO-84)
  William B. 37 (LO-100)
HULETT
  William H. 29* (SI-69)
HULL
  Alexander 58 (LO-66)
  Alexander __ * (LO-127)
HULSE
  Daniel 28 (LO-87)
HULSEY
  B. C. 38 (m) (SI-21)
HUMBER
  Edward 60 (CH-367)
HUME
  George Ann 24* (W-65)
  Thomas 25* (SI-68)
HUMMER
  James M. 38* (LO-82)
HUMMER?
  James H. 19* (LO-4)

Index

HUMPHREY
  James 35 (TO-223)
  Sarah 38* (TO-225)
HUMPHREYS
  H. 31 (m)* (LO-78)
HUMPHRIES
  Charles 44 (TR-310)
  James M. 38 (TR-315)
  Jesse W. 33* (TR-312)
  John 57 (TR-299)
  William H. 24 (TR-310)
  William S. 29* (TR-310)
HUN
  Lindsey 49 (m)* (TR-367)
HUNGSLY
  Thomas F. 45 (CH-367)
HUNT
  A. B. 19 (m) (SI-38)
  C. 18 (f)* (SI-39)
  Charles 46* (TO-209)
  Elizabeth 35 (SI-40)
  Elizabeth 50 (W-95)
  George 40 (TO-263)
  Groves 65* (LO-34)
  Henson 30 (SI-7)
  Henson 45 (SI-38)
  James M. 37 (CH-365)
  John J. 40 (CH-376)
  Josiah J. 25 (LO-117)
  P. C. 12 (m)* (SI-39)
  Sarah 36 (SI-40)
  Thos. 45 (SI-32)
  Welden 30 (W-55)
  William 25 (CH-395)
  William C. 27 (LO-116)
  Wm. 24 (SI-41)
HUNTER
  E. 11 (f)* (SI-31)
  E. N. 20 (m) (LO-119)
  Henry 69* (W-81)
  Isaac 60* (TO-247)
  Jacob 42* (TO-267)
  Jessee 57 (CH-436)
  Melville 11* (TO-231)
  Nancy 50* (LO-94)
  Polly A. 25* (W-76)
  Sulton L. 45* (CH-373)
  T. C. 18 (m)* (SI-31)
  Thomas H. 49* (LO-101)
HUNTON
  L. A. 65 (m) (W-47)
  Nancy 28* (LO-49)

  Richard G. 53 (W-48)
  William 19?* (LO-48)
  Willis 60* (W-47)
  Willis 62 (W-46)
HURT
  Abraham 50 (TO-274)
  B. F. 27 (m)* (LO-4)
  Berry 43* (TO-252)
  John H. 21* (W-49)
  Moses 57* (CH-416)
  Sarah 65 (LO-10)
  William 47 (TO-247)
  William A. 47* (W-49)
HUSE
  Charles M. 30 (SI-60)
  John D. 21 (LO-57)
  R. 36 (m) (SI-11)
HUSK
  Isaac 53* (TR-295)
  Lewis 39 (TR-295)
HUSKY
  Edy 48 (B) (LO-8)
  Minervy 27* (B) (LO-54)
HUSTON
  Abram A. 36* (SI-69)
  Adolphus 22 (TO-212)
  D. T. 39 (m) (TO-209)
  George 31 (TO-223)
  John H. 33* (SI-69)
  Mary A. 58* (SI-69)
HUTCHERSON
  John 24* (LO-95)
  William 46* (TR-350)
HUTCHINGS
  Susan 19* (SI-68)
  T. 45 (f) (SI-46)
HUTCHINS
  George H. 28 (LO-103)
  Manuel 33 (LO-6)
  Richard 76* (LO-6)
HUTCHISON
  Clendenon 35* (LO-34)
  Daniel G. 43* (CH-380)
  Edward W. 20* (CH-377)
  Elizabeth J. 49 (CH-436)
  George 45* (LO-34)
  George W. 34 (LO-34)
  Joseph 47 (CH-440)
  Lewis 60 (TO-245)
  Mary 52 (LO-34)
  Susan 68 (CH-384)
  Thomas 36* (CH-433)

  William 49 (LO-34)
  William 56 (TO-225)
HUTSON
  Elizabeth 42* (B) (CH-420)
  J. 45 (m) (SI-52)
  Thos. 20* (SI-21)
HUTTS
  Cornelius N. 39 (TR-332)
  Nancy B. 6* (TR-328)
HYDE
  Wm. 50* (CH-487)
HYER
  Mary W. 22* (CH-432)
HYSOM
  Geo. H. 44* (CH-454)

I

INGRAM
  Eli 62* (TR-370)
  James 28* (W-21)
  Kerby 44* (W-94)
  Marmaduke 76 (TR-328)
  Phedilla 30* (LO-42)
  Rebecca 58 (TR-328)
  Tabitah 45* (W-13)
  Thomas W. 35 (TR-362)
  William B. 32 (TR-328)
  William H. 20 (TR-370)
INMAN
  Isom 30 (LO-130)
INSCOE
  David 45* (LO-122)
IRBY
  William W. 39 (W-27)
IRELAND
  Samuel 29* (LO-92)
IRVIN
  Dianna 50* (B) (CH-421)
  John D. 39* (CH-466)
  L.? K.? 33 (m) (TO-253)
  Robert T.? 29 (TO-248)
  William 67* (TO-248)
IRWIN
  James W. 45 (LO-76)
  William 80 (LO-82)
ISBAL
  George 64 (TO-283)
ISBELL
  B. 27 (m) (W-5)
  Franklin 27 (W-87)
  George W. 38 (W-86)

Index

ISBELL
  James R. 40 (W-84)
  John 63* (W-16)
  John P. 44 (W-84)
  Thos. 30 (W-12)
IVANS
  John 37 (LO-1)
IVEY
  David A. 60 (LO-100)

J

JACKSON
  * (CH-464)
  Andrew 25 (W-102)
  Benjamin 40 (W-88)
  C. A. 34 (m) (TR-299)
  Charles 22 (W-20)
  Clinton 40 (W-43)
  F. W. 36 (m) (W-43)
  Harriet 16* (W-20)
  Isaac 55 (B) (CH-373)
  J. J. 37 (m) (TO-238)
  J. S. P. 29 (m)* (W-121)
  J. W. 28 (m)* (SI-9)
  Jacob 60 (B) (TR-376)
  James A. 26* (SI-39)
  James B. 53 (CH-423)
  James D. 47 (LO-17)
  John 53 (W-63)
  John D. 24 (SI-47)
  John N. 32 (TR-310)
  John W. 30 (TO-229)
  Juliett N. 40* (CH-484)
  Lemuel 50 (W-10)
  Lewis 42 (B) (W-25)
  N. B. 28 (m) (W-103)
  P. 34 (f) (LO-81)
  Rachel 56* (W-26)
  Richard C. 29 (TO-279)
  Sarah 50 (W-102)
  Stephen 39* (SI-39)
  Thomas 35 (W-48)
  William 13* (W-118)
  Wm. A. 31 (W-60)
JAGGERS
  Daniel W. 36 (W-111)
JAMERSON
  Robert C. 27* (CH-373)
JAMES
  Celia 46* (TO-241)
  Charles F. 29 (LO-25)
  Chloe 88* (TO-241)
  Elizabeth 54 (LO-25)
  George L. 16* (LO-8)
  J. 34 (m) (LO-76)
  James 24* (LO-124)
  R. C. 57 (f)* (SI-53)
  Thomas 27* (LO-86)
  Thos. 60 (SI-42)
  Wm. B. 30* (SI-13)
JAMESON
  Fleming 30* (LO-44)
  Isabella C. 13* (TR-291)
JAMESON?
  William 40 (LO-68)
JARRETT
  Jas. W. 20* (CH-452)
  John 41 (LO-88)
JARVIS
  Miles 25 (TR-355)
JEFFERIES
  Slaughter 21* (LO-103)
JEFFERSON
  Albert G. 40 (TR-359)
  Anna 25* (TR-357)
  J. R. 59 (m) (TO-237)
  Peyton G. 42 (TR-355)
  Thomas 31 (TO-196)
  Thomas B. 45* (TR-290)
  Thomas B. sr. 65* (TR-359)
JEFFREYS
  Mary 21* (TO-196)
  Will 28 (TO-213)
  William 50 (TO-224)
  William sr. 28* (TO-224)
JEFFRIES
  Dudley 39 (CH-453)
  George W. 44 (CH-374)
  Thos. J. 24* (LO-66)
JELETT
  Mary 67* (W-113)
JEMISON
  E. 65 (f)* (SI-58)
JEMMERSON
  George 22* (LO-52)
JENKINS
  A. G. 40 (m) (TO-238)
  Betsy 57* (LO-70)
  Charles 36 (W-35)
  Eli 42* (W-110)
  Frances A. 11* (TR-291)
  Jas. 38 (W-3)
  Jno. 11* (W-2)
  Jno. 39 (W-14)
  John 45 (W-29)
  Julia 13* (LO-121)
  L. 30 (m) (W-11)
  Leah 43 (W-55)
  M. J. 8 (f)* (W-2)
  Olive 29* (LO-70)
  R. 15 (f)* (W-4)
  S. L. 29 (f)* (SI-12)
  Sturman C. 45 (W-11)
  Thomas 28 (W-123)
JENNETT
  Mary 22* (SI-10)
  Mary 42 (SI-21)
  Richard 14* (LO-69)
JENNINGS
  Henry 48 (SI-5)
  Sarah E. 13* (W-128)
  Wm. 19* (SI-4)
JENNINS
  Elizabeth 32* (TR-297)
JERRAY
  Mary E. 21* (CH-432)
JESSE
  James M. 33 (LO-20)
JESSUP
  Asa W. 39 (LO-111)
  James 19* (LO-131)
  James 29 (TO-207)
  John 30* (LO-130)
  John F. 26 (TO-233)
  Jonathan 28 (LO-112)
  Samuel B. 59 (TO-212)
  Virginia 20* (TO-212)
  Virginia 23* (TO-221)
JEWELL
  James 43* (TR-310)
JOCEY
  Allen 62 (CH-416)
  Benjamin 30 (CH-416)
  James 26 (CH-415)
JOHNS
  John H. 44 (LO-14)
  Nancy P. 14* (LO-110)
  Robert 26 (W-29)
  Robert 54* (LO-69)
  Thomas 36 (W-107)
  Urshan? E. 48* (LO-69)
  W. 41 (m)* (LO-81)
JOHNSON
  Ann 54 (CH-404)
  Ann 67* (CH-417)

Index

JOHNSON
Benjamin 73* (CH-404)
Burton 26 (TO-198)
C. 21 (m)* (SI-20)
Chas. H. 26 (CH-496)
Clara 55* (B) (W-47)
D. W. 28 (m) (W-50)
David H. 30 (W-42)
E. O. 45 (f) (CH-361)
Elender 68* (W-123)
Elias 49 (CH-444)
Elizabeth D.P. 43 (CH-483)
Ellen 28* (CH-420)
Fielding 40 (W-73)
Frances R. 27* (CH-385)
Frances W. 47* (SI-68)
G. A. 25 (m)* (W-7)
George 18* (LO-88)
George N. 18 (CH-416)
Henry 22 (TO-199)
Henry 28* (CH-423)
Henry 40 (TR-324)
Henry 52* (TO-232)
Henry 75 (LO-58)
Henry 95 (LO-61)
Henry A. 20* (CH-423)
Henry M. 20* (LO-130)
Hugh W. 58* (W-125)
J. F. 36 (m) (LO-81)
James 32* (W-42)
James 34* (W-98)
James 45* (W-38)
James 49 (TO-199)
James 50 (LO-112)
James D. 42 (CH-412)
James L. 15* (W-89)
James M. 30 (CH-391)
James T. 20* (W-29)
James T. 30 (CH-405)
Jas. M. 18* (B) (CH-460)
Jeremiah 29 (LO-128)
Jesse 29 (W-13)
Jno. F. 1 (m)* (W-6)
Joel 47 (W-96)
John 18* (B) (CH-486)
John 18* (LO-29)
John 66 (LO-111)
John J. 30* (CH-411)
John L. 28 (TR-343)
John M. 41 (W-15)
John W. 37 (CH-403)
Jonathan 26 (LO-111)

Joseph 67 (LO-111)
Lafayette 20* (CH-485)
Levey L. 22* (TR-360)
Louis A. 11* (LO-66)
Luther 55 (SI-51)
M. 51 (m) (TO-225)
Mary 16* (W-19)
Nancy 10* (CH-427)
Nancy 71* (LO-29)
P. 44 (f)* (SI-18)
Penelope 50 (TO-197)
Peter 16* (LO-69)
Pressly 26* (B) (TR-315)
Richard F. 21* (CH-393)
Roberson 45* (CH-416)
Robert 38* (W-47)
Robert G. 18* (W-16)
Robert P. 24 (CH-403)
Russell 28 (LO-111)
Samuel 18* (W-15)
Samuel F. 27* (CH-423)
Sarah 54* (CH-464)
Sarah R. 19* (CH-360)
Thomas 28 (LO-36)
Thomas 50* (W-48)
Thomas F. 24* (TR-352)
Thomas J. 35 (LO-29)
Thomas W. 32* (CH-392)
Thomas Wm. 11* (W-103)
Thompson 56 (TR-330)
Washington P? 35* (CH-443)
Webber 19* (CH-421)
Wiley 21* (TR-330)
William 30* (LO-116)
William 72 (CH-405)
William A. 55 (CH-412)
William B. 21* (TO-275)
William B. 39 (LO-44)
William C. 35 (CH-408)
William J. 31 (CH-416)
William L. 52 (LO-24)
William W. 36* (CH-435)
Wm. 51* (CH-466)
Wm. M. 32 (SI-55)
Wm.? 28 (TO-228)
JOHNSTON
Francis 39?* (SI-11)
George W. 35* (CH-379)
John 67* (CH-418)
Joseph R. 25* (TO-254)
Marcellus 10* (TO-250)
Robert E. 34 (SI-20)

Sally 65* (CH-438)
Samuel 64* (TO-282)
Thomas 75* (TO-262)
Uriah H. 12* (TO-284)
Wm. 7* (SI-16)
JOINER
Carroll 28 (CH-459)
Charlotte 38 (LO-102)
Elizabeth O. 2* (TR-343)
Isaac 24 (TR-341)
Israel 50 (TR-343)
Jonathan 28 (TR-341)
Mary A. 11* (CH-447)
Mary M. 25* (TR-341)
Nathan 32 (TR-342)
Polly A. 14 (CH-459)
Russell 34 (TR-341)
Thos. 53 (CH-439)
JOLLY
Edward 47 (TR-323)
Robert 18* (W-13)
Wiley 18* (TO-237)
JONES
Abram M. 42* (W-128)
Albert 38* (CH-377)
Albert 38* (LO-13)
Albert G. 26* (SI-61)
Alex 36 (LO-58)
Alex 36 (LO-61)
Almyra 16* (CH-427)
Amanda 14* (LO-92)
Amos 64 (TO-222)
Anderson 35 (TR-340)
Bauldy? 33 (m)* (TO-242)
Beriman 50 (TO-257)
Bernice B. 39* (CH-448)
Burwell 63 (TO-284)
Burwell P. 39 (CH-478)
Caroline 29* (LO-71)
Cornelius 25* (B) (LO-94)
Davenport 43* (CH-442)
David C. W. 8* (LO-69)
Dica 61* (TR-305)
Edmond 52 (TR-309)
Edmund G. 24 (W-37)
Eli 30 (B) (CH-391)
Elijah 63 (CH-408)
Eliz. 29 (TO-209)
Eliza 22* (LO-70)
Elizabeth 79* (TR-359)
Esther 69* (W-107)
F. P. 50 (m) (TO-222)

Index

JONES
Fenetta 12 (B) (LO-64)
Fielding 31 (W-110)
Frances 12* (LO-71)
Frances 49 (W-102)
Fredrick 65* (TR-351)
George 30 (TO-209)
George 39 (W-52)
George 76 (TO-205)
George S. 42 (LO-5)
Green R. 40 (CH-418)
Harrett 2* (LO-57)
Henry 24 (CH-440)
Henry C. 31* (W-46)
Henry C. 35 (CH-467)
Henry H. 32 (CH-414)
Hubbard 42 (W-111)
Isaac 25 (TO-197)
Isaac 37* (TO-202)
J. W. 32 (m) (LO-81)
James 17* (TR-317)
James 31 (W-37)
James 32 (TO-204)
James H. 25* (W-108)
James T. 33 (TR-375)
James T. 42 (TR-334)
James W. 20* (TR-295)
Jas. 46 (W-6)
Jesse 43 (SI-9)
Jesse C. 49* (LO-97)
Jessee 40 (SI-67)
Jno. 22 (W-6)
John 36 (TR-320)
John 56 (W-46)
John C. 24 (TR-357)
John D. sr. 78* (TR-308)
John F. 51 (LO-102)
John G. H. 42 (LO-27)
John H. 58 (TR-308)
John L. 31* (CH-446)
Joseph 30* (CH-371)
Joseph W. 40 (CH-407)
Lavina P. 7* (LO-71)
Leah 55 (CH-458)
Lewis 57 (W-106)
Lewis J. 33 (W-108)
Lucinda 23* (CH-374)
Lurana 70* (TR-377)
Madison C. 26 (CH-368)
Malachia 11 (m)* (TR-364)
Malinda 45 (W-16)
Mark 31* (TR-311)

Martha 18* (TR-310)
Martha 56 (CH-433)
Mary 20* (SI-4)
Mary B. 59* (W-103)
Mary K. 41 (W-123)
Milly 24 (B) (CH-391)
Milly 44* (TO-224)
Monroe 20* (B) (LO-64)
Nancy 32? (SI-18)
Polly 60* (LO-70)
Richard 62 (TR-325)
Richard 73* (TR-308)
Robert 34* (TO-205)
Robert 57 (CH-440)
Robert 6* (LO-127)
Robert 74* (TR-355)
Seth S. 50* (W-62)
Stephen 50 (SI-26)
Thomas 26 (TO-202)
Thomas 47 (TR-299)
Thomas 48 (TR-302)
Thomas 54* (SI-51)
Thomas 54 (W-39)
Thompson 40 (CH-389)
Thos. J. 24 (m) (SI-54)
Thos. J. 38 (W-14)
Thos. S. 47 (SI-28)
Wiley 40 (TR-317)
Wiley B. 57 (CH-380)
William 21 (TR-362)
William M. 31 (TR-306)
Wm. 36 (W-6)
Wm. B. 34 (SI-7)
Wm. M. 38* (LO-65)
JONES?
Harvey 28 (TO-223)
JONSTON
D. B. 31 (m)* (W-10)
JORDAN
Tillmon 38 (TR-360)
JOUITT
Susan R. 64* (CH-423)
JOURDON
Coleman 35 (TO-283)
Tabitha 23* (TO-286)
JOYCE
James 48 (TR-366)
John 75 (TR-367)
Nancy 30 (TR-367)
Patrick 22 (TR-367)
Thomas 44 (TR-367)

JUDKINS
James 23* (LO-92)
John W. 43 (LO-22)
Jordan 50 (LO-96)
JURNAN?
Felix 23* (LO-134)
JUSTICE
A. 23 (m)* (SI-27)
Elizabeth 63* (W-105)
Isaac A. 26 (W-105)
M. A. 26 (f)* (SI-26)
Robert H. 41 (W-97)
Thomas B. 47 (W-89)
William 51 (W-97)

K

KANNON?
Stephen 22* (TO-240)
KAVANAUGH
Amelia 13* (LO-92)
KAY
Nimrod 34* (TO-283)
William 37 (B) (CH-401)
William 43* (CH-377)
KEAN
Roland 28* (LO-134)
KEE
John M. 24 (TO-250)
Rubin 54 (TO-250)
KEEBLE
Robert 12* (LO-94)
KEEL
Abraham 63 (W-58)
James 70* (W-68)
John Q. A. 22 (TO-247)
Polly 30* (B) (W-36)
Samuel F. 36* (LO-32)
KEELING
Catharine 47 (TO-196)
John 21* (TO-241)
Peter 44 (TO-196)
Thomas 48 (TO-220)
William 29 (TO-204)
KEELNY
Woodson 31 (TO-210)
KEEP
Margaret 49 (CH-473)
KEETON
Lewis H. 38 (TR-342)
KEITH
Alexander 42 (CH-411)

Index

KELLER
 Henry 22* (LO-36)
 M. 58 (LO-72)
 Margaret L. 28* (CH-448)
KELLEY
 Bartholomew 38* (SI-67)
 Jas. M. 38* (W-13)
 John 32 (LO-96)
 Manerva 31* (W-26)
 Matthew 21 (LO-121)
 Miles 42 (W-35)
 Patrick 40* (CH-456)
 Robert 53 (SI-44)
 Thomas 31 (LO-106)
 W. 4 (m)* (SI-40)
 W. A. 64 (f)* (LO-78)
 Wm. 32 (SI-37)
KELLIS
 Andrew H. 28* (W-95)
 Woodford M. 25 (W-78)
KELLY
 Andrew J. 34 (W-82)
 Ann T. 38 (TR-297)
 Calvin 25 (W-80)
 Carrol 23 (CH-408)
 Charles 25* (CH-408)
 David A. 39 (CH-438)
 Edwin F. 45 (CH-368)
 Eliza J. 25* (TR-292)
 Garrison A. 31 (CH-462)
 H. W. 36 (m) (CH-433)
 Hiram 30* (SI-35)
 James 39 (W-75)
 James H. 45 (CH-469)
 James Y. 24* (CH-388)
 John 24* (CH-421)
 John 45* (CH-487)
 John 60 (W-93)
 John B. 22* (LO-111)
 Joseph 85* (CH-364)
 Lucy 15* (CH-420)
 Madison 38* (CH-405)
 Marion 15 (m)* (LO-126)
 Nathan B. 42 (CH-421)
 Richard H. 4 (CH-363)
 Samuel 58* (LO-19)
 Thomas 82* (CH-378)
 Thomas ;19* (CH-387)
 William C. 7* (CH-405)
 William M. 40 (CH-360)
 Winny 18* (LO-114)

KENADY
 Dunning 45 (TR-358)
 Eudora 31 (TR-292)
 John 26 (TR-374)
 Mary 17* (TR-363)
 Robert 15* (TR-323)
 Robert 15* (TR-373)
KENDALL
 J. W. 40 (m)* (TO-240)
KENDLE
 James J. 43* (SI-52)
KENDRICK
 John H. 28 (CH-431)
KENNADY
 Benja. 36 (CH-460)
 Francis? H. 30 (LO-57)
 Sarah A. 18* (CH-481)
 Wm. 41 (SI-14)
KENNEDY
 A. H. 38 (m)* (LO-15)
 Aaron 35* (LO-108)
 David 43 (B) (LO-118)
 David L. 41 (LO-72)
 Edward 27 (B) (LO-118)
 James 8* (TO-230)
 James T. 24 (TO-277)
 Jesse 33* (LO-2)
 Joseph 46 (LO-83)
 M. E. 58 (m) (TO-241)
 Mary 36* (TO-208)
 Nancy 47* (TO-251)
 William T. 45 (TO-251)
KENNER
 Abram 35 (CH-373)
 Andrew J. 36* (CH-373)
 Davy 57 (CH-373)
 Elizabeth 73* (LO-100)
 Joseph C. 33 (TO-279)
KENNERLY
 Benjamin 24* (LO-121)
 James C. 56* (LO-123)
 Philip 30* (LO-118)
 Philip M. 26 (LO-123)
KEOWN
 J. 26 (f)* (W-2)
 Mary 53* (W-8)
 S. 47 (m) (W-3)
KERBY
 Jesse A. 39 (W-75)
KERKENDALL
 James 25* (B) (W-27)

KERLEY
 Richard 9* (TO-283)
KERLY
 S. A. 4/12 (f)* (SI-24)
KERR
 James D. 24* (W-30)
KESSELBAUCK
 William 25 (TO-269)
KEY
 Robert F. 13* (SI-63)
 William jr. 25 (TO-234)
 Wm. M. 33* (SI-11)
KEYS
 Alfred 32* (CH-493)
 Daniel 24 (CH-476)
 Francis 27* (CH-455)
 George G. 39 (CH-476)
 John 60 (W-74)
 John 62 (CH-476)
 John 9* (CH-496)
 Larkin Jas. 25 (CH-466)
 Stephen 33 (CH-476)
 William H. 24 (CH-476)
 Willis 21* (CH-456)
 Wm. 32 (SI-64)
KEYSUCKER
 Jas. 29* (CH-441)
KIDD
 William 53 (TR-356)
KIDNEY
 Morris 27* (CH-392)
KIFER
 Henry 55 (W-25)
KILEY
 James 28 (TO-220)
KILLEBREW
 George W. 36 (CH-367)
KILLMORE
 Jacob 37 (TO-258)
KILPATRICK
 Mary 65* (W-55)
 Thomas 28 (W-55)
KIM?
 Greenup 55* (LO-68)
KIMBLE
 Abram 31 (W-111)
 Samuel B. 35* (W-111)
 Thomas 39 (W-111)
KIMBROUGH
 Gaines T. 28 (TO-276)
 Garth M. 30* (TO-282)
 George 22 (TO-288)
 Landen 25 (TO-288)

Index

KIMBROUGH
  Rachael 51 (W-83)
  Thomas 29 (W-127)
  Thomas S. 33 (TO-283)
  Thomas W. 54* (TO-276)
KINADY
  Miles R. 25* (TR-293)
KINCAID
  Fantly? R. 40 (W-109)
  William H. 46 (W-109)
KING
  Benjamin A. 54* (CH-418)
  Daniel 70* (LO-7)
  David 50 (LO-98)
  George 36* (LO-10)
  George 46 (CH-430)
  George 80* (LO-7)
  J. Peyton 37 (LO-127)
  James 32 (LO-10)
  James B. 23 (LO-109)
  John 40 (LO-27)
  John 59 (LO-110)
  John P. 38 (LO-7)
  Jonathan 44 (LO-46)
  Joseph 28* (TO-198)
  Joseph 30 (TO-286)
  Josephine 6/12* (TO-286)
  Joshua 71 (LO-15)
  Louisa A. 11* (TO-271)
  Malinda 45* (B) (TO-274)
  Nathaniel 75 (LO-27)
  Patric 13* (TO-225)
  Robert H. 10* (CH-376)
  Stephen 40 (LO-98)
  Stephen T. 31 (CH-418)
  Thomas 38 (TO-272)
  William 13* (TO-227)
  William 28* (TR-318)
KINKEAD
  Guy 45* (CH-487)
  Henry L. 19* (CH-421)
  Henry L. 41* (CH-456)
  James 60 (CH-392)
  Oliver G. 8* (CH-455)
  Samuel 20* (CH-391)
KINNERMOUTH
  Robert 55* (W-30)
KIRBY
  Absalom 43* (W-79)
  Ann Eliza 22* (W-79)
  Bailey 41 (W-103)
  Clarinda 51 (W-96)
  David 21 (W-77)
  Frances 16* (W-98)
  George M. 25* (W-104)
  James W. 31 (W-90)
  Jessee L. 45 (W-69)
  Jessee R. 58 (W-77)
  Jessee sr. 92 (W-92)
  John J. 36 (W-69)
  Leonard 54 (W-104)
  Leonard C. 59* (W-98)
  Ramsey 25 (W-104)
  Robert 44* (CH-468)
  Samuel M. 67 (W-89)
  Thomas J. 26 (W-90)
  Thomas J. 45 (W-90)
  Wm. 21 (SI-66)
  Wyatt 42* (W-94)
KIRKLAND
  William 15* (W-96)
KIRKMAN
  Elizabeth 75* (CH-393)
  George 41* (TO-205)
  Peter 43* (TO-215)
KIRKPATRICK
  G. W. 6 (m)* (LO-69)
KIRTLEY
  Almira 37 (LO-118)
KITE
  James 59* (W-82)
KNIGH
  Thomas 31 (CH-472)
KNIGHT
  Aaron B. 26* (CH-379)
  Barney H. 27 (CH-415)
  Caroline 8* (CH-496)
  David 38 (CH-492)
  E. R. 32 (m) (TO-238)
  Grant 23 (CH-472)
  Henry F. 34 (CH-411)
  Ira 31 (CH-410)
  Jacob 22 (CH-472)
  James 20 (CH-408)
  James 37 (CH-459)
  James W. 38 (CH-492)
  John 58* (CH-411)
  John 69 (CH-472)
  John 84* (CH-492)
  John B. 35* (CH-393)
  Joshua 24 (CH-459)
  Lucinda 30* (CH-443)
  Margaret 50 (TO-262)
  Martha? 40 (CH-492)
  Martin 12* (TR-334)
  Mesinaah 11 (f)* (CH-472)
  Richard 16* (TR-343)
  Robert H. 40 (CH-455)
  Sarah E. 18* (CH-459)
  Susanna 37 (CH-466)
  Thomas 49 (CH-492)
  Thos. 40* (CH-459)
  Thos. 5* (CH-496)
  William 28 (TO-261)
  Wm. 10* (CH-466)
KNOWLES
  Elizabeth C. 28* (W-93)
  Hannah M. 47 (LO-66)
  John 52 (W-91)
  Mathew 79 (W-85)
  Sarah 18* (LO-66)
KOEN
  H. B. 42 (m)* (CH-432)
KRUADY
  B. H. 31 (m) (TR-314)
  Felix G. 25 (TR-316)
  Josiah 49 (TR-316)
KRUT
  Stephen 30* (TR-327)
KUDY?
  Jonathan 50* (LO-132)
KURTZ
  Hester 22* (LO-134)
  Nicholas 27* (LO-134)
KYLE
  Hugh 42 (TO-222)
  Robert 50* (W-65)

L

LACEY
  Charlotte 65 (CH-493)
  Henry B. 38 (CH-430)
  Jas. 27 (CH-494)
  John L. 45 (CH-430)
  William 40 (CH-430)
LACKEY
  E. A. 28 (m) (TO-222)
  George E. 44 (CH-381)
  John W. 49* (CH-381)
  Mary 54* (CH-368)
  Samuel 63 (W-55)
  Susan 30* (TR-298)
  T. S. 25 (m)* (TR-362)
  William 52 (TO-222)

Index

LACY
 Benjamin 62 (CH-398)
 Benjamin H. 26* (CH-399)
 Benjamin Jr. 38 (CH-419)
 David 71 (CH-397)
 David W. 26 (CH-408)
 Drury 31* (CH-383)
 Edmund 23 (TO-202)
 Elizabeth 58* (CH-400)
 Fannie S. 48* (LO-70)
 Hester E. 18* (CH-414)
 John H. 30 (LO-62)
 John O. 26 (CH-397)
 Nicholas 33 (CH-488)
 William 34 (CH-399)
 William R. 25 (CH-396)
LADD
 Absalom 37 (TR-300)
 Benja. 76 (CH-471)
 Elisha 52 (TR-326)
 Elizabeth 17* (TR-311)
 Evander 27 (TR-307)
 Finis E. 29* (TR-294)
 G. W. 33 (m) (TR-303)
 James 32 (TR-342)
 Jas. M. 29 (CH-471)
 Jas. W. 5* (CH-471)
 Jason 41 (CH-462)
 John C. 22 (TR-295)
 John C. sr. 56 (TR-303)
 Joshua 37 (CH-471)
 Louisa J. 9* (CH-471)
 Samuel C. 31 (TR-303)
 Susan 60 (TR-305)
 Susan 64* (B) (TR-313)
 William E. 23 (CH-471)
 William H. 23 (TR-305)
 Wm. H. 35* (W-72)
 Wm. J. 17 (CH-471)
LAGERE
 William 57* (LO-69)
LAGRAND
 George 25 (W-17)
LAINE
 Jacob C. 244 (W-70)
LAKIN
 Charlot 44* (CH-422)
 Sarah 16* (CH-420)
LAMAR
 James H. 53 (W-75)
LAMASTERS
 Bedford 24* (W-52)

Jerusha 54 (W-56)
John 42 (W-18)
Umphrey 35 (W-26)
Umphrey 36 (W-55)
LAMB
 Elijah 28 (CH-385)
 James 44* (LO-98)
 John W. 43 (LO-31)
 Peter 53 (CH-385)
 William 32 (TO-256)
LAMBATH
 Henry 24* (SI-26)
LAMBDIN
 John W. 15* (CH-426)
 Thomas S. 43* (CH-422)
LAMBERT
 Benjamin 53 (W-105)
 Josiah 59 (SI-42)
 Nancy A. 8* (LO-27)
 T. 49 (m) (SI-17)
 Wm. O. 24* (SI-7)
LAMBETH
 Alford 12* (SI-36)
 Henry O. 19* (CH-485)
LAMKIN
 Charles 52 (TR-374)
 David 24 (TR-374)
LAMPTON
 James J. 33* (CH-423)
 M. M. 29 (m)* (TR-300)
LANCASTER
 B. R. 21 (m)* (TR-334)
 Edmond 43 (TR-353)
 Elizabeth 22* (W-106)
 Joseph H. 22* (TR-355)
 Louisa 43* (LO-71)
 Sandy 9 (m)* (LO-69)
 Wiley 46 (TR-353)
 William D. 34 (TR-351)
 Zachariah 24 (W-107)
LANDER
 Cornelia 17* (CH-419)
 James H. 40 (CH-458)
 John 56 (CH-385)
 John W. 27 (CH-459)
 Letta 75 (CH-458)
 Marian 16* (CH-427)
 Mary E. 15* (CH-420)
 Perlina 18* (CH-423)
 Russel B. 36 (CH-435)
 Sarah W. 32* (CH-459)
 Stephen 25 (CH-464)

Stephen S. 52 (CH-457)
William B. 27 (CH-459)
Wilson J. 38* (CH-451)
Wm. D. 31 (CH-464)
LANDERMAN
 Noa 78 (TO-235)
 William 31* (TO-235)
LANDERMAN?
 Nick 28 (TO-225)
LANDERS
 Isreal 45 (CH-434)
 Ursula 16* (TR-290)
LANDES
 Daniel 47* (TR-325)
 Isaac 50 (CH-419)
 Samuel 42* (TO-232)
LANDIS
 Sarah 11* (TR-290)
LANDRITH
 James 36* (CH-483)
LANDRUM
 Edward S. 22* (TR-338)
 James D. 28* (TR-337)
 Mark M. 38 (CH-405)
 Nancy 49 (TR-335)
 Nelson 49 (W-97)
LANDS
 Mitchel 43 (TO-266)
LANDZWOOD?
 Jacob 6* (LO-126)
LANE
 Benjamin 40 (CH-382)
 Eliza 23* (SI-4)
 George 27* (TO-221)
 George W. 21 (CH-402)
 Henry 17* (W-71)
 J. H. 53 (m)* (SI-28)
 James 26* (SI-18)
 James P. 27* (CH-366)
 John 12* (W-42)
 John 73 (TO-242)
 John C. 51 (CH-479)
 Mary 43* (SI-36)
 Mary 69* (LO-55)
 Mary 69* (LO-59)
 Saml. 7* (W-61)
 Synthaann 14* (W-49)
 William D. 24 (CH-405)
LANEAR
 Alexander 23* (W-94)
 William 29* (W-80)

- 390 -

Index

LANEHOM
　Martin 23 (CH-494)
LANG
　Thomas 54 (TR-316)
LANGFORD
　William 15* (W-31)
LANGSTON
　George 21* (LO-100)
　John W. 35 (TO-252)
　Joseph J. 47* (LO-96)
　Susannah 50 (TR-306)
　William B. 29 (TR-305)
LANIER
　Clement 49* (SI-20)
　John B. 53 (m) (SI-20)
　Thomas W. 46 (CH-378)
LANKFORD
　Benjamin D. 55* (W-29)
LANSDEN
　Rufus R. 33* (CH-421)
LANTHRIP
　Thomas 38 (CH-475)
LANTRIP
　David W. 7* (CH-475)
　James 26 (CH-478)
　Shadrach 70 (CH-478)
LANY
　Cuthbert 69 (SI-8)
　D. S. 43 (m) (SI-10)
　H. C. 30 (m)* (SI-25)
　Isaac 35 (SI-43)
　James 34 (SI-25)
　Lewis 30 (SI-25)
　M. 22 (f)* (SI-21)
　N. J. 35 (f)* (SI-10)
LARK
　Joseph 36 (W-115)
LARK?
　Jane 30* (W-106)
　Robert 68* (W-106)
　Sarah 36* (W-106)
LARKINS
　William 58 (TR-317)
LARMAN
　Henry 40 (W-105)
LARRUE
　Mary 5/12* (SI-69)
LARUE
　Isaac 54 (LO-105)
　James 24* (LO-16)
　Thomas B. 29 (LO-38)

LASLEY
　Hanna 35* (TO-237)
　M. S. 45 (m) (TO-282)
　Peter 20 (W-53)
LASPAROS
　Mitchell 23* (CH-392)
LASSITER
　James 70* (TR-346)
　W. C. 18 (m)* (TR-329)
LASTLEY
　John 37 (TO-257)
　Lucinda 32* (W-36)
LATHAM
　Elijah 36 (TO-280)
　George A. 8* (TO-249)
　George W. 25 (TO-213)
　Gustavus A. 33* (CH-421)
　Harrison L. 23 (TO-280)
　Harvey J. 27 (TO-263)
　John 40 (TO-248)
　John 60 (TO-210)
　John C. 35 (CH-422)
　Rufus K. 39* (CH-486)
　Squire 47 (TO-280)
　Stephen 25 (TO-196)
　Stephen 50 (TO-260)
　Susan 65* (TO-213)
　William 25 (TO-288)
LATHEM
　Andrew 32 (TO-249)
LAUDER
　Henry 56 (TR-304)
LAUPER?
　James L. 36* (TO-232)
LAURENCE
　Elizabeth 74* (CH-366)
LAVAW
　Isaac 27* (W-40)
LAVIEVE
　Samuel 50 (TR-325)
LAW
　Amanda 24 (LO-28)
LAWAN?
　Thomas sr. 72* (TO-196)
LAWLER
　James W. 28* (SI-60)
　S. 27 (m)* (SI-10)
　Saml. 57 (SI-60)
LAWRANCE
　Joseph 24* (LO-40)
　Washington 49 (LO-3)
　William 64 (LO-66)

LAWRENCE
　Alfred 35 (TR-353)
　Ali 30 (W-120)
　Edward 30 (W-118)
　Edward 76 (W-117)
　Humphrey 52 (TR-353)
　James 86 (TR-332)
　John 30 (W-118)
　Margaret 6* (TR-355)
　Melinda 18* (LO-22)
　Micajah 53 (W-116)
　Polly 34* (TR-332)
　Robert 23 (W-124)
　Thomas 44* (W-32)
　Walter 69 (W-118)
　William 28 (W-118)
LAWS
　Andrew J. 27 (W-7)
　Thomas 51 (CH-372)
LAWSON
　Elizabeth 26* (B) (W-74)
　Ely P. 48 (LO-122)
　Frasier 41* (CH-420)
　Granville 35 (CH-422)
　J. 26 (m)* (TO-233)
　James A. 40 (TO-196)
　Manson 38 (LO-102)
　Thomas J. 35 (TO-203)
LAWTON
　Richd. H. (Dr) 35* (CH-450)
LAXAUGH
　Joseph 15* (B) (W-65)
LAYTON
　Joseph J. 35* (TR-305)
LEA
　J. M. 25 (m) (SI-22)
LEAK
　E. 23 (f)* (SI-55)
　James 32* (SI-35)
LEANS
　William 68* (TO-263)
LEAR
　George 55 (TO-271)
　Jacob 30 (TO-271)
　John 27* (TO-271)
　Mary 55 (TO-257)
LEARS
　Parsley E. 30 (TO-249)
LEATH
　Polly 67* (LO-70)
LEAVELL
　Benjamin 67* (CH-378)
　Benjamin L. 20* (CH-367)

- 391 -

Index

LEAVELL
  H. C. 26 (m) (CH-364)
  L. B. 3 (m) (TO-236)
  Lewis L. jr. 19* (CH-367)
  Robert W. 30 (CH-364)
  St. Clair J. 44 (TO-236)
LEAVILL
  Livingston L. 48 (CH-484)
LEDFORD
  Andrew 37 (TR-337)
  Carter 35 (TR-337)
  Jane 69 (TR-337)
  Joseph 33 (TR-337)
LEE
  A. Gates 32* (TR-361)
  Anna 30* (W-105)
  Betsy 35 (B) (TO-277)
  Bud P. 35* (CH-432)
  Charles 20* (LO-19)
  David T. 49* (LO-102)
  Frances 70* (W-6)
  George 69 (B) (TO-285)
  George 70 (B) (LO-102)
  George M. 26* (W-60)
  George W. 35 (CH-401)
  Hamlin W. 25* (CH-432)
  Henry 21* (W-124)
  Jackson 38 (B) (TO-261)
  James 15* (B) (TO-259)
  James 47 (LO-46)
  James 75 (TO-206)
  Jesse 40 (B) (TO-206)
  John B. 46 (TO-259)
  Prudence 47* (CH-394)
  Robert 58* (W-85)
  Saml. 36* (B) (TO-257)
  Samuel 36 (LO-27)
  Sarah 44* (LO-47)
  Washington 14* (R) (LO-108)
  William 35* (B) (LO-86)
LEFTRICK
  Robert E. 28 (CH-458)
LEFTRIDGE
  Angeline 20* (TO-215)
LEGIT
  Henry 4* (TR-339)
LEGRAND
  Coleman 31 (W-90)
  Lukle 55 (W-117)
  Martha 35* (W-125)
  Obediah 67 (W-99)

LEHMAN
  George 36* (W-99)
  Hunnon? 29 (m) (TO-196)
LEMMON
  Edward 73* (LO-68)
LENTS
  Levi 36 (TO-258)
LEONARD
  Gideon 55 (LO-6)
LERANE?
  Georg? 18* (LO-65)
LESAM
  Solomon 40* (CH-423)
LESHER
  Joseph C. 43 (CH-372)
LESLIE
  Betsy 35* (W-78)
LESSENBURY
  Mary 24* (W-110)
LESTER
  E. 45 (f) (SI-12)
  George W. 20 (TR-317)
  James 39 (TR-319)
  Joshua 32* (TO-275)
  Philip S. 30* (TO-254)
  William 49* (TR-316)
LETHERADGE?
  Mary 70* (W-83)
LETT
  Drewry 59 (LO-120)
LEWIS
  * (TO-269)
  A. 12 (m)* (SI-39)
  Ann F. 53 (TO-284)
  B. 55 (m)* (W-3)
  Benjamin 58* (CH-406)
  C. 52 (m)* (W-3)
  Catharine 80 (SI-36)
  Catlett 4* (CH-370)
  Charles 67* (TO-255)
  E. H. 29 (m)* (TR-348)
  Elen 25* (W-57)
  Elizabeth 1* (LO-96)
  Elizabeth 27 (TR-292)
  Elizabeth 30* (W-70)
  Frances 52 (W-103)
  Franklin 41 (W-1)
  Gabriel 74 (LO-25)
  Hanna 56 (CH-412)
  Isaac 53* (CH-488)
  Isaac O. 72 (W-1)
  Isaiah 24 (SI-36)

  J. B. 31 (m)* (SI-11)
  J. H. 28 (m) (W-11)
  J. P. 25 (m)* (TO-288)
  J. W. 30 (m) (SI-6)
  Jackson W. 32* (TR-345)
  James H. 10* (CH-370)
  Joab 28 (SI-27)
  John 55 (TR-307)
  John A. 26* (CH-403)
  John G. 41 (LO-25)
  John W. 26 (SI-36)
  Joseph 46 (W-20)
  Joseph 79 (W-2)
  Joseph D. 28 (W-86)
  Judith 57* (W-28)
  L. D. 34 (m) (W-2)
  Leonard 50 (SI-27)
  Lucy 50 (TO-270)
  M. W. 22 (m)* (CH-485)
  Margaret 30 (LO-96)
  Marina 26 (LO-96)
  Matilda 37* (LO-99)
  Milton 32 (TO-241)
  N. 47 (m) (W-3)
  Peter M. 39 (CH-448)
  R. 45 (m) (W-4)
  R. D. 40 (m)* (CH-366)
  Richard S. 15* (TR-311)
  Riley 24* (CH-392)
  Riley 24* (CH-424)
  Sally 72 (LO-86)
  Sandford 28 (SI-32)
  Waller 41 (LO-83)
  William P. 24 (TR-307)
  Wm. 36* (SI-46)
  Wm. R. 51 (W-54)
LIBBAND?
  Susan 18* (TO-263)
LIGHT
  James 45 (TR-327)
  Samuel 49 (TR-358)
LIGHTFOOT
  David L. 25 (SI-42)
  Harrison 35 (W-104)
  Henry 21 (SI-42)
  Henry 58 (SI-42)
  Jackson 22* (SI-38)
  John 30* (SI-42)
  Josiah 37 (W-105)
  Michael 48 (B) (CH-391)
  Milly 34* (W-69)
  Robt. D. 44 (SI-42)

Index

LIGHTFOOT
  Simpson 30 (W-104)
  William 63 (W-104)
  William D. 38 (W-104)
LIGUT?
  John 35* (W-66)
LIKENS
  James 71* (W-52)
  M. 34 (m)* (W-8)
  Maria 17* (W-21)
  William 26 (W-53)
LILLARD
  Jas. M. 40 (SI-33)
LIMBAUGH
  Hiram 34 (LO-132)
  Margaret 17* (LO-133)
LIMEBAUGH
  Berry 17* (LO-60)
LINDLEY
  Johnathan 45 (CH-491)
LINDLY
  Thomas 70* (CH-494)
LINDSAY
  Charles A. C. 21* (CH-401)
  Eliza 25* (CH-487)
  James 65* (B) (TR-331)
  John 50* (TO-222)
  John? 42 (W-106)
  Lancelot L. 41* (CH-421)
  Livingston 23* (TR-335)
  Ludwell 49* (CH-452)
  Lunsford 57* (TR-290)
  Richmond 45* (B) (CH-421)
  Sackfield S. 48 (CH-449)
  Wm. W. 33 (W-71)
LINDSEY
  H. R. 39 (m) (TO-215)
  James 44 (TO-217)
  Jas. 30 (TO-246)
  John 40 (TO-208)
  Joseph 26 (TO-245)
  S. S. 49 (m) (TR-345)
LING
  Samuel 52 (TO-207)
LINK
  Byrd B. 79 (TO-233)
  John 23* (LO-14)
  William B. 30 (TO-233)
  William B. 32 (TO-270)
LINN
  John H. 46 (W-129)
  Penny 65 (W-129)

Young A. 30* (TR-359)
LINSEY
  A. M. 58 (f)* (W-12)
  Sam 60 (LO-56)
  Samuel B. 21 (LO-56)
LIPSCOMBE
  M. A. 26 (f)* (TO-220)
LISENBY
  Redmond B. 27* (CH-368)
LITCHFIELD
  Mildred 17* (TR-295)
  Nancy 60 (TR-321)
  William 29 (TR-321)
LITTELL
  James 47* (TO-214)
LITTLE
  Eliza 48* (TR-376)
LITTLEFIELD
  David 28 (CH-494)
  Solomon 35 (CH-494)
LITTLEJOHN
  Charles 50* (B) (LO-132)
  Moses 40* (B) (LO-133)
LITTRELL
  Robert D. 46 (TR-294)
LIVELY
  George 43 (W-76)
  James 35* (W-105)
  Joel C. 31 (W-86)
  Patrick H. 28 (W-104)
  William 47 (W-75)
LIVERMORE
  H. B. 16 (m)* (CH-423)
  Horace B. 17* (CH-452)
LLOYD
  Ezekiel 52* (CH-374)
  Isaac N. 24 (CH-374)
LOCKER
  Jas. S. 23 (CH-495)
  John P. 25* (TR-360)
LOCKERANGE?
  Wm. 27 (W-67)
LOCKERIDGE
  Lucinda 65* (W-86)
LOCKET
  John 10* (LO-26)
LOCKHART
  H. R. 8 (f)* (LO-82)
  John 24 (SI-50)
  Martha 55 (CH-482)
  Thos. 48 (SI-50)

LOCKHEART
  James D. 23 (CH-409)
LODGE
  Thomas J. 45 (W-87)
LOFLAND
  Dorman 51 (TO-288)
  Elizabeth 40 (TO-288)
LOGAN
  E. 25 (m)* (SI-15)
  Jane 46* (TR-290)
  Nancy 25 (LO-19)
  Thos. H. 38* (SI-3)
  Wiley 47 (LO-18)
  William 13* (TO-256)
  Young 43 (SI-34)
LOGDON
  John 16* (W-68)
LOGSTON
  Permelia 25 (W-68)
LONDON
  Wm. 35 (W-56)
LONG
  A. 16 (m)* (W-13)
  A. B. 25 (m) (W-59)
  Abram 50* (W-26)
  Anthony 41* (LO-134)
  Aquilla 54 (CH-482)
  Billy 44 (B) (LO-128)
  Charles 56* (CH-481)
  Daniel 13* (SI-67)
  Eleanor 73* (TO-200)
  Gabriel 44* (LO-115)
  Gabriel B. 41 (CH-488)
  George 38* (W-122)
  Hester 49* (CH-482)
  Isaac 42 (CH-444)
  Isaac 58 (CH-468)
  Isaac B. 38 (CH-481)
  J. 55 (m)* (W-2)
  Jacob Asbery 34 (CH-468)
  James 66* (W-38)
  John 12* (TR-308)
  John 24* (CH-402)
  John 33 (LO-75)
  John 43 (CH-482)
  John 52 (CH-496)
  John C. 48* (CH-436)
  John S. 43* (TO-240)
  John W. 24 (CH-419)
  Lafayette 25* (W-108)
  Lucy 65 (CH-488)
  Malinda 17* (W-40)

- 393 -

Index

LONG
- Nancy 35 (SI-67)
- Nimrod 35 (LO-133)
- Priscilla 31* (CH-483)
- Rachael 44 (CH-496)
- Redding 26 (CH-481)
- Rhoda 35 (B) (CH-427)
- Robert F. 48 (CH-436)
- Sampson 52 (TO-270)
- Sarah E. 8?* (LO-133)
- Thos. 52 (CH-496)
- Wen? (Dr) 65 (CH-452)
- William 25 (CH-481)
- William 25 (W-125)
- William 78* (CH-481)
- Wm. A. 3* (CH-496)

LORTON
- Thomas 64* (W-125)

LOTSPEICH
- Nancy 47* (CH-487)

LOTSPEICH?
- James 18* (TR-377)

LOTSPICK
- Elizabeth 24* (CH-433)

LOVE
- Edwin R. 32 (CH-425)

LOVEJOY
- M. E. 22 (f)* (SI-52)
- Mary E. 19* (SI-68)

LOVEL
- Mahala 30 (SI-44)
- Nelson 40 (SI-43)

LOVELADY
- James M. 46 (SI-23)
- M. 33 (f) (SI-22)
- Z. 10 (f)* (SI-22)

LOVELESS
- John 35* (W-123)

LOVIER
- Hughey 65 (CH-495)

LOVING
- Alexr. 44 (W-63)
- Ellen 41 (LO-128)
- P. N. 36 (m) (W-46)
- W. V. 47 (m) (W-36)
- Willis 51* (LO-68)

LOW
- J. F. 64 (m)* (SI-14)

LOWE
- David 46 (LO-47)
- Holson H. 24* (W-126)
- Hugh 50 (W-111)
- John W. 22* (W-111)
- Prior P. 40 (W-117)
- Rachael E. 12* (LO-19)
- Vincent 34 (W-116)

LOWE?
- Eve 78* (LO-18)

LOWERY
- Ann 45* (W-114)
- Elizabeth 50 (W-95)
- Stephen 27 (W-113)
- Stephen 30 (W-101)

LOWREY
- Virginia 40* (CH-376)

LOWRY
- J. J. 21 (m)* (LO-81)
- John 28* (CH-455)
- Mason 44 (LO-5)
- Squire 29 (TO-221)
- Squire M. 49 (TO-274)
- Thomas D. 27 (LO-31)
- William 37 (TO-269)

LUCAS
- Charles 78 (W-113)
- E. A. 25 (m)* (CH-421)
- Fidello 39 (W-12)
- John S. 58* (W-93)
- John W. 20* (W-59)
- John W. 28* (W-103)
- Joseph R. 33* (W-122)
- Mary A. 21* (W-11)
- N. P. 37 (m)* (W-122)
- Nancy 53 (W-108)
- Nathan H. 30 (W-113)
- Nathaniel L. 27 (W-108)
- Sarah 59 (W-108)
- William H. 41 (W-102)

LUCK
- David 20* (CH-441)
- Frances A. 49 (CH-442)
- John J. 45 (TO-276)
- Nathaniel 30 (CH-429)
- Peyton 25 (CH-401)

LUCKETT
- Alfred D. 43 (TO-260)
- Luther 52 (LO-83)

LUCKIE
- John 50* (CH-458)

LUMFORD
- Virginia 74* (TR-366)

LUMMIS?
- H. H. 28 (m)* (LO-134)

LUMPKINS
- Geo. W. 28 (CH-464)

LUMSDEN
- Ann 72* (TO-281)

LUNDEY
- Sally A. 17* (CH-457)

LUNDORMAN
- John 77 (CH-372)

LUNNDEN
- James W. 45 (TO-236)

LUSTER
- Eliza A. 8* (TR-369)
- Saml. F. 32 (SI-38)

LUTEN
- Benjamin F. 35 (TR-372)
- Henry E. 28 (TR-373)

LUTERELL
- William 24* (TO-261)

LYON
- James 47* (LO-117)

LYLE
- Calvin 23 (W-117)
- Polly 37* (LO-71)
- Robert 49 (W-124)

LYLE?
- John 19* (LO-69)

LYNCH
- J. 41 (m) (SI-5)
- J. M. 35 (m) (SI-13)
- Wm. 64 (SI-34)
- Wm. W. 28 (SI-34)

LYNE
- T. 64 (m) (LO-75)
- T. Nelson 40 (LO-106)
- W. 29 (m) (LO-75)

LYNN
- Edward 26 (TR-362)
- John 47 (W-99)
- Mary 28* (CH-494)

LYON
- Abraham 28 (LO-126)
- Abraham 66 (LO-126)
- Harriet* (LO-102)
- James M. 34* (LO-105)
- John 17* (LO-113)
- John 26 (LO-32)
- John 75* (TO-250)
- Mary 17* (CH-427)
- Paten 49* (LO-68)
- Thomas J. 23 (LO-29)
- William 37 (LO-128)
- William H. 4* (TO-215)

Index

LYONS
 William 65* (TR-364)
LYTLE
 Archibald 15* (LO-4)

M

MABEN
 Mathew 48 (TO-255)
MABERRY
 Ephraim 29 (TO-206)
MABIAS
 Charles 29* (TO-212)
MABRY
 Charles 31 (CH-375)
 Ellenor 40 (TR-324)
 F. A. 38 (m) (TR-323)
 Isaac 65* (B) (TR-376)
 Lewis B. 39 (TR-314)
 Martha 61* (TR-299)
 Thomas E. 22* (CH-434)
MACEY
 C. 40* (W-25)
MACHEN
 R. 50 (f)* (SI-11)
MACHRAM?
 James 28 (W-88)
MACKALL
 John 61 (LO-62)
MACKEY
 A. 45 (m) (LO-73)
 Elizabeth 40* (CH-489)
 M. K. 30 (m) (TO-277)
 S: 35 (m)* (LO-73)
MACKNAMARA
 James 52 (W-57)
MACY
 Henry 25* (LO-69)
MADDING
 B. W. 52 (m)* (TO-262)
 Robert N. 28* (TO-288)
MADDUX
 Thomas B. 44* (CH-388)
MADE?
 Mayberry 32* (TO-284)
MADISON
 Albert 45 (TO-288)
 Joel R. 35 (W-92)
MADOLE
 Martha 50* (LO-1)

MADOX
 Joseph 46* (CH-494)
MAES
 William 51 (TO-272)
MAGAREN
 Peter W. 35 (CH-371)
MAGNER
 Catherine 64 (LO-64)
 Robt. 24* (LO-1)
MAHAN
 James 39 (W-55)
 Washington 33 (W-55)
MAHIN
 T. S. 53 (m) (SI-24)
MAHUE
 Hartford 23 (W-12)
 Walter 76* (W-12)
MAJOR
 Charles 74 (CH-360)
 Charles H. 32* (TR-360)
 John N. 27 (CH-379)
 Joseph 56 (CH-379)
 Madison S. 30 (CH-436)
 Urial L. 42* (CH-360)
MAJORS
 Howard 38 (CH-376)
 John 51* (SI-11)
 John 56 (W-110)
 Mary 13* (W-110)
 Milton 38 (W-110)
MAKINS
 Daniel 40 (f?) (W-109)
MALLERY
 George 9* (B) (W-94)
MALLORY
 A. E. 23 (f)* (SI-50)
 Asa J. 33 (W-103)
 Betsy 25* (B) (W-59)
 Felix 27 (SI-57)
 Harriet 30* (B) (W-80)
 Hugh 53 (LO-109)
 James C. 34 (SI-57)
 John A. 5* (W-81)
 Martha 48 (LO-54)
 Mary 16* (CH-425)
 Mary 30* (B) (LO-70)
 N. F. 29 (m) (SI-23)
 O. W. 38 (m) (SI-28)
 Polly 68* (SI-48)
 Robert 23* (B) (W-91)
 Saml. K. 46 (SI-59)
 Thos. 65* (CH-438)

W. C. 31 (m)* (W-40)
Wm. L . 29 (SI-25)
Wm? 71 (SI-57)
MALONE
 E. R. 43 (m) (TR-293)
 J. 35 (m)* (TO-275)
 Martha 75* (TR-330)
 Mary 60 (CH-440)
 Miles 33* (TR-331)
 Moses 32* (TR-329)
 Thomas D. 59* (TR-332)
 Thos. 56* (B) (CH-449)
 Thos. J. 40 (W-12)
 William 21 (TR-375)
 Wm. H. 23* (SI-45)
MANAHAN
 James 35* (CH-411)
 Malinda 35 (CH-414)
MANEY
 Edward 68 (W-28)
 William W. 44 (W-123)
MANIFREE
 Louisa 26* (B) (LO-70)
MANION
 Frances 26* (TO-233)
 Jane 63 (TO-226)
 Reuben 27 (TO-226)
MANN
 Andrew 77 (TO-210)
 Caroline 13* (W-125)
 Charles 63 (TO-247)
 Daniel 39 (TO-247)
 John A. 42 (TO-208)
MANNAHAN
 Eliza 25* (CH-441)
MANNING
 Cornelius 65* (TR-328)
 John D. Esq. 50* (W-126)
MANNON
 James 38 (W-30)
 Jno. 74 (W-30)
 John 44 (W-41)
 William 44 (W-28)
 Wilson A. 31 (W-29)
MANOR
 Boler H. 16* (W-73)
 Wm. 54 (W-71)
MANS
 Alfred 19* (W-37)
MANSFIELD
 Allen P. 40* (LO-31)
 Catharine 17* (CH-423)

- 395 -

Index

MANSFIELD
  Cyrus 31* (W-102)
  Elijah 76 (LO-37)
  Elizabeth 53* (W-53)
  Erskine 18* (CH-386)
  George W. 45 (CH-384)
  Granville 44 (LO-37)
  Jas. P. 45 (CH-444)
  Jesse 44 (LO-37)
  Nancy 76* (TO-221)
  Robert 36 (LO-39)
  Thomas 45* (TO-220)
  Wm. 15* (W-67)
  Wm. F. 40* (W-67)
MANSON
  Varda 41 (m) (TO-213)
MANTLOE
  B. R. 33 (m) (LO-8)
MANXY
  Shelton 33* (LO-113)
MANZY
  Elizabeth 36 (LO-124)
  James 74 (LO-121)
MARCUM
  Edmond 31 (LO-121)
  Sarah J. 18* (CH-436)
MARIO
  Charl 68* (TO-270)
MARION
  Moses 26 (CH-404)
MARKS
  Joseph 19* (CH-392)
MARKUM
  Mary A. 14* (CH-376)
MARNEY
  Huldah 57* (CH-371)
MARQUESS
  Mary H. 71 (TR-317)
  William K. 44 (TR-317)
  Wm. 78* (W-74)
MARQUISS
  Robert 40 (CH-463)
MARRIS?
  Rosanna 32* (TO-224)
MARS
  Elizabeth 51 (LO-27)
  John H. 28* (LO-33)
MARSHAL
  July 13* (W-16)
MARSHALL
  Alfred 38 (LO-41)
  Amanda 24* (W-59)

Burton 16* (TO-289)
Edert? 9 (m)* (TO-198)
Federick F. 41 (LO-40)
Jas. R. P. 56 (W-44)
Josiah 65 (LO-40)
L. R. 25 (m) (LO-65)
Samuel 66 (LO-40)
Sarah 57* (W-45)
Stephen W. 40* (LO-50)
William 10* (TO-269)
William J. 30* (LO-40)
MART
  A. C. 3 (m) (TR-296)
  B. B. 35 (m) (TR-294)
  John J. 47 (LO-94)
  John J. jr. 23 (LO-100)
  Tazwell M. 36 (LO-67)
  Thomas A. 2/12* (LO-100)
  William J. 19* (LO-92)
MARTIN
  Abigail 54 (W-53)
  Edward 24 (W-38)
  Edward 31* (CH-485)
  Elizabeth 50 (TO-277)
  Elizabeth 58* (W-52)
  Enoch 44* (SI-41)
  Frances 43 (W-33)
  Geo. 19* (CH-486)
  George 20* (CH-427)
  Gibson 60* (W-16)
  Henry 33 (CH-429)
  Hugh 50* (TO-232)
  Isaac 50 (TO-202)
  James 25* (W-31)
  James 26 (CH-368)
  James 32 (CH-493)
  John 28 (TO-277)
  John 45* (CH-493)
  John 53 (TO-247)
  John 60* (W-88)
  John J. 32 (TR-338)
  Jos. B. 28 (W-21)
  Joseph 23 (W-29)
  Joseph 23 (W-33)
  Joshua 20* (W-72)
  L. G. 29 (m) (W-41)
  M. M. 26 (m) (TR-327)
  Margaret 33 (W-88)
  Margery 48* (LO-70)
  Meredith 19* (W-29)
  Minta 35* (W-43)
  Mordica 35 (W-105)

Nancy 34* (W-28)
P. 25 (m)* (W-25)
Patience 81* (LO-71)
Patsey 13* (LO-4)
Perry 21* (W-21)
Pleasant 49 (W-72)
Pleasant 57 (TO-246)
Presley 34 (TO-201)
Prudence 19* (W-18)
Robert 58 (SI-2)
Robert J. 20* (CH-457)
Romsele 25 (m) (TO-202)
Sarah 38* (W-83)
Sarah 70* (W-33)
Sarah A. 26* (LO-101)
Steven 75 (W-43)
Thomas 21 (CH-477)
William 18* (LO-85)
William 34* (TR-330)
William 44 (LO-100)
William H. 38* (TR-326)
Wm. G. 27 (TO-251)
MARVIN?
  Janetta 40* (TO-197)
MASON
  Alfred 35 (B) (LO-64)
  Benjamin C. 29* (LO-103)
  Elizabeth 46 (LO-106)
  Ely L. 60* (TO-243)
  Ethrald C. 31 (LO-132)
  George 57 (LO-24)
  Harrison J. 35 (W-74)
  J. H. 25 (m)* (W-74)
  Jno. M. 48 (W-62)
  John 70 (CH-384)
  John B. 43 (CH-458)
  K. C. 42 (m)* (LO-74)
  Lee W. 21* (CH-485)
  Margaret 20* (LO-111)
  Maria 42 (W-37)
  Martha 76 (TR-333)
  Mary S. 4* (TR-344)
  Peter H. 27 (CH-437)
  Quintilla 10* (LO-95)
  William 26 (W-52)
  William 30* (CH-391)
  William 58 (W-95)
  William 65 (CH-384)
  William B. 35 (CH-450)
  William G. 50 (LO-67)
  William M. D. 37* (W-57)
  Wilson H. 30* (LO-67)

Index

MASON
 Wm. D. 66* (W-74)
MASSEE
 E. B. 21 (m)* (W-103)
 Edward 13* (TO-219)
 George 16 (TO-242)
 George 40 (CH-372)
 John T. 74* (TO-221)
 Louza 15* (TO-239)
 S. 48 (m)* (SI-1)
 W. M. 35 (m) (TO-221)
MASSEE?
 Adeline E. 18* (W-74)
MASSIE
 Susan 7* (TO-284)
MASSIE?
 Thomas 34* (TO-232)
MASSSEE
 George 59 (W-70)
MASTIN
 James 14* (TR-334)
 Joseph 61 (TO-201)
 Phebe 80 (W-53)
MATHENA
 Abner D. 27* (TR-375)
MATHENY
 Ansel 22 (CH-402)
MATHERLY
 Flemin W. 41* (SI-66)
MATHIS
 Adley T. 25 (m) (TR-341)
 Anderson B. 30 (TR-336)
 James 33 (TR-340)
 John 60 (TR-339)
 Leonard 25 (TR-336)
 Preston 20 (TR-340)
 Samuel 46 (LO-1)
 Thomas M. 21 (TR-340)
MATLOCK
 A. 50 (m)* (CH-364)
 Earl? E. 39 (W-95)
 James 32 (LO-19)
 Jason A. 38 (LO-54)
 John C. 34 (W-79)
 Rial H. 50 (W-80)
 Samuel M. 49 (W-81)
 Wm. F. 23* (SI-20)
MATTELL
 M. 39 (m)* (TO-275)
MATTHEWS
 Elizabeth 16* (TR-314)
 Righteous Lot 76 (CH-442)

Robert S. 34 (CH-458)
MATTON
 Moses 9* (B) (W-34)
MAUCH
 William 70* (LO-19)
MAUM
 Edward L. 58* (CH-370)
MAURY
 Elijah W. 4* (W-86)
MAVIETY
 Robert 25* (CH-366)
MAVION
 James M. 4* (CH-388)
MAXEY
 John 33 (W-38)
 William H. 36 (W-52)
MAXWELL
 A. Monroe 33* (LO-32)
 James 30 (LO-35)
 Nancy 32 (LO-37)
 William 23 (LO-33)
MAY
 A. 38 (m) (LO-74)
 A. Elijah 36 (LO-108)
 H. 35 (m)* (SI-20)
 Henry 48* (LO-5)
 J. 42 (m) (SI-31)
 James 34* (W-41)
 James 64 (SI-48)
 Jno. R. 45* (W-43)
 John 63 (SI-33)
 Lemuel 66 (SI-31)
 Martha 28* (B) (LO-93)
 Martha 25 (LO-99)
 Milton 31 (LO-108)
 P. 50 (f)* (SI-54)
 Pleasant F. 17 (SI-33)
 Prudence 33* (W-41)
 Richerson 37 (CH-463)
 Sarah 60* (LO-99)
 W. 40? (m) (LO-82)
 Wm. 32 (SI-4)
 Wm. 32 (SI-31)
MAYBEN
 John 53 (LO-32)
 Mary 34* (LO-10)
MAYBIN
 Cyrus A. 23 (LO-32)
MAYES
 David 24* (TR-366)
 Martha 42* (TR-294)
 Matthew 52* (TR-290)

William 40 (TR-374)
William L. 27 (CH-449)
MAYFIELD
 Isaac 54 (TO-203)
 William A. 22* (CH-433)
MAYHEW
 A. T. 23 (m) (SI-39)
 Wm. 49 (SI-6)
 Z. 46 (m) (SI-43)
MAYS
 David 24 (SI-13)
 James 41* (SI-35)
 Joel C. 34* (SI-36)
 M. J. 18 (f)* (SI-32)
 O. 52 (m) (SI-12)
MCADAMS
 Alford 40* (SI-67)
 Jas. 25* (CH-443)
 Saml. C. 31* (CH-439)
MCAFEE
 Georgeanna A. 13* (CH-361)
 Wm. J. 10* (CH-459)
MCALISTER
 Ephrai E. 52 (CH-383)
 Nabby 53 (f) (TO-235)
MCALLEN
 James 36* (LO-67)
MCALLISTER
 Elizabeth 63* (TR-290)
 James S. 39 (TR-328)
 William 56 (W-25)
MCATEE
 Charles 40 (TR-302)
 Eliza 49 (TR-308)
 John 74 (TR-302)
MCBRIDE
 Frances 50 (TO-197)
 Samuel S. 27 (TO-248)
MCCABE?
 Maria 36 (LO-104)
MCCAIN
 A. M. 24 (m) (TR-342)
 James 77* (TR-313)
 James L. 38* (TR-293)
 John A. 31* (TR-296)
 William B. 27 (TR-342)
MCCAINBY
 Wm. M. 17* (CH-488)
MCCALL
 Parthena 40* (TO-216)
MCCALLEN
 William 44 (LO-85)

Index

MCCAMMICK
 Joseph 24* (LO-5)
MCCAMMON
 David 24 (W-120)
MCCANLEY
 Benjamin E. 46 (TR-348)
MCCARDY
 Dolly 60 (TO-224)
MCCARLEY
 David 33 (LO-25)
 James 52 (LO-25)
 Sarah A. 16* (LO-68)
 William 50 (LO-19)
MCCARLY
 John 43 (LO-17)
MCCARNEY
 William 31 (TO-243)
MCCARRICK
 A. 17 (m)* (LO-78)
 Jos. 26* (LO-78)
MCCARROLL
 Charles A. 31 (CH-421)
 John 60 (CH-402)
 Joseph 27 (CH-421)
 Richard J. 23* (CH-421)
MCCARTNEY
 Elisha 25* (LO-33)
 James 23* (SI-69)
MCCARTY
 Edward 12* (CH-457)
 Frances 60 (CH-490)
 George 57 (LO-14)
 Iroh? H. 22 (m) (LO-57)
 John B. 42* (CH-457)
MCCASSIN?
 Bonel? 37 (m) (TO-244)
MCCAUGHAN
 C. N. 27 (m)* (TR-310)
 Hager 45 (B) (TR-303)
 L. C. 23 (m) (TR-298)
MCCIREN?
 Alexander N. 26 (TR-376)
MCCLAIN
 Mary P. 68* (TR-337)
MCCLANAHAN
 A. 26 (m)* (SI-15)
 E. D. 30 (m)* (SI-15)
 Grizella 52* (SI-65)
 Peter 45* (SI-55)
 Thos. 29* (SI-66)
MCCLANE
 James 18* (LO-60)

MCCLEAN
 Azel M. 50* (LO-94)
 John 48 (LO-65)
 Thomas 41* (LO-62)
MCCLELLAND
 Henry 25* (TR-377)
 John A. 20* (LO-47)
 Mary A. 51 (LO-24)
 Milton 45 (LO-30)
MCCLENDON
 John K. 52* (LO-2)
 Posey H. 24* (CH-404)
 Preston 23* (LO-20)
MCCLEWAIN
 Alexander 52 (W-60)
 Frances 82* (W-58)
 James 46 (W-50)
 Joseph 49* (W-58)
MCCLONNA?
 Louisa 13* (LO-57)
MCCLOUD
 E. 11 (f)* (SI-57)
 Robert 28 (LO-13)
MCCLUAN
 James 24* (SI-9)
MCCLUER
 John 35* (CH-485)
 William 40 (CH-400)
MCCOLPEN
 Char 40 (m) (TO-215)
 Jo 66 (m) (TO-196)
MCCOMB
 Jesse 48* (CH-454)
 Mary A. 54* (LO-70)
 Sally 54* (B) (LO-70)
MCCOMIC
 Peter B. 34* (W-26)
MCCOMICK
 Joseph 54 (W-20)
 Paterson R. 28 (LO-24)
MCCOMMICK
 Jno. F. 40* (W-37)
MCCOOL
 Martin R. 45 (W-75)
MCCORD
 David J. 38 (CH-476)
 David J. 49* (CH-492)
 Margaret 32* (CH-496)
MCCORMICK
 James 77 (TO-257)
 Walter B. B. 34* (TO-251)

MCCORPEN
 Samuel 50 (TO-217)
MCCOWN
 B. H. 46 (m)* (CH-424)
 John 29 (LO-33)
 Robert B. 24* (CH-432)
MCCOY
 George 25 (W-117)
 John W. 27* (B) (TO-253)
 Sarah 44* (W-39)
 Stark 32 (W-117)
 Strother 30 (W-118)
 Tom 55 (B) (TO-261)
 Washington 29 (B) (TO-203)
MCCRAW
 Stephen 28 (CH-441)
 William B. 44 (CH-368)
MCCREARY
 J. C. 44 (m)* (SI-11)
 James R. 22 (SI-27)
 Jas. 48 (SI-38)
MCCROSKY
 Sarah 13* (TO-234)
MCCUDDY
 Napoleon 47 (LO-23)
MCCUDY?
 Isaac 68 (LO-1)
MCCUEN
 E. 74 (f)* (LO-70)
 Lucy 38* (LO-70)
MCCULLOCH
 Hamilton 38 (LO-90)
 Sarah 43* (CH-408)
MCCULLOCK
 G. 45 (m)* (SI-15)
MCCURDY?
 Holing? S. 27* (LO-40)
MCCUTCHEN
 Cyrus 26 (LO-83)
 James C. 29 (SI-51)
 John 36 (LO-47)
 John N. 42 (SI-58)
 William 60 (LO-47)
MCCUTCHEON
 Elizabeth 23* (TO-243)
 Henry H. 34 (CH-403)
 Jane E. 6* (CH-373)
MCDALE
 Andy 22* (SI-28)
MCDANIEL
 Gideon 49 (W-112)
 Henry 24* (SI-12)
 Hiram 65 (TO-239)

Index

MCDANIEL
  Mathew 25 (SI-48)
  R. J. 32 (m)* (TO-222)
MCDAVITT
  Thomas 55* (W-50)
  Virgil 21* (W-57)
MCDONALD
  Hugh 46 (W-49)
  L. 30 (f)* (LO-103)
  Lindsley 32* (W-52)
  Nancy 55* (CH-425)
  Samuel 55 (W-62)
  Ward 50 (W-54)
  William 25* (LO-87)
MCDOWEL
  John 61* (SI-1)
  Joseph 45 (LO-127)
  Mary 32* (CH-403)
  William 48 (LO-128)
MCDOWELL
  Robert 31 (TR-305)
MCELLWAIN
  John S. 58 (SI-56)
MCELNANNY?
  Caroline 26* (LO-7)
MCELROY
  Ritmon 18 (f)* (W-66)
  Sicily A. 19 (f)* (CH-366)
  Underwood 2* (W-123)
MCELVAIN
  Alxd. 25* (SI-54)
  S. 30 (m)* (SI-16)
MCELVANE
  Anslem 30 (m) (TO-198)
  James 29* (TO-218)
  John 35 (TO-198)
  Martha 7* (TO-198)
MCELWAIN
  Alexr. 69* (TO-278)
MCELWANE
  John 33 (TO-237)
MCENDREE
  James 32* (LO-134)
MCENTIRE
  Henry J. 12* (TR-360)
  Thomas 15* (TR-334)
MCFADDIN
  Fenias 29 (SI-49)
  Mary F. 14* (CH-416)
  Wade H. 52 (SI-54)
MCFADIN
  E. 31 (m)* (W-59)

MCFAIL
  A. C. 22 (m)* (SI-8)
  David 24* (SI-49)
  Judith 58 (SI-51)
  M. 26 (m) (SI-49)
MCFAILAND?
  Mary 8* (LO-3)
MCFARLAN
  D. R. D. 36 (m) (TR-295)
  Robert 64 (TR-298)
MCFARLAND
  Martha 17* (SI-66)
  Mathew 46* (LO-12)
  Wm. J. 19* (SI-60)
MCFEARSON
  Alna 35 (TO-272)
MCFERRIN
  James C. 39* (W-103)
  Samuel H. 22* (W-128)
MCFERSON
  Amos 37 (TO-272)
MCGAR
  Fanny 21* (CH-406)
MCGARVEY
  Alexander 29 (CH-419)
MCGAUGHEY
  Arthur 60 (CH-452)
MCGAVIN
  Washington 18* (TR-326)
MCGEE
  Geo. H. 17* (CH-447)
  James 4* (CH-423)
  Jas. 39 (CH-446)
  Jas. M. 26 (CH-447)
  John 2* (CH-447)
  Martha 33 (TO-229)
  Matilda 58 (CH-446)
  Sarah 60* (CH-446)
  Thos. J. 26 (CH-446)
MCGEHE
  Carr 55 (TO-225)
  Thomas 25* (TO-207)
MCGEHEE
  Dillard 60* (TO-279)
  J. G. 35 (m)* (W-21)
  Samuel 22* (TO-280)
MCGILVERNY
  Nancy 70* (CH-480)
MCGINNIS
  B. 51 (m) (W-55)
  B. L. 27 (m)* (W-22)
  Hezekiah 47* (W-22)

John B. 27* (TR-334)
Margaret 17* (W-38)
O. G. 24 (m)* (TR-312)
Richard 20* (CH-390)
Smith 25* (W-30)
MCGINNISS
  Owen G. C. 24* (CH-485)
  William 36* (CH-456)
MCGOODWIN
  James K. 57 (W-130)
  Phebe 53* (B) (W-36)
  Susanna S. 43 (LO-36)
  Wm. H. 44* (SI-18)
MCGOWN?
  Samuel 24* (LO-69)
MCGOWNS
  Zareth E. 21* (LO-71)
MCGRAW
  Archy B. 32 (TR-334)
MCGREGOR
  Harris 56* (TR-376)
MCGUIAR
  James 22* (W-21)
MCGUIRE
  D. B. 20 (m)* (SI-2)
  E. 60 (f) (SI-11)
  Esther 55 (TO-252)
  Green B. 30 (TO-252)
  J. 21 (m) (SI-15)
  James 24 (SI-68)
  John 29 (SI-62)
  Nancy J. 18* (SI-63)
  Thos. 36* (SI-2)
  Thos. 51* (SI-2)
  Wm. 28 (SI-11)
MCGUYRE
  Hugh 46 (CH-365)
  John 10* (CH-371)
  William E. 11* (CH-364)
MCILVAIN
  Elizabeth 33* (LO-47)
  James 78 (LO-46)
  Middleton 37 (LO-46)
MCINERNAY
  Cornelius 30* (CH-393)
MCINTIRE
  B. F. 18 (m)* (LO-47)
  John 39 (CH-474)
  William 14* (TR-311)
  William R. 35 (LO-23)
MCINTOSH
  Elgah? 22 (m) (TO-280)

Index

MCINTOSH
  Isabella 11* (CH-404)
  Jesse 48 (CH-389)
  John 39* (LO-56)
  John 65 (LO-7)
  Preston 40 (TO-205)
  Thomas 23 (TO-281)
  Tolbert 49 (TO-247)
  Washington 21* (TR-350)
  William C. 24* (TO-257)
MCINTURF
  David 38 (CH-466)
  Jas. M. 32 (CH-467)
  Jno. 65 (CH-467)
MCKAIN
  John 23* (SI-69)
MCKEE
  Ambrose 33* (LO-69)
  Bob 29 (CH-360)
  Charles 38 (CH-385)
  Frances 23* (TR-327)
  Hugh 28 (TO-205)
  Hugh sr. 53* (TO-212)
  Joseph 45* (CH-370)
  William 36 (TO-205)
MCKENDAS
  Williston 53 (LO-61)
MCKENDREE?
  Jas. 51* (LO-61)
  Thomas 24 (LO-61)
MCKENDRIE
  James 67 (LO-41)
  William S. 25 (LO-41)
MCKENT
  Mary 55* (TO-288)
MCKENZIE
  David 35* (CH-404)
  James 58* (CH-415)
  William 33 (CH-415)
MCKIMY
  Camden (Dr.) 35* (CH-468)
MCKING
  George W. 50 (LO-44)
MCKINNEY
  Daniel 15* (TR-296)
  Ewin 57* (TR-345)
  George 52 (LO-112)
  Guy W. 34* (TR-345)
  Henry 23 (TR-298)
  Jno. R. 37* (W-60)
  Joel 20* (TR-361)
  John 29 (TO-245)

  John 57* (TR-298)
  Matthew 26* (TR-291)
  Samuel 53* (TR-295)
MCKINNIS
  John 30* (SI-57)
MCKINNY
  Jarrett 25 (CH-464)
  William 12* (B) (W-79)
MCKINSTRY
  John O. 28 (TR-290)
MCKINZIE
  Francis A. 20* (CH-439)
  Milus E. 21 (CH-439)
  Wm. W. 46 (CH-439)
MCKNIGHT
  Jerry 21* (CH-436)
  John 44 (CH-474)
  Susanna 75 (CH-475)
  William 51 (CH-478)
MCLANE
  Neil 50 (CH-417)
MCLARNING
  John 45* (CH-421)
MCLAUGHLIN
  Benja. M. 45 (B) (CH-488)
  Frank 30* (B) (CH-394)
  Saml. 73 (B) (CH-497)
MCLEAN
  Andrew J. 45 (LO-107)
  Eli 57* (LO-69)
  F. E. 44 (m)* (TO-208)
  John 53* (LO-69)
  Maria 18* (TO-276)
  Mary B. 22* (W-25)
  Pamela 78* (TO-274)
MCLELAN
  Ruth 20* (CH-381)
MCLELLAND
  David 66* (CH-390)
MCLEMOR
  Howell 52 (LO-68)
MCLEMORE
  Chs. 50 (m) (TO-212)
  Goodwin 40 (LO-10)
  James 18* (TO-237)
  Joel 49 (LO-36)
  John 19* (TO-227)
  John 22* (LO-11)
  John 35 (LO-31)
MCLIN
  James S. 54 (CH-400)

MCLOUGHLEN
  John 40* (CH-393)
MCLURE
  Isham E. 31* (W-35)
MCMAHAN
  Gilbert 24 (W-110)
  William 17* (TR-366)
MCMAURY
  Preston 41 (W-118)
  Thomas R. 17* (W-93)
  William R. 24 (W-119)
MCMAURY?
  James 17* (W-92)
MCMILLEN
  Alexr. W. 39 (TO-250)
  Eliza 23* (TO-280)
  Hannah 65 (LO-39)
  Hugh H. 31 (LO-55)
  Hugh H. 31 (LO-59)
  James 23 (LO-39)
  James P. 43 (LO-59)
  Jerome? P. 43 (LO-60)
  John 86 (LO-40)
  John C. 41 (LO-35)
  Lewis M. 28 (LO-40)
  Martha 8* (LO-59)
  Robert B. 33 (LO-31)
  Samuel 76 (TO-250)
  Silas N. 19 (LO-55)
MCMILLON
  Martha 46* (SI-63)
MCMILON
  Darcas 24* (W-45)
MCMINN
  Thomas 28* (CH-421)
MCMORE?
  Elick 40* (B) (TR-370)
MCMORRIS
  Rebecca 2?* (B) (LO-42)
MCMURRY
  Ann 51 (W-31)
  James 18* (W-35)
MCNAIRY
  Anna M. 13* (CH-423)
MCNAMIE
  John 17* (LO-69)
MCNEAL
  Alexander 19* (W-122)
  Amanda 13* (LO-131)
  Christophe 23 (LO-95)
  James 16* (W-99)
  Jane 36* (LO-116)

Index

MCNEAL
  John 55* (W-21)
  Patience 65* (LO-116)
  Pendleton 11* (W-27)
  Robert 16* (W-103)
MCNEES
  George 3* (TO-204)
  William 31* (TO-251)
MCNEIL
  Malcom 54* (CH-430)
MCNICKOLS
  Archy 22* (TR-377)
MCPHERSON
  Catharine 10/12* (LO-21)
  James 40 (LO-21)
  John 58 (LO-112)
  William 45 (LO-21)
  William 67* (LO-22)
MCQUERKY?
  J. 25 (m)* (TO-221)
MCQUIERY
  Thomas 38 (TO-226)
MCQUIRTER
  William H. 34* (W-45)
MCQWADE
  William H. 17* (TR-371)
MCRAE
  Flora 20* (CH-381)
  William 24* (TO-255)
MCRAY
  Kenneth 34 (CH-382)
MCRENOLDS
  Jas. J. 51* (LO-58)
  Thos. B. 24 (LO-58)
MCRENOLS
  Willis T. 53 (LO-58)
MCREYNOLDS
  Elizabth S. 47* (CH-455)
  Jas. A. 38* (TO-251)
  Oliver G. 31 (CH-455)
  Robert S. 45* (CH-455)
MCRHANY
  David B. 28 (TR-301)
MCROY
  Curtis 56 (TO-198)
  Henry 26 (TO-198)
  Joseph 25 (TO-198)
  Thomas 36 (TO-197)
MCRUNNELS
  J. A. 25 (m) (LO-123)
MCWATERS
  Elias 28 (TR-373)

John B. 27* (TR-373)
Sampson L. 27 (TR-375)
Samuel 34 (TR-371)
Samuel C. 23 (TR-374)
Wiet 35 (TR-376)
William 51* (TR-373)
MCWHERTER
  James J. 30 (LO-40)
MCWHETTER
  James 46 (LO-51)
MCWILLIAMS
  J. 29 (m) (SI-22)
MEACHAM
  Andrew 26* (CH-423)
  Calvin 31 (CH-396)
  Dorey 44* (CH-393)
  Edmond 4 (CH-396)
  Edmond 70 (CH-396)
  James 32 (CH-399)
  James A. 48 (CH-399)
  Jesse 39* (CH-400)
  Joseph 35 (CH-397)
  Wyatt 52 (CH-398)
MEADE
  William 45* (TO-273)
MEADER
  T. G. 30 (m) (TR-304)
MEADOWS
  John 21* (SI-35)
  William 51 (W-17)
MEANS
  Saml. A. 44* (CH-497)
  Saml. E. 36 (CH-455)
  William jr. 34 (CH-454)
  Wm. sr. 76 (CH-453)
  Young J. 40 (CH-453)
MEARS
  John 40* (W-11)
MEDLOCK
  A. J. 35 (m)* (LO-127)
  Bath 77 (m) (B) (TO-211)
MEDOWS
  Asa 60 (SI-47)
  J. 72 (m)* (SI-14)
MEEK
  Samuel 38 (W-119)
  William 40 (W-119)
MEEKS
  Cyrus W. 21* (W-119)
  Elizabeth 30* (TO-271)
  Hetty 50* (TO-271)

MEELEY?
  R. 16 (m)* (SI-21)
MEFFORD
  Jacob 24 (LO-6)
MEGOWAN
  W. S. 35 (m) (W-35)
MEIGS
  Eleanor 65* (B) (LO-70)
  John 72* (LO-69)
MELLEN
  Alexr. 56 (TO-253)
  Jas. C. 47 (TO-251)
MENCKS
  James W. 12* (SI-64)
MENICK
  Eliza J. 35 (SI-67)
  Sarah 32* (SI-22)
MENIFEE
  James 42 (TO-235)
MENIR?
  Christina 12* (W-42)
MENKE
  Elizabeth 62 (CH-482)
MENSER
  Dorothy 45 (CH-479)
  Martin 23 (CH-479)
MERCER
  Silas 32 (CH-495)
MEREDITH
  Calvin R. 29* (TR-366)
  Frederick 47 (TR-368)
  R. W. 18 (m)* (W-26)
  Samuel 75* (TR-374)
  Samuel jr. 32 (TR-367)
  Titus M. 37 (TR-373)
MERIDITH
  John 23 (TR-374)
MERRETT
  Jessee M. 45* (W-91)
  Robert H. 50* (W-96)
MERRIFIELD
  John 55* (LO-69)
MERRILL?
  Daniel R. 50* (TO-287)
MERRITT
  George W. 50 (CH-476)
  William 23* (LO-100)
  Wm. W. 46 (W-74)
MERRIWEATHER
  Chs. 49 (m)* (TO-227)
  Mary 63* (TO-226)

MERRIWETHER
  Frances E. 40* (CH-376)
  Garrett 56* (CH-367)
MERRYFIELD
  Davis 52 (TO-238)
MERSHON
  E. T. 38 (m) (TR-355)
MERYMAN
  Mary 55* (SI-22)
MESSAMORE
  George J. 26 (CH-491)
  John W. 19 (CH-496)
MESSAMORE?
  George 19 (CH-475)
  George 56* (CH-475)
  Jacob 60 (CH-475)
MESSICK
  Elizabeth 15* (CH-486)
METCALF
  John C. 48* (CH-377)
METHENEY
  Eli 23 (CH-483)
METHENY
  Green 26 (CH-493)
  Nancy A. 47 (CH-493)
MEYERDIRKS?
  Frederick 25* (TR-377)
MICHUM
  Jeremiah 61 (TR-336)
MIDDELTON
  Amanda J. 15* (TR-290)
MIDDER
  J. G. 29 (m) (LO-76)
MIDDLETON
  Rebecca H. 46 (W-107)
MIFLIN
  Wm. 24 (SI-5)
MILAM
  Calvin 41 (LO-116)
  Henry 30 (W-16)
  Jane 46* (LO-116)
  Jervis 45 (LO-124)
  Sarah 7* (LO-107)
MILES
  Brantley 32* (CH-417)
  James 30 (W-34)
  Jno. H. 41* (CH-445)
  John 44 (CH-394)
  Saml. A. 47 (CH-440)
  Sarah R. 20* (CH-489)
  William 30* (W-50)

MILICAN
  Jno. 75 (W-9)
  W. 30 (m)* (W-5)
  W. H. 32 (m) (W-10)
MILLBORN
  Ransom 38 (TO-250)
MILLEN
  William A. 42* (TO-260)
MILLEN?
  James M. 49 (TO-210)
MILLER
  A. 38 (m) (LO-76)
  A. sr. 59 (m) (W-2)
  Anthony 29 (W-2)
  Bedford 25* (W-2)
  Benjamin 62 (W-20)
  Bluford 31* (W-21)
  Cyntha M. 25* (LO-31)
  Dolphin 34 (W-16)
  E. 24 (f)* (SI-29)
  Elizabeth 52* (W-59)
  Elizabeth 53* (CH-372)
  Elizabeth 62 (TR-335)
  Henry 30* (W-16)
  Henry 47 (LO-16)
  Isaac 50* (W-2)
  Isaac 59 (TR-314)
  J. 37 (m) (LO-75)
  Jacob 34 (W-18)
  Jacob J. 24 (LO-13)
  James 32 (W-20)
  James 61 (CH-368)
  James D. 27 (TR-309)
  James Q. 32* (TR-335)
  Jane 61 (TR-293)
  Jno. 37 (W-9)
  John 22* (SI-7)
  John 25 (W-15)
  John 28 (LO-83)
  John 38* (LO-92)
  John 51* (SI-38)
  John 77* (W-15)
  John J. 19 (SI-43)
  John L. 31 (TR-299)
  Joseph 28 (W-2)
  Joseph 40 (W-32)
  Josiah H. 52 (TR-293)
  Lucy 57* (B) (W-27)
  Margaret 26* (LO-131)
  Margaret 52 (W-15)
  Mary J. 14* (CH-460)
  Mathew 58* (SI-27)

Morgan 39* (TR-372)
Patrick 50 (CH-470)
Randolf 64* (SI-25)
Russell 43 (LO-85)
Saml. 38 (W-6)
Simon 42 (TO-260)
Susan E. 22* (TR-334)
Thomas 40* (W-15)
Thomas E. 21* (SI-45)
Velimra 50* (LO-70)
Wilkinson 24 (TO-216)
William 29* (W-15)
William 51 (TR-367)
Willis 50 (TO-267)
Wm. J. 27 (SI-25)
Woodford 31* (W-18)
MILLICAN
  Lewis 54 (W-115)
MILLIKIN
  G. 20 (m)* (SI-20)
  George H. 42 (SI-19)
  J. 18 (f)* (LO-77)
  James 72 (SI-67)
  Mary 58 (LO-12)
  R. F. 37 (m) (SI-15)
  Wm. W. 43 (SI-18)
MILLS
  Austin 39 (LO-93)
  Charles W. 26 (CH-412)
  J. P. 48 (m)* (TR-334)
  John 64 (LO-90)
  John Jr. 35* (LO-89)
  John W. 28 (TO-238)
  William 27 (TR-331)
  William C. 28 (LO-89)
  ____ 12 (m)* (W-2)
MILUM
  Thomas 38* (TR-347)
MIMBS
  George 14* (CH-436)
MIMMS
  C. J. 22 (f)* (TO-236)
  David 36 (LO-85)
  Sarah 30* (TO-288)
  William T. 35 (TO-275)
MIMS
  Byron 11* (TR-290)
  Drewry S. 47 (LO-91)
  Hanna 45* (B) (LO-107)
  John 44 (LO-90)
MINCY
  Mary J. A. 12* (CH-414)

Index

MING
  Jacob 39 (CH-474)
MINTER
  Elizabeth A. 5* (LO-71)
  G. W. 8 (m)* (LO-69)
  Melissa 13* (LO-70)
  Sinai 11 (f)* (LO-71)
MINTON
  George 35 (W-53)
  Henry 29 (TR-313)
  Thomas J. 23 (TR-313)
  Wm. W. 38 (CH-439)
MINYARD
  James 31 (TO-238)
MIOLLER
  Jesse 29 (LO-96)
MITCHEL
  A. 26 (m)* (SI-21)
  A. T. 59 (m)* (W-9)
  Albert 38* (W-35)
  Allis 25 (LO-26)
  Chesley 29 (CH-472)
  Edward N. 25 (SI-69)
  Jno. 65* (W-9)
  Jno. G. 23 (W-1)
  John G. 26 (CH-470)
  Joseph J. 2* (LO-70)
  Martin 70 (W-11)
  Sarah 39* (LO-71)
  Solomon 36 (W-64)
  Wm. E. 27 (CH-489)
  Zachariah 17* (B) (W-21)
MITCHELL
  Allen 18* (W-111)
  America A. 18* (TR-315)
  Charles 62* (TR-370)
  David D. 43* (TR-325)
  Edmund 51 (CH-400)
  Elias 41 (TR-357)
  Eliza J. 16* (CH-410)
  Elizabeth 40* (LO-89)
  Emily 8* (TR-318)
  Eunice 13* (CH-411)
  Franklin 13* (TR-318)
  George 30 (TR-321)
  Henry 32 (TO-269)
  James 21* (TR-359)
  James 30 (TR-320)
  James 44 (TR-319)
  James 47 (TR-322)
  Luvina 38* (TR-319)
  Mabry 16* (TR-322)

Maxey M. 16 (m)* (TR-294)
Melicia 39 (LO-107)
Moses 26 (TR-371)
Polly 23* (TR-319)
Riley 22 (TR-316)
Sarah 49 (TR-320)
Thomas 22* (TR-322)
Thomas 23 (TR-375)
Thomas 52* (TR-371)
Thomas J. 27 (TR-316)
Thomas S. 55 (TR-322)
William J. 21* (TR-318)
William Y. 25* (TR-317)
Willis N. 30 (TR-358)
Wilson 24* (CH-469)
MITCHUM
  Willis 39* (TO-216)
MITCHUSON
  Drewry O. 23* (TR-369)
  Z. F. 43 (m) (TR-370)
MIZE
  John P. 45* (LO-120)
  Lucy E. 9* (LO-122)
MOAT
  Robert 24 (W-85)
MOATS
  George W. 26 (W-101)
  John 50* (W-125)
MOBLEY
  Claiborn 62 (TO-239)
  Eli 34* (TO-233)
  Hazel 24 (TO-233)
  John W. 40 (TO-235)
  N. L. 16 (m)* (TO-225)
  Sophia 42* (TO-225)
  W. E. 37? (m) (TO-219)
  William 25 (TO-241)
MOBLY
  Mary 42* (W-45)
MOCK
  Samuel 37* (TO-214)
MOFFET
  Maria 56* (W-37)
MOIRE
  H. C. 35 (m)* (LO-72)
MOMAN
  Lewis 33 (W-36)
MOMLEY?
  Finis 11* (TO-256)
MONDAY
  George W. 27* (LO-23)
  James 44* (TR-327)

Lucinda 26* (CH-493)
Nancy 14* (CH-446)
Nancy 47* (CH-456)
Sally 11* (CH-406)
MONDY
  Sarah J. 15* (LO-42)
MONROE
  Johnson G. 33 (LO-49)
MONTAGUE
  Elizabeth 49 (SI-68)
  Wm. C. 23 (SI-53)
MONTGOMERY
  Ellen 45* (TO-273)
  T. G. (Dr) 45 (m)* (CH-485)
MOODY
  A. H. 20 (m) (SI-13)
  Ann 60 (LO-33)
  B. 26 (m) (SI-31)
  Caroline 28* (LO-120)
  J. 19 (m)* (SI-12)
  J. 51 (m) (SI-31)
  James 40 (TO-231)
  John C. 35* (CH-371)
  Mary 7* (LO-71)
  Mary 9* (W-38)
  Nancy 69 (W-88)
  Saml. 74* (CH-450)
  Samuel 36 (W-88)
  Silas M. 50 (SI-44)
  William 27 (LO-33)
  William A. 39 (CH-382)
  Wm. 17* (CH-485)
MOOLRY?
  Jo 38 (m)* (B) (TO-241)
MOON
  George 28 (W-111)
  Isam 58 (LO-98)
  Polly 18* (W-128)
  Samuel 22* (TO-287)
MOOR
  Andrew 57 (TO-218)
  Dav. 21 (m)* (TO-220)
  David 75* (TO-215)
  J. T. C. 39 (m) (TO-217)
  John 50 (TO-220)
MOORE
  A. E. 26 (m) (W-56)
  Albert G. 37* (CH-436)
  Amariah 50 (TO-271)
  Ann 24* (TO-232)
  Ann C. 53* (LO-99)
  Betsey 21* (CH-463)

Index

MOORE
Clary 15* (SI-41)
David 46* (TR-356)
David 70* (SI-65)
David L. 25 (SI-65)
Duncan 47 (CH-413)
Elizabeth 19* (CH-491)
Elizabeth 22* (W-114)
Elizabeth 30 (CH-441)
Elizabeth 74* (W-130)
Ephraim 23* (LO-104)
H. M. 28 (m)* (TO-275)
Henderson 43 (TR-302)
Henry 40* (LO-135)
Henry J. 26 (CH-461)
Horam 47 (CH-462)
J. 12 (m)* (SI-30)
J. C. 25 (m) (SI-24)
James 19* (LO-105)
James 45 (CH-461)
James 60 (CH-420)
James W. 44* (CH-366)
James W. 53 (SI-69)
Jas. C. 52* (CH-489)
Jas. S. 67* (CH-446)
Jas. W. 30 (CH-467)
Jefferson 46* (CH-367)
Jeffrey 100 (B) (TR-362)
John 22* (LO-4)
John 50* (TO-260)
John 55 (CH-372)
John B. 35* (SI-65)
John W. 31 (CH-461)
Joseph 74* (W-79)
Joseph M. 30 (W-112)
Josiah 46* (LO-3)
Julius 49 (W-97)
L. 21 (m)* (SI-24)
Levi 20* (W-12)
Levi 47 (LO-16)
Martha G. 10* (CH-379)
Mary 32* (LO-37)
Mary B. 46 (TR-355)
Matthew 40* (TR-315)
Nancy C. 43* (LO-70)
Nathan 30* (LO-44)
Peter 49* (W-110)
Robert 30 (CH-430)
Russell 34* (LO-134)
Sarah 45 (LO-111)
Sarah A. 18* (CH-485)
Sinea G. 45 (m)* (SI-68)

Thomas J. 26 (CH-373)
W. H. 25 (m) (SI-30)
Wilbourn W. 39 (W-82)
William 25 (LO-112)
William 58 (LO-83)
William G. 38 (W-112)
William R. 42 (TO-196)
William S. 48* (CH-379)
Wm. H. 49 (CH-487)
james A. 26* (SI-69)
MOREHAD
Hugh N. 43* (SI-61)
MOREHEAD
Angelina 22* (B) (LO-109)
Armstead 41 (LO-109)
Charles D. 44* (W-122)
H. E. F. 36 (f)* (LO-75)
Joel 32* (W-74)
Raleigh 30 (W-62)
Robert 16* (LO-104)
W. D. 31 (f)* (LO-75)
MORGAN
A. 24 (f)* (SI-31)
Aaron 43* (LO-16)
Archlus 68 (LO-68)
Benjamin 20* (LO-123)
Daniel 50 (TO-200)
George 23* (LO-9)
Jackson (SI-3)
James A. 25 (LO-9)
Jeremiah 48 (SI-54)
John 36* (LO-46)
John 46 (W-97)
Jonathan 40 (W-51)
Joseph 15* (LO-67)
Joseph 58* (LO-11)
Lafayette 21 (W-51)
Lycurgus 48 (LO-21)
Matthew 43 (TR-374)
Moses 42 (LO-20)
Nancy 25* (LO-51)
Reubin 72* (LO-17)
Robert E. 31* (CH-491)
S. B. 23 (m) (LO-43)
Saml. 36 (LO-9)
Webber 25 (TO-201)
Wesley 25* (LO-132)
William 59 (LO-72)
MORMAN
Elizabeth 48* (LO-49)
MORNAR?
John 12* (W-22)

MOROW
William 40* (TO-214)
MORRIS
Abram 36 (B) (CH-454)
Alexr. 18* (W-103)
Amanda 10* (CH-439)
Benjamin 23* (CH-374)
C. 56 (f)* (SI-36)
Charles 25* (CH-453)
Claibourn 57 (W-96)
Dan 15* (SI-52)
Danl. 41 (SI-47)
David 45 (W-61)
Eden 59 (CH-455)
Elizabeth 73* (SI-66)
George S. 16* (CH-401)
George W. 11* (W-81)
Isaac 52* (CH-369)
J. J. 21 (m) (SI-33)
Jacob 67* (CH-473)
James 33 (SI-53)
John 36 (CH-476)
John D. 36 (CH-376)
Joseph 40* (W-59)
Lemuel B. 40 (CH-393)
Louisa 22* (B) (LO-51)
Mary 25* (W-94)
Mary 56 (CH-451)
Mary 80* (LO-41)
Mary T. 52 (TO-283)
N. C. 19 (m)* (SI-12)
Nancy 34 (LO-41)
Newlon 30 (CH-444)
Reuben 44* (W-91)
Saml. D. 38 (SI-48)
T. J. 11 (m)* (SI-47)
William E. 46 (B) (LO-42)
William H. 15* (TR-360)
Wm. A. 29 (W-61)
Zerah 34 (m) (CH-475)
MORRISON
A. M. 44 (f)* (CH-425)
C. 53 (f)* (SI-52)
Gertrude A. 9* (CH-378)
John 54 (CH-374)
Joseph 38* (TR-357)
William H. 28 (TR-315)
MORROW
B. 39 (m) (W-55)
Coley 46 (f)* (CH-380)
James 37 (TO-249)
James 60* (LO-89)

Index

MORROW
John 43* (W-15)
Mary E. 21* (LO-108)
O. H. 49 (m) (SI-15)
Thomas 50* (LO-103)
Thos. S. 30 (CH-458)
William 36* (TO-222)
MORROW?
Brittain 38 (W-20)
MORTIMER
Mary 18* (LO-62)
MORTON
George 54 (TO-242)
George A. 23* (LO-47)
James H. 16* (LO-55)
L. M. 19 (m)* (SI-50)
Louisia E. 47 (LO-25)
Marmaduke B. 54* (LO-66)
Peter 70* (LO-28)
Solomon E. 29 (LO-42)
Thomas 26* (LO-132)
Wineford 42* (SI-50)
MOSBY
James H. 32 (LO-67)
MOSEBY
Mary S. 82* (TO-275)
MOSELEY
Daniel 24* (LO-72)
Lemuel 64* (CH-382)
MOSELY
Geo. W. 28 (CH-460)
Phebe 30* (CH-462)
Viney 52 (f)* (W-68)
William 33 (CH-470)
MOSLEY
E. 43 (m) (LO-79)
M. 72 (f) (LO-80)
S. 52 (f) (LO-81)
W. 24 (m) (LO-80)
MOSS
Ann 37 (CH-371)
David J. 29 (W-50)
M. M. 29 (m)* (SI-20)
Robert M. 25* (CH-375)
William 56 (CH-438)
MOTLEY
Sarah A. E. 11* (W-89)
MOTSINGER
Elijah 45 (LO-110)
MOYERS
Catharine 65* (W-41)
D. J. 37 (m) (W-41)

Samuel 35* (W-41)
MUIR
Esley 55 (TO-274)
Horatio 53 (TO-273)
Horatio jr. 23 (TO-282)
Joseph 3* (TO-282)
MULKEY
John N. 43 (W-57)
MUNAH?
Robert J. 38 (LO-12)
MUNDAN
Sarah 30* (TR-291)
MUNDAY
A. J. 29 (m) (TO-268)
Eliza 24* (TR-311)
Walker B. 56 (TO-268)
MUNDELL
Thomas 45 (CH-409)
MURDOCK
John W. 26 (W-119)
Julia 38* (TO-200)
W. R. 34 (m) (TO-200)
MURPHEY
Martha E. 26 (TO-284)
Mary E. 33* (TO-255)
T. 16 (m)* (SI-52)
William 24* (TO-286)
MURPHY
James H. 35* (TO-241)
John 67 (CH-488)
L. 20 (m)* (SI-34)
Nancy 42 (TO-200)
W. B. 32 (m)* (TO-241)
MURRAH
John 41 (B) (LO-62)
John 45 (LO-20)
MURRAY
Alfred 25* (TR-370)
Patience 76 (TR-373)
S. 47 (m) (SI-6)
MURREL
S. L. 34 (m) (SI-46)
MURRELL
Elizabeth 63 (CH-427)
H. P. 55 (m) (W-36)
Samal.a 58* (W-13)
MURRY
Light 41 (SI-65)
Robert 23 (LO-20)
MURY
Garis 57 (f) (TO-202)
Hendrick 76* (TO-202)

MUSSER?
Henry 36 (W-94)
Peter 43 (W-78)
MUYER
William 26* (TR-366)
MYERS
George 56* (B) (LO-40)
MYRES
A. 46 (m)* (SI-21)
Daniel 52 (SI-34)
George 60* (CH-412)
James 19* (CH-421)
John H. 33 (CH-426)
Mariah S. 32 (CH-412)
Sarah A. 43* (CH-413)
Seth H. 19* (CH-404)
Zepheniah 26 (CH-422)

N

NALL
Harriet 37* (TR-332)
NANCE
B. G. 27 (m) (TR-312)
Elizabeth 60* (TR-337)
Joel 52 (CH-452)
Lilburn L. W. 27 (CH-452)
Lissonby 48 (m)* (TR-336)
Paschal 45* (CH-451)
Preston S. 55* (TR-335)
Reuben L. 32 (TR-290)
Spotswood A. 36 (TR-337)
Thomas 24* (LO-135)
Wm. F. 32 (CH-452)
NANNEY
Amey 65 (W-105)
NANNY
James 42 (W-105)
NANTZ
J. 19 (f)* (LO-76)
NARVAL?
Sarah 35 (W-74)
NASH
Eliza A. 21* (SI-10)
Lilly A. 70* (CH-443)
Thomas 50 (LO-119)
William B. 26* (CH-443)
Wm. 32 (W-37)
NEAL
Benj. C. 25 (SI-57)
Elizabeth 17* (W-124)
John R. 40 (TR-313)

Index

NEAL
 William 49 (TO-216)
 Wm. P. 61* (W-70)
NEALE
 Cinthia 64 (LO-45)
 James T. 49 (LO-45)
 William H. 39 (LO-18)
NEALY
 Ed D. 23 (W-72)
 Edward 16* (LO-69)
 Frances 16* (W-71)
 Francis M. 27 (W-77)
 James 52* (W-72)
NEEDHAM
 Ethelbert L. 31 (TO-268)
NEEL
 Benjamin 71 (LO-46)
 Edward 44 (LO-46)
 Nelson 64 (CH-438)
NEELEY
 Charles 48 (SI-63)
 Eliza 46* (SI-18)
 J. 44 (m)* (SI-10)
 Jane 50* (SI-63)
 John 43* (SI-16)
NEELY
 Ann 46* (LO-48)
 David J. 43* (LO-57)
 Jane 37* (LO-49)
 Mary R. 14* (LO-55)
 Polly 37* (LO-49)
 Robert 42 (LO-38)
 Samuel 45 (TR-339)
 Thomas 69 (LO-57)
NEER?
 William B. 60 (TO-239)
NEFF
 Decatur 38 (W-83)
NEIGHBORS
 Alvina 8* (W-39)
NEIGHBOURS
 Haden 42 (W-33)
 Jonathan 50 (W-51)
 Mahala 12* (W-31)
 N. W. 38 (m) (W-32)
 Samuel 25 (W-55)
 Sarah A. 15* (LO-34)
NEIL
 G. F. 35 (m) (LO-45)
NELMS
 John L. 33* (TO-256)

NELSON
 Enoch 38 (LO-38)
 James 45* (CH-375)
 Jas. 32 (CH-470)
 John E. 29* (CH-370)
 Sarah E. 8* (CH-453)
 Susa D. A. 46 (TO-256)
 William H. 10* (LO-38)
NEMAN
 Harriet 13* (CH-427)
NEWCOMB
 George L. 13* (CH-403)
NEWLAND
 Wm. 52 (SI-9)
NEWMAN
 Alexr. 23* (W-109)
 Elizabeth 49 (W-112)
 George W. 51 (CH-424)
 Harriet 13* (LO-47)
 Henry 51* (LO-96)
 Jas. L. 30 (CH-441)
 John A. 24 (CH-422)
 Joseph 9* (TR-314)
 Mary 55 (TO-247)
 Thomas 26 (LO-114)
 Westley G. 29 (LO-124)
 William T. 20* (CH-486)
NEWTON
 Harrison D. 22 (TR-339)
 Hillery 35 (LO-112)
 Hiram 47 (W-71)
 Isaac 30* (TR-371)
 Isaac 55* (W-19)
 James M. 23 (TO-282)
 John 45* (TR-306)
 John G. 62 (LO-129)
 John H. 29 (LO-104)
 John J. 28 (TO-282)
 Robert J. 45 (TR-359)
 Sarah 58* (LO-103)
 William W. 26 (TR-339)
NICHOL
 K. D. 27 (m)* (SI-24)
NICHOLLS
 Maxey 45 (TR-320)
NICKOLS
 Sinscer? R. 42* (CH-470)
NICOLL
 Horatio D. 50 (SI-45)
NIGHT
 Richard 35 (TR-343)

NIX
 Thos. 35* (CH-470)
NIXON
 Ab 40 (CH-469)
 Eada 84 (CH-406)
 Frederick 56 (CH-406)
 Nedom 25 (CH-408)
NOBLE
 John C. 34* (CH-421)
NOE
 A. 30 (m) (LO-79)
 Allen T. 45 (TR-361)
 James N. 40 (TR-309)
 Peter 22 (LO-72)
 Virginia S. 14* (LO-6)
 W. 38 (m) (LO-80)
 W. 60 (f) (LO-80)
NOEL
 Burwell 64 (W-61)
 Emily C. 16* (TR-358)
 Frances 20* (TR-359)
 Franklin G. 50* (TR-361)
 Garret B. 45 (LO-15)
 James 7* (TR-358)
 Jane M. 53* (TR-360)
 John 42 (TR-358)
 Thomas 51 (TR-357)
 William M. 25* (TR-360)
 William M. 40* (TR-360)
 Young H. 34 (SI-49)
NOLAND
 Patrick 20* (LO-69)
NOLEN
 John W. 33 (CH-463)
NOLES
 Jessey 48 (TR-372)
 Thomas W. 20 (TR-372)
NOLIN
 Byrd 49 (W-39)
NORFLEET
 Thomas 12* (LO-94)
NORMAN
 Will 35 (TO-209)
NORRIS
 John 53* (W-119)
 John C. 28 (W-119)
 Nathan 28 (W-110)
 Samuel 49 (W-110)
 Susan 16* (TR-290)
 William 29* (W-36)
 William 75 (W-109)

Index

NORTHAM
  Eli 59 (SI-1)
NORTHERN
  Enoch 46 (LO-24)
  Harry 17* (B) (LO-22)
  Mary 75* (CH-408)
  Noah 52* (LO-55)
NORTHINGTON
  Horace 26 (CH-452)
  Mary B. 43* (LO-94)
  William J. 27* (TR-335)
  Wm. 52 (CH-455)
NORTON
  George W. 36* (LO-65)
  Lucinda 25* (LO-132)
  William 68* (LO-132)
NORWOOD
  David G. 28* (CH-378)
NOURSE
  Andrew 44 (LO-55)
  Michael 37 (LO-11)
NOWLAND
  David 46 (SI-6)
  E. 15 (f)* (SI-6)
NUNENGER
  Protas 35 (CH-427)
NUNER?
  Mary 15* (TR-313)
NUNN
  John 22* (TR-367)
NUTALL?
  James 18* (W-92)

O

O'CONNEL
  John 32* (CH-393)
OAKLEY
  George 63* (TR-368)
  George W. 30* (TR-372)
  James __* (TR-360)
OATS
  Ann 80 (TO-281)
  Eliza 14* (B) (LO-23)
  John 10* (LO-51)
  Thomas 37 (TO-270)
  William 38* (TO-274)
OBERLIN
  Christian 20* (LO-69)
OBRIEN
  John W. 34 (TR-371)

OBRIEN
  Patrick 17* (LO-69)
OCKERMAN
  D. 28 (m)* (SI-29)
OCONNER
  Margaret 9* (W-19)
OCONNOR
  James 5* (W-21)
ODANIEL
  Joshua 28 (CH-398)
ODELL
  J. 43 (m)* (SI-10)
  Richd. 35* (SI-57)
ODEN
  Lucinda 50 (W-39)
ODEST?
  Robert M. 18* (W-65)
ODLE
  Elizabeth 23* (W-80)
  Robert A. 51 (W-86)
ODONLY
  Jas. 53 (CH-444)
  Joseph T. 23 (CH-444)
ODONNEL
  Richard 25* (CH-393)
OFFUTT
  Felix G. 38 (LO-14)
  Hannah 59 (LO-23)
  Joseph F. 36 (LO-19)
  Othias 43 (LO-20)
  Theodore 30* (LO-103)
  Tilghman 64* (LO-36)
OGBURN
  Thomas M. 21* (CH-433)
OGDEN
  Othy 59 (LO-88)
  Robert 45 (W-26)
  Robert W. 45* (W-65)
OGELBY
  Wade H. 31 (LO-110)
OGG
  William 52 (TO-256)
OGLESBY
  Bartella 19* (CH-411)
  Benjamin 36 (CH-414)
  George W. 37 (CH-415)
  Jacob 72 (CH-415)
  Jane 70* (CH-411)
  John 39 (CH-410)
  John C. 38 (CH-415)
  Mathew W. 31 (CH-410)
  Stephen D. 11* (TR-374)

  William L. 68* (CH-415)
OKEITH
  Patrick 30 (LO-122)
OLDHAM
  Joel R. 19* (CH-364)
OLIVER
  Andrew W. 31 (TR-321)
  Henrietta 46* (TO-228)
  Henry 33* (TR-323)
  Jennings 36 (TO-211)
  John 28* (TO-231)
  John 35 (TR-322)
  Leaven 25 (TR-318)
  Leaven sr. 60 (TR-320)
  Leonard W. 24 (TR-321)
  Nathan 27 (TR-319)
  Nathan T. 28 (TR-321)
  Robert S. 35 (TR-307)
  Walter 68 (TR-323)
  William 21 (TR-321)
  William 26 (CH-413)
ONEAL
  C. 28 (m)* (SI-34)
  Cherry F. 38* (LO-116)
  D. W. 29 (m) (SI-33)
  Thos. 36 (SI-34)
ONEIL
  Charles 32 (CH-366)
  Rebecca 50* (CH-424)
OPPENHEIMER
  Bernhard 39 (CH-485)
ORENDORFF
  Aaron 43* (LO-22)
ORENDUFF
  Lorenda C. 5* (TO-284)
ORIC
  William 32 (TR-369)
ORMOND
  John 70 (CH-411)
ORNDORFF
  Annaky 80* (B) (LO-12)
  C. W. 45 (m)* (LO-76)
  Eli 47 (LO-76)
  Ira 29 (LO-78)
  John 34 (W-49)
ORR
  J. L. 33 (m)* (SI-13)
  John R. 13* (TR-359)
  Wm. 39* (W-58)
ORRIN
  John 30* (LO-67)

Index

ORVIS
  James K. 31 (SI-45)
  Joel 32 (SI-45)
OSBORN
  Benjamin 48* (TR-376)
  Miles 36 (TR-323)
OSBOURN
  Elizabeth 55 (W-123)
  John 46 (W-83)
  Jonathan 46 (W-119)
OSBURN
  Benjamin 74* (SI-66)
OTO?
  James H. 13* (W-29)
OTTER
  H. R. 60 (m)* (W-4)
OTTERSON
  John B. 25* (CH-439)
  Mary A. 30 (CH-438)
  William 52 (TR-338)
OUTLAND
  Lemuel 28* (TR-366)
OVERBEY
  Jas. M. 31 (CH-490)
  L. B. 27 (m) (TR-298)
  W. C. 37 (m) (CH-363)
OVERBY
  C. 27 (f)* (SI-34)
  J. H. 46 (m) (SI-17)
  Seth 27* (CH-457)
  Wm. 27 (SI-17)
  Zachariah 43 (TR-304)
OVERSHIMER
  Gideon 59 (CH-469)
OVERSHINER
  John J. 27* (CH-425)
OVERSTREET
  Jas. P. 29 (W-61)
OVERTON
  Robert 12* (CH-415)
  Saml. 62 (TO-249)
OWEN
  Albert S.? 35 (CH-468)
  Alex L. 32 (CH-453)
  James 20* (TO-244)
  Jas. F. 30 (CH-468)
  John 29* (CH-444)
  John T. 31* (CH-457)
  Richd. F. 24 (CH-462)
  Wm. A. 38 (CH-468)
OWENS
  Dabney 33 (LO-22)
  James M. 37 (LO-23)
  John 32 (W-129)
  Katey 62* (LO-131)
  Marcus A. 30 (CH-367)
  Mary 49 (CH-404)
  Obediah 65 (W-98)
  Silas F. 24 (CH-372)
  Thomas 35 (W-87)
  William 27 (LO-67)
  William 30* (W-98)
  William sr. 60 (LO-134)
OWSLEY
  Edward K. 30 (CH-438)
  Hans 53 (CH-441)

P

P'POOL
  Jno. D. 36 (CH-468)
PADGET
  Mary 82* (W-56)
PAGE
  Albert 10* (LO-89)
  Alfred M. 37 (LO-117)
  Benjamin 8* (LO-104)
  David W. 47 (LO-8)
  Edward 6* (LO-91)
  Geo. W. 55 (SI-25)
  George 24 (LO-84)
  Henry 15* (LO-88)
  Henry 35 (W-73)
  James 45 (LO-84)
  James A. 39 (LO-86)
  Jane 55 (LO-90)
  Jesse L. 65 (LO-88)
  L. 29 (m) (LO-82)
  Lemuel J. 48 (LO-12)
  Leonard J. 55* (LO-108)
  Margaret M. 20* (LO-116)
  Marshall 22* (W-101)
  Mary 50 (LO-86)
  Robert L. 32 (LO-114)
  Samuel 39 (W-79)
  Thomas 40 (LO-24)
  Thomas D. 33 (LO-104)
  W. A. 15 (m)* (LO-84)
  W. R. 47 (m) (LO-75)
  William J. 26 (LO-85)
  William S. 32* (W-95)
  Wilson 28 (LO-86)
PAINE
  Mary V. 10* (TR-333)
PAISLEY
  Jos. B. 32 (LO-78)
  P. M. 27 (m) (LO-77)
PALMER
  Alpheus 56 (CH-422)
  Anna M. 45* (CH-366)
  Susan A. 17* (CH-378)
  William 45* (W-63)
  William C. 37* (TR-359)
PALMORE
  Charles 48* (B) (W-36)
  Elizabeth 43 (W-33)
  John 46 (W-34)
  Mary 48 (W-33)
  Nancy 76 (W-34)
  Noah 31 (W-33)
  Sarah A. 29* (B) (W-36)
  William 21* (W-33)
  William 54* (W-33)
  William J. 27* (W-30)
PANKEY
  Francis 38* (LO-95)
  Louisa 10* (LO-92)
  Thomas A. 44* (TR-362)
PARHAM
  Lucy 50 (TO-288)
PARISH
  David W. 57 (CH-375)
  James S. 22 (CH-375)
  Margaret 79* (CH-385)
  Mary 36* (CH-387)
  Mary 36 (CH-427)
PARKER
  Alex M. 33* (LO-4)
  Anderson 24* (CH-478)
  B. L. 34 (m)* (LO-75)
  Baylis 60 (CH-409)
  Elizabeth 61 (CH-475)
  Hiram 24* (CH-474)
  James M. 18* (LO-4)
  John 38 (CH-475)
  John C. 37* (CH-391)
  Joseph 22 (CH-474)
  Nancy 61* (CH-475)
  Nancy 68* (W-13)
  Nimrod 57* (CH-474)
  Obediah 55 (CH-480)
  R. C. 31 (m) (LO-75)
  Richard 59* (CH-478)
  Sterling 40 (W-13)
  William 68* (CH-406)
  William B. 32* (CH-419)

Index

PARKS
  Cyrus W. 32 (LO-35)
  George 29 (TO-239)
  James 45 (TR-367)
  Leander A. 31 (LO-38)
  Margret 36* (W-57)
  William 19* (TR-366)
  William 30 (W-115)
PARMEL
  Elizabeth 17* (TO-213)
PARMELL
  William 25* (TO-225)
PARMENTER
  E. B. 39 (m)* (TR-295)
  Theophilus 30 (TR-324)
PARNELL
  Henderson D. 41? (SI-67)
PARRISH
  Henry 16* (LO-117)
  James R. 24* (W-40)
  John 45 (TO-255)
  Polly 14* (LO-116)
PARSLEY
  Jesse S. 57* (TR-312)
PARSONS
  Benjamin 49* (LO-84)
  J. 23 (m) (LO-73)
PARTILLON
  William B. 21* (CH-392)
PASLEY
  Jos. A. 11* (W-9)
  William 39 (W-16)
PASS
  Dycy 30* (TO-215)
  Fanny 4* (TO-214)
  Virginia 17* (CH-381)
PATERCEN
  Mary J. 16* (LO-57)
PATILLON
  Davis J. 42 (W-67)
PATRICK
  Milla 16* (LO-43)
PATTAN
  Roberson 42 (LO-102)
PATTEN
  George 33* (LO-97)
  Sarah 45 (TO-230)
PATTERSON
  Caroline 18* (SI-68)
  Francis 12* (W-70)
  George A. 36 (TR-353)
  Jesse 14* (CH-420)

John 28 (W-45)
John G. 71 (TR-328)
Johns 44* (LO-69)
Mary 44* (TR-360)
Richard 57* (W-107)
Robert 26* (LO-60)
Robert 47 (LO-39)
Robt. 26* (LO-59)
PATTON
  Andrew J. 34* (LO-50)
  James 38 (LO-58)
  James 38 (LO-61)
  James 55 (TO-230)
  Robert J. 46 (TO-210)
  Vincen 63 (LO-45)
  William 45 (TO-272)
PAYNE
  A. G. 23 (m) (TO-219)
  Cornelius 60* (LO-72)
  Danl. L. 42 (SI-27)
  Derram 19* (W-54)
  Edmund 58* (W-121)
  Elizabeth 69* (LO-134)
  George 26 (SI-64)
  James R. 24 (LO-112)
  Jerry 58 (B) (LO-128)
  John B. 49* (W-50)
  John L. 53* (CH-435)
  Ludwell H. 41 (CH-469)
  Mahala 46* (CH-478)
  Nancy 60* (CH-401)
  Newton 37* (CH-452)
  Susan 29 (B) (W-24)
  Underwood R. 38 (CH-380)
  William 37 (CH-381)
  Wm. H. 33 (W-24)
  Wm. J. 52* (W-65)
  Wm. R. 20* (CH-391)
PAYTON
  John B. 37* (LO-67)
  Webster 18* (SI-16)
PEACH
  James 68 (LO-19)
PEARCE
  Elias 21* (B) (TR-303)
  Jno. 59 (CH-442)
  John 37* (TR-318)
  Leah 78* (LO-70)
  Susan 24* (B) (TR-375)
  T. B. 27 (m)* (SI-19)
  William 17* (B) (TR-315)

PEARCIFIELD
  Lorenzo 18* (LO-69)
PEARSON
  Elizabeth 56* (W-88)
  John 32 (W-89)
  Reuben 44* (W-90)
  William 38 (W-89)
  William W. 55 (W-91)
  Wm. 28* (SI-62)
PEART
  Cassandra 16* (LO-121)
  James 28 (SI-59)
  Ophelia 7* (LO-91)
PEART?
  B. 33 (m) (LO-73)
PEATON
  Wm. 24 (W-56)
PEATROSS
  Matthew W. 60* (TR-327)
PEAY
  Austin 43 (CH-375)
PEDEN
  Andrew 38 (SI-35)
  Ben 79* (SI-36)
  C. 28 (f)* (SI-49)
  John 46* (SI-14)
PEDIGO
  James 29* (W-35)
  Joseph 31 (W-116)
  William 60 (W-99)
PEEBLES
  Henry 54* (CH-443)
PEEL
  Baily 32 (TR-324)
  Dennis 33 (TR-324)
  Harvey 29 (TR-321)
  Stephen 70 (TR-323)
PEMBERTON
  Albert 32* (CH-421)
  William 33 (CH-421)
PEMOSS?
  Monroe 19* (LO-69)
PENCE
  Adam 67 (LO-5)
  Annias 41 (LO-22)
  Ellender 10* (LO-20)
  Ephraim 32 (LO-22)
PENDLETON
  Frances J. 65 (CH-382)
  Harvey 38 (TO-233)
  James A. 47 (CH-376)
  James M. 35 (W-35)

Index

PENDLETON
 Jas. 47 (CH-466)
 John 60* (TO-233)
 John H. 29* (CH-372)
 Mary 17* (CH-466)
 Nancy 16* (TO-234)
 Robert Y. 35 (CH-372)
 Saml? 21 (CH-464)
 William H. 30 (CH-375)
PENICK
 Joel 40* (LO-106)
 Nathan 43 (TO-278)
 Thomas M. 37* (TO-253)
PENN
 William 42 (TO-277)
 Wm. H. 45 (CH-448)
PENNAGER
 William 12* (TR-375)
PENNER
 Peter 52 (W-51)
PENNIGER
 Mary 12* (TR-352)
PENNINGTON
 Emaline 37 (CH-411)
 Fanny 57* (B) (CH-410)
 Greenberry 39* (LO-17)
 Joseph 32 (LO-20)
 Littlebury 36 (SI-62)
 john 60 (SI-55)
PENROD
 Jane 12* (LO-125)
 Solomon 49 (LO-113)
 Solomon 71* (LO-124)
 Solomon J. 31* (LO-42)
 William 23* (LO-124)
PEPPER
 Ben F. 25 (CH-416)
 Stephen D. 23 (CH-417)
 Thomas 58 (TO-200)
PERCELL
 James 43* (W-58)
PERDUE
 Nancy 45* (TO-213)
PERKINS
 Abraham S. 30 (SI-58)
 Agnes 63* (LO-133)
 Ben P. 31* (TO-211)
 Bey 2 (m)* (TO-206)
 C. W. 23 (m) (TO-279)
 George R. 40 (CH-433)
 Hannah C. 69* (W-60)
 Hardin 43 (W-60)

Isaac O. 20 (LO-29)
 James 68 (TO-231)
 James R. 35 (TO-241)
 John 27 (TO-232)
 John R. 21 (CH-476)
 Joseph P. 40 (W-37)
 Joseph S. 18* (W-35)
 Martha S. 39* (W-62)
 Moses W. 32* (CH-489)
 Peter 52* (TO-255)
 Samuel S. 43 (LO-36)
 Wm. J. 32 (SI-50)
 Wm. S. 39* (W-61)
PERRIN
 Thomas J. 45* (LO-24)
PERRY
 Daniel 20 (TO-200)
 David 66 (CH-452)
 Drucilla 50 (TO-200)
 George W. 46* (W-76)
 Israel 32 (W-9)
 James G. 24 (TO-203)
 James M. 33* (LO-62)
 John 35 (LO-11)
 Landon 38* (LO-56)
 Nancy 50* (CH-456)
 Nathan 24 (LO-56)
 Radrich 24* (LO-66)
 Rob 32* (LO-56)
 William 34 (LO-66)
 William A. 41 (LO-64)
PERRYMAN
 Angeline 32* (LO-71)
 John W. 7* (LO-69)
PETER
 Mary J. 21* (LO-9)
 Susan 58* (SI-64)
PETERS
 James 11* (SI-20)
PETREE
 Hagel G. 30* (TO-208)
 Hazel sr. 64 (TO-208)
 John 33* (TO-225)
 Logan 22* (TO-208)
 R. T. 25 (m)* (CH-427)
PETTIS
 Elizabeth 33* (TO-281)
PETTUS
 James 44 (TO-230)
 William 32 (TO-230)
PETTY
 Curd 23 (CH-383)

Drewry 70* (CH-471)
 James 21* (W-102)
 James H. 33 (TO-222)
 Jas. T. 27* (CH-493)
 John 31 (W-122)
 John 45* (TO-217)
 Joseph 76 (W-67)
 M. F. 27 (m)* (TR-294)
 Samuel P. 22* (CH-479)
PEYTON
 Samuel O. 20* (W-92)
PHAUP
 John 61* (CH-426)
 Mary E. 19* (CH-426)
PHELPS
 David 44 (LO-17)
 David 59 (LO-19)
 David E. 35* (W-72)
 Elizabeth 53* (CH-466)
 George 4* (B) (LO-12)
 Hiram A. 37 (CH-497)
 Jas. S. 22* (CH-486)
 John 51* (LO-20)
 Louisa 26 (B) (CH-391)
 Lucy c. 14* (CH-427)
 Polly 37 (W-72)
 T. J. 28 (W-72)
 William 46* (W-72)
 William 48 (LO-108)
PHILIPS
 Aaron 50 (W-121)
 Edard 34 (TO-268)
 Henry 21 (CH-426)
 James 13* (W-71)
 James 49 (SI-51)
 John 24 (TR-377)
 John 51 (TR-296)
 John T. 31* (W-121)
 Joseph 28* (W-45)
 Lucinda 19* (W-66)
 Mathew 51* (W-100)
 Morris 74 (W-118)
 R. B. 15 (m)* (SI-52)
 Richd. L. J. B.--* (SI-36)
 Robert 59* (CH-459)
 Robert W. 17* (CH-482)
 Sarah 16* (W-124)
PHILLIPS
 D. H. 24 (m)* (W-27)
 Warren 15* (W-99)
PHIPLIN
 Mary M. 18* (CH-470)

Index

PHIPPS
  Ann 85 (TO-206)
  Garlan 16 (m)* (TO-216)
  William 36* (TO-206)
  William 37 (TO-206)
PHIPS
  Elizabeth A. 8* (CH-464)
PICKARD
  Benja. S. 20* (CH-443)
PICKARDS
  Margaret 36* (LO-70)
PICKENS
  Andrew H. 40* (CH-446)
  Christopher C. 39* (CH-470)
PICKERING
  William D. 13* (LO-2)
PICKET
  Thomas A. 32* (W-119)
PICKINS
  William A. 28 (W-71)
PIDCOCK
  Liner 49 (TO-264)
PIDCOCK?
  Horatio 23 (TO-247)
  William 22* (TO-246)
PIERCE
  Liland 21 (m)* (LO-46)
PIERSONS
  M. 45 (m)* (LO-78)
PILES
  Lewis J. 8* (CH-461)
PILLOW
  William G. 36 (LO-30)
PILLSBURY
  Josiah 38* (W-59)
PINCHAM
  Richd. A. 55 (CH-440)
PINON?
  Martha 29 (LO-56)
PITTMAN
  Elizabeth 70* (TO-266)
  Mitchell 47 (TR-339)
  Nancy 40 (TO-233)
  Newit 42* (TO-266)
PITTS
  Martha 25* (TR-348)
PITZER
  Cary A. 38 (m) (CH-494)
  William W. 25 (CH-417)
PLASTERS
  Fleming C. 30* (CH-451)

PLEASANTS
  Jos. B. 22 (W-27)
PLUMMER
  L. 39 (m)* (SI-23)
  Wm. 42 (SI-14)
POE
  Amos 41 (W-104)
  George 43* (TO-215)
  James 43* (TO-241)
  Stephen 35 (W-104)
  Wyat 45* (TO-215)
POGUE
  George W. 81 (LO-125)
  John W. 34 (LO-125)
POINDEXTER
  George 43 (CH-423)
  Jno. 59 (CH-464)
  John 55 (TO-286)
  John 57* (CH-377)
  John S. 25* (CH-380)
  Morgan 57* (CH-460)
  Nicholas J. 14* (CH-374)
  Samuel 55 (LO-10)
POINTER
  David 40 (TO-261)
POLAND
  --- 30 (m)* (W-21)
POLLARD
  Henry S. E. 40 (TO-274)
  Samuel 38 (TR-352)
  Thomas 40 (TO-226)
POLLOCK
  John 17* (LO-1)
  Malinda 47 (LO-4)
  Sandford 25 (TO-218)
POLLOK
  George 60* (TO-234)
  Robert 24 (TO-234)
POND
  John 31 (SI-3)
POOL
  Amanda J. 6* (CH-492)
  Bedford P. 26 (TR-301)
  Bedford P. 51 (TR-296)
  Benja. 26* (CH-465)
  Benjamin 41* (TR-356)
  Caldwell 22* (TR-358)
  Fielding W. P. 29 (TR-300)
  Jas. M . 23 (CH-462)
  Jas. M. P. 30 (CH-453)
  John 52* (B) (CH-469)
  John W. 32 (TR-301)

Joshua H. 26* (CH-456)
Sarah B. 55* (CH-375)
Stephen P. 31* (TR-301)
Timothy B. 47 (CH-462)
William T. P. 31 (TR-300)
Wm. H. 22 (CH-462)
POOR
  D. W. 62 (m)* (LO-75)
  Drewry W. Jr. 26 (LO-89)
  George 36 (LO-85)
  M. 5 (f)* (LO-75)
  Mary 55* (LO-47)
  Mary 56* (TR-298)
  R. 41 (m)* (LO-75)
  R. A. 25 (m) (LO-81)
  William C. 53* (LO-25)
  Zachariah H. 40* (CH-366)
POPE
  Elijah 43 (W-77)
  John 36 (B) (W-27)
  Lucinda 20* (W-60)
  Sophia 50* (B) (LO-74)
PORTER
  Ambrose 21 (LO-130)
  Asbury D. 36 (W-84)
  David T. 55* (LO-94)
  Ephraim T. 45 (TO-270)
  Hannah 26* (LO-40)
  James 29 (W-23)
  James 70* (TR-309)
  James W.? 52 (TO-256)
  Jane 53?* (TO-234)
  Jno. 51* (W-23)
  John 53 (TO-216)
  John W. 26* (LO-40)
  Joseph 24* (TR-312)
  L. C. 40 (m)* (W-21)
  Lucy 33* (TO-211)
  Luther 47 (W-86)
  Lydia 60 (TO-270)
  Martha C. 58* (W-96)
  Mary E. 28?* (TO-239)
  Nathaniel S. 36* (CH-381)
  R. S. 32 (m)* (LO-60)
  Sarah C. 20* (W-65)
  Vance 52 (W-24)
  W. 40 (m) (LO-82)
  William R. 43* (W-92)
  William T. 28* (TR-309)
POSEY
  J. B. 34 (m) (W-54)

Index

POST?
  Catharine M. 14* (TO-254)
POSTON
  Alexander H. 35 (TR-292)
  George N. 27* (TR-291)
  L. W. 22 (m)* (CH-423)
  Richard 55 (TR-292)
POTEATE
  James 26* (W-73)
POTEET
  M. 58 (f) (W-5)
  Thos. 24 (W-5)
POTER
  David J. 35 (LO-35)
  Francis E. 11* (LO-35)
  Samuel F. 36 (LO-35)
  William A. 25 (LO-35)
POTTER
  Daniel 40. (W-75)
  David 38 (W-71)
  Evans 27 (W-103)
  Fed 50 (B) (W-114)
  Frederick 64* (W-77)
  Garret 26 (W-124)
  George 33* (W-76)
  Harmon 48 (W-124)
  Henry 32 (W-91)
  James Esq. 37* (W-124)
  John 26 (W-120)
  John 50 (W-67)
  Lewis 40 (W-122)
  Lewis W. 34* (W-66)
  Moses 42 (W-70)
  Pleasant 30 (W-122)
  Richard J. 32 (W-86)
  Thomas 40 (W-68)
  Thomas 59* (W-115)
  William 18* (W-91)
POTTS
  Jonathan 75 (W-62)
  Mary A. 30 (LO-62)
  Nancy 74* (W-103)
  William 9* (W-75)
  Woodford 26* (W-54)
POWEL
  Edmund 31 (TO-225)
  Enoch 48 (SI-54)
  George 65 (TO-225)
  James 27 (CH-482)
  Julia 47* (LO-71)
  Leonora 11* (B) (LO-70)
  Levi P. 22* (TO-213)

Martin W. 36 (SI-32)
Pinckney 35 (TO-211)
POWELL
  Charles 26* (TO-200)
  Daniel 26 (LO-99)
  Ephraim 40 (CH-405)
  George 30 (TO-200)
  Isaac 53 (TO-201)
  James 48 (TO-200)
  Jesse A. 41* (TR-307)
  John 23 (TO-201)
  Levi 34* (TO-225)
  Levi 73 (TO-200)
  Mary 51 (LO-98)
  Mary 60 (TO-200)
  Pinckney 20 (TO-201)
  Stephen 28* (LO-123)
  Susan 69* (W-68)
  Thomas S. 10* (W-130)
  William 23 (CH-413)
  William 32 (CH-398)
POWERS
  Brantley 8* (CH-417)
  Eleanor 41* (LO-71)
  Euel 40 (CH-413)
PPOOL
  Buckner 49* (CH-464)
  Peter P. 60 (TR-298)
PRATER
  Mary F. 16* (W-94)
PRATT
  M. F. 20 (f)* (CH-361)
  William 43 (CH-392)
PRESCOTT
  David D. 34 (TR-324)
  John H. 57* (TR-323)
PRESLEY
  David 59* (TR-308)
PRESTON
  Laura 10* (B) (CH-424)
  Lewis 58 (B) (CH-420)
  Thornton 45 (B) (CH-391)
PREWITT
  J. C. 51 (m) (TO-207)
PRICE
  Alexander 35* (LO-134)
  Bird 51 (LO-84)
  Dixon 51 (LO-29)
  E. R. 25 (m)* (TO-207)
  Eligy 33 (m) (W-94)
  G. W. 50 (m)* (SI-52)
  Isaac 54 (CH-413)

James J. 29 (LO-30)
James J. 45 (W-45)
James P. 39 (W-62)
John 25 (LO-29)
John 46* (CH-417)
John J. 22* (LO-29)
John R. 75 (LO-31)
John W. 31 (LO-30)
Jonathan A.? 48 (LO-42)
Joseph K. 25 (W-49)
L. 23 (m)* (LO-79)
Louisia 32* (LO-29)
Lowery 4222* (W-71)
Major C. 44 (LO-54)
Margaret J. 3* (LO-28)
Mariah E. 42* (LO-70)
Marion A. 24 (CH-413)
Martin 57 (LO-87)
N. H. 55 (f) (LO-132)
Peggy 64* (LO-71)
Sam 45* (LO-30)
Samuel 42 (LO-29)
Samuel D. D. 33* (LO-14)
Thomas 27 (W-49)
Thomas 38 (LO-29)
Thomas 48 (LO-30)
Thomas J. 24 (LO-26)
William 24* (CH-488)
William 28 (LO-30)
William 38* (LO-25)
William 44 (CH-410)
William 60 (W-25)
William C. 52* (LO-14)
William E. 44* (CH-423)
William P. 45* (LO-9)
William W. 31 (LO-30)
PRIDE
  James 39* (LO-95)
  William 13* (LO-95)
  William 49 (LO-94)
PRINCE
  Albartes 51 (TR-323)
  Alfred 23 (TR-350)
  Elisha 24 (LO-99)
  Elisha 63 (LO-99)
  John 31 (LO-99)
  Nathan 57* (TR-359)
PRITCHARD
  William 39* (TR-350)
  Wineford 65 (TR-352)
PRITCHET
  James 7* (TR-368)

Index

PRITCHETT
  John W. 26* (CH-410)
  Stanford 46* (SI-59)
PROCTER
  John 66* (LO-7)
  Robert 33 (LO-7)
PROCTOR
  A. Y. 20 (m)* (W-45)
  Benjamin 27* (LO-57)
  Benjamin 70 (LO-57)
  Christopher 25 (LO-27)
  Elizabeth 64 (LO-28)
  George 59 (LO-27)
  Hezekiah 37* (SI-50)
  James S. 27 (LO-8)
  John N. 61* (LO-69)
  Margaret A. 47 (LO-5)
  Sally 90* (B) (LO-27)
  Samuel R. 37 (LO-3)
  Thomas L. S. 41* (LO-33)
  William 28 (TR-320)
  William 32 (LO-55)
PROFITT
  Mary 81 (CH-468)
  Richard 34* (W-65)
PROFITTE
  Henry J. 26 (CH-461)
PRYER
  Claiborn 24* (CH-471)
PRYOR
  Bernard H. 24 (TR-290)
  James 47* (TR-342)
  Jonathan 37 (TR-342)
  Wesley 39* (TR-344)
  William 46 (TR-341)
PSATTER?
  Amelia 70* (B) (LO-70)
PUCKET
  Timothy 47* (W-1)
  Wm. C. 34 (CH-464)
PUCKETT
  Creed T. 35 (LO-44)
  Isaac 39 (TR-333)
  John 22* (TO-256)
  William H. 15* (TR-333)
PUGH
  Charles H. 31* (CH-401)
  Rachael 76* (SI-37)
PULLUM
  Lucy 51 (W-41)
PUNNELL?
  William 23* (TO-244)

PURDY
  Alexander 49 (LO-117)
PURKISON
  Mary 9* (TO-283)
PURNAGER
  Martha 14* (TR-376)
PURSLEY
  Andrew 39 (TR-302)
  Richard M. 27 (TR-293)
PURTLE
  A. 44 (m) (SI-32)
PURVIS
  Francis T. 57 (LO-106)
PURYEAR
  H. G. 38 (m) (TR-309)
  Virginia G. 15* (CH-434)
PYLE
  Ford 44* (CH-427)
  Jesse 48 (CH-406)
  John 37 (CH-398)
  Ralph C. 18* (CH-435)
  Saml. E. 20* (CH-456)
  Thomas 54* (CH-394)
  William 45 (CH-406)

Q

QUAITE
  Joseph 18* (CH-423)
  William G. L. 36 (CH-394)
QUALE
  Elizabeth M. 42* (CH-431)
QUALLS
  John 24 (TO-268)
  Pinckney W. 19* (TO-282)
  William 26 (TO-268)
QUARLES
  Albert 23* (CH-392)
  David W. 29 (CH-375)
  John N. 36 (CH-375)
  Nancy 29* (CH-436)
  William M. 22* (CH-374)
QUIGLEY
  Eliza 13* (SI-52)
  Thomas 49 (W-113)
QUINE
  Noel 43 (LO-7)
QUINLEY
  Edward 42 (TO-230)
QUINN
  Benj. F. 30* (LO-59)
  Mathew H. 68* (SI-68)

QUISENBERRY
  Chesterfield 29 (W-96)
  Jas. S. 41 (W-11)
  Many W. 38 (m) (W-11)
  Monroe 26* (W-59)
QUISENBERY
  Catharine 57 (CH-386)
QUISENBURY
  Delila 50* (B) (CH-439)
  Edward S. 44 (CH-435)
  Frances E. 35 (CH-462)
  Richd. N. 32 (CH-461)

R

RABOLD
  Adam 33 (W-22)
RABY
  H. 55 (m)* (SI-9)
  John W. 48 (SI-60)
  Wm. A. 28 (SI-63)
  Wm. A. 45 (SI-53)
RADFORD
  Benjamin G. 40* (CH-378)
  Charles W. 36* (CH-376)
  Elizabeth 36* (CH-375)
  James A. 45* (CH-379)
  Josiah G. 40* (CH-361)
  Lucinda 25 (CH-442)
  M. N. 34 (m) (CH-453)
  Miles G. 42 (CH-361)
  Milly 80* (B) (CH-365)
  NAncy 77* (CH-366)
  Reuben 58* (CH-366)
  Salina B. 40* (CH-450)
  Thomas G. 47 (CH-361)
  William 16* (TO-228)
  William 51* (CH-364)
RAGAN
  A. 42 (m) (TO-232)
  Ferdinand H. 23* (TR-291)
RAGEN
  D. M. 30 (m) (TR-292)
RAGER
  Burk 46 (TO-214)
  George W. 14* (LO-46)
  J. F. 27 (m) (TO-238)
  John M. 74? (TO-214)
  Nancy 41 (LO-112)
  Peter 14* (LO-111)
  William 24* (LO-130)
  William 26 (TO-238)

Index

RAGER
 William 37 (LO-19)
RAGLAND
 Pettis 53* (W-67)
 Robt. D. 27* (SI-30)
 Samuel B. 45* (LO-56)
 Sinai 48 (W-41)
 Thomas J. 45* (W-100)
RAGON
 Edward 56 (LO-62)
 Robert O. 30 (LO-14)
RAGSDALE
 Burrel 51 (LO-94)
 Lewis 37 (LO-90)
 Mary 29* (LO-17)
 Mary 46* (LO-12)
 Stephen 62 (LO-112)
 Thomas 32 (W-99)
 Wesley 23* (LO-99)
 Wiatt 28 (SI-64)
 William G. 35* (TR-343)
RAHPILBACK?
 Mary J. 53 (TO-246)
RAIL
 Harriett 22* (CH-468)
 Thomas 42 (CH-472)
RAINE
 Robert W. 24* (TR-292)
RAINEY
 William R. 42 (TR-317)
RAINWATER
 Henry 28 (TO-272)
 John H. 46 (TR-348)
 Polly 50* (LO-126)
RALSTON
 R. M. 34 (m)* (TO-223)
RAMA
 J. G. 9 (m)* (W-2)
RAMEY
 Jane 55* (TR-318)
 John L. 34 (TR-318)
RAMSEY
 Booker 45 (W-34)
 Jeremiah 31 (LO-119)
 William 43* (TR-345)
RANDALL
 Joseph H. 32 (CH-454)
RANDELL
 William 43* (TO-256)
RANDLE
 Parham 48* (TR-358)

RANDOLPH
 Alexander 49 (TR-306)
 David 52 (TR-330)
 Nancy 70 (TR-298)
 Pat E. 25 (m)* (CH-429)
RANE?
 Augustus 5* (TR-347)
RANKIN
 Clarissa 44* (LO-70)
 Eliza 46* (LO-70)
 George 62* (LO-69)
 Jincy 43* (LO-71)
 John 56* (LO-69)
 Polly 43* (LO-71)
RANSDELL
 Charles M. 39 (W-27)
RANSOM
 Elizabeth H. 51 (TR-337)
RARDON?
 J. 22 (m)* (SI-3)
RASCO
 James 36 (TR-335)
 Josiah H. 32 (TR-333)
RASDAL
 Lucy 69* (W-13)
RASDALE
 Elizabeth 65* (W-112)
RASDALL
 Urias 39 (W-112)
RASH
 F. 45 (m)* (W-4)
RASNER
 David 27 (SI-62)
RASSON
 Sarah E. 7* (LO-71)
RATCLIFF
 Cornelia C. 9* (TR-337)
RATCLIFFE
 A. M. 55 (f) (CH-362)
RATLIFF
 Constant 29 (LO-111)
RAWLINS
 Franklin 50* (CH-380)
 John 78 (CH-374)
 John H. 30 (CH-372)
 John W. 24 (CH-374)
RAY
 Asher B. 25 (LO-26)
 B. F. 48 (m)* (LO-27)
 Benjamin 34 (W-66)
 Caroline 63* (W-70)
 Clayton 54 (W-105)

J. 36 (m) (SI-25)
 James 28 (LO-119)
 Jerry 54 (LO-127)
 Jesse 63 (CH-410)
 John C. 28 (CH-455)
 M. M. 33 (m) (TO-239)
 Ralston 56 (SI-35)
 Robert 38* (CH-420)
 Singleton 32* (W-13)
 Thomas 26* (TR-354)
 Thos. 65* (W-13)
 Tilghman 54* (LO-13)
 William 29* (LO-119)
RAYFIELD
 William 24 (TO-203)
READ
 Va 17 (f)* (W-3)
READER
 Andrew J. 35 (CH-435)
REAL
 Omagonda? 50* (TO-250)
REASONS
 Mary C. 39 (CH-381)
REAVES
 Peter M. 39 (W-19)
REAVIS
 Edwin 52 (W-90)
RECHEL
 Eurena? 25* (W-122)
RECTOR
 Elizabeth J. 18* (W-114)
 Jacob 57 (W-121)
 Jacob H. 29 (W-129)
 John 44 (W-77)
 John J. 72* (W-129)
 Lewis S. 27 (W-121)
 Lucinda 28 (W-128)
 Ludwell G. 27* (W-121)
 Thornton 33* (LO-125)
 Wilson R. 31 (W-121)
 Wm. M. 50 (W-82)
REDD
 Dudley D. 9* (TR-353)
 George K. 34* (TR-366)
 John 34* (TR-306)
 Thomas 25* (CH-375)
 William 64 (TR-305)
REDDICK
 Asa 58 (TR-318)
 Elizabeth 35* (TR-318)
 James 36 (TR-318)

Index

REDDING
 Mary J. 20* (B) (LO-65)
REDFEARN
 Harvey 37 (LO-6)
 Towny 27 (LO-6)
REDMAN
 John 53 (W-83)
 William 27 (CH-373)
REECE
 Jesse H. 35 (CH-390)
 Sarah 18* (B) (W-102)
 Sarah G. 45 (CH-430)
 Thomas G. 51 (TO-238)
REED
 Charles D. 50 (W-57)
 Daniel 78* (SI-37)
 Didridge C. 25* (TO-251)
 Isaac 36* (SI-35)
 James 14* (TO-209)
 James 18 (TR-298)
 Joseph 21* (LO-43)
 Joseph 45 (TO-196)
 Mary C. 13* (TR-314)
 Thomas 47 (TR-304)
 Wesley 25* (TR-303)
 William 17* (CH-414)
REEDER
 A. P. 34 (m) (SI-35)
 Emmery D. 40 (SI-39)
 Frances S. 60 (SI-39)
 Jonathan M. 39* (SI-39)
REENS
 Jesse 37* (CH-443)
REESE
 Isaac 63* (W-92)
 Jacob 31* (W-65)
 Joseph B. 50 (TR-311)
 Thomas Therou 23 (TR-311)
REEVES
 Brewer 46* (CH-378)
 Ellen 10* (TO-251)
 John 26 (CH-378)
 Mary A. 57 (TO-253)
 Thomas 59* (CH-375)
 Walter 44* (SI-49)
 William 43? (TO-218)
 William 45 (CH-393)
 Willis 50* (TO-269)
 Wm. 45 (SI-30)
REGEN
 Talbot 37 (TO-199)

REID
 Robert 65* (CH-371)
RENFROW
 Thomas 60* (B) (LO-13)
RENNICK
 Robert 50 (W-125)
 Sarah 42 (W-129)
RENNOLS
 Palmer 15* (LO-131)
RENSHAW
 Enoch 38 (CH-477)
 Reid 43 (CH-463)
 Wiley 32 (CH-477)
REW
 Jesse 40 (W-36)
REYNOLDS
 Admiral 62* (W-88)
 Benajah 54 (m) (TR-336)
 Charles 53 (SI-43)
 Charles B. 22 (W-74)
 Edmond 35 (CH-404)
 Israel 38 (CH-405)
 John 40 (W-78)
 John 47 (CH-473)
 Joseph R. 30* (CH-421)
 Margaret 22* (CH-425)
 Michael 55* (CH-472)
 Susan 36 (W-57)
 Thomas 58 (CH-463)
 William 40 (CH-405)
 Wm. 32* (CH-461)
 Wm. R. 22 (CH-493)
 Y. P. 35 (m)* (TO-273)
RHEA
 Albert G. 27 (LO-62)
 Hannah 65* (LO-33)
 Willis 19* (LO-109)
 Zepha C.* (CH-483)
RHODES
 Benj. 36 (W-115)
 Daniel 50 (W-112)
 Daniel sr. 80* (W-113)
 Ellen B. 3* (W-115)
 Ephraim 29 (TR-371)
 Hanna 23* (TO-241)
 Margaret J. 24* (B) (TR-376)
 Nancy 47 (TR-319)
 Robert 32* (TR-370)
 Robert W. 56* (TR-372)
 Stephen J. 34* (W-113)
 Thomas 28 (TR-371)

RICE
 Alexander 72* (LO-69)
 Edmund P. 37* (CH-445)
 Elizabeth 20* (B) (CH-420)
 Ellen 31 (B) (LO-66)
 J. 18 (m)* (B) (CH-360)
 James 45 (LO-5)
 John 51 (TO-258)
 Levi P. 25 (LO-17)
 Martha 25* (B) (CH-421)
 Pamela 60 (TO-217)
 Sally 43* (LO-70)
 Sarah 43* (LO-71)
 Squire 52 (B) (CH-391)
 Stanford 43 (W-93)
 T.? 50 (m) (SI-15)
 William 28 (W-124)
 William 66* (LO-69)
 William G. 21* (LO-106)
 William G. 41* (W-113)
RICH
 Jasper 15* (TR-365)
 William 18* (TR-377)
RICHARD
 Mary 4* (B) (LO-74)
RICHARDS
 Arena 37* (LO-71)
 James 69* (LO-69)
 John H. 28 (CH-439)
 N. 42 (m)* (W-24)
 Richd. H. 58 (CH-439)
 Thomas 38 (W-14)
 Thomas 50 (LO-110)
 William 76* (W-68)
RICHARDSON
 Elijah B. 48 (CH-453)
 George 43 (LO-131)
 Henry 61 (TR-300)
 James 36 (CH-373)
 James B. 64 (TO-284)
 James R. 16 (TR-292)
 Jas. 12* (LO-69)
 Mary 58* (CH-397)
 Morgan 54* (LO-120)
 Noel B. 43 (CH-417)
 Sarah 8* (LO-71)
 Thomas B. 32* (TO-284)
RICHERSON
 Fisher 34 (LO-5)
 George W. 35 (W-126)
 James 23* (TR-377)
 Sarah 47* (CH-490)

Index

RICHISON
  G. 96 (f)* (TO-268)
RICHMOND
  A. J. 34 (m) (TO-268)
  John 46* (TR-369)
  Levi 30 (TO-266)
RICKETT
  Geo. W. 25 (CH-488)
RICKETTS
  Hezekiah 52 (CH-461)
RICKMAN
  Henry 19* (CH-454)
  James 25 (W-125)
  John 30* (CH-435)
  John 61 (TR-360)
  Matthew 30 (CH-444)
  Robert 42 (TO-212)
RICKMAN?
  William 18* (TR-372)
RICKMOND
  James 52 (TO-248)
RICKS
  Charles W. 39* (W-40)
  John 44 (TR-349)
  Lucy J. 35* (W-40)
  William L. 22 (TR-350)
RICTOR
  Charles 17* (W-71)
RIDDLE
  Anderson 32 (LO-125)
  John 38 (CH-395)
  Mary 60 (LO-125)
RIFE
  Dudley 21* (LO-3)
  Nancy 46 (LO-3)
RIGSBY
  John 12* (W-70)
RILEY
  Abner 42* (W-89)
  James 24* (LO-98)
  John 52 (LO-98)
  Mary A. 35* (W-89)
  Samuel 14* (W-105)
  William 20* (LO-86)
RIMYON
  F. 38 (m) (TO-232)
RING
  Mary 76* (TO-273)
  N. T. 43 (m) (TO-289)
RIPPEY
  Anderson 42 (TO-268)

RISE
  Elizabeth 75* (LO-57)
RITCHEY
  James 27 (W-104)
  Thomas 37 (W-117)
RITTER
  Burrel C. 40 (LO-128)
RIVER
  William V. 24 (CH-429)
RIZER
  Catherine 67* (LO-62)
  Susan 58 (LO-62)
RIZER?
  E. R. 27 (m)* (LO-1)
ROACH
  ---- 26* (CH-392)
  Blackman 24* (TO-256)
  C. W. 48 (m) (TR-291)
  Elame 24 (m)* (TR-372)
  James 45 (SI-36)
  Jas. G. 33* (TO-249)
  John 43* (TO-276)
  Mary J. 40 (TR-367)
  Samuel 54* (TO-283)
  William 7* (CH-368)
ROADES
  Henry 66 (CH-397)
ROAN
  Eliza 17* (TO-283)
ROARK
  A. 63 (m)* (SI-14)
  Asa 29 (SI-38)
  Wm. 30 (SI-38)
ROBB
  Mary A. 12* (W-103)
ROBBINS
  John H. 43* (TR-337)
  William C. 41* (TR-336)
ROBERSON
  Bazzle 26 (W-83)
  David W. 21 (CH-417)
  Ewing M. 38 (W-81)
  George W. 35 (CH-430)
  James 39 (W-116)
  Jessee 46 (W-84)
  John C. 29 (CH-441)
  John E. 39* (W-122)
  Josiah 22 (TR-341)
  Roland S. 27 (W-84)
  Samuel 55* (B) (W-98)
  Thomas 56 (W-82)
  W. M. 24 (m)* (W-76)

Wiley 50 (CH-417)
William 31 (TR-344)
William G. 31* (W-75)
ROBERTS
  A. D. 33 (m)* (W-26)
  B. B. 41 (m) (W-112)
  Ben 27 (SI-28)
  Ben 64 (SI-47)
  Boas 68* (W-74)
  Booker B. 36* (LO-28)
  E. J. 52 (m) (CH-363)
  E. T. 41 (m) (W-21)
  Eliza 13* (SI-68)
  Eliza 44* (LO-22)
  George 50 (W-71)
  H. C. 16 (m)* (SI-20)
  Henry 30* (LO-61)
  Henry H. 52 (TO-253)
  James 35* (SI-5)
  James E. 35 (SI-66)
  John C. 18* (TR-291)
  John C. 9* (TR-328)
  Joseph 52 (LO-87)
  Joseph B. 10* (W-100)
  L. 45 (f) (LO-78)
  Margarett 60* (SI-64)
  Martha 63* (LO-70)
  Mary L. 30* (CH-391)
  Milton 27 (LO-67)
  Osmond 34 (LO-1)
  Preston 38* (LO-133)
  Sarah 43* (SI-57)
  William 39 (TR-331)
  Wm. 36* (SI-7)
ROBERTSON
  Elizabeth 51* (LO-49)
  Elizabeth M. 53?* (SI-45)
  George 26* (TR-290)
  Henry C. 37 (LO-49)
  Hiram 25 (LO-37)
  John 54 (TR-306)
  Mary F. 10* (TR-294)
  S. J. 22 (m)* (CH-363)
  Samuel 50* (TR-341)
  hezekiah 40 (LO-20)
ROBESON
  Alfred 34 (TO-196)
ROBINSON
  A. R. 30 (f)* (SI-53)
  Adison H. 43* (CH-398)
  D. V. 52 (m) (TO-207)
  George 16* (TO-234)

Index

ROBINSON
 Isaac N. 47* (LO-50)
 James 46 (CH-398)
 Jeremiah 51 (W-35)
 Jeremiah 58 (W-46)
 Jesse B. 39 (TO-251)
 Margaret 55 (CH-399)
 Mathew 53 (CH-399)
 Milton 26 (SI-42)
 Samuel 69* (LO-69)
 Sarah 63* (LO-71)
 Susan 18* (LO-134)
 William 30* (LO-33)
 William 45 (W-105)
 William 57* (W-44)
 William 77* (W-35)
 William N. 25* (LO-33)
ROBINSSON
 James 19* (TO-232)
ROBISON
 Jacob 37 (SI-62)
 Sarah 17* (LO-33)
ROCHESTER
 Agatha J. 17* (W-65)
RODES
 Petronello 17 (f)* (W-13)
 Robert 25 (W-19)
 Soloman 21 (W-120)
RODGERS
 Alexander D. 25 (CH-424)
 Edom 36 (CH-395)
 Elizabeth 14* (TO-221)
 James J. 27 (CH-400)
 John 35 (CH-418)
 Lazarus 65 (CH-395)
 Mary A. 15* (CH-405)
 William R. 40 (CH-395)
ROE
 Hariet E. 35* (CH-371)
 William 37 (W-127)
 William 53 (TO-215)
ROGER
 John 31 (TO-199)
ROGERS
 George C. 24* (W-122)
 George W. 34 (W-107)
 Jane 61 (CH-465)
 John H. 27 (CH-464)
 John J. 50 (CH-431)
 Jonathan 41 (TR-348)
 Joseph 49 (LO-29)
 Joseph 49 (TR-346)

Martha 38* (CH-465)
Martha 52 (TR-346)
Mary 32 (TR-348)
Rhubin 21* (LO-57)
Richard S. 32 (TR-346)
Robert 38 (CH-465)
Robert 52 (CH-464)
Robert P. 33 (CH-495)
Thomas 84* (W-66)
W. S. 33 (m) (TR-374)
William 28 (LO-127)
William S. 24 (TR-346)
ROGERSON
 John 50* (W-73)
ROHRER
 Rolly 43 (LO-10)
ROISTER
 John 26* (SI-69)
ROLSTON
 Catharine 53 (TR-323)
 David 76* (CH-388)
ROMAN
 Saml. J. 24 (W-29)
ROMANS
 James 38 (W-75)
 John 74 (W-37)
 John C. 23 (W-37)
ROMER?
 Uriah 21* (SI-7)
RONALD
 Geo. W. 64 (W-60)
RONEY
 John 61 (W-78)
 Robert 35 (B) (W-80)
ROSCO
 Joshua 24* (CH-448)
ROSDALL
 William 52 (W-122)
ROSE
 A. 22 (m)* (LO-74)
 Abijah 43 (W-89)
 James 34 (LO-100)
 Merit 35 (TR-347)
 Stephen 42 (W-112)
 Theophilus 33 (TR-342)
ROSNER
 Susan 30* (SI-16)
ROSS
 Ambrose B. 25* (TR-348)
 Ansel 29 (TR-368)
 Betsey 74* (LO-72)
 Ely 45 (m) (TR-342)

Eveline 40* (TR-312)
Gabriel 32* (LO-19)
James 21* (TR-365)
James A. 21 (TR-342)
Jonathan 39 (TR-364)
Krunith? 49 (m) (TR-368)
Lyda 25* (TR-375)
Reuben C. 19 (TR-342)
Stephen 21 (LO-48)
Thomas 15* (TR-312)
William 25* (W-121)
William H. 22 (TR-342)
ROTHROCK
 John J. 14* (TR-293)
ROUP
 Thomas 25* (W-28)
ROUSE
 John W. 35 (LO-21)
 William 71 (LO-21)
ROVER?
 James L. 30* (LO-132)
ROW
 Corn? P. 25 (W-18)
 George 34* (W-17)
 John L. 27* (W-21)
ROWAN
 Philip C. 37* (W-39)
ROWDEN
 R. 19 (m)* (CH-360)
ROWLAND
 F. E. 44 (m)* (SI-10)
 Jilson P? 45 (SI-34)
 Micajah 43 (SI-51)
 R. 45 (m) (SI-14)
 Reuben 60 (CH-422)
 Wm. P. 21 (SI-56)
ROWN
 Elizabeth 33* (LO-53)
ROWTON
 Martha F. 18* (CH-401)
 Thomas 54 (CH-362)
 Wm. B. 24* (CH-442)
ROYALTY
 Henry W. 36* (W-109)
ROYSTER
 Alfred 46 (CH-440)
 William L. 26 (W-49)
RUDD
 Richard 28 (TO-209)
RUDDELL
 Jefferson 20 (LO-117)

Index

RUDDER
　Edward 54* (CH-446)
RUDDLE
　William H. 45 (TO-268)
RUDE?
　H. A. 40 (m)* (W-88)
RUDFORD
　Gal 22 (m)* (TO-219)
　Joseph A. 50* (CH-378)
RUDY
　Minerva 35* (TR-377)
RULEY
　Harriet 31* (SI-50)
RUMSEY
　James D. 55* (CH-420)
RUNALD
　Elijah 27 (SI-35)
RUNNELS
　C. 22 (m)* (SI-10)
　Green 26 (CH-392)
　Robert 19* (CH-392)
　Sylvester 21* (W-86)
　Thomas 22 (CH-392)
RUNNER
　Alexander 25 (W-59)
　Benjamin 44 (W-14)
　John 27 (W-59)
　John 55 (W-31)
　Madison 36 (W-1)
　P. 46 (f)* (W-9)
　Washington 35 (W-52)
　William 16* (W-15)
　William 50 (W-33)
RUNYAN
　Aaron 30 (LO-134)
RUSH
　Benj. 19* (LO-43)
　Daniel 25 (W-96)
　Daniel 49 (LO-45)
　Geo. B. 33 (CH-448)
　John 74* (SI-42)
　John 36 (SI-41)
　Martin 32* (LO-113)
　Nancy 48* (LO-13)
　Samuel A. 11* (LO-118)
　Wm. 29 (SI-42)
RUSHIN
　William 57* (TR-366)
RUSHING
　Albert G. 45 (TR-366)
　Lucy 24* (TR-366)

RUSSELL
　B. F. 25 (m)* (LO-81)
　Benjamin 30* (W-51)
　Benjamin 73 (W-51)
　Cynthia A. 36* (TR-293)
　David N. 70* (TO-270)
　David jr. 30* (TO-278)
　Donel 45 (CH-400)
　G. 49 (m) (LO-82)
　Jackson 30 (W-51)
　James 12* (TO-237)
　James 41 (SI-26)
　James 55* (CH-399)
　James A. 35 (TO-249)
　Jesse 40* (CH-392)
　Jesse 40 (TO-212)
　John H. 34 (CH-432)
　John J. 7* (LO-69)
　John M. 39 (TO-269)
　Joseph M. 35 (TO-278)
　Lucy F. 59* (TR-342)
　Mary 37 (CH-399)
　Moses 10* (LO-69)
　Reuben 65 (CH-407)
　Richard 29 (CH-464)
　Robert 32 (LO-79)
　Robert 80* (CH-419)
　Saml. 30* (CH-466)
　Saml. 44 (SI-27)
　Sarah 55* (W-51)
　Starling 27* (TR-305)
　Thomas 38* (LO-84)
　Thomas R. 42 (TR-305)
　Tillman 30 (CH-419)
　W. 30 (m)* (LO-73)
　William 25 (TR-367)
　William C. 43* (TR-291)
RUSSES?
　Robert S. 41* (LO-99)
RUST
　A. R. 30 (m)* (TO-236)
　Chesterfield 30* (LO-100)
　Elizabeth M. 45 (LO-97)
　Henry 17* (LO-121)
　John 30 (LO-52)
　John 65 (LO-52)
　Nancy 52 (LO-100)
　William 21* (LO-97)
　William 23* (LO-121)
RUTHERFORD
　Alexander 9* (LO-83)
　George 36 (TO-286)

　George R. 31* (TO-232)
　H. 13 (f)* (LO-78)
　James B. 27* (TO-262)
　John 49* (TO-259)
　Joseph 39* (LO-9)
　Samuel O. 42 (LO-105)
　Spencer 33 (LO-84)
　Thomas B. 25 (TO-262)
RYAN
　Darby 37* (LO-20)
　Emily 50* (TO-240)
　Francis 27 (TR-318)
　James 27 (SI-25)
　P. A. 37 (m)* (SI-5)
RYE
　George 17* (TR-345)
　James 28 (TR-345)
RYNE
　Michael 35 (TR-323)

S

SADDLER
　Ben 43 (LO-1)
　Jno. 37* (CH-497)
　William T. 59 (LO-83)
SADLER
　Ben 53 (SI-17)
　Francis 65 (SI-68)
　John 17* (SI-66)
　John 21* (SI-3)
　John 41 (LO-47)
　Shadrick 31 (SI-1)
　Thomas 12* (SI-67)
　Wm. 48 (SI-62)
SAFFRANS
　John 45 (LO-115)
SAILOR
　Carroline 16* (SI-42)
SAILS
　Samuel 24 (LO-7)
SALE
　Elizabeth 30* (TO-287)
　Leroy 42* (TO-273)
　Rowland 39 (TO-285)
　Saml. A. 54* (W-57)
　Willis 34* (TO-285)
SALES
　Thomas 50 (LO-3)
SALMON
　Evaline 43* (TO-284)
　P. H. 33 (TO-196)

Index

SALMONDS
  R. 65 (f)* (SI-29)
  R. D. 35 (m)* (SI-10)
SALMONS
  James M. 21* (SI-3)
SALTZGIVER
  Andrew 56* (TR-367)
SAMFORD
  Green 34 (TO-281)
  Littleton 30 (TO-287)
SAMMONS
  Robert 51* (W-48)
  Victoria 8* (W-28)
SAMUEL
  B. L. 45 (m) (TO-236)
  Joseph 95?* (TO-208)
  Martha J. 12* (LO-85)
  R. 73 (m) (TO-236)
SAMUELS
  William 18* (LO-4)
SANDAGE
  Sarah E. 2* (W-29)
SANDAPHOR
  Elzia 41 (W-44)
SANDEFER
  Elizabeth 71* (LO-27)
SANDERFORD
  Gregory 37 (LO-86)
  John 38* (LO-86)
  Joseph 28 (W-55)
SANDERS
  A. C. 22 (m)* (W-8)
  Bracken 53 (TR-319)
  Drewry 23 (SI-38)
  J. T. 26 (m)* (SI-26)
  James 30 (W-35)
  James 65 (CH-373)
  Jeremiah 59* (TR-318)
  Jessee 36 (W-26)
  John 45* (TR-315)
  N. S. 39 (m) (SI-37)
  Nancy 32* (TR-365)
  Richard 40 (TO-212)
  Thomas C. 28* (TR-362)
  Thos. 66 (SI-26)
  W. C. 41 (m)* (TO-202)
  Whitson 33* (TR-319)
  William 33 (CH-374)
SANDERS?
  Wm. A. 9* (W-8)
SANDFORD
  Thos. 47 (CH-489)

SANDRIDGE
  N. 27 (m)* (W-34)
SANDS
  Eleanor 72 (LO-66)
SANFORD
  Lutitia 17* (LO-71)
SANSON
  Micajah 23 (W-119)
SASSEEN
  Jas. B. 43 (CH-489)
  Lewis 77* (TO-240)
  Wm. H. 45* (CH-456)
SATTERFIELD
  Eli 58* (W-103)
  John 23* (W-86)
  John 49 (W-63)
  Martha B. 27 (W-124)
  Moses 50* (W-86)
  Reuben 40 (W-128)
  Sarah A. 34* (W-121)
  William 22 (W-89)
SAUNDERS
  Albert 29* (W-112)
  Alexander 29 (LO-109)
  Edward 36 (CH-444)
  James 50 (LO-85)
  John 55 (W-69)
  John H. 27* (CH-444)
  L. S. 26 (m)* (W-85)
  Lemuel Q. 36 (W-117)
  Reuben 73* (LO-116)
  Rhoda 60* (CH-366)
  Richard 39 (CH-364)
  Robert W. 29* (LO-117)
  Samuel 37* (LO-116)
  William 44 (LO-108)
SAUSON?
  Stephen 30* (W-100)
SAVELL
  Thomas B. 25 (TR-339)
SAVELLS
  Elizabeth 50* (TR-319)
  George R. 37 (TR-293)
  John H. 41 (TR-315)
  John M. 44* (TR-315)
  Lurana 70* (TR-293)
  Thomas jr. 32 (TR-319)
  Thomas sr. 76 (TR-319)
SAWYER
  Benjamin 74* (LO-31)
  James 65* (LO-10)
  James M. 31 (LO-39)

Jone 62 (f)* (LO-26)
Joseph 36 (LO-26)
Sarah J. 19* (LO-10)
Thomas D. 32* (LO-40)
William 45 (LO-31)
SAWYERS
  David H. 42 (LO-39)
  Michael H. 54 (LO-30)
  Theron E. 36 (LO-39)
SAXON
  M. 33 (m)* (TR-327)
SCAGGS
  Aham? M. 58 (W-96)
  Dennis 39 (W-77)
  E. J. 30 (m) (W-79)
  James 61* (W-96)
  Joseph 37 (W-69)
SCALES
  Elizabeth 46 (TR-310)
  John 80* (TR-315)
  Joseph W. 44* (CH-478)
  Levi 11* (TR-311)
SCANLAND
  O. H. P. 36 (m) (W-74)
SCARBOROUGH
  David 50 (LO-45)
  Jesse H. 37 (LO-32)
  Margaret 21* (LO-33)
  Robert 73 (LO-29)
SCARLETT
  John 19* (CH-460)
  Mary 30 (CH-468)
SCATES
  Isaac 37 (CH-442)
SCHENK
  Jacob 30 (LO-5)
SCOTT
  Ann E. 18 (CH-437)
  James T. 10* (W-112)
  Jenkins E. 27 (TR-371)
  John 24 (TR-338)
  John 62 (TO-239)
  John 72 (W-5)
  John H. 42 (TR-344)
  Nancy 58* (CH-497)
  Nimrod 55 (W-109)
  Polly 47* (B) (CH-446)
  Rachel 67* (SI-57)
  Thomas 50* (B) (CH-365)
  Thos. 26* (CH-437)
  William 44 (TO-269)
  William 85* (TR-347)

Index

SCRUGGS
  G. F. 40 (m) (W-63)
SCUM?
  John 21* (TR-372)
SEA
  Joseph 35* (CH-446)
SEALY
  E. B. 25 (m) (W-82)
SEAMES
  Randolph 18* (W-27)
SEARCY
  John D. 43* (TR-291)
SEARGANT
  John B. 27 (CH-441)
SEARGENT
  John G. 32* (CH-361)
  M. 60 (f)* (CH-360)
SEARS
  Anderson 29 (W-86)
  Andrew 32 (LO-110)
  Bartlett 35 (TO-234)
  Bradford 38 (W-65)
  Catharine 58 (LO-105)
  Catharine R. 19* (W-87)
  Fred 37 (TO-214)
  Henry 58 (LO-4)
  Jane 64 (W-85)
  John 40 (TO-215)
  John 45 (W-84)
  John 72* (LO-105)
  John S. 26* (LO-105)
  Leonard 26 (TO-264)
  Martha 23* (W-70)
  Mary F. 32* (W-92)
  Monroe 16* (TO-200)
  Zachariah 34 (W-92)
SEBREE
  E. G. 32 (m)* (TO-217)
SELF
  Mary 51 (LO-25)
SELREE
  M. C. 50 (f) (TO-228)
SENTER
  Luke 40* (TO-278)
SESSELL
  Zack 43 (TO-229)
SETTLE
  Josiah 55 (CH-366)
SETTLEMAN
  Elizabeth 3* (W-28)
SEVIER
  Lucretia W. 46* (LO-65)

Richard M. 35* (CH-485)
SEWARD
  James W. 32 (W-104)
  Mary 59 (W-97)
  Nancy 39* (W-94)
SEWELL
  Rhoda 26 (TO-242)
SEXTON
  Jacob 31 (TR-362)
SEYER
  John 31 (TO-225)
SEYMOUR
  Martha 60* (LO-98)
SHACKELFORD
  Benjamin 60* (CH-401)
  Charles 32 (CH-429)
  H. 9 (m)* (LO-69)
  J. 24 (m) (SI-12)
  M. S. 29 (m) (SI-3)
  Martha J. 12* (LO-71)
  Mary 3* (LO-71)
  P.? W. M. 3 (f)* (SI-3)
  Richard 28 (CH-423)
  Richd. 80* (SI-38)
SHACKFORD
  A. 14 (m)* (LO-60)
SHACKLEFORD
  A. 48 (m) (LO-81)
  R. M. 44 (m)* (LO-81)
  Richard M. 5* (LO-5)
  Sabina M. 75* (CH-367)
SHANKLIN
  Edward 22* (TO-223)
  Eliza 49 (TO-222)
  Elizabeth 83 (TO-223)
  G. D. 35 (m) (TO-211)
  James 39 (TO-235)
  Jesse 36* (TO-221)
  John 28* (LO-107)
  Robert 24 (TO-223)
  Robert H. 25* (TO-252)
  William 25* (TO-237)
  William 26* (TO-283)
SHANKLIN?
  Margaret 44 (TO-208)
SHANKS
  Robert H. 39 (W-44)
  Sarah 44* (W-23)
SHANNON
  Jefferson 49* (LO-69)
  Olive 47* (LO-70)
  Saml. 40 (W-60)

Saml. 53 (W-22)
Willis 28 (W-60)
SHANTLIN?
  Fielding 53 (TO-216)
SHARP
  Anthony 37 (LO-113)
  Doct. Maxwell 73 (CH-449)
  Elizabeth 63 (LO-111)
  F. C. 65 (m) (CH-360)
  Fidelio 3* (CH-373)
  Marcus L. F. 62* (CH-374)
  Maria R. 50 (CH-424)
  Walter 30* (CH-485)
SHAUDAIN
  J. W. 18 (m) (SI-13)
SHAUDOIN
  Thos. 28 (m) (SI-5)
SHAVES
  Presley 18* (B) (W-37)
SHAW
  A. E. 27 (f)* (CH-426)
  James S. 26 (CH-395)
  John 23* (SI-47)
  John 33* (TO-223)
  Mary 48 (W-45)
  Newton 27 (TR-366)
  Solomon W. 23 (CH-390)
  Thomas 21* (CH-385)
  William 45 (W-51)
  William 57* (CH-390)
  William F. 27* (CH-388)
  William S. 33 (LO-7)
  Zacharia 30 (TR-365)
  Zachariah 44 (TR-348)
SHEARER
  Caty 45* (W-43)
  F. 20 (m)* (W-30)
  Jacob 54* (W-30)
SHEARLY
  Nancy 57 (W-127)
SHEETS
  Samuel 43* (W-12)
SHEHORN
  John 60 (W-44)
SHELLY
  Hiram 48* (TR-376)
  Reuben J. 22 (TR-376)
SHELTON
  A. 24 (f)* (SI-8)
  Abram 50 (TO-281)
  Asher 81 (TO-217)
  Coleman 37 (TO-234)

Index

SHELTON
 Crispin 43 (m) (TO-213)
 Elizabeth 26* (TR-345)
 Gabriel 25 (TO-274)
 George W. 18* (TR-345)
 Henry N. 49 (TR-305)
 Hubboard 45 (TO-255)
 James 59 (CH-384)
 James B. 26 (TR-344)
 John 37* (LO-2)
 John 48* (TR-344)
 Joseph S. 26 (TR-338)
 Lowry 24 (Dr.) (CH-433)
 M. C. 33 (m) (TO-276)
 Milley 33* (TR-344)
 Nancy 16 (TO-198)
 Nancy 68* (CH-494)
 Robert 19* (TR-337)
 Robert 52 (TR-340)
 Smith 52 (TO-235)
 Stephen O. 38 (CH-469)
 Thos. W. 22* (SI-11)
 W. D. 36 (m) (TO-274)
 William 41 (TR-338)
 William 85* (CH-481)
 William P. 37 (TO-276)
SHEMWELL
 Ben F. 26 (TO-259)
 George M. 26 (LO-104)
 James 40 (TO-264)
 John 44 (TO-264)
 Nancy 49 (TO-258)
 Samuel 41* (TO-259)
SHEPHERD
 Chas. A. 43 (CH-488)
 Edwin C. 38 (CH-489)
 Elizabeth 50 (LO-21)
 James O. 23 (LO-21)
 Robert 20* (LO-21)
 William 55 (CH-440)
SHEPPARD
 J. 13 (m)* (SI-19)
SHERIDAN
 John 44 (CH-460)
 Joseph 40 (TR-292)
SHERILL
 Pinkney 21* (CH-376)
SHERLEY
 Cinthia 24* (LO-70)
SHERMAN
 Benjamin 31 (LO-54)

SHERREL
 Joseph 28* (CH-379)
SHERRELL
 H. H. 43 (m)* (TR-349)
SHERRILL
 Amanda 18* (CH-390)
 Benjamin 63 (CH-396)
 Hugh B. 35* (CH-442)
 Jacob 59 (CH-441)
SHERROD
 Robert J. 30 (TO-265)
 Samuel 48 (TO-265)
 Thomas 57 (TO-265)
SHERWOOD
 James P. 32 (TO-265)
 Josep 19* (LO-65)
 Joseph __* (LO-135)
SHIELDS
 George 31 (W-34)
 George 66 (W-38)
 Jno. G. 42* (W-29)
 P. 35 (m)* (LO-75)
 Saml. 51 (W-59)
SHIFLETT
 J. 30 (m) (SI-30)
SHILES
 James R. 49* (W-24)
SHILTON
 Stephen H. 22* (CH-468)
SHIPP
 Wm. M. 39 (CH-488)
SHOALER
 William B. 30* (TR-332)
SHOBE
 Absalem 47 (W-112)
 Clody 65 (f)* (W-112)
 Cyrus 28 (W-112)
 Lewis D. 17* (W-108)
 Moses 44* (W-107)
SHOEMAKER
 Berry 18* (LO-108)
 John W. 33* (TR-376)
SHOLAR
 Allen 57* (TR-355)
 David 36 (TR-330)
 Henry W. 21 (TR-377)
 James A. 36 (TR-346)
 Thomas 25 (TR-333)
SHORT
 Charles 90* (B) (CH-401)
 Cyrus 24* (W-71)
 E. 42 (m) (SI-9)

Emanuel 55* (B) (CH-361)
 James 32 (SI-43)
 Levi 25 (SI-25)
 Major 60 (SI-43)
SHORTA
 Abraam 47* (LO-116)
SHORTER
 M. 44 (f)* (B) (CH-364)
SHOTTI
 Eugene 20* (LO-69)
SHOULDERS
 Charles 19* (LO-115)
 Jacob 45* (TO-263)
SHOULTS
 Joseph 75* (SI-22)
SHOWER
 John L. 37* (W-122)
SHREWSBURY
 William 55 (W-9)
SHROADER
 Henry 55* (W-8)
 M. C. 36 (m)* (W-3)
 N. 11 (m)* (W-4)
SHROEDER
 Rebecca 62 (W-35)
SHROPSHIRE
 Augusta 21* (CH-427)
SHROVE
 Wilson 41 (TO-221)
SHRYER
 Mark W. 28* (CH-425)
SHRYOCK
 Lee R. 26* (CH-486)
 Saml. Jr. 19* (CH-456)
 Samuel 57 (CH-419)
 William P. 28 (CH-424)
SHULL
 Rebecca 50* (W-107)
SHUMATE
 Marcus D. 53* (LO-115)
SHUMWELL
 Samuel 76 (TO-249)
 William S. 30 (TO-248)
SHURFIELD
 Barbary 92* (TO-280)
 Thomas 23 (TO-280)
SHY
 S. 20 (m)* (SI-28)
SILLMAN
 Thomas A. 44 (TO-204)
SILLS
 James A. 21 (TR-375)

Index

SILLS
  Lemuel 30* (TR-375)
SIM
  John 23* (W-121)
SIMMONS
  Alford 30 (W-74)
  Arthur 49 (W-32)
  B. 27 (m)* (CH-360)
  Charles 29* (TR-326)
  Cloe 72 (LO-59)
  Constantine N. 31* (LO-43)
  Cyrus 28 (W-73)
  D. M. 25 (m)* (LO-4)
  Elijah 35 (CH-373)
  Elizabeth 66 (LO-52)
  Geo. W. 36* (LO-4)
  George 56 (CH-381)
  George E. 22* (LO-122)
  George H. 37* (LO-122)
  Hector 32* (LO-49)
  Henry 25* (LO-4)
  J. 53 (m) (CH-362)
  Joseph 53 (TR-347)
  Katy 25* (LO-7)
  Reuben 32 (W-13)
  Samuel C. 3* (LO-22)
  Sarah M. 49* (CH-386)
  Thomas 38 (TO-230)
  Thos. 73 (CH-443)
  William H. 30 (LO-45)
  William H. 33 (LO-59)
  William H. 50 (LO-43)
SIMMS
  Benj. 45 (LO-53)
  Catharine 46 (CH-414)
  Clo 72 (m)* (LO-60)
  James 28* (CH-383)
  Samuel 54 (LO-51)
  William 33 (LO-60)
SIMONS
  Frances 24* (TO-207)
  G. C. 25 (m) (TO-210)
  George 44 (TO-214)
  George W. 29 (W-130)
  Jane 61 (TO-210)
  Margaret 55* (TO-221)
  Peter H. 33 (TO-209)
  Weysan? 50 (LO-50)
  William 50* (LO-115)
SIMONS?
  J. F. 23 (m)* (W-121)

SIMPKINS
  Robert 24* (CH-437)
  Sarah E. 20* (CH-437)
SIMPSON
  Alexander 19* (CH-374)
  Andrew J. 27 (W-68)
  Cornelia F. 10* (W-105)
  Crittenden 26 (CH-477)
  Elias 47* (W-50)
  Erasmus 50* (CH-437)
  Geo. W. 30 (CH-467)
  Grandison 29* (CH-471)
  James 31 (CH-471)
  Jane B. 12* (TR-347)
  Jno. 61 (CH-467)
  John 14* (W-67)
  John W. 64 (LO-40)
  Levi 23* (B) (W-36)
  Margarett 26* (SI-65)
  Maria 21* (TO-253)
  Mary 31* (SI-10)
  Nancy A. 41 (CH-462)
  Nancy E. 3* (LO-71)
  P. 50 (m) (TO-221)
  Rachel B. 44 (W-50)
  Rebecca 37* (TR-346)
  Rhodeham 76 (CH-384)
  Robert 36* (CH-470)
  Russell 40 (W-32)
  William 51* (TR-323)
  William 58* (W-19)
  William 61 (CH-477)
SIMS
  Albert G. 41 (CH-436)
  Garland 49 (TR-295)
  John R. 22* (CH-429)
  Richard 73* (TR-311)
  William A. 40 (CH-440)
  William B. 52 (TO-231)
SINNET
  Henry 45* (CH-382)
SISNEY
  Andrew 23 (TO-199)
  Robert 62 (TO-199)
SISSELL
  Bryant 32 (CH-368)
SIVELY
  Eli H. 36 (CH-490)
SIVILS
  James W. 13* (SI-64)
SIZEMORE
  Anderson 55 (TR-301)

  Bedford 33* (TR-298)
  Byrgess 63 (m) (TR-298)
  Charles 19 (TR-298)
  Daniel C. 28 (TR-298)
  Franklin 2* (CH-465)
  George G. 36 (TR-301)
  Henry 40 (CH-482)
  John H. 34* (TR-301)
  William 50 (CH-466)
  Wm. C. 25 (CH-466)
SKEGGS
  Elee 45 (m) (TO-225)
SKEIN
  Kinniar T. 40 (SI-22)
SKILES
  C. W. 20 (m)* (W-123)
  Charles A. 45 (W-71)
  Clem 47 (W-70)
  Henry 76 (W-76)
  William 42* (W-70)
  William H. 50* (W-123)
SKILLMAN
  John 45* (TO-241)
SKINNER
  Amy 67 (TR-347)
  Edwin R. 33* (TR-347)
  George W. 26 (TR-329)
  Merrill 31* (TR-330)
  Wesley 35 (TR-346)
SLAP
  Deborah 43 (SI-47)
  Sarah 49 (SI-47)
  Sarah A. 15* (SI-68)
SLAP?
  S. V. 18 (f)* (SI-21)
SLAUGHTER
  A. G. 45 (m)* (CH-425)
  Alphonzo 12* (TR-293)
  Elizabeth R. 49* (LO-135)
  G. G. 24 (m)* (TO-236)
  Henry 52* (B) (LO-64)
  Jack 32* (B) (LO-25)
  Lucy 14* (LO-68)
  Noah 39 (TO-280)
  Robert C. 18* (CH-425)
  Sally 27* (B) (W-24)
  William S. 30 (TR-299)
SLEDGE
  Miles C. 66 (W-88)
  Thomas J. 30 (W-90)
SLOAN
  Jas. B. 20* (CH-468)

Index

SLONE
  Thos. 42 (W-6)
SLOP
  Ann T. 9* (W-49)
  Tabitha 52 (W-56)
SLOVER
  Luanna 68* (B) (LO-70)
SLOVERS?
  John 68* (LO-69)
SLUDER
  B. H. 34 (m) (SI-55)
  Mary 70 (SI-68)
  S. 36 (f)* (SI-13)
SMALL
  David 42* (LO-103)
  Edward 22 (LO-101)
  James 44 (TO-282)
  London 80 (B) (TO-277)
  Margaret 58* (SI-37)
  Martha 15* (LO-89)
  Martha 65* (B) (LO-70)
  Polly 59* (LO-71)
  Sarah 39* (LO-71)
  Spencer 28* (TO-261)
  Sydney 37* (TO-282)
SMITH
  A. 37 (m) (LO-80)
  A. A. 29 (m)* (W-8)
  A. L. 29 (m) (LO-73)
  Allen 29 (W-19)
  Ann 49 (TO-230)
  Ar_ 30 (m)* (CH-431)
  Arthur 27 (TR-290)
  B. D. 54 (m)* (TO-286)
  B. F. 25 (m) (CH-370)
  B. S. 43 (m) (SI-52)
  Benj. 50 (W-72)
  Benjamin 4/12* (W-18)
  Betsy 37* (LO-71)
  C. 73 (f) (LO-73)
  Calvin B. 30* (W-19)
  Catherine 43 (TO-253)
  Chars. 56 (m) (TO-227)
  Cornelia 19* (TO-232)
  D. 45 (m)* (SI-19)
  D. B. 25 (m)* (TO-234)
  Dabney 70 (TO-231)
  Daniel O.? 42 (W-76)
  Daniel W. 41 (SI-69)
  Daniel? 26 (W-18)
  David 68* (LO-69)
  David 73 (W-1)
  David E. 38* (W-78)
  David T. 61 (LO-105)
  Dolly A. 56* (CH-373)
  Dudley 56* (W-36)
  E. S. 40 (m) (W-58)
  Edmund 29 (W-48)
  Eleanor 60 (TR-319)
  Elijah C. 45 (W-122)
  Elisha D. 60 (CH-371)
  Eliza 46 (W-48)
  Elizabeth 17* (W-48)
  Elizabeth 28* (W-127)
  Elizabeth 40 (W-53)
  Elizabeth 45 (W-93)
  Elizabeth 65 (LO-45)
  Elizabeth John 14* (CH-430)
  Ellen 40* (B) (W-37)
  Emiline 19* (W-127)
  Ezekiel 20* (W-47)
  F. 42 (m) (LO-81)
  Fayette 24* (TO-222)
  Frances 70* (LO-10)
  Franklin 23 (W-86)
  Franklin L. 31* (CH-416)
  G. A. 38 (m) (LO-72)
  George M. 17* (W-15)
  George M. 30 (CH-371)
  George W. 23 (CH-425)
  George W. 56 (CH-388)
  Giles R. 50 (CH-434)
  H. W. 27 (m)* (TR-299)
  Hannah 53 (SI-57)
  Harley T. 45 (W-113)
  Harrison 30 (W-79)
  Henrietta 65 (SI-34)
  Henry 35 (SI-49)
  Henry D. 29 (W-108)
  Henry L. 40* (CH-422)
  Hezekiah 37 (LO-105)
  Isaac 45* (LO-49)
  Isaac G. 31 (TR-319)
  Isaac M. 28* (W-66)
  J. B. 20 (m)* (SI-34)
  J. H. 29 (m) (W-47)
  Jackson P. 35* (TR-369)
  Jacob 60 (W-78)
  James 20 (SI-25)
  James 25 (W-113)
  James 28 (CH-431)
  James 38* (W-35)
  James 65* (TO-214)
  Jefferson 36* (W-78)
  Jesse 60* (TO-288)
  Joab 40* (LO-95)
  John 26* (W-16)
  John 27 (LO-96)
  John 32* (LO-106)
  John 43 (TO-255)
  John 58 (W-75)
  John 77* (LO-104)
  John 77* (TR-343)
  John B. 53 (CH-430)
  John C. 27 (TO-252)
  John C. 43 (CH-370)
  John C. 45* (W-106)
  John H. 29* (W-68)
  John J. 20* (W-54)
  John J. 62 (W-68)
  John M. 19* (W-73)
  John P. 27 (TO-212)
  John P. 28* (W-15)
  John P. 57* (W-62)
  John S. 37 (LO-85)
  John T. 22* (W-92)
  Jonathan 73 (LO-96)
  Joseph A. 14* (W-26)
  Joseph H. 30* (W-108)
  Joseph K. 28* (W-109)
  Josephus J. 32 (W-123)
  Littleton 49 (LO-101)
  M. 45 (f)* (SI-47)
  Margaret 58 (W-47)
  Mark A. 25 (TR-292)
  Martin 21 (W-51)
  Mary 37* (SI-45)
  Mary A. 47 (B) (LO-134)
  Morris A. 23 (SI-36)
  Nancy 12* (W-23)
  Nancy 40 (SI-57)
  Nancy 52?* (SI-28)
  Nancy 58* (W-9)
  Nancy 75* (LO-49)
  Obediah 41 (LO-30)
  Oliver C. 57 (CH-435)
  R. F. 17 (m)* (SI-45)
  R. J. 30 (m)* (W-26)
  Rebekah 50* (SI-57)
  Richard M. 25* (TR-358)
  Robert H. 33 (CH-373)
  S. C. 38 (m)* (SI-34)
  Sally 69* (W-114)
  Saml. 35* (SI-47)
  Samuel 42* (LO-69)
  Samuel 53* (W-78)

Index

SMITH
  Sarah 48 (LO-38)
  Sidney P. 41* (W-68)
  Solomon 22* (W-46)
  Spob? 48 (m) (TO-233)
  Susan 39* (LO-71)
  Temple 33* (W-47)
  Thadeus A. 21 (CH-406)
  Thomas 23 (W-63)
  Thomas B. 18* (CH-422)
  Thomas J. 20* (TO-236)
  Thomas J. 39* (W-93)
  Thomas J. 48 (W-116)
  Thomas M. 23 (W-56)
  Thomas M. 62 (W-106)
  Thornton 47 (TO-273)
  Thos. 49* (LO-69)
  Vance 29* (W-60)
  William 26 (W-40)
  William 31* (LO-89)
  William 32 (TO-231)
  William 41 (LO-104)
  William 79 (W-46)
  William A. 32* (TO-213)
  William B. 70 (W-13)
  William B. 70 (W-106)
  William C. 30* (W-60)
  William F. 49* (TR-294)
  William H. 36* (W-77)
  William H. 39 (W-128)
  William P. 72* (W-29)
  Wm. 37 (W-8)
  Wm. 39 (SI-66)
  Wm. 46* (SI-55)
  Wm. 49 (SI-36)
  Wm. H. 27 (CH-435)
  Wm. H. 36* (W-67)
  Wm. T. (Dr.) 57* (CH-484)
  Zack 55* (CH-388)
  Zophen 23* (LO-94)
SMITHERS
  John 30 (TO-210)
SMITHSON
  Charles G. 43 (SI-56)
  F. J. 39 (m) (SI-17)
  Wm. 40* (SI-45)
SMOOT
  Geo. T. 41* (CH-459)
  Lucy B. 67* (CH-459)
SNADEN
  George 52 (TO-288)

SNADEN?
  James 54 (TO-225)
SNEAD
  Grief A. 40 (TO-268)
SNELL
  C. P. 29 (m) (W-30)
  Saml. 39 (W-32)
  William 36* (W-29)
SNIDER
  Andrew 24 (W-98)
  Charles 24 (SI-22)
  Henry 35 (SI-23)
  Jno. S. 73* (W-36)
  Jorden 28* (SI-22)
  Price 62 (SI-22)
  Wm. 34 (SI-13)
SNODGRASS
  Paulina 14* (LO-34)
SNOW
  H. O. 19 (m)* (CH-378)
  James 23* (W-56)
  Thos. 48 (CH-454)
  Willis 45 (W-61)
SOBROE?
  Thomas 19* (TO-232)
SOERY
  William 38 (TR-361)
SOLMON
  Armistead 50 (TR-305)
  Hardy 25* (TR-303)
  Jessey 26 (TR-368)
  John 25 (TR-303)
  Thomas H. 35* (TR-311)
SOLOMON
  E. D. 49 (m)* (SI-24)
  J. S. 45 (m) (TO-253)
  John 25 (TR-368)
  John 60 (CH-449)
  M. R. 44 (f)* (SI-24)
SOMERVILLE
  Philip 29 (SI-64)
SON
  John S. 39 (TR-329)
SORREL
  Jno. W. 26 (CH-497)
SOWARD
  John T. 37* (W-91)
  Lorenzo K. 26 (W-81)
SOWELL
  Thomas 50* (LO-94)
  William 28 (LO-94)

SPAIN
  Joshua 62* (LO-91)
  Matthew R. 39 (LO-101)
SPALDING
  Charles 35* (W-56)
  J. 47 (m)* (W-3)
SPARROW
  William 32 (TO-267)
SPAULDING
  John 12* (LO-118)
SPEARS
  E. 36 (m) (SI-9)
  J. 40 (m) (SI-20)
  Jacob 39* (SI-44)
SPENCER
  Barksdale 56 (LO-22)
  E. C. 73 (f)* (SI-50)
  Ephraim 23* (LO-13)
  F. R.? 24 (m)* (SI-19)
  J. H . 36 (m)* (SI-8)
  James P. 42* (W-93)
  Joseph 50 (TO-253)
  Lucy 40* (TR-330)
  Robert R. 28* (SI-69)
  Thomas J. 41 (LO-28)
  Wesley 21* (LO-23)
SPERLIN
  James W. 26 (CH-396)
SPERLIN?
  W. C. 36 (m) (TO-243)
SPICELAND
  E. C. 24 (m) (TR-290)
  J. S. 18 (m)* (TR-362)
  Orin 21* (TR-375)
SPINCE
  T. J. 18 (m)* (SI-24)
SPINKS
  B. 19 (m)* (W-8)
  Isaac 36 (W-8)
  Jno. 47* (W-6)
  P. 38 (m)* (W-2)
  Thomas 33 (W-15)
  Thos. 77* (W-2)
SPOTT
  J. E. 40 (m)* (TR-377)
SPRADLING
  John 44 (W-110)
SPRIGGS
  Elizabeth 62* (TR-376)
SPROLL
  John 35* (W-28)

Index

SPROUT
 Judith C. 50* (LO-15)
SPURLIN
 Archibald 25 (CH-396)
 John 70 (CH-396)
SQUIRES
 John C. 26 (W-96)
STAGNER
 Andrew 56 (W-42)
 D. J. 26 (m) (W-42)
 George? 35* (W-38)
 John W. 48 (W-42)
 Kitty Ann 14* (W-41)
 Rebecca J. 17* (TR-341)
STAHL
 David 60 (SI-50)
 Isaac 53 (W-29)
 Jacob 60 (SI-55)
 John 26* (TO-222)
 Magarlin? 85 (f) (W-74)
 Willis L. 25 (SI-50)
 Wm. H. 27 (SI-50)
STAHT
 Geo. W. 23 (SI-26)
STALCUP
 George 48 (LO-26)
 Swain 35 (SI-33)
STALKS?
 James 24* (TO-278)
STALL
 John 23* (W-57)
STALLIONS
 Amanda M. 8* (TR-358)
 Reuben 20* (TR-355)
 William 32 (TR-355)
STAMP
 Joshua? 27* (SI-32)
STANDARD
 S. P. 51 (m) (TO-212)
 Sully 30 (f) (TO-212)
STANDRED
 Bazzel 52 (m)* (TR-321)
 Drewn? W. 28 (m)* (TR-322)
 Samuel 60* (TR-315)
STANFORD
 John 60* (TO-268)
 John L. 26 (SI-52)
 Lucas 58 (SI-46)
 Major 55 (LO-57)
STANLEY
 Ambrose 29 (LO-119)
 Christopher 24 (SI-56)

STANLEY
 Elisha 40 (TO-287)
 Ellen 17* (B) (LO-13)
 James 24 (LO-129)
 Joel 58 (LO-129)
 John 26* (CH-401)
 John T. 22* (CH-431)
 Lucy 55 (B) (W-59)
 Mary 21* (LO-131)
 Mary E. 18* (W-50)
 Meridith 53 (SI-51)
 Redman 12 (B) (LO-23)
 Shadrac W. 43* (W-58)
 William 24 (LO-42)
 William 25 (TO-217)
 Wm. J. 26 (SI-51)
STANLY
 John W. 23 (W-45)
STANTON
 Josephine 11* (SI-66)
STAPP
 Nancy 52 (TR-311)
 Willis 62* (CH-442)
STARKS
 A. M. 54 (m) (TO-267)
 George B. 36 (LO-18)
 Henry 50* (B) (W-47)
 M. 42 (f) (LO-82)
 N. G. 40 (m)* (LO-13)
 Polly 45 (TO-267)
STARKS?
 Benjamin 18* (SI-64)
STARLING
 Elizabeth 56* (CH-495)
 Mary 65* (CH-422)
 Samuel M. 41 (CH-422)
STARNES
 Nancy F. 48* (TR-352)
 Samuel 38* (TR-355)
STARNES?
 Sarah 22* (TR-355)
STARR
 Thomas 42 (W-86)
STATEN
 John 35 (SI-2)
STATTON
 Joseph 37 (LO-109)
STEAGER
 John S. 26* (CH-450)
 Saml. 41 (CH-441)
 Thos. L. 35* (CH-441)

STEEL
 Elizabeth 21* (TR-325)
 Frances A. 16* (LO-114)
 James 38* (SI-54)
STEELE
 Hiram 50 (CH-397)
 Isaac 37 (LO-117)
 John C. 24 (CH-423)
 John R. 43* (B) (CH-488)
 Louisa A. 42* (CH-497)
 M. 15 (f)* (SI-38)
 Margarett 16* (SI-4)
 Moses 34 (LO-117)
 Moses A. 37* (TR-314)
 Robert 43* (CH-485)
 Robert K. 31* (LO-2)
STEGALL
 Henry 46* (CH-463)
STEGER
 David 25* (CH-366)
 William 43* (CH-360)
STEIN
 Hanna 50* (TO-241)
STELL
 James A. 7* (LO-114)
STEMMER
 W. H. 21 (m)* (LO-135)
STEMMONS
 Jaquillian 46* (LO-93)
STEPHENS
 Casey 48 (W-101)
 D. L. 27 (m) (SI-18)
 Edw. 28 (m) (TO-232)
 John 22 (SI-13)
 Joseph H. 35* (TR-293)
 M. 11 (f)* (SI-35)
 Thomas 28 (TO-227)
 Wm. 77 (SI-13)
STEPHENSON
 Charles 31 (TO-277)
 James 25 (TO-272)
 James 43 (SI-27)
 John 28 (TO-281)
 William 47 (TO-246)
 William H. 20* (TO-246)
STERRITT
 Mary 74* (W-13)
 Susan 30* (W-16)
STEVENS
 David B. 27 (W-51)
 Edwin D. 28 (CH-449)
 George 57 (CH-373)

Index

STEVENS
 Isaac 32 (W-36)
 James 62* (W-59)
 Jane 70* (B) (W-59)
 Joseph W. 25* (CH-421)
 Thomas 59* (W-34)
STEVENSON
 Elizabeth 32* (W-20)
 Henry C. 15* (CH-484)
 James 50* (CH-423)
 James 85 (LO-36)
 Jane A. 42 (CH-440)
 John 36 (TO-250)
 John T. 41 (CH-440)
 Margaret 43* (CH-434)
 Margaret 73 (W-43)
 Maxwell 29 (LO-24)
 Samuel 64 (TO-250)
 Sarah E. 14* (CH-422)
 Susan L. 14* (CH-420)
STEVERSON
 William 55* (CH-380)
STEWARD
 Jane 78 (CH-384)
STEWART
 Agnes 55* (SI-33)
 Benjamin 33* (LO-13)
 Cassandra 61* (LO-126)
 Dabney 26 (TR-309)
 Duncan 53 (SI-5)
 Elizabeth 62 (TR-349)
 Enon 29 (TO-200)
 James 24 (SI-33)
 James 33 (SI-12)
 James 49 (TR-306)
 Jesse 56 (TO-199)
 John 38* (SI-67)
 John 39* (SI-8)
 John 65? (SI-1)
 Johnson 24* (TR-304)
 Johnson 45 (TR-304)
 Joseph 38 (TO-253)
 Robert 54 (SI-51)
 West 36 (SI-33)
 Wiley 34* (CH-491)
 William J. 31* (LO-131)
 William jr. 25 (TR-307)
 William sr. 38 (TR-309)
 Wilson 39 (TR-306)
 Wm. H. 26 (SI-58)
 Wm. N. 35* (SI-21)

STEWMAN?
 David 16* (TO-198)
STEWNET?
 Anthony 23 (TO-198)
STILES
 Abram 66* (CH-427)
 Henry J. 33* (CH-421)
STILL
 Creed 55 (CH-448)
 James 38 (W-57)
 John 25* (W-58)
 John E. 37 (W-58)
 Josiah B. 44* (TR-309)
 W. 20 (m)* (LO-82)
STILLS
 John 54* (TR-338)
STINEBAUGH
 Adam 53 (TR-307)
 Daniel 43 (TR-298)
 Joseph 48 (TR-297)
STINNEL
 Lucy 10* (TO-209)
STINNET
 Benjamin jr. 73 (TO-207)
 Noel 34 (TO-214)
STINNETT
 Benja 28 (f)* (TO-207)
 Dabney 74 (TO-276)
 John 21 (TO-207)
 Noah 23 (TO-276)
STINSON
 Archibald 51 (LO-42)
 Isaac 51 (TR-299)
STITES
 Andrew J. 24* (CH-487)
 John 38* (CH-420)
STOCKDALE
 Lorinda 50* (LO-62)
STOKES
 Allen 26 (TO-204)
 Armstrong 44 (TO-205)
 Eligha 44 (TR-360)
 Elizabeth 17* (TR-328)
 Emily J. 20 (TO-205)
 George 33 (TO-224)
 James 22 (TO-213)
 John 34 (TO-211)
 Jones 74?* (TO-211)
 Jones jr. 29 (TO-204)
 Larkin 48 (TO-211)
 Mathew 65 (TO-204)
 Nancy 49* (TO-213)

STOKES
 Nancy H. 37* (TR-327)
 Sarah 17* (TO-204)
 Stephen 65 (LO-14)
 William O. 22* (CH-469)
STONE
 Daniel 71 (W-1)
 H. 37 (f) (W-8)
 John C. 40 (W-51)
 Madison 33 (SI-57)
 Samuel 47 (W-109)
 Sarah 14* (W-48)
 Virgil M. 33 (W-42)
 William 17* (W-122)
 Wm. E. 38 (W-1)
STONER
 Peter B. 49 (CH-378)
STONUM
 Hansel 32* (CH-446)
 Wm. D. 35 (CH-447)
STOREY
 Margaret 17* (CH-495)
STOUT
 Mercy F. 18* (LO-71)
STOVALL
 Edward 60* (CH-438)
 Joel 52* (LO-74)
 Wesley 26 (SI-63)
STOW
 Wiliam T. 32 (CH-457)
STRANGE
 Benja. 18* (CH-454)
 Darcas 65* (B) (W-102)
 Elzabeth 61* (CH-463)
 Hall H. 26* (CH-456)
 J. H. 26 (m)* (TO-223)
 Mary A. 40* (W-24)
 Nathaniel S. 57 (W-124)
STRATTON
 Edith 85* (LO-99)
 J. 52 (m?) (LO-78)
 J. H. 18 (m)* (LO-77)
 John 48 (LO-86)
 Joshua P. 23* (SI-36)
 L. 25 (m) (LO-82)
 M. A. 22 (f)* (SI-5)
 Robinson 56 (LO-92)
 Thos. J. 26* (SI-36)
 W. 46 (m) (LO-78)
STRAWBRIDGE
 Saml. 10 (CH-448)

Index

STRAYHORN
James P. 32 (LO-66)
STREET
Agnes 70* (TO-232)
Geo. P. 36* (CH-455)
John H. 38 (CH-380)
John L. 31* (TR-291)
STRICKLAND
William R. 12* (LO-2)
STRICKLEN
Aurelius 22* (CH-468)
STRICKLIN
J. 10 (m)* (CH-360)
STRINGER
Isaac 35 (SI-55)
James 40* (SI-10)
Wm. 40 (SI-10)
STROTHER
Eliza 25* (TO-240)
STROUD
Beverly 26 (LO-116)
Brooks 80 (B) (CH-412)
F. 26 (m) (LO-86)
Jane 58* (CH-416)
Jerry 22* (B) (TO-213)
Jo!? 54 (m) (LO-129)
Lucinda L. 20* (B) (CH-426)
Peter 62 (B) (CH-400)
STUART
A. 35 (m) (W-2)
Charles W. 27* (W-25)
Elizabeth H. 51 (CH-394)
Francis 25 (CH-410)
James N. 36 (CH-394)
James C. 54 (W-43)
Lunacy 41 (f) (CH-386)
Rebecca 58 (W-19)
Samuel 37* (CH-423)
Susan 88* (CH-396)
William 62* (TR-339)
STUBBINS
Samuel 51 (W-123)
STUBBLEFIELD
Mary 77* (TO-231)
Thomas W. 38 (W-93)
STULL
L. 10 (f)* (SI-4)
Mary 17* (SI-17)
STURDIVANT
John 18* (CH-486)
STURGEON
Jas. 19 (j-10)

Jno. 53 (W-10)
William 22 (W-10)
STYLES
H. 30 (f)* (LO-72)
SUBBLET
James H. 22* (CH-371)
SUBLET
Samuel 63* (LO-98)
SUBLETT
Benjamin 26 (W-38)
Samuel 31 (W-38)
Sarah 16* (LO-101)
William 48* (W-33)
SUDDARTH
Benjamin H. 50 (LO-49)
SUDDETH
Harry? L. 29 (LO-40)
Henry 55 (LO-40)
William M. 45 (LO-48)
SUDDITH
Hargess 58 (LO-11)
Matilda 25* (LO-11)
S. 50 (m) (SI-30)
SUDETH
Samuel 21* (LO-50)
SUEL?
Solomon 59* (TO-255)
SUFANER?
Frances A. E.* (W-124)
SULLENGER
G. J. 33 (m) (W-10)
SULLIVAN
Daniel 28 (TO-263)
Isaac N. 31 (CH-478)
James 58 (TO-263)
John 46* (CH-392)
John D. 37* (TO-252)
S. H. 46 (m)* (TO-240)
William P. 23 (TO-263)
SULSER
Henry 38 (W-21)
SUMERS?
Silas B. 30 (LO-56)
SUMMERS
Elizabeth 58 (LO-19)
Francis 67* (CH-365)
John E. 21 (CH-491)
Mary A. 42* (LO-31)
Presley D. 35 (LO-29)
Wm. A. 59 (CH-490)
SUMNER
Alfred 23* (TR-351)

Elizabeth 60* (TR-354)
James 26* (TR-354)
Joel 49 (TR-350)
John 23* (TR-352)
Reddick 52 (TR-348)
SUMPTER
Carter 50* (W-37)
Edwin R. 52 (LO-64)
William C. 19* (LO-132)
SUTHERLAND
Daniel 61 (LO-27)
Henry J. 40 (LO-44)
James W. 41 (LO-44)
Thomas B. 34?* (LO-27)
SUTTLE
E. 23 (m) (SI-14)
John 26 (SI-14)
L. A. 30 (m) (SI-20)
Wm. 20* (SI-2)
SUTTON
Darcus 65* (B) (LO-121)
E. 25 (f)* (SI-54)
Francis 25* (LO-126)
Isaac 48 (TO-266)
James M. 33 (TO-283)
Thomas 54* (LO-121)
William 32 (CH-458)
William B. 47* (LO-43)
SWAANEY
N. 52 (m) (W-46)
SWAIN
Cornelius 49 (LO-132)
George 22* (LO-135)
Hooper 17* (LO-67)
John 24 (LO-132)
Samuel 14* (LO-69)
SWANEY
Charles 45 (W-31)
SWANN
James 60 (SI-53)
SWATZWELL
Benjamin 45 (TR-296)
SWEARINGEN
Benoni 49 (LO-17)
SWEATT
Azariah 32* (LO-45)
Joseph 62 (LO-45)
SWEENEY
Cyrus B. 38 (TR-348)
SWIFT
John 49 (TR-369)

Index

SWINNEY
  Josiah 54* (CH-468)
SYDNER
  David 47 (LO-90)
  Edward 40 (LO-101)
SYONS?
  James 39 (LO-120)
SYPERT
  Hardy S. 50* (CH-432)

T

TABB
  John L. 27 (TO-264)
  William K. 31* (TO-258)
TABER
  Anna 30* (W-87)
TABOTT
  Patsy 45* (B) (W-102)
  Rebecca 55 (B) (W-102)
TAGON
  Willis 31 (LO-68)
TALBERTT
  James 24* (B) (W-102)
TALBOT
  Arthur 6* (B) (W-35)
  Henry 44 (W-60)
  James 23 (TO-199)
TALBOTT
  Albert 15* (B) (W-90)
  Andrew J. 27* (W-103)
  Joseph 14* (B) (W-70)
  Martha 7* (B) (W-103)
  Nancy 35* (TR-308)
  Unity 40* (B) (W-65)
  William S. 27 (CH-425)
  William S. 53* (CH-426)
TALBUTT
  Eliza 31 (B) (W-66)
TALEFAERO
  Samuel 54 (TO-285)
TALIFAIRO
  LeRoy 48 (TO-274)
TALKINGTON
  Isaac 55 (TO-257)
TALLEY
  Manal? 21 (m) (TO-261)
TALLY
  David 34 (TR-296)
  Hezekiah 18* (TR-308)
  Nancy 55* (TO-279)
  Nathan 49 (LO-107)

TALLY
  Wesley 40 (TO-247)
  William 38* (TR-297)
  William M. 14* (TO-259)
  William S. 41 (TR-304)
TANDY
  Ambrose 57 (B) (CH-392)
  Charles M. 37* (CH-361)
  Elizabeth 63 (CH-381)
  Elizabeth 72 (CH-383)
  John D. 28* (CH-375)
  Mills 70 (CH-383)
  N. M. 40 (m) (TO-214)
  Rodger J. 44* (CH-383)
  Sarah 40* (TO-242)
  Thomas 32 (TO-242)
  William L. 30* (CH-388)
TANEHILL?
  Newman 68 (LO-50)
TANNER
  Choe? 67* (B) (LO-70)
  George 58 (LO-109)
  Hannah 45* (B) (LO-93)
  James 31 (LO-61)
  James F. 31 (LO-58)
  Nancy 46 (LO-61)
TANNIHILL
  P. B. 34 (m) (SI-52)
TARRANT
  Minos 61 (W-77)
  William 32 (W-99)
TARRENTS
  James H. 11* (W-30)
  John 37 (W-52)
  Leonard 37 (W-15)
  Mary 66 (W-15)
  Terry 29 (W-15)
TART
  James 61* (TR-352)
  Lodwick? 43 (m) (TR-313)
  Richard 55 (TR-352)
TARWHILLAGER
  John 43 (W-103)
TATE
  Fielding 39 (B) (W-34)
  Hudson 58* (W-112)
  William 56* (TO-237)
TATEM
  Seth 47 (LO-51)
TATHAM
  Daniel 33 (TO-267)
  William 28 (TO-267)

TATUM
  Alfred 52 (LO-55)
  Alfred 52* (LO-59)
  Frederick 37 (LO-40)
  Mary 17* (LO-59)
  Mary 17* (LO-60)
  Newland 22* (LO-133)
  William 37* (CH-362)
TAWN?
  Tabitha M.* (CH-484)
TAYLER
  John 29 (LO-50)
TAYLOR
  Alexander 23* (LO-54)
  Alfred 31 (W-20)
  Allen 60 (W-46)
  Anderson 47 (TR-312)
  Ben F. 29 (SI-22)
  Caroline P. 63* (LO-54)
  Danl. M. 30* (CH-485)
  David C. 29 (W-27)
  Elizabeth 20* (W-97)
  G. 1 (m)* (B) (LO-109)
  H. B. 26 (m)* (SI-13)
  Hanna 75* (TO-240)
  Henry 25 (TO-222)
  Henry 35 (W-17)
  Hillory H. 36* (CH-448)
  Hugh 26 (SI-61)
  J. 17 (f)* (SI-20)
  Jack 60 (B) (W-59)
  James 18* (TR-322)
  James 32 (W-43)
  Jas. W. 25 (W-7)
  John 18* (CH-421)
  John 53* (W-38)
  Joseph 48* (W-16)
  Joshua 74* (TR-354)
  M. 12 (f)* (SI-40)
  Magy 64* (B) (LO-70)
  Mary 43 (W-40)
  Mary 57* (SI-22)
  Mary 70* (TO-217)
  Mary E. 2* (TO-224)
  Moses 30* (TO-254)
  Moses 50 (W-39)
  Phebe S. 32 (CH-442)
  Philip W. 85* (CH-437)
  Polly 64 (LO-54)
  R. A. 33 (m)* (TO-218)
  R. D. 25 (m) (LO-18)
  Sarah A. 21* (W-69)

Index

TAYLOR
Sidda 67* (W-39)
Sidney 37 (f)* (CH-468)
Silas 22* (LO-69)
Sylvester 52* (W-121)
Sylvester 55* (W-68)
Thomas 51 (TO-260)
W. B. 44 (m)* (TO-239)
Washington 26* (TR-336)
Wiley 53 (TO-226)
William 22* (TO-275)
William 26 (TO-228)
William 38 (W-17)
William H. 26* (W-40)
William H. 30 (TR-349)
Wm. C. 42 (W-44)
Z. 47 (m) (W-11)
TEAGUE
Van S. 44 (CH-409)
TEAR
Felix 30 (TR-297)
TEMPLE
Ellen E. 67* (LO-47)
J. C. 38 (m) (W-93)
Lucy 80* (B) (LO-127)
Richard 23 (TO-208)
Robert 64 (TO-212)
Susan 42* (TO-208)
TEMPLEMAN
Anny 75 (TO-263)
John 31 (LO-114)
Madison 32* (TO-247)
TEMPLETON
Lewis T. 45 (CH-388)
Solomon 40 (TO-266)
TENNERY
Syulvester T. 52 (CH-420)
TERIAN
E. P. 30 (m)* (TR-290)
TERRELL
James H. 35 (TO-235)
John 35 (TO-235)
Nannie 50* (TR-360)
TERRIL
J. 46 (f)* (SI-23)
TERRILL
Thomas J. 27 (CH-366)
TERRY
Benj. D. 18* (CH-486)
Eleanor 45 (TR-294)
Gobrias 26* (TO-208)
James 32* (TO-285)

TERRY
James 43* (LO-126)
James 47 (LO-93)
James H. 28 (TO-285)
Micajah 67* (LO-124)
Robert J. 50* (TO-282)
Sarah B. 20* (LO-130)
Stephen 29* (TO-284)
Thomas 26* (CH-377)
William 64* (LO-99)
William M. 64* (TO-285)
TESTER
James H. 43 (TO-250)
THACKER
Benj. 33 (W-128)
Holt 66 (CH-430)
Jas. B. 39* (CH-448)
Joel O. 43 (CH-364)
Prudence 29 (W-63)
THAXTON
John 51 (CH-448)
W. R. 25 (m)* (LO-1)
THEVEALL?
Mary A. 55 (TO-286)
THOMAS
Albert 26* (TR-349)
Ann 36* (W-124)
Asa 80 (B) (CH-453)
Benjamin B. 30 (CH-372)
C. T. 29 (m) (LO-77)
Catharine E. 21* (TR-328)
Cullen 59 (TR-354)
Dillas 60* (TR-353)
Edwin 20 (TR-354)
Elizabeth 14* (LO-84)
Elizabeth 39 (W-102)
Fielding 51 (TO-245)
Georg A. 13* (LO-59)
George 6/12* (LO-56)
Georgeann 15* (LO-55)
Granvill 32* (LO-57)
H. K. 44 (m)* (W-34)
Hannah 16* (W-69)
Henry 18* (TO-210)
J. G. 36 (m) (CH-364)
J. L. 28 (m) (LO-79)
James 46* (TR-354)
James V. 40 (CH-422)
Jeremiah 53* (W-67)
John 21* (W-102)
John 29* (W-65)
John 65 (W-85)

John F. 25 (W-67)
John J. 36* (CH-376)
Jonathan 50 (W-121)
Levi 14* (LO-87)
Louisa 32 (LO-89)
M. M. 3 (f)* (SI-3)
Mary P. 55* (LO-102)
Mathew A. 37 (W-95)
Nancy 60* (LO-23)
Nancy A. 23* (CH-397)
Perry 53 (TR-354)
Peter 37* (W-92)
Peyton 30* (TR-354)
R. 76 (m) (LO-82)
Robert W. 39* (W-111)
Sam W. 33 (LO-57)
Sarah 28 (W-125)
Stanley 42* (TR-293)
Stanley jr. 22 (TR-352)
Starkey 50 (TR-353)
Walter M. 26* (TR-362)
William B. 24 (TR-353)
Wimberly 39 (TR-327)
Zachariah 83* (W-124)
THOMASSON
Geo. W. 43 (CH-443)
THOMPSON
Alex 49 (TO-236)
Andrew 41 (LO-95)
Anna 61 (CH-412)
Beverly A. 40 (m)* (LO-43)
Cary 31 (m) (SI-13)
Elizabeth 13* (LO-34)
Elizabeth 65 (LO-38)
Elizabeth 70* (CH-413)
Elizabeth D. 17* (TR-331)
F. S. 26 (m)* (TR-293)
Fildred E. 9 (m)* (TR-376)
G. T. 35 (m)* (SI-18)
Geo. O. 44* (CH-486)
George 50 (B) (TO-236)
Hiram 40 (TR-290)
J. M. 26 (m) (TO-252)
James 24* (W-25)
James 29 (SI-2)
James 36* (LO-123)
James 49 (CH-404)
James 50* (TR-292)
James 52* (CH-362)
James E. 45 (TR-292)
James F. 36 (CH-412)
Jno. M. 48 (W-40)

Index

THOMPSON
 Jo. 51 (m) (B) (TO-230)
 John 28* (LO-102)
 John G. 18* (CH-410)
 M. (Dr.) 76 (CH-473)
 Mars? S. 43* (TR-359)
 Martha 46 (TO-196)
 Mary 36 (TR-331)
 N. 60? * (TO-221)
 Presley N. O. 38 (CH-412)
 R. U. 57? (m)* (TO-236)
 Roger 60 (CH-491)
 Spencer 21 (CH-473)
 T. James 30* (LO-132)
 Waddy 21 (m)* (TO-237)
 William 38 (LO-125)
 William 40 (LO-112)
 William C. 30* (TO-254)
 William C. 47* (TR-292)
THOMSON
 Asa C. 19* (CH-486)
THOMSON?
 Nancy S. S. 39* (CH-497)
THORNHILL
 George 26 (TO-239)
 Henry 50 (TO-239)
THORNSBURG
 Thornton 43* (LO-113)
THORNSBURY
 Thomas 59 (LO-129)
THORNTON
 A. 27 (m) (SI-23)
 Benton 37 (SI-14)
 Geo. T. 50* (CH-484)
 Thomas L. 24 (W-65)
 William 27 (W-104)
 Wm. 59 (SI-33)
THRIFT
 George 54* (CH-387)
 Harriet 60* (LO-127)
THRUSTON
 Elizabeth J. 11* (W-41)
 Margaret 18* (W-41)
THURMAN
 Bennett 64 (SI-49)
 James 36 (SI-48)
 John D. 34 (SI-51)
 Littleberry 20* (CH-373)
TIBBS
 James 70* (W-75)
 R. 25 (m)* (SI-19)
 Susan 12* (W-88)

TIGER
 James 31 (W-127)
TIGER?
 Milly 31* (W-102)
TIGERT
 Elizabeth 19* (W-81)
TILLARD
 Elizabeth A. 17* (TR-362)
TILLER
 James 47 (LO-130)
TILLMAN
 Catharine 54* (TR-361)
 George 50 (TO-223)
 James 18* (TO-223)
 James 22* (CH-388)
 Rebec 17 (f)* (TO-242)
TILLY
 Louiza 14* (TR-350)
TIMMONS
 Elizabeth 22* (TR-371)
 Nancy 19 (TR-371)
TINKER
 Tom 60* (B) (TR-303)
TINSLEY
 A. 38 (m) (LO-77)
 Alanson 34* (TO-228)
 Andrew 27 (LO-120)
 James 53* (TR-347)
 Jno. N. 42 (W-7)
 John 27 (TO-234)
 Lucy 46* (CH-403)
 Mary 8/12 (TO-228)
 Ransom 25* (CH-421)
 William S. 26 (TO-228)
TIPTON
 Rubin 36 (LO-52)
TIRHANE
 William 43* (TO-208)
TIRRELL
 John __* (LO-69)
TISDALE
 Geo. 67 (SI-28)
 N. S. 33 (m) (SI-30)
TITTERINGTON
 Adam 65 (CH-430)
 Danl. 21* (CH-441)
 John 21* (CH-486)
 John 25* (CH-421)
TODD
 John F. 50 (LO-65)
TOLER
 Henry A. 9* (LO-114)

 John 34* (LO-83)
 Lewis 55 (TO-285)
TOLLER
 Benjamin 18* (LO-98)
 Julia A. 40 (LO-93)
 Robert 16* (LO-98)
TOMBERLIN
 Elias 41 (TO-265)
 William 44 (TO-265)
TOMLINSON
 Hugh 42 (CH-470)
 John J. 28* (TR-349)
 Sally 50* (TO-258)
TONNYHILL
 Sarah 65* (LO-67)
TOOK
 William 27 (TR-318)
 William T. 6* (TR-321)
TOONE
 Wm. 36 (CH-438)
TORIAM
 Geo. 21* (CH-444)
TORIAN
 Andrew 56 (CH-449)
 Augustine G. 22* (TR-360)
 Cornelia 16* (CH-457)
 George L. 45* (CH-456)
 Jacob 46 a (CH-449)
 Jacob 47* (CH-484)
 Lipscomb 45 (TR-304)
 Martia 32 (CH-458)
 Owen T. 21* (CH-444)
 Robertson T. 41 (CH-488)
 Susan 80* (CH-484)
 Thos. 36* (CH-451)
 William 39 (CH-449)
 William 46 (CH-457)
TORIAN?
 Jacob 74 (CH-426)
TORRANCE
 Erasmus 22 (SI-56)
 John B. 30 (SI-46)
 Terry 53 (SI-56)
TOTTY
 John 36 (W-70)
 Leonard 38* (W-118)
 Mary 75* (W-118)
TOWERY
 Jackson 20* (W-76)
TOWLER
 Henderson 34 (CH-451)
 William O. 32* (CH-451)

Index

TOWNSEND
Anne 60 (B) (LO-82)
Ira A. 23* (LO-100)
John 13* (LO-93)
John L. 16* (LO-21)
Light 55* (LO-99)
M. 5 (f)* (LO-82)
Mary 37* (LO-21)
Presley E. 27 (LO-22)
S. 22 (f)* (LO-78)
T. M. 41 (m)* (LO-77)
Thomas 69* (LO-22)
William 17* (LO-91)
William 25* (LO-8)
TOWNSLEY
Henry 26? (TO-243)
TRABUE
Andrew 48 (B) (W-21)
John E. 50* (LO-92)
TRAHERN
William 41 (CH-375)
TRAIL
A. 40 (m)* (SI-10)
Dickerson 45* (SI-26)
Mary 60* (SI-5)
Solomon 70 (SI-25)
Wm. B. 39 (SI-6)
Wm. B. 39* (SI-25)
TRAINUM
Aurelius 21* (CH-371)
Coleman 57* (CH-371)
Richard 18* (CH-421)
Robert 35* (TO-274)
Silas H. 31 (CH-367)
TRAINUM?
And. 26 (m) (TO-230)
TRAUBER
Daniel 47 (LO-7)
Eliza 22* (LO-6)
Elizabeth 75* (LO-6)
Emanuel 22 (LO-6)
F. 24 (m)* (LO-73)
Jas. Burr 40* (LO-6)
John L. 40* (LO-22)
William 21 (LO-5)
William 80* (LO-7)
TRAVELSTREET
C. 20 (m)* (SI-46)
TRAVIS
Emaline 32* (LO-13)
J. C. 43 (m)* (LO-17)
J. W. 35 (m) (TR-329)

William B. 36 (CH-451)
TRAWBER
A. 26 (m)* (LO-73)
John 56* (LO-73)
TREEWALLER
John C. 48 (CH-437)
TREMONT
Charles 35* (CH-422)
TREWETT
Wm. R. 42 (W-61)
TREWITT
John S. 37 (W-54)
TRIBBLE
Nelson 37* (SI-37)
Saml. 20 (CH-438)
TRICE
John 50 (LO-113)
Luranna C. 16* (TO-230)
Stephen E. 30 (CH-425)
Tanly H. 40 (CH-455)
William L. 25* (CH-425)
TRIMBLE
William 66* (LO-8)
TROTTER
Allen 25 (CH-474)
Henry 26 (CH-474)
James M. 20 (CH-478)
TROUSDALE
Martha 43* (LO-70)
TROUT
Elijah 29* (TO-249)
Henry 35 (TO-248)
Isaah 33 (TO-248)
John 43* (TO-258)
Joseph 34 (LO-115)
Joseph 73 (TO-248)
TROXELL
Jacob C. 46 (CH-362)
John 35 (CH-405)
TRUEMAN
William 24* (LO-134)
TUCK
Davis G. 56 (CH-430)
TUCKER
Abslem 65 (TO-263)
Eli 35 (CH-418)
Harrison 28* (CH-446)
Henry 34 (TO-201)
Isaac 28 (TO-201)
James F. 33 (TO-237)
James M. 41* (W-108)
John 33 (TR-352)

John 47* (CH-419)
Jonah 14* (TR-350)
Joshua 52* (CH-398)
Levi 21 (TO-200)
Manless 61* (CH-486)
Nathaniel 27 (TO-201)
Rebecca 28* (TO-200)
Robert 20* (CH-386)
Warren 29 (TO-196)
TULL
Jeptha 25 (TO-234)
John 59* (TO-276)
TULLY
Benjamin 41* (LO-88)
James 22 (TO-206)
William 40 (TO-227)
TUNSTILL
Eliza 42 (LO-116)
George A. 23* (LO-116)
TUPANCE
Petsey 40 (B) (LO-109)
TURNER
A. 23 (f)* (SI-58)
D. D. 43 (m) (SI-47)
David 23* (TR-309)
E. 20 (m)* (SI-21)
Edwin 43 (LO-92)
Elijah 23 (LO-2)
Fielding 26 (W-8)
H. M. 32 (m) (SI-7)
Henry H. 28 (CH-365)
J. H. 27 (m) (CH-364)
James 37* (SI-37)
James B. 35* (TR-317)
James M. 21 (W-54)
James W. 66 (TR-302)
John 44 (SI-59)
John J. 36 (LO-38)
John P. 40* (TR-368)
John T. 22 (TR-303)
Joseph 47 (W-51)
Joseph 57* (CH-464)
Manerva 33* (W-16)
Nancy C. 46 (LO-58)
Pleasant 45 (CH-443)
Reuben 56 (W-53)
Robert 41 (CH-464)
Robert R. 37 (TR-302)
Robert S. 44 (W-56)
Robt. 12* (LO-4)
Saml. 35 (SI-32)
William 44? (LO-10)

Index

TURNER
  William 72* (TR-349)
  William F. 29 (TR-377)
TURNEY
  John 12* (TO-206)
TURNLEY
  James B. 29 (CH-368)
TUTT
  James F. 24 (TO-228)
  John L. 45 (TO-243)
  Lucy 76 (TO-229)
  R. A. 35 (m) (TO-229)
TWIDDLE
  Clabourn 32* (W-25)
TWYMAN
  James W. 40 (TR-290)
  Kirtley 45 (CH-401)
TYAN
  Tilson 51* (LO-64)
TYER
  Council? 53 (TR-357)
  Jefferson 28 (TR-361)
TYERT
  John 40* (LO-34)
TYLER
  John D. 23 (TR-310)
  M. M. 35 (m)* (TR-290)
  Quinton M. 33* (TR-291)
  Richard K. 46* (TR-306)
  William B. 59 (TO-241)
TYLOR
  Saml? 32* (TO-233)
TYRE
  George 43* (SI-2)
  Jacob 48* (SI-68)
TYSON
  C. L. 37 (m)* (LO-5)

U

UBENHOUR
  Daniel 34 (CH-443)
ULRICH
  Charles F. 23 (CH-424)
UMPHREY
  Malliki 27 (SI-38)
UNCIL?
  Nancy 16* (LO-125)
UNDERHILL
  E. P. 26 (m)* (TR-372)
  Samuel 62 (W-127)
UNDERWOOD
  Adelaide 38 (CH-381)
  B. T. 28 (m)* (CH-424)
  Henry B. 28 (CH-495)
  J. R. 58 (m) (W-63)
  James 39 (CH-407)
  John 30 (TO-271)
  John 68* (CH-484)
  John J. 28 (CH-493)
  Joseph R. 25 (TR-332)
  Lycurgus 18* (CH-425)
  Warner L. 42* (W-65)
UNSELL
  John H. 17* (LO-4)
UPTON
  Elijah 65 (W-17)
  James 28 (W-17)
  Joseph 31 (W-48)
USHER
  Jas. H. Sr. 44 (CH-455)
  Rebecca 69* (CH-386)
UTLEY
  Gabriel 35* (LO-106)
  Jesse 46* (TO-243)

V

VALENTINE
  John 34* (W-28)
  Nancy 77* (LO-129)
  William 36 (W-122)
VANCE
  Ann 30* (CH-425)
  George 23 (TO-243)
  Henry 51 (W-10)
  James 74* (W-53)
  Jno. 66 (W-10)
  M. W. 38 (m) (TO-218)
  Massena 30 (m) (TO-212)
  Richard 8* (TR-325)
  Samuel 20* (TO-287)
VANDERFROW
  Mary 26* (LO-128)
VANDERVOUS?
  Peter 53* (LO-68)
VANFULIN
  Sarah 30* (CH-487)
VANMETER
  Eliza 15* (B) (W-103)
  Jacob 62 (W-21)
  N. S. 32 (m)* (W-24)
VANTER
  Elliot 68* (TO-217)

VANTREESS
  Maria A. 50 (W-73)
VAP
  Thomas 68 (CH-382)
VARBEL?
  Patsy 16* (W-68)
VARNUM
  Mary M. 14* (CH-365)
VARVAL?
  James L. 32* (W-81)
VASS
  Madison B. 39 (CH-386)
VAUGHAN
  Benjn. W. 30 (CH-445)
  E. J. (Dr) 30* (CH-498)
  Eleanor C. 38 (CH-385)
  Elisha 50* (CH-366)
  Marian J. 29 (m) (CH-370)
  Perry 60* (CH-380)
VAUGHN
  Frances 16* (LO-12)
  Hannah 61* (LO-51)
  James 72 (CH-390)
  Mary M. 34 (CH-395)
  Mary E. 16* (CH-390)
  Panina 37* (TO-219)
  Richard 28* (CH-390)
  Susan 14* (W-23)
  Susan 56 (CH-395)
  Thomas R. 49 (TR-339)
  William 26 (LO-95)
  William T. 12* (CH-391)
  Willis W. 56 (TR-339)
VAUGHT
  James 44 (TO-286)
VAULANDINGHAM
  M. 85 (m)* (TR-314)
VAUT
  John 19* (LO-134)
  Joseph 20* (LO-135)
VEAMAN?
  John H. 22* (W-100)
VEIR
  Samuel 33* (SI-69)
VEITS
  S. F. 5 (f)* (CH-361)
VENABLE
  Albert G. 40 (LO-88)
  Arthur 42 (SI-51)
  George 52* (CH-426)
VERNON
  D. 47 (m) (W-4)

Index

VERNON
  J. 44 (m) (W-3)
  Luvina 45 (W-12)
VICK
  Eben 58 (LO-41)
  Elias C. 24 (LO-41)
  George S. 37* (LO-132)
  John 25 (LO-89)
  Presley 22* (LO-89)
  Robert 21* (LO-20)
  S. 50 (m) (LO-75)
  Samuel 22 (LO-80)
VICKERS
  Eleanor 50* (CH-389)
  James T. 23 (W-110)
  Joel 50 (TR-369)
  Samuel 81 (W-110)
VILES
  Ransom 54 (LO-53)
VINCENT
  Mary J. 9* (TO-257)
  Rachel 34 (LO-119)
VINEYARD
  Brice W. 33* (SI-68)
VINSON
  Alexander 60 (CH-415)
  Ezekiel 28 (TR-361)
  Ezekiel 59 (TR-359)
  James 44 (TR-367)
  Polly 19* (TR-364)
  Riley 23 (TR-355)
  Thomas 25* (TR-351)
  Thomas A. 24* (TR-362)
  William 40 (TR-355)
VINSONT?
  Joseph 25 (TO-213)
VIOLET
  Edward 49 (LO-133)
VIOLETT
  James 16* (LO-5)
  Jos. H. 49 (LO-6)
VOLENTINE
  Henry 43* (LO-114)
VOSS
  Thomas 45 (W-53)
VURRANSDELLE?
  Alexander 33* (LO-28)

W

WADDEL
  George 21 (W-41)

WADDELL
  Elizabeth 17* (TR-327)
  G. H. 55 (m)* (W-39)
  Granville 71 (TO-231)
  Jno. S. 50* (W-39)
  John P. 61 (TR-377)
  Joseph 66* (TR-308)
  Joseph W. 30* (CH-421)
  William P. 23* (W-38)
WADDILL
  Robert L. 39 (CH-393)
WADDLE
  John 50 (W-99)
WADE
  Ben 50 (SI-29)
  Brunt? 57 (m) (TO-216)
  Edward 38 (CH-473)
  Edward jr. 28 (TR-303)
  Harrison 29 (TO-213)
  Him.? 27 (m)* (TO-222)
  John 52 (W-109)
  Peter 67 (TR-303)
  Wm. H. 23 (W-102)
WADKINS
  Elizabeth 35 (W-111)
  Jas. P. 28* (CH-490)
  Joseph 73 (W-116)
  Philip A. 31 (CH-451)
  Samuel T. 35 (CH-473)
  William 35 (CH-430)
WADLINGTON
  Eliza 22* (TR-325)
  Ferdinand 32 (TR-329)
  Mariam 30* (TR-327)
  Thomas 52 (TR-325)
WAGGENER
  S. T. 51 (m)* (TO-236)
WAGONER
  Henry C. 21* (CH-367)
  Jo C. 26 (SI-33)
WAHL
  Penasa 16 (f)* (CH-427)
WAINSCOTT
  Adam 57 (SI-20)
  J. 17 (m)* (SI-38)
  John 29 (SI-39)
  Wm. 27* (SI-45)
WAKE
  Alice 45 (TR-300)
WAKEFIELD
  John 60* (W-23)

WAKER
  Ellen 10* (TR-314)
WALACE
  B. F. 19 (m)* (TO-265)
WALDEN
  Lucy 45* (TR-331)
  Mildred 39* (TR-332)
  William 40 (TR-335)
WALDRIDGE
  John B. 32* (TR-360)
WALDROP
  Obediah 32* (TR-368)
  Thomas 34* (CH-375)
WALKER
  Abraham 44* (TR-342)
  Alexander 41 (CH-405)
  Asa 31 (CH-479)
  Auther? 40 (CH-478)
  Catharine 26* (W-27)
  Danl. 40* (CH-467)
  Elly 6* (TR-333)
  Emily 14* (LO-89)
  Fidella 6 (m)* (TR-364)
  Frances 71* (TO-205)
  Isaac 35 (CH-402)
  James W. 22* (CH-425)
  Jefferson 26 (LO-97)
  John 23 (CH-403)
  John 33 (TO-279)
  John 37 (W-14)
  Joseph 34* (CH-435)
  M. 76 (f)* (CH-364)
  Mary 13* (CH-427)
  Mary A. 22* (TR-340)
  Mary L. 54* (LO-104)
  N. H. 46 (m)* (W-46)
  Newton 10* (TR-351)
  Rhetta A. 20* (CH-483)
  Saml. W. 45 (CH-438)
  Samuel 46 (CH-405)
  Samuel 67* (CH-383)
  St. Clair 11* (TO-244)
  Thomas 7* (CH-372)
  Voleny 51 (LO-89)
  W. 83 (m)* (W-3)
  Wade Hampton 28 (CH-493)
  William 16* (TO-232)
  William 45* (CH-403)
  William 54 (CH-365)
  William 60 (LO-19)
  William J. 27 (TR-335)
  William M. 41* (CH-446)

Index

WALKER
William S. 34* (LO-13)
William Y. 37* (LO-88)
Wm. C. 24* (CH-489)
WALL
B. J. 32 (m)* (TR-322)
D. D. 39 (m) (TR-297)
James 18* (CH-392)
John B. 47 (TR-296)
Matthew W. 34 (TR-297)
Peter 37 (TO-288)
Thomas A. 41* (TR-291)
WALLACE
Albert 49 (CH-452)
Alfred R. 30 (TR-376)
Eaton 25 (TR-363)
Eliza A. 24* (CH-464)
Jas. 26 (CH-453)
Jas. B. (Dr) 57* (CH-453)
John 28* (TR-323)
John 68* (TR-363)
John 70 (W-112)
John W. 34* (CH-365)
Nathan 28 (TR-374)
Thomas R. 70* (CH-426)
William 37 (CH-475)
William 40 (TR-363)
William 48 (TR-327)
WALLER
Benjamin L. 38* (TO-231)
Francis W. 16* (CH-484)
John 24 (W-38)
Joseph A. 38* (TR-308)
T. C. 54 (m) (TO-228)
WALLIS
Alfred Y. 35* (CH-421)
Benjamin 69* (TR-328)
Chanin H. 22 (m)* (TR-327)
Ferdinand 46 (TR-328)
James 63 (TR-290)
James B. 44 (TR-329)
Jesse T. 32* (TR-310)
Jessey 36 (TR-361)
John 43 (TR-328)
William K. 37 (TR-361)
William R. 30* (TR-311)
WALLS
William 7* (TO-219)
WALSH
Hiram 44 (CH-372)
James H. 55* (CH-381)
William S. 20 (CH-381)

WALTER
Burwell R. 39* (W-98)
WALTERN
Isaac 38 (W-49)
WALTERS
Elizabeth 20* (W-72)
Fayette 22* (W-66)
George H. 30 (W-69)
James K. 37 (W-69)
Richard 35* (TR-296)
WALTHAL
A. M. 54 (m) (W-34)
Elizabeth 81* (W-34)
WALTON
Asbury 31 (SI-36)
Dolly 76* (CH-430)
Mary 30 (SI-35)
Nancy 64 (LO-24)
Sarah 57 (SI-36)
Thomas 16* (SI-35)
W. 49 (m)* (SI-10)
Wm. 20 (SI-62)
WAMACK
Jesse 80* (W-13)
WAND
Benjamin 37 (W-38)
Hannah 69* (W-126)
WANDER
Nise 38 (m) (W-25)
WANN
Rachel 58 (SI-46)
WANTLAND
John 38 (LO-54)
Woodford S. 39 (LO-18)
WARD
Edmund jr. 38 (TO-256)
John O. 22* (TR-335)
Julia 20* (LO-6)
Wallace 50 (LO-119)
William 23 (TR-367)
WARDEN
Byram 48* (LO-38)
WARDER
William 17* (LO-86)
WARDLOW
John F. 52* (W-113)
WARE
Chaper? 19 (m) (TO-232)
Edmund 50 (TO-234)
Harvey R. 20* (CH-487)
James 65* (CH-393)
Robert 49 (TO-217)

William 20* (LO-69)
William S. 30 (CH-393)
WARFIELD
Walter E. 24 (CH-393)
WARLER
Mary 15* (W-61)
WARMER
Betty 56* (TO-244)
WARREN
Booker 38 (TR-316)
Elizabeth 45* (TO-243)
Harriet 36* (LO-70)
James 27* (LO-36)
James 60* (TO-264)
James T. 33 (LO-107)
Luann 14* (LO-71)
Sarah R. 40 (LO-65)
Timothy 39 (TR-309)
William C. 30 (TO-263)
William H. 35 (TR-307)
WASH
Hugh 44* (LO-107)
James O. 34 (TR-296)
Mary P. 71* (CH-490)
William 41 (TR-296)
WASHAM
Robt. N. 38* (CH-456)
WASHBURN
Ben 22* (LO-13)
Lewis 53* (LO-51)
WASHER
William 25 (W-115)
WASHINGTON
Beverley (Dr.) 38 (LO-47)
Fairfax 71 (LO-85)
Henry F. 42* (CH-434)
John H. 13* (LO-47)
Mariah H. 26* (TR-310)
Thomas jr. 31* (TR-312)
Thomas sr. 68* (TR-312)
Warner 50* (TO-253)
William A. 48* (LO-130)
WATERS
Mr. 30* (CH-434)
Nancy 46 (W-62)
Nelson 42 (LO-88)
Saraph? 40 (m) (LO-90)
WATKINS
Alfred 27* (TO-275)
Ballard 54* (LO-102)
Ballard 55* (TO-273)
Betsy A. 63* (TO-287)

Index

WATKINS
 Betty 10* (CH-422)
 Ephraim 54* (TO-282)
 Hezekiah B. 44 (TR-299)
 John 23* (TR-295)
 Mary 43 (LO-31)
 Matthew 38 (TO-287)
 Noel 80* (TR-350)
 Thomas 50 (TO-260)
 Vinis 37 (LO-32)
 Violetta 22* (LO-37)
 William 30* (W-122)
 William 38 (LO-36)
 William 40* (LO-94)
WATMOUGH?
 Henry 52* (LO-47)
WATSON
 Calvin 50 (LO-93)
 Edward C. 45 (LO-55)
 Henry 31 (W-108)
 Henry P. 46* (CH-375)
 James 55 (B) (TR-292)
 John 40 (W-53)
 John 53* (TO-209)
 John 6* (TR-291)
 John C. 35 (CH-478)
 John F. 34* (TR-350)
 John T. 21* (CH-485)
 M. 56 (m)* (W-9)
 Mary 22* (TO-209)
 Nathaniel 41 (LO-96)
 R. 38 (m) (LO-74)
 Samuel B. 55* (TR-366)
 William 34* (LO-87)
 William 46 (CH-386)
 William N. 29 (LO-10)
 Young E. 39* (CH-433)
WATT
 Elizabeth 38* (W-6)
 Elizabeth H. 33 (CH-420)
 F. 22 (m) (W-4)
 G. F. 21 (m) (W-2)
 Jno. 66* (W-7)
 Sarah 14* (W-6)
 Silas 17* (W-20)
WATTS
 Alsen 51 (TR-294)
 Charles 30 (TO-228)
 Elias 29 (W-89)
 George M. 30 (TO-234)
 Henry 15* (LO-69)
 Moses 33 (W-90)

WATWOOD
 J. F. 36 (m) (CH-363)
 John 30 (TO-226)
 William S. 34 (TR-335)
WAUGH?
 James 28* (TO-219)
WAULLAND
 Cyrus W. 22* (W-79)
WEAAVER
 Sarah B. 48 (CH-440)
WEAKLEY
 Chas. M. 21* (CH-485)
WEATHERFORD
 Harriett 20* (CH-459)
 Nancy T. 9* (CH-458)
WEATHERS
 Abner B. 22* (CH-485)
 Samuel 57 (CH-416)
 Vincent 43 (TO-211)
WEATHERSPOON
 M. O. 26 (m)* (W-88)
 Simpson 43 (W-88)
 Younger 45 (W-85)
WEAVER
 James 40* (CH-381)
 Nancy 50* (W-51)
WEBB
 Benjamin 67 (LO-107)
 E. 33 (f) (LO-81)
 Elizabeth 72* (W-78)
 Francis J. 23* (LO-118)
 Lewis 69* (LO-50)
 Nortlet? 45 (m) (TO-228)
 Sarah 43 (B) (W-81)
 Struther? 44 (LO-53)
WEBBER
 Augustine 63* (CH-427)
 Rachael 10* (CH-423)
WEEDEN
 James? 42? (TO-230)
WEEKEL
 John W. 40 (CH-392)
WELCH
 Benjamin O. 21* (CH-392)
WELCHER
 William 18* (W-85)
WELDON
 James 17* (LO-131)
 Temperance 44 (LO-99)
WELLER
 Christopher G. 45* (LO-66)
 Fedrick 12* (LO-65)

 George W. 38 (LO-60)
 Samuel 29 (LO-14)
WELLS
 A. 51 (m) (LO-82)
 Ann 22* (LO-85)
 Chas. S. 23* (CH-484)
 Hilary 42 (W-1)
 James 31 (TO-208)
 John 54* (LO-102)
 John A. 30 (CH-459)
 John Jr. 27 (LO-90)
 Mary 50 (CH-459)
 Mat 13* (CH-485)
 Micajah 30 (CH-402)
 Nancy 48 (TO-256)
 Thomas 25 (LO-99)
 W. H. 29 (m)* (TO-211)
 William 5* (TO-209)
 William 6/12* (TO-206)
 Wilmoth 30 (CH-424)
WELTY
 John 33* (TO-207)
 Wm. 42 (SI-23)
WENVER?
 John 30* (TR-348)
WERTHAM
 Warner? 50 (TR-302)
WEST
 Benja. 50 (CH-442)
 Britten 31 (SI-67)
 Claiborn D. 37 (CH-443)
 E. B. 30 (m)* (W-54)
 Ellis 28 (TO-201)
 Fielding 56* (SI-20)
 Harmon 39 (CH-398)
 J. H. 37 (m) (SI-28)
 James 47 (LO-2)
 James H. 21 (CH-408)
 Jesse 30 (CH-404)
 John 60 (CH-408)
 John J. 31 (CH-451)
 John T. 44* (CH-394)
 Jonathan H. 51 (CH-408)
 Lewis 20* (SI-41)
 Malbert 20 (CH-408)
 Martha 47 (CH-416)
 Martin E. 41 (SI-66)
 Matilda 42 (CH-385)
 Meridith 51 (CH-418)
 Miles 25 (CH-390)
 Orion A. 25 (CH-408)
 Philip 88* (CH-418)

Index

WEST
  Philip E. 39* (CH-404)
  Richard D. 24 (CH-409)
  Robert 49 (TR-298)
  Samuel 50 (B) (CH-408)
  Thomas 16* (TR-347)
  William E. 45 (CH-408)
  William W. 18* (CH-401)
  Willis M. 26 (CH-404)
  Wm. H. H. 37* (CH-486)
  Wm. N. 29* (SI-28)
WESTBROOK
  Alfred 54 (CH-448)
WESTBROOKS
  Charles W. 34 (W-32)
  Elijah 23 (W-32)
  Elijah 62 (W-32)
  Maria 37* (W-32)
  Washington 28 (W-32)
WESTER
  Turner 30* (LO-121)
WESTERN
  Amanda J. 26* (CH-488)
  Minerva A. 31 (CH-451)
  Wm. W. 38 (CH-497)
WESTRY
  Benj. H. 29 (LO-44)
  Elizabeth 47 (LO-43)
  Samuel G. 33* (LO-45)
WETHERFORD
  Jefferson 17* (CH-489)
WETHESOON
  Mary E. 8* (W-16)
WHAL
  Julius T. 29* (CH-487)
WHALEY
  Charles 32* (LO-129)
  John 29* (TR-366)
  John 62 (LO-119)
  Nancy 53 (TR-366)
  Thomas 30* (LO-89)
  William H.? 4* (TO-248)
WHALIN
  Hartford 28* (W-15)
  Jno. 57 (W-9)
  Saml. 28* (W-25)
  V. 23 (m) (W-6)
  Wm. 35 (W-52)
  Wm. 45 (W-6)
WHALING
  Lucinda 19* (CH-486)

WHARTON
  John 65 (TR-305)
  William 28 (TR-295)
WHEATLEY
  Andrew J. 33* (W-124)
  Carret 33* (W-118)
  Casey 60 (f) (W-124)
  H. D. 17 (m)* (CH-363)
  James 24 (W-71)
  Richard 43 (W-118)
WHEELDEN
  Wm. 21 (CH-486)
WHEELER
  James 39 (CH-365)
  John 67* (W-94)
  John D. 23* (TO-252)
  John S. 9* (TR-296)
  Wm. 30* (W-79)
  Wm. H. 32 (W-73)
WHEELING
  Ann C. 19* (CH-398)
WHISTON
  Joseph 41 (TR-376)
WHITAKER
  B. E. 53 (m) (LO-75)
  George 32 (TO-265)
  Jesse 45 (TO-272)
  Richmond G. 27 (CH-426)
WHITE
  Archy 30 (TO-222)
  Bartley 66 (SI-42)
  Benja. P. 26* (CH-436)
  Betty 14* (CH-422)
  Calvin 14 (m)* (W-20)
  Carter 31* (B) (LO-41)
  Carter 82 (W-94)
  Charles 53 (CH-406)
  Edmund 67 (W-120)
  Elias 85 (CH-407)
  Elisha 58 (CH-492)
  Eliza 30* (B) (W-103)
  Elizabeth 1* (W-57)
  Frances B. 45 (CH-432)
  Henderson 54 (W-48)
  Henry 47 (TO-219)
  Isaiah 34 (W-116)
  Isham 49 (W-47)
  Jacob 27 (W-116)
  James 30 (CH-430)
  John 10* (SI-69)
  John 16* (W-59)
  John B. 36* (CH-377)

  John C. 14* (B) (W-100)
  John F. 33 (TR-294)
  John H. 51 (W-10)
  Joseph 25* (TR-375)
  M. E. 7 (f)* (SI-48)
  M. K. 32 (m)* (CH-437)
  Martha 34 (CH-423)
  Martin 38 (TO-221)
  Matilda 14* (B) (W-24)
  Preston B. 24 (CH-390)
  Richard G. 58 (CH-374)
  Robert 36 (TR-308)
  Samuel 57 (CH-376)
  Samuel B. 61 (CH-431)
  Sarah 57 (CH-390)
  Sarah J. 13* (W-108)
  Thomas 15* (CH-420)
  Thomas R. 30 (W-127)
  Thos. J. 27 (SI-53)
  Thos. W. 38 (TO-246)
  William 47 (CH-407)
  William 48 (LO-28)
  William 49* (W-18)
  William A. 28 (W-102)
  Wilson 37 (W-81)
  Wm. 14* (SI-5)
  Wm. 20* (SI-43)
  Wm. 32 (SI-44)
  Wm. J. 27 (W-73)
WHITED
  H. W. 27 (m) (LO-79)
  J. 85 (m) (LO-79)
WHITESCARVER
  Adeline 38 (LO-120)
  Charles 33 (LO-122)
  George 28 (LO-110)
  Harmon 39 (LO-120)
  Robert 24* (LO-113)
  William 26* (LO-134)
WHITESIDE
  Saml. 67 (SI-7)
WHITESIDES
  G. W. 34 (m) (SI-4)
  John 32* (W-2)
  Russell 40 (TO-258)
  T. J. 36 (m) (SI-4)
WHITFIELD
  George N. 37* (CH-376)
  Lewis 24* (TO-217)
  Needham 74 (CH-376)
WHITLOCK
  Jno. C. (Dr) 32* (CH-452)

Index

WHITLOCK
 John 64* (TR-314)
 John 75* (W-81)
 John A. 23 (W-98)
 John R. 52* (CH-378)
 Mary 46 (TR-297)
 Nelson 28 (W-98)
 R. R. 37 (m) (TO-219)
 Thomas B. 36 (CH-455)
 William B. 41* (TR-376)
 William T. 28 (CH-450)
WHITLOW
 F. M. 7 (f)* (LO-111)
 John T. 29 (LO-107)
 Pleasant 60 (W-115)
 William 26 (LO-104)
WHITNEY
 Pryor 32* (TR-359)
 Wayman 24 (TR-355)
WHITSON
 Elijah 25* (LO-109)
 Elijah E. 24 (LO-109)
 John 55* (LO-117)
WHITTAGE
 Robert 66* (CH-393)
WHITTEN
 Bazzle 46* (W-87)
WHITTON
 Wyatt 27 (W-101)
WHORTON
 Reuben 25 (W-82)
WHYTE
 Angaline P. 24 (CH-491)
 Sally 49* (LO-70)
WIANT
 Allice G. 2* (LO-71)
WICKMAN
 E. G. 36 (m) (SI-7)
WICKS
 Delila J. 5* (W-96)
 Joseph 30 (CH-417)
 William 76 (CH-417)
WICKWARD
 Alpheus 28 (LO-54)
WICKWARE
 Vincent 20* (SI-63)
WICKWISE
 Malinda 30 (B) (LO-56)
WIET
 Sanders 35 (TR-337)
WIET?
 Vinson 23* (TR-333)

WIGGINS
 Catharine B. 13* (CH-385)
 Elisha 60 (B) (CH-449)
 Isaac 39 (CH-404)
WILBORN
 Oliver 27* (TR-327)
WILCHER
 William 44 (CH-382)
WILCOX
 Henry 25 (CH-443)
 T. J. 28 (m) (CH-361)
WILEY
 Chesterfield 26 (W-41)
 David 74* (CH-402)
 Emeline S. 18* (TR-349)
 John 50* (TR-347)
 John S. 8* (TR-336)
 Louisa 12* (CH-438)
 Lucinda F. 11* (TR-340)
 Robert F. 6* (TR-337)
 Thomas 41* (CH-403)
WILFORD
 Bennet 48* (TR-311)
 Robert 26 (TR-310)
WILGUS
 Amarine 30 (LO-64)
 Asa 34 (LO-128)
 Florence C. 6* (LO-134)
WILHITE
 G. M. 33 (m) (TO-239)
WILHYTE
 Molly 43* (LO-70)
WILKERSON
 Abner 44 (W-48)
 B. M. 54 (m) (SI-9)
 Frances 20* (W-26)
 G. J. 25 (m)* (CH-376)
 James 33 (LO-18)
 Jane? 20* (W-23)
 Jno. 28 (W-27)
 John 30 (CH-375)
 Perlina 33* (W-26)
 Perlina 50* (W-81)
 Saml. Y. 39 (CH-448)
 Savannah 18* (LO-129)
 Stanly 47 (SI-18)
WILKEY
 Alexander 19* (CH-374)
WILKINS
 Alex 30 (TO-223)
 C. S. 25 (m)* (TO-222)
 George 15* (TO-214)

H. B. sr. 66 (m) (TO-221)
 Hugh B. jr. 21 (TO-210)
 Irvin A. 28* (CH-396)
 J. M. 31 (f) (TO-219)
 James 54 (TO-244)
 James H. 48* (SI-21)
 James S. 40 (CH-389)
 Jeny C. 43 (W-128)
 Jesse C. 43 (CH-397)
 John 50 (CH-395)
 John C. 18* (TO-223)
 John G. 27* (TO-224)
 Lafayett 24 (TO-224)
 Martha 64?* (TO-222)
 Polly A. 16* (LO-71)
 Rebecca 46 (LO-29)
 Thomas 81 (CH-395)
 W. _. 38 (m) (TO-223)
 Walker C. 42 (CH-396)
 White 32 (CH-395)
 William 65* (TO-214)
 William B. 30 (TO-202)
WILKINSON
 Bryan 34 (TR-292)
 Dudley 65 (CH-444)
 Jacob 37* (TR-315)
 Spotswood 35 (TR-314)
 William 37 (TO-255)
 William P. 50 (TR-329)
WILLCOXSON
 John 60* (CH-487)
WILLES
 O. G. 28 (m) (TO-236)
 William 30 (TO-281)
WILLHELM
 David 36 (LO-92)
 William 23 (LO-98)
 William 45 (LO-87)
WILLHIGHT
 Hiram 18* (LO-61)
 Hirum 18* (LO-58)
 William 21 (LO-53)
WILLIAMS
 Abisha 42 (m) (TR-351)
 Abraham 42* (TR-374)
 Abursha 21 (m)* (TR-331)
 Alfred 23* (TR-358)
 Allen 54* (CH-476)
 Amanda 14* (TR-376)
 Ambrose 70 (B) (LO-99)
 Andrew J. 1* (LO-70)
 Arin 17 (m)* (TR-331)

- 437 -

Index

WILLIAMS
 B. 22 (m) (W-4)
 Cassandra 26 (TR-325)
 Charlotte 25* (LO-113)
 Christopher 31 (LO-114)
 D. C. 76 (m) (TO-242)
 David 35 (W-105)
 Delphy 56* (W-43)
 E. 35 (m) (SI-23)
 Edward 31* (CH-410)
 Eliza 27* (CH-445)
 Elizabeth 26* (W-91)
 Elizabeth 65 (CH-383)
 F. 38 (m) (LO-80)
 Fertrell 44 (m) (TR-351)
 Gabriel 65* (LO-86)
 George A. 46* (LO-89)
 George C. 26 (LO-84)
 Greene 26* (LO-94)
 H. 21 (m)* (SI-55)
 H. C. 21? (m)* (LO-65)
 H. E. 53 (m)* (SI-3)
 Harrison 44* (LO-99)
 Harrison 80* (B) (LO-93)
 Helen C. 38 (W-119)
 Hester 4* (LO-117)
 J. W. 20 (m)* (SI-15)
 James 24* (W-14)
 James 28* (SI-66)
 James 37 (SI-21)
 James G. 40 (LO-83)
 James J. 32 (LO-122)
 James M. 49* (CH-381)
 Jane 40* (TR-315)
 Jesse 31* (LO-108)
 Jesse 60 (LO-123)
 Jno. S. 30 (W-43)
 John 18* (LO-91)
 John 28* (LO-87)
 John 29* (LO-92)
 John 46 (SI-65)
 John 64* (LO-83)
 John W. 31* (LO-11)
 Joseph 52 (LO-106)
 Joseph 67 (CH-384)
 Josiah B. 44 (SI-52)
 Julia 45 (TO-223)
 Levy 28* (TR-366)
 M. A. 26 (f)* (LO-74)
 Martha 39* (SI-43)
 Martha 44* (CH-370)
 Mary 23* (LO-71)
 Mary 27* (SI-69)
 Mary 50* (W-125)
 Mary Jane 13* (TR-357)
 Mathew 53 (CH-402)
 Mebree? 26 (TO-242)
 N. B. 18 (m)* (SI-25)
 Nathan A. 48 (CH-445)
 P. W. 38 (m) (CH-363)
 Parsons 33 (W-43)
 Prudence 44 (W-27)
 Rachael 25* (CH-413)
 Redford G. 34 (LO-125)
 Robert 27 (LO-73)
 Robert D. 26 (LO-83)
 Sarah 10?* (SI-1)
 Shadrach 51 (TR-354)
 Stephen 47 (CH-399)
 Susann 49 (TO-201)
 Thomas 32 (TO-243)
 Thomas 43 (CH-375)
 Thomas 52* (SI-67)
 Thompson D. 35* (CH-373)
 Turner 35 (TO-286)
 Uria 28 (LO-123)
 W. 31 (m)* (LO-74)
 W. J. 36 (m) (LO-127)
 William 38 (CH-410)
 William 56 (TR-375)
 William 65* (LO-95)
 William B. 39* (LO-44)
 Willis 41 (LO-11)
 Wm. C. 25* (SI-67)
 Wm. F. 57 (SI-4)
 william 75 (CH-481)
WILLIAMSON
 J. L. 45 (m) (LO-47)
 Jarvis 53* (LO-103)
 John 68 (TO-211)
 John W. 21* (LO-134)
 Mary J. 17* (LO-36)
 R. S. 35 (m) (SI-28)
 William 12* (LO-13)
 Wm. H. 27* (CH-494)
 Wyat 40* (LO-103)
WILLIS
 Brewer 20 (TO-201)
 Clark 40 (CH-379)
 James 42* (CH-371)
 Robert 45* (LO-133)
 Robert G. 58* (CH-369)
 Sterling 46 (TO-199)
 T. 12 (m)* (SI-1)

WILLIS
 Thomas P. 13* (TO-210)
 W. P. 10 (m)* (SI-1)
WILLOUGHBY
 Hiram B. 47 (W-87)
 Huston 32 (W-98)
 John A. 30 (W-100)
 Nehemiah 60* (W-124)
 W. J. 33 (m) (TO-218)
WILLS
 George 70 (CH-377)
 George W. 36 (CH-377)
 John W. 29 (LO-65)
 John W. 36* (LO-27)
 Joseph P. 33 (TR-354)
 Marcus T. 18* (CH-377)
 Margaret A. 25* (TR-326)
 Minerva K. 15* (CH-437)
WILLS?
 William J. 30 (TO-278)
WILLSON
 W. 25 (m) (W-1)
WILMAN
 Jonah 44 (SI-5)
WILMOTT
 Doctor H. 19* (W-130)
WILSON
 Abel O. 39* (TR-332)
 Alexander 55 (TR-312)
 Alexander G. 41 (TR-350)
 Bluford 30 (W-8)
 Constant A. 56 (LO-134)
 Daniel 42 (TR-303)
 Dolly 50 (TR-301)
 Ed 30* (TO-221)
 Eliza 51* (LO-49)
 Elizabeth 70* (W-103)
 Fanny 54 (LO-132)
 Fielding S. 45* (LO-29)
 George 41 (W-25)
 George W. 29 (TO-223)
 Hiram 33 (LO-49)
 Hiram 46 (TR-303)
 J. R. 31 (m)* (SI-31)
 James 36 (TR-334)
 James 38* (LO-25)
 James 51 (LO-43)
 James C. 21 (LO-113)
 Jane 12* (W-15)
 Jas. M. 28* (CH-470)
 Jesse 18* (LO-66)
 Jno. 37 (CH-454)

Index

WILSON
 Joel 42 (TR-330)
 Joel F. 37 (TR-313)
 John 19* (TR-308)
 John 25* (LO-125)
 John B. C. 36 (CH-414)
 John W. 52 (TR-323)
 Joice 7* (TO-224)
 Jonathan 65 (W-8)
 Joseph H. 22* (TR-308)
 Larkin 23 (SI-42)
 Martha 30 (TR-339)
 Martin 24* (W-15)
 Mathew 80 (CH-417)
 Melvina 22* (W-53)
 Myserine? 31 (f) (TR-313)
 Nancy 47* (W-81)
 Perry 20* (CH-426)
 Richard 23 (LO-122)
 Richard 37* (TR-332)
 Richmond 60 (B) (LO-101)
 Robert 31* (W-8)
 Robert 60* (SI-54)
 Sally 17* (CH-431)
 Sally 71?* (LO-26)
 Saml. 55 (SI-27)
 Sobina 16* (CH-420)
 Stanford 28 (W-7)
 Thomas 16* (LO-132)
 Thomas 28 (LO-125)
 Thomas 37 (TR-304)
 Thomas 43 (W-16)
 Thomas B. 44 (TR-313)
 Thomas J. 39 (TO-236)
 Thos. 75 (W-15)
 W. R. 28 (m)* (TO-282)
 Wiley 61* (TR-301)
 William 21 (TR-350)
 William 34* (CH-456)
 William H. 30 (CH-427)
 William J. 24* (TR-307)
 William W. 48 (CH-384)
 William jr. 36 (LO-49)
 William sr. 71* (LO-49)
 Wm. D. 35 (CH-490)
 Woodford 39 (W-28)
WILY
 Benjamin 56* (W-39)
 Joseph E. 16* (CH-432)
WIMBERLEY
 Alford 50 (TR-327)
 George 53 (TR-344)
 Guilford 48* (TR-315)
WIMBERLY
 John jr. 37 (TR-355)
WIMPEY?
 Obadiah 62 (TO-257)
WIMS
 Virginia 18* (TO-288)
WIMS?
 Patterson A. 42 (TO-279)
WINANS
 A. 25 (m)* (W-21)
WINDER
 Ann 47* (SI-58)
WINDERS
 James 31 (TO-207)
 John H. 25 (TO-235)
 Tabitha 44 (TO-206)
WINDLE
 Sarah 77* (LO-99)
WINDOWS
 John 58 (TO-277)
WINES
 William 37* (LO-67)
WINFREE
 Saml. 11* (CH-450)
 Sherwin T. 28* (CH-400)
WINFREY
 Mary 78* (TO-231)
WING
 Jane M. H. 43* (LO-70)
WINIFREY?
 Math. 33 (m) (TO-229)
WINLOCK
 Adam S. 45 (LO-14)
 John K. 49* (LO-23)
WINN
 C. 1 (m)* (LO-66)
 G. 20 (m)* (SI-62)
 Nancy A. 20* (SI-62)
WINSON?
 Caroline 68 (B) (W-130)
WINSTEAD
 Stephen H. 24* (CH-443)
WINSTON
 James 60 (LO-110)
WISDOM
 B. H. 28 (m)* (TO-236)
WISE
 Reuben 32* (LO-69)
 William 39* (W-61)
WITHERS
 H. B. 52 (m) (LO-64)
 J. C. 22 (m) (CH-364)
 Lewis W. 32* (CH-380)
 O. B. 25 (m) (LO-64)
 S. A. 50 (m) (W-1)
 William 51 (LO-31)
WITHROW
 Isaac 70 (W-109)
 Lucy E. 19* (CH-452)
WITT
 Asbury 22 (SI-64)
 Bradford 30* (SI-56)
 Mills 60 (CH-395)
 N. T. 34 (m0* (SI-28)
WITTY
 Anderson E. 42 (CH-495)
 Calvin 69* (CH-495)
 Calvin H. 27 (CH-496)
 Henry 27 (CH-476)
 Jas. B. 43 (CH-496)
 Joshua G. 32* (CH-496)
WOLF
 Bennet S. 32 (W-101)
 Fanny 35* (TO-220)
 George 29 (CH-363)
 Isaac 28 (TO-196)
 Isaac 30 (CH-422)
 James 43* (TO-203)
 M. 56 (m) (TO-197)
 Margaret 24* (W-82)
 Philip 51 (TO-203)
 Rebuleon? 29 (m) (TO-243)
 Robert 74 (LO-64)
 Samuel 40 (TO-211)
 Solomon 35 (TO-196)
WOMACH
 Jesse 78* (TR-333)
WOMACK
 Chapman 38 (LO-44)
WOOD
 Americus V. 20* (CH-376)
 Bazel 45 (LO-16)
 Charles L. 35 (TR-304)
 Christian 25* (B) (LO-57)
 Clemens 63 (CH-494)
 Clemens jr. 33 (CH-473)
 Coleman 29 (CH-457)
 Curtis D. 47* (CH-391)
 E. 29 (f)* (SI-46)
 Elizabeth 24* (LO-49)
 Enoch P. 33 (CH-463)
 Francis 22* (LO-86)
 H. C. 29 (m) (LO-4)

Index

WOOD
Hardin J. 27 (CH-419)
Harris B. 30* (LO-130)
Harrison 36 (LO-26)
Hosea 25* (CH-378)
Isham R. 22* (TR-307)
J. 46 (m) (LO-75)
J. B. 24 (m)* (W-23)
James 26* (W-103)
James 43 (LO-60)
James D. 23* (TR-363)
James H. 26 (TR-303)
Jane H. 12* (SI-68)
Jno. 39 (CH-468)
John 30* (CH-380)
John 65 (CH-457)
John 81* (LO-80)
John H. 21* (W-121)
Judith 57* (SI-45)
Leonard 76 (CH-390)
Levin 33 (LO-80)
Lewis 73* (LO-28)
Marcelas 27* (W-128)
Melvilla J. 21* (TR-368)
N. 77 (f)* (SI-54)
Nancy 20* (CH-401)
Nancy 36* (LO-12)
Parley 51 (W-40)
Richard 12* (W-24)
SArah 21* (W-61)
Susan 30 (LO-85)
William 25 (CH-463)
William 48* (LO-87)
William 60 (CH-463)
William H. P. 44 (CH-373)
Wm. 29 (W-56)
Wm. Henry H. 8* (CH-469)
WOODALL
Susan Sazidda 4?* (CH-457)
WOODARD
Robert 53 (LO-26)
WOODBURN
James 48 (CH-414)
James 80 (CH-414)
John W. 52* (CH-414)
Robert 36 (CH-414)
Sarah A. 19* (TR-370)
WOODFORD
Elizabeth 22* (CH-382)
James 22* (TO-242)
Sarah 15* (CH-383)
William 25* (TO-241)

WOODROW
J. B. 29 (m) (TO-219)
Jno. W. 20* (W-26)
WOODS
Alex 36 (CH-469)
Emaline 23* (SI-67)
Enoch 31 (W-54)
F. A. W. 41 (m)* (W-103)
George 64* (W-61)
Harden J. 49 (CH-470)
Littleberry 67 (CH-397)
Rhodes 35* (W-21)
William 15* (CH-488)
William 22 (CH-473)
WOODSON
George W. 38 (LO-34)
James B. 58 (LO-97)
Judith A. 63* (CH-376)
Miller 47 (CH-436)
Obediah 71 (LO-34)
WOODWARD
David 29 (LO-26)
Harrison 33 (LO-26)
Lewis A. 24 (CH-410)
Margaret 19* (LO-70)
Philip S. 27* (CH-371)
Rebecca 15* (LO-71)
Samuel 50 (CH-410)
Thos. G. 23* (CH-421)
WOODY
Ann 16* (TO-227)
James 49 (W-78)
WOOLDRIDGE
Anderson G. 27* (CH-402)
D. W. 31 (m) (CH-402)
David H. 22 (CH-402)
Edward 33* (CH-421)
Edward 60* (CH-480)
Powhattan 18* (CH-488)
Robert 21* (CH-488)
Seth 57* (TO-274)
Thomas M. 50 (TR-307)
Washington 37 (B) (CH-427)
WOOLDRIGE
Caroline 25* (W-22)
WOOLF
Elizabeth 26* (TR-319)
George 45 (TR-298)
WOOLTON
William 53 (CH-424)
WOOLVERTON
Catharine 40 (W-53)

WOOSLEY
Burrell 52 (CH-458)
Jas. T. 43 (CH-469)
Jas. W. 21 (CH-463)
Jno. H. 23 (CH-458)
Moses 55* (CH-461)
Saml. S. 50 (CH-461)
Virginia 8* (CH-458)
Wilson 19* (CH-459)
WOOTEN
John 32 (CH-433)
WOOTON
S. B. 32 (m) (W-106)
WOOTTON
David C. 25* (TR-311)
David C. 61* (CH-377)
William 66* (CH-427)
Wm. H. 43 (SI-52)
WORD
Albert G. 24* (CH-426)
Albert G. 28* (CH-487)
B. T. 60 (m) (CH-488)
Geo. W. S. 25 (CH-488)
Mildred C. 16* (CH-400)
Robert 44* (CH-376)
Samuel T. 48 (CH-418)
WORLDLEY
James 44* (CH-414)
WORLEY
Elisha 40 (TO-197)
Joel L. 45 (SI-37)
John M. 38 (W-129)
S. M. 53 (m)* (W-85)
WORREL?
Charles 39* (LO-60)
WORRELL
Thos. F. 29 (CH-439)
Willis W. 25 (TR-337)
WORSHAM
John 28* (TR-356)
William B. 27* (LO-41)
WORTHAM
John 56 (TR-297)
William 52 (TR-320)
WORTHINGTON
Margaret 25* (CH-426)
Milton 20* (TR-331)
WRAY
Greenberry 31 (CH-367)
WREN
Joseph 56 (W-79)
Levi D. 27* (CH-378)

Index

WREN
S. B. 22 (m)* (W-22)
WRIGHT
Alexander 62 (CH-386)
Andrew 35* (TR-315)
Arwin 54 (SI-38)
Benj. 11* (W-88)
G. 32 (m) (SI-8)
George 32* (W-106)
Gideon 26 (SI-46)
Isaac 41 (TR-356)
J. R.? 21 (m) (SI-5)
Jacob 75 (W-108)
James E. 29* (LO-135)
James H. 37* (TO-216)
Jas. M. 28* (CH-485)
Jesse 23 (SI-61)
John 29 (SI-41)
John 36 (LO-56)
John E. 22 (TO-257)
John H. 42 (CH-390)
L. 75 (f)* (SI-22)
Larkin 70* (LO-127)
Leroy 22* (SI-3)
M. 30 (m) (SI-7)
Mary 50 (W-123)
Moses 31 (TR-362)
Patsy 61* (B) (LO-70)
Philip 51 (SI-4)
Sarah 90* (CH-411)
Simeon R. 26* (CH-382)
Srawder? 50 (SI-62)
Susan 29* (SI-9)
T. B. 44 (m)* (W-22)
Thadeus S. 38 (CH-380)
Wesley 34* (W-93)
Westley 33 (LO-48)
William 51 (CH-403)
William 72* (W-107)
Wm. B. 30 (m) (SI-29)
Wm. J. 33 (SI-40)
Wyatt 24 (CH-406)
WRIGHT?
Thos. 47 (TO-248)
WRIOGHT
Luthena 38 (SI-56)
WRISTEN
Sarah A. 80* (CH-403)
WRISTON
Nancy 79 (CH-413)
WRITER
Anaca 35* (TR-309)

WURIGH?
Chs. 35 (m) (TO-227)
WYATE
Finis 32 (TO-206)
WYATT
Andrew L. 25* (CH-426)
Henry 27* (TR-333)
Rolly 18* (CH-452)
WYNN
Hezekiah 20 (TR-318)
Nathan O. 32 (TR-318)
Thomas 35* (TR-318)
WYNNE
John G. 24 (CH-463)

XYZ

YANCEY
Elizabeth 45* (TO-218)
James 49 (LO-42)
P. L. 39 (m) (TO-244)
YANCY
Benjamin 75* (B) (CH-383)
George G. 35 (CH-369)
George G. 76 (CH-379)
Lewis T. 30* (CH-454)
Louisa 14* (CH-425)
Richard E. 35 (CH-371)
Robert C. 37 (CH-383)
Thornton 64 (CH-369)
William 26* (CH-386)
YARBER
Benjamin 49 (LO-92)
YARBROUGH
Asa 36 (TR-375)
YARDLEY
T. 44 (m) (W-2)
YATES
Eliza 43 (LO-89)
Elizabeth 26* (TO-229)
Isaac B. 37* (TR-361)
Milly -- (SI-36)
YEATS
William 43 (LO-118)
YORK
Edmund 54 (LO-33)
Elizabeth 67 (W-125)
Greenberry 30 (W-83)
Guilford 25* (LO-32)
Jacob 61* (LO-47)
William 20 (LO-33)

YOUNG
Andrew 32 (W-119)
Austin E. 20* (CH-386)
B. 35 (m) (W-56)
Baily A. 35? (SI-37)
Billy 45 (B) (TR-310)
Elizabeth 45* (TO-261)
Elizabeth 55 (W-52)
Elizabeth 59* (TR-313)
Ellen D. 35* (LO-131)
Ferdinand 53 (TR-310)
Francis N. B. 29* (LO-35)
George 75* (LO-130)
George L. 27 (LO-103)
Godfrey 55* (CH-382)
Henry 44* (SI-8)
Henry 49* (CH-377)
Hudnall 25* (W-16)
J. C. 45 (m) (SI-29)
J. G. (Dr) 33 (m)* (CH-486)
J. G. V. 29 (m)* (TR-310)
J. W. 26 (m) (SI-29)
Jackson 35 (W-18)
James 35 (LO-38)
James 52 (W-14)
James H. 31 (CH-406)
John 25 (W-43)
John 51 (CH-362)
John 68 (LO-35)
John M. 29 (TR-323)
John T. 21* (LO-95)
Levi L. 32 (CH-372)
Louisa 20* (SI-38)
Margaret 59* (W-53)
Mary 62 (TO-211)
Mary Bell 10* (CH-433)
Matthew 67* (W-20)
N. C. 46 (m) (W-6)
N. G. 26 (m)* (SI-25)
Nancy E. 22* (LO-38)
Nathan 52 (CH-419)
Phineas 23* (W-43)
Richard 27* (LO-106)
Robert 35 (LO-97)
Saml. C. 27* (W-21)
Samuel 34 (W-16)
Sarah T. 53 (LO-106)
Sol 45 (B) (TR-310)
Susan 21 (LO-24)
Theresa G. 25* (W-111)
Thos. H. 20* (CH-451)
Westley 18* (CH-423)

Index

YOUNG
  William 41 (LO-105)
  William E. 32 (LO-59)
  William E. 32* (LO-60)
  William L. 28* (CH-365)
  William T. 14* (CH-450)
  William sr. 60 (LO-38)
  Wm. 17* (SI-10)
YOUNGER
  D. 25 (m)* (LO-72)
  J. 16 (m)* (SI-47)
  John 16* (W-71)
  Reubin 39 (LO-7)
  William 60 (LO-12)
  Wm. 12* (W-80)
YOUNGLOVE
  Alfred 45 (CH-400)
  Ezra 65 (CH-395)
  Joseph J. 31 (W-130)
  Samuel B. 36* (CH-401)
YOUNGS
  J. M. 20 (m) (CH-362)
  John B. 50 (CH-400)
YOUREE
  Lucinda 22* (LO-13)
ZECK
  R. A. 9 (f)* (SI-16)
ZEGLER
  Anthony S. 27* (W-128)

Archibald 34* (TO-246)
Dick 60* (B) (SI-21)
Jno. M. 48* (TO-246)

Anderson 25* (B) (SI-11)
Charles 30* (B) (SI-55)
Cinderilla 30* (B) (SI-61)
Eliza 18* (B) (SI-10)
Elizabeth 45* (B) (SI-61)
Ellick 55 (B) (SI-65)
George 72 (B) (SI-40)
Jackson 27 (B) (SI-45)
Jane 10* (B) (SI-10)
Jenny 55 (B) (SI-69)
Jenny 80* (B) (SI-50)
Jourden 33* (B) (SI-65)
Lidda 52 (B) (SI-68)
Lucy 70* (B) (SI-51)
Mitcher 29* (B) (SI-58)
Moses 83* (B) (SI-9)
Nicholas 40 (B) (SI-69)
Peter 27* (B) (SI-49)
Starling 45 (B) (SI-39)
Surrey 49 (m)* (B) (W-12)

www.ingramcontent.com/pod-product-compliance
Lightning Source LLC
Chambersburg PA
CBHW070300010526
44108CB00039B/1276